Psychoanalytische Perspektiven

Psychoanalytische Perspektiven

Ein Lesebuch

Wolfgang Schmidbauer als Festschrift
zum 60. Geburtstag

Gewidmet von den Autorinnen,
Autoren und Herausgeberinnen

Herausgegeben von Annemarie Bauer,
Katharina Gröning und Mechtild Grohs-Schulz

PETER LANG
Frankfurt am Main · Berlin · Bern · Bruxelles · New York · Oxford · Wien

Die Deutsche Bibliothek - CIP-Einheitsaufnahme

Psychoanalytische Perspektiven : ein Lesebuch ;
Wolfgang Schmidbauer als Festschrift zum 60. Geburtstag
gewidmet von den Autorinnen, Autoren und Herausgeberinnen
/ hrsg. von Annemarie Bauer ... - Frankfurt am Main ; Berlin ;
Bern ; Bruxelles ; New York ; Oxford ; Wien : Lang, 2002
ISBN 3-631-39118-8

ISBN 3-631-39118-8

www.peterlang.de

Inhalt

Vorwort der Herausgeberinnen

Festschriften sind eigentümliche Buchproduktionen, irgendwo angesiedelt zwischen diskursiver Reflexion, Würdigung der Lebensleistung einer Person und Pathos. Sie sind zweitens fast automatisch ein Confit, weil jede(r) der beteiligten Autorinnen und Autoren neben der persönlichen und beruflichen Beziehung zum Jubilar, die in die Beiträge einfließt, bevorzugt zu Themen schreibt, mit denen er /sie sich aktuell beschäftigt. Wie bei fast allen Festschriften gab es neben der Zustimmung: „Ich beteilige mich gerne". „Schmidbauers Lebenswerk ist enorm wichtig für die Entwicklung sozialer Dienstleistungsarbeit", auch Ablehnung und/oder Zurückhaltung. Letzteres liegt nicht zuletzt darin begründet, dass gerade Festschriften zeigen, dass jeder von uns eben "nur" ein Angehöriger einer Generation ist, nach der andere Generationen kommen. Festschriften zeigen allen, die sich daran beteiligen, dass sie älter werden.

Wolfgang Schmidbauer hat in seinen Schriften eine starke theoretische wie auch berufspolitische Wirksamkeit entfaltet. Die Bedeutung seiner Theorie des Helfens hat nicht nur eine theoretische Epoche mit geprägt, seine Theorie ist zum Beispiel für die Gewaltforschung noch gar nicht ausreichend gewürdigt. Konsequent fokussiert Schmidbauer in seinem wohl populärsten Werk über die hilflosen Helfer die psychodynamische Seite von beruflichen und professionellen Konflikten und es ist seine ganz besondere Stärke, sich auf die psychoanalytischen Seiten komplexer sozialer Probleme zu beziehen und sich mit diesem Denken öffentlich zu Wort zu melden.

Gleichwohl ist Wolfgang Schmidbauer kein ausschließlicher Theoretiker, seine Publikationen zeichnen sich vielmehr durch ein beachtliches Maß an Kreativität aus, das er immer wieder vor die Wissenschaftlichkeit stellt. Schmidbauers große Begabung liegt sicherlich in der Fähigkeit gegen den Strich zu denken und vor allem Konventionen und Institutionen mit ihren Ritualen und Regeln zu relativieren und nicht selten zu belächeln.

Aus seiner Liebe zur Psychoanalyse hat Wolfgang Schmidbauer nie einen Hehl gemacht. Seine Beziehung zur Psychoanalyse ist indessen nie dogmatisch und starr, sondern immer suchend, entdeckend und unkonventionell. Personen, denen er als Therapeut oder Balintgruppenleiter begegnet ist, sprechen immer von einer großen Feinfühligkeit, von schöpferischem Eigensinn und der Fähigkeit, Menschen konsequent über Theorien und Deutungsmuster zu stellen.

Schließlich hat sich Wolfgang Schmidbauers Interesse in den letzten Jahren zunehmend äußeren Strukturen zugewandt. Sein Interesse, mit Hilfe der Psychoanalyse Institutionen und ihre Spiele, Heimlichkeiten und ihr Unbewusstes zu begreifen, hat eine Arbeitsgruppe begründet, die sich mit eben diesen Fragen befasst.

Alle diese Bereiche werden in der vorliegenden Festschrift direkt und indirekt bearbeitet. Die einzelnen Beiträge lassen sich größeren thematischen Feldern zuordnen. Der Band vereint theoretische Beiträge und sehr praxisorientierte Artikel, Beiträge, die zu gesellschaftlichen und politischen Fragen Stellung nehmen und solche, die sich mit der Analyse von Organisationen befassen. Schließlich kommen noch jene zu Wort, die Wolfgang Schmidbauer beruflich und persönlich gut kennen. Nach einigem Überlegen haben wir, die Herausgeberinnen, uns allerdings entschieden, die Beiträge alphabethisch zu ordnen, wobei wir das Gespräch von Ulrich Zanzinger mit Wolfgang Schmidbauer an den Anfang der Festschrift gestellt haben. Ulrich Zanzinger interviewt Wolfgang Schmidbauer aus der Position des ehemaligen Analysanden und Ausbildungskandidaten. Das Interview gibt einen Einblick in Schmidbauers Denken und skizziert wesentliche psychoanalytische und theoretische Positionen.

Zu den Berichten über persönliche Kontakte mit Wolfgang Schmidbauer gehört der Artikel einiger Mitglieder einer lang laufenden Balintgruppe von Supervisoren und Supervisorinnen, die die einzelnen Abschnitte des Artikels nicht ihren Personen zuordnen, die aber aus sehr persönlichen Blickwinkeln und Erlebnissen mit Wolfgang Schmidbauer seine Art des Denkens, der Suchprozesse und des Führens beschreiben. Sehr anschaulich handelt der Artikel von Nähe, Distanz und der Handhabung der Abstinenz, obwohl die Gruppe sehr lange und an einem privaten Ort Wolfgang Schmidbauers miteinander arbeitet.

Annemarie Bauer wählt ein literarisches Beispiel, um psychoanalytische Perspektiven zu verdeutlichen: Das Ein-Frau-Stück von Peter Hacks „Das Gespräch im Hause Stein über den abwesenden Herrn von Goethe“. Es geht um eine Dreiecksgeschichte bzw. die Erklärung Charlotte von Stein an ihren Ehemann, Josias von Stein, über ihre (Liebes?-) Beziehung zu Goethe. Annemarie Bauer stellt die historischen Fakten der Hacks`schen Interpretation voran, die ja weiter reichen als das Stück selbst. Im Mittelpunkt der Analyse steht Charlotte, die ihre Beziehungen zu beiden Männern dokumentiert und interpretiert und sich immer weiter verstrickt in Begehren und Ablehnung, Liebe und Enttäuschung, Ambivalenz und Strategie.

Der Beitrag der Autorinnen Annemarie Bauer und Mechtild Grohs-Schulz setzt sich mit der Notwendigkeit auseinander Organisationen und Organisationsprozesse aus der psychoanalytischen Perspektive zu betrachten. „Menschen in Organisationen - psychoanalytische Betrachtungen im sozialpsychologischen Feld“ diskutiert psychoanalytische Positionen zur Organisation und versucht, das Konzept des Unbewussten auf Organisationen und auf die in ihnen tätigen Menschen zu übertragen. Die Autorinnen stellen verschiedene Wahrnehmungszugänge zum Unbewussten vor und erörtern interpretativ die Repräsentation unbewusster Anteile anhand einer Fallskizze aus einer psychiatrischen Organisation.

Nando Belardi würdigt und reflektiert in seinem Artikel über die Entdeckung der Überwertigkeit von Arbeit Wolfgang Schmidbauers wohl populärste Publikation: die hilflosen Helfer. Dabei stellt er zunächst die Theorie Schmidbauers in einen philosophischen und erziehungswissenschaftlichen Zusammenhang, indem er Philosophen und pädagogische Pioniere und Klassiker zum Thema Helfen selbst zu Wort kommen lässt. Belardi zeigt auf, dass bereits in der Gründungsepoche der Pädagogik Idealismus und Überforderung durch die theoretischen Konzeptionen und Entwürfe der großen Pädagogen (Rousseau, Pestalozzi) quasi in die Institutionen eingesickert sind. Der Zugriff auf die menschliche Arbeitskraft erfolgte in dieser Sparte der Arbeitswelt über die Moral. Belardi zeigt dann auf, dass sich diese Problematik in der Gründungsepoche der Sozialarbeit durch deren Klassikerinnen (Salomon, Pappenheim etc) wiederholt. Im letzten Teil der Arbeit diskutiert der Verfasser die Fragestellung unter der Perspektive der Rezeption des Helfersyndroms heute und weist auch hier eine eigentümliche Ambivalenz nach.

Gudrun Brockhaus beschreibt in dichter Form die eigene emotionale Konfrontation mit dem Umgang der Schicksale der überlebenden Zwangsarbeiter. „Nichts, worüber man sich Gedanken machte - Kein Interesse für das Schicksal der Zwangsarbeiter damals wie heute“ betitelt Brockhaus ihre Auseinandersetzung mit der Unberührtheit von uns Deutschen und identifiziert das kollektive Desinteresse als Widerstand gegen irrationale Ängste und Bedrohungen, die sich in unseren Vorurteilen gegenüber diesen Menschen - ehemaligen „Ostarbeitern“ - in der Zeit vor und während der NS-Ära manifestiert haben. Sie schildert ihren Weg der emotionalen Annäherung und der Begegnung mit den Menschen. Die Autorin klärt auf über die Beteiligung gesellschaftlicher Institutionen, Familien, Normalbürger an den Verbrechen, die an den Menschen Osteuropas begangen wurden und verunmöglicht die Aufrechterhaltung der Unwissenheit.

Seine Gedanken zur Ethik der psychoanalytischen Haltung setzt Bernd Deiniger an den Anfang seines Artikels „Psychoanalyse und Tod - der Traum vom Paradies als die vorweggenommene Ewigkeit“ und beschreibt in der Folge einen psychoanalytischen Behandlungsprozess, der mit dem Tod des Patienten endet. Der Autor vermittelt die Erkenntnis, dass an der Schwelle des Todes Selbsterfahrung auch Todeserfahrung ist , die sich jeder weiteren psychoanalytischen Deutung entzieht. Die psychoanalytische Begleitung seines Patienten bis unmittelbar vor dessen Tod reflektiert Deiniger als eine Grenzerfahrung, in der sich die Liebe spüren und vermitteln lässt , in der Sprache Freuds - Übertragung und Gegenübertragung - vervollkommnen.

Mit Coaching als Beratungsmethode und als Personalentwicklungsinstrument zur Qualitätssteuerung befasst sich der Artikel „Psychoanalytische Impulse für das Management Coaching“ von Dorothee Echter. Die Autorin beschreibt den Einfluss psychoanalytischen Verständnisses und psychoanalytischer Techniken sowohl für ihre persönliche Haltung als Coach als auch für die Handhabung von Coachingprozessen.

Ein weiteres literarisches Beispiel wird von Walter Josef Engelhardt gewählt, der den Roman „ Alexis Sorbas“, dem Buch von Kazantzakis und dem entsprechenden Film, nimmt, um über Beziehungsmuster zwischen Supervisor bzw. Coach und Supervisand nachzudenken. Er untersucht den Zusammenhang von „Gefährtenschaft“ und „Lebensbegleitung“ und wie diese im Zusammenhang einer Männerfreundschaft gelebt werden können. Den Zusammenhang zum Coaching und zur Supervision sucht Engelhardt über das Modell des „dyadischen Vaters“, ein Modell von Peter Blos, das die klassischen Bilder der ödipalen – konflikthaften Vater-Sohn-Beziehung und der dyadischen – nährenden Mutter-Sohn-Beziehung um eine versöhnliche Variante erweitert. Die Geschichte des Sorbas wird gelesen als Beratungs-, Reifungs- und Ablösungsprozess, als Grundmodell eines gelungenen Supervisionsprozesses.

Ariane Garlichs Artikel berichtet von einem Schülerhilfeprojekt, in dem versucht wird, über Beziehungen und ihre Gestaltung Kindern in ihrem Denken zu begegnen: Bildung verhelfe aus der selbstverschuldeten Unmündigkeit, aber dies gelinge eher, wenn die Blickwinkel von „Mondbewohnern“ und „Leichenbeschauern“ (Georges Devereux) zugunsten eines Erkenntnismodells aufgegeben wird, das den subjektiven Zugang, die Kontextabhängigkeit und Beziehungen und Bindungen einbezieht. Kinder lernen nicht nur Wissen, sondern Beziehung und Bindung, LehrerInnen und StudentInnen lernen nicht nur Didaktik, sondern darüber hinaus Verantwortung, Beziehungsgestaltung, die Arbeit mit der Übertragung und Gegenübertragung und Fallanalysen: ein ganzheitlicher Ansatz.

Wolfgang Schmidbauers einflussreichen Beitrag, die Psychoanalyse als Instrument für das Verstehen innerer Prozesse in sozialen Dienstleistungsorganisationen qualifiziert zu haben, würdigt Katharina Gröning in ihrem Artikel „Qualität und ihre Rezeption in klinischen Institutionen“. Gröning führt den Nachweis, dass durch die Hegemonie technisch-rationaler Qualitätsforschung und -entwicklung Teile von Organisationen in die Regression getrieben werden und die Erkenntnisse Schmidbauers, angewandte Psychoanalyse als Instrument der Qualitätssicherung zu begreifen und zu nutzen, in der Gefahr stehen, entwertet und verloren zu gehen.

Gegenstand von Michael Horns Beitrag ist das Verhältnis von Bindungstheorie und analytischer Gruppendynamik. Horn schreibt seinen Beitrag aus der Perspektive einer therapeutischen Ethik. Schritt für Schritt reflektiert und vergleicht er die Ergebnisse der Bindungsforschung, vor allem die Arbeiten von Martin Dornes, mit den Entwicklungsmodellen der Gruppe. Zuerst beschäftigt sich Horn mit dem Freudschen Konzept der analytischen Abstinenz, danach mit den Ergebnissen der neueren Säuglingsforschung für das psychoanalytische Entwicklungsmodell der Gruppe, wie es von W.R. Bion im Rückgriff auf Auffassungen Melanie Kleins vertreten wurde. In diesen Kontext gestellt werden die Auffassungen S. H. Foulkes zur Entwicklung des Gruppenprozesses. Schließlich folgen Bemerkungen zum Phänomen der Übertragung und Gegenübertragung in der Gruppe sowie zum Thema Bindungsverhalten und Gruppenanalyse.

Die Arbeit Schmidbauers zur Persönlichkeit des Helfens und sein Bezug zur „Praxis der Praktiker“ reflektiert Peter Jacobs. Seine berufsbiographische Entwicklung und die Entwicklung der Pflegeberufe in den letzten 25 Jahren beschreibt Jacobs in seinem Aufsatz „ Der Fortschritt ist eine Schnecke. Krankenpflege zwischen 1977 und 2001“. Entscheidende Denkanstöße für die Krankenpflege und die Pflegeberufe verdanken diese Wolfgang Schmidbauer durch seine in „ Die hilflosen Helfer“ veröffentlichten Erkenntnisse und durch sein politisches Engagement für diese Berufsgruppe. Jacobs vertritt die Auffassung, dass Supervision als anerkanntes Instrument der Qualitätssicherung und Qualitätsentwicklung in der Krankenpflege auf Schmidbauer zurückzuführen ist.

Eine kritische Analyse aus psychoanalytischer Sicht nimmt Heiner Keupp bezogen auf die Tendenzen der Marktgesellschaft und der Konsumphilosophie vor. Er erweist sich in seinem Beitrag, der zwischen theoretischem Entwurf und programmatischen Thesen angesiedelt ist, als engagierter psychoanalytisch geschulter Beobachter und überzeugt durch pointierte Aussagen.

Francesco Marchioro berichtet von den Freud-Wochen in Klobenstein / Südtirol. Freud hat auf dem Ritten mehrfach Familienurlaub gemacht und „Totem und Tabu“ dort geschrieben. Seit einigen Jahren veranstalten Francesco Marchioro und seine Kollegen deutsch-italienische Freud-Wochen, zu denen Wolfgang Schmidbauer als zweisprachiger Psychoanalytiker mehrfach als „Analytiker in residence“ eingeladen war, um den deutschsprachigen Teil der Woche zu leiten. Francesco Marchioro berichtet zunächst über die Beziehungen Freuds zu diesem Land und zitiert dann die Überlegungen Wolfgang Schmidbauers zu dem Konzept „Analytiker in residence“.

Mit dem Problem von Orthodoxie und Weiterentwicklung der psychoanalytischen Theorie befasst sich Wolfgang Mertens. Am Beispiel der Gedächtnistheorie und der Traumtheorie zeigt der Autor die Weiterentwicklungen in der Psychoanalyse auf. Seine zentrale These lautet, dass ein Psychoanalytiker immer dann als orthodox bezeichnet werden kann, wenn er zwar an der internen Weiterentwicklung der Psychoanalyse, aber nicht an der Einbeziehung von Forschungsbefunden aus angrenzenden Wissenschaften interessiert ist. Für Mertens steht Orthodoxie damit für das Unvermögen psychoanalytischer Praktiker, sich mit dem Wissenschaftsfortschritt in anderen Disziplinen auseinander zu setzen.

Die Liebe und ihre Verstrickungen sind Gegenstand des Beitrages von Michael Lukas Moeller. „Die Hebung des Schatzes der Eifersucht. Zur Dynamik der aushäusigen Verliebtheit“. Anhand von Paarbeispielen verdeutlicht der Autor seine Auffassung vom Erfordernis zur Freilegung der konstruktiven Kräfte der Eifersucht und erhellt die Psychodynamik von Emanzipation, Idealselbst und Reinszenierung. Er verbindet dies mit der Vermittlung von sogenannten psychoanalytischen Instrumenten, die die Selbstentwicklung in Paarkrisen ermöglicht.

Harald Pühl leistet einen Beitrag zum Gruppenansatz Wolfgang Schmidbauers und zeichnet die Entwicklungen von den Trainingsgruppen der 60er und 70er Jahre, die Selbsterfahrung und Sensitivity zum Inhalt haben, zu den Teamgruppen, wie sie seit einigen Jahren sowohl in Wirtschafts- als auch sozialen Institutionen eine große Bedeutung haben und als Teamsupervision eine eigenständige und dominante Form der Reflektion professionellen Handelns gewonnen haben. Er zeichnet zunächst einige von Schmidbauers Positionen nach, z.B. seine Position zur Triebtheorie, seine evolutionstheoretischen Gedanken und sein Konzept der Ich-Psychologie, um nur einige zu nennen, um dann seine Positionen zur „Gruppe“ zu diskutieren.

Mit dem Problem des männlichen Habitus unter der Fragestellung des Charisma befasst sich Astrid Schreyögg. Sie bezieht sich dabei auf Wolfgang Schmidbauers Anmerkung, dass sich erfolgreiche Männer oft gottähnlich präsentierten. Es folgen sorgfältige Rezeptionen der Soziologie des Charismas und dessen Wirkung in Organisationen. Schreyögg nimmt kritischen Bezug auf die aktuelle Führungsdebatte in angelsächsischen Ländern, wo die persönliche Ausstrahlung unter dem Begriff “Charisma” zu einem wesentlichen Erfolgsfaktor in Unternehmen avanciert. Der Druck, sich möglichst schnell und möglichst gründlich zum “Visionär" oder “Helden” zu entwickeln, birgt nach Ansicht der Verfasserin eine Fülle von Risiken.

Zu den literarischen Interpretationen, wenn auch übertragen auf einen psychoanalytisch therapeutischern Prozess, zählt der Artikel von Sieglinde Eva Tömmel. Sie wählt das Theaterstück "Lulu" von Frank Wedekind, entstanden im Jahre 1913, das "schöne Tier", das eigentlich keine Wünsche hat außer denen, zu lieben, um einen therapeutischen Prozess zu reflektieren. Tömmels Lily verstrickt sich und die Analytikerin durch ihre Dramatik, ihre gespaltene Persönlichkeit, durch Abhängigkeit und fordernde Übertragungen - aber sie scheitert nicht, wie Lulu, sondern nutzt den kreativen Prozess ihrer Therapie.

Wolfgang Trauth setzt sich mit dem theoretischen Problem des Natur-Kultur-Antagonismus in der Psychoanalyse auseinander. Im Vergleich diskutiert er die Auffassungen Lacans und Lorenzers. Nach Auffassung des Verfassers zeigt sich die Aktualität des Beitrages von Schmidbauer zur Psychoanalyse, wenn man die bekannten kulturanalytischen Positionen von Lacan und Lorenzer diskutiert.

Zum Verhältnis von Nietzsche und Groddeck äußert sich Herbert Will in einem kurzen Aufsatz. In seinem Beitrag vergleicht er beide Personen unter der Perspektive des Größenwahns und der Allmacht. Wills Beitrag wird all jenen Vergnügen bereiten, die Spaß an der Polemik haben und Wolfgang Schmidbauers Affinität zu Groddeck kennen.

Wie fast alle Buchproduktionen wäre auch dieses Buch nicht zustande gekommen, ohne die vielen Helferinnen und Helfer im Hintergrund. Unser Dank gilt für das Lesen und Bearbeiten des Manuskriptes Inge Pautz, die als Sekretärin der Arbeitsgruppe Diagnose und Beratung an der Universität Bielefeld das Management der Buchproduktion souverän übernommen hat. Mathilde Wächter, die Interviews geschrieben und Artikel getippt hat, gilt ebenso unser Dank wie Alkje Sommerfeld, Lars Springer und Helga Lehmann, die die aufwendigen Korrekturen durchgeführt haben. Nicht zuletzt nennen wir Volker Schipper, der in Kooperation mit dem Peter-Lang-Verlag das Lay-out erstellt hat. Herrn Dr. Ühlein vom Peter-Lang-Verlag danken wir für seine ruhige und umsichtige Kooperation.

Bielefeld, Heidelberg und München, im August 2001

Annemarie Bauer Katharina Gröning Mechtild Grohs-Schulz

Ulrich Zanzinger:

Im Gespräch mit Wolfgang Schmidbauer am 5. April 2001

Z: *Lieber Wolfgang Schmidbauer, Du wirst bald 60. Deshalb bin ich, ein früherer Analysand, heute hier. Viele Leute werden Dir gratulieren. Einige von ihnen werden Dir auch einen Aufsatz widmen. Also: Wie geht es Dir damit kurz vor Deinem 60. Geburtstag? Was dürfen wir von Dir wissen, von Deiner Geschichte und Deiner Entwicklung - über Deine Bücher hinaus?*

S: Es ist ja immer ein Problem, wenn man von einem Autor noch mehr möchte. Jeder Autor meint doch, dass das Beste von ihm sowieso in seinen Büchern steht. Deswegen ist er etwas misstrauisch, wenn die Leute ihn auch noch über die Bücher hinaus kennen lernen wollen, wenn sie erwarten, dass sie dann etwas noch Besseres von ihm bekommen können.

Wie es mir geht mit 60? Eigentlich nicht anders als mit 50, glaube ich. Es ist halt so eine runde Zahl, und die muss man irgendwie begehen. Das wird einem ja auch aufgedrängt. Man fühlt sich aber eigentlich gar nicht entsprechend. Es ist klar, dass man wieder älter geworden ist, und dass man sich jetzt Gedanken über seinen Ruhestand machen muss. Ich hab das so gelöst: Ich bin entschlossen, zwar etwas wählerischer zu sein in dem, was ich anfange - mir mehr Zeit fürs Schreiben zu nehmen, für meine vielen Hobbys und für Reisen - aber sonst eigentlich weiter zu arbeiten, solange ich noch so fit bin.

Was es in letzter Zeit an Neuem gibt? Ich nütze das Internet und habe ein E-Mail-Programm, das mir sehr viel Spaß macht. Meine mittlere Tochter ist meine Medienexpertin. Sie studiert an der Filmhochschule und wird jetzt, wenn ich 60 werde, 30 Jahre alt. Sie hat mir eine Homepage eingerichtet, eine Website: Wolfgang-Schmidbauer.de. Die kann, vermutlich ab meinem Geburtstag, jederzeit abgerufen werden. Da stehen dann auch einige biographische Details drin, und es gibt Fotos zu besichtigen. Das hat sie wirklich sehr liebevoll und mit großem Aufwand gemacht. Da kann man dann vielleicht noch Dinge lesen, die nicht in den Büchern stehen.

Z: *Du bist ja ein sehr erfolgreicher Schriftsteller. Ich vermute, dass viele Deiner Leser bewegt sind von der Grundhaltung, die Du im Lauf Deiner Jahre eingenommen hast: Du wendest ganz konsequent Dein psycho-analytisches Wissen auf Deine eigene Biographie an, auf Dein eigenes Leben und auf Deine Beziehungen. Du bist in Deinen Büchern ja radikal offen. Deshalb sind sehr viele, nicht nur ich, interessiert, da noch mehr zu hören. Ist das nur unser Voyeurismus, oder meinst Du, dass Du auf diese Weise mehr bewirken kannst?*

S: Wie das bei anderen ist, weiß ich nicht. Bei mir wäre es ja Exhibitionismus. Der gehört natürlich schon zu den Ausrüstungen eines Autors. Ich glaube allerdings, dass der Exhibitionismus alleine ja noch nicht reicht. Man muss versuchen, ihn irgendwie zu entwickeln oder in eine Form zu bringen, die dann auch interessant ist, oder die nachdenklich stimmt, die einem etwas zeigt. Ich würde das mit dem „Exhibitionismus" schon bestätigen. Ich hab mir manchmal gesagt, dass die Psychoanalyse doch zumindest dazu gut sein sollte, dass ein Psychoanalytiker seine eigene Biographie einigermaßen ehrlich schreiben kann. Die Beschäftigung mit meinem eigenen Leben ist auch nicht abgeschlossen: Ich habe schon vor langer Zeit ein Buch geschrieben, das den letzten autobiographischen Band – „Mit dem Moped nach Ravenna" - fortsetzt. Aber das ist bisher noch nicht veröffentlicht worden, auch weil ich da zögere. Ich habe immer gedacht: Na ja, ich habe viele Themen, und die lasse ich dann vielleicht erst noch vorgehen.

In diesem Manuskript geht es um die Jahre zwischen 20 und 30, also um die Zeit, wo ich ein bisschen ausgestiegen bin. Damals bin ich nach Italien gegangen und habe ein nomadisierendes Leben geführt. Zwischendurch also habe ich immer wieder mal ein halbes Jahr zum Schreiben in Italien in so einem sehr einfachen Bauernhaus gelebt. Das hatte dann ein Ende mit dem Aufbau der GAG und der MAP, damit also, dass ich beschlossen habe, dann doch nicht nur über psychologische Fragen Sachbücher und Artikel zu schreiben, sondern mich auch selber in die Praxis zu begeben. Und wie das dann war, habe ich versucht, ein bisschen romanhaft zu gestalten. Die Gründungsgeschichte von solchen Instituten kann man ja nicht einfach als Chronik schreiben. Das hat mich eine Zeit lang in den letzten Jahren beschäftigt. Danach gibt es jetzt eigentlich eher nichts. Ich habe momentan kein weiteres biographisches Projekt.

Mein Interesse an der Gründung der GAG ist aus einer Verbindung zwischen dem journalistischen-schriftstellerischen Interesse - dass man sozusagen eine breitere Öffentlichkeit erreichen will - und dem psychoanalytisch-therapeutischen Interesse entstanden. Die Gruppenarbeit ergab sich dann als logischer Kompromiss. Mit Gruppenarbeit kann man ja sehr viel mehr Leute erreichen, und man kann dabei die Vorstellung haben, dass man durch Gruppen mehr Veränderung in der Gesellschaft bewirken kann als mit einzelanalytischer Arbeit. Ich habe mich zuerst als Journalist - als psychologischer oder medizinischer Journalist - für Gruppenarbeit interessiert. Weil ich etwas darüber geschrieben hatte, kam ich dann auch zu meinem ersten Auftrag, eine Gruppe selber zu leiten. Ich war also ein völliger Theoretiker und Autodidakt. Meine ganze eigene praktische Selbsterfahrung habe ich erst nach dieser ersten Erfahrung als Gruppenleiter gemacht. Obwohl so etwas natürlich von den Ausbildungsinstituten nicht empfohlen wird, denke ich im Nachhinein: Das hat für mich etwas sehr Positives gehabt. Wenn man die erste Gruppenerfahrung in der Selbsterfahrung macht als Mitglied und das lange einübt, ist es ja oft schwer, wenn man dann plötzlich Leiter werden soll. Das ist für viele, die die Gruppenleiterausbildung machen, gar nicht einfach. Diese unterschiedliche Rolle muss durch Supervision sehr stark eingeübt werden.

Bei mir war das so, dass ich die Leiterrolle schon hatte. Für mich war es dann manchmal recht schwierig, einfaches Mitglied in der Selbsterfahrungsgruppe zu sein, aber auch sehr lehrreich. Es war eine sehr, sehr interessante Gruppe, in der ich damals meine erste Selbsterfahrung machte. Mein Start in der praktischen Arbeit kam aus einem etwas naiven, gesellschaftskritischen, weltverbessernden Impuls.

Wenn man dann so ein Institut gründet und einen gemeinnützigen Verein mit viel ehrenamtlicher Arbeit und mit anderen Ehrenamtlichen zusammen aufbaut, dann wird man natürlich zwangsläufig realistischer. Man muss dann sehr viel lernen, wie nun was organisiert wird, wie man eine Ausbildung aufbaut, wie man Konflikte mehr oder weniger gerecht und einvernehmlich löst, wie man mit so einer Gruppe umgeht, in der natürlich auch sehr viele persönliche Kränkungen und Animositäten immer wieder eine Rolle spielen. Ich habe in zwei solchen Ausbildungsinstituten ungefähr 15 Jahre Vorstandsarbeit gemacht. Dann hatte ich das Gefühl, es reicht, und habe meine Ämter niedergelegt.

Mein Interesse ging dann eine Weile stärker von der Gruppe weg. In diese Richtung: Wie kann man irgendwie einen Zusammenhang herstellen zwischen Ökologie und Psychotherapie?

Doch jetzt muss ich die Geschichte noch von einem anderen Ende her aufzäumen: Ich war immer schon sehr stark an Biologie interessiert, schon als Schüler. Meine Lebensgefährtin sagt heute noch manchmal ironisch: „An Dir ist ein Biologielehrer verloren gegangen", weil ich meinen Kindern sehr gern irgendwas aus der Natur erkläre. Das hat sich auch gezeigt, als ich anfing, selber zu schreiben, vor allem an einem starken Interesse als Psychologe an der vergleichenden Verhaltensforschung, an der Ethnologie und Anthropologie. Ich habe eine sehr polemische Auseinandersetzung mit Konrad Lorenz gehabt. Wir haben damals im Studium Generale eine Diskussion geführt über die Methodenprobleme der Humanethnologie. Ich habe dann später auch eines meiner ersten sozusagen wissenschaftlichen Bücher gegen die Aggressionstheorie von Konrad Lorenz geschrieben. Ein zweites folgte über „Biologie und Ideologie", also gegen Eibl-Eibesfeldt und die sehr naiven Importe der Verhaltensforschung in die Kulturforschung hinein. Dieses Interesse lief sozusagen neben meiner gruppentherapeutischen Arbeit her, hat sie aber auch immer wieder befruchtet. So fand ich dann z.B. Untersuchungen über Jäger- und Sammlerkulturen, über das archaische Erbe der Menschen, über das, was wir uns aus der Evolution vorstellen können. Der Mensch ist von seiner Genetik her konstruiert auf bestimmte soziale Verhaltensweisen hin. In ihm stecken archaische Gefühle, die unter Zivilisationsbedingungen nur noch sehr bedingt nach außen abgeführt werden können. Sie müssen dann unterdrückt werden. Das hat ja die Psychoanalyse erforscht. Ich hatte also einen biologischen Blick auf die Psychoanalyse, einen anthropologischen Blick, also einen Blick von außen. Ich glaube, ich bin immer schon Analytiker gewesen, habe aber die Psychoanalyse auch von außen gesehen, am Anfang stark von der Naturwissenschaft her, von der Evolutionstheorie. Eines meiner frühen Bücher ging über „Evolutionstheorie und Psychoanalyse", war also eine Kritik an Freud aus evolutionstheoretischer Sicht. Es ist 1975 erschienen.

Wie alle Biologen bin ich auch stark an Ökologie interessiert. Daher kam dann die ökologische Kritik an der Psychotherapie. Ich denke, dass dieses gleichzeitig drinnen und draußen Sein mir natürlich schon erleichtert hat, gerade diese Texte zu schreiben. Darin spreche ich einerseits als Insider, als selbst praktizierender Therapeut; andererseits kann ich das, zum Teil zumindest, so schreiben, dass es auch für nicht akademisch vorgebildete Outsider einigermaßen verständlich ist.

Je mehr ich aber dann in die konkrete therapeutische Arbeit reinkam, und je mehr Erfahrungen ich gerade auch mit meinen eigenen, von mir mitgegründeten Institutionen machte, desto mehr fing ich auch an, mich für die ganz eigene Dynamik von Institutionen zu interessieren.

Institutionen sind ja etwas, was sozusagen zwischen der Natur steht und der Psyche. Sie sind etwas, was wir weder psychologisch erklären können noch psychologisieren dürfen, was zwar eine ungeheuere Macht entfaltet, aber natürlich auch nicht Teil der Natur ist. Was mich in den letzten Jahren sehr beschäftigt hat, ist die Verflechtung zwischen historischen, institutionellen Einflüssen, Familien und Familiendynamik und dann auch die damit zusammenhängende individuelle seelische Dynamik. Ich habe das aufgezeigt vor allem an der Kriegstraumatisierung. Die ist mir mehr und mehr aufgefallen. Ich habe auch eines meiner letzten Bücher darüber geschrieben: „Ich wusste nie, was mit Vater ist - Das Trauma des Krieges". Die Menschen, die wir in Analyse haben, tragen doch ganz viele Spuren von Krieg und Nachkriegszeit. Wenn die Eltern so intensiv von Krieg oder Flucht geprägt sind, dann prägt das auch die Kinder sehr. Deswegen können die Kinder erst dann ein ganz neues Verständnis für sich selber und auch für ihre Eltern gewinnen, wenn sie sich mit der Geschichte auseinandersetzen.

Das beschäftigt mich eigentlich immer noch: Der Zusammenhang zwischen Traumatisierung und Idealisierung. In „Alles oder nichts" habe ich beschrieben, wie Menschen, die sich hohe Ideale aufrichten, dann oft ihre Realitätsorientierung und ihr Glückserleben, ihre Möglichkeit, sich zu entspannen, sehr beeinträchtigen. Wer durch diese Idealbildung ein Trauma kompensiert, also wessen Selbstgefühl traumatisch verletzt wurde, der kann nicht einfach diese Wunde durch das Akzeptieren der Realität heilen. Er muss eine überoptimale, eine perfekte ideale Welt oder ideale Beziehung schaffen. Dadurch riskiert er natürlich die nächste Traumatisierung, weil sich die Idealisierung nicht aufrecht erhalten lässt. Irgendwann stürzt er in die Entwertung ab, weil er sich selber und das, was er getan hat, entwerten muss und damit natürlich auch wieder sich selber traumatisiert und dann wieder die nächste Idealbildung angehen muss. Das beschäftigt mich zur Zeit sehr. Ich denke jetzt gerade daran, das Buch „Alles oder nichts", diese Untersuchung des Narzissmus, der Idealisierung und Entwertung, zu verknüpfen mit so einer Art Theorie der Traumatisierung, der Traumafolgen und der Traumaverarbeitung.

Ein anderes Arbeitsgebiet ist die Psychoanalyse der Institutionen. Ich arbeite mit einer Gruppe, die ursprünglich in der GAG verwurzelt war, jetzt aber unabhängig funktioniert. Da geht es auch genau um diesen Aspekt, dass Institutionen wie Organismen ihre eigenen Geschichten, ihre eigenen Mythen, ihre eigenen Riten haben. Es ist ein ganz faszinierendes Gebiet für die Psychoanalyse zu erforschen, was Institutionen mit unserem Unbewussten machen und wie sie dann andererseits auch unser Unbewusstes ausdrücken.

Z: Ich möchte noch mal auf den roten Faden zurückkommen, den ich in Deinem Leben sehe: Du hattest von Anfang an den Wunsch, Dich mitzuteilen; aber nicht einfach nur etwas mitzuteilen bzw. jemandem etwas anzuvertrauen. Der Schriftsteller in Dir wollte gestalten. Du warst ja nicht nur der pubertäre Schwärmer, der mit Gedichten auf sich aufmerksam machen wollte. Du zitierst irgendwann einmal Lessing, der sagt: ‚Die Kunst dient dem Vergnügen und die Wissenschaft der Wahrheit.' Du siehst Deinen Platz exakt dazwischen. Du betonst an vielen Stellen, dass Dir dies Vergnügen des Schreibens nicht bloß eine oberflächliche Lust ist. Es ist Dir sehr wichtig, zu reflektieren und zu gestalten.

S: Ja, aber das Schreiben ist das nicht immer für mich gewesen. Ich kann mich erinnern, dass ich im Gymnasium eigentlich keinen klaren Bezug zu meinem Schreiben hatte. Es ist mir nicht sehr schwer gefallen, die Aufsätze zu schreiben. Es ist mir auch nicht besonders leicht gefallen. Ich habe nie so ein Gefühl gehabt - sagen wir - von Ursache und Wirkung. Ich konnte die Note nie in einem sinnvollen Zusammenhang sehen zu meinem Schreiben. Ich würde auch heute noch sagen, dass der Deutschunterricht am Gymnasium eigentlich eine Anleitung zum geistigen Hochstapeln ist, dass man halt nie das schreiben kann, was einen wirklich beschäftigt, sondern immer irgendwas schreiben muss, was einen beschäftigen sollte.

Die Gedichte waren was anderes. Da hatte ich das Gefühl, ich drücke was von mir selber aus. Aber es war auch so, dass diese Gedichte keinem Menschen direkt galten. Ich habe die Gedichte dann an verschiedene Zeitschriften geschickt und habe auch einige Rückmeldungen gekriegt

Z: Hesse!

S: Ja, Hesse hat mir auch mal geschrieben, sehr melancholisch, dass ihn, Hesse, heute auch niemand mehr ernst nimmt. Dann war das, was ich geschrieben hatte, gedruckt. Zum ersten Mal war das als ich als Werkstudent zu einer medizinischen Zeitschrift ging und dort Zusammenfassungen von medizinischen Originalarbeiten schrieb. Es war für mich schon eine sehr eindrückliche Erfahrung, dass man sich durch das Schreiben sozusagen auch einen Markt erschließen kann, dass man in so eine Gruppe wie eine Redaktion reinkommt, wo auch über Texte diskutiert wird, wo man Rückmeldungen kriegt, wo man nicht alleine vor sich hinschreibt. Das, denke ich, hat mich wirklich sehr gefördert. Da habe ich eine professionelle Beziehung zum Schreiben gekriegt. Dies frühe Interesse, dass ich irgendwie Dichter werden wollte, und diese praktische Erfahrung haben sich dann zu dem verbunden, was wohl auch mein erfolgreichstes Sujet wurde, nämlich das wissenschaftliche Sachbuch. Da nützt einem schon, dass man einerseits auch einen literarischen Anspruch hat, also dass man gerne was gestaltet - auch was Eigenes gestaltet, nicht, wie das in der Redaktion üblich war, nur so eine Art Interpret ist von anderen Autoren - dass man andererseits gelernt hat zu interpretieren, d.h. Dinge so darzustellen, dass sie allgemeinverständlich, dass sie nachvollziehbar sind. Das hat dann wohl eine Basis gelegt für die Sachbücher, die ja dann auch erst entstanden sind, als ich wirklich eine eigene Praxis hatte als Therapeut. Aber das gehört auch noch dazu: Dass mir diese journalistische Existenz zu wenig war, wo man von allem was weiß und das dann auch wieder vergessen kann, wenn man etwas erst dargestellt hat, und wo man sich nicht wirklich vertiefen kann in irgendeine Frage. Ich wollte irgendwie mehr Kontakt zur Realität haben.

Z: Du schreibst irgendwo: Was wäre aus mir geworden, wenn ich diesen intensiven Kontakt z.B. in Gruppen und dann in der Analyse und in den vielfältigen Tätigkeiten in der GAG nicht gehabt hätte? Und Du stellst Dir da ziemlich unschöne Aussichten vor, was aus Dir geworden wäre. Ein oberflächlicher Journalist z.B. ...

S: Vielleicht, aber vielleicht hätte ich dann literarisch mehr erreicht. Man muss ja auch sehen, dass meine Bemühungen, erzählende Texte zu schreiben, längst nicht so erfolgreich waren wie meine Sachbücher. Für mich war das natürlich enttäuschend. Die Ansprüche steigen ja mit dem Erfolg. Das ist leider so, das ist nur menschlich. Mein Lektor sagt mir: „Wolfgang, sei doch zufrieden, wenn Du auch mal nur 1000 Bücher verkaufst. Da würden sich viele andere die Finger abschlecken." Aber ich hab halt auch schon mal 80000 oder 160000 Bücher von einem Titel verkauft, d.h. nicht ich habe sie verkauft, sondern der Verlag. Dann denkt man natürlich: Das ist ein echter Abstieg, wenn es jetzt nur noch 8000 sind. Und das ist das Schicksal meiner erzählenden Werke gewesen. Es ist eben so, dass die ganze literarische Kultur Leuten entgegen steht, die mehrere Sachen machen. Wenn man erfolgreiche Sachbücher geschrieben hat, wird man von keinem wirklich als Autor von erzählenden Texten ernst genommen. Das ist eine Reaktion auf diese Marktplatzsituation: Ganz viele Leute wollen ganz viel gelten. Aber es gibt wenig Geltung zu verteilen. Deshalb sagen die Rezensenten sich: Der soll bei seinen Sachbüchern bleiben. Als das kennen wir ihn. Was hat der da jetzt noch für einen Anspruch und möchte was anderes machen? Das hat mich schon gekränkt und belastet, aber nicht eigentlich entmutigt. Ich habe dann irgendwann die Einstellung gewonnen, dass das wirklich Wichtige am Schreiben mehr die Freude dran ist, wenn man es tut, also die Freude an dem Akt selber, an der Gestaltung, an diesem Basteln und sich Überlegen und dann zu Papier bringen, und dann weiter zu planen, weil man das eine jetzt fertig gestaltet hat. Dann zum Nächsten gehen zu können, das sollte einem das Wichtigste sein. Und das sollte man möglichst gut machen. Was dann der Markt damit macht und wie viel Erfolg man damit hat, das sollte einen nicht so sehr beschäftigen.

Z: Du als „Ökotherapeut" machst ja vermutlich Therapien nicht nur, um Material zu haben für Deine Sachbücher. Da ist noch ein weiteres Interesse, ein Gewinn?

S: Ich weiß nicht, eigentlich erlebe ich das alles gar nicht in solchen Zusammenhängen, als ob ich das eine machen würde für das andere. Es ist schon so, dass mich die Therapiearbeit oft sehr anregt. Eines meiner letzten Projekte, das jetzt auch schon ziemlich fertig ist, ist sozusagen aus einem Traum einer Gruppenpatientin entstanden. Dieser Traum hat mich einfach sehr beschäftigt. Da habe ich dann alles mögliche historische, literarische und mythologische Material dazu gesammelt. Der Traum ist dann so eine Art Kondensationskern, der sich aus der Therapiearbeit ergibt. Aber gerade bei der Gruppenarbeit ist ja ganz viel auch eine Rückkehr zu früheren Phasen der Literatur oder der Poesie. Man sitzt in der Gruppe mit anderen Leuten zusammen, die dann irgend eine Geschichte erzählen, die sie belastet. Und dann erfindet man eine kurze andere Geschichte dazu: Die Deutung. Oder man verbindet sie mit den Geschichten anderer Gruppenmitglieder. Und das hat dann oft eine befreiende Wirkung. Das, finde ich, ist eigentlich eine Arbeit wie aus der Vorzeit, als die Rollen Medizinmann, Schamane und Dichter noch nicht so getrennt waren. Das ist es, was mich an der Psychoanalyse so fasziniert hat und noch immer fasziniert: Diese Mischung aus genauer Beobachtung, die eine wissenschaftliche Tradition hat, und Poesie, also dass man etwas Neues macht aus diesen Beobachtungen, nämlich die Deutung. Die ist ja ein schöpferischer Akt, der dann aber auch wiederum kontrolliert wird. Die Deutung ist kein ganz selbstbezogener Akt, sondern auf den Patienten bezogen. Und erst die Interaktion, also die Annahme der Deutung, nämlich dass der Patient mit der Deutung weiter arbeiten kann, erst dieser Akt dann bekräftigt die Deutung. Der Patient gibt dann eine ganz unmittelbare Rückmeldung, die viel schöner sein kann, viel direkter als die Rückmeldung, wenn ich einen Text schreibe und das Buch flattert dann irgendwo rum. Viele Leute lesen es halt, manche lesen es sicher vergnügt oder sind bewegt, wie Du sagst. Das erfahre ich in der Regel gar nicht. Manchmal schreibt mir einer; das freut mich dann sehr und ich bin ganz überrascht, was man für Rückmeldungen kriegt. Als ich die „Kindheit in Niederbayern" geschrieben habe, da kriegte ich plötzlich Nachrichten von irgendwelchen Verwandten und Bekannten, von Leuten, die ich beschrieben hatte. Die haben sich gefreut, dass sie da jetzt irgend etwas begegnet sind oder erinnert wurden an etwas, was sie schon lange vergessen hatten. So etwas finde ich auch sehr schön. Aber in der Therapie ist die Rückmeldung natürlich viel unmittelbarer und persönlicher. Das ist eine ganz andere Form von Arbeit und auch von Befriedigung.

Z: Würde es Dich freuen, wenn Du von Leuten wie mir gelegentliche Rückmeldungen kriegen würdest oder ist das für Dich abgeschlossen?

S: Nein, das ist überhaupt nicht abgeschlossen. Das Schöne ist aber, was auch irgendwie zu mir passt, dass ich das dann lasse. Ich kenne Autoren, die sehr dahinter her sind, dass ihre Bücher auch gelesen werden. Die schreiben an alle möglichen Rezensenten. Wenn dann jemand ein Buch bespricht, und sie fühlen sich verkannt, setzen sie sich sofort an die Schreibmaschine und schreiben einen langen Brief, in dem sie sich rechtfertigen. Das ist alles nicht meine Art. Ich lasse die Bücher los, und dann müssen sie ihren Weg machen. Wenn ich eine Rückmeldung kriege, freut es mich in der Regel. Ich würde schon sagen: Ja, es freut mich. Die Rückmeldungen sind ja auch nicht so übermäßig häufig, dass ich darunter ersticke oder zusammenbreche. Das kommt auch sehr aufs Medium an. Ich habe in jüngster Zeit mal ein Interview im Spiegel gemacht. Da kriegte ich natürlich fürchterlich viele Anrufe von Leuten, die dann schnell eine Beratung und Therapie usw. machen wollten; und mein Anrufbeantworter war voll. Ich war nämlich, Gott sei Dank, in Ferien, als das Interview erschienen ist. Da war ich eigentlich froh, dass alles auf dem Anrufbeantworter war und sich zum größten Teil selber erledigt hatte und ich das nicht persönlich beantworten musste. Ich bin sehr gespannt, wie das wird, wenn meine Website erscheint. Das ist ja eine Möglichkeit, wo man dem Autor rückmelden und Kontakt zu ihm aufnehmen kann. Meine Tochter hat schon gesagt, dass ich da viele Anfragen kriegen werde und ich dann irgendwelche Mittel entwickeln müsste, die zu kanalisieren. Oder ich müsste von vorneherein sagen, ich hätte keine freien Stunden oder so was.

Z: Noch mal zum Stichwort „Kränkungen", von denen es vermutlich einige in Deinem Leben gab. Im Zusammenhang mit den „Hilflosen Helfern" wurdest Du auch missverstanden. Du wirst ja wohl manchmal identifiziert mit den Themen, die Du behandelst: Schmidbauer als „hilfloser Helfer", „hysterischer Mann" oder als einer, der selber gescheitert ist in Liebesbeziehungen. Und jetzt kommt er daher und singt ein hohes Lied auf die heimliche Liebe, den Seitensprung. Da kommt wahrscheinlich einiges auf Dich zu.

S: Das mit dem „Hilflosen Helfer" hat mich damals eher amüsiert, obwohl es natürlich in dieselbe Richtung geht wie das mit der „heimlichen Liebe“. Wenn ich etwas beschreibe und untersuche, dann ärgert es mich, wenn ich sozusagen zu jemandem gemacht werde, der das befürwortet, allein weil er es nicht verurteilt, sondern diskutiert. Außerdem ärgere ich mich auch oft über meine eigene Gutmütigkeit. Ich kann mich erinnern, dass ich mal – auch aus Gutmütigkeit - irgendeinem Radiomenschen, der mich unbedingt zu diesem Buch über die „Heimliche Liebe" interviewen wollte, zugesagt habe. Da habe ich mich zwischen zwei Stunden ans Telefon gequält und dann war dessen erste Frage: „Waren Sie heute schon bei Ihrer Geliebten, Herr Schmidbauer?“ Ich ärgere mich, dass ich auch dann noch versuche, irgendwie eine konstruktive Antwort zu finden und nicht einfach den Hörer auflege. Da sieht man wieder, dass die Sozialisation als Therapeut auch problematisch ist. Da ist man gewohnt, dass man nicht sofort den Kontakt abbricht, wenn jemand einem krumm kommt. Aber das wäre gegenüber den Medien oft besser. So etwas ärgert mich. „Kränken“ würde ich weniger sagen. Kränkungen wirken ja länger nach. Was mich eher gekränkt hat, das ist z.B., dass Bücher, die ich sehr geschätzt habe, die mir sehr wichtig waren, wie z.B. die „Kentaurin", so wenig besprochen worden sind. Das hat mich gekränkt trotz meiner schon vorher geäußerten Selbstzurede, dass eigentlich das Kreative das Wichtigere ist. Ich denke, es ist nicht so leicht über dem Bedürfnis zu stehen, dass andere halt auch das gut finden sollen, was man selber gut findet.

Dass jemand sagt: Der Schmidbauer ist zweimal geschieden und jetzt schreibt er was über Beziehungen, das fällt für mich völlig auf die Kritiker zurück. Außer den Fakten wissen die ja überhaupt nicht, aus welchen Gründen diese Beziehungen nicht weiter gingen, wie ich damit umgegangen bin und welche Schlüsse ich daraus gezogen habe. Ich meine, wenn ich mich damit gut fühle und sage: „Das war ein Entwicklungsprozess“, reicht das völlig aus. Wenn dann jemand sagt: „Das gibt's ja nicht, entweder ist man immer gut oder man ist nie gut“, dann soll er das denken.

Z: Aber Du weißt auch, dass viele Leute Dir dankbar sind für das, was in Deinen Büchern steht?

S: Wenn Du das so sagst, nehme ich das zwar dankbar zur Kenntnis, aber es beschäftigt mich nicht direkt. Ich bemühe mich sehr um Professionalität. Ich möchte einen guten Job tun. Und ich kriege auch das völlig Angemessene, wenn die Leute meine Bücher lesen. Wenn sie die Bücher kaufen, reicht mir das. Dass sie auch noch dankbar sein müssen, weil ich sie geschrieben habe, würde ich nie erwarten. Ja schön, wenn sie es sind, wenn sie es mir sagen, auch schön, aber ich denke da irgendwie nicht dran. Ich habe die Bücher nicht geschrieben, um dankbare Leser zu finden, sondern weil ich ihren Inhalt richtig und wichtig finde.

Z: Auf eine Deiner Positionen möchte ich Dich noch ansprechen. Du analysierst illusionslos die Lage der Welt und der Natur und zeigst auch die verheerenden psychischen Folgen auf. Trotzdem sagst Du in einer merkwürdigen Askese: Wir sind nicht dazu da, die Welt zu verändern. Das ist eine glatte Überforderung. Lernen wir doch wieder von den sogenannten Primitiven und nehmen uns das Recht, in unserer Umwelt, auch in dieser von Menschen kaputt gemachten Umwelt, zu leben wie ein naiver früherer Mensch. Das ist eine Einstellung, die ich so von niemand anderem kenne. Du denkst offensichtlich bescheiden über unsere Möglichkeiten, die Welt zu retten. Wenn nun jemand sich aktiv einsetzt, wie ich z.B. jetzt in Nepal, tun wir das wirklich nur, um unsere eigene Hoffnungslosigkeit zu bearbeiten? Diese Spannung zwischen Hoffnungslosigkeit und einer großen Ruhe interessiert mich.

S: Was Du sagst, stimmt teilweise. Aber ich würde nicht von Hoffnungslosigkeit sprechen. Das geht mir zu weit. Wir wissen es einfach nicht, es sieht so aus; wenn man beobachtet und urteilt, ist der Pessimismus einfach realistischer. Aber gleichzeitig wissen wir nicht, wie die Entwicklung weiter geht. Wenn nun das, was heute der Intellektuelle bzw. der Pessimist nur voraussieht, und was andere verleugnen, wenn das so mächtig geworden ist, dass es nicht mehr so gut verleugnet werden kann, dann ergeben sich u.U. kreative Potentiale, die wir heute noch gar nicht abschätzen können. Außerdem können wir ja auch unseren eigenen Beitrag sehr schlecht einschätzen. Was die Chaostheorie sagt, - dass ganz kleine Aktionen große Wirkungen haben können, und umgekehrt die besten Vorsätze katastrophale Wirkungen haben können - das ist eine ganz wichtige Lehre für unsere Prognosen. Dies Thema hat mich schon immer beschäftigt. Die idealistischen Aktionen machen oft letztlich mehr kaputt als sie helfen. Dazu habe ich viel geschrieben, aber ich bin nicht allein mit dieser Einstellung. Schon Freud hat gesagt, dass die angemessene Haltung für den denkenden Menschen in der Theorie der Pessimismus ist, in der Praxis aber der Optimismus.

Z: Noch einmal zum Thema Alter: Wie erlebst Du das Älterwerden? In der „Kentaurin" erzählst Du vom Sterben Deiner Mutter. Beschäftigt Dich jetzt Dein eigener Tod?

S: Die Zeit zwischen 1980 und 1990 war für mich eine schwere Zeit, weil damals nicht nur meine Mutter gestorben ist, sondern auch mein Sohn. In dieser Zeit habe ich auch selber ein Stück Traumatisierung erlebt. Ich habe gemerkt, dass mich diese Zeit verändert hat: Ich mag z.B. seither keine großen Feste mehr, ich lebe etwas zurückgezogener und bin mehr für mich. Ich habe auch angefangen, Hobbys zu entwickeln, wie Sammeln oder Basteln. Ich mache zum Beispiel Schmuck aus alten Glasperlen und verkaufe den auch manchmal. Das sind mehr meditative Beschäftigungen, die ein Ausgleich sind für meine sonst eher abstrakte Arbeit. In der Psychotherapie sieht man den Erfolg erst sehr spät. Beim Schreiben sieht man natürlich schon etwas, aber es ist trotzdem eine wenig sinnliche Beschäftigung. Die Hobbys sind für mich ein sehr wichtiger Ausgleich geworden.

Mit dem Altern und dem Tod beschäftige ich mich schon, auch wenn ich noch nicht so viel darüber veröffentlicht habe. Mein nächstes Buch handelt vom Altern. Ironischerweise heißt der Titel: „Altern ohne Angst". Da ist viel von dieser Auseinandersetzung drin. Meine persönliche Lösung ist schon das Weitermachen. Das ist für mich sicher das Beste. Was ich bisher gemacht habe, tue ich immer noch gerne. Ich werde versuchen, den Stress, der durch Termindruck entsteht, etwas abzufangen. Aber sonst möchte ich weitermachen. Im Therapeutenberuf ist man mit 60 in vielen Situationen besser als mit 40. Man muss sich nicht mehr so viel beweisen, man muss nicht mehr so viele Wünsche sublimieren oder abwehren und man hat halt auch schon viel Erfahrung. Die Erfahrung ist in einem so differenzierten Beruf unersetzlich. Beim Tod meiner Mutter habe ich ja sehr bedauert, dass mit dem Tod eines solchen Menschen einfach unglaublich viel an Erfahrung einfach verschwindet - oder zumindest meinem Zugriff entzogen wird. Ob sie für immer und überall verschwindet, das weiß man ja nicht. Ich glaube der Erfahrung wegen ist es sinnvoll weiterzuarbeiten, solange es eben geht. Ich bin immer noch in einem Intervisionsteam mit Kollegen zusammen. Wir haben uns heilige Eide geschworen, dass wir uns gegenseitig auf alle Signale von Senilität gnadenlos aufmerksam machen werden. Darauf verlasse ich mich auch. Die anderen sind nun jünger als ich - ein bisschen, nicht sehr. Jetzt haben wir auch noch einen reingenommen, der noch jünger ist. Ich glaube, das funktioniert auch. Momentan ist noch nichts am Horizont, weshalb ich mich einschränken müsste.

Ich will mich aber einschränken, eben weil ich auch anderes machen möchte.

Im Blick auf den Tod meine ich: Eine Weile glaubt man ja, man könnte sich mit dem Thema irgendwann definitiv zu Ende beschäftigt haben. Es gibt da so eine schöne Geschichte in der buddhistischen Literatur Japans. Die handelt von einem jungen Schwertkämpfer, den der Tod völlig aufgehört hat zu beschäftigen. Aber ich glaube nicht, dass das eine realistische Geschichte ist. Es ist eine idealistische Geschichte und als solche natürlich auch sehr schön. Ich meine eher, dass die Frage nach dem Tod eine der Fragen ist, die nicht aufhören werden, einen zu beschäftigen. Wir finden das natürliche Ende genau dann, wenn wir uns nicht mehr mit dem Tod beschäftigen können. Das ist ja der Trost von Epikur: Dass der Tod nicht zu fürchten ist. Denn solange wir da sind, ist er nicht da; und wenn er da ist, sind wir nicht mehr da. Dieser Trost lässt freilich außer acht, dass der Tod eine Trennung ist von allen Menschen, die wir lieben. Alle auf einmal sind dann weg in unserer Phantasie. Das ist natürlich etwas Schreckliches. Das kann man auch umkehren und projizieren und denken: Wenn ich sterbe, dann wird das meinen Kindern und den Leuten, die mich mögen, auch irgendwie zu schaffen machen. Als meine Mutter starb, war das schon schlimm für mich. Sie war ja die zentrale Figur in meinem Leben, zumindest in meiner Kindheit, würde ich einschränkend sagen. Mein Vater war ja sehr früh gefallen. Dass die anderen einen vermissen werden, ist ein Gedanke, der einem kommt, der aber auch wieder weggeht, wenn man genügend andere wichtige Gedanken zu denken hat. Dass einem die nicht ausgehen, dafür muss man eben sorgen.

Z: Wie viele Menschen sind um Dich, die Du nicht verlieren möchtest? Mein Interesse z.B. an vielen Menschen wird jetzt im Alter geringer. Aber der Wunsch nach wenigen, intensiven Beziehungen bleibt. Hast Du Enkel?

S: Nein. Enkel vermisse ich sehr. Ich habe natürlich eine Frau, mit der ich jetzt seit gut 20 Jahren zusammen bin. Ich habe einige gute Freundinnen und Freunde, und meine Kinder sind mir natürlich auch sehr wichtig. Die sind für mich wirklich eine große Bereicherung, weil das so eine Art Zwangskontakt mit der jüngeren Generation ist. Die Töchter sind ja auch schön weit auseinander: Meine Älteste ist fast 34, und meine Jüngste wird in diesem Jahr 18. Also habe ich verschiedene Kindergenerationen, mit denen ich mich beschäftigen muss und kann, je nach dem. Mit meinen älteren Töchtern, die schon lange ausgezogen sind, ist es eher eine freiwillige Sache. Mit meiner Jüngsten wird es jetzt auch mehr und mehr freiwillig und gewünscht. Lange Zeit war es ja so: Wenn man im selben Haushalt lebt, muss man sich auseinandersetzen. Das fand ich bei allem Stress, der auf einem lastet, wenn man mit über 40 noch einmal ein kleines Baby hat, doch auch sehr bereichernd. Enkel fehlen noch. Leider sind meine großen Töchter beide sehr anspruchsvoll, was ihren Beruf angeht. Sie haben lange studiert. Nun ja, jetzt warten wir mal erst, ob da etwas kommt. Ich habe keinerlei Probleme damit, Großvater zu werden. Ich finde es schön, wenn das Leben weitergeht. Ich glaube, es ist eine meiner lebensbejahenden Seiten, dass ich Kinder immer sehr gerne gemocht habe, in allen Formen eigentlich.

Z: Das ist ein guter Schluss. Jedes Kind, das geboren wird, sagt ja Tagore sei ein Zeichen, dass Gott – oder wer immer das ist – die Welt noch nicht aufgegeben hat.
Vielen Dank, Wolfgang Schmidbauer.

Balintgruppe Hagenbuch

Balint-Gruppe und trocken gebeizter Lachs - die Dimension der Gegenwart

Die Vorbereitungen für die Balintgruppensitzung am 15. Juli 2000 lassen Außenstehende eher die Vorbereitungen für ein anspruchsvolles kalt-warmes Buffet vermuten, mainstreamig formuliert: Brunch, als die Zusammenkunft einer Balint-Gruppe von fünf Supervisorinnen und drei Supervisoren aus dem Raum Nordbayern, mit dem Psychoanalytiker Wolfgang Schmidbauer. Vorher war durch mehrere Telefonate die Speisenfolge für das Sommeressen festgelegt worden: Trocken gebeizter Lachs (französisch), Tomaten an Mozzarella mit Basilikum (italienisch), roter Rindfleischsalat (fränkisch), gemischter Salat (mediterran), gebratene Hähnchen (nordafrikanisch) und Kuchen (fränkisch). Getränke Mineralwasser, Blanc de Blanc (Bordeaux) und Pfälzer Dornfelder, Kaffee und Espresso, Beilagen (contorni) verschiedene Brotsorten, am Tisch (caperto) im Wochenendhaus von Wolfgang Schmidbauer in dem Landstrich, wo Mittelfranken in die Oberpfalz übergeht. Zur Tradition dieser Balint-Gruppe gehört es von Beginn an, so von der Gründergeneration weitergegeben, das Jahr mit einem gemeinsamen Weihnachtsessen nach der Dezembersitzung zu beschließen, und nun ist es nach mehrmaligen Anläufen gelungen, die neue Küche und den Freisitz (loggia) im umgebauten Haus für ein gemeinsames Essen zu verwenden.

Gruppendynamisch und gruppenpädagogisch geschulte und versierte Leserinnen und Leser haben natürlich jetzt eine Idee hinsichtlich der prozessualen Einordnung dieser Balint-Gruppe: Entwicklungsphase der Vertrautheit und Intimität oder aus einer anderen theoretischen Position vielleicht positive Geschwisterlichkeit genannt.

Bleiben wir im ersten Denkmodell, dann würde es sich eher um die Phase der Differenzierung handeln, die gekennzeichnet ist durch das Respektieren der Unterschiede bei gleichzeitiger hoher Affinität zur Gruppe.

Vor Beginn der Balint-Gruppe treffen sich einige Teilnehmer/innen in Nürnberg zur Vorbesprechung dieses Beitrags für die Festschrift zu Wolfgang Schmidbauers 60. Geburtstag. Der Stand der Fortschritte der einzelnen Beiträge wird gesichtet, ein neuer Termin vereinbart und festgestellt: der Abgabetermin ist mittlerweile in greifbarer Nähe und wir sollten doch mal mit den HerausgeberInnen in Kontakt treten und eine Terminverlängerung erreichen. Vorher war die Vorgehensweise vereinbart worden: jeder Teilnehmer und jede Teilnehmerin beschreibt rückblickend, ausgehend vom "ersten Mal in der Balint-Gruppe", die individuellen Eindrücke, die eigene Entwicklung und die Bedeutung dieser Balintgruppe. So würden dann, das war die Hypothese, auf dem Hintergrund des jeweils unterschiedlichen ersten Eindrucks, die verschiedenen Epochen dieser nunmehr seit 1985 bestehenden Balint-Gruppe illustriert werden. Für uns stellt dies ein Experiment dar: Wir begeben uns damit auf einen Weg, von dem wir, als wir begannen, erst mal nicht wussten, wo er hinführen würde. Wir waren uns darüber einig geworden, dass wir die Verschiedenheit der Menschen und die Unterschiedlichkeit der Entwicklungsphasen der Balint-Gruppe als Gestaltungsprinzip verwenden wollten.

1985 – 1989/ Fortsetzung 1997
Übertragung – Gegenübertragung: Die Balint-Gruppe – gelebte analytische Theorie

Da sitzt er mir gegenüber. Locker wirkt er in seinem Sessel, einem alten, grün bespannten Sitzmöbel. Vor sich auf einem kleinen, runden Tischchen hat er zwei Brote zubereitet. Dazu eine Kanne mit Tee. Mit Milch gießt er auf.
Aha, das ist er also...der Schmidbauer.

Meine Augen schweifen durch den Raum. Weiß gestrichene Wände in einem alten Bauernhaus. Es riecht etwas nach „alt". Aber, schließlich bin ich auch in einem alten Bauernhaus.

Neben mir im Kreis sitzen noch drei Kolleginnen und zwei Kollegen. Zu sechst wollen wir eine Balint-Gruppe starten. Beim „großen" Schmidbauer... Es ist Samstag, 19.10.1985, 15.00...

Da werde ich in meinem Nachdenken gestört: „Wollen Sie vielleicht etwas trinken...und haben Sie schon gegessen?" Ja, natürlich habe ich gegessen. Trinken? Nein, natürlich nicht. Nicht jetzt...ich würde im Moment auch gar nichts runter bekommen.

Was ist denn das für ein Anfang?
Sehr distanziert ist der ja nicht...Der ist doch Analytiker, - oder? Und dann bietet der was zu essen und zu trinken an.

Das wird sich sicher noch ändern oder? Schließlich machen wir heute erst den Kontrakt. Später wird sich das alles gewiss noch ändern.

Und ob das geht, in dem Raum hier..? Spinnennetze in den Ecken. Ein kleiner Holzofen sorgt für Wärme.

Der bietet ja von Anfang an wahnsinnig Übertragungen an. Ist ihm das egal? Wo ist die Distanz? Der bietet ja jede Menge an Übertragungen an. Hat das alles Methode?

Immer wieder muss ich schmunzeln, wenn ich an diese erste Sitzung denke bei dir, Wolfgang.

Es war mir eine der vielen Lehren, die ich aus der Balintgruppenarbeit bei dir zog: „Lass die Übertragung zu, sie geschieht ja so und so. Wichtig ist, dass du mit ihr arbeitest. Dich ihr stellst."

Die Art, wie du dich uns zur Verfügung gestellt hast, habe ich immer als eine Gratwanderung von Vertrautheit und Distanz erlebt. Übertragung war möglich bis zur Gegenübertragung. Ich denke, wir waren fast einmal so weit, dich zum Kumpel zu machen.

Es ging ums Segeln. Wir wollten dich zu einem Segeltörn mitnehmen. „Therapeutisches Segeln“ oder so. Und du- als Teilnehmer. Ein Experiment. Immer mehr wurdest du eine planbare Größe für uns, bis...ja bis...du dann gefragt hast: „Was macht ihr da mit mir. Wer werde ich für euch?“

Es folgte eine nicht ganz angenehme, aber klärende Besprechung. Und du warst wieder der Leiter, der seine Vorgaben macht...Nähe und Distanz bekamen eine neue Qualität.

Einige von uns machten wohl den Segeltörn. Aber ohne dich. Dieser Törn hatte manche therapeutische Elemente, aber er blieb eben ein Segeltörn und sonst nichts...

Und da war noch eine andere Situation: Eine Teilnehmerin war fix und fertig. Sie war von der Gruppe und auch von dir auf mehrere für sie unangenehme Dinge gestoßen worden. Sie saß da und weinte. Fataler Weise war die Zeit abgelaufen.

„Was macht er jetzt? Bricht er ab, oder setzt er fort?“

Du hast fortgesetzt. Ich erinnere, dass deine Worte in etwa die waren: „So können wir jetzt nicht auseinandergehen. Schließlich wollen wir Lösungen finden und dich nicht unglücklich heim schicken.“

Im ersten Fall hast du dich für die Distanz entschieden. Im zweiten Fall für die Nähe, die auch mal die Regel durchbricht.

Ich denke, beide Male hast du mit deiner Gegenübertragung gearbeitet. Das macht mir diese Balint-Gruppe so wertvoll.

Wir könnten uns ohne dich treffen nach Art der 70er Jahre: Die Regeln schriftlich fixiert und fest in der Hand haltend. Die Gruppe wacht, dass keiner die ehernen Regeln bricht. Um jeden Preis werden sie durchgezogen.

Hier aber sitzt jemand, der mitfühlend und handelnd die Leitung übernimmt. Er entscheidet, wann die Regeln wie benutzt werden. Er selbst ist das Instrumentarium von „Übertragung und Gegenübertragung“. Du bist die Vorgabe und Grundlage.

Dies ist mir ein fester Rahmen, in den ich mich begeben, hinein fallen lassen kann. Letztendlich wohl auch der Nährboden für diese jahrelang bestehende Gruppe.

Arbeiten in einer anderen Profession oder: Geht das Vorstandsmitglied eines Millionenunternehmens in eine Balint-Gruppe?

Ich bin Diakon. Ich machte 15 Jahre lang an verschiedenen Orten in Bayern evangelische Jugendarbeit. Während dieser Zeit von 1982 – 1984 trat ich die

Ausbildung zum analytischen Supervisor im Burckhardthaus in Gelnhausen an. 1985 wurde ich gefragt, ob ich bei meiner Rummelsberger Brüderschaft die Supervision bei den Dienstanfängern übernehmen würde. Gerne übernahm ich nach der Zeit der Jugendarbeit diese neue Tätigkeit.

Zu Beginn dieser Tätigkeit wurde ich des Öfteren gefragt, was Supervision denn mit Seelsorge zu tun habe? Sicher galt das auch als Fangfrage. Nicht wenige betrachteten diese neue Profession „Supervision" mit Argwohn. Ich aber antwortete damals mit dem Satz: „Und er fuhr auf die andere Seite des Sees". Ein Satz, wie er in den Evangelien immer wieder auftaucht. Die Rede ist von Jesus.

Um den tagtäglichen Anforderungen zu entkommen, brauchte er Distanz. Nennen wir es „die Seele baumeln lassen, - durchschnaufen, - Distanz gewinnen". Wichtig schien es für ihn gewesen zu sein, die eigene Arbeit von einem anderen Blickwinkel aus zu sehen, im Zwiegespräch mit Gott.

Das Heilende, gesund Machende, war offensichtlich die Distanz und das Zwiegespräch. Genau dies aber bot ich als Supervisor ja auch ständig an. Und: Mir war von Anfang an klar, dass ich dies für mich selbst ebenso nötig hatte. Dass ich auch „auf der anderen Seite" mit jemand über mich und meine Arbeit kommunizieren musste.

Um nicht falsch verstanden zu werden. Ich erwartete von einer zukünftigen Balint-Gruppe keine Antworten im religiösen Bereich. Aber ich erwartete Antworten im Arbeitsbereich. Und über diese Antworten hinaus einen Ort, wo ich die Seele baumeln lassen und ganz neue Einblicke gewinnen konnte.

Was diese Erwartung jedoch in letzter Zeit erschwert, ist, dass ich seit einem Jahr im Vorstand eines der größten Sozialunternehmen in Bayern bin. Das hängt damit zusammen, dass ich zum Vertrauensmann, dem Senior der Rummelsberger Brüderschaft gewählt wurde. Ich denke, dieses Amt hat neben allem Vertrauen auch etwas mit meiner Lust zur Leitung zu tun; macht auch Spaß, nicht nur Kummer.

Und damit bin ich bei meinen seelischen Strukturen. Diese neue Arbeit hat natürlich etwas mit meinen inneren Strukturen zu tun. Mit meinen hysteria Anteilen ebenso wie mit meinen knophilen und/oder philobaten Anteilen.

Nach meiner Wahl zum Brüdersenior habe ich mit großem Gewinn dein Buch gelesen: „Der hysterische Mann." Und mit viel Interesse habe ich das Buch „Angstlust und Regression" von Michael Balint ein zweites Mal gelesen.

Aber egal, welche Bücher ich wann gelesen habe, wichtig ist, dass Zeit ist, meine Ängste und inneren Strukturen zu reflektieren, die mir anhand der Bücher deutlich werden.

Es hat mir gut getan, dass die Gruppe und du mir zugesagt haben, dass ich weiter bleiben kann, trotz der neuen Profession.

Bisher brachte ich „Fälle“ ein, die ich nicht lösen konnte oder zumindest Teile davon, die mich ins Rätseln brachten. Jetzt beschäftigen mich folgende Fragen:

- Personalfragen,
- Finanzfragen,
- Managementfragen, die es auch zu lösen gilt.

Wir werden sehen, ob sie sich ansprechen lassen.

Widerstand und Abwehr

Wenn ich es richtig erinnere, so ist der Widerstand gebunden an die therapeutische, die beraterische Beziehung, während die Abwehr ein integraler Bestandteil der Person ist.

Was treibt nun eine Gruppe von Menschen dazu, über mehrere Jahre hinweg sich jeweils einmal im Monat ins Auto zu setzen, eine beträchtliche Zahl von Kilometern herunter zu fahren und am Samstag oder Sonntag jeweils 3 ½ Stunden lang über eigene und die Probleme anderer nachzudenken, zu reflektieren?

Anscheinend haben wir es als Gruppe gelernt, dass das Arbeiten am Widerstand und an der Abwehr so viel mehr bringt, dass die mitunter schmerzhaften Entdeckungen am eigenen Ich, die langen Anfahrtswege, die versessenen und bezahlten Stunden diese Anstrengungen lohnen bzw. aufwiegen.

Im Fernsehen hab ich neulich im Werbeblock mit Interesse verfolgt, wie fast alles über Internet erlernbar ist. Selbst ganze Studiengänge sind mittlerweile über Internet zu absolvieren. Für unseren Selbsterfahrungsbereich kann ich mir dies im Moment nicht vorstellen. Ich denke, es braucht diese „zwischenmenschlichen Wellen“ wie sie nur in einem Kreis von Menschen entstehen können, die so beisammen sitzen wie wir. Ich weiß kein besseres Wort als „zwischenmenschliche Wellen“. Vielleicht kann man diese Spannung, die da entsteht, eines Tages messen oder fotografieren. Dass es sie aber gibt, das vertrete ich ganz fest. Schließlich hab ich sie ja oft genug gespürt. Und genau das ist die vertrauensvolle Voraussetzung zur Arbeit an Widerstand und Abwehr.

Arbeiten am Unbewussten

„Ja irgendwann muss man da doch fertig sein.“ So hörte und höre ich immer wieder solche Menschen reden, die Beratung nie für sich in Anspruch nahmen oder nehmen. Ich frage dann zurück: „Fertig von was? Fertig mit wem? Fertig wohin? Fertig wozu? Und weshalb?“ Ich finde den Menschen und sein Unbewusstsein und mich und mein Unbewusstsein so spannend, dass ich damit nicht fertig sein möchte. Auch wenn ich manchmal erschrecke über das, was da zum Vorschein kommt – obwohl ich's eigentlich doch schon längst wusste.... Aber eines ist mir dabei schon wichtig geworden: Eine Gruppe mit einem Leiter, beide mir vertraut und denen ich vertrauen kann, wo ich angstfrei regredieren kann, meine libidinösen und aggressiven Anteile zulassen kann.

Und: Ich will mit so einer Gruppe und so einem Leiter nicht zu oft im Leben beginnen. Was es bedeutet, wenn meine unbewussten Strukturen sich mit den unbewussten Strukturen der sozialen Großorganisation treffen – falls es dort so etwas überhaupt gibt. Eine Großorganisation, in der ich jetzt in verantwortlicher Position tätig bin, darauf bin ich mehr als gespannt. Und das macht mir das Weiterarbeiten mit der Gruppe und ihrem Leiter lust- und reizvoll.

1988 –1994 / ab 1996: Derham is derham

Warum bin ich noch und wieder in dieser Balint-Gruppe? Nei-naus-widder nei - und etz bliem!

Vom Grundberuf her bin ich Sozialarbeiterin und habe Mitte der 70er Jahre eine Weiterbildung zur Supervisorin absolviert. Seitdem bin ich als institutionsinterne Supervisorin und in der Personalentwicklung tätig. Mitte der 80er Jahre suchte ich Anschluss an eine Kontrollsupervisionsgruppe. In dieser Zeit bin ich von einer befreundeten Kollegin gefragt worden, ob ich Interesse hätte, an ihrer Balint-Gruppe mit Wolfgang Schmidbauer als Leiter teilzunehmen, denn dort war ein Mitglied ausgeschieden. Gefühlsmäßig war ich schwer beeindruckt, dort einen Platz zu erhalten. Das Buch „Die hilflosen Helfer" hatte ich in der Ausbildung zum Thema: „Was motiviert mich zu meiner Berufswahl" als Pflichtlektüre lesen müssen. Jetzt sollte ich ausgerechnet bei diesem damals bekannten, inzwischen berühmten Autor und Psychotherapeuten die Möglichkeit zur Teilnahme an einer regelmäßigen Kontrollsupervision haben.

Ich war schon recht gespannt und neugierig auf die erste Balint-Gruppensitzung, gleichwohl spürte ich etwas Angst in mir, dort vielleicht von einem sehr strengen Psychoanalytiker mit meinen Schwächen und Unvollkommenheiten in jeder Sitzung permanent konfrontiert zu werden. Ich wagte es trotzdem. Die Person, die mich begrüßte, entsprach ganz und gar nicht der meiner Fantasie: es war ein groß gewachsener, schlanker, lächelnder, freundlicher und interessiert zugewandter Mann mittleren Alters. Von Beginn an zeigte er sich in jeder Sitzung sehr menschlich und praxisnah, er beantwortete mir manch brennende Frage und gab sie mir nicht nur mit weisem Gehabe zur Reflexion zurück. Damit begleitete er meine berufliche Entwicklung, die Highlights und Nöte, über 10 Jahre hinweg.

Ich lernte dabei, mich mit meinen „Persönlichkeitsschleifen" anzunehmen, stets wurden meine Stärken und positiven Anteile in den Vordergrund gerückt. Ich gewann den Eindruck, dass ich hier nicht umgemodelt werden sollte, um noch „besser" zu werden. Stattdessen wurde ich wertschätzend und freundlich konfrontiert, ich wurde unterstützt und Handlungsalternativen wurden aufgezeigt, jedoch blieb die Entscheidung stets bei mir, um die anstehenden Situationen zu bewältigen. Am Ende einer Sitzung erlebte ich durchaus immer wieder große Verwirrung, aus der sich erst im Laufe einiger Tage Klärung ergab.

Nach mehreren Jahren der Teilnahme verließ ich die Balint-Gruppe, begründet durch den Anspruch an mich selbst, auch ohne eine ständige Kontroll-Supervision als Supervisorin professionell handeln zu können.

Es war das monatliche Treffen dort mit Kolleginnen und Kollegen, die allesamt in ähnlichen Berufen, doch in ganz anderen Tätigkeitsfeldern arbeiteten, das mir doch fehlte. Ich bekam wieder Lust auf die gemeinschaftlichen Fahrten zur Balint-Gruppe, auf die Unterhaltung und den Informationsaustausch, auf die Pausengespräche, auf das köstliche Essen aus den verschiedenen fränkischen Landstrichen, wo wir herkommen und auf die Heimfahrt, wo oft erst das Metathema der Gruppensitzung deutlich wurde.

Die Gruppe entwickelte sich zu einem Netz, das mittlerweile auch in den Arbeitsalltag hineinreicht, auch wenn es oft nur aus kurzen Telefonaten zwischen den Gruppensitzungen besteht.

Was mir an der Gruppe besonders gefällt und was sicherlich auch mit Wolfgang Schmidbauer zusammenhängt: Alle Themen sind erlaubt. Kein Thema wird zum Tabu erklärt; auch wenn keine Problemlösung möglich ist, so findet jeder ein offenes Ohr, Zuwendung und Aufmerksamkeit. Jede und Jeder wird so akzeptiert, wie sie/er ist und mit liebevollem Humor geachtet und nie abgewertet.

Bei meinem Wiedereinstieg in die Balint-Gruppe traf ich auf eine Reihe neuer Mitglieder. In der Gruppe war es noch kulinarischer geworden, die Teilnehmerinnen und Teilnehmer sind noch lebenslustiger und genussfähiger. In den ersten Jahren meiner Teilnahme waren die Leiter, Wolfgang Schmidbauer und Annemarie Bauer, die wichtigsten Personen, mittlerweile sind es auch die anderen Gruppenmitglieder. Ich finde es wunderbar, so viele interessante Menschen aus so unterschiedlichen beruflichen Zusammenhängen und fränkischen Orten zu kennen.

1989: Balint-Gruppe als Wahlverwandtschaft ?
Mein erster Tag in der Balint-Gruppe - die Dimension der Vergangenheit

An einem äußerst trüben Samstagnachmittag im November 1989 traf ich am vereinbarten Treffpunkt, bei einer mir aus Arbeitszusammenhängen bekannten Supervisorin erwartungsvoll ein. Ich könnte von anderen Teilnehmern zum Treffen der Balint-Gruppe im Wagen mitgenommen werden, so war mir telefonisch mitgeteilt worden, da es auch nicht so leicht wäre, zu dem Haus von W.S. zu finden. Weitere Teilnehmerinnen kamen auch zu dem vereinbarten Treffpunkt, begrüßten sich untereinander sehr herzlich und sehr vertraut, ich wurde zwar nicht übersehen, gleichzeitig waren für mich deutlich Fremdheit und vorsichtiges Annähern spürbar. Mit einiger Irritation sah ich, wie Thermoskannen mit

Kaffee und Tee sowie Gebäck, ich erinnere mich an den Geruch von fränkischen Schlupfkuchen mit Äpfeln und Zimt im Auto - sicher weil es Winter war - im Kofferraum verstaut wurden. Darauf war ich nicht eingestellt, dass hier etwas mitzubringen wäre. Ich durfte oder musste neben der Fahrerin sitzen. Im Fond saßen bei der Anfahrt zwei Kolleginnen, die sich offensichtlich zwar häufiger sahen, aber trotzdem sich sehr viele Neuigkeiten mitteilen mussten. Ich wurde darüber aufgeklärt, dass die Hinfahrt zur Balint-Gruppe eine sehr wichtige Phase sei, hier würde der berufliche Klatsch und Tratsch "abgearbeitet" und auch "kurz gecheckt", wer heute ein Anliegen in die Gruppe einbringen möchte.

Meine Kenntnisse über Balint-Arbeit beruhten auf den Inhalten, die sich ein psychoanalytisch interessierter Student in den 70er Jahren innerhalb der einschlägigen Studienrichtungen aneignen konnte. Die Bücher von Michael Balint, die ich mir noch rasch vor der ersten Sitzung aus der Universitätsbibliothek geholt hatte, um vorbereitet zu sein (besser: um vorbereitet zu scheinen), hatten mich beim "quer lesen" eher irritiert, als dass sie mir Sicherheit gegeben hätten. Eine Aussage von Michael Balint ist mir allerdings über die Jahre hinweg in Erinnerung geblieben, über die hatte ich zunächst hinweg gelesen, sie tauchte immer mal wieder in meiner Erinnerung auf: Michael Balint hatte festgestellt, dass Erkenntnisprozess und Verlauf meist sehr lange dauern und nicht selten Ungeduld der "Begleiter einer Gruppe" sein kann. Ungeduld bei mir, die kannte und kenne ich gut.

Neugierig war ich auf das Wochenendhaus von Wolfgang Schmidbauer; wer ein Haus in der Toskana besitzt und darüber schreiben kann, wer die viel gelesenen Standardwerke über die helfenden Berufe schreibt, dessen Wochenendhaus interessierte mich. Was ich zu sehen bekam war ein ehemaliges fränkisches Wirtshaus, etwas an den Hang geduckt, gegenüber davon die Scheune und mehrere „Schupfen, Stadel oder Schober" in Franken nennt so etwas „a weng a Geritsch" - das soll heißen durchaus renovierungsbedürftig. Ich erinnere mich noch, dass ich besonders konzentriert auftrat, mein Händedruck bei der Begrüßung und Vorstellung wird sicherlich etwas zu kräftig und zu selbstbewusst gewesen sein. Der Raum, in den wir eintraten, wurde von einem kleinen Kanonenofen geheizt, in dem knisternd ein Holzfeuer brannte. Ansonsten war er möbliert wie eine Kombination aus alter Bauernstube und studentischer Wohngemeinschaft. Nach der Vorstellung über "Wer, Was und Wo", erklärte ich, dass ich zunächst mal fünf Gruppensitzungen als Orientierungsphase ansehen werde, dann würde ich entscheiden können, ob ich weiterhin an dieser Gruppe teilnehmen werde. Dies wurde nicht weiter kommentiert, eher brummig zur Kenntnis genommen, wenn es also üblich sei, dann sei dies "schon so in Ordnung". Wolfgang Schmidbauer hielt das Feuer im Ofen am Brennen und legt immer wieder die richtige Menge Holz nach. Als Enkel eines Schmieds definierte ich mich als Experte in der Kunst des Feuermachens und konnte kritisch beobachtend feststellen: der Leiter der Balint-Gruppe zeigt hier große Kenntnisse und Fertigkeiten.

Zur Hälfte der Sitzungszeit wurde Pause gemacht, es gab Kaffee, Tee und Gebackenes. Mit den Rauchern der Gruppe ging ich nach draußen in die feuchte Kühle des frühen Abends auf eine Zigarettenpause.

Mein Anliegen, das ich in die Gruppe eingebracht hatte, bestand darin, dass ich "nicht damit zurecht kam", meine Wunschkandidatin bei einer Stellenbesetzung nicht durchgebracht zu haben. Ich hatte vorher in meiner Institution ein Arbeitsgebiet abgegeben und ein neues übernommen. Ich war noch Monate danach äußerst erbost darüber, durch eine Kollegin ersetzt zu werden, die meinen Erwartungen ganz und gar nicht entsprach und die auch noch die Kandidatin meiner Kontrahenten im Kollegium darstellte. Meinem Wunsch, in der Gruppe Solidarität und Trost zu bekommen, wurde eher nicht entsprochen. Statt dessen wurden mir Fragen gestellt, die etwa in die Richtung liefen, ob hier Kränkungen vorliegen könnten, es wurde assoziiert, ob ich mir vielleicht Thronfolger aussuchen wollte, aber auch welche Machtbedürfnisse mit der Installation von Wunschkandidaten verbunden sein könnten und am Ende noch, dazu fiel mir dann wirklich nichts mehr ein, wer einen Platz räumt, der sollte sich davon auch verabschieden und das hätte was mit Abtrauern zu tun. Ich hatte mich eingebracht und hatte nicht nur vorsichtig und beobachtend agiert, das war mir wichtig gewesen. Zurück bekommen hatte ich allerdings aus der Gruppe nicht das, was ich mir erhofft hatte, mit gemischten Gefühlen und recht einsilbig fuhr ich nach Hause. Die fünf Sitzungen der selbst auferlegten Orientierungsphase gestalteten sich mehr als eine "Einfädelphase". Meine Einlassung am Ende der fünften Sitzung, ich hätte mich nun entschlossen zu bleiben, wurde eher beiläufig zur Kenntnis genommen - mit dem Tenor "wer einmal hier war, der würde auch bleiben". Und seit dieser Zeit: Einmal im Monat: Immer wieder samstags...!

Die Balint-Gruppe und Entwicklung der beruflichen Identität-, Meta- und Zukunftsdimension

Aussagen zu mehr als 10 Jahren Teilnahme an einer Balint-Gruppe mit Wolfgang Schmidbauer als Leiter und viele Jahre mit Annemarie Bauer als Co-Leiterin bleiben in dem hier zur Verfügung stehenden Rahmen herausgelöste Momentaufnahmen: Betrachten wir Balint-Gruppenarbeit und Supervision als Verfahren zur Selbstvergewisserung über die eigene berufliche Identität, dann bietet sich an dieser Stelle die Möglichkeit an, Differenzierungen der Entwicklung von beruflicher Identität zur Erörterung heranzuziehen.

Die langen Jahre der Arbeit in der Balint-Gruppe ermöglichten mir, mit unterschiedlichen Formen beruflichen Handelns zu experimentieren, da ich wusste, es gibt da monatlich einen Kreis von Fachleuten, denen ich diese Erfahrungen vorstellen kann. In einem Deutungs- und Reflexionsprozess ist es dann möglich, alternative Formen zu entwickeln und in mein professionelles Handeln zu integrieren. Es bedeutete auch in wichtigen Teilen Versöhnung mit dunklen und ungeliebten, teilweise auch schambesetzten Anteilen der eigenen Person. Es hieß auch festzustellen, welche bislang noch ungelösten Entwicklungsaufgaben weiterhin das berufliche Handeln störend beeinflussen.

Berufliche Identität ist immer auch rückgebunden an die Phasen der Entwicklung von Professionalität und hier insbesondere an die der beruflichen Erstausbildung (deformation professionelle). Die Berufswahl und die Erstausbildung in den frühen 70er Jahren zum Sozialarbeiter (grad.) und die damit verbundenen gesellschaftspolitischen und moralisch-ethischen Implikationen bildeten das Fundament und die primäre Werteorientierung für mein berufliches Handeln. Durch ein zusätzliches sozialwissenschaftliches Studium und Zusatzqualifikationen weiter professionalisiert und ausdifferenziert, hatte ich unterschiedliche Zugänge für die supervisorische Arbeit - allerdings keine klassische supervisorische Zusatzausbildung.

Die unendliche Balint-Gruppe oder Wahlverwandtschaften sind die besten

Die regelmäßige Teilnahme an dieser Balint-Gruppe wurde zu einem unverzichtbaren Teil meiner Professionalität. Anfangs motivierten mich zur Teilnahme an der Gruppe vor allem noch die genannten Integrations- und Ausdifferenzierungsaufgaben, die ich als supervisorisch handelnde Person zu lösen hatte. So war die Gruppe für mich zunächst auch der Ort des Lernens von Supervision. Sie bot mir einen Rahmen, mich allmählich in dieses vielgestaltige Feld hineinzutasten. Und, dies ist ein besonderer Gewinn, bot sie mir für meinen Hauptberuf in der Ausbildung für sozialpädagogische Berufe die Möglichkeit, die äußerst komplizierten Handlungsvollzüge mit größerer Sicherheit und mit tieferem Verständnis für die beteiligten Personen zu gestalten.

Neben den neuen Erfahrungen werden auch alte biographische Erinnerungen reaktiviert und über den Reflexions- und Deutungsprozess auf neuem Niveau aggregiert. So war es mir möglich, in der kurzen Zeitspanne, in der der verstorbene Pater Ludwig Schraml der Gruppe angehörte, in der Begegnung mit ihm alte Erfahrungen in und mit der katholischen Kirche zu reflektieren und einen neuen Zugang zu finden.

1992: Schlaglichter

Nach Abschluss der Ausbildung zur Supervisorin war ich auf der Suche nach einer Balint-Gruppe in einigermaßen erreichbarer Nähe von Bamberg aus. Von derjenigen unter Leitung von Wolfgang Schmidbauer und der Co-Leitung von Annemarie Bauer hatte ich gehört; eine gute Stunde Fahrzeit fand ich akzeptabel.

Eines Abends kam ein überraschender Anruf: in der Gruppe war ein Platz frei geworden. So fuhr ich zu meiner 1. Sitzung mit folgenden Vorinformationen:

- es gibt sechs Plätze,
- vier von den Teilnehmer/innen kennen sich beruflich auf verschiedenen Ebenen und haben viele Berührungspunkte,
- man sollte etwas Essbares für die Pause mitbringen,
- empfohlen wurde warme Kleidung,
- nach drei Sitzungen fällt die Gruppe eine Entscheidung, „ob man passt“.

Kaum hatte ich die Autobahn verlassen, wurde es immer ländlicher, einsamer, viel Natur, die Strassen immer schmaler – diese Anfahrt gefiel mir.

Man traf sich in einem kleinen Dorf und einem etwas heruntergekommenen Haus, zu dem größere ehemalige Stallgebäude gehörten und ein etwas verwilderter Garten. Drinnen begriff ich die Empfehlung der warmen Socken: ein Holzofen bemühte sich mit wachsendem Erfolg um gemütliche Wärme in einem niedrigen Raum mit Steinfußboden. Es gab alte Sessel, alte Stühle, ein zweisitziges Sofa, auf dem ich meine 1. Sitzung verbrachte neben einer stellvertretenden Heimleiterin. Zwar waren alle neugierig auf die Neue, aber es gab keine besonders ausführliche Vorstellungsrunde – dafür blieb Zeit in der Pause. Damit hatte ich gleich etwas Wesentliches mitbekommen: es geht ums Arbeiten, für Kommunikation ist Zeit in der Pause.

Mich beschäftigte innerlich vieles: würde ich mithalten können mit diesen Supervisorinnen und Supervisoren mit so viel Erfahrung? Wie wird es mir gehen mit meinem Arbeitgeber Kirche, denn da hatte ich unterschiedliche Vorerfahrungen aus anderen SV-Prozessen?

Sehr gut getan hat mir das Pausengespräch mit meiner Sofa-Nachbarin, sie gehörte ebenfalls wie ich nicht zu den Nürnbergern.

Geleitet und begleitet wurde die Gruppe von Wolfgang Schmidbauer und Annemarie Bauer. Solange sie mit dabei war, waren wir meiner Erinnerung nach relativ leitungsorientiert, vielleicht lag es auch an der damaligen Gruppenphase. Im Laufe der Zeit hat sich das verändert. Natürlich hat Wolfgang eine unbestrittene Autorität – er führt uns oft in interessante Verstehenszusammenhänge auf Grund seines weiten Hintergrundwissens, aber wir als Gruppe haben viel mehr Verantwortung für den Prozess übernommen, nicht mehr nur für den „ Kaffee“ in der Pause.

Für mich hat die Umgebung, in der wir uns treffen und arbeiten, eine entscheidende Bedeutung. Das Sitzen in kälteren Jahreszeiten in einer heimeligen Stube, die langsam warm wird – im Sommer mit Sonnenbrillen und -hüten auf der Veranda oder unter den Bäumen – für mich verbinden sich damit Anklänge an Lagererfahrungen aus der Jugendarbeit. Diese Umgebung ohne Schreibtisch, Skripten und Handapparat setzt viel frei, lässt manche Gedankenschleife zu, die oft interessante Einsichten freisetzt, führt heraus aus der sonstigen Hektik. Es gibt wenig, was Aufmerksamkeit auf sich zieht. Stattdessen ist immer ein Blick in die Weite möglich. Das anfängliche Ritual „Wer hat was?" sorgt für eine gewisse Orientierung: wie viel Zeit steht jedem/jeder zur Verfügung oder kommt man überhaupt dran?

Sowohl in der Berichtsrunde wie in der Arbeitsrunde wird viel deutlich von anderen Berufsfeldern, anderen institutionellen Zusammenhängen. Es öffnet neue Blicke auf meine Institution, die Kirche; die Beschäftigung mit Kommunalbehörden, mit Arbeitsabläufen in Heimen, Beratungsstellen, Verwaltungen, dem Stellenwert von Supervision in anderen Arbeitszusammenhängen macht mich geduldiger. Manchmal hilft es mir, Vorgänge in meinen Arbeitsfeldern schärfer oder weicher zu verstehen, weil sie von ideologischen Brillen befreit werden. Kirche wird verstanden wie jeder andere Arbeitgeber; befreiend und wohltuend für mich, denn ich muss nicht ständig erklären, warum ich in einer so ideologielastigen Institution arbeite. Damit geht es darum, aus verschiedenen Blickwinkeln und auf der Basis von institutionellen und professionellen Vor-Erfahrungen das Spezifische dieses Arbeitgebers zu verstehen und in konkreter Fallarbeit nüchtern über professionelles Handeln in dieser Institution nachzudenken, auch über die Auseinandersetzung mit Tabuthemen wie Macht, Geld, ...

Selbst wenn ich mich jetzt schon 8 Jahre 11 Mal im Jahr einen Samstagnachmittag/ Sonntagnachmittag auf den Weg mache, habe ich nicht den Eindruck, nichts Neues mehr lernen zu können. Vielmehr merke ich, wie viel Zeit Veränderungsprozesse brauchen; wie viel Geduld ich brauche, um zu verstehen, worum es wirklich geht. Die kontinuierliche Auseinandersetzung mit mittlerweile langjährigen Kolleginnen und Kollegen bietet die Chance, auf wesentliche Fallen aufmerksam zu werden und zu bleiben; da schätze ich deren liebevolle und zugleich unerbittliche Konfrontation. Diese kollegiale kompetente Begleitung durch die verschiedenen Gruppenmitglieder, wobei auch die ausgeschiedenen immer wieder mal erinnert werden mit dem, was sie eingebracht haben, lohnt den zeitlichen und inhaltlichen Aufwand. Selbst wenn wir auch mal eine Sitzung ohne Wolfgang Schmidbauer gearbeitet haben, ist er für die Gruppe als Leiter eine zentrale Figur, denn er stellt nicht nur den Raum, sein Haus zur Verfügung, sondern er ermöglicht mehr: das Haus mit seiner Vergangenheit als Dorfwirtshaus bietet einen ausgesprochen geerdeten Unter-Grund und Platz für viele, auch unordentliche Lebens-Geschichten. Er selbst „schürt immer das Feuer", seine Art hinzuhorchen auf Untertöne, Nichtgesagtes, seine Art zu leben: sich für vieles zu interessieren, es gründlich zu kennen, sich nicht auf Erarbeitetem auszuruhen, sich auch selbst mit Sorgen einzubringen, sorgen für eine innere und äußere Weite, die zu einem selbstbewussten aufrechten Gehen ermutigen.

1994: Balint-Gruppe -Gedankensplitter einer behutsamen Annäherung Willst Du nicht in die Balint-Gruppe bei Wolfgang Schmidbauer einsteigen?

1. Buchtitel von Schmidbauer fielen mir ein: „Die Hilflosen Helfer“, „Alles oder nichts“. Bücher, die ich vor 20 Jahren gelesen habe, im Rahmen meiner Erzieherinnenausbildung oder danach. Damals hätte ich ihn gerne kennen gelernt. Fragen zur beruflichen Motivation und Identität beschäftigten mich auch während meiner weiteren beruflichen Ausbildung und Tätigkeit. Seine Bücher boten mir Orientierung und Erkenntnis. Viele Antworten, die ich heute habe, sind durch die damalige Lektüre und Reflexion geprägt.

2. Im Rahmen meiner integrativen Supervisionsausbildung hatte ich eben erst das Seminar zu “Methoden der Supervision“ besucht und dabei auch die Balint-Arbeit kennen gelernt. In der Reflexionsphase war ich doch die größte Kritikerin, weil ich meinte, bestimmte Sichtweisen und Reflexionsebenen würden nicht zum Tragen kommen. Alle beruflichen Probleme sind nicht mit dem Modell der Psychoanalyse erklärbar, usw.

3. Ich war Anfängerin in der Supervision. Hier bot sich mir die Möglichkeit, mit anderen die Arbeit zu reflektieren und Kontakte zu bekommen, die mir fehlen fehlten (meine Ausbildung machte ich in Österreich). Wer in welchem Arbeitsfeld würde dort teilnehmen? Ich kannte nur ein Gruppenmitglied, der mich in meiner Arbeit immer gefördert hat; mit ihm dort teilzunehmen fand ich gut.

4. Gemeinsam mit dem mich geworbenen Mitglied der Gruppe fuhr ich dort hin, Kaffee und etwas zu Essen sollte ich mitbringen. Etwas ungewöhnlich für meine Vorstellungen von einer wohl notwendigerweise dogmatischen Balint-Gruppe. Noch mehr erstaunt war ich über das Wochenendhaus von Wolfgang Schmidbauer, das hier schon beschrieben wurde, das passte ebenso wie der Umgang der Gruppenmitglieder untereinander, aber auch mit dem Leiter und der Co-Leiterin nicht zu meinen Phantasien über psychoanalytisches Arbeiten. Wo blieb die Abstinenz, hier war vieles vom Leben und der Person des Leiters zu sehen und zu spüren. Dieser Eindruck setzte sich auch in der Arbeit fort. Der strenge Ablauf von Balint-Gruppen, so wie ich ihn gelernt und auch erwartet hatte, war nicht zu finden, die Gruppenmitglieder assoziierten gemeinsam mit den Leitern zu den Themen, die Person, die ein Thema einbrachte, diskutierte weiter mit. Ich hatte die Vorstellung, in der Balint-Gruppe würde eine Person einen Fall einbringen, anschließend würden die übrigen Gruppenmitglieder assoziieren, danach interpretiert der Balint-Gruppenleiter das Geschehen.

Die in meiner Vorstellung sehr enge Balint-Arbeit mit lediglich psychoanalytischer Sichtweise widersprach meiner Vorstellung zur Erschließung eines supervisorischen Themas. Die „Integrative Supervision“ lebt davon, jeweils für das Thema die passende Methode und das passende Erklärungsmodell auszuwählen. Sicher ist die Psychoanalyse eine Möglichkeit zur Beschreibung von beruflichen Handlungsmustern, aber nicht zur Erklärung aller beruflichen Phänomene geeignet. Im Rahmen des von mir gelernten integrativen Supervisonsmodells spielt auch die Wahl unterschiedlicher Methoden zur Erschließung des Supervisionsgegenstandes eine wichtige Rolle.

5. In der Anfangszeit mehr, nach und nach immer weniger, überlegte ich parallel zum Prozess in der Balint-Gruppe, mit welchen Methoden und Erklärungsmodellen ich mit meiner Ausbildung an ein Thema herangegangen wäre. Jetzt kann ich es verraten, damals habe ich oft die gleichen Themen in die Balint-Gruppe und in meine integrative Lehrsupervision eingebracht und die Ergebnisse und die Arbeit verglichen. Die verschiedenen Herangehensweisen und Ergebnisse waren fruchtbar für meine Entwicklung und Reflexion. Ich bin geblieben - schon ungefähr seit 6 Jahren.

6. Circa ein Jahr nach meinem Einstieg in die Balint-Gruppe habe ich u.a. mit dem Thema Balint-Gruppenarbeit meine Prüfung zur Supervisorin absolviert, sehr zum Erstaunen meiner KollegInnen und der Prüferin, die mich damals bei dem Methodenseminar als große Kritikerin erlebt hatte. So war ich von einer inhaltlich engagierten Kritikerin zur kritischen Balint-Gruppen – Fürsprecherin geworden.

7. Neben dem, was ich inhaltlich profitiere, spielt der Aspekt der gegenseitigen Versorgung in der Gruppe für mich eine große Rolle. Wir informierten uns gegenseitig, es werden Arbeitsaufträge verteilt, man besorgt sich Wein, Lebkuchen und Kätherle (Kitzinger Weingebäck). Sollte der mitgebrachte Kaffee nicht ausreichen, kocht W.S. Tee. Wenn es kalt ist, hat er eingeheizt, sollte das nicht ausreichen verteilt er Wärmflaschen und Kissen, das tut gut. Auch ich versorge die Gruppe gern mit Kulinarischem; es macht mir Spaß, mit Gedanken an die Gruppe etwas Essbares für die Pause vorzubereiten – üblicherweise tu ich so was nur für Freunde.

8. Leiter, Gruppe und Ambiente sind mir über die Jahre zu einem wichtigen Teil meiner beruflichen Reflektion geworden. Ein bisschen Skepsis erhalte ich mir natürlich, denn diese gehört zu mir und meiner beruflichen Identität, das wird die Balint-Gruppe bestätigen. Allerdings vermisse ich doch manchmal das Thematisieren der Beziehungen der Gruppenmitglieder untereinander, die ja vorhanden sind und in der Dynamik der Gruppe wirken.

1994: Kontrollsupervision - Balint-Gruppe – Wachstumszeit – Genusszeit – Erntezeit

Seit über sechs Jahren bin ich jetzt Mitglied dieser Balint-Gruppe. Wir - eine Kollegin aus Nürnberg und ich - kamen im Januar 1994, mitten im Winter neu in diese Gruppe. Die Kollegin, mit der ich zur Balint-Gruppe fuhr, rief mich vorher an und sagte: "Nimm dir warme Sachen zum Anziehen mit, vor allem warme Socken sonst frierst du gottserbärmlich! Denn wenn Wolfgang Schmidbauer erst am Samstag kommt, dann kommt die Kälte aus allen Ritzen."

An einem Samstagmittag fuhren wir also los in ein kleines Dorf zwischen Nürnberg und Ingolstadt. Ein altes, etwas heruntergekommenes Gehöft, wie ich erfuhr, die alte Gastwirtschaft dieses Dorfes, ein kleines Zimmerchen mit wunderschönen Fenstern und einem kleinen behaglichen Bollerofen war unser Treffpunkt. Das ganze Ambiente erinnerte mich an meine Kindheit - die Möbel, das Plumpsklo draußen neben dem Misthaufen. Der Winter um den Bollerofen ist für mich biographisch immer mit Geschichten hören und erzählen verbunden.

Wolfgang Schmidbauer, der Leiter der Balint-Gruppe, und Annemarie Bauer als Co-Leiterin und alle anderen Teilnehmerinnen und Teilnehmer waren schon da, als wir kamen. Viel freudiges, neugieriges Erzählen fand ich in diesem Raum vor. Jeder hatte eine Tüte mit Kuchen, Gebäck, manche mit Kaffeekannen dabei. Zu Beginn wurde uns "Neuen" mitgeteilt, dass die ersten fünf Sitzungen Probesitzungen wären und dass danach entschieden würde, ob wir weiter teilnehmen könnten oder wollten. Danach begann mit der rituellen Frage: "Wer hat was?" unser gemeinsames Arbeiten. Ich war an diesem Nachmittag beschäftigt mit dem Aufnehmen und Verarbeiten von Eindrücken, den Personen und Inhalte machten, mit dem Schauen und Sortieren wie es mir mit welcher Äußerung geht, wem ich mich nah fühle, wo ich Distanz empfinde usw. und ich habe darauf geachtet, wie auf meine Äußerungen reagiert wurde. Am Abend war ich erschöpft und beeindruckt. Mein erster Eindruck war, dass in dieser Gruppe - auch zu den Leitern - eine große Herzlichkeit und Nähe herrscht. Das war für mich verwunderlich und neu, denn in meiner vorherigen Balint-Gruppe war wohl die Beziehung unter den Teilnehmern sehr herzlich, aber der Leiter gab sich sehr distanziert in der Beziehung zur Gruppe.

Ich weiß nicht mehr, ob Wolfgang Schmidbauer an diesem Wochenende am Freitag oder erst am Samstag anreiste und wie das Zimmer temperiert war. Da ich von Haus aus verfroren bin, setze ich mich seit der 2. Sitzung wenn möglich immer neben den Bollerofen. Die dem Bollerofen ferner Sitzenden müssen aber auch nicht frieren, sie bekommen eine Wärmflasche.

Wenn ich meine Situation zu Beginn der Balint-Gruppe erinnere, so hatte ich persönlich gerade ein Erdbeben erlebt, war ziemlich verunsichert, aber als Supervisorin gut im Geschäft. Mir war in dieser Zeit vor allem wichtig, dass meine private Situation sich nicht allzu sehr mit beruflichen Geschichten mischt, dass ich mich immer wieder "aus meinen Verwicklungen entwickeln" kann.

In meiner Anfangszeit in der Balint-Gruppe hatte ich einen Auftrag in den "Neuen Bundesländern" angenommen. Frauen und Männer, die im alten System viel im Untergrund arbeiteten und dort viele Menschen stützten, mussten im "neuen System" ihren Platz finden, konkurrierten jetzt mit ehemals staatlichen Institutionen um Gelder und Zuständigkeiten. Sie mussten sich jetzt aufgrund der Öffnung der Grenzen mit ihrer alten Rolle und mit alten Rollen auseinandersetzen, Trauerarbeit leisten, ihre Rolle unter veränderten Bedingungen neu definieren und sich transparent machen. Sie mussten lernen, zu konkurrieren mit anderen Institutionen um Aufträge, Mittel etc.

Viele Themen - wie ich im Nachhinein feststellte - die auch ich bearbeiten und lernen musste. Mein "altes System" betrauern, bewerten und mich dem neuen Leben öffnen. Ich erlebte die Kollegen und Kolleginnen in der Balint-Gruppe in dieser Zeit sehr behutsam und mich stützend im Verstehen, Klären und Konfrontieren. Ich ging in dieser Anfangszeit immer geklärt und gestärkt aus diesem Samstagnachmittag heraus, und mein berufliches Selbstbewusstsein bekam gute Nahrung und Erde.

Der Frühling kam, und draußen war es mitunter wärmer als drinnen, und so verlagerte die Balint-Gruppe ihren Arbeitsort nach draußen unter den Kirschbaum. In der Ferne hören wir das Brummen der Traktoren, die Vögel zwitschern über uns, ansonsten herrscht wohltuende, konzentrierte und aufmerksame Ruhe. In der Pause essen wir vom Kirschbaum die Kirschen und die unterschiedlichen Beeren von den Sträuchern, und jeder bringt das zum Essen mit, was er am besten kann oder am liebsten mag oder was er einfach übrig hat.

Wenn dann der Herbst kommt und Wolfgangs Garten übervoll ist, so dass er die Obstberge selber nicht bewältigen kann, dann reisen wir teilweise schon mit Kisten und Körben an, um Äpfel, Birnen und Zwetschgen einzusammeln und mit nach Hause zu nehmen. Für mich ist dieses Bild des Obstessens und -sammelns und Mitnachhausenehmens ein sehr schönes Bild für das, was ich in der Balint-Gruppe erlebe. Von Anfang an fühlte ich mich gut aufgenommen, aufgehoben und genährt in dieser Gruppe. Ich wurde gestützt, wenn ich Unterstützung brauchte, ich wurde konfrontiert, wenn meine Kolleginnen und Kollegen glaubten, ich brauche die Konfrontation zum Wachsen und Reifen, ich bekam Gedanken, Ideen und Impulse mit nach Hause zum Weiterfühlen und Weiterdenken. Ich fühlte mich immer so angenommen und gemocht wie ich bin. Die Beziehungen untereinander sind sehr herzlich und lustvoll und ich habe das Gefühl, nicht nur ich, sondern wir freuen uns auf den einen Samstag im Monat, an dem wir unser berufliches Tun miteinander reflektieren und kontrollieren.

Michael Balint geht davon aus, dass die Krankheit des Patienten sich in der Beziehung zum Arzt spiegelt und dass jedes Gruppenmitglied einer Reflexionsgruppe sich mit einem Aspekt oder Aspekten der Krankheit identifiziert und zur Sprache bringen kann. Dieser unbewusste Vorgang und wie sorgfältig und lustvoll ich unsere Gruppe in diesem Diskurs der unterschiedlichen Aspekte erlebe, ist für mich immer wieder neu faszinierend.

Unsere Gruppe arbeitet mit wenigen Ausnahmen jetzt schon sehr lange zusammen und somit kennen wir uns auch alle schon eine lange Zeit, wissen viel voneinander, kennen und wissen auch einiges aus unserem "Geworden-sein" und den damit verbundenen immerwährenden "Fallen", in die der eine oder andere von uns immer wieder gerne hineintappt und lernen einen geduldigen und ungeduldigen Umgang damit. Ich spüre und lerne, welch "langsame Un-Geduld" Veränderung in mir und in Institutionen braucht. Ich mag diese unsere Fallarbeit sehr! Ich kann mich sehr lustvoll identifizieren und aus der Identifikation diskutieren in dem Wissen, dass immer auch mir wichtige Aspekte zur Sprache kommen und ich freue mich über meine Klarheiten, die mir und meinen Kunden zu gute kommen und ich freue mich darüber, dass ich soviel Wertvolles sowohl für mein professionelles, wie auch für mein persönliches Leben in dieser Gruppe lerne.

Als Leiter steht Wolfgang Schmidbauer in dieser Gruppe für Akzeptanz und Wertschätzung der Person oder Institution und ihrer jeweiligen Geschichte. Verkrustungen, Wachstumsverweigerungen und Ideologien in Personen und Institutionen lehrt er uns auf eine sehr analytisch-verstehende Weise zu betrachten, so dass die "Notwendigkeit der Entstehung" deutlich wird und in der Folge auch, welche Aufklärung notwendig ist, damit wachstumsfördernde Lösungsmöglichkeiten für Personen in/und Institutionen gefunden werden können. Dies wird m. E. auch im Umbau des Gehöftes in dem kleinen Dorf, in dem wir arbeiten, deutlich - wo sehr darauf geachtet wurde, dass das Ursprüngliche gewahrt und erhalten bleibt. Unsere Balint-Gruppe hat dieses Verhalten gut internalisiert und inzwischen können wir - wenn der Balint-Gruppenleiter mal einen Termin vergisst - einigermaßen (nicht vollkommen) gut diese akzeptante und wertschätzende Haltung in der gegenseitigen Beratung leben.

1994 - 1997

Viele wollen verändern
aber kaum einer sich verwandeln.
Und so bleibt
selbst in neuen Verhältnissen
alles beim Alten.

P. Ludwig Schraml OSA, gestorben 24.10.1997

1986 – 1995 Rückschau

Als eine, die von 1986 (mein erster Termin war Sonntag, 06.04.1986) bis 1995 zu den Kolleginnen und Kollegen der Balint-Gruppe gehörte, melde ich mich zu Wolfgang Schmidbauers Geburtstag mit einem kurzen Beitrag zu Wort.

In Erinnerung sind mir nicht nur die Menschen geblieben, mit denen ich mich über Jahre einmal monatlich traf und die mir mehr und mehr wichtig geworden waren, auch das alte Haus mit seinem Grundstück und dem üppigen Baumbestand habe ich noch sehr deutlich vor Augen.

Ich sehe uns in der guten alten Stube, mit den tiefen Fensternischen und den auf Putz verlegten elektrischen Leitungen sitzen, höre das Feuer im Ofen prasseln, das sehr allmählich behagliche Wärme ausstrahlt, sehe Wolfgang, den „großen Meister", in seinem Lehnstuhl sitzen und erinnere mich an verschiedene Themen, die eingebracht wurden und an deren Problemlösung wir uns nach Kräften beteiligten.

Ich stelle mir noch lebhaft die verschiedenen Sitzplätze rund ums Haus vor und ertappe mich manchmal, dass ich wie aus heiterem Himmel an einen Samstagnachmittag an das Haus und an die Menschen denke, die vielleicht dort gerade zusammen sind....

„Warum", so fragte mich unlängst jemand, „hast Du Dir seinerzeit eine Balint-Gruppe gesucht?" Nach kurzem Nachdenken lautete meine Antwort: „Ich erwartete davon Hilfe und Unterstützung, weil das Älterwerden im Beruf mit Mühe und Anstrengung verbunden ist, ja sich zuweilen in Resignation äußert und ich u.a. vermeiden wollte, im Alltagsstress zu erstarren".

Seinerzeit - das war vor ca. zehn Jahren und meine letzte Berufsphase lag noch vor mir. Wenn ich heute Rückschau halte und mich frage, was sie nun tatsächlich gebracht hat diese jahrelange Mitarbeit in der Balint-Gruppe, so bin ich überzeugt, dass es mir dadurch gelungen ist, meine Arbeit bis zuletzt spannend empfunden zu haben und gerne in diesem Bereich berufstätig gewesen zu sein. Es war mir wichtig:

- als Mitarbeiterin mit langjähriger Erfahrung anerkannt und geachtet zu werden,
- fachlich kompetent zu sein,
- mit jungen Kolleginnen und Kollegen, die eine „neue Fachlichkeit" mitbrachten, konkurrieren zu können,
- Möglichkeiten zu finden, auch aus der Arbeit Kraft und Energie zu schöpfen,
- den menschlichen Aspekt zu wahren, d. h. den anderen zu achten und zu beachten,
- eine gesunde Balance zwischen persönlichen und beruflichen Interessen zu finden.

Einige Jahre gehörte ich zu der Balint-Gruppe, deren Leiter Wolfgang Schmidbauer war. Einmal monatlich traf ich mich mit in der Sozialarbeit / -pädagogik erfahrenen Kolleginnen und Kollegen. Es kostete Zeit und verlangte Bereitschaft, mich mit den Teilnehmerinnen und Teilnehmern und deren Themen auseinander zu setzen, mich und meine Arbeit hinterfragen zu lassen und offen zu sein für Anregung und Kritik. Den Heimweg freilich trat ich oft mit unterschiedlichen Gefühlen an, mal war ich erleichtert und mit neuem Mut gerüstet, ein andermal aber hatte ich auch das belastende Gefühl, nicht verstanden worden zu sein. Hilfreich aber war mir, dass mich bestimmte Themen und Äußerungen im Alltag begleiteten und mein berufliches Handeln beeinflusst haben.

„Hat es sich denn gelohnt?" könnte eine weitere Anmerkung der eingangs erwähnten Fragestellerin sein. Ich antworte spontan mit einem Ja! Mein Beruf, der mich stark gefordert hat, hat mir Freude gemacht. Und im Nachhinein erscheint es mir besonders wichtig, dass ich gut Abschied nehmen und die Arbeit gerne anderen Händen überlassen konnte. Ich habe - obwohl ich in dem Ort wohne, in dem ich beruflich tätig war - eine gesunde Distanz zu der Einrichtung, in der ich mehr als 25 Jahre mitgearbeitet habe.

Ich bin überzeugt, dass Wolfgang Schmidbauer und die anderen Kolleginnen und Kollegen der Balint-Gruppe dazu beigetragen haben, dass mir das Älterwerden in und das Abschiednehmen vom Beruf gut gelungen ist

Zum Schluss

Die bekannten Theorien zur Identität des Menschen (Freud, Erikson, Goffman, Habermas oder auch Krappmann) gehen von der Fähigkeit des Menschen zur Selbstreflexion aus, dass es dem Menschen also möglich ist, im Sprechen über sich selbst zugleich Subjekt und Objekt zu sein: und das ereignet sich immer wieder in der Arbeit einer Balint-Gruppe.

Berufliche Identität ist unterscheidbar unter drei verschiedenen Blickwinkeln: berufliche Identität einmal als Vermittlung zwischen Person und sozialer Umwelt; berufliche Identität weiterhin als Vermittlung zwischen den inneren Instanzen der handelnden Person und zuletzt berufliche Identität als Vermittlung zwischen den verschiedenen Phasen des Lebenslaufs.

Wenn wir Themen aus unserem beruflichen Alltag in der Gruppe vorstellen, ist bereits durch die sprachliche Darstellung ein Vermittlungsvorgang zwischen der Person und der sozialen Umwelt eingeleitet, der in der Entwicklung von Handlungsalternativen durch die Mitarbeit der Mitglieder einen vorläufigen Abschluss finden kann. Die "Vermittlung zwischen den inneren Instanzen" ist das besondere Anliegen in der Arbeit einer Balint-Gruppe.

Was macht aber nun die Besonderheit einer zeitlich über viele Jahre dauernde Balint-Gruppe aus? Berufliches Handeln besitzt immer auch eine eigene Geschichtlichkeit und daher ist es immer wieder notwendig und sinnvoll bei aktuellen Störungen im beruflichen Handlungszusammenhang auch die Rekonstruktion der eigenen Berufsbiographie zum Gegenstand der Reflexion zu machen und eine berufliche Verunsicherung oder Krise als Möglichkeit der eigenen Entwicklung zu begreifen. Die Gruppe und ihre Mitglieder werden zu einem wohlwollend korrigierenden Begleiter der beruflichen Entwicklung, die Gruppe wird zum Mentor bei der Bewältigung anstehender Entwicklungsaufgaben.

Die Atmosphäre in dieser Gruppe gleicht der einer Geschwisterlichkeit, im Laufe der Jahre steht häufig die Freude aufs monatliche Wiedersehen gleichgewichtig neben dem Bedürfnis und der Notwendigkeit der Reflexion des professionellen Handelns. Und spätestens hier wird der einen Leserin oder dem anderen Leser der Begriff der Gruppe als ein "inneres idealisiertes Objekt" einfallen - „so isses“.

Zu alldem trägt auch die einladende, sich als Person und sein Haus zur Verfügung stellende Art der Gruppenleitung durch Wolfgang Schmidbauer bei.

Ein wärmendes Feuer geschickt und kenntnisreich über lange Zeit am Brennen halten ist auch eine Kunst.

Agnes Drexl-Budde
Ulla Dürr
Walter Josef Engelhardt
Michael Herrmann
Renate Holzberger
Anne Kurlemann
Anneliese Reinmund
P. Ludwig Schraml (verstorben).

Annemarie Bauer

Charlotte und Johann Wolfgang: Eine Erklärung an den Dritten zwischen Liebe, Ambivalenz und Strategie.

Psychoanalytische Anmerkungen zu einem Ein-Personen-Stück von Peter Hacks

Ein Paar zu sein – das ist offenbar eine große Sehnsucht vieler Menschen. Es als Paar nicht leicht zu haben, zeigt der Alltag. Als Paar zu scheitern, lässt offenbar die Sehnsucht, ein Paar zu sein, wachsen. Die Literatur ist voll von den Sehnsüchten und den Alltagen, dem Scheitern und den Sehnsüchten.

Wir träumen von großen Paaren – vielleicht können wir an ihnen lernen, wie es geht - und müssen sie oft genug als die „Illusion" erkennen (Prokop 1991) – eine Erkenntnis, die einerseits kränkt, andererseits eine Genugtuung ist.

Die Literatur ist voll von Dreiecksgeschichten,

von verbotener Liebe, heimlicher Liebe, von der leidenschaftlichen Liebe, die im Dreieck immer die heimliche Liebe ist,

vom Bemühen der ersten Figur, der zweiten und der dritten Figur gerecht zu werden,

vom Leiden der dritten Figur, nicht die zweite zu sein,

vom Leiden der zweiten, die erste nicht für sich behalten zu haben.

Dreiecksgeschichten – die dynamischste Variante eines Paares

Und die Literatur ist auch voll von den Vorgängen des Verliebens, des Liebens und des Entliebens, der Leidenschaft, die Eiguer und Ruffiot als die "Neuauflage des verliebten `Wahns`- nur mit negativen Vorzeichen" (1991, S. 164) bezeichnen und bei der man alle Merkmale einer „Passion" wiederfindet, Vorstellungen und Gefühle, „die sich gegenüber allen anderen durchsetzen, sich alle anderen unterordnen und nach sich ziehen" (ebda.).

Dass Johann Wolfgang von Goethe ein Mensch mit vielen Frauen war, ist bekannt. Wir kennen das aus biographischen Daten, stellen uns dann aber weniger den Alltag des konkreten Menschen J. Wolfgang vor (1).

Peter Hacks (2) geht in seinem Ein-Personen-Stück noch weiter: Er lässt eine der Geliebten auftreten, eine Figur aus dem Dreieck von zwei Männern und einer Frau, und lässt sie ihre Situation erklären: Charlotte klärt ihren Ehemann Josias über die Beziehung mit J. Wolfgang auf. Die Handlung dieses Stückes spielt im Oktober 1786. In diesem Ein-Personen-Stück tauchen zwei Personen auf: Frau Charlotte von Stein und Herr Josias von Stein; Josias von Stein aber sagt nichts, er wird nur angesprochen, er bekommt Erklärungen und: er wird konfrontiert - doch davon später.

Um dieses Gespräch im Hause Stein verstehen zu können muss ein Stück weiter ausgeholt und die realen Hintergründe dieser Beziehung bzw. auch dieses Dreiecks aufgelistet werden.

Zunächst sollen die Personen getrennt voneinander dargestellt werden, um dann die Beziehungen, wie sie das Stück von Peter Hacks entwickelt, zu betrachten. Ich fange mit dem Berühmteren an, wenn auch er im Stück von Peter Hacks nicht der wichtigste ist: Johann Wolfgang von Goethe.
J. Wolfgang ist am 28.08.1749 geboren und im Jahre 1832 gestorben. Er wurde 82 Jahre alt. Sein Vater war bei seiner Geburt 39 Jahre alt, während seine Mutter erst 18 Jahre alt war. Es folgen sechs weitere Geschwister und J. Wolfgangs Mutter hatte sieben Geburten innerhalb von elf Jahren. Alle Geschwister bis auf J. Wolfgangs Schwester Cornelia starben früh, sie wurden maximal sieben Jahre alt und auch Cornelia, die mit J. Wolfgang eine innige Beziehung hatte, wurde nur 27 Jahre alt.

Goethe promovierte mit 22 Jahren 1771 zum Juristen und kehrte über Leipzig und Straßburg nach Frankfurt zurück. 26 jährig (1775) verlobte er sich mit Lili und löste diese Beziehung im gleichen Jahr wieder auf. Ebenfalls 1775 bekam er eine Einladung nach Weimar durch den Herzog von Sachsen-Weimar-Eisenach, die er annimmt: am 07. November 1775 trifft Goethe in Weimar ein. Mit dem Herzog stellt sich eine freundschaftliche Verbundenheit, ja man kann sagen, eine tiefe Freundschaft her, die offenbar lebenslang Bestand hat. Wenige Tage nach seiner Ankunft lernt J. Wolfgang Charlotte von Stein kennen. Goethe begleitet Karl August auf den Reisen im Herzogtum und bei den Aufenthalten bei befreundeten Höfen und er beschließt ein paar Wochen später, ständig in Weimar zu bleiben.

In diesen Jahren tut er sehr viel und es gelingt ihm Erstaunliches: Er veranlasst die Berufung Herders, mit dem er seit 1772 befreundet ist, zum Generalsuperintendenten des Herzogtums, er betreibt botanische Studien; nach einem Besuch des Bergwerks in Ilmenau, an dessen Wiederherstellung er in den nächsten Jahren großen Anteil hat, widmet er sich der Mineralogie und der Geologie. Goethe macht eindeutig Karriere: Ihm wird die Verantwortung für die Bergwerksangelegenheiten sowie für das Kriegs- und Straßenbauwesen übertragen. Daneben schreibt er in diesen Jahren in Weimar einen Teil seiner wichtigsten Werke. Ein Teil des Faust entsteht in dieser Zeit; 1777 werden die "Mitschuldigen" uraufgeführt; er arbeitet an den Teilen zur Iphigenie und konzipiert den Tasso. 1782 schließt er Egmont ab, zwischen 1777 und 1782 entsteht der Wilhelm Meister, ebenso wird 1784 der Werther abgeschlossen. Neben all diesen Dingen knüpft Goethe hochrangige Kontakte und da er selbst hochrangig ist wird seine Gesellschaft gesucht: Er lernt Schiller kennen, er besucht Georg Christoph Lichtenberg, er lernt den Anatomen Semmering kennen, mit dem er in wissenschaftlichen Kontakt bleibt und er nimmt an Herders "Ideen zur Philosophie der Menschheit" regen Anteil; die menschliche Anatomie wird wichtig, ebenso sein Aufsatz "Über den Granit".

Im Frühjahr 1785, zehn Jahre nach seinem Eintreffen in Weimar, formuliert Goethe ein Unbehagen über die eigene "Weltrolle", was ihn offenbar veranlasst, zunächst einmal nach Karlsbad zu gehen, das er immer wieder aufsuchen wird: So ist dokumentiert, dass Goethe sich im Sommer 1786 mit Herzog Karl August, Charlotte von Stein und Herder in Karlsbad trifft und in dieser Zeit die achtbändige Ausgabe seiner "Schriften" vorbereitet.

Am 03. September 1786 bricht er heimlich zu einer Reise nach Italien auf. Erhalten ist das Reisetagebuch für Frau von Stein, das aber nur bis zum 30. Oktober 1786 geht und dann abbricht.

Knapp zwei Jahre später, im Juni 1788, trifft Goethe wieder in Weimar ein. In diesen zwei Jahren liegt seine wahrscheinlich wichtigste künstlerische Zeit. Möglicherweise fühlt er sich schnell in seinem Amt und mit seinen Verpflichtungen eingeschränkt, auf jeden Fall legt er im Januar 1789 dem Herzog Karl August nahe, ihn von seinen amtlichen Verpflichtungen weitgehend zu entbinden. Karl August reduziert Goethes Staatsgeschäfte auf ein Minimum und belässt ihm alle Titel und Einkünfte.

Am 12. Juli 1788, also kurz nach seiner Rückkehr nach Weimar, lernt er Christiane Vulpius kennen, mit der sich eine harmonische Lebensgemeinschaft entwickelt. Ein viertel Jahr später unterbricht er die Korrespondenz mit Charlotte von Stein. Mit Christiane Vulpius bekommt er fünf Kinder. Bei der Geburt seines ersten Sohnes, Julius August Walter, ist Goethe 40 Jahre alt. Die vier weiteren Kinder sind entweder tot geboren oder sterben nach maximal drei Wochen. Vier Jahre nach der Geburt des letzten Kindes heiratet er Christiane – Anlass war, dass sie sein Haus vor plündernden Soldaten Napoleons geschützt hat - und Christiane stirbt zehn Jahre später.

An dieser Stelle kann die Goethe-Biographie abgebrochen werden, weil sie für das Stück von Peter Hacks nicht mehr wichtig ist. Wenden wir uns der im Stück von Peter Hacks wichtigsten Figur zu, Charlotte von Stein.

Charlotte wurde am 25. Dezember 1742 geboren, sie war also sieben Jahre älter als Goethe; sie starb im Jahre 1827, d.h. sie wurde 85 Jahre alt und sie starb fünf Jahre vor Goethe. Sie erfuhr oder erlitt das exemplarische Frauenschicksal eines adeligen Mädchens der Goethezeit. Schon als 16 jährige trat sie in den Dienst der Herzogin Anna Amalie, deren Hofdame sie blieb bis sie im Jahre 1764, immerhin schon 22 Jahre alt, eine Vernunftehe mit dem herzoglichen Stallmeister, später Oberstallmeister Josias von Stein einging. Auch in dieser Ehe wurden viele Kinder, sieben Kinder geboren. Aber auch sie verlor viele Kinder: ihre vier Töchter starben im Kindesalter.

Charlotte von Stein fühlte sich offenbar in der Ehe mit Josias vernachlässigt. Er interessierte sich für nichts anderes als für seine Pferde. Er war oft mit dem Herzog auf Reisen und kam selten nach Hause. Dagegen tolerierte Josias von

Stein offenbar die Neigungen seiner Frau: sie beherrschte die französische Sprache, das Tanzen, das Handarbeiten und das Klavierspielen, aber teilte ihre Interessen keineswegs.

Man kann annehmen, dass Charlotte von Stein ein eher freudloses, einsames und von den anstrengenden Schwangerschaften möglicherweise auch ein zermürbtes Leben führte und wahrscheinlich weiter geführt hätte, wenn nicht im Jahre 1775 Johann Wolfgang von Goethe in ihr Leben getreten wäre.

J. Wolfgang war damals 26 Jahre, Charlotte war 33 Jahre alt. Charlotte von Stein kannte Goethe aus der Literatur: "Götz von Berlichingen" war bereits erschienen und er war bereits durch "Werther" berühmt geworden.

Ihr Kennenlernen allein ist schon ein mystischer Vorgang, ein Vorgang voller Projektionen, Übertragungen und Zuschreibungen: Charlotte von Stein ist hingerissen von der Lektüre und fragt ihren Freund, den Arzt Johann Georg Zimmermann, um eine Einschätzung und eine Charakteristik des Dichters. Seydel (1993, S. 43) zitiert folgende kupplerische Antwort: "....Sie wünschen, ihn zu sehen, und Sie wissen nicht, bis zu welchem Punkte dieser liebenswürdige und bezaubernde Mann Ihnen gefährlich werden könnte! Ich schneide einen Stich aus Lavaters `Physiognomik` heraus, um Ihnen mit dieser Adlersphysiognomie einen Geschmack zu machen." Mit einem Schattenriss also beginnt die erste Runde des Spiels und Zimmermann, möglicherweise in kupplerischer Absicht, zeigt auch Goethe den Schattenriss der Frau von Stein. Auch Goethe fängt Feuer und ist, ohne Charlotte gesehen zu haben, bereits sehr beseelt: Die Berichte von Zimmermann hätten ihm drei Tage den Schlaf geraubt. Das Paar stattet sich also im Vorhinein, ehe es überhaupt ein Paar ist, mit allen Zuschreibungen aus, die sie dann auch zu einem Paar werden lassen. Die Projektionen, Übertragungen und Zuschreibungen werden angenommen.

Sie lernen sich im November 1775 kennen; die Beziehung läuft offenbar schnell an, denn Goethe besucht Frau von Stein bereits im Dezember 1775 auf ihrem Gut auf Großkochberg und ritzt seinen Namen in ihre Schreibtischplatte ein. Trotzdem schreibt Charlotte von Stein im März 1776 an Zimmermann "Ich fühls, Goethe und ich werden niemals Freunde" (Seydel 1993, S.59) und sie kritisiert vor allem sein wildes Geniegebaren. Ob dies Ambivalenz oder Strategie ist – kann hier nicht beurteilt werden.

Zu diesem Zeitpunkt lebt Goethes Schwester Cornelia noch. Sie lebt zwar nur noch zwei Jahre, aber Goethe hat mit ihr viel über Charlotte von Stein korrespondiert. Seydel zitiert aus den Briefen (1993, S.132): Frau von Stein "hat meine Mutter, Schwester und Geliebten nach und nach beerbt, und es hat sich ein Band geflochten, wie die Bande der Natur sind". Dies schreibt Goethe 1780. Die Beziehung allerdings entwickelt sich sehr schnell und wird schnell intensiv. Und es scheint, als sei Charlotte mehr noch als Johann Wolfgang der gebende Partner gewesen. Sie scheint ihn aber auch kurz gehalten zu haben; sie scheint ihn immer wieder in seine Schranken gewiesen zu haben; sie scheint ihm das vertrauliche "Du" immer wieder verboten zu haben, obgleich es Dokumente gibt, darin sie sich durchaus duzen – und gleichzeitig gesteht sie ihm, ebenso in Verse verpackt wie er es tut, ihre Liebe (nach Seele 2000, S. 74 ff). Es gibt unendlich viele Briefe zwischen den beiden und es scheint so gewesen zu sein, als habe Charlotte J. Wolfgang jegliche Intimität verwehrt, weshalb Goethe wohl in eine tiefe Resignation verfallen ist Dies ist nicht nur aus seinen Briefen, sondern auch aus seinen Gedichten zu lesen. So klagt Goethe, "nicht geliebt zu werden, wenn ich liebe" (nach Seydel 1993, S. 43). Spiele der Verschleierung und/oder der Ambivalenz, Heimlichkeiten und uneingestandene, aber in Handlungen umgesetzte Gefühle scheinen ihren Beziehungsalltag geprägt zu haben.

Auf der anderen Seite ist eine therapeutische Wirkung von Charlotte von Stein auf ihn nicht zu übersehen: Sie scheint eine Dämpfung und Mäßigung vieler, reichlicher und reichlich verworrener Gefühle zu bewirken; sie scheint ihn auch erzogen zu haben, sie hat ihm wohl die notwendigen Manieren beigebracht und ihn hoffähig werden lassen; vor allem aber, so lässt sich aus den Briefen ablesen, wird deutlich, welch hohe Bedeutung die Rückmeldungen Charlottes an Goethe haben – er lernt von ihr – auch über sich.

Zwei Jahre, nachdem er Charlotte kennen gelernt hat, weiß Johann Wolfgang nicht mehr, ob er sie wirklich liebe oder ob er sie sich nur an ihr freue, weil sie wie ein reines Glas sei, "darin sich so gut sich bespiegeln lässt" (Seydel 1993, S. 86). Merkwürdig, wie er sich und die Beziehung zu Charlotte ohne Kenntnis der psychoanalytischen Narzissmustheorie so gut beschreiben kann!

Das Frühjahr 1781, also schon immerhin viereinhalb Jahre nach ihrem Kennenlernen, definiert Johann Wolfgang die Beziehung als unzertrennlich und klagt, dass sein Noviziat doch lange genug gewesen sei, sich zu bedenken. Sein Ton wird direkter, fordernder und er nennt sie im März 1781 "meine Neue" (Seydel 1993, S.291). In der gleichen Zeit aber spricht er davon, dass ein "böser Genius" (Seydel 1993, S.314) ihm zur Flucht rate. Dieses Schwanken zwischen Bindung und Flucht geht wohl lange hin und her; er fühlt sich teilweise an Charlotte "geheftet" während er auf der anderen Seite davon schwärmt, in die weite Welt gehen zu wollen. Auch dies wird deutlich aus seinen Briefen und zeigt eine heftige Ambivalenz, nicht nur bei ihm, auch bei ihr!

In der Literatur wird ein Zusammenhang hergestellt zwischen der Deutlichkeit, mit der Charlotte Johann Wolfgang ihre Gefühle eingesteht, und seiner Ambivalenz zwischen Bindung und Flucht. Und möglicherweise hält diese Ambivalenz von 1781 bis 1785 beziehungsweise 1786, als er dann heimlich von Karlsbad nach Italien aufbricht und sich damit auch Charlotte komplett entzieht.

An seinem 37. Geburtstag, dem 28. August 1786, legt Charlotte ihm ein Geschenk auf den Schreibtisch und erwartet seine baldige Rückkehr aus Karlsbad (Seydel 1993, S. 262); eine Woche später bricht Goethe von Karlsbad direkt nach Italien auf, ohne sie zu informieren und Charlotte kann nicht ahnen, dass

Johann Wolfgang erst zwei Jahre später und dann gänzlich verändert zurückkehren wird.

Peter Hacks: Das Gespräch im Hause Stein über den abwesenden Herrn von Goethe

Am 3. September 1786 bricht Goethe heimlich von Karlsbad nach Italien auf. Das Stück spielt im Oktober desselben Jahres. Charlotte von Stein und ihr Ehemann Josias von Stein sind in einem Gespräch - einem merkwürdigen Gespräch, da die Regieanweisung sagt „Der Herr von Stein sitzt, im Hausrock und Reitstiefeln, in einem Lehnstuhl. Er raucht Pfeife. Er ist ausgestopft."

Charlotte beginnt: „Gut, Stein, ich bin bereit, Sie anzuhören." Und wenig später: „Sie müssen reden - reden Sie." Dabei ist sie es, die redet, das ganze Stück, ganz allein. Sie wendet sich zwar ihrem Mann zu, spricht ihn immer wieder an, aber er reagiert nicht.

Das Stück beginnt also mit einer Paradoxie - oder mit einer symbolhaften Beschreibung der ehelichen Beziehung - oder mit einer symbolhaften Beschreibung der Psyche Josias` von Stein.

Goethe ist verschwunden und ganz Weimar gibt Charlotte die Schuld. Er ist weg, man weiß nicht wo er ist, aber sie sei zur Stelle und die Last der Verantwortung laste auf ihr.

Auf einem Ball am Vorabend dieses Gespräches fühlt sie sich abgesondert, eine Verworfene: ganz Weimar missbilligt ihr Verhältnis zu Goethe. Jetzt – erst jetzt!!

Und sie erklärt eben dieses Verhältnis ihrem Ehemann, wobei sie sich darstellt, Goethe darstellt, etwas über die Dreiecksbeziehung aussagt und den Verlauf der Beziehung zwischen Goethe und sich rekonstruiert. Dies tut sie nicht ohne Strategie, einer Strategie, die sich verschiedentlich ändert oder die sie verschiedentlich ändert. Und sie tut es nicht ohne Gefühle, Gefühle der Liebe, der Abwehr, der Enttäuschung, der Angst, des Triumphes ... Neben allem, was sie in dieser Situation über die verschiedenen Menschen sagt, wird deutlich, dass sie ständig unruhig ist und auf ein Zeichen Goethes wartet, das sie im Verlaufe dieses Stückes auch bekommt.

1. Ihr Mann Josias und die Ehe mit ihm aus Sicht Charlottes

Obwohl das Gespräch mit dem Ehemann stattfindet, gibt Charlotte wenig Einschätzungen zu ihrer Ehe. Sie sagt überhaupt sehr wenig über Beziehungen und Unterschiede zwischen Männern und Frauen. Das wenige, was sie sagt, ist voller Bitterkeit und darüber hinaus gezeichnet von fehlender Wertschätzung sich selbst und den Frauen gegenüber:

Einem Manne bleibe selbst dann der Verdienst, wenn er seinen Anstand verloren habe (19) - der einzige Verdienst einer Frau liege darin, „als ein Muster des Geziemenden ins gemeine Leben zu glänzen“ (19): Das Aufrechterhalten der Etikette, der Normen und der sich gehörenden Verhaltensweisen als Aufgabe von Frauen.

Und sie erwähnt drei Eigenschaften, die den Männer zu eigen seien: er, der Mann, sei stark - und verfahre mit den Frauen, wie er wolle; er sei verfolgungswütig - er verfolge ein Ziel und vergäße alles andere; und sein Gehirn arbeite wie das eines Wahnsinnigen - alles werde so ernst genommen, als wäre es wirklich vorhanden, auch wenn es nur Einbildungen seien.

Charlotte legt ihrem Ehemann Rechenschaft über die Beziehung zu Goethe ab. Sie konstatiert, dass er, Josias, so viel Zartgefühl habe, den öffentlichen Tadel an ihr als sein eigenes Empfinden auszugeben und sie um eine Erklärung zu bitten. Aber das ist auch schon alles, was sie an Positivem zu diesem Mann und zu der Ehe mit ihm anzumerken hat.

Da sie mit Goethe eine Liebesbeziehung hat, fühlt sie sich veranlasst, aber auch motiviert, ihrem Mann mitteilen zu müssen, was an seiner Person und der Ehe mit ihm sie in die Beziehung zu Goethe getrieben habe.

Sie vergleicht ihren Ehemann mit ihrem Vater. Dieser sei bereit gewesen, sie mit dem Stock ums Leben zu bringen, Josias habe ähnliches mit dem Wochenbett in Kauf genommen: Ehe er sich dann ganz den „Mastochsen“ zugewendet habe, habe er sieben Mordversuche an ihr begangen; jeder Seuche im Stall habe er mehr Aufmerksamkeit geschenkt als ihr und ihrem Wochenbett. „Sie sind ein Mann, Josias. Der Mann ist der Mensch, der tötet“ (24). Der Mann Josias und mit ihm viele Männer werden der Unaufmerksamkeit, der Unempfindlichkeit und der Gewalttätigkeit bezichtigt.

Unter dem Aspekt der Liebe ist die Ehe für Charlotte eine Täuschung – nicht nur eine Enttäuschung.

Die sexuelle Beziehung mit Josias vergleicht sie mit der zu Goethe und die Rückmeldungen an Josias sind nicht schmeichelhaft: „ ...übrigens rechneten Sie fest mit meiner Abneigung gegen die mechanische Vereinigung mit einem Geschlecht, von dem Sie erfahren hatten, wie unerträglich mir seine Gebärden und Ausdünstungen sind“ (52).

Mit Goethe, das sei hier bereits gesagt, deutlich sagt sie es aber erst viel später, erlebt sie Sexualität anders: Lust zu empfinden und Orgasmen zu haben, das habe sie mit ihrem Ehemann immer unterdrücken können, „während Sie unsere sieben Kinder, mittels meiner, in die Welt oder auch geraderen Wegs in den Himmel pflanzten“ (53). Weil sie Sexualität so unlustvoll, wir würden es als frigide bezeichnen, erlebt habe, habe sich Josias von ihr abgewendet und sie schließt daraus, dass die Sexualität nichts anderes sei als die Ausdehnung der Macht während der nächtlichen Stunden. Sexualität wird von ihr erlebt als gewalttätig, unterdrückend, bemächtigend. Und so nennt sie ihren Mann einen „Wüstling“, der, wie alle Männer, seinen Appetit, also seine Lust auf sie projiziere - eine typisch männliche Unsensibilität.

Sie eröffnet ihm triumphierend, dass ihre Gliedmaßen für die Beglückungen der Leidenschaft doch geschaffen seien, auch wenn er, Josias, dies mit ihr oder an ihr nicht so erlebt habe (54).

Ihre Enttäuschung über ihren Mann ist nicht zu überhören, ihr Glück mit Goethe wird genutzt zur Rache an Josias. Nicht sie ist frigide, sondern Josias hat sich nicht bemüht, er hat sie nur benutzt, er hat sie verstört, wenn er auf plumpe Weise versuchte, sie Erregung zu lehren. „War je ein Wüstling ahnungsloser? Die kreischenden fetten Weiber, welche Sie für sinnlich halten ...“ (54). Was er in ihren Augen für sinnlich hält, das ist nicht ihre Schicht, das ist nicht ihre Kultur.

2. Johann Wolfgang aus der Darstellung Charlottes nach Peter Hacks

Sei es Strategie in diesem Gespräch oder sei es ihre große Ambivalenz: Vieles was sie über Goethe sagt, ist auch nicht gerade schmeichelhaft.

„Jeder ist froh, diesen Mann los zu sein.“ Er ist ein Mann, der die Regeln der Schicklichkeit verletzt: Der Herzog beleidigt durch Entgleisungen - „Goethe beleidigt, indem er ist.“ (6)

Er ist ungehobelt, kann sich nicht benehmen, er kam nach Weimar und erwies sich als ein Grobian und der Herzog hatte ihn sich in den Kopf gesetzt, weil er selbst noch in den Flegeljahren war (9). Aber Goethe sei der berühmteste Grobian und Flegel. Immerhin.

Er hat - so beschreibt sie ihn - zwei Tonfälle: er flucht und flennt. Mürrisch und grob kann er sein und bei anderer Gelegenheit wegen eines Nebelstreifens in Tränen ausbrechen. Sensibilität den Naturerscheinungen gegenüber, ganz der Dichter, den Menschen gegenüber aber ebenfalls „männlich“, also Josias doch nicht so unähnlich – und doch so ganz anders.

Und Charlotte hatte den Auftrag, ihn zu erziehen. Und dies tut sie - vielleicht ist es ihre Rache an den Männern, dass sie diesem berühmten Grobian Manieren beibringt. Und gleichzeitig liegt in diesem Erziehen auch ein erotisches Spiel, das durchaus sado-masochistische Züge trägt. Doch dazu später.

Er ist ein Grobian, ein Flegel, ein Rüpel, der sein Recht, sich zu benehmen wie er will aus der Tatsache ableitet, dass er berühmt und ein Dichter sei. Die Schöpfung wäre ihm nicht vollkommen genug und er hätte vor, „in Sachen Welt ein schnelleres Tempo einzuschlagen als sein Schöpfer“(10) - eine schöne Metapher für seine Vitalität, aber auch seine Arroganz und seinen Narzissmus! Er ist überheblich, und als Charlotte ihm dies einmal vorhielt, antwortete er, dass das die Asseln vom Phönix auch gesagt haben: er der Phönix, die anderen die Asseln (13).

Er ist mürrisch, er hat Launen, er kennt die Menschen und liebt die Skelette - so versteht sie seine Hinwendung zur Naturwissenschaft.

Sie beschreibt ihn als unverschämten Schwärmer und Tagedieb, der sich selbst zelebriert, seinen Ruhm feiert und immer wieder auf seinen Nachruhm anspielt: Er verkehre bereits mit den „Sokratessen des 19. und 20. Jahrhunderts wie mit Zeitgenossen".

Den Zeitgenossen aber zeige er sich abweisend: er werde im Voraus müde, er dürfe in Gesellschaft abseits hocken „und mit Wasserfarben malen"(15) - eine Äußerung, mit der sie Goethe in die Nähe eines verhaltensgestörten oder gar geistig behinderten Kindes bringt.

Er verachte die Menschen und seine Schmeicheleien für Charlotte seien Teil der Verhöhnung aller anderen.

Er spricht hessisch, spricht auf die Art der Ungebildeten Dialekt und gibt sich keine Mühe zur angepassten Sprache, er trinkt, nach ihrer Einschätzung eindeutig zu viel; er fällt in Ohnmacht, was sie als Ungezogenheit deutet.

Ihre Erziehung macht mehr aus Goethe: „Er war ein Lump; ich erzog ihn; jetzt haben wir einen erzogenen Lumpen: ein Genie"(15).

Er meint alle Fertigkeiten zu beherrschen, in Wirklichkeit aber beherrscht er nichts; „er kann nichts, das allerdings hervorragend."(23)

Er zeigt seine Angst, z.B. vor Charlottes Pudel, und macht sich nichts daraus, diese zu veröffentlichen. Er leidet unter dem Wetter und macht hypochondrisch seine Stimmungen und Launen an diesem fest.

Er hat keinen Charakter: keine Gewohnheit, die man bekritteln, keinen Grundsatz, den man kränken könnte; er setzt die Regeln, die für Charlotte Gültigkeit haben, außer Kraft: er ist einfach anders. „Er ist ein Gott, nichts Geringeres"(28). Dieser doppeldeutige Satz zeigt bereits jetzt seine Anmaßung und ihre Verehrung, aber auch ihre Kritik.

Er lässt sich gehen, wie es ihm beliebt, er akzeptiert keine Regeln, keine Etiketten, er ist egoistisch, ansprüchlich, besitzergreifend, mäkelnd, leidend, eingebildet, verachtend, beschäftigt sich nur mit sich selbst: „Er ist treu - seinen Entwürfen. Er ist aufrichtig - gegen die kommenden Geschlechter. Er ist gerecht - in seinen literarischen Hervorbringungen"(42).

Und er ist das alles nicht in den persönlichen Beziehungen. Er ist ein Narziss, der um sich selbst kreist und andere verachtet. Für sich hat er Gefühle, auch sehr inniger Art; für die anderen scheint er wenig Gefühle zu hegen. Er bilde sich sogar ein, dass das Wetter sich nach ihm richte - ein ironischer Seitenhieb!

Er beklagt sich darüber, wenn sie seine Briefe nicht liest und verfängt sich mit ihr in quengelnden Auseinandersetzungen. Er will der Mittelpunkt in Charlottes Leben sein, ohne ihr eine formale Gegenleistung anzubieten - was nur eine Heirat sein kann.

Seine Position, sein Ansehen lässt ihn genau dieses rücksichtslos und ungestraft ausspielen. Er kann sich seine Allüren leisten und tut dies ohne jede Scheu, sogar mit dem Stolz des unkonventionellen Mannes. Die Vermarktung seiner Defizite gelingt ihm ohne Zweifel gut.

Charlotte schwankt zwischen Bewunderung und Kritik und als Zuhörer ihrer Erklärungen an Josias erkennt man lange nicht, was ihre Kritik an Johann Wolfgang ist und wo ihre Strategie, ihn für Josias so darzustellen, anfängt. Als Zuhörerin, als Zuschauerin ahnt man Verstrickung, ahnt man Verzweiflung, ahnt man Liebe ebenso wie Ablehnung und weiß doch nicht, ob Goethe abgelehnt wird, weil er so ist wie er ist, oder ob sie ihn liebt und ablehnt, weil er Weimar verlassen hat, sie verlassen hat, oder ob sie ihn ablehnt, weil sie mit Josias verheiratet ist und ihm doch nicht den Einblick geben will.

3. Charlotte über Charlotte

Charlotte spricht wenig von sich selbst, viel mehr aber über die Beziehung mit Johann Wolfgang.

Über sich selbst sagt sie zunächst einmal, dass sie unter einer großen Schamhaftigkeit leide (9): wenn etwas schief liefe, so sei ihr das immer außerordentlich peinlich.

Zwischendurch in diesem Dialog beschimpft sie in merkwürdig arroganter Art ihr Dienstmädchen - ein Ton, der dem Goethes, wie Charlotte ihn beschreibt, wenn er verächtlich über andere spricht, durchaus ähneln müsste.

Sie hat wenig zu sich zu sagen oder ist es nicht gewohnt, über sich zu sprechen und Aussagen zu machen. Es ist unklar, ob sie weiß und spürt, was sie fühlt oder ob ihr vieles unbewusst ist und bleibt: Liebe, Enttäuschung, Hass, Sehnsucht ... werden agiert, sind als Gefühle vorhanden, aber offenbar wenig dem Bewusstsein zugänglich und schon gar nicht reflektiert.

An einem Punkt ist dies anders, bei ihren Aussagen zu ihrer Sexualität. Da die Entdeckung ihrer schönen, erfüllenden Sexualität mit Goethe das Neue in ihrem Leben darstellt, widmet sie ihr Ausführlichkeit und Offenheit.

Sie, die Frigide, sagt von sich zu Josias: „... vor der Torheit zu lieben hat mich Gott doch bewahrt. Sie sind mein Gemahl, Stein, ich muss mich da nicht länger erklären“(8). Er als ihr Ehemann hat ihre Unfähigkeit zur erfüllenden Sexualität erlebt.

An dieser frühen Stelle führt sie ihre Frigidität als Beweis ins Feld an, um Josias deutlich zu machen, dass sie gar keine Liebesbeziehung mit Goethe haben oder gehabt haben könnte. Aber der Wunsch, ihm, Josias deutlich zu machen, dass er der Versager ist, dass er der Verursacher der Frigidität ist, dass er als gefühlloser und besitzergreifender Klotz sie verhindert hat, lässt sie sehr deutlich werden. Sie spricht von „körperlichem Erleiden“(53) und sie meint damit ihre Orgasmusfähigkeit. Josias habe sie herstellen wollen, weil es ihm das Gefühl der Kraft einflöße. Mit ihm konnte sie das Erleben von Lust unterdrücken, d.h. sie hat ihm verweigert, Lust zu empfinden, während sie sie sehr wohl erleben und nicht unterdrücken kann, wenn sie reitet oder schläft.

Josias hat nicht nur versagt, sondern auch von sich auf Goethe geschlossen, indem er dachte, dass es dort keine Beziehung geben könnte, weil es mit ihm keine erfüllende, lustvolle sexuelle Beziehung gab.

So gesteht sie ihrem Ehemann ihre sexuelle Erfüllung mit Johann Wolfgang, aber nicht nur das: sie führt sie triumphierend ins Feld, um Josias an seiner Männlichkeit, von der er so überzeugt ist, tief zu verletzen.

4. Die Beziehung zwischen J.W. von Goethe und Charlotte von Stein - aufbereitet auch für Josias von Stein

Wie gesagt, beruft sich Charlotte auf ihre Frigidität, um ihrem Ehemann zunächst einmal klarzumachen bzw. weiszumachen, dass es keine Beziehung zu Johann Wolfgang gegeben haben könnte. In verschiedenen Etappen läuft dann die Eröffnung für Josias dieser großen und so beglückenden Liebe ab.

Eine erste Verunsicherung kommt auf, als sie Josias aus einem eigenen Brief an Goethe vorliest, um Josias zu zeigen, dass sie mit Goethe kein Verhältnis hatte. In diesem Brief bezichtigt sie Goethe zwar des Hochmuts, spricht aber gleichzeitig von der Liebe. Josias gegenüber liest sie den Brief ein Stück zu weit vor, sie verhaspelt sich, und muss nun weiter vorlesen: „Wie alle gewöhnlichen Leute sehr genau wissen, ist die Liebe ... eine bloße Erfindung der Dichter, und so wäre es ja überaus einfältig, ausgerechnet einem Dichter zu glauben ...“(17): der Brief fällt ihr aus der Hand.

Nach dieser unfreiwilligen Offenbarung führt sie dann ein, dass Goethe sie geliebt habe: „Er liebte mich über jedes vertretbare Maß und ich werde Ihnen darlegen, warum ich diese unerlaubte Neigung jahrelang ertrug ... (um) sie in diesem zehnten Jahr endgültig zu entmutigen“(18). Goethe liebt sie, nicht sie ihn.

Johann Wolfgang und sie spielen ein doppeltes Spiel miteinander: sie fordert, wenn er sie lieben wolle, müsse er alle gewöhnlichen Menschen auch lieben - wobei sie zwei grundsätzlich unterschiedliche Begriffe von Liebe vermengt; sie weist ihn ab, ohne ihn abzuweisen, er belästigt sie durch Anbetung: „Der keinen Menschen liebhat, für mich rast er“(21).

Ohne sie kann er nicht leben (21). Das gibt ihr Macht, das setzt sie unter Druck, Begehren und Abwehr, Angezogen-Werden und das Gefühl von Erpressung wechseln ab.

Wichtige Themen werden in „Geplänkel-Form“ miteinander ausgetragen; Banalitäten tauchen auf, wo Charlotte wohl immer „Tiefe“ erwartet; die Last der Konversation liege bei ihr, doch er spreche zu ihr, nicht mit ihr.

„Der einzige vernünftige Ausspruch von Goethe in zehn Jahren: 'Finden Sie nicht den Strickbeutel der Göchhausen zu grün, meine Liebe?'“(26). Ihre Verachtung für diesen Mann, den sie so sehr liebt, dass sie es dann sogar Josias eingestehen muss: „„... und ich, durch Vernunft und Erfahrung gegen die Liebe zu jeglichem Mann gefeit, liebte nun ... liebte nun ... liebte ...“ und bei diesem Geständnis fällt ihr die Tasse aus der Hand - die Tasse, die Goethe bemalt hat, was sie auch Josias sagen muss. „Ja, das war Liebe, Josias, reinste, edelste, hingebenste Liebe. Aber derjenige von uns beiden, der geliebt hat, war ausschließlicher Maßen ich“ (31).

Im gleichen Satz das Geständnis und die Abwertung - eine ausgewogene Einschätzung der Realität ist nicht möglich oder soll nicht offenbart werden. Aber man erinnere sich auch an die Situation: Goethe ist weg, heimlich.

Doch nach diesem Geständnis geht die Klage über sein anmaßendes Verhalten weiter: sie musste verfügbar sein, sie musste den vertraulichen Umgang ermöglichen, sie musste dafür sorgen, dass der äußere Ruf nicht geschädigt wurde, sie musste sich mit Gewissensbissen allein herumschlagen: Von Goethe wurde kein Gegenopfer verlangt: „Er hatte Muße, Oden zu machen und sich zu frisieren, wann immer ihm danach zu Mut war“(33-34).

Er teilt ihr dafür mit, dass er Junggeselle bleiben werde und sie habe sich niemals der Einbildung hingegeben, Goethe könne sie lieben; aber sie fühlt sich immer zu ihm hingezogen, weil, wie sie sagt, „ ...wir Frauenpersonen lieben müssen, wo wir nicht siegen können“(34). Die Selbstmystifizierung der Frau, immer Liebende zu sein, wird aufgerechnet gegen die männliche Kampfsucht. Viele von den von Charlotte genannten Episoden aber deuten darauf hin, dass diese Selbsteinschätzung eher eine Mystifizierung denn eine adäquate Interpretation ist.

Es scheint, jedenfalls in der Darstellung für Josias von Stein, aber nicht nur für ihn, eine hoch ambivalente Beziehung entstanden zu sein, die teilweise sado-masochistische Anteile zeigt. „Goethe hat zehn volle Jahre, Tag und Nacht, an mir gelitten. Aber ich wette meine Seele, daß er keine zehn Minuten Schlaf an mir verloren hat“(29).

Sie ist also einerseits erfolgreich, andererseits nicht erfolgreich in ihren Strafbemühungen. Und der Egoist ist auch erfolgreich, indem er sich diesen Bemühungen immer wieder zu entziehen vermag.

Sie wertet ihn ab: „Bei den Frauen war er stets glücklos ...“(35), sie bezeichnet seine Eroberungen als dürftig, gleichwohl er mit ihnen angeben müsse. Er muss ihr von seinen Eroberungen ausführlich erzählt haben, und ihre zwiespältigen Gefühle quittiert sie mit dem Einwurf, dass sie dem Geschicke danke, dass es sie von ihm erlöst habe (35).

Um die Ambivalenz weiter zu verdeutlichen, zitiert sie Josias gegenüber aus Goethes Gedichten; Goethe sucht „Herzensfrieden“ und sie beschließt, dass er dies niemals bei ihr bekommen darf (39). Ihr „Hauptvergnügen war, ihm vorzuwerfen, er liebe mich nicht...“ (41).

Endlich hat sie ein Mittel gefunden, ihn zu quälen. Außer ihren Erziehungskünsten und ihrer Kritik an seinem Benehmen: sie hat ihn geknebelt und gedemütigt mit dieser Mitteilung, dass er sie nicht liebe. Sie stellt sich als die liebende Frau dar, die alles tut, die lautlos zu Verfügung steht, die dafür nichts bekommt; er, Goethe, wird wie Josias hingestellt, als gefühllos, als ausbeutend und doch wird an dieser Stelle deutlich, wie die masochistische Haltung in eine sadistische überspringen kann: „ ... und er trat, wie toll ich es auch trieb, mit unerschütterlicher Ausdauer den Gegenbeweis an“ (43). Sie verletzt ihn, immer und immer wieder; um sie zu beschwichtigen bringt er ihr seine Kunstwerke, die sie wiederum nicht liest; er empfindet die Strafe und Verachtung und bietet mehr an - mehr desselben - und das entwertende Spiel geht weiter. Josias hat die Werke natürlich auch nicht gelesen, aber dafür gibt es ja auch keinen Anlass - er ist ja der Tölpel: Sie aber hat die Werke aus anderen Gründen nicht gelesen, - weil das eine gelungene Form der Rache ist, die Kränkung seines Narzissmus: „Ich verweigerte diesen Dienst“(44).

Sie gewährt ihm einen Kuss - er macht daraus ein Gedicht - er verwertet dieses Gedicht und nimmt Geld: soll sie ihn noch mit mehr Küssen bezahlen?

Sie fühlt sich verwertet: er schreibt unter der „Einbildung, als liebten wir einander...“(45). Charlotte stößt ihn dann zurück, so dass er leidet - wenn sie ihm auch unterstellt, dass er dies gern tue. „ ... wenn es einen Grund seiner Anwesenheit gab, über endlose zehn Jahre hinweg, so war es meine Grausamkeit“(46).

Die wechselseitige Grausamkeit scheint diese Beziehung in Gang gehalten zu haben. Jedes Eingestehen der tiefen Liebe wurde bestraft, der oder die, die sich als liebend ausgab, war der Verlierer, der/die Verweigernde der Gewinner.

Aber die Ambivalenz geht weiter.

5. Der weitere Verlauf des Stückes

Charlotte beobachtet während ihrer Rechtfertigungsrede das, was außerhalb des Hauses geschieht, und es wird deutlich, dass sie, immer wieder unruhig, auf die Post wartet.

Sie hört das Posthorn, aber die Kutsche fährt am Haus vorbei. Und sie beginnt in diesem Moment davon zu sprechen, was sie getan hätte, wenn sie jetzt einen Brief bekommen hätte, in dem Goethe sie um Verzeihung bittet. „ ... ich hätte ihm nicht verziehen“(47). Zehn Jahre dieser Quälerei seien genug, und als sie dies sagt, kommt der Diener und bringt Goethes Paket und sie sagt „Mein Geliebter, ich wusste es. Die kannst nicht meine Arme, meinen Busen nicht fliehn. Nicht fliehn“(48).

Die Unterscheidung zwischen Projektionen, Übertragungen, Gegenübertragungen und Realität scheint nicht mehr zu gelingen: die Liebe, die Beziehung zwischen Goethe und Charlotte von Stein, hat den Charakter eines Double-Binds, Charlotte zeigt bezogen auf diese Liebe fast psychotische Züge - und Goethe ist auf der Flucht.

Und mit diesem Paket in der Hand, das sie auspackt und das eine von Goethe hergestellte Skulptur enthält, holt sie zu dem letzten Schlag gegen Josias aus: Sie idealisiert Goethe: sie wägt sein Genie gegen Josias' „Stumpfheit“ ab; Josias würde ein Genie auf eine Waage stellen wie einen „Zuchteber“, aber Goethe, der Dichter: um seine Seele kreise das All, er sei die Mitte, um ihn ordne sich die

Wirklichkeit; ihre Liebe sei eine gänzlich andere, mit dem „Entzücken ... der Sterblichen nicht zu vergleichen"(51). Sie fühlte sich mit Goethe als nichts Wichtigeres als ein Weib, und die „Wonnen" machten „vor denen des Fleisches und der Nerven keineswegs halt"(52).

Und sie füttert nach: In der Nacht zum 10. Oktober 1780 traf man sich, Goethe, der Herzog und Frau von Stein eher zufällig auf dem Gut Kochberg, man sah sich auf Grund des Wetters gezwungen, dort zu übernachten und in dieser Nacht entdeckt Charlotte mit Goethe ihre Sexualität, die sie triumphierend ihrem Mann unterbreitet und den sie in diesem Kontext mit seinen „kreischenden" und „fetten Weibern" konfrontiert, ebenso wie mit der Tatsache, dass sie in dieser Nacht zum ersten Mal von Goethe „bekleckt", „beklückert", „beglückert" wird - sie sucht verzweifelt nach dem richtigen Wort – und dass Goethe dabei versagte. Goethe, von dem sie in diesem Moment erwähnen muss, dass er nichts ausließ, ihr Eifersucht einzuflößen, sogar mit Bauernmägden und Theaterdirnen...dieser Mann „versagte", und sie, Charlotte, hat ihn dazu gebracht, sie hat ihn geschwächt, sie hat ihm eine Schmach aufgezwungen – es klingt wie die Rache einer Frau an den Männern schlechthin.

Der Triumph ist unüberhörbar, der über Goethe, der über die Männer, der über Josias: „Ja, mein Gemahl, ich kann ihnen die lästigen Umstände einer Scheidung nicht ersparen"(62). Er, Goethe, bleibe in Weimar, aber sie, Charlotte bleibe nicht bei Josias.

Sie deutet in diesem Moment seine überstürzte Abreise aus Weimar als romantische Flucht, die ihm die große Rückkehr ermögliche; sie erwartet in seinem Brief einen „Antrag", endlich die ersehnte Genugtuung für die Jahre der Dürre, des Aushaltens, der Ungewissheit, der Schmach, als seine Erzieherin, als seine Gouvernante. Sie erwartet einen Heiratsantrag. Und doch bleibt es für die Zuhörer der Rede unklar: will sie Goethe oder will sie eine Strafe für Josias?

Aber der Brief enthält nichts von alledem, von den erhofften Inhalten: Goethe klagt über das Wetter, und wieder über das Wetter; und Charlotte reagiert gereizt, kritisiert sein Sichgehenlassen - und endlich versteht sie... und der Schmerz überfällt sie: „O mein Gott, warum ist nur alles für uns alle so sehr viel zu schwer?"

Goethe kehrt nach einigen Jahren nach Weimar zurück - und hat bald darauf Christiane Vulpius als „Haushälterin" in sein Haus aufgenommen, aber auch als seine Geliebte, mit der er bis zu ihrem Tod zusammen bleiben, sie sogar ehelichen sollte, ohne auf andere Frauen verzichten zu müssen. In einem Brief an Charlotte banalisiert er ihre alte Beziehung und macht für ihr Leiden, ihre Eifersucht und ihre Depression den schädlichen Genuss von Kaffee verantwortlich.

(1) Ich danke Cornelia Mansfeld für das Lesen des Manuskriptes und wertvolle Hinweise.

(2) Ich beziehe mich mit dem Text von Peter Hacks auf eine Ausgabe des Drei-Masken-Verlages.

Literatur

Eiguer, A./ Ruffiot, A. (1991): Das Paar und die Liebe. Psychoanalytische Paartherapie. Stuttgart. Klett-Cotta.

Prokop, U. (1991): Die Illusion vom großen Paar. Band 1: Weibliche Lebensentwürfe im deutschen Bildungsbürgertum 1750 – 1770. Psychoanalytische Studien zur Kultur. Herausgegeben von Alfred Lorenzer. München. Deutscher Taschenbuch Verlag.

Seele, A. (2000): Frauen um Goethe. Überarbeitete Neuausgabe. Reinbek. Rowohlt.

Seydel, R. (Hrsg.) (1993): Charlotte von Stein und Johann Wolfgang von Goethe. Die Geschichte einer großen Liebe. München.

Annemarie Bauer / Mechtild Grohs-Schulz

Menschen in Organisationen

Psychoanalytische Betrachtungen im sozial-psychologischen Feld

Schon in ihren Ursprüngen hat die psychoanalytische Theorie den Anspruch erhoben, „normale" Verhaltensweisen und grundlegende Entwicklungsschritte auf dem Weg zum erwachsenen Alltagsmenschen zu beschreiben und innerhalb eines Ordnungsgefüges zu erklären, obwohl sie vorwiegend aus der Erforschung psychischer Störungen hervorgegangen ist (Schlederer 1976).

Die Notwendigkeit einer psychoanalytischen Perspektive auf Organisationen und auf Organisationsprozesse entsteht aus der alltagspraktischen Behauptung von deren prinzipiellen Rationalität. Bislang existieren vereinzelte Theorieansätze, jedoch keine kohärente Theorie, die die bewussten und vor allem unbewussten psycho- und soziodynamischen Vorgänge in einer Organisation zufriedenstellend erklären. Seit geraumer Zeit haben amerikanische Psychoanalytiker und Organisationswissenschaftler den Versuch unternommen, psychoanalytische Konzepte und Theorieansätze auf das Leben in Organisationen anzuwenden (z.B. Kets de Vries 1980, Levinson 1976).

Die Ausbreitung psychoanalytischen Denkens und Verstehens auf gesellschaftliche Phänomene, auf Institutionen und Organisationen werfen Fragen auf: Wie fühlen, denken und verhalten sich Menschen im Kontext und unter der Beeinflussung durch eine bestimmte Organisation? Was und wie tragen die Einzelnen zu dem Funktionieren und Nichtfunktionieren, aber auch zur Kultur ihrer Organisation bei? Übertragen wir das Konzept des Unbewussten auf Organisationen, haben dann die dort tätigen Menschen ein kollektives, über-individuelles Unbewusstes? Und durch was ist dieses Unbewusste wahrnehmbar und erkennbar?

Um dieses „Unbewusste" bewegt sich das Theoriegebäude der Psychoanalyse. Die Psychoanalyse ist die Grundlagenwissenschaft, die vor allem vom menschlichen Unbewussten ausgeht.

Sie richtet ihren Fokus auf das Unbewusste und vor allem auf unbewusst verlaufende Prozesse im Individuum, auf das dynamisch Unbewusste. Das Wirken unbewusster Ideen und Vorstellungen, unbewusst gewordener Ereignisse und unbewusster Gefühle und Affekte ist ebenso verantwortlich für die Persönlichkeit eines Menschen (wie auch seiner Neurosen), wie die gehabten und aufgegebenen internalisierten Objektbeziehungen.

Die ursprüngliche Anwendung der Psychoanalyse als Therapieform bei neurotischen Erkrankungen ist inzwischen nur noch ein Anwendungsbereich unter vielen anderen.

Bereits Freud hat schon darauf hingewiesen, dass die Psychoanalyse nicht die „Dienstmagd der Medizin" sein dürfe und dass die Mediziner ihr medizinisch-biologisches Wissen erst einmal „verlernen" müssten, um Analytiker zu werden. In seinen späten Jahren hat er dann auch die ersten Versuche gestartet, sein Theoriengebäude auf gesellschaftliche und kulturelle Systeme zu übertragen, in „Das Unbehagen an der Kultur" und „Massenpsychologie und Ich-Analyse", was man als Vorläufer oder als einen ersten Ansatz einer psychoanalytischen Organisationstheorie verstehen könnte.

In seiner Arbeit über Massenpsychologie und ICH-Analyse stellte Freud bereits ähnliche Fragen, wie Becker sie heute stellt, in den Mittelpunkt: Was hält die Menschen jenseits der familiären Bindungen zusammen? Aus was besteht der Kitt menschlicher Organisationen? Das Aufspüren unbewusster Bedeutungszusammenhänge verschiedener Handlungen, Überlegungen, Konzepte hat in Organisationen einen anderen Bezugspunkt als in der klinischen Situation. Von daher steckt die Übertragbarkeit des Konzeptes vom Unbewussten auf Organisationen in dem Dilemma, dass im Gegensatz zur therapeutischen Situation eine Rückbindung aktueller Konflikte an frühkindliche Situationen nicht gewährleistet und die interaktionelle Wahrheitsfindung durch Zustimmung oder Ablehnung durch den Patienten nicht gegeben ist. Ein möglicher Weg aus diesem Dilemma führt über einen definierten Bezugsrahmen, in dem eine Verständigung zwischen Berater und Mitarbeitern einer Organisation über die jeweilige Interpretation ihrer institutionellen Realität stattfinden kann. Das Setting einer psychoanalytisch-fundierten Beratung in Organisationen trägt dieser Notwendigkeit Rechnung.

Die Aufmerksamkeit psychoanalytisch fundierter Beratung in Organisationen richtet ihren Bezugspunkt auf die Organisationsmitarbeiter, Teams und Gruppen in Organisationen in ihren institutionellen Zusammenhängen und den damit einhergehenden Schwierigkeiten und Konflikten. Viele Vorgänge, die diese Schwierigkeiten hervorrufen, bzw. zu diesen beitragen, sind nicht bewusst, gleichwohl Organisationen in Anspruch nehmen, zweckrational ausgerichtet zu sein, logischen und bewussten Überlegungen zu folgen.

Schnittstelle Psychoanalyse und Organisation

Einer psychoanalytischen Betrachtungsweise von Organisationen liegt die „Theorie offener Systeme" (Bertalanffy 1956) zugrunde:

Die Grenze zwischen Organisation und Umwelt bildet sich dort, wo die Organisation aufhört, für ihre Mitglieder bedeutsam zu sein. Organisationen, ihre Kultur und ihre Struktur bilden sich noematisch, so wie die Organisation ihre Umwelt wahrnimmt. Wesentlich wird und ist somit, was für die Organisation sinnvoll ist. Organisationsprägende Faktoren sind:

- die Wahrnehmung der Umwelt durch die Organisation

- die Zielsetzung der Organisation und die damit verbundene Art der Aufgabenerfüllung
- die Berufsgruppenzugehörigkeit der dort tätigen Menschen
- das Klientel, an dem die organisatorischen Ziele realisiert werden
- die Einflüsse der organisatorischen Umwelt
- das personale System, betrachtbar unter funktionalen und dynamischen Aspekten.

Organisationen sind, psychoanalytisch betrachtet, Träger vorbewusster und unbewusster Anteile. Die (vor-)bewussten Anteile sind zum Beispiel in der Gestalt eines Organigramms, einer Satzung leicht zugänglich, während sich die unbewussten Anteile zum Beispiel zunächst in der Gestalt eines Widerspruches zwischen Zielvorgaben und realen Ergebnissen bemerkbar machen. Institutionsanalysen gehen vom Vorbewussten, von den abfragbaren, soziologischen Daten aus, vertiefen sie aber unter dem Gesichtspunkt des dynamischen Unbewussten, der tabuisierten Themenbereiche von Narzissmus, Sexualität, Scham, Schuld und Angst. In der supervisorischen Arbeit ermöglichen diese Themen, dort weiter zu kommen, „... wo rationale Planungen und Überlegungen nicht greifen, weil sie an den Rationalisierungen einer unbewussten Dynamik abprallen" (Mertens 1991).

Richten wir unser Augenmerk auf bewusste Vorgänge in Organisationen, dann erkennen wir, dass die Organisationsmitglieder dazu da sind, ihre Arbeitsaufgabe und ihre Arbeitsrollen im Rahmen der gesamten Arbeitsorganisation auszuführen.

Die Wahrnehmung unbewusster Vorgänge in Organisationen berücksichtigt die psychologische Funktion von Arbeit und den damit einhergehenden Ängsten. Die psychologische Funktion der Arbeit hat identitätsbildenden und -bewahrenden Charakter. Arbeit ermöglicht die Teilnahme am gesellschaftlichen Leben durch Gruppenmitgliedschaft (Obholzer 1997).

Sie ermöglicht den Menschen, „institutionalisiert“ zu sein (im Begriffsverständnis von Goffman). Arbeit als Institutionalisierung befreit die Menschen von der Last individuellen Denkens und Handelns und ermöglicht ihnen, sich institutionellen Grundnormen anzuschließen: Es ist gestattet, „schlicht nicht zu denken”.

Drei Angstkategorien, die mit der Arbeit einhergehen, besitzen für Obholzer große Evidenz:

- die primitiven Ängste, die Grundangst, die zum Schicksal des Menschen gehört;
- die Angst, die aus der Arbeit entsteht. Bei dieser Angst schwingt die Grundangst mit und löst Aspekte der
- personalen Ängste aus: Konfrontationen mit angstbesetzten Arbeitssituationen reaktivieren biographische Angsterlebnisse.

Die unbewussten Mechanismen, mit dieser Angst umzugehen, dienen der Abwehr derselbigen. „... die darunter liegende Angst wird nicht erkannt und die

Abwehrmechanismen vereinigen sich unbewusst mit der individuellen Angst und der Angst der Gruppe" (Obholzer 1997, S. 24).

Organisationen stellen ritualisierte Abwehrvorgänge zur Verfügung. Hierbei handelt es sich offensichtlich um tradierte Lösungen, die typische Ängste und Konflikte in Organisationen nicht unbedingt lösen, jedoch verlagern und verdecken und sich der Bewusstheit der Mitarbeiter entziehen sollen. Die abgewehrten Inhalte existieren latent weiterhin. Das Abgewehrte macht von dort seine Ansprüche weiterhin deutlich und bindet psychische Energie für weitere Abwehr. Die Entschlüsselung von latenten Inhalten ist auch in Organisationen mit einer „Wiederkehr des Verdrängten" verbunden. Analytisch fundierte Beratung in Organisationen ist ausgerichtet, die Bewusstmachung von Konflikten zu ermöglichen, sie aus der Abwehr/Verdrängung zu befreien, zu verlebendigen und zu bearbeiten. Es geht darum, „einen authentischen Mittelweg zwischen beruflicher Rolle und persönlichen Wünschen zu finden, und in emotional belastenden Situationen neue Wege zu entdecken, schwierigen Klienten und beruflichen Situationen angemessen zu begegnen. Psychoanalytisch fundierte Beratung in Organisationen richtet sich nicht nur auf die interpersonale Kommunikation, sondern fokussiert auch die Strukturen und das Regelwerk der Organisation in ihren spezifischen Funktionen; oft dient die Arbeitsstruktur mehr der Abwehr derjenigen Ängste, die durch die Arbeit hervorgerufen werden, als der Arbeit selbst" (Menzies 1969).

Der psychoanalytische Fokus auf Organisationen und Organisationsprozesse ist an der Grenze zwischen bewussten und unbewussten Phänomenen situiert. Dieses Vorbewusste lässt sich verstehen als ein Bereich des deskriptiven Unbewussten, das der Erinnerung prinzipiell zugänglich ist und dessen Inhalte nicht der Zensur, Verdrängung und Abwehr unterworfen sind. Triebdynamisch verdrängte unbewusste Inhalte können in diesem außertherapeutischen Setting nur spekulativ erfasst werden. Aussagen über das Vorbewusste, über Unbewusstheit in Organisationen beschreiben den Unterschied zwischen Selbst- und Fremdbeschreibung, zwischen Innen- und Außenperspektive der Wahrnehmung institutioneller Abläufe.

Zugänge zum Unbewussten in Organisationen : Symbole und Rituale

Das Unbewusste in Organisationen manifestiert sich in Formen individueller und institutionalisierter Abwehr. Diese sind wahrnehmbar über Symbole und vor allem Rituale in Organisationen.

Symbole und Rituale gelten als zwei Seiten der gleichen Medaille, Symbole sind Zeichen, Rituale sind Handlungen, Symbole sind eher statisch, Rituale sind prozesshaft.

Symbole sind darüber hinaus vieldeutig, weil unterschiedliche Menschen unterschiedliche Inhalte mit ihnen verbinden, bei gleichem Kern. Symbole sind gleichzeitig gefüllt mit Emotionen unterschiedlicher Art, Widersprüchen und

Ambivalenzen, da sie mit Erfahrungen verknüpft sind und diese Erfahrungen unterschiedliche Gefühle produzieren. Symbole sind Informationsträger über tiefe Schichten des Lebens. Ebenso wie Symbole sind auch Rituale mehrdeutig und vielschichtig; sie können bewusst eingesetzt werden, um Menschen unter bestimmten Emotionen zu einigen, wobei in der Regel bestimmte Symbole zur Verstärkung hinzugezogen werden. Für unsere Fragestellung der Institution bedeutet das, dass jede Institution sich über Symbole und Rituale darstellt und die Selbstdarstellung bewusst oder unbewusst inszeniert. Vom psychoanalytischen Denken her nehmen wir an, dass das Symbolische einer Organisation den Zugang eröffnet zu ihren verdeckten Anteilen. Dieses Verdeckte kann vor allem auf Wissen hindeuten, Wissen, das nicht benötigt wird und im Unbewussten der Organisation abgelagert wird, oder tabuisiertes Wissen, oder widersprüchliches Wissen. Verdeckte Themen einer Organisation beziehen sich (wie verdeckte Themen eines Patienten oder einer Familie) auf die neuralgischen Punkte, das sind entweder die Punkte, die eine Institution aus ihrer Geschichte heraus ererbt hat (was man jetzt sehr gut an den Diskussion um Entschädigung von Zwangsarbeitern sieht) oder auf Themen, die auf der bewussten Ebene schwer zu thematisieren sind, weil sie mit der Oberfläche einer Institution nicht übereinstimmen. Solche Themen sind in der Regel z. B. Macht einerseits (vgl. Erdheim 1984) oder Angst andererseits (vgl. Bauer und Gröning 1995).

Über das Verstehen der Symbole müsste Verdecktes aufspürbar werden und wenn es gelänge, dieses Vermiedene zu thematisieren, müsste Bewegung in die Institution kommen.

Organisationsrituale sind Bestandteil der Organisationskultur, und die dem Bewusstsein nächste Form der Abwehr in Organisationen. Es handelt sich um entpersönlichte, automatisch ablaufende Handlungssequenzen, über deren Funktionalität nicht mehr nachgedacht wird.

„Der soziale Ort" (Bernfeld)

In der Diskussion um Psychoanalyse und soziale Arbeit hat sich in den zwanziger Jahren Siegfried Bernfeld mit seiner Schrift „Der soziale Ort und seine Bedeutung für Neurose, Verwahrlosung und Pädagogik" (1974, S. 209ff) zu Wort gemeldet. Bernfeld bezieht sich mit seinem Ansatz auf eine Aussage Freuds, die dieser 1919 getan hat und die ungemein sozialkritisch ist: „Irgendeinmal wird das Gewissen der Gesellschaft erwachen und sie mahnen, dass der Arme ein ebensolches Recht auf seelische Hilfeleistung hat, wie bereits jetzt auf lebensrettende chirurgische. Und dass die Neurosen die Volksgesundheit nicht minder bedrohen als die Tuberkulose ...,dann werden... die Männer, die sich sonst dem Trunke ergeben würden, die Frauen, die unter der Last der Entsagungen zusammen brechen drohen, die Kinder, die nur die Wahl zwischen Verwilderung und Neurose bevorsteht, durch Analyse widerstandsfähig und leistungsfähig zu erhalten" (Freud 1919, zit. nach Muck 1980, S. 35). Diese Fragestellungen hat

Bernfeld zu seinen Überlegungen über den „sozialen Ort" zur Grundlage gemacht.

Wir folgen zunächst Bernfelds Überlegungen: Bernfeld, einer der wichtigsten Vorgänger für eine psychoanalytische Pädagogik, setzt sich in seiner kleinen Schrift, ursprünglich erschienen in „Imago", mit den Vorwürfen und Einwänden gegen die Psychoanalyse auseinander, sie berücksichtige nicht die sozialen Determinanten des Geschehens. Er beschäftigt sich mit den polemischen Vorwürfen, die Neurose sei eine bürgerliche Luxuserscheinung, aber darüber hinaus bestätigt er den Kern dieser Aussage: „Die Psychoanalyse hat sich noch nicht gründlich genug mit den sozialen Bedingungen all jener seelischen Vorgänge befasst, die sie entdeckte und ausführlich studierte" (1974, S. 209). Er bezieht sich auf Freud, der das seelische Geschehen auf das Schicksal zurückführt, dass die Triebe des Menschen in einer bestimmten Realität vorfindet. Dadurch sind die Triebe mit ihren Eigenschaften und Zielen Niederschlag historischen Geschehens, ebenso wie im Über-Ich ein bedeutsames Stück äußerer Realität verinnerlicht wurde. Der soziale Ort - so Bernfeld - ist die äußere Realität und dieser soziale Ort muss für den Krankheitsbegriff der Neurose berücksichtigt werden. „Topisch, dynamisch, strukturell ist zwischen einer künstlerischen Leistung und einem neurotischen Symptom in gewissen Fällen kein Unterschied" (1974, S. 210). Der Unterschied liegt in der Selbsteinschätzung und der des Wertes, der mag minimal sein, hat aber für das Ich eine hohe Bedeutung: Denn ob sich ein Mensch krank wertet oder sich als Künstler bezeichnet, das ist von einem elementaren Unterschied. Und genau darüber entscheidet der soziale Ort: Die Beziehung zwischen dem Ich, einem bestimmten Sektor der Realität und einem bestimmten Moment im Über-Ich. Die Schwere einer Erkrankung, gemeint ist eine Neurose, ist geradezu von ihrem sozialen Ort abhängig. Ein Beispiel von Bernfeld ist die Kehlkopferkrankung eines Menschen: Für einen Metallarbeiter habe sie keine Relevanz, für einen Lehrer aber eine große Bedeutung (1974, S. 211). Das Maß des subjektiven Leidens wird zu einem guten Teil durch den sozialen Ort bestimmt. Bernfelds Beispiel: Die Enttäuschung in einer Ehe wird regelmäßig Schmerz zur Folge haben. Aber wie mit diesem Schmerz umgegangen werden kann, ist abhängig vom „sozialen Ort", z. B. lösbar über Ehescheidung oder über soziale und materielle Folgen.

Bion's Theorie der Grundannahmen

Grundlegende Formen institutioneller Abwehr beschreibt Bion mit den Grundannahmen: Abhängigkeit, Kampf/Flucht, Paarbildung.

Die mentale Aktivität von Mitgliedern in Organisationen kann dazu führen, dass die beteiligten Personen in ihren ursprünglichen, primitiven Gefühlen gefangen gehalten werden. So kann es zum Beispiel die unausgesprochene Annahme geben, dass die Gruppe in einer infantilen Art abhängig von einem allmächtigen Führer ist, das kann eine Person, eine Idee oder ein Wertsystem sein, das diese jedoch letztlich die Arbeit an der Primäraufgabe behindert. In der Grundannahme Kampf/Flucht vermeiden die Organisationsmitglieder ihre eigentliche Aufgabe, indem sie entweder einige Mitglieder zum Kämpfen einsetzen oder in irrelevante Themen fliehen. Bei einer Paarbildung arbeiten zwei Mitglieder zusammen, um eine messianische Hoffnung zu erzeugen, dass die vorhandenen Schwierigkeiten mit einem Schlag lösbar sind. Der Zweck dieser genannten Abwehrformen liegt darin, die Ziele des Individuums mit denen der Gruppe zu vereinigen, um sie in der Art und Weise zu binden, dass ein als destruktiv verstandener Konflikt vermieden werden kann (vgl. Lazar 2000).

Weitere methodische Zugänge zur Analyse von unbewussten Phänomenen in Organisationen finden wir:

- Im Konzept des szenischen Verstehens nach Lorenzer (1973): Lorenzer unterscheidet das logische, das psychologische und das szenische Verstehen. Das logische Verstehen ist das Verstehen des Gesprochenen, das psychologische Verstehen, das Verstehen des Sprechers bzw. die Erkenntnis darüber, was die Ereignisse für den Sprecher bedeuten. Von diesen Ereignissen und Erlebnissen kommt man zur Szene: um das Verstehen der Bedeutung von Szenen für den Sprecher (bei Lorenzer für den Patienten) dreht sich die Analyse. Die konkrete Szene vermittelt Einzeldaten und übergreifende Sinnzusammenhänge. Das Evidenzerlebnis ist geknüpft an die Vermittlung der Inszenierung in der konkreten Szene. Das wesentliche der Szene ist hier wie immer nicht ihre physische, sondern ihre psychische Realität: die Aktualisierung der Triebimpulse und Triebobjekte (mit allen damit verflochtenen psychischen Vorgängen) in einer Objektbeziehung. Die einzelne Szene und vor allem Abfolgen von Szenen, die einen gleichen oder ähnlichen Kern haben bei unterschiedlichen Umhüllungen bzw. Geschichten verweisen auf Interaktionsmuster, Denkmuster und Muster des Fühlens und der Beziehungsgestaltung. Institutionen präsentieren sich in Form von Szenen - nicht nur Strukturen. Diese Szenen sind in der Regel nicht allein die Repräsentation eines einzelnen Menschen oder eines Teams, sondern sie repräsentieren auch den Kontext und geben somit Aufschluss über die Kultur einer Institution.
- Im Konzept der Analysatoren nach Lapassade (1976): Dieses Konzept folgt der Grundannahme, dass in jeder Institution Phänomene vorhanden sind, die ihre verborgene Wahrheit hervortreten lassen. Diese Phänomene nennt Lapassade Analysatoren. Er unterscheidet zwischen natürlichen und konstruierten Analysatoren. Natürliche Analysatoren sind Bewegungen und Interaktionen, die die Probleme der Organisation agieren und dadurch Erkenntnismöglichkeiten liefern. Konstruierte Analysatoren sind beispielsweise das jeweilige Beratungssetting der Institutionen, Dienstbesprechungen, etc.
- In der Methode des libidinösen Gespräches nach Maya Nadig: Menschen mit verschiedenen Kulturen, z. B. Berater und Organisationsmitglieder, reagieren als

Fremde kulturspezifisch zueinander. Die in dieser Beziehung ausgelösten Affekte, Emotionen, Gedanken, Handlungsimpulse strukturieren sich für die Institutionskultur der jeweiligen Organisationsmitglieder in typischer Weise. Das Aufeinanderstoßen der institutionellen Kommunikationsmuster löst beim Berater Irritationen aus, die in einen Prozess der Identifikation und Reflexion münden und durch die Analyse der Gegenübertragung verstanden werden können. Dieser Prozess ermöglicht die Wahrnehmung des Institutionellen. Diese ethnopsychoanalytische Methode geht von der Vorstellung aus, dass Institutionsmitglieder im Umgang mit Fremden (Berater) keine familiären Rollen und Beziehungsmuster wiederholen, sondern institutionell und kulturell erfahrene Umgangsformen.

- In der Methode der Balintgruppenarbeit nach Michael Balint (1957): In der Balintgruppe stellt der freie Fallbericht mit den Assoziationen und Gefühlen, die er in der Gruppe auslöst, das Material dar, das den Kontakt zum Unbewussten möglich macht. Die Gedanken der freien Assoziationen zerlegen den Fallbericht - wie eine Art Prisma - in die möglichen unbewussten Anteile. Dieser Prozess wird vom Balintgruppenleiter analysiert, die Deutungen und Schlussfolgerungen werden der Gruppe zur Verfügung gestellt. Die Analyse der Gegenübertragung, die sich als Dynamik in der Gruppe inszeniert, kann auch auf Inhalte und Kulturelemente von Institutionen verweisen.
- Im Konzept der Gruppenanalyse nach Foulkes (1986): Ausgehend von der Auffassung, dass jede Gruppe genau definierte Kennzeichen wie Größe, Besonderheiten ihrer Mitglieder, Rahmenbedingungen, offen bekundeter Zweck, Grad und Art der Organisation besitzt, stellt die Gruppensituation eine soziale Situation, die Interaktion der Gruppenmitglieder das Medium des Kontaktes dar. Nach Foulkes aktualisiert sich der Gruppenprozess auf fünf Ebenen: der Ebene der Öffentlichkeit, Gesellschaft, Kultur und Organisation (aktuelle Ebene). Die Gruppe/Teilnehmer erleben identisch mit diesem Bereich. Die familiale Ebene repräsentiert die Objektbeziehungsmuster, die Rolleneinnahme erfolgt analog des entsprechend erfahrenen Familienmodells. Die projektive Ebene, die gekennzeichnet ist von Kämpfen und Bündnissen, von Abstoßungs- und Einverleibungsprozessen, ruft bei den Gruppenmitgliedern das Erleben der Gruppe/einzelne Gruppenmitglieder als Teile des eigenen Selbst bzw. als Teilobjekte hervor. Die Körperebene lässt die Gruppe bzw. einzelne Mitglieder als Körper/Körperteile erleben. Auf der primordialen Ebene wird die Gruppe als magische oder mystische Figur erlebt, als Ritual, Tabu. Die Gruppe wird verstanden als eine Modell-Gemeinschaft, die den Zugang zum sozialen und interpersonellen – und damit auch zum institutionellen Unbewussten ermöglicht.

Fallgeschichte Psychiatrie

Dieser Bericht kommt aus einer Balintgruppe für SupervisorInnen.

Das Krankenhaus liegt in einer westdeutschen Großstadt und hat – neben einem vielfältigen Versorgungsauftrag – eine relativ große forensische Abteilung im vorwiegend offenen Maßregelvollzug. Das bedeutet, dass Patienten aus einem anderen Krankenhaus, in dem sie in der Regel unter verschärften Bedingungen mehrere Jahre gelebt hatten und therapiert wurden, in dieses Krankenhaus verlegt werden und auf einer geöffneten Station leben, um die Übergang in die Freiheit zu üben.

Die Supervisorin ist eine in dem Feld sehr erfahrene Frau, die selbst mehr als zehn Jahre in der Sozialpsychiatrie gearbeitet hat und sowohl psychisch Kranke als auch das Krankenhaus, d.h. auch die Struktur und Mentalität der Pflegenden und Ärzte gut kennt.

Seit zwei Jahren ist sie auf der Station F und supervidiert im Rhythmus von 14 Tagen das multiprofessionelle Team.

Die Station hat im Laufe dieser beiden Jahre eine große Veränderung vorgenommen: der leitende Stationspfleger war in den Ruhestand gegangen und die MitarbeiterInnen fürchteten, einen Leiter „von außen" zu bekommen. Die Supervisorin berichtete während des ersten Jahres immer wieder davon, dass auf dieser Station wenig liefe, die Mitarbeiter, vor allem die Pfleger, während der Supervision auf den Tisch starrten oder durch sie hindurch guckten, was sie mit schlechter Supervisionserfahrung von vor 15 Jahren begründeten. Ein Teammitglied hat sich auf die Leitungsstelle beworben, und die Supervisorin sagte in der Balintgruppe, wenn er die Leitung bekäme, würde sie die Supervision beenden, denn dann würde sich sicher nichts verändern lassen.

Die Pflegedienstleitung setzt einen Pfleger als Leiter ein, der ganz von außen, also noch nicht einmal aus dem Krankenhaus selbst kommt.

Es kommt Bewegung in die Station: Der Stationsleiter ist jung und behutsam-energisch, er bekommt einen guten Draht zu seinen Kollegen und scheint sich die Anerkennung auch der Ärztinnen zu erwerben. Die Ärztinnen, die selbst miteinander in großer Rivalität lagen und oft nebeneinander, aber immer mit dem Rücken einander zugekehrt saßen, beginnen in der Supervision miteinander zu reden. Die Supervisorin meint sogar feststellen zu können, dass die eine Ärztin sich äußerlich veränderte, mit einer neuen Frisur und Make-up auftauchte.

Bei den Patienten handelt es sich nicht um Menschen mit großen Delikten, sondern um Täter, die entweder lernbehindert oder geistig behindert sind oder eine Psychose haben und Delikte verübten, für die sie als nicht-verantwortlich diagnostiziert wurden. Das geht vom Zündeln und Abbrennen von Scheunen über Schlägereien, Diebstahl und exhibitionistische Entgleisungen. Die Behinderungen und Erkrankungen machen die Therapie schwierig und langwierig, Erfolge, so hat man den Eindruck, gelingen kaum, allenfalls über das „Ruhiger-Werden" mit dem Alter. Es ist ein Klientel, das keine großen Veränderungen macht, aber auch keine spektakulären Delikte bietet, sondern eher lästigen Alltag. Die Supervisiorin hat den Eindruck, dass die Patienten die Pflegekräfte und die Ärztinnen um Erfolge bringen.

Im Herbst liest die Supervisorin in der Zeitung, dass am Wochenende das Krankenhaus, und auch die Station F, einen Tag der offenen Tür veranstaltet, der am Nachmittag mit einigen Vorstellungen abschließt.

Sie geht hin und ist ganz begeistert: Die Kunsttherapeutin hat eine Ausstellung organisiert mit sehr auffallenden und sehr schönen Bildern von Patienten, die mit verschiedenen Techniken hergestellt wurden. Die Patienten sind bei der Ausstellung dabei und erzählen zu ihren Bildern, wenn man sie anspricht.

Die Musiktherapeutin hat eine Band gegründet und bietet mit dieser Swing und Blues an; Lieder von den Bee Gees werden von der Band gespielt, während die Musiktherapeutin dazu singt. Die Station ist in Bewegung, „schwingt" – sagt die Supervisorin, allerdings sieht sie nur den Leiter der Station und die beiden Therapeutinnen, die Kunst- und die Musiktherapeutin.

Zu Beginn der nächsten Supervisionssitzung gratuliert sie dem Team für den gelungenen Tag und die Auftritte und erntet eisernes Schweigen: Wieder schauen alle unter sich, die Ärztinnen sitzen versteinert. Mühsam gelingt es, eine erste Stellungnahme zu bekommen: Keiner auf der Station habe etwas von den Aktivitäten der Therapeutinnen gewusst, der Stationsleiter sei vom Pflegedienstleiter aufgefordert worden, an dem Tag zu arbeiten. Die Ärztinnen schweigen lange und erklären dann juristische Zusammenhänge: In der Forensik sei die Leitung der Stationen per Erlass des entsprechenden Ministeriums an die Mediziner vergeben, ein Pflegeleiter sei nicht Leiter einer Station, wie das bei anderen Stationen durchaus möglich sei. Der „Tag der offenen Tür" sei nicht mit den Ärztinnen abgesprochen worden, weshalb man sich überlege, den beiden Therapeutinnen eine Abmahnung seitens des Chefarztes geben zu lassen.

Die Therapeutinnen sitzen blass und entmutigt in der Runde, sie fühlen sich abgestraft – auch ohne Abmahnung – von den Ärztinnen, sie fühlen sich entwertet und verachtet von den Pflegenden. Die Supervisorin ist völlig hilflos und denkt, dass sie die Situation mit ihrer Gratulation losgetreten habe. Sie fragt sich aber auch, ob die Patienten nicht die einzig Gesunden sind auf dieser Station ... Und sie fragt sich, wann sie fliegt ...

Wir, die beiden Autorinnen, haben dieses Fallbeispiel auf der Lehrsupervisionskonferenz im Burckhardt-Haus Gelnhausen im Januar 2001 als Arbeitsmaterial eingebracht und mit den Kollegen und Kolleginnen dort zusammen besprochen.[1] In unserer Arbeit in der Gruppe der Lehrsupervisorinnen und Lehrsuper-

---

[1] Teilnehmer und Teilnehmerinnen: Wir erhielten von den Kolleginnen und Kollegen die Genehmigung, deren Gedanken mit unseren Interpretationsversuchen zu vermengen und in diesem Aufsatz zu veröffentlichen. Für diese Genehmigungen und für die sehr ertragreiche Diskussion möchten wir uns an dieser Stelle sehr herzlich bedanken bei: Erdmuthe Bartsch, Wolfgang Dinger, Elke Grunewald, Ute Hennige, Dorothea Kirsch, Christel Klückmann, Burgunde Materla, Robert Maxeiner, Susanne Möller-Stürmer, Peter Musall, Rainer Neuendorff, Ruth Remmel-Faßbender, Anette Voigt, Hellmut Wiegang.

visorin haben wir festgestellt, dass es uns nicht leicht fiel, das Spezifische dieser Institution herauszuarbeiten. Schnell sind wir immer wieder zur Teamanalyse zurückgegangen, nicht nur weil es die Ebene ist, die wir aus unserer Arbeit besonders gut kennen, sondern auch, weil es die Ebene ist, die uns die Bewegungen zeigt. Das Denken auf der Organisationsebene birgt ein Abstraktionsniveau, das zum Niveau des Teams ein deutlich entfernteres ist. Dazu kommt, dass wir wenig über die Struktur der Gesamtinstitution, ihre Aufbau- und Ablauforganisation und ihr Behandlungskonzept wissen. Andererseits, und das kommt sicher dazu, stellt diese Institution, sprich diese Station, sich durch Aphasie und Starre dar, so dass wir immer wieder nach der Bewegung Ausschau hielten. Das Besondere dieser Station ist nämlich, dass es sich als forensische Station selbst um eine Schmuddelecke der Psychiatrie handelt, ebenso wie die Psychiatrie selber von vielen Ärzten und Pflegenden als die Schmuddelecke des Gesundheitssystems betrachtet wird. Das liegt vor allem daran, dass die eingeleiteten Bewegungen durch die Psychiatrie-Enquête in den letzten Jahren immer mehr zurück genommen werden und die Gesamtpsychiatrie nicht mehr vom Aufbruch begleitet ist; darüber hinaus lastet auf der Forensik seit einigen Jahren ein zunehmender Druck, der sich in Therapieresignation bis Therapiefeindlichkeit ausdrückt, was weniger von der Psychiatrie selbst denn von gesellschaftlichen Einstellungen her kommt. Hier werden immer wieder mehr oder weniger deutlich die Vernichtung von Tätern gefordert, statt ihnen eine Therapie angedeihen zu lassen, um ihnen ein Leben zu ermöglichen, so dass man die Idee bekommt, dass auf die forensische Psychiatrie alles Böse übertragen und projiziert wird. Diese Einstellung wird vor allem am Beispiel der Sexualstraftäter immer wieder laut, wobei zu beachten ist, dass es gravierende Sexualstraftaten gibt, dass diese aber einen winzig kleinen Teil der Forensik ausmachen.

Gerade bei diesem Beispiel stellt sich die Frage, wie sich psychoanalytische Erkenntnisse auf die sozialen Realitäten beziehen lassen bzw. ob psychoanalytische Erkenntnisse zu bestimmten sozialen Realitäten passen. Dies erinnert an die Diskussion der siebziger und achtziger Jahre, in der die Psychoanalyse mit der Frage konfrontiert war, ob sie für Unterschichtpatienten überhaupt eine adäquate Theorie und Methode sei. Für die psychoanalytische Arbeit ist die Reflexion sozialer Deutungsmuster und sozialer Realitäten notwendig. Die damit verbundenen unterschiedlichen Denkstile, die Weisen der Kommunikation und des Verhaltens sind in der psychoanalytischen Interpretation präsent und werden in der psychoanalytischen Situation wiederholt. Die soziale Realität rückt dort, wo sie zu der des Analytikers different ist, stärker in den Mittelpunkt. Realität bezeichnet einen besonderen Ausschnitt der Welt, real wird das genannt, was es „gibt" bzw. was unzweifehlbar vorhanden ist. Die Realität hat eine Existenz, die von handelnden Subjekten unabhängig ist. Demgegenüber stellt die Psychoanalyse die Subjektivität des Patienten wie des Therapeuten gleichermaßen in den Mittelpunkt: Nicht die Objektivität eines Ereignisses, sondern die subjektive Verarbeitung von Ereignissen sind bedeutsam; nicht das Ereignis, sondern das

Erleben. Diese radikale Umkehrung von Realität als Wahrheit ist Inhalt psychoanalytischen Verstehens. Wenn jede Gesellschaft ihren Mitgliedern eine Sicht der Welt vermittelt und jede Subgruppe einer Gesellschaft ihren Mitgliedern auch eine Sicht der Welt vermittelt, dann ist Realität keine Eigenschaft, die einem Objekt zukommt, sondern die für das Subjekt von Bedeutung ist.

Gedanken zur dargestellten Situation

Als Analysator im Sinne Lapassades finden wir die Schweigsamkeit und Sprachlosigkeit, sprich die Aphasie hochbedeutsam. Die Unfähigkeit zu kommunizieren zieht sich durch das gesamte Beispiel auf allen Ebenen: Die Therapeutinnen kommunizieren für den Tag der offenen Tür nicht, die Ärztinnen kommunizieren ihre Entdeckungen oder das, was sie auf der Station mitbekommen, nicht mit den Therapeutinnen, das Gesamtteam hat die Verständigung über die gemeinsame Arbeit aufgegeben. Wir können diese Nicht-Kommunikation auch als Ritual der Organisation verstehen: Wenn wir Rituale begreifen als verschlüsselten Inhalt einer Organisation mit der Funktion der Angstbindung, so finden wir hier Mehrfaches: Die Patienten sind Menschen, die in der Regel ihre Konflikte, ihre Wünsche und Versagungen nicht kommunizieren können, sondern sie ausagieren auf einer sehr schlichten und durchaus problematischen Art. Sie treffen auf Ärztinnen und Pflegende, die mit ihnen offenbar auch keine ausführliche Kommunikation eingehen. In diesem therapeutischen Milieu werden sie Kommunikation nicht lernen. Andererseits, wenn wir die Angstbindungsthese verfolgen, scheint es auf dieser Station und in dieser Teilorganisation ein hohes Angstpotential zu geben, die dem Team das Ritual der Aphasie verordnet. Das Symbol dieser Teilorganisation heißt also: Alles erstarrt, nichts wird kommuniziert, es gibt keine Bewegungen, alle starren vor sich auf den Tisch: Der institutionelle Todstellungsreflex statt das Üben von Freiheit.

Aber es gibt ja den Tag der offenen Tür, den zwei Therapeutinnen offenbar in aller Heimlichkeit vorbereiten, wenn diese Heimlichkeit denn so heimlich gewesen ist. Neben dem Todstellreflex und der Stagnation, die Stabilität und Angstfreiheit herstellen soll, gibt es Bewegungs- und Veränderungswünsche. Die Durchbrüche nach der Bewegung sind die gesunden Anteile. Auch in der Diskussionsgruppe hat sich etwas wiederholt: In der Diskussionsgruppe haben wir uns immer wieder auf die Stelle gestürzt, wo Bewegung ist; wir haben also den stagnierenden Teil abgewehrt.

Aber Menschen können es in einer toten Institution offenbar nicht aushalten. Die Gesamtinstitution sorgt dafür, dass die Station einen neuen Stationsleiter bekommt, der von außen sozusagen neues Leben mitbringt. Er scheint damit ein Symbol zu sein, das für die „messianische Hoffnung" steht, die es irgendwo in dieser Institution geben muss, auch wenn die Institution selbst, zumindest die Pflegenden, sich eingesetzt haben für einen nicht innovativen Stationsleiter, einen, der zu ihnen gehört und die Regeln des Schweigens und der Aussonderung kennt. Andererseits sucht sich diese Institution eine Supervisorin, die selbst aus dem sozialpsychiatrischen Feld kommt und die von daher alleine schon keinen Todstellreflex mitbringen wird, sondern sehr wahrscheinlich aus ihrer Feldkompetenz heraus intensiv daran gearbeitet hat, Menschen in ihrem Alltagsumfeld überlebensfähig zu halten. Andererseits scheint sich diese Supervisorin sehr schnell mit den lebendigen Teilen der Institution zu verbünden, was möglicherweise auch ihre persönliche Abwehr der institutionalisierten Starre bedeutet; und: Sie fragt nicht danach, wer der Chef der Pflege in diesem Fall ist, d. h. sie stellt nicht die Frage nach der Macht. Andererseits erklärt ihr das Team auch nicht, wie die Machtverhältnisse auf dieser Station sind, und wir können daraus schließen, dass die Unklarheit über die Machtverteilung die Illusion der Therapeutinnen aufrecht erhält, autonom in dieser Institution arbeiten zu können. Andererseits zeigt die Einstellung des Stationspflegers, dass Macht der Gesamtinstitution demonstriert wird, nicht aber begründet und diskutiert wird. Macht, Konkurrenz und Hierarchien werden verleugnet, aber sie werden gnadenlos ausgelebt, aber auch darüber gibt es keinen Streit auf der Station – man akzeptiert den neuen Stationspfleger, aber auch er wird nach einiger Zeit sprachlos: Obwohl der von der Pflegedirektion auf den Tag der offenen Tür hingewiesen wurde und angewiesen wurde, selbst Dienst zu machen, sah er sich nicht veranlasst, mit den Therapeutinnen und anderen Pflegenden über diesen Tag der offenen Tür zu sprechen. Das System der Nicht-Kommunikation hat ihn also sehr schnell erfasst.

Die innere Situation der Patienten wiederspiegelt sich in der Situation der Institution: Alle sind Gefangene des Reglements; alle unterliegen der Maßregelung der Lust; die Freiheit ist gefährlich und sich zu bewegen ist ebenso gefährlich. Die defizitäre Realitätswahrnehmung, siehe den Tag der offenen Tür, könnten wir als die Personalisation bezeichnen. Triebe müssen unterdrückt werden, der Wunsch, sich zu bewegen, wie es in dem Fest zum Ausdruck kommt, wird bestraft, alles muss klein gehalten werden. Diese stabile Abwehr alles Lebendigen und alles Kommunikativen trägt einerseits autistische Züge und von daher Züge, wie es auch diesen Patienten teilweise zu eigen ist. Zum anderen tauchen in gesellschaftlichen Diskussionen immer wieder Todeswünsche gegen Patienten mit erschreckenden Delikten auf, so dass wir uns fragen, ob es solche Todeswünsche nicht auch bei MitarbeiterInnen geben muss. Dann nämlich könnten wir die Kommunikationssperre als eine Kompromissbildung ansehen für solche tabuisierten Wünsche (vgl. dazu Bauer 1995, S. 149 und Bauer 1997).

Auch dieses entspricht der Kultur auf einer forensischen Station: Die Delikte der Patienten wurden und werden ans Tageslicht gezerrt, das heimlichste, was sie haben, ihr Delikt, wird öffentlich, wozu auch die Öffentlichkeit der Supervision zählt, in denen Patienten mit ihren Delikten in aller Ausführlichkeit besprochen werden. Und gleichzeitig wird die Heimlichkeit auf der Station wieder inszeniert, von den zwei Frauen „heimlich" der Tag der offenen Tür vorbereitet, der lebendige Teil der Institution heimlich inszeniert, was vorher angeblich keiner gesehen und gehört hat. Das Lebendige will sich durchsetzen, Bilder und Malerei, Musik und Band dürfen sein, dürfen aber nicht öffentlich werden. Die Aussonderung des Verrückten ist die Angstabwehr der Gesunden.

Offiziell hat diese Institution den Auftrag, die Menschen gesund werden zu lassen und sie in die Freiheit zu entlassen, der unbewusste und heimliche Auftrag aber ist, sie festzuhalten und die Gesellschaft vor ihnen zu schützen.

Institutionen sind mehr als die Summe der Personen, die dort arbeiten; sie entwickeln eine eigene Dynamik und eine eigene Kultur und an diesem Beispiel scheinen uns die dominanten Affekte einen Hinweis zu geben auf das innere Leben dieser Institution: Hass, Leblosigkeit bis hin zur Versteinerung scheinen die wichtigsten Affekte zu sein, mit denen man auf dieser Station leben muss, ohne die man in dieser Station wahrscheinlich nicht arbeiten kann.

Das dominante Thema dieser Teilinstitution ist, wie gesagt, die Aphasie, diese Aphasie steht wie ein Symptom über dem Konflikt, der unbewusst bleiben soll und bleiben muss, nämlich die hohe Aggression gegen die Patienten und die möglichen Todeswünsche. Das szenische Verstehen hat uns gezeigt, dass die Themen selbst doch dramaturgisch umgesetzt werden.

Die Patienten sind schuldig geworden, sie haben kleinere oder größere Delikte begangen, für die sie nicht verantwortlich sind auf Grund ihrer geistigen und psychischen Verfassung. Wir nehmen an, dass ihnen auch sehr viel schuldig geblieben ist. Eine schnelle Konnotation mit Schuld und Schuldgefühlen finden wir auch bei den MitarbeiterInnen: Die Therapeutinnen wagten, etwas Triebhaftes freizusetzen; sie schaffen es sogar, das triebhafte geordnet freizusetzen. Und anstelle des chaotischen und psychotischen eine sublimierte Form von Trieb und Affekt herzustellen. Es scheint also doch zu funktionieren, obwohl auf dieser Station Triebdurchbrüche von Patienten nur als chaotisch erlebt werden, und Versuche, sie zu kultivieren nicht stattfinden; dagegen werden sie medikamentös behandelt.

Das Es auf dieser Station ist bei den Patienten lokalisiert, und zwar in deren Geschichte, nicht in deren Gegenwart. Das Über-Ich auf dieser Station ist bei den Pflegenden und Ärztinnen zu finden: Sie verbieten und verunmöglichen. Die Ich-Ebene scheint verschwunden zu sein. Unter dieser Herrschaft des rigiden Über-Ich´s und des gewaltsamen unterdrückten Es. Es geht also um Domestikation und weniger um Therapie.

Es handelt sich um schwer gestörte Patienten, denen Formen interpersoneller Begegnungen nicht möglich zu sein scheinen, was aber am Tag der offenen Tür widerlegt wird. Dieser Tag der offenen Tür hat eine lange Vorbereitung, was bedeutet, dass die beiden Therapeutinnen sehr wohl Wege fanden, den Patienten zu begegnen. Die Angst, diesen Patienten zu begegnen, deutet auf ein hochinfektiöses System hin, gegen das viele Abwehrwege und Mechanismen aufgefahren werden müssen. Die Energie dieser Institution liegt eindeutig in der kontraphobischen Unterdrückung alles Triebhaften und aller lebendigen Affekte.

Die Dynamik der Tabuisierung springt auf die Supervisorin über, auch sie sitzt am Ende dieser Supervisionssitzung schweigend und angstvoll in der Runde und unterdrückt alle Affekte und supervisorische Kompetenz.

Das Schlimmste scheint zu sein, sich einzugestehen, wie schrecklich man die Patienten findet. Die Frage nach der Berechtigung ihres Lebens, die es sicher gibt, wird nicht gestellt: Sie ist tabuisiert. Tabuisiert ist aber auch das Leben dieser Patienten selbst: Es bleibt nur die Erstarrung.

Der Angst vor dem Chaos und der Strukturlosigkeit wird mit einem rigiden Über-Ich begegnet. Der sublimierte Weg, diese Angst vor dem Verrückten zu thematisieren, ohne das Verrückte oder das Rigide ausleben zu müssen, scheint das Lernziel einer solchen Institution zu sein. Dies würde etwas aussagen über den psychischen Reifegrad eines Teams. Die Patientinnen werden in der Regel sehr frühe Störungen haben, die den Aufbau einer inneren Struktur verhinderten. An den Szenen der Institution wird sichtbar, dass das therapeutische Personal eine typische Symptomatik eines neurotischen Konfliktes aufweist: Der Kampf des Es mit dem Über-Ich, der nicht gelöst werden kann, der aber in Form der Erstarrung gelöst zu sein scheint.

Literatur

Balint, M. (1947): Die Urformen der Liebe und die Technik der Psychoanalyse. Stuttgart 1981.

Bauer, A. (1995): Versteinerungen und Spaltungen: Schuld und Nicht-Schuld in der Forensischen Psychiatrie. In: Bauer/Gröning (Hrsg.) (1995): Institutionsgeschichten – Institutionsanalysen, S.149-172, Tübingen.

Bauer, A. (1997): Von jeder Lust weit entfernt!? Sexualität als Arbeitsgebiet in Institutionen. In: Forum Supervision, 5. Jgg., Heft 10, S. 32-56.

Bauer, A. / Gröning, K. (Hrsg) (1995): Institutionsgeschichten – Institutionsanalysen.Tübingen.

Bauer A/ Grohs-Schulz, M. (1999): Symbole-Mythen-Rituale. In: Forum Supervision, Tübingen 1999.

Bernfeld, S. (1929): Der soziale Ort und seine Bedeutung für Neurose, Verwahrlosung und Pädagogik. In: Werder, Lutz v./ Wolff, Reinhart: Antiautoritäre Erziehung und Psychoanalyse. Band 2.. Berlin: 1974, S. 209-224.

Bertalanffy, L.v. (1956): General Systems Theory. In: Yearbook of the Society for the Advancement of General Systems.

Bion, W.R. (1990): Erfahrungen in Gruppen. Frankfurt a.M.

Erdheim, M. (1984): Die gesellschaftliche Produktion von Unbewusstheit. Eine Einführung in den ethnopsychoanalytischen Prozess. Frankfurt.

Foulkes, S.H. (1986): Gruppenanalytische Psychotherapie. Frankfurt.

Kets de Vries, M. (1980): Organizational paradoxes. Clinical approaches to management. London, New York.

Lapassade, G. (1976): Der Landvermesser oder: Die Universitätsreform findet nicht statt. Stuttgart.

Lawrence, W.G. (1988): Eine psychoanalytische Perspektive zum Verständnis des Lebens in Organisationen. In: Zeitschrift für Organisationsentwicklung, 4/1988.

Lazar, R. (2000): Psychoanalyse, „Group Relations" und Organisation: Konfliktbearbeitung nach dem Tavistock-Arbeitskonferenz-Modell. In: Lohmer, Mathias (Hrsg.): Psychodynamische Organisationsberatung. Stuttgart: 2000, S. 40-78.

Levinson, H. (1976): Psychological man. Cambridge, Mass.

Lorenzer, A. (1973): Das szenische Verstehen. In ders.: Sprachzerstörung und Rekonstruktion. Frankfurt: S. 138-194.

Menzies, L. (1969): Die Angstabwehr-Funktion sozialer Systeme - ein Fallbericht. In: Gruppendynamik. 1974.

Mentzos, S. (1988): Interpersonale und institutionalisierte Abwehr.

Mertens, W. (1991): In: Die Seele im Unternehmen, Hrsg. Lenz, G., Berlin, Heidelberg.

Muck, M. (1977): Übertragung und Gegenübertragung. In: Die Psychologie des 20. Jahrhunderts: Freud und die Folgen (2). München, S.1109-1124.

Obholzer, A. (1997): Das Unbewußte bei der Arbeit, In: Unbewußtes in Organisationen, Wien.

Schlederer, F. (1976): Die Gesellschafts-, Kultur- und Religionskritik bei Freud. In: Die Psychologie des 20. Jahrhunderts: Freud und die Folgen (1). München, S. 995-1036.

Weimer, M. (1999): Psychoanalyse und/als Organisation, in: Psyche 1/1999.

Nando Belardi

Schmidbauers Entdeckung der Überwertigkeit von Arbeit

Schon seit vielen Jahren ist der Begriff der „Hilflosen Helfer“ oder des „Helfersyndroms“ in aller Munde. Man findet kaum einen Studierenden oder Praktiker, der bei Gesprächen diese Bezeichnungen nicht nennt oder auch zur eigenen Entlastung nicht benutzt. Wohl kaum ein anderer Begriff ist so populär und wird so häufig verwendet, wenn es um Fragen und Probleme des beruflichen Handelns geht. In der folgenden Abhandlung geht es mir nicht um die Entwertung wichtiger menschlicher Eigenschaften wie des Helfens, sondern um deren kritische Reflexion. Wichtiger ist, wie Wolfgang Schmidbauer in der Einleitung seines Bestsellers „Die hilflosen Helfer“ (1977, S. 10) schreibt: „Mir scheint, daß schätzenswerte menschliche Eigenschaften nicht an Wert verlieren, wenn ihr Zustandekommen genauer untersucht wird.“

Das „Helfer-Syndrom“

Wenn ich im folgenden von „Helfer-Berufen“ spreche, so verstehe ich diese als Sammelbegriff für eine Vielzahl von Berufen im Sozial-, Gesundheits- und Pflegebereich, welche Tätigkeiten wie Helfen, Erziehen, Beraten, Betreuen, Pflegen oder Organisieren enthalten. In einem weiteren Sinne könnten auch die vielen tausend Lehrerinnen und Lehrer der unterschiedlichsten Schulstufen dazu gezählt werden. Die meisten dieser Berufe entstanden erst in diesem Jahrhundert; sie haben sich mühsam professionalisiert und sind zum Teil in Ausbildung, Besoldung und Sozialstatus noch unterprivilegiert. Seit dem Anfang dieses Jahrhunderts sind diese Berufe beträchtlich angewachsen. Allein im Sektor der freien Wohlfahrt existieren über 80.000 Einrichtungen (Kindergärten, Erziehungsheime, Jugendhäuser, Krankenhäuser, Behindertenheime, Sozialstationen, Beratungsstellen, Einrichtungen der Altenhilfe u.v.a.) mit etwa einer knappen Million hauptberuflicher Mitarbeiter. Demgegenüber beschäftigte Deutschlands Schlüsselindustrie, der Kraftfahrzeugbau, im Jahre 1995 gerade 650.000 Personen. Zu den hauptamtlich Beschäftigten in der freien Wohlfahrtspflege kommen noch ca. 1,5 Mio. neben- und ehrenamtliche Kräfte hinzu. Alleine beim größten Trägerverband, der Caritas, arbeiten 430.000 Mitarbeiter, mehr als bei VW oder Mercedes (Der Spiegel, Nr. 52/1995, S. 40f.). Die Anforderungen an diese Berufe haben sich in den letzten Jahren wesentlich verändert.

So hat im Zeichen gesteigerten Qualitätsbewusstseins und knapper Kassen die Diskussion um Effektivität und Effizienz dieser Dienstleistungen zugenommen. Auch enthalten diese Berufe starke Merkmale traditioneller weiblicher Werte und Tätigkeiten; beispielsweise die Nähe zu Hausarbeit, Familie und Mütterlichkeit. Da der Frauenanteil in den Helfer-Berufen bis zu 80 Prozent beträgt, bevorzuge ich im folgenden die weibliche Schreibweise.

Schmidbauers Buch „Die hilflosen Helfer“ war und ist ein wesentlicher Beitrag zum Verständnis typischer psychodynamischer Schwierigkeiten dieser Berufe. Dabei versteht der Autor unter dem Terminus „Helfer-Syndrom“ eher unbewusste Einstellungen und daraus resultierende Verhaltensweisen, die sich als Ergebnis von Störungen und Defiziten im Selbstwert entwickelt haben und die vor allem im beruflichen Bereich wirksam werden. „Der narzißtisch einigermaßen stabile Mensch ist in der Lage, Kränkungen zu verarbeiten, indem er sie in realistischen Dimensionen sieht: Hier und da habe ich einen Fehler gemacht, aber in vielen anderen Bereichen bin ich ganz in Ordnung. Die narzißtische Störung drückt sich darin aus, daß jeder kleine Fehler einen aus früherer Zeit stammenden Speicher schlechter Gefühle anzapft, der dann die ganze Person überschwemmt und das Selbst vollständig in Frage stellt“ (S. 20). Psychodynamische Hintergründe und Merkmale dazu können sein:

- Erlebnisse frühkindlicher Kränkung und Ablehnung,
- Kompensation durch hohe Ziele in der Arbeit,
- ein starres Ich-Ideal hinter einer sozialen Fassade,
- dabei Vermeidung von Gegenseitigkeit,
- Verleugnung eigener Schwäche und Hilfsbedürftigkeit,
- ungleiche Helfer-Beziehungen werden immer wieder hergestellt, auch als Ersatz für unbefriedigende private Beziehungen (Schmidbauer 1977, S. 23).

Im Grunde genommen handelt es sich bei diesem Buch um einen klinischen Beitrag zur gefühlsmäßigen Besetzung von Arbeit; vorwiegend im Bereich sozialer und pädagogischer Dienstleistungen. In einem weiteren Sinne kann jede emotionale Überwertigkeit von Arbeit zu entsprechenden Fehlleistungen führen – egal ob im Profit- oder Nonprofit-Sektor. Bekanntlich stellen persönliche Verhaltensweisen wie Zuwendung, Kommunikation und Gefühlsäußerungen einen wichtigen Bestandteil der Arbeit in den psychosozialen Feldern dar. Dort wird erwartet und damit gerechnet, dass übermäßige Anstrengungen vorgenommen werden. Auch sind diese Tätigkeiten schwer messbar, kaum vergleichbar in ihrem Arbeitserfolg und sehr von der jeweils beteiligten Persönlichkeit bestimmt. In der Alltagssprache werden die daraus resultierenden „Helferprobleme“ oft deutlich durch Aussagen wie

- zu nahe am Klienten sein,
- nicht Nein sagen können,
- allzeit bereit,
- mit dem Beruf verheiratet sein,
- immer nur lächeln.

Helfer-Beziehungen in der Sichtweise pädagogischer Klassiker

Schmidbauers Verdienst besteht darin, die Fachdiskussion um die seelischen Probleme helfender Berufe auf den Punkt gebracht zu haben. Allerdings ist das Thema nicht neu, wie folgender historischer Exkurs zeigen soll. Aus der philosophischen Literatur sind Überlegungen von Arthur Schopenhauer (1788-1860) über das Mitleid bekannt. Danach dienen mitleidsbezogene Handlungen an anderen letztendlich dem Handelnden selbst und seien deswegen „ohne moralischen Wert" (1976, S. 105). Vom Philosophen Friedrich Nietzsche (1844-1900) stammt der bekannte Satz: „Gute Taten sind sublimierte Böse". Dies sind nur zwei Bemerkungen über Kehrseite und Hintergrundmotive von Handlungen mit hohem ethischen Anspruch. Auch bei den Gründervätern und Gründermüttern der Pädagogik, Sozialpädagogik oder Sozialarbeit finden wir zumindest Auffälligkeiten und zeitweise aus heutiger Sicht neurotische Motive und Haltungen zum „guten" sozialen Tun. Spätestens im Pietismus wird die scheinbar uneigennützige Haltung sichtbar, die eigenen Motive mit dem „Willen Gottes" zu erklären: So schreibt August Hermann Francke (1663-1727), der bekannte Begründer des ersten modernen Waisenhauses in Halle:

„Die Welt schreibt die Werke, die durch meine Hand gegangen sind, meiner Aktivität zu (...) allein die thörichte Welt will nur Gott keine Ehre lassen und alles zu was Menschlichem machen (...). Ich bin in allen meinen Sachen immer passive gegangen, habe stille gesessen und nicht einen Schritt weiter gethan, als ich den Finger Gottes vor mir hatte. Wenn ich dann sahe, was die Hand Gottes vor hatte, trat ich als ein Knecht hinzu und brachte es, ohne Sorge und Mühe zu stande, weil der Herr alles that, und ich dabei stille sein konnte. Daher ist mir's im Schlafe worden, was anderen bei alle ihrem Verstande, Kunst und Weisheit nicht hat gelingen wollen" (zitiert nach Scherpner 1966, S. 62).

Fachleute kennen die Diskrepanz zwischen Werk und Leben beim vielleicht bedeutendsten Begründer der modernen Pädagogik J. J. Rousseau (1712-1778). Sein Buch „Emile" (1752) stellt nach Meinung der Fachwelt auch den Beginn moderner Pädagogik und Psychologie, speziell des Kindes- und Jugendalters, dar. Im privaten Leben war Rousseau ein unzuverlässiger und zeitweise flüchtiger Vater, wenn man will, ein „hilfloser Helfer". Johann Heinrich Pestalozzi (1746-1827) stand auch unter dem Einfluss von Rousseaus Gedankengut. Er wollte in seinem Waisenhaus soziale Reform und Armenerziehung miteinander verbinden. Im Jahre 1776 beherbergte seine Anstalt schon 22 Kinder; durch die Folgen der französischen Revolution wurden es vor der Schließung im Jahre 1799 über 80 Kinder. Zu diesem Zeitpunkt hatte das meiste Personal das Haus schon verlassen. Im „Stanser Brief" beschreibt er diese dramatische Situation:

„Indessen so drückend und stoßend die Hülflosigkeit, in der ich mich befand, war, so war sie von einer anderen Seite dem Innern meiner Zwecke günstig. Sie nöthigte mich meinen Kindern alles in allem zu seyn. Ich war von Morgen bis

Abend, so viel als allein in ihrer Mitte. Alles, was ihnen an Leib und Seele Gutes geschah, gieng aus meiner Hand. Jede Hülfe, jede Handbiethung in der Noth, jede Lehre, die sie erhielten, gieng unmittelbar von mir aus. Meine Hand lag in ihrer Hand, mein Aug' ruhte auf ihrem Aug'.
Meine Tränen flossen mit den ihrigen, und mein Lächeln begleitete das ihrige. Sie waren ausser der Welt, sie waren ausser Stans, sie waren bey mir, und ich war bei ihnen. Ihre Suppe war die meinige, ihr Trank war der meinige. Ich hatte nichts, ich hatte keine Haushaltung, keine Freunde, keine Dienste um mich, ich hatte nur sie. Waren sie gesund, ich stand in ihrer Mitte, waren sie krank, ich war an ihrer Seite. Ich schlief in ihrer Mitte. Ich war am Abend der letzte, der ins Bett gieng, und am Morgen der Erste, der aufstand. Ich betete und lehrte noch im Bett mit ihnen, bis sie einschliefen, sie wollten es so" (Pestalozzi 1971, S. 13f.).

Hierbei handelt es sich nicht nur um die wohl früheste Konzeption moderner Heimerziehung. Pestalozzis Vorstellungen enthalten gleichzeitig die Gefahrenmomente einer problematischen pädagogischen Beziehungskultur: Allmachtsvorstellungen, Unersetzbarkeit, Verschmelzungswünsche und eine verdächtige Grenzenlosigkeit. In der schlimmsten eigenen Hilflosigkeit ist es ihm ein Trost, noch hilfsbedürftigere Schutzbefohlene zu haben. Doch alle diese jahrelangen Anstrengungen sollten vorwiegend immateriell und nur durch fremde Anerkennung vergolten werden.

„So giengen Monate hin, ehe ich die Freude hatte, daß ein Vater oder eine Mutter mir mit einem heiteren dankvollen Auge die Hand drückte" (S. 16).

Das Projekt endete bekanntlich in einem Fiasko. Die Kinder verwahrlosten, das Heim des völlig überforderten Pestalozzi wurde geschlossen und er wendete sich von der Heimerziehung der Schulpädagogik zu, wo er dann später Weltruhm erlangen sollte.

Über einhundert Jahre später finden wir bei Herman Nohl (1879-1960), einem Klassiker der Sozialpädagogik des 20. Jahrhunderts, einen folgenschweren Satz, in welchem er sich zu persönlichen Motiven und Verstrickungen im Erziehungsverhältnis bekennt:

„Die Grundlage der Erziehung ist also das leidenschaftliche Verhältnis eines reifen Menschen zu einem werdenden Menschen, und zwar um seiner selbst willen, daß er zu seinem Leben und seiner Form komme" (Nohl 1978, S. 134).

Im Text von Nohl folgen nun einige Hinweise auf den pädagogischen Eros über die Jahrhunderte hinweg, von Sokrates bis Pestalozzi. Auch der noch auf der gleichen Seite mit Verweisen auf die Psychoanalyse stattgefundene Versuch zur Relativierung seiner Motive entlarvt diese:

„Die Psychoanalyse hat nun in diesen sinnlichen Berührungen Ableitungen des Sexualtriebes zu entdecken gemeint" (S. 134).

Gründer großer Helfer-Organisationen

Im „Jahrbuch der Sozialarbeit 4" von 1981 steht eine von der Fachwelt viel zu wenig beachtete Studie des Bremer Sozialpädagogik-Professors Hartmut Dießenbacher über „Altruismus als Abenteuer. Vier biografische Skizzen zu bürgerlichen Altruisten des 19. Jahrhunderts" (S. 272ff.). Darin werden die biografischen Hintergründe von William Booth (1829-1912), dem Gründer der Heilsarmee, Dr. Barnardo (1845-1905), welcher eine Reihe von Erziehungsheimen in England und Übersee aufbaute, Friedrich von Bodelschwingh (1831-1910), der ab 1872 viele soziale Einrichtungen in Bethel bei Bielefeld schuf und Henry Dunant (1828-1910), dem Begründer des „Roten Kreuzes" vorgestellt. Dießenbacher weist auf erstaunliche Gemeinsamkeiten in den vier Biografien hin: Alle Männer kamen aus dem Bürgertum und waren in einer merkwürdigen Art fasziniert von den Verwahrlosten, Elenden, Schwachen, Krüppeln, Trunkenbolden und Prostituierten. So verlassen sie zeitweise ihr bürgerliches Leben, um nach dem „Handlungsmuster eines Abenteuers" die Schattenseiten der Gesellschaft kennenzulernen; sie gingen in die Armenquartiere, organisierten Suppenküchen und Nachtasyle, um dort bürgerlichen Altruismus auszuüben (S. 272). Teilweise auch unter erheblichem eigenen materiellen Aufwand, die eigene wirtschaftliche Existenz riskierend, schufen sie bleibende Werke von Weltruhm. Aber auch die psychodynamische Seite der jeweiligen Persönlichkeiten sollte nicht unbeachtet bleiben: „Der klassische wie altruistische Abenteurer steht immer auf der Seite des Guten; er kämpft gegen das Böse; im oft nur flüchtig geliehenen Gewande des Sozialrebellen tritt er für die Unterdrückten, Hilfsbedürftigen, Kranken, die in Not geratenen, kurz: für die Sache der Gerechtigkeit ein. Dabei darf er gerissen, fintenreich, auch am Rande der Legalität operieren; ein wirklicher Schurke, ein ausgekochter Bösewicht, ist er niemals, weil die Moral auf seiner Seite ist" (Dießenbacher 1981, S. 281). Dem sozialen Engagement für viele steht ein unterentwickeltes Privatleben gegenüber. Wenn sie überhaupt eine Familie gegründet hatten, so wurde das Familienleben der beruflichen Aufgabe untergeordnet.

Kranken- und Altenpflege

Nicht nur die Anfänge der modernen Sozialpädagogik liegen in der ersten Hälfte des 19. Jahrhunderts, sondern auch die Krankenpflege ist in dieser Zeit entstanden. Welches sind die zentralen Stationen in der Berufsentwicklung zur Krankenpflege gewesen? „Entscheidende Impulse dürfte der Aufruf der preußischen Kronprinzessin vom 1. April 1813 gegeben haben, als zum erstenmal Frauen aller Stände in großer Zahl aus dem Bereich des Hauses in die Öffentlichkeit traten, um sich für die Pflege der verwundeten und kranken Soldaten zur Verfügung zu stellen. Auf der Grundlage dieser Frauenvereine hatte dann 1832 die Hamburger Kaufmannstochter Amalie Sieveking einen weiblichen Verein für

Armen- und Krankenpflege gegründet" (Schadewald 1991, S. 296). Neben den schon bestehenden katholischen und neu gegründeten bürgerlichen Initiativen kam es auch von protestantischer Seite aus zu einer Intensivierung der Krankenpflege. Im Jahre 1833 gründete der Pfarrer Theodor Fliedner (1800-1864) in Kaiserswerth (heute ein Stadtteil von Düsseldorf) die Diakonie. Neben einem Asyl für entlassene weibliche Strafgefangene, einer Kleinkinderschule und einem Krankenhaus bildete er zusammen mit seiner Frau ledige christliche Frauen für die Betreuung von Kleinkindern und Kranken aus. Schon in frühchristlicher Zeit bezeichnete man solche Laienhelfer als Diakone bzw. Diakonissen, sie halfen den Priestern bei der Krankenpflege und der Gemeindearbeit. Um an diese Tradition anzuknüpfen, nannte Fliedner diese Helferinnen Diakonissen. Auch die Engländerin Florence Nightingale (1820-1910), die durch ihren späteren Einsatz im Krimkrieg weltbekannt wurde, war in Kaiserswerth ausgebildet worden. Seitdem hat sich die Kaiserswerther Diakonie über ganz Deutschland verbreitet und ist heute nach der Caritas als Teil des Diakonischen Werkes der zweitgrößte Spitzenverband der Jugendhilfe und des Wohlfahrtswesens. Sowohl die Diakonie von Fliedner als auch die katholischen Schwesternorden brachten in der Krankenpflege einen Fortschritt zustande. Denn beiden Bewegungen gelang es, gläubige Frauen für die lebenslange Krankenpflege zu gewinnen. Welches war der „Preis" für diese Verpflichtung? Eine offensichtliche Gegenleistung stellte die lebenslange Versorgungsmöglichkeit durch das „Mutterhaus" bzw. den Orden dar. Grundlage war eine Kombination der geschickten Nutzung religiöser Motive und weiblicher Sozialisationsmuster, des Helfens und Dienens. Ansonsten wurde die jahrzehntelange Hilfstätigkeit mit dem „Gotteslohn" vergolten, den man auch als eine verborgene Motivation betrachten kann. „Das Mutterhaussystem war bis zum Ende des 19. Jahrhunderts die einzig denkbare Form der Krankenpflege in Deutschland. Es wurde auch von weltlichen Organisationen übernommen, die religiöse durch allgemeinere christlich-humanitäre oder auch patriotische Ideologien ersetzten" (Cappell 1996, S. 23). So hat man über einhundert Jahre lang bis nach dem Zweiten Weltkrieg die Krankenpflege vorwiegend von gering bezahlten Ordensmitgliedern bestritten. Erst dann kam es zur einer „Entkonfessionalisierung" der Krankenpflege. Auch heute noch werden Kranken- und Altenpflegerinnen auf der Grundlage von traditionellen Werten wie Helfen und Pflegen angeworben. Entsprechend hoch ist nach einigen Jahren die Fluktuation. Nach einer Studie sind im Jahre 1997 etwa 80 Prozent der 1992 examinierten Altenpflegerinnen wieder aus dem Beruf ausgeschieden (Pro Alter 4/1997, S. 22). Bisher wurden jedoch nicht die notwendigen bildungs- und berufspolitischen Konsequenzen gezogen, um die helfenden Berufe als moderne Dienstleistungsberufe zu entwickeln. Denn eine reflektierte Rekrutierung und Ausbildung des Nachwuchses ist auch in psychohygienischer Hinsicht dringend notwendig.

Praktikerinnen der Sozialarbeit

Schon vor mehr als siebzig Jahren vermerkte die Mitbegründerin der modernen deutschen Sozialarbeit, Alice Salomon (1872-1948): „Die Psychopathologie nennt bestimmte Typen ‚Helfernaturen‘. Das sind Menschen, die irgendwie nicht voll ausgereift, die nur unter ständiger unmittelbarer Überwachung etwas leisten, aber für bestimmte Posten unentbehrlich sind“ (1927, S. 75).

Schon damals schrieb sie: „Der soziale Beruf ist ein Eignungsberuf“ (S. 201) und die „soziale Berufsarbeit beansprucht die ganze Persönlichkeit, nicht nur die Kräfte des Körpers, des Verstandes oder der Seele, sondern den ganzen Menschen. Sie trägt Enttäuschungen und Entmutigungen ohne Zahl ein“ (S. 199f.).

Alice Salomon wusste wovon sie sprach. Sie lebte nur für die mit der bürgerlich-liberalen Frauenbewegung verbundene Wohlfahrtsarbeit und war eine von deren bedeutenden Repräsentantinnen auf der internationalen Ebene. Alice Salomon verbindet mit Bertha Pappenheim (1859-1936), der Begründerin der jüdischen Sozialarbeit, auch die Tatsache, dass beide Persönlichkeiten ihr Leben voll und ganz in den Dienst der von ihnen gegründeten Organisationen stellten und keine Partnerschaft mit einem Manne eingingen, keine eigene Familie gründeten. Heute weiß man, dass Bertha Pappenheim identisch ist mit Anna O. Diese aus bürgerlichem jüdischen Elternhause in Wien stammende junge Frau war um 1880 die Patientin von Dr. Josef Breuer. Ihre Krankengeschichte führte Freud zur Entwicklung der Psychoanalyse. Auf Freuds Initiative kam es zur Publikation der Krankengeschichte in den „Studien über Hysterie“. Die Leidensgeschichte der Anna O. soll hier nicht wiedergegeben werden; sie ist spätestens seitdem der Freud-Biograph Ernest Jones im Jahre 1953 das Pseudonym enthüllt hatte, allgemein bekannt. Für das Thema des beruflichen Helfens bietet Bertha Pappenheim aufgrund ihrer Lebensgestaltung viele Hinweise. Bekanntlich war die psychotherapeutische Behandlung von Breuer erfolglos, auch weil er das Phänomen der Übertragung nicht erkannt hatte. Er brach die Behandlung erschrocken ab, als Anna O. in der Übertragung behauptete, dass sie von ihm schwanger sei. Pappenheim ging später nach Frankfurt und stellte fest, dass die jüdische Wohlfahrt damals im Gegensatz zur katholischen und evangelischen außerordentlich unterentwickelt war. 1895, im gleichen Jahr als die „Studien über Hysterie“ erschienen, wurde sie Leiterin eines Waisenhauses. Neun Jahre später erfolgte ihre Wahl zur Leiterin des jüdischen Frauenbundes. Auch noch im hohen Alter reiste sie nach Osteuropa. Dort kaufte sie jüdische Mädchen aus der Prostitution frei und brachte diese sowie deren Kinder in ihrem 1907 gegründeten Heim in Neu-Isenburg bei Frankfurt unter. „Bertha Pappenheim fühlte sich von Breuer im Stich gelassen und scheint von da an keinem Mann mehr getraut zu haben“ (Freeman 1973, S. 242). Die Hilfe für „gefallene“ jüdische Mädchen und der Kampf gegen die Männerwelt war nun zu ihrer Lebensaufgabe geworden. „Sie kämpfte genauso gut für das Judentum wie gegen die Ausbeutung der Frau durch das orthodoxe jüdische Recht. Sie kämpfte für das Recht der verfolgten osteuropäischen Juden auf eine Zuflucht in Deutschland. Sie kämpfte für freiwillige und gegen berufsmäßige Sozialarbeit. Sie kämpfte gegen die Diskriminierung der unverheirateten Mutter und des unehelichen Kindes. Und sie kämpfte gegen alle, die nicht ihre Weltanschauung hatten" (Freeman 1973, S. 243). Bertha Pappenheim war allerdings auch literarisch tätig. Sie schrieb Romane und Theaterstücke. Darin war der Mann der Feind. „Der Feind, der Gesetze machte, die die Frauen ausbeuteten. Der Feind, der nicht mithelfen wollte, unschuldige Mädchen vor dem Mädchenhandel zu bewahren. Der Feind, der die hingebungsvolle freiwillige Helferin nicht verstand und die berufsmäßige Sozialarbeiterin förderte. Sie wollte nicht mit Männern zusammenarbeiten und hatte keinen Mann im Vorstand des Heimes" (Freeman 1973, S. 244). Auch ihr Theaterstück „Frauenrecht" verdeutlichte, wie sie über Männer dachte. „Die beiden Männer des Stückes sind Schurken, Verführer und Frauenschänder" (Freeman 1973, S. 244).

Durch die Geschichte von Bertha Pappenheim wissen wir in vermutlich einmaliger Weise um die Verstrickungen zwischen Lebensproblemen und deren beruflicher Ausgestaltung. Man kann annehmen, dass Bertha Pappenheim die schon 1895 veröffentlichte Geschichte der Anna O. kannte. Wie war ihre Meinung über die Psychoanalyse? Bekannt ist, dass sie „jede psychoanalytische Behandlung eines unter ihrer Fürsorge stehenden Menschen immer streng verboten hat" (Edinger 1963, S. 13). Denn ihrer Auffassung nach ist die Psychoanalyse in der „Hand des Arztes" was die „Beichte in der Hand des katholischen Geistlichen" sei. Denn „es hängt von dem Anwender und der Anwendung ab, ob sie ein gutes Instrument oder ein zweischneidiges Schwert ist" (nach Berger 1992, S. 356).

Ihre Lebensprobleme und die missglückte Therapie lenkten ihr Interesse weg von einer Partnerschaft und hin zur symbolischen Beschäftigung mit ihren Lebensproblemen in der Arbeit mit ihren Schutzbefohlenen. „Sie schuf sich einen Beruf, der es ihr ermöglichte, vor den meisten Menschen ihre tieferen Wünsche zu verbergen. Aber gerade ihre Bestrebungen enthüllten ihre geheimen Konflikte, es waren dieselben, die ihre Schwangerschaftsphantasie mit Breuer widerspiegelte. Die Mädchen lebten jene Phantasie, die bei ihr ein Gedankengebilde geblieben war. Bertha Pappenheim verbrachte ihr Leben damit, Frauen zu retten, die das taten, was sie zu tun nicht wagte - die Huren wurden, ihre sexuellen Wünsche zur Schau trugen und sich schwängern ließen. Eine weniger streng erzogene Frau mit ebenso starken Phantasien wie Bertha Pappenheim hätte sich vielleicht in die Prostitution gestürzt. Statt dessen trieb sie ihr strenges, von Intelligenz und Mitleid geleitetes Gewissen zu einem bisweilen fast tollkühnen Mut" (Freeman 1973, S. 253).

Natürlich war Bertha Pappenheim keine „hilflose Helferin"; die Umstände gestatteten ihr einen konstruktiven beruflichen Umgang mit ihrem Lebensthema.

Doch gerade an ihrem Schicksal wird die emotionale Überwertigkeit von Arbeit offensichtlich.

Wie wurden die „Hilflosen Helfer" vom Publikum aufgenommen?

Die bisherige Darstellung sollte zeigen, dass das Thema, welches Wolfgang Schmidbauer mit seinem Buch dem Publikum bekannt gemacht hatte, auch schon zu früheren Zeiten existierte, aber noch nicht diskutiert wurde. Nicht immer jedoch muss eine von persönlichen Problemen geprägte Ausübung des Berufs zum Scheitern verurteilt sein. Wie wir sahen, konnten unter günstigen Bedingungen auch große und für die Nachwelt bleibende Werke geschaffen werden. Diese Leistungen enthielten jedoch auch oft die neurotischen Züge, welche die Gründerperson ihrem Werke beigemessen hatte. Auch musste dafür oft ein hoher persönlicher Preis, etwa in Form von persönlicher Einsamkeit und Familienlosigkeit, entrichtet werden. In diesem Punkte wäre der Ansatz von Schmidbauer vor allem in einer historischen Perspektive zu erweitern. So ist es sicherlich ein Unterschied ob in einer Gründungsphase helfender Berufe einige wenige Pioniere ihren Lebenskonflikt kreativ umsetzen konnten oder ob – wie in der heutigen Zeit – Hunderttausende sich, auch aufgrund unklarer Motive, verführerischer Berufswerbung und einer schlechten Ausbildung, für die Helferberufe entscheiden und dann an der Diskrepanz zwischen unreflektierten Motiven und Realität scheitern. In jedem Falle verdanken wir die Problematisierung neurotisch bedingten Helfertums für ein breites Fachpublikum dem Buch von Wolfgang Schmidbauer. In diesem Abschnitt soll jetzt dargestellt werden, wie Fachwelt und Laien sich dieses Themas seit 1977 angenommen haben. Nachdem die erste Ausgabe der „Hilflosen Helfer" erschienen war, kam es schon recht bald zu einer Fülle von Rezensionen. Insgesamt sind mir 21 Buchbesprechungen bekannt. Dabei überwiegen die positiven, für mich auch die unkritischen Rezensionen, die sich im wesentlichen auf die Wiedergabe der bekannten Themen und Inhalte beschränken. Teilweise kommt es auch zu Bekenntnissen. So betont ein Autor in „Vorgänge" (Nr. 6/1978), dass er sich „wiederholt darin wiedergefunden" habe. In der „Zeitschrift für Krankenpflege" (Nr. 7/1978) wird hervorgehoben, dass dieses Buch „Starker Toback für das Ego und das Image der helfenden Berufe" sei. Am Ende der Buchbesprechung gesteht die Redaktion in Kursivdruck, dass sie „nach tiefschürfender Diskussion zum Schluss gekommen" sei, dass man auch eine „große Anzahl von Lehrern, Juristen, Künstlern, Journalisten und Politikern finden könnte", welche ähnliche Probleme hätten. Der abschließende Satz lautet: „Also trösten Sie sich, Sie sind in bester Gesellschaft"! Im „Fachblatt für das Schweizer Heim- und Anstaltswesen" (März 1978) findet man eine merkwürdige Ironie: „Erst wer über ein Helfer-Syndrom verfügt, darf sich rechtens branchenzugehörig fühlen". Sehr ausführlich ist die Rezension von Jürgen Gagel in der „Gruppendynamik" (Nr. 3/1979): „Eine nichtgeglückte Hilfeleistung könnte nun viele Ursachen haben". Von Schmidbauer werde sie jedoch „ausschließlich unter dem Blickwinkel des von ihm so benannten ‚Helfer-Syndroms' untersucht". Ferner wird er eines „naiven Umgangs mit statistischem Material" gescholten. Das „Helfer-Syndrom" wäre bei Schmidbauer zu sehr eine „psychologische Kategorie", in Wirklichkeit sei es doch „mit den sozioökonomischen und kulturellen Traditionen und Zwängen unserer Gesellschaft dialektisch verzahnt". Weiterhin: „Probleme der Berufsentscheidung und der Ausbildung werden vom Autor nicht weiter behandelt". Abschließendes Urteil bei Gagel: „Das Buch enthält zwar einen Ansatz, helfende Tätigkeiten nach psychodynamischen Gesichtspunkten zu reflektieren, doch mindern überzogene Verallgemeinerungen und Simplifizierungen seinen Aussagewert ganz erheblich: Schmidbauer hat alle erdenklichen ‚Helfer' mit ihren verschiedensten seelischen Problemen in einen Topf geworfen, um diesen dann mit dem allgemeinen Etikett, ‚Helfer-Syndrom' zu versehen".

Recht haben die Kritiker in dem Sinne, dass Schmidbauers Arbeit natürlich empirisch unzulänglich ist; sie erhob allerdings auch nicht den Anspruch eine empirische oder gar repräsentative Studie zu sein. Auch hat sich Schmidbauer nicht ausführlich mit den Motiven bzw. der Ausbildung für die vielen helfenden Berufe beschäftigt. Ebenso vernachlässigt er den politischen bzw. ökonomischen Rahmen und vertieft stattdessen das persönliche Problem Einzelner im Zusammenhang mit der beruflichen Tätigkeit. Wolfgang Schmidbauer hat sich, wie der Untertitel seines Buches zeigt, beschränkt auf die „seelische Problematik der helfenden Berufe". Das was Schmidbauer darstellt, sind Fallstudien phänomenologisch-hermeneutischer Art, wie sie seit etwa einem Jahrhundert bekannt und anerkannt sind, mehr nicht.

Nun haben die Wissenschaften wie etwa Medizin, Pädagogik, Psychologie, Soziale Arbeit oder Pflege seit etwa einhundert Jahren die Gelegenheit gehabt, die vorgenannten Wissenslücken (Empirie, Motivations- bzw. Ausbildungsuntersuchungen, politischer Rahmen usw.) im Zusammenhang mit Handlungsproblemen zu untersuchen. Doch nichts davon hat bis 1977 stattgefunden. Erst einige Jahre nach Schmidbauers Arbeit haben sich in der Sozialen Arbeit wenige Autoren damit beschäftigt, Ausbildungsmotive, Studienerfahrungen und Berufskrisen empirisch zu erheben. Dabei ist mir kein Ergebnis bekannt, das im Widerspruch zu dem Klassiker von Schmidbauer steht. Allerdings ergaben diese empirischen Untersuchungen einige neue Informationen, etwa hinsichtlich der Bedeutung des hohen Frauenanteils, der kurzen Ausbildung, der schlechten Bezahlung sowie des geringen Grades von Professionalisierung und Standardisierung im jeweiligen Beruf. Nach Lektüre der Rezensionen hatte ich den Eindruck, dass Schmidbauer vor allem als ‚Überbringer der schlechten Botschaft' kritisiert wurde.

Helfer-Diskussion in der aktuellen Fachliteratur

Nachdem die Rezensionen der „Hilflosen Helfer" vorgestellt worden sind, möchte ich jetzt der Frage nachgehen, wie in der Sozialen Arbeit (Sozialpädagogik und Sozialarbeit) die Fachleute auf die von Schmidbauer angestoßenen Themen reagiert haben. Dazu wurden die wichtigsten Grundlagen- und Einführungswerke, Lehrbücher sowie Fachlexika zur Sozialen Arbeit untersucht.

Seit dem Erscheinen der „Hilflosen Helfer" im Jahre 1977 sind in der Sozialen Arbeit zwei größere Studienbuch-Reihen erschienen. 1980 kam das von mir editierte vierbändige Werk „Soziale Arbeit" im Diesterweg-Verlag heraus. Im vierten Band „Didaktik und Methodik der Sozialen Arbeit" hatte ich damals ein Kapitel über „Probleme der Berufspraxis" geschrieben. Nach dem „Wandel in den Sozialberufen" und den wenigen damals bekannten empirischen Untersuchungen über Motivation, Ausbildung und Berufspraxis in den sozialen Berufen habe ich auf etwa zwei Seiten eine Kurzfassung der wesentlichen Ergebnisse der „Hilflosen Helfer" dargestellt.

Derzeit ist die bisher auf acht Bände angelegte Reihe „Studienbücher für soziale Berufe" (Luchterhand-Verlag) die umfangreichste Einführungsreihe für soziale Berufe. Darin erschien 1995 das Buch von Johannes Schilling über „Didaktik/Methodik der Sozialpädagogik". Zwei Jahre später kam der zentrale Band des gleichen Autors „Soziale Arbeit"; dieser enthält ein umfangreiches Kapitel über „Ausbildung, Berufsfelder, Profession" (Schilling 1997, S. 295-368). In beiden Büchern, wie auch im schon vorher publizierten Themenband „Pädagogik" (1992) von Badry/Buchka/Knapp fehlt jeder Hinweis über die „Hilflosen Helfer". Von Langfeldt wurde 1993 der Band „Psychologie" in der Reihe „Studienbücher für soziale Berufe" herausgegeben. Darin betont Maria Langfeldt-Nagel, dass die „Theorie" von Schmidbauer „auf einzelnen Beobachtungen" basiert und „daher spekulativ" bleibt (1996, S. 413); anschließend referiert sie jedoch auf etwas mehr als zwei Seiten die bekannten Merkmale des „Helfersyndroms" und ergänzt diese durch Hinweise auf das Nachfolge-Buch von Schmidbauer: „Helfen als Beruf" (1983).

Als nächstes ist zu fragen, wie die Rezeption in den Fachlexika gewesen ist. Unter den Stichworten „Helfermotivation" und „helfende Berufe" werden im dreibändigen „Lexikon des Sozial- und Gesundheitswesens", herausgegeben von Bauer (Oldenbourg-Verlag, München 1992), mehrfach der Terminus „Helfer-Syndrom" erwähnt. Kritisch wird der Deutung von Schmidbauer entgegengesetzt, dass es auch „berufsstrukturell typische Handlungsprobleme" gibt, die „nicht ausschließlich" in der „Persönlichkeitsstruktur der Helfer" angelegt seien (Band 3, S. 927). Dieses hat Schmidbauer allerdings überhaupt nicht bestritten; es war allerdings auch nicht sein Thema. Im Jahre 1994 erschien das von Franz Stimmer im Oldenbourg-Verlag München herausgegebene „Lexikon der Sozialpädagogik und Sozialarbeit". In acht Zeilen wird auf S. 33 davon gesprochen, dass das „Helfer-Syndrom" die auf das Buch von Schmidbauer „zurückgehende Annahme" sei, dass die Berufswahlmotivation professioneller Helfer in dem unbewussten Eigennutz des Helfers gesucht werden müsse, der mit der helfenden

Beziehung eigene Ängste und innere Leere, Wünsche und Bedürfnisse kompensiere“ (es folgt ein Verweis auf das Stichwort „Supervision“).

Sehr mager ist die Ausbeute im häufig als Standardwerk bezeichneten „Wörterbuch Soziale Arbeit“ (Beltz-Verlag 1996; vierte Auflage) herausgegeben von Kreft/Mielenz. Im Beitrag über „Kinderschutz“ wird der Terminus „Helfersyndrom“ einmal beiläufig erwähnt (S. 352). Unter dem Stichwort „Altruismus“ finden wir einen Satz, wonach das „Helfer-Syndrom“ die „Psychodynamik altruistischen Handelns offenlegt und der unbewusste Eigennutz in der helfenden Beziehung problematisiert wird“ (S. 50). Das bekannte von Eyferth, Otto, Thiersch im Jahre 1984 (Luchterhand-Verlag) herausgegebene „Handbuch Sozialarbeit/Sozialpädagogik“ erwähnt den Begriff „Helfer-Syndrom“ mehrfach. Einmal wird im Beitrag über Professionalisierung von „idealistisch überhöhten Helferkonzeptionen“ (S. 806) mit Verweis auf Schmidbauers Buch gesprochen. Auf Seite 818 finden wir im Beitrag über „Psychoanalyse und Sozialarbeit“ einen weiteren Literaturhinweis; ebenso im Artikel über „Sozialpädagogisches Handeln“ (S. 1051). Gleiches gilt für den Beitrag über Suizid (S. 1178) bzw. Supervision (S. 1179ff.). Allerdings erschöpft sich damit auch schon die Diskussion der Hintergründe helfenden beruflichen Handelns. Auf den Begriff wird hingewiesen - und das war es dann auch.

Eine ausführliche Auseinandersetzung mit dem Anliegen des Buches von Schmidbauer hat in keinem der Fachlexika bzw. Einführungswerke zur Sozialen Arbeit stattgefunden. In deutlichem Kontrast zu dieser Geringschätzung steht jedoch die Resonanz der Käufer. Seit dem Erscheinungsjahr 1977 sind 181.000 gebundene Exemplare und 557.000 Taschenbücher der „Hilflosen Helfer“ verkauft worden. Die letzte Auflage kam im Jahre 1999 auf den Markt. Mit dieser gewaltigen Auflagezahl von knapp einer dreiviertel Million Büchern haben sich die „Hilflosen Helfer“ zu einem der am meisten verkauften Fachbücher im Bereich von Pädagogik, Psychologie und Psychotherapie entwickelt. Eine Diskrepanz zwischen akademischer Ignoranz und beruflicher Akzeptanz könnte größer nicht sein.

Was hat sich seit 1977 verändert?

Als die „Hilflosen Helfer“ erschienen, war die damals westdeutsche Gesellschaft geprägt von einer Phase ausklingender sozialer und kultureller Reformen, die ein Jahrzehnt vorher begonnen hatten. Die damals populären Bewegungen von Gruppendynamik und Selbsterfahrung hatten ihren Höhepunkt überschritten und differenzierten sich. Es kam vermehrt zu esoterischen und auch berufsbezogenen Weiterbildungsangeboten für die helfenden Berufe. Zu diesen neuen reflexiven Verfahren gehört auch die seit 1989 in einem nationalen, später in einem europäischen Fachverband, institutionalisierte Supervision. Hier hat das Anliegen der „Hilflosen Helfer“ seinen Ausdruck, aber auch seine Verwaltung erhalten. Aber auch in der Öffentlichkeit sind „Helferthemen“ seit 1977 immer bekannter geworden. In Wien-Lainz, dem ehemals ältesten und größten Altenheim Europas, haben zu Ende der Achtzigerjahre Pflegehelferinnen ihre Schutzbefohlenen umgebracht. Auch in Deutschland kam es zu mehreren Morden an alten und kranken Menschen durch ihre Helfer. Der Fall Michaela Roeder aus Wuppertal ist hierbei noch der bekannteste. In ihrem Buch beschreibt die Autorin Gibicek (1990) ausführlich, wie aus einer anfangs beruflich engagierten, persönlich aber in ihren Kontakten einsamen Krankenschwester eine Zynikerin und schließlich Mörderin ihrer Schutzbefohlenen wurde. Deutlich wird auch, dass verschiedene strukturelle Bedingungen zu derartigen Gewalttaten führen können: idealistische Berufsmotive, eine verführerische Werbung für die Helferberufe, schlechte Ausbildung, berufliche Überforderung durch Personalmangel, Missmanagement, Vereinzelung in der Überforderung sowie fehlende Reflexionsmöglichkeiten. Der „Abstieg" vollzieht sich dann - wie die Burn-out-Forschung zeigt - über folgende Stufen: Enttäuschung, Zynismen, verbale Gewalt, Vernachlässigung, psychische und körperliche Gewalt. Viele erinnern sich noch der Pressemeldungen über eine Gefängnispsychologin (allerdings keine fachlich ausgebildete psychologische Psychotherapeutin), die im eigenen Grenzverlust eine Liebesbeziehung mit einem Strafgefangenen begann und ihm dann zur Flucht verhalf. Aus den Medien erfahren wir von Priestern, die Sexualverbrechen begangen haben.

Diese Auszählung von Grenzüberschreitungen und Grenzverwischungen ließe sich fortsetzen. Schmidbauer hat als einer der ersten - vor allem aber als der publikumswirksamste - unseren Blick auf diese unbewussten Zusammenhänge gerichtet. Die Tatsache, dass er nicht alle Berufsgruppen genau definiert, nicht alles gezählt, gemessen und gewogen hat, nicht alle anderen sozialen, politischen und ökonomischen Faktoren bedacht und untersucht hat, ist ihm nicht vorzuwerfen.

Allerdings hat sich seit 1977 einiges zum Positiven geändert. Der Gebrauch beruflicher Reflexionshilfen hat - auch dank Schmidbauers Buch - stark zugenommen. So hat der Gesetzgeber die besonderen Probleme professionellen beruflichen Handelns in bestimmten Arbeitsfeldern punktuell und formal anerkannt. Nach dem „Kinder- und Jugendhilfegesetz" von 1990 haben die Träger der öffentlichen Jugendhilfe „Fortbildung und Praxisberatung der Mitarbeiter des Jugendamtes und des Landesjugendamtes sicherzustellen" (§ 72). Auch die vom Bundesministerium für Arbeit und Sozialordnung herausgegebene „Psychiatrie-Personalverordnung" (PsychPV), in der die Tätigkeit von psychiatrischem Pflegepersonal detailliert beschrieben wird, verlangt Supervision beziehungsweise Balint-Gruppenarbeit in 14tägigem Rhythmus (Belardi 1998, S. 12). Bei den Beratungsstellen für Familien oder Sucht ist die Teamentwicklung bzw. Teamsupervision inzwischen ein üblicher Standard. Auch der § 80 des Pflegeversicherungsgesetzes von 1995 fordert Standards zur Qualitätssicherung, die allerdings nicht genauer definiert sind.

Abschließend noch eine Bemerkung zur „Ehrenrettung“ der helfenden Berufe. Natürlich sind nicht nur die Helfer-Beziehungen von unbewussten Motiven und überwertigen emotionalen Handlungen bedroht. Auch im Bereich der Schulpädagogik existiert diese Thematik, wie Horst Brück 1978 in seinem Buch über „Die Angst des Lehrers vor seinem Schüler“ dargestellt hat. Sogar im scheinbar rationalen Bereich der Wirtschaft haben wir es mit extremen Selbstüberschätzungen seitens mächtiger Manager zu tun. Der Buchtitel „Nieten in Nadelstreifen“ (Ogger 1992) liefert uns ein Stichwort zu den Fehlleistungen von Spitzenmanagern während der letzten Jahre. Spätestens seit dem Scheitern des ehemaligen Ministerpräsidenten von Schleswig-Holstein, Uwe Barschel, wurde der Öffentlichkeit deutlich, in welchem Gestrüpp narzisstischer Machtphantasien sich hochrangige Politiker befinden können.

Literatur

Badry, E./Buchka, M. u.a. (Hg.) (1992): Pädagogik. Grundlagen und Arbeitsfelder. Neuwied: Luchterhand.

Belardi, N. (Hg.) (1980): Didaktik und Methodik Sozialer Arbeit. (Vierter Band von „Soziale Arbeit“). Frankfurt/M.: Diesterweg.

Belardi, N. (1998): Supervision. Eine Einführung für soziale Berufe. 2. Auflage. Freiburg: Lambertus 1996.

Berger, M. (1992): Wer war Bertha Pappenheim? In: Unsere Jugend 2/1992.

Brück, H. (1978): Die Angst des Lehrers vor seinem Schüler. Reinbek: Rowohlt.

Cappell, E. (1996): Von der Hilfspflege zur Profession. Entstehung und Entwicklung des Altenpflegeberufs. Kuratorium Deutsche Altenhilfe, „thema“ 110“ Köln.

Dießenbacher, H. (1981): Altruismus als Abenteuer. Vier biographische Skizzen zu bürgerlichen Altruisten des 19. Jahrhunderts. In: Sachße, C./Tennstedt, F. (Hg.): Jahrbuch der Sozialarbeit 4. Reinbek: Rowohlt.

Edinger, D. (1963): Bertha Pappenheim. Leben und Werk. Frankfurt am Main.

Eyferth, H./Otto, H.-U./Thiersch, H. (Hg.) (1984): Handbuch Sozialarbeit/Sozialpädagogik. Neuwied: Luchterhand.

Freeman, L. (1972): Die Geschichte der Anna O. Der Fall, der Sigmund Freud zur Psychoanalyse führte. München: Kindler.

Gibicek, C. (1990): Tatort Krankenhaus. Der Fall Michaela Roeder. Bonn.

Pestalozzi, J. H. (1971): Der Stanser Brief. Mit einer Interpretation von W. Klafki: Pestalozzi über seine Anstalt in Stans. Weinheim, Berlin, Basel: Beltz.

Kreft, D./Mielenz, I. (Hg.) (1996): Wörterbuch Soziale Arbeit. 4. Auflage. Weinheim und Basel: Beltz.

Langfeldt, H.-P. (Hg.) (1993): Psychologie. Grundlagen und Perspektiven. Neuwied: Luchterhand.

Liedtke, M. (1968): Johann Heinrich Pestalozzi in Selbstzeugnissen und Bilddokumenten. Reinbek: Rowohlt.

Nohl, H. (1979): Die pädagogische Bewegung in Deutschland und ihre Theorie. 8. Auflage. Frankfurt/M.: Schulte-Bulmke.

Ogger, G. (1992): Nieten in Nadelstreifen. München: Knauer-TB.

Salomon, A. (1927): Die Ausbildung zum sozialen Beruf. Berlin: Carl Heymanns.

Schadewald, H. (1991): Zur Geschichte der Krankenpflege. Von der Antike bis zur Neuzeit. In: Die Schwester/Der Pfleger Nr. 4/1991.

Scherpner, H. (1966): Geschichte der Jugendfürsorge. Göttingen: Vandenhoeck & Ruprecht.

Schilling, J. (1997): Soziale Arbeit. Entwicklungslinien der Sozialpädagogik/Sozialarbeit. Neuwied: Luchterhand.

Schmidbauer, W. (1977): Die hilflosen Helfer. Über die seelische Problematik der helfenden Berufe. Reinbek: Rowohlt.

Schmidbauer, W. (1983): Helfen als Beruf. Reinbek: Rowohlt.

Schopenhauer, A. (1976): Welt und Mensch. Stuttgart: Reclam.

Stimmer, F. (Hg) (1994): Lexikon der Sozialpädagogik und Sozialarbeit. München: Oldenbourg.

Gudrun Brockhaus

„Nichts, worüber man sich Gedanken machte" – Kein Interesse für das Schicksal der Zwangsarbeiter damals wie heute

Als Desinteresse beschreibt Ulrich Herbert in der Zusammenfassung seiner großen Studie über die Fremdarbeiter im Deutschland des Zweiten Weltkrieges die Einstellung der meisten Deutschen gegenüber dem elenden Schicksal der ausländischen Arbeitern bei Kriegsende: „Die Ausländer waren einfach da und gehörten zum Kriegsalltag wie Lebensmittelmarken oder Luftschutzbunker. Die Diskriminierung der Russen und Polen wurde dabei ebenso als gegeben hingenommen wie die Kolonnen halbverhungerter Menschen ... Auch die eigene bevorrechtigte Stellung ihnen gegenüber war nichts Exzeptionelles, nichts, worüber man sich Gedanken machte" (Herbert 1985, 358).

Im folgenden möchte ich zeigen, dass diese selbstverständliche Akzeptanz von Diskriminierung und rassischer Hierarchie bis auf die heutigen Auseinandersetzungen um die Entschädigungen der Zwangsarbeiter fortwirkt und keineswegs nur auf die Einschränkungen des Horizonts am Kriegsende zurückzuführen ist, sondern auf die fortwirkenden Vorurteile gegenüber dem Osten und deren emotionale Dynamik.

Geld ja, Kontakt nein

Im Frühsommer 1998 wusste ich, dass ich eine größere Spende machen möchte für die Zwangsarbeiter, die 1942-1945 in dem Familienunternehmen gearbeitet haben, von dem ich einen Anteil geerbt habe. Von Entschluss kann man nicht sprechen, kein Abwägen eines Für und Wider war vorausgegangen, keine Beschäftigung mit dem Thema, das damals in der Öffentlichkeit noch kaum diskutiert wurde.

Die Vorgeschichte für diese Entscheidung hatte ich schlicht vergessen: Ein ukrainischer Zwangsarbeiter hatte sich 1994 an die Firma gewandt mit Schilderungen seiner erbärmlichen Lebensumstände, mit Bitten um Medikamente, um Bestätigung seines Arbeitseinsatzes für einen Rentenantrag. Mein Bruder hatte versucht, die große Gruppe der Firmenerben zu einer Hilfsaktion für die ehemaligen Zwangsarbeiter zu gewinnen und war ohne jede Resonanz geblieben, ich hatte ihm nicht einmal geantwortet auf seine Briefe und die ausführliche Broschüre zum Schicksal der Zwangsarbeiter, die er erstellt hatte.

Nun wollte ich plötzlich eine Spende machen. Gern wollte ich Geld geben, freute mich an dem Gedanken, Geld an Menschen zu geben, die es wirklich –

nach allem, was ich wusste über die Lebensumstände in der ehemaligen Sowjetunion – brauchen konnten. Diese Vorstellung der Nützlichkeit meiner Spende klärt allerdings nicht, warum unter den unendlich vielen Gruppierungen, die in Not leben, meine Wahl auf die ehemaligen ‚Ostarbeiter' gefallen war. Aus dem Wissen um die Bedürftigkeit so vieler hatte ich selten Konsequenzen gezogen. Jedes Jahr vor Weihnachten rücken viele Briefe von Organisationen mit dringlichen Schilderungen das fremde Elend einerseits wieder deutlich ins Bewusstsein und heben andererseits meine Spendenbereitschaft durch ihre bloße Zahl wieder auf. Unmöglich scheint es mir, zwischen den verschiedenen Gruppen von Hilfsbedürftigen eine Auswahl zu treffen – die Obdachlosen, die Blinden, die Kinder aus Entwicklungsländern, die Katastrophenopfer... Soll man den sozial Schwachen der eigenen Gesellschaft, der eigenen Gemeinde helfen, haben es die aus der Dritten Welt nicht viel nötiger? Und liest man nicht Schreckliches über die verfehlten Hilfekonzepte gemeinnütziger Organisationen, die Abhängigkeit und Elend verstärken statt es abzubauen?

Die Unentschlossenheit war bei der Idee einer Spende für die Zwangsarbeiter wie weggewischt. Der Entschluss fiel mir leicht, weil es sich nicht einfach um fremdes Elend handelte, bei dem eines dem anderen gleich ist: gleich-gültig. Mit dieser Gruppe von Hilfsbedürftigen war ich sozusagen verwandt, meine Familiengeschichte und ihre Geschichte hatten sich einmal verknüpft.

Aber gleichzeitig wollte ich diesen Berührungspunkt so klein wie möglich halten. Möglichst rasch wollte ich das Ganze hinter mich bringen, auf keinen Fall mich persönlich um die Organisation kümmern. Ich wollte mich nicht herumschlagen mit den möglichen Einwänden von Familienangehörigen, mit den Tücken von Stiftungsgesetzgebung, mit den bürokratischen Hürden bei der Suche nach dem aktuellen Aufenthaltsort der Zwangsarbeiter und dem mafiösen Sumpf in den ehemals sozialistischen Ländern, in dem ich das gespendete Geld versinken sah. Auf keinen Fall wollte ich diejenige sein, die über die Berechtigung von Ansprüchen entschied. Ich hatte auch keine Lust auf Bittbriefe, auf Larmoyanz, Vorwürfe oder überschwängliche Dankbarkeitsbezeugungen, keinen Wunsch nach Begegnungen mit den ehemaligen ‚Ostarbeitern'.

Verständlich und auch als im Nachhinein (inzwischen laufen die Zahlungen an die wenigen Zwangsarbeiter bzw. ihre Familien, die überlebt haben und die auffindbar waren) voll berechtigt erwiesen sich die Ängste vor dem Leerlauf und der Willkür der Bürokratie in Deutschland und der Ukraine, die auf absurde Weise eigene und fremde Lebenszeit verschwenden und privaten Initiativen alle erwarteten und auch viele überraschende Stolpersteine in den Weg legten.

Als nur zu berechtigt erwies sich auch die Furcht vor der emotionalen Zerreißprobe in der Familie, wenngleich ich ihre Gewalt nicht vorhergesehen hatte und sie mich unvermittelt traf.

Wenig verständlich ist mir jedoch das Desinteresse an einem direkten Kontakt mit den ‚Ostarbeitern'. Darum geht es im folgenden: Wie erklärt sich meine Indifferenz und kaum verhüllte Ablehnung?

Das wäre kein Thema, wäre diese Gleichgültigkeit nur ein Zeichen meines persönlichen moralischen Versagens. Mir scheint die Distanz und emotionale Ferne gegenüber den überlebenden Zwangsarbeitern jedoch insgesamt charakteristisch für die Mehrheit der deutschen Öffentlichkeit.

Sie existierten trotz der in den letzten Jahren extensiven Bearbeitung dieses Themas in Politik und Medien fort. Die mediale Öffentlichkeit sprach sich für eine Entschädigung der Zwangsarbeiter aus, die Politik folgte diesem Votum, die deutsche Industrie musste sich dem Druck beugen und zog sich auf hinhaltenden Widerstand zurück. Gefeilscht wurde um die Höhe der Zuwendung, um die Abwendung von Ansprüchen einzelner Opfergruppen, nicht mehr um die prinzipielle Berechtigung von Zahlungen an die ehemaligen Zwangsarbeiter. In Leserbriefen erregten sich viele über die angebliche Bevorzugung der Opfer der NS-Herrschaft gegenüber den (deutschen) Opfern des Kommunismus, man beklagte die behauptete Geldgier und die juristischen Tricks der Opferverbände und -anwälte. Aber diese Dokumente von Neid, Ressentiments und kaum verhüllten antisemitischen Vorurteilen sind in Anzahl wie emotionaler Intensität nicht vergleichbar mit den Eruptionen von Wut, die andere Debatten um die NS-Vergangenheit, z.B. im Zusammenhang mit der sog. Wehrmachtsaustellung ausgelöst haben. Der Streit um die Beteiligung der deutschen Wehrmacht an den Verbrechen während des Zweiten Weltkrieges im Osten entfaltete eine hohe emotionale Sprengkraft, die BRD-Öffentlichkeit war in unversöhnliche Lager gespalten.

Warum hat sich in der Diskussion um die Entschädigung der ‚Ostarbeiter' nicht eine ähnliche Polarisierung vollzogen, warum gewann die Debatte nie wirklich eine vergleichbar breite öffentliche Resonanz?

Denn schließlich weisen beide Debatten unabweisbare Parallelen auf: es geht um die Beteiligung der ‚normalen' gesellschaftlichen Institutionen – der Wehrmacht, der Industrie, der Landwirtschaft, der Familien – und der ‚Normalbürger' an dem Unrecht, an den Verbrechen, die während des Krieges an jüdischen und nicht-jüdischen Menschen Osteuropas begangen wurden. Es geht um die Frage, ob und wie die Verstrickung der Deutschen in die Verbrechenspraxis des NS-Regimes als Erbe für die Heutigen anerkannt wird.

Der emotionale Aufruhr, den die Ausstellung „Vernichtungskrieg. Verbrechen der Wehrmacht 1941-1944" auslöste, rührte daher, dass sie die Verstrickung der Ostfront-Soldaten auf allen Hierarchieebenen in die Verbrechen der Wehrmacht aufzeigte und damit die Frage der moralischen Verantwortung und Schuld ganz nahe an die Wehrmachtsangehörigen und ihre Familien heranrückte. Zeitgenossen, die Kinder- und Enkelgenerationen waren tief involviert in die Auseinandersetzung um persönliche Schuld.

Hingegen ist das Thema Zwangsarbeiter für die Bevölkerungsmehrheit nach wie vor nicht mit der persönlichen Geschichte verbunden, obwohl in der NS-Realität fast jede deutsche Familie mit Zwangsarbeitern zu tun hatte.

Ironischerweise hat diese relative Indifferenz die Zustimmung der Bevölkerungsmehrheit zu den Zahlungen an die Zwangsarbeiter befördert. Die allermeisten fühlen sich nicht persönlich betroffen, nicht persönlich angegriffen und einem Schuldvorwurf ausgesetzt. Es geht nur um Geld, viele gönnen es den alten, armen und kranken ‚Ostarbeitern', viele auch nicht.

Diese relative Gelassenheit gegenüber dem Thema konnten jedoch diejenigen nicht aufbringen, die direkt auf ihre Verantwortung angesprochen und zur Kasse gebeten wurden: die Vertreter der deutschen Wirtschaft. Für viele überraschend und bestürzend fanden sich in den Reaktionen der Wirtschaftsvertreter genau die Gleichgültigkeit gegen das fortdauernde Leiden der NS-Opfer und das selbstgerechte Beharren auf der eigenen Opferposition, die wir aus den anderen NS-Debatten kennen. Die Heftigkeit und Irrationalität der Abwehr ließ sich keinesfalls mit ökonomischem Kalkül erklären. Sie werden nur verständlich als emotionale Antwort auf einen ganz persönlich genommenen Vorwurf.

In der öffentlichen Diskussion verengte sich der Kreis der für das Schicksal der Zwangsarbeiter Verantwortlichen auf die Arbeitgeber, die Zwangsarbeiter beschäftigt hatten (neben den Industrieunternehmen auch die Kommunen, die Kirchen, öffentliche Einrichtungen). Initiativen, die alle Deutschen in die Verantwortung nehmen wollten (z.B. die von Günter Grass, jede(r) Deutsche solle eine Mark spenden), fanden keinen Widerhall.

Warum wird der Umgang mit den Zwangsarbeitern im Dritten Reich nicht zum Problem?

In den letzten Jahren ist das Bewusstsein gewachsen, dass Ausgrenzung, Verfolgung und Vernichtung von Juden, Regimegegnern, von Roma und Sinti, von ‚Asozialen', Homosexuellen, psychisch Kranken und anderen für unwert erklärten Menschen die passive Duldung oder aktive Unterstützung der Bevölkerung voraussetzte. Mehr und mehr wurde möglich, sich für das Schicksal der während der NS-Zeit Verfolgten zu interessieren und in der Lektüre z.B. der minutiösen Schilderungen Viktor Klemperers (1995) auszuhalten, was ihm und unzähligen anderen von unserer Eltern- oder Großelterngeneration angetan wurde. Vor allem das Schicksal jüdischer Menschen wurde endlich auch von einer breiteren Öffentlichkeit wahrgenommen. Die Berichte der Zeitzeugen, Tagebücher, Autobiographien oder literarische Bearbeitungen fanden Aufmerksamkeit. Zu dieser – sicher oft flachen und sentimentalen – Rezeption hat auch die medienwirksame Aufbereitung durch Fernseh- und Kinofilme („Holocaust", „Schindlers Liste") beigetragen. Aber sie wäre nicht wirksam geworden, wäre ihr nicht ein allmählicher Einstellungswandel vorausgegangen, der (bei allem erschreckenden Persistieren von Kälte und Selbstmitleid) mehr Mitgefühl für die Opfer zuließ.

In diesem realistischeren Bild, das das kollektive Gedächtnis von den Opfern der Nazi-Herrschaft malt, finden sich jedoch weiterhin riesige dunkle Flecken und Perspektivenverzerrungen.

So ist der Anteil der Deutschen auf der inneren Landkarte von rassisch oder politisch Verfolgten überrepräsentiert. Fast jeder weiß, dass 6 Millionen Juden umgebracht wurden, kaum einer schätzt jedoch den Anteil der jüdischen Deutschen daran richtig ein, es sind 5 %, 165.000 von den 550.000 im Deutschen Reich 1932 Gezählten[1]. Kaum einer weiß von der unglaublich hohen Anzahl der zivilen und militärischen Toten aus den osteuropäischen Ländern. Polen verlor 17 % seiner Bevölkerung, die Sowjetunion 12 %, d.h. 20 Millionen Menschen. Etwa die Hälfte der sowjetischen Verluste gehören zur Zivilbevölkerung (einschließlich der Kriegsgefangenen bzw. der als ‚Ostarbeiter' im Reich Umgekommenen). Dabei ist die unmenschliche Behandlung der russischen Kriegsgefangenen (Todesrate 58 %) noch besser bekannt, wenngleich nur die wenigsten wissen dürften, dass allein die Zahl der umgekommenen russischen Kriegsgefangenen mit der Zahl der insgesamt auf deutscher Seite während des Zweiten Weltkrieges Gefallenen identisch ist: 3,3 Millionen (Angaben nach Niethammer 1990, 117). Immer mehr wird auch anerkannt, dass die Behandlung der Zivilbevölkerung während des Russland-Feldzuges als weithin unrechtmäßig und unnötig grausam anzusehen ist. Auf dieser inneren Landkarte der getöteten und auch der überlebenden Opfer nazistischer Verbrechen hatte dagegen die Gruppe der ‚Ostarbeiter' trotz ihrer Größe (von den 5,7 Millionen Zwangsarbeitern waren 2,1 Millionen Russen) bis vor wenigen Jahren keinen Platz. Sie waren in dem sozialen Gedächtnis nicht als Opfer des NS-Regimes präsent. Das hatte zur Folge, dass außerhalb der Fachhistorie komplette Ahnungslosigkeit über Daten und Fakten der Zwangsarbeit herrschte.

Ende 1998, als mein Bruder und ich damit begannen, für die Beteiligung an einer materiellen Hilfe für die ehemaligen Zwangsarbeiter zu werben, konnten wir den Einwänden, die man uns entgegenbrachte, nichts entgegensetzen außer vagen Gefühlen: stimmte es, dass die ‚Ostarbeiter' mehrheitlich freiwillig nach Deutschland gekommen waren, dass sie bezahlt wurden wie die Deutschen, mussten die Betriebe sie zwangsweise beschäftigen, war alles vorgeschrieben von den NS-Behörden bzw. der SS und wurden die, die keine Zwangsarbeiter beschäftigten, mit Sanktionen bis hin zu KZ-Aufenthalten bedroht? Waren es nicht überhaupt nur einige wenige? Waren die Zwangsarbeiter unausgebildete, unfähige Arbeiter, für die Betriebe eher eine Belastung als eine Hilfe, keine Rede von nennenswerter Arbeitsproduktivität? Hatten sie ein lustiges Leben mit

---

[1] Meine Tochter schätzt den Anteil der jüdischen Deutschen an der Gesamtbevölkerung zu Beginn der Nazizeit auf 3 Millionen, fragt bei der Angabe der richtigen Anzahl (550 000), wie denn dann die Zahl von 6 Millionen getöteter Juden zustande käme.

Alkohol und Frauen in den Lagern, waren sie froh, in Deutschland zu sein, waren die besseren von ihnen ihren deutschen Herren und Meistern fast hündisch ergeben und wollten gar nicht mehr nach Hause, waren die meisten Lügner, Diebe, ohne jede moralische und sonstige Bildung, rohe Kreaturen, die man ständig unter Kontrolle halten musste, wie sich bei Kriegsende in ihrem Vandalismus und willkürlichen Racheakten bewies?

Zu Beginn der Zwangsarbeiter-Debatte wurden mit solchen Einwänden die Legitimität der Forderungen von vielen abgewiesen, auch von vielen, die sich selbstverständlich für Entschädigungszahlungen an andere Opfergruppen aussprachen.

Inzwischen finden diese anfänglich ganz unbefangen und ungeniert geäußerten Abwertungen kaum noch Öffentlichkeit. Sie sind in Leserbriefecken verdrängt und durch Lippenbekenntnisse zu der selbstverständlichen humanitären Verpflichtung und Verantwortung ersetzt – ein sehr rascher Wandel der rhetorischen Figuren.

Nicht nur diese Schnelligkeit lässt fraglich bleiben, ob die intensive Öffentlichkeit für das Zwangsarbeiter-Thema in den vergangenen Jahren wirklich mehr Sensibilität für das Schicksal der ‚Ostarbeiter' erbracht hat.

Offenbar ist in unserem sozialen Gedächtnis nur repräsentiert, was auch öffentliche Worte und Bilder hat. Erst in den letzten Jahren wurden die Zwangsarbeiter überhaupt Thema, in Zeitungen und Fernsehberichten fanden sich nun häufig Schilderungen der katastrophalen Lebensbedingungen der oftmals sehr jung nach Deutschland Verschleppten, die hier härteste Arbeit unter unmenschlichen Bedingungen verrichten mussten und deren Diskriminierung sich häufig nach dem Krieg in ihrer Heimat fortsetzte. Auf den Bildern sahen wir kranke, gebrechliche Greise, hörten oder lasen ihre einfachen und wortkargen Schilderungen, sahen ein paar Fotos mit Reihen von Zwangsarbeitern in Fabrikhallen, einige Portraits von ausgemergelten Elendsgestalten. Von den ‚Ostarbeitern' selbst war an zeitgenössischen Dokumenten meist nicht mehr als ein Arbeitsausweis mit einem ‚Verbrecherfoto', eine Postkarte nach Hause verblieben (wenn sie nicht, wie sehr viele, nach dem Krieg alle Dokumente vernichtet hatten aus Angst, als freiwillige Unterstützer der Deutschen verfolgt zu werden). Diese Berichte gaben jetzt die Informationen, die die oben genannten Behauptungen als haltlose Vorurteile aufdeckten[2].

---

[2] Der weit überwiegende Teil der ‚Ostarbeiter' wurde bei Razzien eingefangen und zwangsweise nach Deutschland verschleppt, die freiwilligen, meist mit den Nazis sympathisierenden stellten die Ausnahme dar. Die Betriebe forderten Zwangsarbeiterkontingente von sich aus an, um die fehlenden deutschen Arbeitskräfte zu ersetzen, es gab keine Zuweisungen von staatlicher Seite. Die Literatur enthält keine Berichte über Diskriminierungen von Betrieben, die keine Zwangsarbeiter beschäftigten.

Die Zwangsarbeiter waren in der Regel (da die erwachsenen Männer als Soldaten eingezogen waren und den Deutschen nicht zur Verfügung standen) sehr jung und hatten keine Ausbil-

Sie erzeugen Mitgefühl, jedoch belassen sie die Zwangsarbeiter in einer großen Distanz, lösen die Fremdheit ihnen gegenüber nicht auf. Ganz andere Prozesse der Annäherung und der Versuche, sich selbst in die Rolle der NS-Opfer einzufühlen, waren gegenüber den literarischen Bearbeitungen, den Tagebüchern und autobiographischen Schilderungen jüdischer Erfahrungen möglich. Es gibt allerdings auf Seiten der Zwangsarbeiter allerdings auch keine Anne Frank, keinen Primo Levi, keinen Imre Kertész, keine Ruth Klüger, keinen Viktor Klemperer, die uns zumindest an den Rand dieser Schreckenswelten hinführen und uns die Sicherheiten der Distanz nehmen. Es gibt diese Berichterstatter nicht aus Gründen der sozialen Herkunft der meisten 'Ostarbeiter'. Sie waren eben keine Intellektuellen und Bürger, die uns nahe sind und deren Fremd-Machung, Ausgrenzung und Isolierung wir schon deshalb leichter nachfühlen können. Es gab Veröffentlichungen von ehemaligen Zwangsarbeitern aber auch deshalb nicht, weil es kein Publikum gab, das einen Resonanzraum für diese Erfahrungen angeboten hätte. Ein Blick auf die oben zitierten, zu Beginn der Zwangsarbeiter-Debatte noch so unverfroren und in der Selbstgewissheit der Ahnungslosigkeit geäußerten Vorurteile zeigt, dass den Zwangsarbeitern der Status als Opfer von Unrecht und Gewalt abgesprochen und sie in eine maximale mitmenschliche Distanz gerückt werden. Warum wurde das Unrecht an den ‚Ostarbeitern' gar nicht mehr als solches wahrgenommen?

Erstaunlich ist dies auch deshalb, weil die Zwangsarbeiter und der Umgang mit ihnen in den Kriegsjahren für die meisten Deutschen sehr viel präsenter waren als die Juden, deren Zahl durch Zwangsemigration und Deportation sehr gering geworden war und deren Schicksal verleugnet wurde. Auf die Behandlung der Zwangsarbeiter konnte sich das „Wir haben von nichts gewusst" nicht beziehen. Fast jeder in Deutschland hatte mit Zwangsarbeitern zu tun, konnte sich mit eigenen Augen auf der Straße, in der Fabrik, in den Familien beim Anblick

---

dungen abgeschlossen. Nicht überraschend, dass manche von ihnen in den Deutschen Ersatz für die Familie, insbesondere die Eltern suchten. Ihre Arbeitsproduktivität war in der Tat sehr gering, was v.a. mit der rücksichtslosen Behandlung zu tun hatte, die den ‚Ostarbeitern' zugemutet wurden, da sie als unbeschränkt ersetzbares „Material" galten. Sie besserte sich, wenn die Lebensumstände sich besserten. Vom Gesetz war ein minimaler Lohn vorgesehen, der jedoch nur in Ausnahmefällen in einem geringen Umfang zur Auszahlung kam (stattdessen einbehalten wurde für „Unterkunft und Verpflegung").
Die Zustände in der Mehrheit der Lager waren von Hunger, Dreck, Willkür, Gewalt und Verboten gekennzeichnet. Kontakte zur deutschen Bevölkerung waren untersagt. Nach dem Krieg wollten viele in Deutschland verbleiben, weil sie zu Hause Not und Elend und vor allem das Schicksal als verfolgte Kollaborateure der Deutschen auf sich zukommen sahen.
Die Racheakte nach der Befreiung hielten sich in Grenzen, die Kriminalitätsrate der befreiten Zwangsarbeiter lag immer noch unter der der deutschen Bevölkerung. Die Racheakte waren zumeist nicht willkürlich, sondern bezogen sich sehr gezielt auf die ehemaligen Peiniger und sparten in der Regel die (wenigen) aus, die sich mitfühlend oder neutral verhalten hatten (vgl. Herbert 1985).

der hungrigen und heruntergekommenen, schwachen und kranken Zwangsarbeiterinnen und Zwangsarbeiter von den Folgen ihrer unmenschlichen Behandlung überzeugen. Im Ruhrgebiet zum Beispiel, so Ulrich Herbert, „war gegen Ende 1944 jeder vierte Einwohner ein Ausländer, in manchen rüstungswichtigen Betrieben stellten sie mehr als die Hälfte der Belegschaft" (Herbert 1986a, 233). „... und je länger der Krieg dauerte, desto mehr bestimmten die ‚Fremdvölkischen' - wie sie im Nazi-Jargon hießen - das Straßenbild, prägten sie den Kriegsalltag auch und gerade im Ruhrgebiet". (a.a.O.)

Man sah die ‚Ostarbeiter' nicht nur, viele hatten auch täglichen Umgang mit ihnen, häufig in der Position eines Übergeordneten. Arbeiter übernahmen Vorarbeiter- oder Hilfspolizisten-Funktionen, Hausfrauen, Bauern und Bäuerinnen, LadenbesitzerInnen hatten Befehlsgewalt, manche wurden zu Lagerführern, Lieferanten etc., schon kleine Kinder konnten Macht ausüben. Das heißt: sehr viele Deutsche waren in ihrem Alltag tagtäglich vor die Frage gestellt, wie weit sie sich an Diskriminierung und unmenschlicher Behandlung beteiligen wollten, sie aktiv selber mittragen, persönlichen Nutzen aus ihr ziehen wollten.

Die Berichte der Zwangsarbeiter stimmen darin überein, dass eine Mehrheit der Deutschen ihrer Behandlung als Untermenschen indifferent gegenüberstand und sie als wenig bemerkenswerte Selbstverständlichkeit bewertete. Einige taten sich mit Gewaltausübungen und Sadismen hervor, einige zeigten Mitleid und setzten sich über die Verbote von Kontakt und Essensgaben hinweg.

Bei vielen hat die sog. Wehrmachtsausstellung die Angst geweckt, eigene Verwandte als Beteiligte an unrechtmäßigen oder verbrecherischen Handlungen entdecken zu müssen. Einige haben auf den Fotos mit Entsetzen den eigenen Vater wiedererkannt, und sehr viele haben sich durch die Ausstellung mit der Frage konfrontiert, was es für das eigene Verhältnis zur Familie bedeutet, wenn es nicht mehr um das abstrakte Wissen eines Mitläufertums, sondern um die Anschaulichkeit und Konkretheit des Täterseins von Familienangehörigen geht. Auch die immer wieder gestellte Frage nach dem „Wie hätte ich mich selbst verhalten, wäre ich in die Situation des Betrachters oder Beteiligten an einer verbrecherischen Aktion geraten?" rückte vielen auf ganz neue Weise nahe.

Niemals gab es auch nur ansatzweise eine ähnliche moralische Diskussion um die Behandlung der Zwangsarbeiter, obgleich die Chancen, dass die uns Nahestehenden sich als Beteiligte herausstellten, ungleich größer scheinen als bei Kriegsverbrechen, Pogromen, Vernichtungsaktionen. Es scheint niemanden zu interessieren, ob die eigene Mutter wohl sadistischen Genuss an der Knechtung des ukrainischen Hausmädchens gehabt hat, der Großvater den Herrenmenschen gegen die ihm unterstellten ‚Ostarbeiter' herauskehrte, die Tante die Arbeitskraft der Ladenhelferin gnadenlos ausbeutete, der Vater aus Profitgründen über die hohe Sterbequote der Ostarbeiter hinwegsah, das damalige Kind sich an der Beschimpfung der „Untermenschen" beteiligte, die Großmutter die Bäckerin anzeigte, die den Ostarbeitern Brot verkauft hatte: alle ungerührt durch Hunger und Elend, Heimweh, kindliche Tränen, Hilfeappelle, Hoffnungslosigkeit und Angst, stattdessen die Essensgier, Unsauberkeit, Lethargie als Beweis der rassischen Unterlegenheit deutend... Wären das nicht durchaus realistische Bilder der NS-Verstrickung der Elterngeneration gewesen, hätten sie nicht Stoff zu Beunruhigung und Angst geben müssen?

Aber auf diese Ebene des konkreten menschlichen (oder eben unmenschlichen) Umgangs der einzelnen mit den einzelnen ‚Ostarbeitern' ist die Debatte nie gelangt. Selbst in den wohlmeinenden Berichten über Einzelschicksale erscheinen die Opfer stereotypisiert, reduziert als Veranschaulichungsexemplar für das Gruppenschicksal von Verschleppung, Ausbeutung und Lagerelend, illustriert mit den immer gleichen Fotos ihrer Arbeitsausweise. Die Darstellung lässt sie nicht zu Individuen mit einer unverwechselbaren Geschichte werden, denen andere Individuen gegenüberstanden. Stattdessen steht die Gruppe der Zwangsarbeiter der Institution der deutschen Wirtschaft gegenüber. Personalisiert wird allerdings durchaus gerne: In seltener Einmütigkeit konzentriert sich der Zorn der deutschen Öffentlichkeit auf die Firmeninhaber bzw. deren Nachfolger, die sich auf so beschämende Weise der Verantwortung für die NS-Vergangenheit entziehen, indem viele von ihnen die Zahlungen an die Stiftung der deutschen Wirtschaft zu ihrem Beitrag an der Entschädigung der Zwangsarbeiter verweigern. In dieser gerechten Empörung entlastete sich gleichzeitig der Rest der deutschen Gesellschaft von jeder Verantwortungszuschreibung. Es entstand kein moralisches Dilemma für den Einzelnen, der Sündenbock war gefunden.

Dass dieser Entlastungsmechanismus so ohne weiteres griff, zeigt einen fundamentalen Unterschied zu den anderen Debatten um die NS-Vergangenheit und ihr Kernelement, die Vernichtung der Juden. Hier war die Schuldzuweisung an eine Gruppe und der Freispruch für die Mehrheit der Deutschen zunehmend weniger gelungen. Was macht den Unterschied aus?

Sicher wurden und werden in den deutschen Familien auch nicht spontan Geschichten über die eigene Beteiligung an Judendiskriminierung erzählt. Aber die moralische Verpflichtung, zur NS-Judenvernichtung persönlich Stellung nehmen und sein eigenes Verhalten begründen zu müssen, wird doch allgemein anerkannt. Die Akzeptanz der Frage nach der eigenen Mittäterschaft zeigt sich noch in der Verkehrung daran, wie weit verbreitet die Schuldabwehrformeln waren: wir haben von nichts gewusst, man konnte nichts tun, man musste mitmachen, sonst kam man ins KZ. So unsäglich sie sind, implizieren sie immerhin eine Anerkenntnis eines moralischen Problems der Einzelnen. Man hält es für nötig, seine eigene moralische Integrität zu verteidigen.

Der Iwan ist zäh und grausam

Was wusste ich von den Zwangsarbeitern? Ich erinnere mich, dass mein Vater – während der NS-Zeit einer der Geschäftsführer der Firma - die italienischen Arbeiter in der Firma erwähnte, das fand ich exotisch: Italiener in unserem kleinen

Dorf!

Sonst ist mir nur eine einzige Erzählung haften geblieben: eine offenbar wiederholte Erzählung meiner Mutter, die sieben schwierige Schwangerschaften durchgestanden hatte. Sie sprach von den russischen Frauen, die noch am Tag der Geburt eines Kindes wieder auf dem Feld bei den Bauern unseres Dorfes arbeiteten: „Die waren völlig unempfindlich, das machte denen gar nichts!" Die Tiere standen ja auch kurz nach dem „Werfen" wieder auf, und ich hatte das Bild einer grobknochigen Frau auf einem der steinigen Felder meiner Heimat vor Augen, die sich mit dem schmutzigen Rock das Blut von den Beinen wischt (ließ sie das Kind in der Ackerfurche liegen?) und ungerührt weiterarbeitete.

Ja, die Menschen aus dem Osten hatten eine animalische Kraft, vor der man sich in Acht nehmen musste, und hatte ihre Gefühlsrohheit und Stumpfheit nicht auch etwas Überlegenes gegenüber der verzärtelnden und übertriebenen Art des westeuropäischen Umgangs mit Schwangerschaft und Kinderaufzucht?

Über die Zwangsarbeiter wusste ich sonst nichts, aber mein einziges Bild verdichtet doch exemplarisch eine ganze Reihe der gängigen Klischees über die Menschen aus dem Osten, z.B. der angstdurchmischte Respekt vor ihrer Fähigkeit im Ertragen. „Ihre Hinnahmebereitschaft erscheint als dumpf und unberechenbar"(Niethammer 1990, 126). Diese animalische Leidensfähigkeit verleiht ihnen Gefährlichkeit und mögliche Überlegenheit gegenüber den degenerierten Westlern. Sehr einleuchtend war mir dieses Argument, zumal ich durch Schule und Elternhaus schon sehr sensibilisiert war für die Gefahren der Verschlechterung unseres Erbgutes durch Inzucht und Überzüchtung.

Über die Herkunft dieser biologistischen Schreckensszenarios aus der nazistischen Rasselehre wusste ich natürlich nichts. Sie begründete Goebbels neue Wertschätzung der Russen nach der Stalingrad-Niederlage, „dass der Russe sehr viel Härteres gewohnt sei als der Deutsche" (zit. nach Wette 1994, 67) ebenso wie die Einschätzung in Hitlers politischem Testament, „die slawische Rasse habe sich im Vergleich zur germanischen als die stärkere erwiesen und daher gehöre ihr nun die Zukunft"(Wette 1994, 61). Da mir diese problematische Affinität meiner genetischen Visionen gar nicht bewusst war, fand ich es auch nicht notwendig, mich davon zu distanzieren.

So wenig ich von den Zwangsarbeitern wusste, so gut wusste ich über den ‚Iwan' oder den ‚Russen' Bescheid. Wie jedes in der Nachkriegszeit in Deutschland aufgewachsene Kind hatte ich mir dieses Bild zusammengesetzt aus den Erzählungen von Krieg und Gefangenschaft, aus Dostojewski und Dwinger[3]-Lektüre, aus politischen Gesprächen, aus Lehrergeschichten, aus den Dorfgesprächen über die Flüchtlinge aus dem Osten. Ich erinnere mich an die Gefühle von Grauen und schreckensstarrer Faszination, das sie auslösten.

---

[3] Meine Eltern hatten eine ganze Anzahl seiner Bücher, in denen ich auch gelesen habe. Zur Bedeutsamkeit von Dwingers Russland-Bild bereits für die Weimarer Republik s.u.

Der russische Bauer ist „'ungebildet;... oft trunksüchtig, wenig strebsam' und im Besitz eines großen Schatzes von ‚schwermütigen Volksliedern'." Der Russe ist schmutzig, bösartig, diebisch, betrügerisch, verschlagen, „melancholisch und geduldig, aber in jähem Wechsel dazu plötzlich ausgelassen und heftig, gutmütig ... und hilfsbereit, und auch wieder roh und grausam, nicht kleinlich, sondern großzügig, gastfrei..." (Zitate nach Volkmann 1994 c, 229). Er ist „habgierig, stur, kein Mitgefühl, primitiv, einfach, gewalttätig, grausam und gemein, richtig unmenschlich, zäh und hart, Quäler der Kriegsgefangenen, ... bescheiden, einfach" (Zitate nach Volkmann 1994 c, 253).

Für meine eigenen Eigenschaftszuschreibungen habe ich z.T. Zitate benutzt, die ersten entstammen Lehrbüchern der Nazizeit, die zweiten sind Zitate aus der Zusammenfassung einer Befragung von Hamburger Hauptschülern 1966/7: „Was weißt Du über Russland und die Russen?" Dieselben Negativlisten finden sich in einer repräsentativen Volksbefragung von 1963. Volkmann fasst seine vergleichende Untersuchung zusammen: „Die negativen Völkerstereotypen sind praktisch identisch mit denen, die in der Schule des Dritten Reiches zur Charakterisierung des russischen Prototyps dienten" (a.a.O.).

In unseren Nachkriegskindheiten waren wir umgeben von solchen herabgesunkenen Bruchstücken nazistischer Ideologie. Wir nahmen sie auf und trugen sie in uns weiter. Sie entfalteten Wirksamkeit, gerade weil sie nicht als Bestandteile der NS-Rassenlehre erkannt wurden, sondern als unscheinbarer Bestandteil der Alltagskultur unbehelligt bleiben konnten. Die Distanzierung von der NS-Ideologie hat sich auf die Bereiche konzentriert, die mit Krieg und Genozid zu tun hatten: Antisemitismus, arische Welteroberungspläne, nationalistische Kriegspolitik wurden in der Bundesrepublik geächtet. Alltagsnähere Ideologieversatzstücke wie Nationalstereotype und Rassismus haben sich unbeachtet erhalten und sind unzensiert an die nachfolgenden Generationen weitergegeben worden. Es waren Bilder, die durch ihre Präsenz im elterlichen Gefühlshaushalt hohe emotionale Bedeutsamkeit entfalteten.

Dennoch habe ich immer geglaubt, mich von der Ebene der kindlichen Ängste und Vorurteile weit entfernt zu haben. Allerdings habe ich meinen Glauben an die Überwindung meiner anti-russischen Vorurteile nie auf die Probe einer realen Begegnung oder Auseinandersetzung gestellt. Auch als überzeugte Linke habe ich mich nie für den Osten interessiert, meine Kritik am Realsozialismus nie mit empirischem Wissen über die Länder im Osten unterfüttert, habe mich belustigt über die Russland-Treue DKP – in alledem einig mit dem Großteil der deutschen Linken. Könnte nicht dieser extreme und der politischen Realität völlig unangemessene Entzug von Bedeutsamkeit, das nicht Ernst-Nehmen durchaus ein Weiterwirken der hinter Arroganz versteckten Angst vor dem Osten gewesen sein? Diese Derealisierung setzte sich jedenfalls in der massiven Fehlleistung fort, den ukrainischen Zwangsarbeiter vergessen zu haben, dessen sechs Briefe an den Geschäftsführer des Familienbetriebes mir vorlagen.

Mein Umgang mit dem Zwangsarbeiter-Thema impliziert mehr als Fremdheit und Unwissen. Es war ein Widerstand gegen die Annäherung da: Er reproduziert die von Ängsten gespeisten Vorurteile gegenüber den Menschen aus dem Osten, die aus der NS-Ära stammten bzw. in abgeschwächter Form schon davor wirksam gewesen waren.

Das Russenstereotyp in der NS-Zeit und seine Vorläufer- „Dies war in keiner Weise mehr Europa, war nicht mehr unsere Welt"

In der Untersuchung über das Russenstereotyp des Dritten Reiches zeigte sich wiederum, dass es nur eine bösartigere Ausgestaltung der seit dem 1. Weltkrieg umlaufenden Etikettierungen darstellt[4]. Die in der Schule, in der auflagenstarken Kriegsliteratur und von den Vätern vermittelten Bilder erwiesen sich als äußerst einprägsam und wirksam, v.a. wenn den Vermittlern die Authentizität der Erfahrungen an der Ostfront bzw. der russischen Kriegsgefangenschaft zukam wie dem Erfolgsautor Dwinger, der in seinem autobiographischen Roman „Armee hinter Stacheldraht" die „Schrecknisse einer sibirischen Gefangenschaft während des Ersten Weltkrieges" beschrieb und das Grauen vor den Russen anschaulich vermittelte (vgl. die Untersuchung von Volkmann 1994 c, 240ff)[5]. Die Weimarer Schulbücher zeigen schon die Mischung von Dünkel und Angst, die sich dann in der Nazizeit verschärft in der Darstellung der biologischen Überlegenheit der Deutschen, die Krieg und Kolonialisierung als schon immer legitim erscheinen lassen. 1934 formuliert der Pädagogik-Professor Krieck die allgemein akzeptierte rasseideologische Begründung für die germanische Invasionspolitik: die Slawen sind „nicht zu den kulturschaffenden Völkern zu rechnen" und bedürfen „der Zucht und Führung durch schöpferische und berufene Rassen. Hier liegt die rassisch bestimmte Sendung der Germanen" (Zitate nach Volkmann 1994 c, 231).

Das Russland-Bild bekam zusätzlich eine neue Negativität wegen der „Verwandlung Russlands durch die bolschewistische Revolution" (Haffner 1988, 5), deren deutsche Miniaturkopie von 1918 mehrheitlich mit Entsetzen aufgenommen worden war. Die Zerstörung der wilhelminischen Bürger-Sicherheit, Chaos und Anomie nach Ende des Ersten Weltkrieges wurden der Novemberrevolution und der Räterepublik zugeschrieben. Die Ängste, die diese Erfahrungen auslösten, verliehen allen Negativstereotypen über das bolschewistische Russland

---

[4] „Charakteristisch für die während der NS-Zeit im Schwange befindlichen Russlandbilder ist, dass sie aus tradierten Versatzstücken bestanden, die in Anbetracht geplanter und konkreter Politik der Lebensraumerweiterung und rassischer Vernichtung lediglich eine wirkungsvolle Überzeichnung fanden." (Volkmann 1994 c, 249)

[5] Auf jedem Flohmarkt finden sich mannigfache Belegexemplare seiner Präsenz in deutschen Bücherschränken.

Glaubwürdigkeit. Das Unheimliche, fremdartig Unberechenbare, das Russland in der deutschen öffentlichen Wahrnehmung schon immer geprägt hatte, verlor nun gänzlich die Beimengung des großzügig Gutmütigen (Haffner 1988, 5). Das bolschewistische Russland gilt immer mehr als Ort, an dem sich alle möglichen Schrecken vollziehen können.

Schon vor Beginn der Nazi-Herrschaft kann sich deshalb der Übergang „von einem allgemeinen, von widersprüchlichen Vorurteilen und gönnerhafter Überheblichkeit gekennzeichneten Fremdenbild in ein ausgesprochen hasserfülltes, von Stereotypen und gewaltmobilisierenden Klischees geprägtes Feindbild" (Weißbecker 1994, 13) vollziehen, so dass die antibolschewistische Propaganda der Nazis in den Jahren vor dem Krieg keinen Bruch darstellt. Das antikommunistische Feindbild ist ein zentraler Topos der NS-Propaganda, der auf breite Zustimmung stößt. „Das Russlandbild der NSDAP erwies sich nach 1933 und vor allem im Krieg gegen die Sowjetunion als äußerst wirksam. Es stellte ein erfolgreiches Mittel zur Integration großer Teile der deutschen Bevölkerung in die nationalsozialistische Volksgemeinschaft dar." (Weißbecker 1994, 54)

Die emotionale Dimension wird mit Beginn des Russlandfeldzuges in der NS-Propaganda neu angefacht, die russischen Soldaten werden verunglimpft als Brandschatzer, Räuber und Mörder, das russische Volk, so z.B. der 'Völkische Beobachter', habe sich durch die bolschewistische Herrschaft in einem Vierteljahrhundert in „eine graue, körperlich verkümmerte und seelisch verstumpfte, verkrampfte Masse verwandelt" (Zitat nach Weißbecker 1994, 39).

Der Feind im Osten wird entmenscht, man spricht ihm damit das Recht auf Mitgefühl und menschliche Behandlung ab. Die weitgehende Akzeptanz der Propaganda der Minderwertigkeit und des Untermenschentums setzte die Bereitschaftsschwelle herab, sich an Verbrechen zu beteiligen.

Die besondere Destruktivität und emotionale Kraft dieses Feindbildes steht in scharfem Kontrast zu der vergleichsweise rationalen und wenig hassvollen Sicht der Gegner im Westen. Wette spricht von der „geradezu dramatischen Qualität" (Wette 1994, 57) dieser Feindproduktion, die umso tiefere emotionale Wirkungen entfalten konnte, als Ignoranz und Unwissenheit weite Räume für Projektionen schufen[6]. Die emotionale Dynamik der Vorurteile wird nicht eingedämmt durch Wissen, nicht an Realitätspfeiler angebunden. Erst dadurch, so Wette, sei die spezifische Gewaltdynamik, das Einverständnis mit der Zielrichtung eines Vernichtungskrieges im Russlandfeldzug zu verstehen.

Im Verlauf des Krieges und v.a. seit der Niederlage von Stalingrad wird die Entwertung als Untermenschen ergänzt durch die Bilder des Horrors vor dem „ungeheueren Ausbruch des urhaft Tierischen" (Dwinger, zitiert nach Volkmann 1994 c, 241).

---

6 Die "weiten Räume" werden in den Ängsten vor der unendlichen Weite Russlands, in der sich der Einzelne verliert, gespiegelt.

Nun rückt die Propaganda weniger Bilder des tönernen Kolosses, des unfähigen Gegners, des dummen Tiers in den Mittelpunkt, als vielmehr Bilder der Stärke, der unfassbaren Härte und Leidensbereitschaft, der heimtückischen Grausamkeit und Gnadenlosigkeit der russischen Feinde.

Obwohl die Bevölkerung weitgehend mit dem offiziellen nationalsozialistischen Propagandabild der Sowjetunion übereinstimmte, hielt man propagandistische Verstärkung des Feindbildes für unverzichtbar, etwa in „Feldpostbriefaktionen, die fast alle Dienststellen der Partei und ihrer Gliederungen zum Thema ‚Die Wahrheit über die Sowjetunion' zu organisieren hatten" (Weißbecker 1994, 38). „Goebbels ... legte größten Wert auf die Berücksichtigung von Briefen mit ‚grauenhaftem Inhalt', ja er empfahl sogar, ‚einzelne Briefe ineinander' zu verarbeiten, um den gewünschten Effekt erreichen zu können." (Weißbecker 1984, 39)

„Nach der Devise 'Kraft durch Furcht' sollte so der deutsche Widerstandswillen zu stärken versucht werden." (Wette 1994, 70)

Eine Reihe von Propagandamaßnahmen des Regimes hatten wenig durchschlagenden Erfolg. Der Krieg, der Vernichtungsantisemitismus, die Kirchen- und Religionsfeindschaft wurden von der Bevölkerungsmehrheit nicht zu einer mit persönlichem Engagement vertretenen Überzeugung. Den gewünschten Effekt hatten nur die Kampagnen, denen bereits eine Bereitschaft entgegenkam. Das entmenschte Russenbild der Propaganda war in der Lage, tiefe Ängste zu mobilisieren, weil sie bei vielen schon bereitlagen. „Dies war in keiner Weise mehr Europa, war nicht mehr der Westen, nicht mehr unsere Welt", so formuliert ein zeitgenössischer Artikel aus 'Das Reich' (Zitat nach Wette 1994, 71) das von archaischen Ängsten befeuerte Russland-Erleben.

Die Wahrnehmung der Ostarbeiter im nationalsozialistischen Deutschland

Die Bedeutsamkeit emotionaler und ideologischer Motive zeigt sich nicht nur in der Einstellung gegenüber dem Krieg im Osten und dem russischen Militär, sondern auch gegenüber dem Einsatz von Russen und Polen in der deutschen Kriegswirtschaft. Art und Umfang des Fremdarbeitereinsatzes gehen keineswegs auf in dem rationalen Motiv, die durch den deutschen Kriegseinsatz fehlenden Arbeitskräfte zu ersetzen und der Landwirtschaft, den Industrie- und insbesondere den Rüstungsbetrieben durch den Einsatz von Ausländern möglichst große Arbeitsproduktivität zu ermöglichen. Fraktionen der Partei sprachen sich z.T. aus rasseideologischen Gründen grundsätzlich gegen den Einsatz von Arbeitskräften aus dem Osten aus. Die durch die sog. Ostarbeitererlasse geschaffenen spezifischen Sonderregelungen für polnische und sowjetische Arbeiter und Arbeiterinnen waren unter nur ökonomischen Gesichtspunkten dysfunktional. Die Befolgung der Vorschriften führte zu einem katastrophalen Ernährungszustand der Ostarbeiter, der ihre Arbeitsfähigkeit in kürzester Zeit ruinierte, sie den Gefahren von Unfällen, Krankheiten und Seuchen aussetzte. Die Behandlung mit

Medikamenten war verboten, die Arbeit nur in Kolonnen erlaubt. „Ursache dieser vom wirtschaftlichen Standpunkt aus absurd wirkenden Entwicklung waren aber nicht nur die Erlasse und Verordnungen der Behörden. Ausschlaggebend war vielmehr auch eine Einstellung bei den zentralen und örtlichen Verantwortlichen in den Behörden und Betrieben, wonach ‚der Russe' ‚rassisch wertlos' sei, zu höheren und qualifizierteren Leistungen gar nicht in der Lage, und die Ernährung der sowjetischen Arbeiter nur die Versorgung der deutschen Bevölkerung belasten würde. ‚Wenn der Eine nicht taugt, taugt der Andere'. Die seien seelenlose Menschen, wenn Hunderttausende eingingen, kämen weitere Hunderttausend dran, erklärte z.B. ein Vertreter der DAF in Essen gegenüber einem Kruppschen Betriebsleiter, der darauf hingewiesen hatte, dass die ihm zugeteilten sowjetischen Arbeitskräfte dem Verhungern nahe und zur Arbeit gar nicht in der Lage seien" (Herbert 1986, 149).

Erst mit den Niederlagen im Osten änderte sich die Einstellung, die Russen stellten ein grenzenlos auffüllbares Reservoir von Menschenmaterial dar, aber bis Kriegsende blieb die wirtschaftlich vernünftige und von effizienzorientierten Politikern wie Speer geforderte Besserbehandlung der Zwangsarbeiter umstritten.

Bei dem Einsatz der ‚Ostarbeiter' waren jedoch nicht nur die emotional und ideologisch geprägten Einstellungs- und Verhaltenmuster in Partei und Wirtschaft von großer Wichtigkeit. Das Zwangsarbeiterprojekt „unterschied sich von anderen rassepolitischen Projekten solcher Größenordnung dadurch, dass dem Verhalten der deutschen Bevölkerung über die gesamte Kriegszeit hinweg dabei eine ganz erhebliche Bedeutung zukam." Im Unterschied zu den unter Geheimhaltung begangenen Verbrechen „weitab von Deutschland irgendwo ‚im Osten'" wurden die Zwangsarbeiter und der Umgang mit ihnen ein überall präsenter Teil des deutschen Alltags. „Und die Haltung der Deutschen entschied darüber, ob der Ausländereinsatz im Sinne der Regimeführung gelang" (Herbert 1985, 356).

Der Russeneinsatz wurde von den NS-Behörden als Bewährungsprobe angesehen. Man hatte Angst vor einer Solidarisierung der deutschen mit den sowjetischen Arbeitern, obwohl man wusste, „dass ein rassisch motivierter Russenhass und die Ablehnung des ‚Bolschewismus' in der Bevölkerung weiter verbreitet waren als die Zustimmung zum Nationalsozialismus" (Herbert 1985, 357). Aber die Ängste erwiesen sich als unbegründet, die schlechte Behandlung der Fremdarbeiter und die überlegene Position der Deutschen war in der Bevölkerung akzeptiert und wurde schnell zu einem selbstverständlichen Teil des Kriegsalltags. Eine Vielzahl von Deutschen war in den Kontroll- und Repressionsapparat integriert, viele Arbeiter wurden zu einer Art Hilfspolizisten. Arbeiter und Arbeiterinnen rückten automatisch gegenüber den ‚Ostarbeitern' in die Position von Vorgesetzten.

Herbert sieht in dieser massenhaften Erfahrung eigener realer Überlegenheit ein äußerst bedeutsames Motiv, das einerseits das Einverständnis mit dem Rassismus des NS-Regimes erhöhte und andererseits die Akzeptanz der Klassenhierarchie in Deutschland herabsetzte: „Es gilt nicht mehr: ‚Arbeiter unten - Bourgeoisie oben', sondern nun gilt ‚für ein paar Jahre: Ausländer unten - Deutsche oben'"(Herbert 1986a, 254). „Die Anwesenheit der Ausländer ermöglichte in einem bis dahin ungeahnten Ausmaße individuelle Aufstiegsmöglichkeiten - und zwar reale, die mehr zählten als das diffuse Selbstbewusstsein, ‚arisch' und eine ‚Führernatur' zu sein. Der Vorteil, Deutscher zu sein, zahlte sich plötzlich auch für jene aus, denen es bis dahin angesichts ihrer sozialen Lage herzlich egal war" (Herbert 1986a, 261).

Damit einher ging bei den meisten die Befürwortung der rassistischen Begründung der deutschen Überlegenheit.

Entspringt dieses Einverständnis mit der Zwangsarbeiterpolitik des Regimes noch zweckrationaler Vorteilsannahme der einzelnen, so lassen sich die spontanen Diskriminierungen, die Folterungen in den Lagern, die sadistische Behandlung durch deutsche Vorarbeiter, der verachtungsvolle Umgang mit den Zwangsarbeitern und -arbeiterinnen von Seiten der Bäuerinnen, Geschäftsleute und in privaten Haushalten sowie die Tatsache, dass „Initiativen zur Schlechterstellung der Ausländer häufig von unten" (a.a.O.) ausgingen, nur mit den emotionalen Bedürfnissen nach „autoritärer Aggression"[7] erklären. Herbert zitiert einen zeitgenössischen Bericht von NS-Dienststellen, in dem die zensierten Briefe der Ostarbeiter ausgewertet wurden: „Sehr viel wird auch über die Art der persönlichen Behandlung geklagt: ‚Kinder werfen mit Steinen auf der Straße, sie sehen auf uns wie Hunde'. Klagen über Beschimpfungen ‚Russisches Schwein'. ‚Man betrachtet uns als Tiere'"(Herbert 1985, 287/8). Unter der Rubrik: ‚günstige Äußerungen' heißt es „Fehlanzeige".

Derartig massive Diskriminierungen sind gegenüber den anderen ausländischen Arbeitern nicht bekannt. Zwar werden auch die Italiener nach ihrem „Verrat" 1943 mit Wut und Hass verfolgt. Spezifisch ist jedoch die Disqualifikation der Russen und Polen als Menschen. Das Besondere der Vorurteilsstruktur spiegelt sich in der Bewertung der unterschiedlichen Gruppen von Zwangsarbeitern. Herbert spricht von der Hierarchie des Rassismus (Herbert 1986, 153). Sie zeigt sich in den unterschiedlichen Bestimmungen für die einzelnen Ausländer-Gruppen z.B. in Bezug auf Lebensmittelrationen, Ausstattung der Unterkünfte, Arbeitszeiten und -löhne, Zugang zu qualifizierten Arbeitsplätzen, sicherheitspolizeiliche Bestimmungen. Zusammengenommen führten diese Momente zu

---

[7] Autoritäre Aggression gilt als eines der zentralen Merkmale im Syndrom der sog. Autoritären Persönlichkeit, die Adorno et al. in den vierziger Jahren in der amerikanischen Emigration untersuchten. Sie hatten die These, dass die Empfänglichkeit für die nazistische Ideologie mit bestimmten psychischen Bereitschaften zusammenhängt, etwa der, die in der eigenen Unterwerfung unter die Autorität gestauten Aggressionen an schwachen und gleichzeitig für stark und gefährlich erklärten gesellschaftlichen Gruppierungen auszulassen (vgl. Adorno 1973).

stark differierenden Lebensbedingungen für die verschiedenen Fremdarbeitergruppen. „Daraus entwickelte sich eine Hierarchie, bei der die französischen Zivilarbeiter vor denen aus anderen westlichen Ländern (Belgien, Niederlande) rangierten, darunter die Arbeitskräfte aus den zum Teil mit Deutschland verbündeten oder von ihm abhängigen südosteuropäischen Ländern (Ungarn, Rumänen, Slowenen, Griechen, Serben, Kroaten), darunter die Arbeiter aus der Tschechoslowakei (dem sogenannten Protektorat Böhmen und Mähren), darunter die Polen, und ganz unten rangierten die Arbeiter aus der Sowjetunion sowie seit dem Sommer 1943 auch die italienischen Militärinternierten“ (Herbert 1986, 153).

Diese offizielle Hierarchie bildete die reale Vorurteilsstruktur in der Bevölkerung präzise ab, „so dass die Zugehörigkeit zu einem bestimmten ‚Volkstum' auch in starkem Maße bestimmte, wie es den einzelnen tatsächlich erging“ (Herbert 1986, 159).

Zusätzlich mussten vor allem die russischen Zwangsarbeiter erfahren, dass sie gerade für die Verhaltensweisen verantwortlich gemacht und verspottet wurden, die aus ihren erbärmlichen Lebensbedingungen resultierten. Gier nach Essen, Unsauberkeit, Apathie wurden ihnen immer wieder als Charakterfehler angelastet. Gerne und häufig mokierten sich die Deutschen über die wahllose Verfressenheit der Russen und ihre Anspruchslosigkeit.

Bei den Recherchen nach dem Schicksal der Zwangsarbeiter in unserem Familienbetrieb fanden sich in mehreren Haushalten unseres Heimatdorfes, über die Jahrzehnte aufbewahrt und gehütet, die sog. Heimatbriefe, herausgegeben von der NSDAP-Ortsgruppe unter Mitwirkung der Firmen-Geschäftsführung. Die ‚Heimatbriefe' richteten sich an die aus dem Dorf stammenden Soldaten an der Front. Sie enthielten in jeder der 17 mir vorliegenden 8-10-seitigen Ausgaben Beiträge zum Leben im Dorf und in der Fabrik. Soldaten berichten von ihren Kriegserfahrungen. Zusätzlich finden sich Dialekt-Erzählungen, Familiennachrichten, selbstgebastelte Rätsel, Reportagen über Sportwettbewerbe und Parteiveranstaltungen oder den Schützenverein, Gedichte, Fotos aus dem Heimatdorf, Zitate von NS-Größen. Mehrfach wird Bezug auf die Zwangsarbeiter genommen: „50 Ittas sind eingerückt... Hoffentlich bewähren sie sich wenigstens hier im Arbeitseinsatz.“ Der Leiter des Lagers der russischen Zwangsarbeiter wird bedauert: „Gewiss kein beneidenswerter Posten bei diesen Dreckspatzen. ... haben wir die ganze Bande zur Entlausung nach H. transportiert“ (Juni-Juli 1942). Ein Artikel beschreibt, dass man sich schaudernd von den Russen abwendet, die das Fleisch der Füchse essen, die im Dorf gezüchtet werden.

Dass Gier nach Essen, das Heruntersetzen der Ekelschranken, Verlausung, Verdreckung Resultat der Behandlung durch die Deutschen sind, kommt nicht vor: die Russen sind einfach von Natur aus so.

Allerdings scheint in diesen sich scherzhaft und launig gebenden Bemerkungen über die „Ittas“ und die „Hanaken“ (so werden die Russen bezeichnet) die eigene Überlegenheit gegenüber diesen animalischen Wesen gänzlich gesichert, Gefühle von Bedrohtheit und Angst gibt es nicht. Die reale Konfrontation mit den Elendsgestalten, die teilweise notwendige Zusammenarbeit in den Betrieben (vor allem, wenn nur Absprachen mit den Zwangsarbeitern die Deutschen vor der Front bewahrten), vielleicht gar das Miterleben von Fleiß, Geschick, Herzlichkeit bei den ‚Ostarbeitern', die Sicherheit der eigenen Überlegenheit ließ diese Feinde wenig gefährlich aussehen. Herbert hatte die Beziehung zu den Fremdarbeitern zum Ende des Krieges hin als Desinteresse an dem Schicksal der Russen, als Einverständnis mit Diskriminierung und eigenem Aufrücken in die Herrenmenschenposition beschrieben.

Aber mit der drohenden Niederlage und dem Vorrücken der sowjetischen Armee in das deutsche Reichsgebiet findet die immer mehr sich überschlagende Gräuelpropaganda Widerhall und Glauben.

Die Wahrnehmung der Russen zu Kriegsende und in der Nachkriegszeit

„Nun brach das Angstgefühl vor der Wildheit des Ostens wieder hervor" (Wette 1984, 75).

Es war die Angst vor Plünderungen und Vergewaltigungen, vor Willkür, vor menschenunwürdiger Behandlung, vor Hunger und Elend in der Kriegsgefangenschaft, vor Racheakten und Ermordungen, Ängste, die durch die propagandistisch ins Jenseits teuflischer Bestialität gesteigerten Berichte aus den eroberten Gebieten reiche Nahrung fanden. Niethammer spricht von einer „Bugwelle von Gräuelerwartungen und Gräuelberichten" (Niethammer 1983, 25), die der realen Ankunft der Besatzer vorausging und die im Fall der Russen von vornherein weit negativer als gegenüber den anderen Besatzern waren und sich im Unterschied z.B. zu den Amerikanern (selbst den „Negern", von denen man sich positiv überrascht zeigte) als durch die realen Erfahrungen nicht widerlegbar erwiesen. Es zeigt sich, dass die Menschen aus dem Osten, die z.T. sehr bittere Erfahrungen mit den russischen Besatzern machten, dennoch weit differenzierter urteilten als die, für die „der Iwan" ein Gerücht geblieben war. Die Erwartungen von Gräueltaten waren so massiv, „dass es dem Ruf der Russen nichts nützte, wenn diese Erwartungen nicht eintraten. Langfristig war es wichtiger, wie man auf die Wahrnehmung der Russen vorbereitet war, als was man mit ihnen erlebte" (Niethammer 1983, 26).

Die Erfahrungsresistenz der Vorurteile zeigte sich im Verhältnis zu den ‚Ostarbeitern', die nach Kriegsende in ihrer Gesamtheit äußerst negativ stereotypisiert wurden, selbst wenn die hilfsbedürftigen, besiegten Deutschen eigene positive Erfahrungen mit Großzügigkeit, Hilfsbereitschaft, fehlenden Racheimpulsen gemacht hatten (vgl. Schörken 1984).[8]

[8] Es zeigte sich noch eindringlicher an den Erfahrungen der Kriegsgefangenschaft. Selbstkritisch resümiert ein Offizier, dass die Überlegenheitsgefühle der deutschen Soldaten trotz an-

Ein dominantes Motiv im Umgang mit dem russischen Sieger ist die Sexualisierung der Ängste. Vergewaltigung wird zu dem kollektiven „Angstmythos der Zusammenbruchsgesellschaft" (Niethammer 1983, 27).

Die Menschen beherrscht 1945 das Gefühl einer verkehrten Welt, in der sich mit dem Sieg der Russen eine Verrückung basaler Maßstäbe vollzieht: nun sind die Untermenschen plötzlich die Sieger (Niethammer, a.a.O.). In diesem verbreiteten Gefühl, in einer Welt zu leben, die nicht stimmt, die falsch ist, zeigt sich eine tiefgehende emotionale Verbundenheit mit den hierarchischen Grundprinzipien des NS-Rassismus. Der ganze ideologische Überbau, die ausformulierten Winkelzüge des antisemitischen oder des antislawischen Programms geraten nach 1945 relativ rasch ins Vergessen. Aber an der Intensität des antirussischen Horrors zeigt sich, „dass auch diesseits speziellerer NS-Rasselehren kaum in Frage gestellte Selbstverständlichkeiten des ‚Dritten Reiches' internalisiert worden waren, nämlich dass es eine Zivilisationshierarchie der Rassen gäbe, in der sich die ‚Untermenschen' durch jene wilde Triebhaftigkeit auszeichnen, die bei den Zivilisierten in die geordneten Bahnen ehelicher Sexualität und staatlicher Machtausübung eingehegt sei." (Niethammer 1983, 28).

Nur diese emotionale Dynamik und die Intensität dieser Angstmythen erklärt, warum den Frontstellungen des Kalten Krieges in den Jahrzehnten nach dem Zweiten Weltkrieg eine solche weit über Systemkonkurrenzen hinausreichende Überzeugungskraft zukam. Der stärkste Motor des Antikommunismus war, „dass die antirussischen Feindbilder in ihrer antibolschewistischen Version die Zäsur des Kriegsendes 1945 überdauerten. (Sie) entwickelten eine geradezu identitätsstiftende Funktion" (Wette 1984, 78). Das breite, diffuse, aber umso machtvollere Bild des Feindes bildete einen Mantel des Konsenses, der viele soziale Konfliktlinien verbergen konnte. Die dichotome Sicht der Welt beließ nicht nur das Bild ‚des Russen' eindeutig und einfarbig, sondern auch das eigene. Entdifferenzierend wirkte zusätzlich die Fixierung des Blicks auf eine welthistorische Entscheidungsschlacht, in die Adenauer 1951 die Deutschen gestellt sah: „Wir müssen uns entscheiden für asiatisches Heidentum oder für europäisches Christentum." (zit. nach Volkmann 1994, 5)

Wie schon in der NS-Zeit war dieses keineswegs nur die offizielle Politrhetorik, sie entsprach der Vorurteilsstruktur der Bevölkerung.

Ist mit dem Niedergang der Sowjetunion, mit der Niederlage des Kommu-

---

derer Erfahrungen in den Lagern ungebrochen aufrechterhalten wurden, und eine Revision der Vorurteile durch die Verweigerung von Interesse und Kontakt vermieden wurde. Der Offizier wundert sich im Nachhinein, „wie wenig wir von den Russen, mit denen wir es zu tun hatten, wussten, ob und auf welche Weise sie ihre Angehörigen im Krieg verloren hatten, wo sie eigentlich herstammten, welchen Beruf sie erlernt hatten oder ausgeübt hatten" (zit. nach Volkmann 1994 c, 255).

nismus diesen Ängsten und Vorurteilen die Basis entzogen? Stimmt das optimistische Bild der Völkerstereotype, das Richter et al. in einer Studentenbefragung von Russen und Deutschen über die Völkerstereotype in den späten 80er Jahren gewannen? (Richter 1990)

In den 70er und 80er Jahren untersuchte die Forschergruppe um Lutz Niethammer mit Hilfe von breit angelegten biographischen Interviews den nachträglichen Blick auf den Nationalsozialismus und seine Nachwirkungen in der Nachkriegsgeschichte der Ruhrgebietsbevölkerung. Niethammer (1990) hat sich zusätzlich in einer vergleichenden Auswertung erzählter Lebensgeschichten von Ost- und Westdeutschen mit der unterschiedlichen Präsenz von „Juden und Russen im Gedächtnis der Deutschen" beschäftigt.

In Bezug auf die Russen resümiert er: „Für sie haben die meisten Deutschen nur ein kurzes Gedächtnis" (Niethammer 1990, 125). In den bei Herbert (1986 a) zitierten lebensgeschichtlichen Erzählungen werden die Fremdarbeiter selten spontan erwähnt, sie spielen in der Erinnerung an die Lebensumstände der letzten Kriegsjahre eine marginale Rolle. Die enormen Verluste an Zivilbevölkerung, Kriegsgefangenen und Soldaten auf russischer Seite kommen „in der Erinnerung der Deutschen kaum vor, wie überhaupt die Russen als Gegner und als Gefangene keine Gesichter haben: Man nimmt an ihnen meist keine erwähnenswerten personalen Eigenschaften wahr, kaum jemand hat in der Erinnerung einen Namen, auch Hilfswillige und besonders Ostarbeiter werden eher nach ‚Stück' als nach ‚Mann' gezählt und das Zusammenschrumpfen des Gegners zu einem Pluraletantum - hier der ‚Russe' bzw. der ‚Iwan' - entsprach sowieso der Psychologie des Krieges an allen Fronten." (Niethammer 1990, 125) In der spontanen Redeweise vor allem der Westdeutschen, die ihre Lebensgeschichte erzählen, wird diese Kriegspsychologie ungebrochen fortgesetzt, ebenso wie in der Differenzierung in unterschiedliche Ethnien. „Ausländische Arbeiter kommen in den Berichten in der Regel nur in der Masse vor, ihre Bezeichnung übernimmt nach wie vor die nazi-offizielle Unterteilung etwa in Ukrainer, Mongolen und Russen, differenziert nach Volksstämmen." (Herbert 1986a, 246)

Als Einzelwesen tauchen die Russen wie die Ostarbeiter hochstereotypisiert auf in immer denselben Rollen: negativ als Plünderer, Vergewaltiger, primitive Sadisten, positiv als arme und freundliche Bauern oder Arbeiter, die die Deutschen lieben und die Sowjets hassen, als kindlich Hilfsbedürftige, die angewiesen sind auf die Hand des deutschen Helfers, als dankbare Abnehmer der Butterbrote. Selbst diese Darstellungen der Einzelschicksale verfestigen jedoch entgegen ihrer Absicht, die eigene Großmütigkeit und Vorurteilslosigkeit herauszustellen, den Eindruck einer klischeehaften und rassistischen Geste. „Der ‚Einzelne' hat hier keine individuellen Züge, er symbolisiert vielmehr das Hilflos-Fremde, in seiner angenehmsten Form; es ist die ‚gute Seite des Russen', unterwürfig, kindlich, eifrig. Seine auf eine Babysprache reduzierten Versuche einer Verständigung sind Symbol für seine Reduktion vom Individuum zum unmündigen Kind, das der Gnade der Erwachsenen ausgeliefert ist und auf ihre Mildtätigkeit angewiesen ist." „Entscheidend aber ist die Art in der sie betteln. Während der eine hilflos und rührend ist, weil er unterwürfig bittet, ‚winseln' die anderen, ihr ‚Betteln ist widerlich'.. Das Gegenbild des netten einzelnen verstärkt das Klischee von den schlitzäugigen Horden nur, es entzerrt es nicht." (Herbert 1986a, 247).

Ganz genau wie in den Heimatbriefen von 1943 wird Jahrzehnte später das Exotische und Absonderliche im Verhalten der Russen betont, es nicht in Zusammenhang gestellt zu der Behandlung, die die Deutschen ihnen zukommen ließen, zu ihrer Geschichte, ihrem Hintergrund, dem Weg nach Deutschland. Das Interesse an den Fremden ähnelt – im besten Fall – dem Staunen über die merkwürdigen Sitten von Eingeborenen oder das Gebaren von wilden Zootieren, wo man doch froh ist, dass sie hinter Gittern sind: „Sie haben etwas Kindliches und Animalisches, oft ist man über ihre Emotionalität und Hilfsbereitschaft überrascht, zugleich erscheint aber ... die Kluft zu ihrer Primitivität unberechenbar" (Niethammer 1990, 125).

Dem entspricht, dass Schrecken und Entsetzen groß sind, als die Gitter fallen bzw. die Distanz nicht gewahrt werden kann. Für die Besatzungszeit, das Vorgehen der russischen Soldaten, das Verhalten der Fremdarbeiter nach der Befreiung fehlen Positivbeispiele und differenzierende Wahrnehmungen in den Lebenserzählungen der Westdeutschen fast gänzlich. Nichts geändert hat sich an der Wahrnehmung der russischen Soldaten als unberechenbare Bestien.

Die ‚Ostarbeiter', die in den Erinnerungen an die Kriegszeit kaum spontane Erwähnung finden, werden nun wichtiger und bekommen einen Platz in den Erzählungen über die unmittelbare Nachkriegszeit. Die Wahrnehmung der ‚Ostarbeiter' geht ganz in dem Thema Kriminalität auf: Man beschreibt detailfreudig die Irrationalität, Maßlosigkeit, Animalität der kriminellen Akte und die sinnlosen Leiden der deutschen Opfer. Es zeigt sich, so resümiert Herbert die Lebensberichte aus dem Ruhrgebiet der 80er Jahre, dass „die Plünderungen nach dem Kriege fast 4/5 der mir vorliegenden Berichte zum Thema Fremdarbeiter ausmachen." (Herbert 1986a, 259). Die Wahrnehmung der Ostarbeiter ist durch dieses Bild bestimmt, obwohl in Wirklichkeit weder das Ausmaß der Plünderungen so groß war wie wahrgenommen noch die Beteiligung der Fremdarbeiter daran „im Gegenteil, die Ausländer waren daran unterproportional beteiligt, die weitaus meisten Plünderungen (übrigens auch schon während des Krieges) wurden von den Deutschen selbst begangen" (Herbert 1986a, 259).

Wie lässt sich die Einengung des Bildes und des Interesses in den Erinnerungen verstehen?

Jede Erzählung eines deutschen NS-Zeitgenossen über seine Vergangenheit steht unter Rechtfertigungsdruck. Auf die Wirksamkeit von Abwehrvorgängen weist bereits die merkwürdige Stereotypie in den Erzählungen über die Erfahrungen mit Russen. Die Einengung der Wahrnehmung auf die Gewalttaten bei Kriegsende schiebt die Russen in Täterposition. „... dass bis dahin wehrlose Opfer dadurch zu Tätern werden und somit nicht mehr Ankläger sein können, ist das Entscheidende in diesen Berichten" (Herbert 1986a, 260). Der projektive Charakter dieser Erinnerungsstereotypie zeigt sich daran, dass gerade im Osten die Russen wesentlich differenzierter und individualisierter wahrgenommen werden, die Berichte über Gewalterfahrungen nicht in Pauschalurteilen enden. „In Westdeutschland, wo ohnehin geringere Primärerfahrung in dieser Hinsicht besteht, erscheinen hier aber die Deutschen ganz ungebrochen als Opfer - sogar als Opfer von Übergriffen, Plünderungen und Brandschatzungen der aus der Zwangsarbeit ... freigelassenen Russen und Polen, nicht zu reden von der Lawine von Vergewaltigungen, Plünderungen, Demütigungen, Zerstörungen und Grausamkeiten der erobernden Truppen der Roten Armee im Osten, von denen die Flüchtenden gehört und die ein sehr viel geringerer Kreis von Personen auch am eigenen Leib erfahren haben." „Die Deutschen erscheinen hier als Opfer jener bestialischen Unberechenbarkeit, die man schon vorher als subhumane Kehrseite slawischer Dumpfheit und Emotionalität witterte." (Niethammer 1990, 126/7)

Trau keinem Russen

Diese Selbststilisierung als Opfer russischer Tücke und Hinterhältigkeit finde ich in Anklängen bei mir selber wieder, wenn ich meine Reaktion auf die Briefe des ukrainischen Zwangsarbeiters betrachte, der sich an unseren Familienbetrieb gewandt hatte mit der Bitte um eine Bescheinigung, die seine Arbeit von 1942-1945 bestätigte. Dieser und die folgenden fünf Briefe wurden mir in sinngemäßen bzw. wörtlichen Übersetzungen zugesandt.

In der Übersetzung des ersten Briefes von 1994 heißt es über Herrn B. (über den in der dritten Person geredet wird, obwohl der Brief ziemlich wörtlich übersetzt scheint: welches Distanzierungsbedürfnis drückt sich hier aus!): er „braucht wie alle Rentner dringend materielle Unterstützung; - Herr B. wandte sich mehrfach an die Behörden ... mit der Bitte, ihm eine Bescheinigung über den Aufenthalt in Deutschland auszustellen; - erhielt bis jetzt keine Antwort; - schrieb in der Hoffnung an die Firma, dass Dokumente aufbewahrt wurden; - dies ist sein letzter Versuch, da er bald 70 Jahre alt wird und man sagt, dass diese Vergünstigungen nur bis 1. Januar 1995 gelten".

Der Antwortbrief enthält eine Bescheinigung, dass er in der Firma gearbeitet hat, sowie eine Kopie aus den Lohnunterlagen. Herr B. bedankt sich, auch für die Kopien der Lohnkarten, „in Wirklichkeit erhielten sie damals kein Geld". Seine Freude sei jedoch verfrüht gewesen, das Dokument sei von der Staatssicherheit als nicht ausreichend zurückgewiesen worden. Auf seine Bemühungen habe er nie Antwort bekommen. Nochmals schreibt er, dass er 70 Jahre alt wird, krank ist und keine Kraft mehr hat, die Strapazen des Kampfes um finanzielle Zuwendung fortzusetzen, er bedankt sich nochmals und entschuldigt sich nochmals. Der Brief scheint zu Ende, dann fügt er hinzu: „Es ist paradox, dass während seiner Arbeitszeit die Tatsache seines Aufenthaltes in Deutschland immer als Hemmnis für das Vorrücken im Dienst diente; - damals wussten es alle; - nur jetzt, da eine offizielle Bestätigung erforderlich ist, weiß niemand davon und er kann diese Bestätigung nicht beschaffen" und er bedankt sich nochmals.

Der Geschäftsführer reagiert, besorgt aus dem Stadtarchiv weitere Dokumente, die B.'s Angaben bestätigen, lässt sie ihm zukommen und bittet zusätzlich die Deutsche Botschaft in der Ukraine um Mithilfe bei der Anerkennung von B.'s Ansprüchen. 3 ½ Monate später wiederholt er die Bitte an die Botschaft, von der er ohne Antwort geblieben war und wohl auch weiterhin blieb.

Stattdessen antwortet B. am 11.8.95, der sich sehr bedankt für Brief und Bestätigung und berichtet, dass mehrere Schreiben und eine Fahrt nach Kiew erfolglos geblieben waren: er werde von der Staatssicherheit nicht in der Liste geführt „Auf diese Art und Weise hat sich der Kreis wieder geschlossen."

Dann spricht er über seine Gesundheit, die sehr schlecht ist. „Es ist einfacher aufzuzählen, welche Krankheiten er nicht hat, als jene, die er hat." Er kann wegen Geldmangel die notwendigen Medikamente nicht besorgen und bittet um Hilfe. Er legt ein Verzeichnis der Medikamente bei und schließt: „Herr B. fürchtet, dass er sehr unbescheiden wirkt und hofft, dass er durch diese drei Jahre Arbeit etwas davon abgearbeitet hat; - bedankt sich nochmals für den Brief sowie für die Anteilnahme und die Hilfe."

Medikamente werden geschickt und Herr B. reagiert am 21.9.95 und bedankt sich für die Anteilnahme und Hilfe und die Medikamente, von denen weniger als die Hälfte angekommen sei. „Er fühlt sich so, als würde man ihn in der Öffentlichkeit entkleiden; bis auf die Haut. Es ist peinlich und kränkend. Herr B. möchte sich nochmals für die ihm erwiesene Hilfe bedanken."

„Der gesamte vorausgehende Briefwechsel brachte kein bestimmtes Ergebnis, doch er brachte ihn in jene Jahre zurück, als er als junger Mann in unserem Land war. Das waren schwere Kriegsjahre, doch sie verbinden ihn mit seiner Jugend, welche in jeder Lage wertvoller ist als das gebrechliche Alter. Seine Erinnerung brachte ihm ehemalige Lagerkameraden sowie deutsche Arbeiter zurück, die sich im Rahmen ihrer Möglichkeiten bemühten, ihnen zu helfen; - bedankt sich nochmals herzlich."

In einem weiteren Brief zwei Monate später heißt es (nun folgt eine wörtliche Übersetzung): „Ich muss mich notgedrungen noch einmal mit einer Bitte an Sie wenden. Es fällt mir schwer, meine Lage zu beschreiben.

Ich fürchte, dass ich Ihnen aufdringlich und unbescheiden erscheinen muss. Aber ich habe keinen anderen Ausweg, als mich nochmals mit einer Bitte an Sie zu wenden."

Er beschreibt erneuten Krankheitsausbruch, wechselnde Symptome, Krankenhausaufenthalte und die Unmöglichkeit, die verordneten Medikamente zu beschaffen.

„Man kann sich natürlich auch mit seinem Schicksal abfinden und die einem noch zur Verfügung stehende Zeit irgendwie verbringen, doch offenbar ist der Mensch so beschaffen, dass er sich an das Leben klammert wie ein Ertrinkender an den Strohhalm. Und auch ich stelle keine Ausnahme dar.

Ich schäme mich zu bitten. Ich verstehe, dass Sie Ihre eigenen Probleme in Bezug auf die Produktion haben, die wichtiger sind, als einem ehemaligen Arbeiter zu helfen, der vor einem halben Jahrhundert in Ihrer Firma erschien, aus einem Grund, der nicht von Ihnen abhing.

Sie sind selbstverständlich nicht verpflichtet, mir zu helfen. Und ich habe auch nicht das Recht, etwas von Ihnen zu erbitten. Ich bin Ihnen auch ohnedies sehr dankbar...

Mein ganzes bisheriges Leben lang werde ich Ihnen für Ihre mir schon vorher erwiesene Anteilnahme an meinem Schicksal dankbar sein. Es lag auch nicht an Ihnen, dass die zugesandten Dokumente keinen Erfolg brachten.

Ich werde Sie nicht mehr mit ähnlichen Bitten belästigen, wobei ich mir dabei im klaren bin, dass dies trotzdem nicht ganz bescheiden ist."

Erneut werden ihm durch den Firmengeschäftsführer Medikamente zugesandt, er wird auf die Kosten hingewiesen.

Den sechsten und letzten Brief beginnt Herr B. wieder mit mehrfachen Entschuldigungen. „Ebenfalls bitte ich Sie zu entschuldigen, dass ich Sie mit meinen Briefen in Ihren Angelegenheiten unterbreche. Doch dies ist mein letzter." Er schildert dann, dass er eine erneute Absage von der Staatssicherheit bekommen hat, er sei aus freien Stücken nach Deutschland gegangen und habe deshalb kein Recht auf finanzielle Entschädigung oder andere Vergünstigungen.

„Kann man sich vorstellen, dass ich als sechzehnjähriger Junge eine Fahrkarte für ein Abteil des Zuges Enakiew-Berlin kaufte und geradewegs im Lager ankam unter der Nummer 77?"

Er erläutert dann, wie die Verschickung und Verschleppung wirklich abgelaufen ist.

Seine Schwester sei anerkannt worden, bei ihm habe der Beamte „seine eigene subjektive Meinung" von der freiwilligen Meldung durchgesetzt, die nun in den Akten stehe und nicht mehr revidierbar sei.

„Das alles hätte ich Ihnen natürlich nicht zu schreiben brauchen. Ich wollte nur, dass Sie aus erster Hand wissen, wie es wirklich war. Für mich ist es natürlich ärgerlich, dass ich im Alter derart benachteiligt werde, wenn es gilt, die schwersten Jahre zu durchleben."

Er beschreibt als Vorzug, dass seine Bemühungen ihn in die Jugendzeit zurückgebracht haben. „Ich denke noch jetzt mit jugendlicher Naivität und herzlichem Gefühl an meine älteren deutschen Kollegen zurück, die sich mir gegenüber väterlich verhalten haben und mir in gewisser Weise halfen, diese schweren Zeiten zu ertragen." B. nennt dann die Namen von 3 Arbeitern (die mir aus meiner Kindheit vertraut sind), „welche mit mir ihr nicht reichliches Frühstück teilten. Dabei musste man das heimlich machen, weil der Umgang mit uns nicht erlaubt war." Und er spricht die Hoffnung aus, dass die Enkel sicher die guten Eigenschaften dieser Arbeiter geerbt haben. „Entschuldigen Sie bitte einen so weitschweifigen Brief. Es ist der letzte. Ich danke Ihnen, Herr Dr. S., nochmals für Ihre Teilnahme, für Ihre besten Absichten, mir zu helfen."

Wenn ich heute – d.h. nach einiger Beschäftigung mit dem Zwangsarbeiterthema und einem sehr bewegenden Besuch der überlebenden Zwangsarbeiter in der Ukraine – die Briefe von Herrn B. lese, finde ich in ihnen außerordentliche Dokumente von Sensibilität und Takt im Umgang mit den Erben der Verantwortlichen, von großem Schamgefühl und Zerrissenheit über den Zwang, als Bittsteller dazustehen. Wie hart mag es ihn angekommen sein, die Nachfahren der Profiteure bitten zu müssen um eine milde Gabe, während ihm eigentlich nicht nur materielle Entschädigung, sondern Anerkennung, Dank, Scham, Reue zustünde. Ginge es gerecht zu, müsste er nicht bitten, sondern könnte fordern.

Die Briefe zeigen sein ernstes Bemühen, nicht anzuklagen, sich in die Firmeninteressen einzufühlen, sogar Positives aus der Erfahrung der Zwangsarbeit hervorzuholen, wenn er auch nicht alle Bitterkeit verbergen kann, die sich allerdings mehr gegen die eigenen Behörden und ihre Willkür, die Korruptheit der Zollbeamten (die er für die Plünderung der Medikamentenzusendung verantwortlich macht) richtet. Er will nicht anklagen, aber er will wenigstens, dass man „aus erster Hand weiß, wie es wirklich war", dass man ihm glaubt und ihn nicht noch als Kollaborateur der Nazis verdächtigt und sein Leiden so verächtlich gemacht wird. Im letzten Brief bringt er es nicht mehr über sich, erneut um Medikamente zu bitten, er ist zu stolz, und auch zu resigniert, sein Brief hat jetzt keine anderes Ziel mehr als wenigstens eine Anerkennung der Wahrheit bei den unbekannten Erben der Firma.

Nicht einmal dieses zurückgenommene Ziel hat er damals bei mir erreichen können.

Zwar las ich die Briefe von Herrn B. mit großem Mitgefühl, aber auch mit großem Unbehagen.

Sofort wurde mir klar, dass diese Briefe nicht nur das einzelne Schicksal von Herrn B. betrafen. Er war ja natürlich nicht der Einzige gewesen. Was war mit den anderen, mit jenen, die nicht die privilegierte Möglichkeit des gebildeten Herrn B. hatten, einen Brief zu formulieren, konkrete Forderungen zu stellen, Adressen in Deutschland ausfindig zu machen? Waren auch sie krank und elend? Und ging es ihnen womöglich auch wegen der Arbeits- und Lebensbedingungen in unserer Firma schlecht, waren sie durch ihre Behandlung als ‚Untermenschen' so geschädigt, dass sie vorzeitig krank und todesbedroht waren wie Herr B.? (Er starb kurze Zeit nach dem Briefwechsel, seine Tochter, eine Ärztin, sagte meinem Bruder und mir bei unserem Besuch in der Ukraine, sie führe seine chronischen Erkrankungen wie seinen frühen Tod auf die gesundheitlichen Beeinträchtigungen durch die Zwangsarbeit zurück).

Müssten wir, die Nachfahren derjenigen, die von dieser Zwangsarbeit profitiert hatten, nun nicht endlich von uns aus aktiv nach den Zwangsarbeitern suchen, ihnen finanzielle Hilfe zukommen lassen? Und hatten sie nicht ein Anrecht auf mehr, auf unsere Zeit für ihre Geschichten, auf Besuche und Aussprachen, auf eine persönliche Anerkennung ihrer Leidens- und Unrechtserfahrungen?

Meine erste Reaktion entsprach der eines Menschen, der plötzlich erfährt, dass womöglich eine Rechnung gegen ihn offen ist, vielleicht eine größere, vielleicht auch mehrere, eine Rechnung zudem ganz unabsehbarer Natur: moralischer, materieller, persönlicher. Herr B. hatte die Arbeiter erwähnt, die ich als Kind gekannt hatte, was war mit anderen Firmenangehörigen, die mir noch weit näher standen, vor allem natürlich mit meinem Vater, der damals ein Geschäftsführer der Firma gewesen war. Niemals zuvor hatte ich ihn als Herrn über Zwangsarbeiter gesehen, wie hatte er sie behandelt, hoffentlich – bitte! – war er menschlich mit ihnen umgegangen.

Keinen Moment lang konnte ich bei Herrn B. bleiben, kein Mitgefühl für sein Schicksal entwickeln, weil ich mich sofort verstrickte in meine eigene Geschichte und in moralische Grundsatzfragen. Medikamente zu schicken erschien mir als völlig unzureichende Antwort auf diese Konfrontation mit der aktiven Beteiligung unseres Betriebes und unserer Vorfahren an dem NS-Unrechtsregime. Wenn sich die Schilderung von Herrn B. als richtig herausstellen sollte, wären ein paar Medikamente lächerlich, so billig könnte man sich nicht herausstehlen aus der Verantwortung.

Allerdings: stimmten denn seine Behauptungen überhaupt? Waren seine Klagen nicht verdächtig larmoyant? Trug er nicht viel zu dick auf mit der Auflistung seiner Krankheiten und was sollte die Behauptung, er hätte kein Geld für Medikamente? War es nicht ein Trick, mit dem Zuschieben von Verantwortung ungerechtfertigte Ansprüche zu rechtfertigen, mit moralischem Druck finanzielle Vorteile zu erwirtschaften?

Die Firma hatte in ihren Lohnabrechnungs- Unterlagen Zahlungen an die Nr. 77 (Herr B.) ausgewiesen, er behauptete, nie etwas bekommen zu haben. Auch mein Bruder hatte in seinem Brief an uns, in dem uns zu Zahlungen an diesen und mögliche andere ehemalige Zwangsarbeiter der Firma aufrief, seine Zweifel an der Aufrichtigkeit Herrn B.'s geäußert: „Er gibt außerdem an, er habe kein Geld erhalten, obwohl dies ja zumindest für das Finanzamt so ausgewiesen wurde. Eine merkwürdige, aber vielleicht doch mögliche, wahre Geschichte. Ich denke, auch wenn sie nicht stimmt, sollten wir dem armen Mann unter die Arme greifen."

So milde war ich keinesfalls gestimmt, wenn er log, war das einfach mies, uns so über den Tisch ziehen zu wollen. Und war das nicht diese bauernschlaue, diese hinterhältige, diese ganz fremde östliche Mentalität, wo unsereins nie eine Chance hatte, zu erkennen, was hinter dem Jammern wirklich steckte?

Und warum entschuldigte er sich fortwährend, warum bedankte er sich ein übers andere Mal, was verbargen die Höflichkeitsfloskeln? Hat die nicht nur nötig, wer etwas verbergen will? Und war nicht dieser zwischen latenter Anklage und Unterwürfigkeit schwankende Ton der Briefe Ausdruck einer östlichen Mentalität von Passivität und Klagsamkeit, die an die Stelle eigener Aktivität die Opferstilisierung setzt?

Schließlich war ich ganz froh, dass Herr B. immerhin bekommen hatte, was er gewollt hatte, die Medikamente – seine Klage, mehr als die Hälfte sei gestohlen worden, war sicher auch erlogen, um die Gutmütigkeit des Geschäftsführers auszunutzen.

Relativ geringe Mühe hätte es gekostet herauszubekommen, dass Herrn B.'s Angaben der Wahrheit entsprachen. Ich nahm sie nicht auf mich. Ich reagierte gar nicht, auch nicht auf die Initiative meines Bruders. Er forschte dem Schicksal der Zwangsarbeiter nach, fand heraus, dass ca. 9o ‚Ostarbeiter', aber auch Franzosen und Italiener in unserem Betrieb gearbeitet hatten, erstellte eine Dokumentation, wandte sich mit der Aufforderung zu einer Hilfsaktion an uns. Niemand reagierte und seine Initiative versandete.

Wenn mir die Briefe einfielen, beschlich mich ein ungutes Gefühl, eine innere Spannung, schlechtes Gewissen, aber es drang nicht wirklich nach oben. Schließlich vergaß ich die Briefe, und zwar so vollständig, dass ich für meinen Spendenentschluss zwei Jahre später kein Motiv anzugeben wusste – eine doch recht beeindruckende Abwehrleistung.

Ohne mein vorgängiges ‚Wissen' um ‚die Natur des Russen' wäre sie nicht passiert.

Die Leere des Gedächtnisses

Was uns bedeutsam erscheint als historisches Ereignis der Vergangenheit, was wir als moralische Frage akzeptieren, ist eingebettet in öffentliche Diskurse, die komplexen Dynamiken gehorchen. Was sich als das Relevante in der öffentlichen Geschichtsschreibung durchsetzt, hängt unter anderem von wechselnden politischen Machtverhältnissen, von medialen Vermarktungsstrategien ab. Wogen geballter öffentlicher Aufmerksamkeit spülen kurzfristig Themen als affektiv hochbesetzt hoch, die dann wieder ganz in Vergessenheit geraten (wie die Debatte um den eliminatorischen Antisemitismus der Deutschen). Keineswegs gibt die Präsenz in der privaten Erinnerung, in der Forschung oder der öffentlichen Thematisierung die Dimension eines historischen Themas angemessen wieder. So sagt z.B. Ulrich Herbert noch 1986 (245) über die Forschungslage zum Thema Zwangsarbeit: „Die Geschichte und das Schicksal der Fremdarbeiter (ist) das am wenigsten erforschte Massenphänomen in der Geschichte des 2. Weltkriegs." Gegenwärtig ist das Thema zwar in der Wissenschaft und den Medien präsent, nicht aber in der persönlichen Erinnerung, nicht als moralische Herausforderung für den Einzelnen.

Es hat sich nichts daran geändert, dass den Zwangsarbeitern kein Stellenwert in der privaten Erinnerung an die NS-Zeit zukommt. Das Vergessen der Diskriminierung und Ungleichbehandlung der ‚Ostarbeiter' hängt mit einer eingeengten Wahrnehmung des Nationalsozialismus in der deutschen Öffentlichkeit zusammen: „Der Nationalsozialismus wurde und wird in Deutschland seit der Nachkriegszeit vorwiegend behandelt als ein außerordentlich verbrecherisches Regime, und die Frage, wie sich die deutsche Bevölkerung verhalten hat, bezieht sich auf Kenntnis, Zustimmung, Ablehnung oder Widerstand im Verhältnis zu diesen außerordentlichen Verbrechen." (Herbert 1986, 261). Deshalb ist die Diskussion um die persönliche Beteiligung am NS-Unrecht gegenüber den ‚Ostarbeitern' sehr eingeschränkt. „Außerhalb des Tolerierbaren liegen ausschließlich die Misshandlungen durch die Hundertfünfzigprozentigen. Was unterhalb der Schwelle von Misshandlungen liegt - die Zwangsarbeit der Ausländer, ihre Lebensbedingungen - wird nicht erinnert als etwas, was den Rahmen des Tolerierbaren sprengen könnte. Wenn sie nicht geschlagen wurden, ging es ihnen gut." (Herbert 1986a, 248).

Es ist nicht nur die Alltags-Faschismus-Theorie, die zur Normalisierung des Unrechts gegenüber den Ostarbeitern führt. Die Behandlung der ‚Ostarbeiter' wurde nicht als anstößig erlebt, weil die rassistische Stereotypisierung der ‚Untermenschen' aus dem Osten so akzeptiert war, dass sie nicht als gleichberechtigt und nicht als Individuen wahrgenommen wurden. Ihre unmenschliche Behandlung muss deshalb auch nicht legitimiert werden. Verschleppung, Diskriminierung, Unrechtsbehandlung galten als normal, als selbstverständlicher Teil des Alltags und gehen gar nicht in das Gedächtnis ein. Geschichten von Zwangsarbeitern werden nicht deshalb nicht erzählt, weil sie aufgrund von Schuldgefühlen über das eigene moralische Versagen aus Bewusstsein und Erinnerung verdrängt wurden, sondern weil sie nicht als bemerkenswerte, besondere, einer Erinnerung würdige Ereignisse galten.

„Der Nationalsozialismus steht aber auch in der Tradition des deutschen Imperialismus, dem es gelang, größere Teile der Bevölkerung in einen imperialistischen Konsens einzubinden, der auch heute noch nicht als besonders verbrecherisch in Erinnerung ist" (Herbert 1986 a, 248). Dieser Konsens geht jedoch über die Ebene einer politischen Einstellung hinaus. Er reicht in tiefere, unbewusstere Schichten einer Identifikation mit dem Rassismus und seiner Sonderung der Menschen in Herren, Minderwertige und Unwerte. Deshalb ist die Erinnerungsarbeit und die Auseinandersetzung mit der persönlichen Verantwortung „auch in wesentlichen Dimensionen ins Leere gegangen: z.B. in der Wahrnehmung der ... Kolonialisierung, Versklavung und potentiellen Ausrottung der Slawen während des Krieges. Diese Wahrnehmungslosigkeit verweist außer auf verdrängte Angst vor allem auf jene Immunisierungen, die vom unbewussten Einverständnis mit dem Rassismus der Führung in veralltäglichter Form ausgegangen sind" (Niethammer 1990, 133).

Das Unrecht wurde nicht als solches wahrgenommen, es war „nichts, worüber man sich Gedanken machte" (Herbert 1985, 385). Im kollektiven Gedächtnis verblieb eine Leerstelle.

Literatur

Adorno, T. W. (1973): Studien zum autoritären Charakter. Frankfurt a.M.: Suhrkamp.

Haffner, S. (1988): Der Teufelspakt. Die deutsch-russischen Beziehungen vom Ersten zum Zweiten Weltkrieg. Zürich: Manesse.

Heimatbrief. NSDAP-Ortsgruppe Oestertal, Hefte 1-17 (1941-1943).

Herbert, U. (1985): Fremdarbeiter. Berlin, Bonn: Dietz.

Herbert, U. (1986): Geschichte der Ausländerbeschäftigung in Deutschland 1880 bis 1980. Berlin, Bonn: Dietz.

Herbert, U. (1986 a): Apartheid nebenan. Erinnerungen an die Fremdarbeiter im Ruhrgebiet. In: Niethammer 1986, S. 233-266.

Klemperer, V. (1995): Ich will Zeugnis ablegen bis zum letzten. Tagebücher 1933-1945. Berlin: Aufbau.

Niethammer, L. (Hg.) (1986): "Die Jahre weiß man nicht, wo man die heute hinsetzen soll. Faschismuserfahrungen im Ruhrgebiet. Lebensgeschichte und Sozialkultur im Ruhrgebiet 1930 bis 1960, Band 1. Berlin, Bonn: Dietz.

Niethammer, L. (Hg.) (1983): "Hinterher merkt man, dass es richtig war, dass es schiefgegangen ist". Nachkriegserfahrungen im Ruhrgebiet. Lebensgeschichte und Sozialkultur im Ruhrgebiet 1930 bis 1960, Band 2. Berlin, Bonn: Dietz.

Niethammer, L. (1983): Vorwort des Herausgebers. In: ders. (Hg.): "Hinterher merkt man...", Berlin, Bonn: Dietz, S. 7-16.

Niethammer, L. (1983): Privat-Wirtschaft. Erinnerungsfragmente einer anderen Umerziehung. In: ders. (Hg.), S. 17-106.

Niethammer, L. (1990): Juden und Russen im Gedächtnis der Deutschen, In: Walter Pehle (Hg.): Der historische Ort des Nationalsozialismus. Frankfurt a.M.: Fischer, S. 114-134.

Richter, H.-E. (Hg.) (1990): Russen und Deutsche. Alte Feindbilder weichen neuen Hoffnungen. Hamburg: Hoffmann und Campe.

Schörken, R. (1984): Luftwaffenhelfer und Drittes Reich. Die Entstehung eines politischen Bewusstseins. Stuttgart: Klett-Cotta.

Volkmann, H.-E. (Hg.) (1994): Das Russlandbild im Dritten Reich. Köln, Weimar, Wien: Böhlau.

Volkmann, H.-E. : Einleitung, In: Volkmann 1994, S. 1-8.

Volkmann, H.-E.: Das Russlandbild in der Schule des Dritten Reiches. In: Volkmann 1994, S. 225-284.

Weißbecker, M.: "Wenn hier Deutsche wohnten..." Beharrung und Veränderung im Russlandbild Hitlers und der NSDAP. In: Volkmann 1994, S. 9-54.

Wette, W.: Das Russlandbild in der NS-Propaganda. Ein Problemaufriss. In: Volkmann 1994, S. 55-78.

Bernd Deininger

Psychoanalyse und Tod

Der Traum vom Paradies als die vorweggenommene Ewigkeit

Zu den grundlegenden Leistungen Freuds gehört die Entdeckung des Wiederholungscharakters menschlicher Beziehungserfahrung. In jeder Begegnung wiederholen Ich und Du die in der eigenen Geschichte verwurzelten Beziehungsmuster in szenischer Form. In der psychoanalytischen Situation können diese wiederholten Spiegelungen erkannt und auf ihren Ursprung zurückgeführt werden: Veränderte Beziehungserfahrung wird möglich.

Thea Bauriedl formuliert es mit unübertroffener Klarheit: „Für mein Verständnis wiederholen in jeder therapeutischen Begegnung sowohl der oder die Patientin ihre szenischen Beziehungsmuster als auch der Therapeut die seinen. Dabei werden jeweils die für diese Begegnung spezifischen Ausschnitte aus der Gesamtheit der Reaktionsmöglichkeiten aller beteiligten Personen aktiviert. Jede Übertragung provoziert eine komplementäre Gegenübertragung.

Auch die Übertragung des Analytikers provoziert bei seinen Patienten eine komplementäre Gegenübertragung. So kann man jedes Phänomen auch der therapeutischen Beziehung sowohl als Ausdruck der Übertragungs- Gegenübertragungsszene des Patienten als auch als Ausdruck der Übertragungs-Gegenübertragungsszene des Therapeuten verstehen. Dadurch entfällt die Entscheidung darüber, wessen Problem ein bestimmtes Ereignis zum Ausdruck bringt. Die Aktionen und Reaktionen dieser beiden Partner sind von den Szenen dieser beiden Partner her voll zu verstehen, und das genügt." (Beziehungsanalyse 1984, S. 63)

Weiterhin spielt in der psychoanalytischen Behandlung der Aspekt eine große Rolle, dass sich in jeder therapeutischen Beziehung ein gemeinsames Unbewusstes ausbildet. Dies könnte heißen, dass Wünsche und Ängste, die das von den Beteiligten (Analytiker und Analysant) tolerierbare Maß überschreiten, in einem gemeinsamen Unbewussten abgespalten werden. Daraus könnte der Prozess der Analyse sich in einer gemeinsamen Abwehr festfahren. Um dies zu vermeiden, ist es entscheidend, dass es dem Therapeuten gelingt, seine eigene Szene und die darin begründete Angst zu verstehen, die ihn evtl. hindert, das gemeinsam Abgewehrte zu sehen und zuzulassen.

Der Analytiker ist dann aufgerufen, bei sich selbst Unbewusstheit aufzuheben, an sich selbst Verdrängungsarbeit zu leisten, und zwar in der Richtung auf größere Angsttoleranz hin. Die Arbeit des Patienten an dieser Stelle wäre dann eine unmittelbare Arbeit an der gemeinsamen Abwehr und könnte es ermöglichen, dass es mit dem Patienten zusammen gelingt, Unbewusstes in das gemeinsame Bewusstsein treten zu lassen. Es gilt also immer wieder als Therapeut die eigene Betroffenheit von und die Beteiligung an dem einschränkenden Status quo zu erkennen, um das Risiko und die Chance der Veränderung zulassen zu können. Diese eigene Betroffenheit ist natürlich, wie wir im weiteren Verlauf sehen werden, gerade angesichts des Todes und der Wahrnehmung der Begrenztheit des eigenen Daseins besonders schwierig, aber auch an dieser Stelle von eminenter Bedeutung.

Darüber hinaus stellt es in meiner Haltung als Analytiker einen wesentlichen Punkt dar, zu ermöglichen, dass der Patient seine unakzeptablen Seiten, bedrohliche und beschämende Wünsche und Phantasien als Teil seines Selbst annehmen und akzeptieren kann. Hierzu muss der Analytiker wie Sandler u. Sandler (1983, S. 423) schreiben, „durch seine Deutungen und die Art, wie er sie dem Patienten anbietet, eine Atmosphäre der Toleranz für das Infantile, Perverse und Lächerliche herstellen, eine Atmosphäre, die sich der Patient als Haltung sich selbst gegenüber aneignen, die er mit dem Verstehen, das er zusammen mit dem Analytiker erworben hat, internalisieren kann".

Ein weiterer wichtiger Faktor in der analytischen Arbeit ist darüber hinaus das Bemühen, das Zuhören in der Analyse an der subjektiven Wahrheit des Erlebens des Patienten zu orientieren. Sandler weist daraufhin, dass ein zentraler Wirkfaktor die Toleranz des Analytikers gegenüber den unbewussten infantilen Wünschen des Patienten ist. Ergänzend dazu ist es aus meiner Sicht auch wichtig, dass auch der Analytiker gegenüber seinen eigenen Unzulänglichkeiten eine Toleranz entwickelt.

„Die Fähigkeit des Analytikers, angesichts der Reaktionen des Patienten auf seine eigenen Unzulänglichkeiten als Selbstobjekt ruhig und sicher zu bleiben und seine Fehler und Grenzen anzuerkennen, gibt dem Patienten eine zusätzliche Gelegenheit, ihn als wichtiges und therapeutisches Selbstobjekt wahrzunehmen." (Bacal u. Newman 1994, S. 319)

Das Gleichgewicht zwischen Theorie und Empathie erscheint mir deshalb am besten erreichbar, wenn es vor allem mein Ziel ist, als Analytiker dem Patienten zuzuhören und zu versuchen, mehr seine Sichtweise zu vergegenwärtigen (Mertens 1990, S. 45 ff).

An einem Behandlungsfall möchte ich nun die bislang beschriebenen Gedanken unter dem Thema des Todes näher betrachten.

Herr T., ein evangelischer Pfarrer, wandte sich an einem Novembertag erstmals über meine nervenärztliche Sprechstunde an mich. Es erschien ein großer, schlanker, sportlicher, gut aussehender Mann von 38 Jahren, sehr männlich wirkend in Jeans und Pullover, der sich sicher bewegte und äußerlich gelassen wirkte, wie ein Mensch, der anderen gut zuhören kann. Er verstand es sehr schnell, mich für ihn zu interessieren und schon im ersten Kontakt spürte ich eine starke Identifikation mit seinen Problemen und seiner Lebensgeschichte.

Herr T. berichtete, dass er große Schwierigkeiten habe, sich auf Frauen einzulassen, dass er sich von seiner Ehefrau getrennt habe und auch eine Scheidung jetzt anstehe, worunter er sehr leide, obgleich er derjenige war, der seine Frau verlassen hätte. Der Grund, warum er seine Frau verlassen habe, läge daran, dass er zunehmend aggressiv ihr gegenüber gewesen sei, Hassgefühle entwickelt habe und jede sexuelle Lust verloren hätte.

Etwa sechs Monate nach der Trennung habe er eine zweite Partnerin kennen gelernt, mit der er jetzt zusammenlebe. Aber auch hier spüre er sehr stark, wie er diese Frau erniedrige und wie es ihm Lust bereite, sie zu demütigen.

Er sagte: „Ich spüre in mir innerlich eine große Wut, die sich in meinem Bauch ausbreitet und die ich nicht herauslassen kann. Ich lebe nach außen, insbesondere an meinem Arbeitsplatz, mit einem starken Harmoniebedürfnis und werde ständig an meinen Beruf des Pfarrers erinnert, demütig und gütig zu sein. Innerlich habe ich aber oft das Gefühl, aufgefressen zu werden".

Er berichtete weiter, dass er ganz gezielt mit dem Wunsch nach einer Psychoanalyse zu mir kam, da er in seinem Beruf als Pfarrer festgestellt hat, dass er ohne eigene tiefgehende Selbsterfahrung seine Arbeit nicht für ihn zufriedenstellend erledigen könne. Er habe schon eine Ausbildung in Transaktionsanalyse absolviert und auch über mehrere Jahre Gestalttherapie gemacht. Bei diesen beiden Methoden sei er aber nicht an seine tiefsitzenden Schuldgefühle gegenüber seinen Eltern und seinen Kindern herangekommen. Seinen Kindern gegenüber deshalb, da er die Ehe, aus der sie herausgeboren sind, verlassen habe. Er meinte dann weiter: „Ich glaube, meine häufigen körperlichen Reaktionen und Krankheiten sind Bestrafungen, die ich mir selbst auferlege".

Herr T. wurde in einer deutschen Großstadt geboren. Der Vater (+ 30) befand sich mit der Mutter (+ 21) in zweiter Ehe. Aus der ersten Ehe des Vaters entstammt eine Tochter (+ 10), die Herr T. aber erst im Schulalter kennen lernte. Der Vater musste nach dem Abitur in den Kriegsdienst und kam nach dem Krieg schwer verwundet mit einem Lungensteckschuss zurück und war deswegen behindert. Er absolvierte eine Dolmetscherausbildung und hatte sich bei einer Elektronikfirma als kaufmännischen Angestellten anstellen lassen und bis zum Prokuristen emporgearbeitet. Das Wichtigste im Leben des Vaters sei die Arbeit gewesen. Häufig habe es deswegen auch Streit zwischen den Eltern gegeben, da sich die Mutter mehr Freizeit zusammen mit dem Vater gewünscht hätte. Der Vater hätte dann häufig durch die ganze Wohnung geschrieen, sie hätte doch lieber einen Straßenkehrer heiraten sollen, der hätte mehr Zeit. Er sei auch nicht bereit, wegen ihr und den „Bälgern" auf seine berufliche Laufbahn zu verzichten.

Die Beziehung zum Vater sei sehr ambivalent gewesen. Einerseits habe er ihn wegen seiner Intelligenz und seiner Durchsetzungskraft bewundert, andererseits sei er aber auch vom Vater viel geschlagen worden und habe sich von ihm unterdrückt gefühlt. Der Vater habe nur seine eigene Meinung gelten lassen, habe sich mit jedem, der eine andere Meinung gehabt hätte, zerstritten.

Zu den Großeltern väterlicherseits habe es keinen Kontakt gegeben. Der Vater habe seine Familiengeschichte „wie mit dem Skalpell" abgeschnitten. Die Großmutter habe den Großvater wegen dessen Trunksucht verlassen, dies habe der Vater seiner Mutter nie vergessen. Die Großmutter habe dann mit dem Vater sowie mit einer Halbschwester des Vaters (+ 34), die die Großmutter von einem anderen Mann hatte, weitergelebt.

Als die Mutter des Vaters verstarb, habe der Vater gemeint „Gut, dass die Frau tot ist". Auf der Beerdigung seiner Mutter sei er nicht gewesen.

Die Mutter des Patienten sei mit ihrer Schwester und der Großmutter mütterlicherseits aus der ehemaligen CSSR gekommen und habe sich nach dem Krieg in Westdeutschland angesiedelt. Vom Großvater mütterlicherseits ist dem Patienten nichts bekannt, er wird in seiner Geschichte auch nicht weiter erwähnt. Nach dem Abitur habe die Mutter eine kaufmännische Ausbildung absolviert und sei kurzzeitig auch bei dem Elektronikkonzern tätig gewesen, in dem auch der Vater gearbeitet habe, den sie dann dort auch kennen lernte.

Die Mutter habe er als „Keifzange" in Erinnerung, sie habe viel mit ihm geschimpft. Er habe bei ihr immer funktionieren müssen, oft habe er das Gefühl gehabt, dass die Mutter die Wut auf den Vater an ihm ausgelassen habe. Bis zum vierten Lebensjahr habe die Großmutter mütterlicherseits und die Schwester der Mutter mit in der Wohnung der Eltern gelebt. Zur Oma und zur Tante habe er eine sehr viel engere emotionale Beziehung als zur Mutter entwickeln können. Die Oma habe sich immer sehr um ihn gekümmert, sie sei für ihn eine sehr verlässliche Bezugsperson gewesen. Die Tante habe ihm als Kind viel geholfen, insbesondere wenn es darum ging, den Teller leer zu essen, da es häufig Nahrung gab, die ihm nicht schmeckte, der Vater aber ihn zwang, alles aufzuessen. Die Tante habe dann heimlich von seinem Teller gegessen. Nach einer heftigen Auseinandersetzung zwischen dem Vater und der Großmutter sei die Oma mit der Tante ausgezogen. Der Patient sei damals etwa 4 ½ Jahre alt gewesen. Über Jahre hinweg habe er dann keinen Kontakt zur Oma und zur Tante halten dürfen. Der Vater habe es ihm unter Strafe verboten. Erst in seiner frühen Erwachsenenzeit, also etwa 15 Jahre später, habe er wieder Kontakt zur Großmutter aufgenommen und habe dann in seiner ganzen Studentenzeit bis zu ihrem Tod hin Kontakt mit ihr gepflegt. Zur Tante und ihrem Mann, einem Arzt, habe er immer Kontakt gehabt. Der Onkel sei sein Hausarzt gewesen.

Ein Bruder (- 11) sei als Nachzügler geboren, er sei ein richtiger Sonnyboy. Mit ihm verstehe er sich gut, obgleich es früher häufig Schwierigkeiten gegeben habe, da die Eltern ihm „den Arsch vergoldet hätten".

Er habe die Schulzeit mühelos absolviert und ein Studium der evangelischen Theologie durchgeführt. Nach dem Ende des Studiums habe er eine Frau geheiratet, die er seit fünf Jahren kannte. Aus dieser Ehe seien zwei Söhne geboren.

Zehn Jahre nach der Eheschließung habe er sich von seiner ersten Ehefrau getrennt, ein Jahr später hatte er seine zweite Lebensgefährtin kennengelernt. Diese Frau hatte ebenfalls einen Sohn mit in die Beziehung eingebracht, der etwa im Alter seines jüngeren Sohnes war.

Herr T. wuchs in einer ihn emotional unterversorgenden Elternbeziehung auf. Der Vater, den er als verkopften, ganz auf seinen Beruf bezogenen Menschen beschreibt, war sehr ehrgeizig und definierte sich ausschließlich über die Leistung. Darüber hinaus hatte er wohl sehr hohe moralische Anforderungen an sich selbst. So verurteilte er seine eigene Mutter deshalb, da sie den Ehemann verließ, wobei unbewusst die Mutter genau das tat, was er sich eigentlich von ihr wünschte: Die Entfernung des männlichen Rivalen. Sie stürzte den Vater aber in dauerhafte Scham- und Schuldgefühle, die er an seinen Sohn weitergab.

Die Schamgefühle, die Mutter nun ohne den Rivalen (Vater) begehren zu können, wehrte er durch eine rationale, sich jeder Emotion verschließenden Weltsicht ab. So hatte der Vater sich zum Beispiel das Linksschreiben (er war Linkshänder gewesen) selbst im Alter von zwölf Jahren abgewöhnt. Auch eine Sprachstörung, die er als Kind wohl hatte, hatte er selbst in den Griff bekommen. Der Lebensinhalt bestand im Funktionieren und in der sozialen Anerkennung von außen. Die Identifikationsmöglichkeiten für meinen Patienten waren deshalb zwangsläufig ambivalent ausgestaltet. Einerseits bewunderte er den Vater wegen seiner Intelligenz, andererseits aber vermisste er die emotionale Wärme.

Die einzigen emotionalen Begegnungen, die es in der Kindheit zwischen Herrn T. und seinem Vater gab, bestanden darin, dass der Vater sich häufig nach dem Mittagessen am Sonntag auf die Couch legte und einschlief. Herr T. kuschelte sich dann zu ihm und im Halbschlaf flüsterte der Vater ihm manchmal Märchen ins Ohr, was Herrn T. sehr bewegt und berührt hatte.

Einmal im Urlaub, als er 5 ½ Jahre alt gewesen war, habe er die Eltern beim Sexualverkehr überrascht. Der Vater sei auf der Mutter gelegen, habe sich auf- und ab bewegt und er habe sich gewünscht, dass der Vater die Mutter nur recht quäle, sie zähme und bändige, damit sie richtig unterworfen werde. Die Lustschreie der Mutter hat er als Bedrohung und Leiden erlebt.

Insgesamt war die Beziehung zur Mutter aber noch wesentlich problematischer als die zum Vater. Die Mutter konnte sich keinerlei Gefühlen, außer aggressiven, öffnen. Ein dauerhafter Streit zwischen den Eltern schien das Leben in Gang zu halten. Die Mutter hat dabei ständig gegen die Position des Vaters opponiert, hat aber nie eine andere eigene Entscheidung getroffen. Dies hat bei Herrn T. zu einer starken Verachtung der Mutter geführt, insbesondere auch deshalb, da sie nicht in der Lage war, für ihre Interessen einzutreten.

Die emotional dichteste Beziehung in der Kindheit war wohl die Beziehung zur Großmutter mütterlicherseits sowie zu einer jüngeren Schwester der Mutter, die ihm beide sehr warmherzig gegenüberstanden. Häufig hätten diese beiden ihn unterstützt und ihn vor Schlägen geschützt. Der zentrale intrapsychische Konflikt in der Kindheit bestand darin, dass er eine emotionale Nähe zur Mutter suchte, diese ihm aber die Beziehung verweigerte, die er sich so sehnsüchtig wünschte.

Als es dann zu einem Konflikt zwischen dem Vater und der Großmutter kam, war er wie hin- und hergerissen. Einerseits wollte er das Verbot der Kontaktsperre, welches vom Vater ausging, einhalten, andererseits aber hatte er eine große Sehnsucht nach weiblicher Zuwendung.

Die Auseinandersetzung zwischen dem Vater und der Großmutter, die er für sich als unlösbar erlebte, verstärkten seine sexuellen Phantasien und Impulse. Beispielhaft wird hier deutlich, dass Herr T. in unlösbaren Situationen aggressive Triebströmungen in sexuelle Impulse umwandelte. Er onanierte mehrmals täglich zu dieser Zeit und zog sich in eine Traumwelt zurück. In diesem Lebensabschnitt entwickelte er auch seine ersten intensiven Gotteserfahrungen, wo er berichtete, häufig gebetet zu haben in der Hoffnung, der Konflikt lasse sich dann lösen. Die Gottesgestalt wurde dabei für ihn zu einer Objektbeziehung, die ihm von außen Hilfe, das Erfüllen seiner Wünsche, Ruhe und Verständnis geben sollte.

Eine ganz zentrale Rolle nahm der Frauenhass des Vaters ein, mit dem er sich stark identifiziert hatte. Der Vater entwertete sowohl seine Ehefrau als auch seine Mutter und das wurde auch von meinem Patienten übernommen. Die emotionale Kargheit, die ihm die Mutter bot, lag möglicherweise auch daran, dass sie den Hass und die Ablehnung des Sohnes spürte und so jede Möglichkeit einer Annäherung verstellt war. Der Patient selbst entwickelte auch in seiner eigenen späteren Ehe häufig Phantasien, seine Frau, insbesondere beim Geschlechtsakt, bändigen und zähmen zu wollen. Er hat sie darüber hinaus dadurch gekränkt, dass er mit anderen Frauen im gemeinsamen Ehebett Sex hatte und es ihm wichtig war, dabei von seiner Frau ertappt zu werden. Die in der Folge auftretenden Schuldgefühle wurden dann in körperlichen Beschwerden ausagiert, besonders im Magen-Darm-Bereich, was dann später zu einem Magenkarzinom führte. Festzuhalten ist jedenfalls, dass die Kränkungswünsche und der Hass auf Frauen sich in starken erotischen Phantasien zeigten, aber auch in realen sexuellen Begegnungen, die immer einen entwertenden Charakter hatten. Als er seine erste erotische Beziehung im Alter von 16 Jahren zu einer Frau entwickelte, war es ihm wichtig, mit ihr so rasch wie möglich eine sexuelle Beziehung aufzubauen, um sie dann wieder verlassen zu können. Auffallend gestaltete sich dann die Entwicklung einer juvenilen Diabeteserkrankung, die mit dem Ende dieser ersten Beziehung zusammenfiel.

Herr T. unterzog sich einer psychoanalytischen Behandlung, die in drei wesentliche Abschnitte einzuteilen war.

Im ersten Abschnitt wurden 90 Stunden absolviert. In der 91. Stunde erfuhr er von der Diagnose einer malignen Magenerkrankung. Da der Prozess schon so weit fortgeschritten war, konnte eine Operation nicht mehr durchgeführt werden. In einem zweiten Behandlungsabschnitt, der sich von der 90. bis zur 157. Stunde erstreckte, war Herr T. sehr stark mit seiner organischen Erkrankung und der Auseinandersetzung mit dem Tod beschäftigt. Ein dritter und letzter Abschnitt umfasste die letzten vier Stunden vor seinem Tod. Der Patient verstarb nach 161 Stunden an den Folgen seines Magenkarzinoms.

Der Tod als ständiger Begleiter

Schon vor seinem psychoanalytischen Prozess hat sich Herr T. der Frage nach der Begrenzung seines Daseins in unterschiedlichen Blickwinkeln zugewandt. In der Behandlung wurde deutlich, wie sehr, gerade wenn das Ende zu einer nicht mehr zu verdrängenden Gewissheit wird, indische Lehren der Wiedergeburt, marxistische Theorien und existenzphilosophische Anschauungen, wie sie z. B. von Martin Heidegger vertreten werden, sich durcheinander mischten.

Die unterschiedlichen Vorstellungen und Phantasien korrespondierten häufig mit der neurotischen Grundstruktur des Patienten und ließen sich als Parameter für seine Todesängste einerseits und seine aggressiven Triebströmungen andererseits begreifen.

War die Todesangst sehr stark und auch die Trauer darüber, wichtige emotional dichte Beziehungen, wie sie z. B. zu seinen Kindern und seiner Frau vorlagen, aufgeben zu müssen, so traten Wünsche nach einer Wiedergeburt sehr stark in den Vordergrund. So sagte er in einer Stunde (115) „Wie einer seine alten verschlissenen Kleider ablegt und neue anzieht, so legt die Seele den sterbenden Leib ab und zieht einen neuen an, ob als Mensch, Tier oder Pflanze“. Er hat dies wohl seiner Beschäftigung mit der Bhagavadgita entnommen und sich ganz der Phantasie hingegeben, dass das Rad der Wiedergeburten im steten Wechsel rollt, bis die Seele alle guten und bösen Taten ausgeschöpft hat.

Als es in einer Behandlungsphase darum ging, wie sinnvoll der analytische Prozess noch sein könnte angesichts eines bevorstehenden Endes von nur noch einigen Wochen, meinte er in einer Stunde (136), er habe sich intensiv mit Platon beschäftigt, der ihn schon in seiner Jugend sehr interessiert habe und gerade die beiden Mahnungen, die den antiken Denker begleiteten „Erkenne dich selbst“ und „Bedenke, dass du sterblich bist“, hätten ihn doch dazu gebracht, die Psychoanalyse als für ihn so sinnvoll zu erachten, da es sich bis zum letzten Lebenstag auszahlt, sich selbst erkennen zu können. Er meinte einmal „Alles Nachdenken über mich und mein Leben führt notwendig dazu, dass ich mich als Menschen erkenne, der sterben wird“: Alle Selbsterkenntnis wird zur Todeserkenntnis. Und so zeigte sich auch in den letzten Stunden vor seinem Tod, dass gerade dieses Wissen um sich selbst ihn dazu brachte, den Tod in sein Leben zu integrieren und ihn auch als einen Teil menschlicher Freiheit zu akzeptieren.

In der 139. Stunde bezog er sich auf Sokrates, der einmal meinte: „Nur ein Kind kann sich vor dem Tod ängstigen, der Weise freut sich ihm entgegen, dem Erlöser, der nicht nur beendet, sondern erst recht vollendet.“ In dieser Stunde spürte ich in meiner eigenen Gegenübertragung einen großen Respekt vor meinem Patienten, den ich bewunderte und wo ich mir selbst wünschte, so mit meinem eigenen Tod umgehen zu können. Diese Bewunderung tauchte dann auch immer wieder in anderen Stunden auf und verhinderte dann allerdings auch eine Auseinandersetzung mit der Überlebensschuld und den Schamgefühlen, die ich dabei empfand, länger leben zu dürfen als er, wo ich doch selbst um einige Jahre älter war.

In einer weiteren Phase beschäftigte sich Herr T. auch mit Gedanken von Epikur, der u. a. meinte, dass der Tod uns überhaupt nicht zu interessieren brauche, weil er nicht ist, solange wir sind, wir aber nicht mehr sind, sobald er einmal da ist.

Im Rahmen des analytischen Prozesses stellte sich allerdings diese These Epikurs als starke Verdrängung der dahinterliegenden Angst heraus (Stunde 143). Ein wichtiger biographischer Aspekt in diesem Zusammenhang ist, dass der Vater seinen eigenen Tod mit dieser These Epikurs verdrängte und kurz vor seinem Ende mit seinem Sohn (meinem Patienten) über diese These sprach.

In der Auseinandersetzung, insbesondere auch mit seiner zweiten und letzten Lebensgefährtin, die er kurz vor seinem Tod noch heiratete, wurde ihm am deutlichsten, dass der Tod alle Beziehungen zerreißt und in eine namenlose Einsamkeit entlässt. „Der Tod ist so schrecklich wegen dieses Verlustes an Beziehungen“ (143. Stunde).

Er erlebte jede Begegnung in den letzten Monaten vor seinem Ende sehr intensiv und bemerkte einmal, dass jede Begegnung für ihn wie ein Geschenk sei, denn angesichts seiner Krankheit könne es ja auch immer die letzte Begegnung mit ihm gewesen sein.

Etwa zwei Wochen nach der Diagnosestellung und der Aussage der Ärzte, dass der Tumor inoperabel sei und sich lediglich noch eine Chemotherapie durchführen lasse, sagte der Patient in einer Stunde (109) „Durch die Krankheit gestatte ich mir, mich zu verhalten, wie ich es nicht getan hätte, wenn ich organisch gesund geblieben wäre“. Auf die Frage, was er denn damit meine, gab er an, jetzt sehr viel großzügiger mit seinem Geld umzugehen, sich mehr zu kaufen, zu verreisen und einfach auch sinnlos Geld auszugeben.

Er stellte sich dann sehr rasch immer wieder die Frage, was ist für mich letztlich wesentlich, welche Werte und Verhaltensmuster muss ich korrigieren und wie kann ich mein Leben grundsätzlich umgestalten. Dies waren Fragen, die das Ende des Lebens noch weit entfernt ließen. Als er zunehmend realisierte, dass der Tod das Leben über kurz oder lang wirklich beenden wird, wurde das Ich des Patienten von einer dramatischen Angst überflutet. Im Rahmen dieser Angst kam es dann in vielen Stunden zu Auseinandersetzungen mit den verschiedenen Todesvorstellungen in Religionen und Philosophien, denen er sich in unterschiedlicher Weise näherte. Einmal so, dass er sie kurzzeitig für sich als die Lösung seiner Probleme annahm, dann aber auch in der Form, dass er sie bekämpfte und entwertete. Gerade die Vorstellung einer Wiedergeburt nach dem Tod nahm zeitweilig eine große Bedeutung für ihn ein und verschaffte ihm eine innere Ruhe und Ausgeglichenheit. Erst als er spürte, dass er mit dieser Vorstellung auch die Angst vor dem ganz realen Ende verleugnete, gelang es ihm, diese Vorstellung wieder aufzugeben und für sich als Ich-dyston zu erkennen.

Durch die Hinwendung zur unmittelbaren Gegenwart begann er dann, sich mit der Todes- und Vernichtungsangst auseinanderzusetzen. Dabei fiel auf, dass das Zusammenfließen der Libido dem gegenwärtigen Erleben neue Intensität und Tiefe verschaffte. Diese Tiefe und Intensität erlebte er am stärksten in der Beziehung zu Menschen, so zu seinen beiden Söhnen, seiner zweiten Frau, aber auch zu seiner ersten Ehefrau, wo er sehr viele Kränkungen und Entwertungen besprechen konnte und sich den Liebes-Gefühlen, die er seiner ersten Frau gegenüber noch verspürte, stellte. So berichtete er einmal in einer Stunde, etwa drei Monate vor seinem Tod, dass er zwar aus vielen Gedanken und Gefühlen, die der Alltag mit sich bringt, nicht herauskommt, aber dass es auch unbeschreibliche Stunden gibt, wo er sehr bewusst und intensiv lebe wie nie zuvor.

Die Konfrontation mit der Begrenzung seines Lebens veranlasste Herrn T. dazu, Bilanz zu ziehen. So stellte er sich die Frage, was wollte ich in meinem Leben alles machen, was habe ich bisher nicht gemacht? Dies führte dazu, dass verdrängte, nicht gelebte Wünsche und Bedürfnisse mobilisiert wurden und es ihm wichtig wurde, direkt Lust zu erreichen und Triebaufschub zu vermeiden. Es war für ihn ja zu unsicher, ob sich ein Aufschub lohnt, ob es noch zur Erfüllung des Wunsches unter besseren Umständen kommen könnte. Der Tod wird schließlich alle Möglichkeiten zur Erfüllung von Wünschen und Bedürfnissen nehmen, so dass sich in der Behandlung mit Herrn T. zeigte, dass die vitale Bedrohung für ihn zu einem Es-Schub führte.

Interessant war, dass der Verzicht auf Triebaufschub keinerlei Ängste vor Objektverlust, Liebesverlust, Strafe oder schlechtem Gewissen mit sich brachte. Vielmehr stand im Vordergrund, dem Ich das Überleben zu sichern und während des noch verbleibenden Lebens, ihm alle Möglichkeiten zur Wunscherfüllung einzuräumen.

Die neurotischen Ängste, die am Anfang des analytischen Prozesses eine große Rolle spielten, verloren im Angesicht der Krebserkrankung ihr Gewicht, wobei sie früher zu bestimmten Abwehrhaltungen und Kompromissbildungen geführt hatten. In der subjektiven Erklärung seiner Krankheit wurde von Herrn T. häufig der vorher geleistete Verzicht auf Triebbefriedigung oder der Aufschub der jetzt so deutlich spürbaren Triebimpulse als Ursache der Krankheit interpretiert. Verzicht und Aufschub verstärken aber die Todesangst, so dass sie sich im Verlauf des Prozesses verringerte, da er seinen Triebwünschen mehr Erfüllung gewährte.

In seiner Phantasie entstand so die Möglichkeit, auf die lebensbedrohliche Erkrankung Einfluss zu nehmen. Wesentlich war dabei, dass er zunehmend auch aggressive Triebimpulse ausgelebt hat, z. B., wenn es in der Beziehung zu seiner Frau um so einfache Dinge ging, wie, was zum Essen gekocht wird oder in welchen Kinofilm man geht. Er versuchte, wenn es ihm wichtig war, seine Interessen durchzusetzen.

Die Mobilisierung der autonom-aggressiven Triebimpulse half ihm, die durch die Krebserkrankung hervorgerufene Hilflosigkeit und die damit beschädigte Autonomie wiederherzustellen.

Sexualität – Eros – Tod

Das zentralste und auffälligste Triebbedürfnis war das Agieren seiner sexuellen Wünsche. Je deutlicher das Lebensende sichtbar wurde und je mehr er seine Kräfte schwinden sah, desto stärker traten die genital-sexuellen Aktivitäten in den Vordergrund, insbesondere auch deshalb, um sich darüber seiner phallischen Potenz zu versichern. In einem Traum, den er in der 131. Stunde erzählte, verliebte er sich in eine tote Frau von äußerster Schönheit, die im Tod die Hände masturbierend an ihrem Geschlechtsorgan hatte. Er phantasierte dann, dass diese Frau eine Heilige oder Hure gewesen sei, die ihn zu sich hinüberziehen möchte, damit er sich ewig mit ihr paaren könnte. Bei der Analyse des Traumes tauchten bei ihm Vorstellungen aus Richard Wagner´s Tristan und Isolde auf mit den Fragen: Will man das, was man liebt, töten oder mit in den Tod nehmen? oder: Befreit nur der Tod der Frau den Mann von der Unsicherheit des möglichen Verlustes. War diese tote Frau im Traum das Symbol für all die Frauen, die er in seinem Leben geliebt hat und zeigte sich hier noch einmal sein Frauenhass? Er phantasierte aber auch, dass seine letzte Lebensgefährtin die tote Frau sein könnte und er sie sich tot wünschte, damit sie nach seinem eigenen Sterben keinem anderen Mann mehr gehören könnte.

In diesem Zusammenhang ist daraufhinzuweisen, dass der Tod und die schöne Frau, sowohl in der Literatur als auch in der Kunst der abendländischen Tradition, eine große Rolle spielen. Es gibt häufig die Beschreibung einer erotischen oder sexuellen Beziehung zwischen einem Mädchen und dem Tod. So wird aus dem literarischen und bildnerischen Material, was in der abendländischen Kulturgeschichte zur Verfügung steht, deutlich, dass die Sexualität die menschliche Gattung gleichsam resistent macht gegen den Tod, dass die Mädchen - als Sexualwesen - am Ende also die Sieger sind in diesem Kampf, so wie es sich in einem Bild von Edvard Munch, wo eine schöne Frau mit dem Tod tanzt, zeigt.

Vor allem diejenigen schönen jungen Frauen, die mit dem Tod tanzen, haben sich seit dem Mittelalter im Tanz eines Mediums bemächtigt, das Freiheit, Entgrenzung, Lösung von hergebrachten Zwängen, kurz: Emanzipation, verheißt. Vor diesem Sachverhalt wird deutlich, dass der Tod das männliche Prinzip darstellt und damit die Herrschaft über die Frau bezeugt. Dies könnte dann zu dem Traum meines Patienten gut passen, der im Angesicht seiner eigenen Begrenztheit die weibliche Sexualität in den Tod hineinverlagert und mitnimmt.

Reifwerden zum Tod

Auf der Über-Ich-Ebene wurde Herrn T. zunehmend deutlich, dass er weniger Einschränkungen und Schuldgefühle spürt, wenn er sich seinen Triebimpulsen überlässt. So war es ihm möglich, auch mit seiner ersten Ehefrau trotz des Widerstandes seiner zweiten Partnerin wieder Kontakt aufzunehmen, mit ihr zum Essen zu gehen und Freizeit zu verbringen. Ihm fielen dann viele Lebensereignisse ein, wo es ihm nicht gelungen ist, seine insbesondere aggressiven Gedanken zu äußern. In seinem Beruf als Pfarrer war er immer auf Harmonie bedacht, passte sich an seinem Arbeitsplatz stark an, hatte immer das Gefühl, moralisch besonders gut leben zu müssen und stellte häufig in fast demütiger Weise, z. B. wenn es um die Verteilung von unangenehmen Arbeiten in der Schule oder im Gemeindepfarramt ging, seine Interessen zurück.

In einer Stunde äußerte er auch in diesem Zusammenhang, er wolle auf keinen Fall so werden wie seine Eltern, die sich nur gestritten haben, lieber gebe er nach und mache das, was die anderen von ihm forderten. So erlebte er sich insbesondere in seinem Beruf in seiner Lebensgestaltung zu sehr von äußeren Normen kontrolliert.

Unbewusst hat er natürlich den Beruf des Pfarrers deshalb ergriffen, um an sich die hohen moralischen Anforderungen, die er in der Identifikation mit seinem Vater spürte, sozial sanktioniert zu leben, gleichwohl er aber gegen diese Ansprüche immer wieder verstieß (Umgang mit Frauen) und so ständig Schuld auf sich lud.

Besonders in den letzten Monaten vor dem Lebensende verloren frühere neurotische Ängste unter den veränderten Verhältnissen ihr Gewicht. Das Ich konnte für alte Konflikte neue Kompromissbildungen finden. Diese neuen Kompromissbildungen entsprachen oft der Situation besser und wurden von ihm als befriedigender erlebt.

Wie Anna Freud 1936 schon formulierte, kann in seltenen Fällen auch aus einem Es-Schub bei todkranken Patienten eine neurotische Symptombildung entstehen. Dies traf aber bei meinem Patienten nicht zu, da er sich von seinem strengen Über-Ich distanzieren konnte und sein Über-Ich milder gestimmt war.

Durch die Reduktion der Vernichtungsangst, die über das Ausleben seiner Es-Impulse erreicht wurde, gelang es Herrn T. ein Gefühl zu entwickeln, dass der Tod für ihn nichts Erschreckendes hatte. Er spürte zunehmend, dass das Leben und Sterben ein organisch geordneter Reifungsprozess ist, dessen natürlicher Verlauf durch psychische Fehlentwicklungen getrübt war. So äußerte er etwa zwei Wochen vor seinem Tod "Ich muss jetzt den Sterbeprozess als einen Teil eines lebenslangen Heilungsprozesses auffassen und spüre, dass es darum geht, zum Tode reif zu werden".

Hier wird deutlich, worauf schon Kübler-Ross hingewiesen hat, dass die Metaphern vom Tode die der Vorstellung vom natürlichen Sterben entsprechen, folgerichtig von organischen Metamorphosen ausgehen: Der Sterbende wird als Kokon beschrieben, seine Zukunft als die eines Schmetterlings versinnbildlicht. Der Tod hat die Bedeutung eines Fensters oder der Auffahrt auf einen hohen Berg mit einer Schwebebahn.

Die Auffassung vom natürlichen Sterben, von der Erweiterung des Selbst noch im Sterben, vom Augenblick persönlicher Größe oder vom harmonischen Abschied hat sich als eine Orientierung herausentwickelt, die auch im Umgang mit schwerkranken Personen wichtig ist. Die Psychoanalyse, die ja die Position vertritt, über Selbsterfahrung zu einer Selbstverwirklichung zu gelangen, kann gerade angesichts der Begrenzung des Daseins hier Vieles leisten. Die Möglichkeiten, die in einem Menschen angelegt sind, sollen im Verlaufe seines Lebens zur Entfaltung kommen können, wie sich die Pflanze aus ihrem Keim herausentfaltet. Die Bedürfnisse, die ein Individuum äußert, gelten als Hinweise auf den Gang der Entwicklung, den zu fördern auch noch im Sterben als Aufgabe des Analytikers angesehen wird.

Zusammenfassung

Noch einmal zurück zum Anfang. Schon beim Erstkontakt berichtete der Patient ja, dass er sich innerlich wie aufgefressen fühlte und er spüre selbst, dass er seinen Ärger und seine Wut wegen seines starken Harmoniebedürfnisses nicht äußern könne.

In den ersten Stunden zeigten sich bei dem Patienten starke Wünsche nach Nähe, die aber immer einen sehr fordernden Charakter beinhalteten. Er wollte immer wieder von mir wissen, ob ich ihn denn auch möge und warum ich ihm einen Therapieplatz gegeben habe. In der dritten Stunde erzählte er einen Traum, wo er sich als einen griechischen Jüngling in einem Gymnasium sah, der sehr viele Haare hatte und von vielen Frauen beim Wettkampf bewundert wurde. Er meinte dann zu dem Traum, dass er seine jetzige Frau nicht mehr so attraktiv finde, da sie ihm zu dick geworden sei, und dass er sich eigentlich nach seiner ersten Ehefrau zurücksehne. An dieser Stelle wurde weiter deutlich, dass er sich körperlich attraktiver als mich erlebte und auf die Beziehung zu mir angesprochen meinte er, ich sei ihm doch etwas körperlich zu klein und dicklich, mir fallen auch schon die Haare aus und mit meiner sexuellen Potenz wird es wohl nicht mehr weit her sein.

Das Rivalitätsproblem unter Männern und der Wunsch, versorgt zu werden im Sinne eines frühen Wunsches an die Mutter sowie der Aspekt der Anerkennung und des Gemochtwerdens als Wunsch an den Vater beherrschten das erste Jahr des analytischen Prozesses. Als er dann von seiner Krebserkrankung erfuhr, machten sich zunehmend im analytischen Setting Neidgefühle breit. In der Gegenübertragung versuchte auch ich diese Neidgefühle am Anfang zu verdrängen, indem ich mich auf die vielen philosophischen Betrachtungen des Todes einließ und so erst sehr spät der Neid auf den jüngeren Bruder, der die Zuwendung der Mutter bekam, herausgearbeitet werden konnte. In der Beziehung zu mir ging es dann auch um den Neid, dass ich weiterleben könne und insbesondere weiterhin auch Zugang zu attraktiven Frauen habe. Angesichts der schweren Erkrankung von Herrn T. fühlte ich mich häufig eingeengt, um ihn mit eigenen negativen Gefühlsanteilen zu konfrontieren. Als die Krankheit sehr weit fortgeschritten war, wurde ihm noch einmal deutlich, dass der Vater, als er nach dem Krieg nach Hause kam und schwer verwundet war, seine damalige erste Frau verließ und sich seiner zweiten Frau (der Mutter des Patienten) zuwendete. Möglicherweise gab es auch hier eine Identifikation mit dem Vater, der die Sorge hatte, dass die erste Ehefrau ihn als geschwächten und kranken Mann nicht mehr akzeptiert und ihn verlassen könnte. Die Krankheit des Patienten ist ja ausgebrochen, nachdem er sich von seiner ersten Frau getrennt hatte und der Scheidungstermin anstand. Schon vor dem Ausbruch der malignen Erkrankung hatte er ja aber häufig Magen-Darm-Probleme und Potenzstörungen wegen des juvenilen Diabetes entwickelt. Möglicherweise gab es auch bei ihm die Sorge, seine erste Frau, die er als viel attraktiver als die zweite erlebte, könne ihn verlassen, so wie dies auch beim Vater stattgefunden haben könnte.

Etwa zwei Monate vor seinem Tod wandte sich Herr T. dann einem philippinischen Geistheiler zu, der wohl mehrmals jährlich nach Europa zu Behandlungen von Krebskranken kam. Er berichtete, dass dieser mit den bloßen Fingern seinen Bauch geöffnet habe und ihm sein Geschwür entfernt hätte. In mehreren Stunden konnte dann bearbeitet werden, wie stark er die psychoanalytische Behandlung bei mir mit der Behandlung des Geistheilers verglich und dem Geistheiler und seiner Methode mehr Kompetenz zuschrieb als der psychoanalytischen Behandlung und mir. Nachdem ich in der Gegenübertragung auf diese Entwertung des Prozesses mit Ärger reagierte, blieb er zwei Stunden dem therapeutischen Prozess fern.

Wie ich schon oben dargestellt habe, nahmen die verschiedenen Spekulationen über ein Weiterleben nach dem Tod dann großen Raum ein, bis es in den letzten zehn Stunden vor seinem Tod zum Aufgeben jeder Form von Spekulation kam und er sich sehr stark dem Gefühl, Gott werde ihn schon tragen, überließ. Dies konnte dann die Beziehung zu mir noch einmal in den Mittelpunkt rücken. Insbesondere die Neidgefühle, die er auf mich entwickelte und die ihn immer wieder auch mit seinem jüngeren Bruder in Berührung brachten, wurden zum Thema. Er träumte zwei Wochen vor seinem Tod, wie er mit einem offenen Cabriolet durch ein italienisches Bergdorf fährt und dort das schönste und größte Haus des Dorfes besitzt. Auf einer großen Terrasse werden die köstlichsten Speisen von Angestellten serviert. Er sei der Chef und könne alles tun, was er nur wolle. Zu diesem Traum meinte er, dass er in seinem Leben viel zu wenig das getan habe, was er gewollt habe und dass er erst in den letzten Monaten vor seinem Tod sich teuere Restaurants geleistet habe, obgleich er ja kaum noch etwas essen konnte.

Bis eine Woche vor seinem Tod hat Herr T. die Praxis von mir zweimal die Woche aufgesucht. In seiner letzten Lebenswoche wurden die beiden Stunden, die normalerweise am Dienstag und Freitag stattfanden, bei ihm zu Hause durchgeführt. Dies war der dringende Wunsch des Patienten. Die letzte Stunde musste aus persönlichen Gründen von mir von Freitag auf den Samstag nachmittag um 14.00 Uhr verlegt werden. In dieser letzten Stunde konnte er nur noch schlecht sprechen und war zeitweilig nicht ganz bei Bewusstsein. Dennoch berichtete er von einem Tagtraum, der ihm panische Angst machte, insofern, als er immer wieder glaubte, schon im Paradies zu sein bzw. schon gestorben zu sein, ohne das gemerkt zu haben. In dieser Stunde sagte er: "Eine Todesangst habe ich nicht, ich freue mich auf das Sterben, schlechter als jetzt könne es auch in der Hölle für mich nicht sein". Er hatte von irgendjemanden gehört, dass ich mich mit der Musik von Gustav Mahler beschäftige und bat dann seine Frau, die zweite Symphonie von Gustav Mahler zu holen und diese anzuspielen. Er sagte dann: "Dies ist ein letztes Geschenk von mir an Sie, denn ich denke, dass wir uns heute das letzte Mal sehen".

In dieser letzten Stunde zeigte sich bei mir in der Gegenübertragung, dass ich mit dem Tod dieses Menschen nicht nur einen Patienten, sondern auch einen Freund verliere. Herr T. sagte am Ende der Stunde: "Ich habe heute Nacht einen Brief im Traum gesehen, in dem ich las, dass Sie mich wohl sehr gerne haben und dass es für Sie sehr schwer ist, dass ich sterben muss". Nach diesem Satz fiel er in einen komatösen Zustand. Ich blieb die letzten fünf Minuten der Stunde bei ihm sitzen. Um 20.45 Uhr an diesem Samstag ist Herr T. dann verstorben.

Selbsterkenntnis ist Todeserkenntnis

Alles Leben führt zum Tode. Vom Augenblick der Geburt an strömt es dem Sterben entgegen. Immer ist der Tod dabei, ob wir es wahrhaben wollen oder nicht. Er steht am Ende als einzig sichere Zukunft, aber er ist auch stete Gegenwart: Wir sterben, solange wir leben.

Jahrtausende hindurch hat dieses Bewusstsein vorgeherrscht. Für die Menschen der alten Zeit, die in einer mythischen Welt lebten, gehörte der Tod selbstverständlich mitten ins Leben, war integrierter Bestandteil und wesentlichste Lebensaufgabe. So ist es kennzeichnend, dass eines der ältesten Werke des menschlichen Geistes das ägyptische Totenbuch ist. Das Rätsel des Todes faszinierte die Begründer unserer Kultur vor fünftausend Jahren im Niltal, seine Bewältigung war ihnen wichtigste Sorge. Und ebenso ist es kennzeichnend für die erste Hochblüte philosophischen Denkens im Griechentum, dass Platon, ägyptischen und altindischen Gedanken folgend, lehrte, nur jene Philosophie könne Lebenskunst vermitteln, die sich als Sterbekunst verstehe. Dreihundert Jahre nach Platon hat Cicero die tiefsten Impulse der Antike so formuliert: „Tota vita philosophorum mortis commendatio est - Das ganze Leben der Philosophie ist eine Vorübung auf den Tod."

Und wieder ist es kennzeichnend für den Menschen des europäischen Mittelalters, wie er, der seine Friedhöfe neben der Kirche und dem Markt ansiedelte und die Mauern mit Totentanzdarstellungen schmückte, den Tod ins Leben integrierte. Zahllose Theologen und Philosophen schrieben eine "Ars moriendi", eine Anleitung zum Sterben, und nach der Erfindung der Buchdruckerkunst wurden diese frommen "Sterbehilfen" für lange Zeit zu Bestsellern.

Mit dem Säkularismus in der Renaissancezeit kam es zu einem Umschwung. Es entfalteten sich in allen Lebensbereichen neue Kräfte und die Frage nach dem Tod verlor immer mehr an Bedeutung. Insbesondere der Mensch des 20. Jahrhunderts, der ganz von der industriellen Revolution gefangen ist und im Medienzeitalter immer stärker die Machbarkeit auch von bislang Unmöglichem spürt, hat seinen Fortschrittsglauben weiter gestärkt. Es ist in unserer Gesellschaft gerade am Ende dieses Jahrtausends zu einer anhaltenden Verdrängung des Todes gekommen.

Insbesondere der Gedanke an den eigenen Tod, der offensichtlich so schwer auszuhalten ist, gelangt zunehmend ins Hintertreffen.

Der "Tod an sich" begegnet uns zwar täglich in Zeitungen und Fernsehbildern; dennoch es handelt sich ja immer um die anderen. Das Bewusstsein, dass ich selbst sterben werde, wird häufig verdrängt und die direkte Konfrontation mit dem Sterben an Krankenhäuser, Altenheime und Bestattungsunternehmen delegiert.

Und doch ist seit dem Ende der 60-er Jahre wiederum ein gegenläufiger Trend bemerkbar.

Durch die vielen Krisen, in die sich die Menschheit hineinbegeben hat (ökologische Krisen, Kriege) hat die ungebrochene Fortschrittsgläubigkeit der Neuzeit ein Stück ihrer Selbstverständlichkeit eingebüßt. Seither gibt es so etwas wie eine Renaissance der Esoterik, einen Durchbruch zur Innenwelt. Fast jedes fünfte 1996 in Deutschland verkaufte Buch soll aus dem esoterischen Bereich stammen.

Angesichts dieser neuen breiten wirksamen Ausrichtung auf die Innen- bzw. Jenseitswelt kommt das Todesproblem automatisch in den Blick, nun allerdings im Modus der Bagatellisierung.

Der Tod wird als bloßes Durchgangstor in benachbarte Dimensionen verniedlicht. Dieses als harmlos erscheinende Tor kann der Mensch gleichsam spielerisch mehrfach durchschreiten, ob in okkulten Geisterkommunikationen, im Zuge vielfacher Wiederverkörperungen oder im Durchleben sogenannter künstlicher Todes-Nähe-Erfahrungen, wie sie zum Gegenstand vielfältiger Publikationen geworden sind. Hier wird also mit dem Tod - nicht nur mit dem Gedanken an ihn, sondern mit seiner vermeintlichen Realität - gespielt, indem er gerade auch in seinen verborgenen Aspekten zum Gegenstand menschlicher Erfahrung reduziert wird. Demgegenüber vom Tod in seiner ganzen Schärfe reden heißt heute: Ein Plädoyer für das Leben halten, ein Leben, das den Tod nicht verdrängen oder bagatellisieren muss, sondern ihn als Ende des Lebens betrachtet.

Der psychoanalytische Prozess, der sich mit Herrn T. entwickelte, setzte sich mit den tiefsten Schichten menschlicher Befindlichkeit auseinander. Gerade an der Schwelle des Todes wurde bei dieser Behandlung deutlich, dass Selbsterfahrung auch Todeserfahrung ist, dass das sokratische „Erkenne-dich-selbst" erweitert werden muss zu dem Satz „Erkenne den Tod". Aber nicht im Sinne einer intellektuellen Zuschreibung, sondern einer gefühlshaften Grenzerfahrung, die sich jeder weiteren Deutung entzieht. An dieser Stelle fällt dann auch das klassische analytische Setting auf sich selbst zurück, nämlich da, wo Übertragungs- und Gegenübertragungsaspekte an ihre Grenzen gelangen und sich gerade an dieser Grenze vervollkommnen.

Literatur

Aries, P. (1980): Geschichte des Todes, Darmstadt.

Bacal u Newman (1990): Objektbeziehungstheorien – Brücken zur Selbstpsychologie, Stuttgart.

Bauriedl, T. (1984): Beziehungsanalyse, Frankfurt.

Bauriedl, T. (1985): Psychoanalyse ohne Couch, München.

Bauriedl, T. (1986): Die Wiederkehr des Verdrängten, München.

Ermann, M.: Behandlungskrisen und die Widerstände des Psychoanalytikers - Bemerkungen zum Gegenübertragungswiderstand, Forum der Psychoanalyse 3: 100-111 (1987).

Ermann, M. (1995): Psychotherapeutische und psychosomatische Medizin, Ein Leitfaden, Stuttgart.

Freud, S. (1915 c): Triebe und Triebschicksale, GW Band X.

Freud, S. (1915 e): Das Unbewußte, GW Band X.

Freud, S.: GW, Frankfurt.

Gill, M. (1993): Die Analyse der Übertragung, Forum der Psychoanalyse 9: 46 – 61.
Grof, S./Grof, Ch. (1984): Jenseits des Todes, München.
Herzog, E. (1960): Psyche und Tod, Zürich.
Jüngel, E. (1971): Tod, Stuttgart
Kaiser, G. (1995): Der Tod und die schönen Frauen, Frankfurt.
Kast, V. (1983): Trauern, Phasen und Chancen des psychischen Prozesses, Stuttgart.
Kernberg, O. (1991): Die Psychopathologie des Hasses, Forum der Psychoanalyse 7: 251 – 270.
Körner, J.: Arbeit an der Übertragung? Arbeit in der Übertragung! Forum der Psychoanalyse 5: 209 – 223 (1989).
Laplanche, J. (1985): Leben und Tod in der Psychoanalyse, Frankfurt.
Mertens, W. (1981): Psychoanalyse, Stuttgart.
Moraldi, L (1987): Nach dem Tode, Köln.
Nitschke, B. (1996): Wir und der Tod, Göttingen.
Ohlbaum, I.: Denn alle Lust will Ewigkeit.
Racker, H. (1988): Gegenwiderstand und Deutung in: Racker, H.: Übertragung und Gegenübertragung, München.
Sandler, J./ Sandler, A.M. (1985): Vergangenheits-Unbewußtes, Gegenwarts-Unbewußtes und die Deutung der Übertragung, Psyche 39: 800 – 829.
Schuster, E. (Hrsg) (1992): Das Bild vom Tod, Graphiksammlung der Heinrich-Heine-Universität Düsseldorf, Recklinghausen.
Schwartländer, J. (Hrsg.) (1976): Der Mensch und sein Tod, Göttingen.
Sporken, P. (1974): Umgang mit Sterbenden, Düsseldorf.
Stephenson, G. (1980): Leben und Tod in den Religionen, Darmstadt.
Suche nach Unsterblichkeit, Pelizaeus-Museum Hildesheim, Totenkultur und Jenseitsglaube im alten Ägypten, Mainz (1990) (Ausstellungskatalog).
Tausch, A.M. (1985): Sanftes Sterben. Reinbek.
Thomae, H./ Kächele, H. (1985): Lehrbuch der psychoanalytischen Therapie, Band 1, Grundlagen, Berlin.
Totenbuch der Tibeter, Düsseldorf (1976).
Trimborn, W.: Analytiker und Rahmen als Garanten des therapeutischen Prozesses, Psychotherapeut 39: 94 – 103 (1994).
Wehowski, S. (Hrsg.) (1985): Sterben wie ein Mensch, Gütersloh.
Weinreb, F. (1996): Gedanken über Tod und Leben, Bern.
Wiesenhütter, E. (1976): Blick nach drüben, Selbsterfahrungen im Sterben, Gütersloh.
Wurmser, L. (1993): Die Maske der Scham, Berlin.
Yalom, I. (1989): Existenzielle Psychotherapie, Köln.
Ziegler, J. (1977): Die Lebenden und der Tod, Darmstadt.

Dorothee Echter

Psychoanalytische Impulse für das Management Coaching

Danke!

Nachdem ich 22 Jahre lang als Führungskraft in der Wirtschaft tätig war, habe ich vor 6 Jahren die Dorothee Echter Unternehmensberatung gegründet. Wir sind ein kleines Team und beraten als Coaches Führungskräfte der europäischen Wirtschaft; wir unterstützen Unternehmen bei der Implementierung von Coaching Systemen; wir erarbeiten und veröffentlichen Qualitätsstandards und qualifizieren Kolleginnen und Kollegen. Persönlich ist die Psychoanalyse seit meiner Ausbildung in der GAG in den siebziger und achtziger Jahren meine psychologische Heimat. Kolleginnen und Kollegen aus GAG und MAP haben mir seither die wichtigsten Impulse für meine Arbeit geschenkt. Tiefe Dankbarkeit empfinde ich für Wolfgang Schmidbauer: für seinen Rat und seine Ermutigung, seinen kritischen und liebevollen Blick auf meine Entwicklung und meine Arbeit. Er hilft mir seit wir uns kennen durch seinen Rat und seine kreativen Kommentare: Beruf und Mutter-Dasein zu vereinbaren, den Mut zur eigenen Firma zu haben, Niederlagen zu verarbeiten, viel und gerne zu schreiben, meine Stärken und Schwächen zu kennen, Vertrauen und Liebe nehmen und geben zu können.

Ich möchte allen Leserinnen und Lesern dieser Festschrift mein Thema, Management Coaching, näher bringen, und gleichzeitig versuchen – auf pragmatische, nicht theoretische Weise – darzustellen, wie diese spezialisierte Form der Beratung von der Psychoanalyse Nutzen ziehen kann.

Management Coaching als Trend

Die Herausforderungen an Führungskräfte in Unternehmen sind seit einigen Jahren extrem. Der profilierte Augsburger Management-Berater und Professor Oswald Neuberger hat Führungshandeln schon in den achtziger Jahren als Durchwurschteln zwischen verschiedenen Dilemmata – ohne Aussicht auf wirklichen Erfolg – beschrieben. Die meisten Manager würden sich dieser Definition heute mehr denn je anschließen. Durch die Globalisierung der Märkte und die totale Verfügbarkeit von Information und Kommunikation hat die Komplexität des Wirtschaftsumfeldes enorm zugenommen. Das Tempo des Wandels mit Firmenzusammenschlüssen, -abwicklungen und -neugründungen ist rasant gestiegen. Die Verantwortlichen handeln und entscheiden unter den Bedingungen von Undurchschaubarkeit und Unsicherheit von Erfolgsfaktoren. Die Chancen und die Risiken des persönlichen und des Unternehmens-Erfolgs scheinen heute beson ders groß, umso schlimmer für die Manager, als sie nicht mehr viel miteinander zu tun haben. Welche psychischen Belastungen diese Situation mit sich bringt, ist oft beschrieben worden. War in den neunziger Jahren der ganz normale Wahnsinn schon erreicht, wenn die Führungskraft „unmögliche“ Aufgaben erfüllen musste wie sieben mal die Woche 14 Stunden zu schuften, an allen Orten des Globus verfügbar zu sein, in der Sandwich-Position zwischen Oben und Unten die widersprüchlichsten Anforderungen zu vereinen oder sich selbst durch gezielte Rationalisierungsmaßnahmen überflüssig zu machen, so kann sie heute nicht einmal mehr mit solchen Vorgaben rechnen. Sie muss sich selbst „unternehmerisch“ verhalten, sich selbst und anderen Orientierung geben, Risiken nehmen, und wird – wenn sie alles das tut – nicht selten mit Job-Verlust „belohnt“, sogar dann, wenn das Unternehmen im Geld schwimmt. Das kann Folge einer Fusion sein: wenn beim Partner-Unternehmen noch jemand die gleiche Arbeit macht und man selbst dadurch überflüssig wird oder des berühmten „Nasenfaktors“: wenn die „Chemie“ mit dem neuen Hauptaktionär nicht stimmt.

Selbst wenn wir Manager als erfolgreiche, intelligente, gut ausgebildete, sozial anerkannte, integrierte und privilegierte Personen kennen; selbst wenn wir sie als recht lebenstüchtige, seelisch robuste Menschen wahrnehmen, die ihre Störungen eher nach außen kehren als sich innerlich bedrücken zu lassen, die andere Menschen narzisstisch ausbeuten statt an Selbstzweifeln zu nagen, so ist doch unübersehbar, dass sie heute jede Unterstützung gebrauchen können. Sie engagieren zunehmend ihren persönlichen Coach.

Es wäre jedoch eine Fehleinschätzung zu meinen, dass nur Angeschlagene, Überforderte oder Manager in Krisensituationen, aus der Not heraus, sich beraten lassen. Im Gegenteil, es sind sogar eher die Erfolgreichen, die zunehmend erkennen, dass sie nur durch gelegentliches Aussteigen mit professioneller Begleitung topfit bleiben und im Wettbewerb bestehen können. Da Zeit knapp – zu knapp für Seminare – und Lernen (noch immer) nicht delegierbar ist, wird Coaching als Methode der persönlichen Entwicklung immer beliebter.

Vorstände und Personalverantwortliche in den Unternehmen erkennen gezieltes Management Coaching mittlerweile nicht nur als Unterstützung für ihre Führungskräfte, sondern als systemischen Beitrag zur Wertsteigerung des Unternehmens an. Denn nicht Kapital, Technologien, Produkte, Kundenbeziehungen und Know-How, sondern die Qualität des Managements entscheidet in Zukunft über den Erfolg von Unternehmen. Für Unternehmensbewertungen, geplante Verkäufe/Übernahmen und somit auch für den Börsenwert spielen die Personen an der Spitze (das „Management-Portfolio“) heute eine zunehmend wichtige Rolle.

Unternehmen wie BMW, Volkswagen, BASF, Viag Interkom, Carl Zeiss, aber auch fast alle großen Banken und Versicherungen, implementieren Management Coaching als eine wirksame Methode der Qualitätssteigerung von Management-Ergebnissen. Ferdinand Piech hat als CEO von Volkswagen eine enorm erfolgreiche Unternehmensperiode eingeleitet, indem er u.a. jedem der 100 weltweiten Top Manager einen Coach an die Seite gestellt hat. Er gründete 1994 die Volkswagen Coaching GmbH mit 500 Mitarbeiterinnen und Mitarbeitern, von denen sich ein Team allein mit der Vermittlung von externen Coaches für das Top Management befasst. Der Grund: Seminare zur persönlichen Weiterentwicklung werden von dieser Zielgruppe kaum besucht. Sie sind nicht gezielt genug, nicht diskret genug und nicht zeitsparend genug für die oberen und obersten Führungskräfte.

Unternehmen versprechen sich von individuellem Management Coaching vor allem:

- Effektivere Kommunikation im Zweiergespräch, in Meetings und Verhandlungen
- Verstehen und Nutzen von (sozial-) psychologischen Gesetzmäßigkeiten
- Treffsichere Lagebeurteilung durch Einbeziehung von Intuition
- Schnelle, sichere Entscheidungen
- Optimales Ausnutzen der persönlichen Zeit, hoher Wirkungsgrad der persönlichen Aktivitäten
- Beste Nutzung der „Humanressourcen“ durch professionelle Mitarbeiterführung
- Frischer, kreativer, positiver und kritischer Blick auf das Unternehmen
- Mehr Authentizität und Glaubwürdigkeit der Leitungspersonen
- Gefestigte Zukunftsperspektiven, Absicherung der „employability“ der Manager
- Gestärktes Zugehörigkeits-Gefühl und Dankbarkeit
- Vertieftes Verstehen von individuellen und organisationalen Lernprozessen
- Höhere Belastbarkeit durch gutes Umgehen mit Stress
- Gesundheit und Ausgleich im Privatleben

Gründe genug also für den Boom an Beratern, die sich mit der persönlichen Lage der Manager befassen. Management Coaching gehört in den letzten 10 Jahren zu den am meisten wachsenden Unternehmensberatungs-Trends.

Management Coaching als Beratungsmethode

Das Wort und wichtige Assoziationen sind aus dem Spitzensport übernommen: Hochleistungssportler engagieren einen persönlichen Coach. Dieser muß kein sportliches Vorbild sein, seine Aufgabe es ist vielmehr, gemeinsam mit dem Sportler all jene Fertigkeiten und Taktiken zu optimieren, die für immer bessere Leistungen erforderlich sind. Der Coach gewinnt Ideen und generiert Vorschläge

- aus der Analyse von Denk-, Fühl- und Verhaltensgewohnheiten seines „Coachees“,
- aus wissenschaftlichen Erkenntnissen und (Trainings-) Methoden,
- aus dem Vergleich mit den Besten der jeweiligen Sportart.

Er pflegt eine enge Vertrauensbeziehung zum betreuten Sportler und ist bei den wichtigsten sportlichen Wettkämpfen vor Ort dabei. Er unterstützt die Interpretation und Schlussfolgerungen aus Gewinnen und Niederlagen, damit sein Schützling immer bessere Ergebnisse erzielen kann.

Unter Management Coaching sei hier verstanden: die zeitlich begrenzte Zusammenarbeit in einer Face-to-Face-Beratungssituation zu dem Zweck, die Führungskraft, gemessen an ihren eigenen Maßstäben, im Beruf noch erfolgreicher zu machen. Die Methode des Management Coaching entwickelt sich aus diesem Zweck heraus, das Vorgehen ordnet sich diesem Zweck unter.

Gefragt ist im Management Coaching einerseits das psychologische Wissen: wie kommt der Manager an seinen Job? ... an seine Probleme und Erfolge? Welche biographischen Faktoren prädestinieren ihn für das Leistungs- und Konkurrenzverhalten, die ihn so erfolgreich machen? Welche Beziehungen bestehen zwischen seiner Psyche und seiner Situation? Welche Auswirkungen hat z.B. ständige Überforderung auf die Seele und die Gesundheit? Was muss der Manager tun, um gesund zu werden, zu bleiben? Welche psychologischen Hilfen gibt es, das Erfolgsgefühl, die Entspannung, Souveränität, Lebensfreude und Leistungskraft (wieder-) herzustellen, zu erhalten? Welche Anforderungen sind an die Person des Beraters und an die Beziehung zwischen Manager und Berater zu stellen?

Andererseits sollten sich die Berater im kulturellen Kontext von Management bewegen können: wissen, wie die Situation in den Unternehmen wirklich ist; die gleiche Sprache sprechen; mit Problemen, Ritualen, Regeln und Routinen des Managements vertraut sein; Autorität und „gleiche Augenhöhe" signalisieren; den grundlegenden Werten des Wirtschaftens und Managens positiv gegenüber stehen.

Eine einheitliche Methode des Management Coachings gibt es nicht, da die Inhalte von Management Coaching enorm variieren. Sie reichen von der beruflichen Entwicklung (Bestandsaufnahme der eigenen Stärken, Karrierestrategien, Eigenmarketing und Vernetzung, Positionierung im Unternehmen und der Öffentlichkeit) über professionelle Skills (Selbst- und Zeitmanagement, Rhetorik, Gesprächsführung, Verhandeln, Konfliktlösungen, Delegation, Wissensmanagement, Kreativitäts- und Entscheidungstechniken) über rein persönliche, psychologische Themen (Entspannung, Wahrnehmung, innere Konflikte, psychosomatische Störungen) bis hin zum Diskurs über persönliche Werte und Lebensqualität. Es ist daher besonders wichtig, dass ein Management Coach seine speziellen Methoden und ihre Anwendung im Vergleich sowie die Grenzen der Wirksamkeit seiner Beratung kennt und den Klienten mitteilt.

Unterschiede zwischen Management Coaching und Psychoanalyse

Gravierende Unterschiede zwischen Coaching und Therapie ergeben sich aus den unterschiedlichen Patienten bzw. Klienten sowie aus den angestrebten Ergebnissen. Die Psychoanalyse mag im folgenden als Modell dienen, die Thesen gelten sicher auch für andere Psychotherapie-Ansätze.

Ziel der Psychoanalyse ist es, lieben und arbeiten zu können. Im Verlauf des analytischen Prozesses wird die Entwicklung des Patienten rekonstruiert; verborgene Konflikte, die psychische Störungen auslösen, werden aufgespürt. Das soll es ihm ermöglichen, mit Hilfe seiner wachsenden Ich-Kräfte, unbewusst gewordene Entscheidungen und Abwehrmechanismen zu revidieren. Diese unbewussten Prozesse sollen möglichst durch bewusstes Abwägen ersetzt werden, der Mensch als trieb- und gefühlsbestimmtes Wesen akzeptiert und dadurch die Affektsteuerung verbessert werden.

Ausgangspunkt des Management Coachings ist meist der Wunsch sozial integrierter, als erfolgreich geltender Menschen, noch erfolgreicher zu werden oder den Erfolg mit weniger Anstrengung erreichen zu können. Dieses Anliegen wird relativ konkret beschrieben – zum Beispiel „durch gutes Zeitmanagement zwei Stunden Zeit täglich für XY gewinnen“ oder „die Glaubwürdigkeit und Überzeugungskraft der Rhetorik verbessern“ oder „zusätzliche Karriereoptionen gewinnen“. (Selbstverständlich ist diese Zielvorgabe Teil des Prozesses, sie verändert sich zum Teil dramatisch während des Coaching-Prozesses – dies ist dann wieder eine Gemeinsamkeit mit der Psychotherapie.) Der Prozess prüft, verwirft, kreiert, festigt Strategien. Das strategische Vorgehen: was muss ich tun, um diesen Erfolg wahrscheinlich zu machen, steht inhaltlich im Vordergrund, auch wenn dazu natürlich immer wieder auf emotionale Hintergründe, Barrieren und Ressourcen rekurriert wird.

Für den Erfolg der Psychoanalyse sind die Qualität des gemeinsamen Arbeitsprozesses (Übertragung und Gegenübertragung) und die Vertrauensbeziehung zwischen Analytiker und Patient die wichtigsten Erfolgsfaktoren. Die Themen sind dagegen in ihrer Ausprägung nicht so wichtig, alles kann produktiver „Übertragungsstoff“ sein. Überwiegend stammen die Inhalte der Gespräche – im Prozess zunehmend – aus dem privaten Bereich der eigenen Gefühlswelt und der engen Bezugspersonen. Im Coaching stehen die fachlichen, beruflichen Themen, die erwarteten Ergebnisse und die notwendigen Strategien im Brennpunkt, die Arbeitsbeziehung und die Prozessorientierung werden dafür schon einmal instrumentalisiert oder gar vernachlässigt – sofern sie nicht untrennbar mit den Strategien verknüpft sind, was aber eben nicht immer der Fall ist.

Der Coach kann eher konfrontieren, widersprechen, Anweisungen geben und konkrete Vorgehensvorschläge machen. Der Klient oder der Coach brechen den Prozeß leichter ab, wenn die Ergebnisse nicht schnell genug erzielt werden.

Zur Vertrauensbeziehung im Management Coaching gehören absolute Diskretion, Authentizität und Verpflichtung gegenüber der Klientin, dem Klienten. Da im Coaching-Prozess wenig Zeit besteht, eine tragfähige emotionale Beziehung herzustellen, ist es nötig, dies schon im Vorfeld und durch das kontextbezogene Setting zu fördern: ein solides Angebot zu erstellen, auf „hochkarätige" Referenzen zu verweisen, die eigene Autorität, Erfahrung und soziale Anerkennung z.B. durch Beilegen eines Pressespiegels, eines Lebenslaufs oder von Veröffentlichungen deutlich darzustellen. Vertrauensfördernd ist es auch, die eigenen Werte und Qualitätsstandards vorab offen darzulegen.

Während die Psychoanalyse, den Zielgruppen und Zielen entsprechend, in sehr langen Zeiträumen wirksam wird, ist Coaching zeitlich eng begrenzt, typisch sind zwischen 4 und 10 persönliche Treffen. Nach jedem Treffen wird ein Ziele-Review durchgeführt. Wenn das persönliche Thema des Klienten zu umfangreich oder zu tiefgreifend ist, um es in der umrissenen Zeit und mit den vorgeschlagenen Methoden erfolgreich zu bearbeiten, wird der Prozess abgebrochen und evtl. eine Psychotherapie vorgeschlagen.

Welche Impulse kann die Psychoanalyse dem Management Coach geben?

Ein Coach benötigt neben seiner langen Erfahrung und der Kenntnis von spezialisierten professionellen Management-Methoden, neben einer Vielzahl von psychologischen Interventions-Methoden auch eine psychologische „Heimat" oder auf neu-deutsch: seine community of practice. Diese Heimat begründet er mit einer soliden Ausbildung und pflegt sie durch regelmäßige Einzel- und Gruppen-Supervision. Meine Heimat ist die Psychoanalyse, und ich erfahre in jeder einzelnen Coaching-Sitzung die tiefe Wahrheit und Wirksamkeit dieser Methode, trotz der vielen Unterschiede in den Zielen und im Setting. Psychoanalytisch orientierte Denk- und Methoden-Ansätze – lassen Sie es mich so bescheiden definieren – sind äußerst wertvolle Impulse für Management Coaching.

Gemeinsam ist Coaching und Psychoanalyse die Wichtigkeit der Qualität der Beziehung von Coach und Klient/in. Ohne vertrauensvoll Gefühle ansprechen zu können, gibt es keinen Fortschritt, auch nicht in den eher technischen und strategischen Fragen. Sehr häufig liegen die Blockaden für mehr Effektivität und Erfolg ja gerade nicht in den mangelnden Skills: sie haben ihren Ursprung und „guten Grund" im Gefühlsleben. Emotionen im beruflichen Kontext auszusprechen fällt gerade Managern sehr schwer. Gefühle sind tabu, Rationalität wird gefordert. Die Hitliste der Gefühls-Tabus führen an: Ohnmacht, Trauer, Selbstzweifel, Angst, Bedürftigkeit nach und das Zeigen von individueller Zuneigung und Liebe. Wer als Coach danach fragt, erfährt von mächtigen Abwehrmechanismen: Rationalisierungen, warum gerade diese Gefühle überhaupt nicht gefühlt werden; Ironie und Attacken; Schweigen und Begriffsstutzigkeit.

Der Coach kann sich, wenn die Vertrauensbasis vorhanden ist, und wenn er dies in der psychoanalytischen Ausbildung gelernt hat und wenn er das Management-Umfeld intensiv kennt, diese Abwehr zu Nutze machen. Er kann einen rationalen Diskurs über die positiven Funktionen von Gefühlen im Management eröffnen, z.B. im Sinne der Effizienz der Mitarbeiterführung oder der Nutzung von Intuition bei Entscheidungen. Danach ist es z.B. oft leichter, auf positive persönliche Erfahrungen des Klienten mit seinen Gefühlen zu rekurrieren und sie zu beleben. Interessanterweise können einige Gefühle im Managementkontext von Wirtschaftsorganisationen durchaus salonfähig sein. Dazu gehören Stolz, Aggression, Dominanzstreben, Zugehörigkeit, Gier, Neid und Konkurrenz. Die Spiegelung, das Bewusstmachen und Würdigen dieser tolerierten oder positiv sanktionierten Gefühle in einem Unternehmen kann im Coaching hilfreich sein, um die Abwehr gegenüber Gefühlen zu vermindern.

Der Wert und die Wichtigkeit von Gefühlen ist eine der ganz wichtigen Botschaften der Psychoanalyse, die auch im Management Coaching vermittelt und gehört werden. Der Manager ist zum Beispiel auf das Ideal des allmächtigen, fehlerlosen, stets optimistischen und leistungskräftigen Berufsmenschen fixiert. Er biegt sein Selbstbild jeden Tag neu auf dieses Ideal hin, er will nur so nach außen sichtbar sein. Die Führungsideologie der Unternehmen unterstützt ihn dabei: so sind unsere Führungskräfte einfach. Man jammert nicht, man handelt. Man hat keine Angst, sondern analysiert. Es gibt keine Probleme, nur spannende Herausforderungen. In Zeiten von Unternehmenserfolgen und relativer Sicherheit kann der Manager aufgrund seiner realen und Definitions-Macht dieses Image aufrecht erhalten, auch, wenn ihm einmal nicht alles gelingt. Heute, in einer bedrohlichen und risikoreichen Situation, sind individuelle Gefährdungen, Fehler und Schwächen offensichtlich, können nicht mehr so leicht verdrängt werden. Der äußere Halt durch Position und Rolle reicht nicht mehr. Angst- und Ohnmachtsgefühle, Zorn und Trauer werden übermächtig. Das Akzeptieren und Wertschätzen auch dieser Gefühle wäre die beste Voraussetzung, seelisch und beruflich zu überleben. Ein äußerst schwieriger Lernprozess, der im Management Coaching allerdings nur in Ansätzen geleistet werden kann.

Unschätzbaren Nutzen ziehen psychoanalytisch vorgebildete Management Coaches aus der Orientierung am Prozess. Sie verstehen es, aufmerksam für den Prozess im Hier und Jetzt zu bleiben. Sie fühlen deutlich und sprechen angemessen aus, was im Coaching-Treffen geschieht, wie der Klient wirkt, welche Seiten im Coach zum Klingen gebracht werden, und sie helfen durch wohlwollende, liebevolle Spiegelungen und Deutungen, unbewusste Gefühle bewusst zu machen und zu integrieren.

Damit hängt eng zusammen das Verständnis von Übertragung und Gegenübertragung in der Beziehung zwischen Coach und Klient/in. Wenn ich verstehe, welche Gefühle mein Klient in mir auslöst, auslösen könnte, auszulösen versucht, verstehe ich seine Motive und Blockaden. Ich kann konstruktiv, sogar strategisch, ausdrücken, was ein psychoanalytisch ungeschulter Berater wahrscheinlich als „Kritik" ausdrücken würde. Wenn ich durch meine Supervisionserfahrung die eigenen Gefühle von den Übertragungen der Klienten/innen immer wieder neu zu trennen lerne, und im Coaching hellwach verfolge, was in meinem Innern angerührt wird, kann ich meinen Klienten Feedback darüber geben. Sie lernen zweierlei: zum einen, wie sie auf Andere wirken, und zum andern – am Modell des Coachs – wie „man“, zum Beispiel mit Ich-Botschaften, authentisch, versuchsweise und vorsichtig, Feedback gibt.

Da auch für die momentane Situation und den zukünftigen Erfolg einer Führungskraft die Gefühle und somit das Entstehen in der biographischen Vergangenheit eine so große und unerkannte Rolle spielen, ist der psychoanalytische Ansatz, nach Wurzeln und Parallelen in der Kindheit und Jugend, in der Ursprungsfamilie und den frühen Bezugspersonen zu suchen, äußerst produktiv. Der Umfang der biographischen Untersuchungen hält sich allerdings in engen Grenzen, weil nicht so viel Zeit zur Verfügung steht. Aus diesem Grund habe ich sogenannte „Lerninstrumente“ entwickelt, mit Hilfe derer der Klient/die Klientin sich ersatzweise außerhalb der Coaching-Treffen mit ihren wichtigen Beziehungen beschäftigen sollen. Die schriftlichen Reflexionen der Klienten/innen dienen auch mir zur Orientierung. In der Coaching-Sitzung kann ich dann darauf Bezug nehmen und etwa gezielte Fragen stellen, die ermutigen, die eigene Vergangenheit noch tiefer zu erforschen.

Selbstverständlich ist die Tiefe der emotionalen Durchdringung und Lösung hier nicht vergleichbar mit dem Erleben und Durcharbeiten im psychoanalytischen Prozess!

Das freie Assoziieren, ein Kern-Aspekt der Psychoanalyse, kann im Coaching äußerst fruchtbar eingesetzt werden:

- zu Beginn eines Treffens, um das Gespräch in Gang zu bringen
- um die momentane Stimmung zu erforschen oder Zugang zu Gefühlen zu erlangen
- um eine hilfreiche Verknüpfung zwischen einem momentanen Management-Problem und der biographischen Vergangenheit herzustellen
- um Ursachen, Wesen oder Struktur eines durch allzu viel Rationalität verdeckten Problems oder Sachverhalts zu identifizieren
- wenn das Gespräch stockt, der Klient/die Klientin längere Zeit schweigt
- als Kreativitätsmethode.

Kann man Neugierde auf immer neue Geschichten und Geheimnisse, die Lust am Zuhören und Erzählen, das Arbeiten am konkreten, farbigen Beispiel als eine genuin psychoanalytische Methode bezeichnen? Meine psychoanalytischen Lehrer zeichneten sich jedenfalls – im Unterschied zu anderen methodischen Richtungen, die mitunter mit Symbolen oder auf einem höheren Aggregationsniveau arbeiten – dadurch aus, dass keine Verallgemeinerung, keine Abstraktion sie zufrieden stellte, sondern immer das sehr konkrete Geschehen, das spezielle Beispiel, für die Bearbeitung wichtig war und in Details ausgesprochen, erzählt werden musste. Für Management Coaching ist dies deshalb ganz besonders wertvoll, weil sich der Widerstand von erfolgreichen Führungskräften gegen das Bewusstmachen von Gefühlen quasi gewohnheitsmäßig in der Abstraktion und Generalisierung zeigt. Es wimmelt plötzlich von Begriffen, Konzepten und Lehrbuchweisheiten, wenn es um gefühlsmäßig heikle Themen geht.

Abhilfe schafft nur das beharrliche Fragen nach der ganz speziellen, anschaulichen Geschichte, in allen Details.

Die Nähe des Coachs zu seiner Klientel – die geradezu als Qualitätsstandard geforderte „Zielgruppenaffinität“ des Coachs – kann zu mangelnder Distanz führen. Der Coach übernimmt Umgangsformen, Outfit, Sprache des Managements, bewegt sich – auch wörtlich – in den Räumen der Klienten, während der Psychoanalytiker in seiner Umgebung, in seiner Praxis, in seiner Distanz zu bleiben vermag. Der Umgang des Analytikers mit dem Patienten außerhalb der Sitzungen beschränkt sich vollkommen auf Begrüßung und Verabschiedung. Der Ablauf ist auf das notwendige Minimum von Höflichkeit reduziert, also stark ritualisiert und vom Analytiker vorgegeben, der die Kontrolle ausübt. Der Coach wird dagegen leicht Teil des Systems und steht damit dauernd in der Gefahr, die Sichtweise der Klienten unbemerkt zu übernehmen, seine produktive Distanz zu verlieren, zumal die Klienten alle aus relativ gleichartigen Kulturen, nämlich aus Wirtschaftsunternehmen, stammen. Die notwendige leichte Idealisierung der Klienten durch den Coach tut ein Übriges. Der psychoanalytische Ansatz in Ausbildung, Fortbildung und Supervision immunisiert auch gegen mangelnde Distanz.

Das Verständnis der Natur und der Grenzen – insbesondere: der Langsamkeit – von persönlichen und organisatorischen Veränderungsprozessen verdanke ich meiner psychoanalytischen Ausbildung und Supervision. In der Beratung von Führungspersonen, die natürlich ein Interesse an möglichst schnellen und reibungslosen Veränderungen in ihren Unternehmen haben, ist es bedeutsam, am persönlichen Beispiel des lernenden Klienten die Langsamkeit, die Lernschleifen, auch die Rückfälle in Lernprozessen zu verdeutlichen. Mit dem vertieften Verständnis und der Akzeptanz der spezifisch menschlichen Entwicklungsgeschwindigkeit, die langsamer als im Management gewünscht und vorausgesetzt ist, geht jedoch auch ein Gewinn einher. Klienten beschreiben es als die Erkenntnis, was wirklich wichtig ist im Leben.

Walter Josef Engelhardt

Alexis Sorbas: Gefährte, Supervisor und Coach?

Alexis Sorbas: ein Klassiker

Als Film (Kakoyannis 1964) ein Klassiker der Filmgeschichte, als Musical (New York 1968) ein Durchfaller, als Buch (Kazantzakis 1946) eher wenig gelesen. Was macht nun einen Klassiker aus? Drei Bedingungen müssen dafür erfüllt sein: Bestimmte Objekte oder Äußerungsformen gelten als vorbildlich und verbindlich, sie sind damit stilprägend. Weiterhin werden Klassiker zum Gegenstand der Nachahmung und haben somit mit dem Paradoxon zu schaffen, Individualität darzustellen, die allerdings gleichzeitig stets durch Wiederholung nachgeahmt wird. Und schließlich beweist der Klassiker seinen eigenen Ewigkeitswert durch sich selbst (Winkler 1990).

Es wird schwerlich jemand zu finden sein aus der Generation der 50- bis 60jährigen, dem keine Erinnerungen an den Film Alexis Sorbas, zur Filmmusik von Mikis Theodorakis oder zum Roman von Nikos Kazantzakis einfallen. Christian Ude, der amtierende Oberbürgermeister von München, zeigt "Bekennermut", indem er "seine Vorliebe für den Griechen-Macho" äußert, so berichtet in einer Glosse der Süddeutsche Zeitung über die Lieblingsfilme bayerischer Politiker (Görl 2000, S.49). Die berühmten Aussprüche von Sorbas, meist zitiert im Englischen, über seine Lebensgeschichte, in der er alles hatte: eine Frau, Kinder, ein Haus, "the full catastrophy" - und jetzt setzt, zunächst leise und dann immer drängender, Musik ein und zieht den Zuschauer und Zuhörer in die Welt des Alexis Sorbas, weg von den eigenen kleinen Katastrophen, hin zu kraftvollen authentischen Lebensäußerungen. Und Sorbas erhält dabei volles Verständnis dafür, dass er weggehen musste und im Hafen von Piräus mit einem fremden Mann das Gespräch sucht, um Arbeit zu bekommen. Im Film ist es ein Engländer, im Buch dagegen ein Kreter, der auf seine Heimatinsel zurück will. Sorbas überzeugt seinen Gesprächspartner ihn anzuheuern, weil er nicht nur einen Beruf hat, sondern "alle (Berufe - W.J.E.), die man mit Fuß, Hand und Kopf ausüben kann, alle" (Kazantzakis 1955, S.13) und weil außerdem die Zubereitung von Suppen seine Spezialität ist (Kazantzakis, S.13). Der Chef, wie ihn Sorbas später nennt, nimmt ihn als Gefährten mit nach Kreta: "Es war mir klar, dass dieser Sorbas ein Mensch war, nach dem ich so lange suchte, und den ich bisher nicht hatte finden können. Ein lebendiges Herz, eine warme Kehle, eine unverbrauchte große Seele, die sich noch nicht von ihrer Mutter, der Erde, getrennt hatte ... ." (Kazantzakis, S.16).

Spricht man mit Lesern und Leserinnen über jene Lebensepoche, dann erzählen sie gerne von den langen Gesprächen in der griechischen Eckkneipe, die den

Sinn des Lebens zum Thema hatten, von den Fragen über das Hierbleiben und Verbürgerlichen oder vom Weggehen, neu Anfangen oder überhaupt mal Anfangen. Es wird berichtet von Gefühlen der Leichtigkeit, von der sicheren Gewissheit, die Anforderungen der Zukunft bestehen können, von Kraft und Entschlossenheit, auch gepaart mit Zögern und Zaudern - Übergänge zum Erwachsenenleben. Sorbas ein Merkposten, eine Erinnerungschiffre an Phasen der Identitätsentwicklung.

Männerfreundschaften: eine Figur in allen Genres

In der Jungenliteratur gehören sie nach dem einsamen Helden zu den am häufigsten verwendeten Erzählfiguren: die dyadische Freundschaftsbeziehung. Der kleine Tiger und der Bär, Jim Knopf und der Lokomotivführer und vor allem Tom Sawyer und Huckleberry Finn sind Figuren aus den Geschichten, die uns möglicherweise in der mittleren Kindheit beschäftigten. Hier geht es häufig um gemeinsames Erleben von Abenteuern, um Missverstehen und Streit sowie anschließend um Versöhnung und die Gewissheit, dass der andere doch ein verlässlicher Kamerad ist. Old Shatterhand und Winnetou, Stan Laurel und Oliver Hardy, Jack Lemmon und Walter Matheau stellen Männerbeziehungen dar, die auch homoerotische Anklänge aufweisen. In "Easy Rider" wurde von Peter Fonda und Dennis Hopper die Beziehung zweier Männer dargestellt, die als Drogenkuriere ("the pusher") auf ihrer Motorradfahrt von Mittelamerika nach Kalifornien ("born to be wild") alles miteinander teilen und alle Gefahr, Drogen und Sex gemeinsam erleben.

Unter dem Blickwinkel des Alter Ego finden wir Männerbeziehungen wie "Don Camillo und Peponne", vor allem in der anspruchsvollen Kunst "Don Quixote und Sancho Pansa", der Hofnarr in König Lear (Shakespeare). In anderer Gestalt und ähnlicher Konstruktion, sind abgespaltene Anteile des Protagonisten als Komplementärkonstruktion für Ganzheit der Person zu finden. Prinz Heinz von Dänemark und Falsstaff aus Shakespeares Heinrich IV., psychoanalytisch interpretiert wird diese Beziehung auch beispielgebend für die Suche des jungen Mannes nach dem abgespaltenen Vaterimago (Blos 1990, S. 241).

Gefährte – eine Annäherung an einen antiquierten Bericht

Neugriechisch, in der Sprache in der Kanzantzakis den Alexis Sorbas schrieb, heißt dies: "sindrofos" - zu übersetzen mit der Lebensbegleiter. Im Türkischen, in der Sprache, die Sorbas auch perfekt beherrscht, würde dies mit dem Wort "yoldashi", dem Wegbegleiter übersetzt. Es geht beide Male um das Begleiten eines Menschen auf einem Wegstück.

In verschiedenen Sprachräumen wird der Gefährte mit unterschiedlichen Aufgaben bedacht: Im romanischen Sprachraum steht das gemeinsame Tun, eine Aufgabe im Vordergrund: compangno im Italienischen, compagnion im Französischen, in inhaltlicher Nähe zu dem deutschen Begriff "Genosse"; ursprünglich war damit das gemeinsame Hüten des Viehs auf dem gemeinschaftlichen Besitz gemeint, auf der Weide der Genossen.

Im Deutschen können zwei Ursprünge für den Begriff 'Gefährte' herangezogen werden. Einmal eine Erweiterung des Begriffs 'Fährte", die auf dem Boden sichtbar hinterlassenen Abdrücke der Fußspuren, die es dem Jäger ermöglichen, der potenziellen Beute zu folgen. Aber auch eine Verwandtschaft mit dem Wort 'Gefahr' (mittelhochdeutsch 'gevare') wird damit in Zusammenhang gebracht: der Gefährte als eine Person, die schwierige oder gefährliche Situationen bestehen hilft. Beiden Herleitungen gemeinsam ist die Vorstellung, dass eine Person einer anderen folgt oder sie begleitet. Diese Personen stehen in einem spezifischen Beziehungsverhältnis zu einander. Im Deutschen Wortschatz (Dornsieff 2000) wird Gefährte in den Kategorien Zahl Zwei, Ortsveränderungen und Nachfolge, Handeln und Hilfe, und Gesellschaft und Freundschaft aufgeführt und umschließt damit ebenfalls die genannten Bedeutungen. Auch wenn es mehrere Gefährten gibt, so kann im Alltagsverständnis eher von der intensiven Beziehung zweier Menschen ausgegangen werden, die gemeinsam eine Wegstrecke zurücklegen und sich gegenseitig Hilfe und Unterstützung geben.

Die "fahrenden Leut" oder "das fahrenden Volk" bestand bis in die Neuzeit hinein aus Menschen, die sich am Rande der bestehenden Sozialsysteme bewegten, aber zu bestimmten Anlässen, wie Feste im Jahresablauf und (Selbst-) Darstellungen bei Feierlichkeiten, nicht nur geduldet, sondern auch willkommen waren. Sie verkörperten in ihren besonderen Lebensäußerungen eine eigene Kultur, die den anderen in ihren Alltagszusammenhängen nicht zugänglich war: Gauckler, Komödianten, Quacksalber und Spielleute.
Die Protagonisten eines "mittelalterlichen Roadmovies".

Supervision

Zieht man die Definition der Deutschen Gesellschaft für Supervision (DGSv) zu Rate (DGSv 1999, S.1), um zu erfahren, was denn mit dem Begriff gemeint sei, so findet man hier in der gebührenden knappen prägnanten Form unter größtmöglichem Verzicht auf überflüssige Verben die folgende Zusammenfassung:

"Supervision ist eine Beratungsmethode, die zur Sicherung und Verbesserung der Qualität beruflicher Arbeit eingesetzt wird. Supervision bezieht sich dabei auf psychische, soziale und institutionelle Faktoren.

Supervision hat zum Gegenstand Szenen, Probleme, Konflikte aus dem beruflichen Alltag.

Supervision unterstützt die Entwicklung von Konzepten, bei der Begleitung von Strukturveränderungen, die Entwicklung der Berufsrolle ...."

Coach – vom Hochleistungssport ins Management

Sportliche Spitzenleistungen sind ohne den "Coach", der "Solidarpartner für alle fachlichen und emotionalen Themen" kaum mehr vorstellbar (Schreyögg 1995, S.7). Bei aller derzeitigen Vielgestaltigkeit und teilweisen widersprüchlichen Verwendung des Begriffs ist festzuhalten, dass es hier um eine professionelle Form der Beratung von Führungspersonen geht. Themen, die verhandelt werden, sind vor allem Maßnahmen der Personal- und Organisationsentwicklung und deren Bedeutung für die Lösung der eigenen Entwicklungsaufgaben. Gleichzeitig ist Coaching auch eine "Dialogform über 'Freud und Leid' im Beruf."

Die eine oder andere Aussage mag nun beim Leser und bei der Leserin Widerspruch, vielleicht auch Langeweile ausgelöst haben - ist doch alles bekannt, undifferenziertes, feuilletonistisches Geplaudere, wo ist das Wesentliche? - Und ich möchte Sie im Weiteren einladen das Buch "Alexis Sorbas" nochmals neu zu lesen oder den Film, er unterscheidet sich in einigen wichtigen Passagen von der Romanvorlage, neu zu sehen - und: erinnern Sie doch mal die Bilder, die Gefühle und Assoziationen, die Sie damals hatten - und: "wie fühlt sich das heute an?"

Vom Buch zum Film: aus dem Kreter wird ein Engländer

Im Buch ist es ein gebürtiger Kreter, der, nach intensiven Studien und intellektuellen Übungen, insbesondere über Buddha, ein aufgelassenes Bergwerk pachtet, "um ein Leben mit einfachen Menschen, Arbeitern und Bauern zu führen, weit weg von der Zunft der papierverschlingenden Mäuse" (Kazantzakis 1989, S.11). Sein bisheriger Weggefährte hatte ihn mit dieser Bezeichnung verhöhnt und sich von ihm getrennt, da der Erzähler nicht dem Aufruf gefolgt war, die bedrohten Griechen im Kaukasus in ihrem Freiheitskampf zu unterstützen und sie bei der Rückkehr ins Heimatland zu begleiten. Der Erzähler sitzt nun im Hafen von Piräus in einer Hafenkneipe, einem Kafenion, und beobachtet distanziert aus seiner Ecke heraus die anderen Gäste. In der Hand hält er seinen "Reisegefährten", einen Danteband, und er versucht von Zeit zu Zeit darin zu lesen. Ohne die Anwesenheit des Freundes fühlt er sich einsam und unvollständig. Es gelingt ihm nicht, sich in seine Lektüre zu vertiefen, unruhig geworden wendet er sich der Tür zu, da durchzuckt ihn, "wie ein Blitzstrahl", die Hoffnung, der Freund wäre doch wieder zurück gekommen. Stattdessen erblickt er jedoch einen viel älteren, gezeichneten Mann: Alexis Sorbas. Sorbas spricht ihn an, mit der eindeutigen Absicht, von ihm Arbeit zu bekommen. Im weiteren Gespräch deutet Sorbas eine abenteuerliche Lebensgeschichte an und erzählt dabei auch, dass er in dem kleinen Bündel, das er als einziges Gepäck mit sich trägt, keine Kleider und auch keine Werkzeuge hat, sondern ein Santuri - ein Musikinstrument des fahrenden Volkes des Balkan. Er macht dabei dem Kreter, den er im weiteren

Verlauf Chef nennt, unmissverständlich klar, dass er für ihn wie ein Sklave arbeiten würde, über das Spielen des Santuri würde er allerdings alleine entscheiden, dazu müsste er in Stimmung sein: "Klare Rechnung, du darfst mich nicht zwingen. Dann hast du mich verloren" (Kazantzakis 1955, S: 17).

Bemerkenswert ist hier einmal die Tatsache, dass Sorbas, obwohl abgebrannt und mittellos, seine Autonomie und Würde bewahrt, indem er über seine musischen Ausdrucksformen Selbstbestimmung einfordert. Musizieren und Tanzen sind im weiteren Verlauf die Formen des nichtsprachlichen Ausdrucks, die er beherrscht und vorführt, Formen, denen der intellektuelle Kreter/Engländer zunächst mit geringem Verständnis gegenüber steht.

Im Buch ist Sorbas ein Mazedonier, der einem gebildeten, entfremdeten Kreter hilft, sich in der archaischen Kultur Kretas wieder zurecht zu finden. Als Mazedonier, lebte er in einer Region des Balkans in der Ländergrenzen häufig verschoben und Herrschaftsgebiete nach Kriegen immer wieder neu gegliedert wurden. Sorbas musste neben Griechisch sich auch in Bulgarisch, Türkisch und Serbisch verständigen können. Er ist in Kreta auch ein Fremder, allerdings einer, der schon viel herumgekommen ist und davon berichten kann, der die Welt versteht und damit für den Chef als "Übersetzer" der verwirrenden kulturellen Eindrücke fungiert, wenn es notwendig wird die Kreter zu verstehen. Im Film wird aus dieser Figur ein Engländer konstruiert, der das "wahre griechische Leben" kennenlernen will und sich vom mitteleuropäischen Lebensgewohnheiten lossagt, den Griechen Sorbas anheuert, auch hier im Hafen von Piräus, und sich als "Kapitalist" versucht. "Der Engländer" stand bis in das zwanzigste Jahrhundert hinein als Synonym für Entdeckungsreisen und Entrepreneurship, sicherlich war es leichter einem internationalen Filmpublikum einen Engländer anstelle eines nichtverwurzelten Kreters anzubieten, um zu erzählen, welchen schwierigen Erfahrungs- und Erkenntnisweg er beschreiten musste um die - kretische - Welt zu erfassen.

Die Beziehung zu Sorbas – eine dyadische Männerbeziehung

An dem Abend vor dem finalen Misserfolg, dem Zusammenbrechen der Seilbahn beim Transport der Baumstämme vom Klosterberg zum Meer, (Sorbas: "Chef, das ist die schönste Katastrophe meines Lebens") kommen Sorbas und der Erzähler in ein Gespräch über ihre Beziehung und vor allem über deren Beginn: Der Erzähler fragt Sorbas, woher er denn gewusst hatte, dass alle Arten von Suppen seine Leibspeisen wären, dieser hatte sich als ausgezeichneter Suppenkoch angeboten, um angeheuert zu werden. Sorbas antwortet: " Weiß ich's Chef? Das ist mir so eingefallen. Wie du so in der Ecke hocktest, ganz für dich, über das kleine Buch mit Goldschnitt gebeugt - da dachte ich unwillkürlich: „Der isst gerne Suppen“. Es fiel mir so ein. Hör auf es ergründen zu wollen!" (Kazantzakis 1955, S.222).

Der Erzähler will von ihm erfahren, womit Sorbas ihn "geködert" hatte, dieser antwortet ihm darauf etwas verschlüsselt, er habe, als er ihn wahrnahm, gespürt was er gerne äße. Nun bedeutet eine Suppe als Nahrung in der archaischen Kultur Kretas und auch in der, die Sorbas verkörpert, wohl eher die Speise für Frauen und Kinder oder der armen Leute, Männerspeisen bestanden in erster Linie aus gebratenem Fleisch und Fisch. Wenngleich es Sorbas im weiteren Verlauf als seine Aufgabe sieht, den Erzähler an ein authentisches Männerleben heranzuführen, so setzt er hier bei dessen Befindlichkeit und aktuellen Bedürfnissen an und ist erst einmal ein "Suppenkoch für den Chef".

Gehen wir davon aus, dass eine ödipale Vater-Sohn-Beziehung einen einschränkenden und strafenden Vater repräsentiert, um den Jungen von Rivalität und inzestuösen Wünschen abzubringen, so kommt der dyadischen Mutter die Aufgabe zu, die regressiven Bedürfnisse zu befriedigen. Blos (1985) erweitert dieses klassische Vaterbild der Psychoanalyse um den "dyadischen Vater": der Mann der beschützt und Sicherheit gibt. Wird er verinnerlicht, so gibt es ein - lebenslanges - Sicherheitsgefühl. Fehlt diese Erfahrung, so kann es für den Jungen und erwachsenen Mann auch zur - lebenslangen - Suche nach dem dyadischen Vater kommen, zum "regressiven Wünschen nach Unterstützung und Liebe eines ausgeglichenen und starken Mannes" (Bohleber 1996, S.49)

Kazantzakis' eigene Berichte über seine Beziehung zu den Eltern lassen hier Parallelen vermuten: "Mein Vater sprach selten, lachte nicht, schimpfte nicht; ab und zu knirschte er nur mit den Zähnen oder ballte die Faust, und wenn er zufällig eine harte Nuss in der Hand hielt, zerrieben sie seine Finger zu Staub.

Meine Mutter war eine heilige Frau. Wie konnte sie 50 Jahre lang, ohne dass ihr Herz brach, in ihrer Nähe den Atem und Hauch des Löwen ertragen? Sie hatte die Geduld, die Ausdauer und die Süße der Erde." (Kazantzakis, zit. nach Amamogiannis 1999, S.16)

Als im Frühjahr 1932 seine Mutter und neun Monate später sein Vater stirbt, ist Kazantzakis 49 Jahre alt. Im jenem Frühjahr arbeitet er in Gottesgab, einem kleinen Ort im heutigen Tschechien, an Drehbüchern und der Übersetzung von Dantes Göttlicher Komödie, dort erreicht ihn die Nachricht vom Tod seiner Mutter. Er schreibt darüber: "Mit Gewalt halt ich an mich, um nicht zu schreien." (zit. n. Anamogiannis 1999, S.41). Als Monate später sein Vater stirbt, schreibt er: "Es war nicht Liebe, die mich mit meinem Vater dem Oberhaupt der Familie verband, aber eine starke tiefreichende Wurzel, die nun durchschnitten war. Und der ganze Baum bebte." (zit. n. Anamogiannis, S.41)

Betrachten wir hier das Leben des jungen Nikos Kazantzakis in einer Region, die durch häufige Kriegswirren, Vertreibungen und Ängste um das eigene Leben und das der Angehörigen gekennzeichnet war: im Alter von sechs Jahren musste er wegen einem der kretischen Aufstände gegen die türkische Besatzungsmacht mit seiner Familie nach Piräus fliehen. Nach Kreta zurückgekehrt wird er in Iraklion eingeschult, um abermals, beim letzten große kretischen Aufstand 1897, diesmal nach Naxos zu fliehen. Dort besucht er dann die französische Handelsschule und lernt hier über die französische Literatur die westliche Zivilisation und Kultur kennen.

Er musste also die Diskrepanz erleben, einen Vater zu haben, der einerseits stark wie ein Löwe war, ihn andererseits nicht vor den Gefahren schützen konnte, die durch die kretischen Aufstände über die Familien hereinbrachen. Der Vater erhöhte dabei den Aufstand als heldischen Kampf, als er den jungen Nikos zwang, den zur Abschreckung öffentlich gehenkten Kretern einen 'Anbetungskuss' zu geben. Er drückte dabei mit Gewalt den Mund des kleinen Jungen auf die bereits steif gewordenen nackten Füße der Leichen. Zuhause wurden sie von der beunruhigten Mutter erwartet, sie umarmte und küsste den Jungen überschwänglich. Vom Vater bekam sie auf die Frage, wo sie gewesen seien, die knappe Antwort: "Zur Anbetung!" (zit. n. Anamogiannis 1999, S.20).

Der Vater lebte Nokos Kazantzakis vor, wie es gelingen kann, die eigene Würde zu bewahren, indem man in seiner Phantasie mangelnde Macht und Einfluss über die eigenen Lebensbezüge in Stolz und Tapferkeit umwandelt. Dieses Bild und der emotionale Umgang damit wird im weiteren die Vorstellung des Nikos Kazantzakis' vom Mann-Sein begleiten.

Deutlich wird auch, dass der Vater als dyadischer Vater für eine zweite Geborgenheit wohl nicht zur Verfügung stand, einmal wegen seiner kulturell und historisch bedingten Form der Vorstellung von Vaterschaft. Und zusätzlich noch weitaus gravierender, aufgrund seiner tatsächlichen Machtlosigkeit, da er seiner Familie keine Sicherheit und Geborgenheit gewährleisten konnte.

So gesehen stellt Alexis Sorbas eine Mannfigur dar, die trotz fehlender Macht und mit seiner Heimatlosigkeit als Mazedonier, ihm dennoch als Mensch Sicherheit, Geborgenheit und Unterstützung geben kann, bei den Suchbewegungen in der noch unbekannten Welt unter Arbeitern und Bauern im kleinen Dorf an der kretischen Südküste. Sorbas erfasste sofort, was dieser Mann brauchte, deshalb bot er sich als Suppenkoch an, der alle Arbeiten verrichten konnte, die mit Kopf, Fuß und Hand ausgeführt werden können.

Sorbas und die Arbeit

"Keine halbe Arbeit! Verstanden?" - das ist der Schlusssatz einer flammenden Erwiderung Sorbas' (Kazantzakis 1955, S.33), als der Chef ihm vorgeworfen hatte, er , Sorbas' müsste sich bei seinem Tun immer deshalb von den 'Verführungen' des Lebens (Essen, Frauen und Müßiggang) schützen, indem er sich vollständig in seine Aufgabe hineinstürzen würde. Er sei selbst daran schuld, weil er nicht die Kraft hätte, seine Gedanken im Zaume zu halten. Sorbas Position ist die des angewandten 'kairos', warte auf die richtige Zeit, lerne zu erkennen, wann diese Zeit gekommen ist und erledige dann die gestellten Aufgaben, um dann mit dem Gefühl der Zufriedenheit und des Erfolges die aufgeschobenen Bedürfnisse zu befriedigen. An anderer Stelle schreibt Sorbas sehr ausführlich sein Credo (Kazantzakis 1955, S.121) an den Chef: bei der Einkaufsfahrt, um Material für die Bergwerksarbeit zu besorgen, war er bereits einige Tage überfällig. Sorbas war den Werbungen einer jungen Prostituierten erlegen und hatte sich in dieses Abenteuer hineinziehen lassen, ohne jedoch seine Aufgabe zu vergessen. Er bittet den Chef nicht um Verständnis, sondern legt dar, dass er sich erst mit seiner Entwicklungsaufgabe, nämlich der Auseinandersetzung mit seinem Älterwerden und mit der Überprüfung seiner erotischen Wirkungen auf Frauen beschäftigen müsse, bevor er die Vereinbarungen mit ihm erfüllen könne. Kazantzakis wählt hier den Erzählmodus eines Briefes des Sorbas', obwohl vorher deutlich wurde, dass Sorbas kaum Schulen besucht hatte und auch kaum des Schreibens mächtig war.

Durch die Form, die den dialogischen Aufbau und die Auseinandersetzung zwischen Vernunft und libidinösen Bedürfnissen wiedergibt, spiegelt er implizit die Situation des Chefs wider, insbesondere dann, wenn er den Kunstgriff macht, ihn als "Beichtvater" zu definieren. Die Technik des Schreibens bedeutet auch, dass Zorbas damit die Form der Vermittlung wählt, in der der Chef sich als 'Experte' definiert. Wer über Buddha, Dante und Macchiavelli meditieren und daraus Erkenntnisse ableiten kann, dem sollte es doch leicht fallen, über einige Zeilen der Sorbas-Philosophie nachzudenken.

Kazantzakis lässt Sorbas an anderer Stelle sagen "Wer die Mysterien erlebt, hat keine Zeit zum Schreiben, und wer die Zeit hat, erlebt die Mysterien nicht. Verstanden?"(Kazantzakis 1955, S.178). Der Chef soll versuchen, nicht nur über die Mysterien zu schreiben, sondern sie zu leben.

Die Arbeit selbst bedeutet anstrengende und gefährliche Knochenarbeit im Bergwerk. Hier wird Sorbas als ein Beispiel von hochmotiviertem Engagement und ausgestattet mit einem hervorragendem Gespür für die Einschätzung von Abläufen und Gefahren geschildert. Die Metapher "sich aufmachen und Bodenschätze aus der Erde zu holen" kann auch mit anderen Bildern als ein Hinweis auf die Gefahr des "Verschlingens durch die (Mutter) Erde" gedeutet werden. In der Unglücksszene (Kazantzakis 1955, S.92) rettet Sorbas als Vorarbeiter nicht nur die Bergarbeiter vor dem Verschüttetwerden, sondern auch den Chef: Der Bergwerksstollen stürzt gerade in dem Augenblick ein, als der Chef eher zufällig im Bergwerk auftaucht. Er wird dabei Zeuge mit welcher übermenschlichen Anstrengung Sorbas sich einsetzt, damit die ihm anvertrauten Arbeiter unversehrt den Stollen verlassen können. Als die Geretteten sich bewegt bei Sorbas bedanken wollen, herrscht er sie nur an: "Halt's Maul!"

Sorbas und die Frauen

Es kostet einige Mühe, wenn man versucht, sich von den Bildern des Films und der schauspielerischen Präsenz eines Anthony Qinn zu lösen. Die Rolle wurde eindeutig auf den Darsteller Anthony Quinn hin ausdifferenziert und bewusst dessen besondere Form von Männlichkeit im Privatleben als Werbeträger einkalkuliert. Die Bezeichnung "Macho-Grieche" beschreibt die Hauptkritik und den meistgenannten Ablehnungsgrund, die an dem Film und dann später wenig differenziert auf das Buch übertragen wurde. Wenn wir konstatieren, dass es den Produzenten primär darum ging, finanzielle Erfolge zu erzielen und wir uns vor allem der Romanvorlage zuwenden, so birgt diese auch andere wesentliche Gedanken.

Die bereits angeführte Szene, in der Sorbas den Werbungen einer jungen Prostituierten erliegt, sollte mittlerweile nicht nur unter dem Aspekt der Mann als Opfer der Verführungskünste der Frauen, sondern auch der alternde Mann hat seine Entwicklungsaufgabe des Aussöhnens mit dem Altern und dem körperlichen Verfall noch nicht gelöst und wendet sich genau mit dieser Fragestellung verwirrt an seinen Gefährten. Parallel zeigt er ganz unterschiedliche Formen von Mann-Sein Frauen gegenüber: Die Beziehung zu Madame Hortense (von Sorbas liebevoll „Bubulina“ genannt), die Sorbas und den Chef in ihrem kleinen schmuddeligem Gasthaus aufgenommen hat, ist gekennzeichnet durch ein hohes Maß an Galanterie, um bei ihr landen zu können, bei gleichzeitigem hohen Respekt vor dem Menschen Hortense. Insbesondere während ihrer letzten Lebenstage und in der Szene, als Madame Hortense stirbt, versucht Sorbas ihr das Sterben zu erleichtern, indem er ihre Lebenslügen nicht antastet und sie dabei auch im Glauben lässt, er würde sie heiraten, er ermöglicht ihr so einen menschlich würdigen Abschied aus der Welt. Dem Chef missfällt diese Form von Unaufrichtigkeit, er bezichtigt ihn der Lüge. Sorbas weiß aus seiner Philosophie heraus eine schlüssige Erklärung. Er erzählt dem Chef, nachdem dieser ihn vergeblich mit den verschiedenen Stufen der Erkenntnis vertraut machen wollte, eine Geschichte aus seiner eigenen Kindheit. Ein alter Türke, ein "heiliger Mann", der in der Nachbarschaft des Elternhauses wohnte, gab dem kleinen Alexis etwas Wichtiges mit auf den Lebensweg: "Eines Tages setzt er mich auf seine Knie und legt seinen Hand auf meinen Kopf, als ob er mir seinen Segen geben wolle. „Alexis“, sagt er mir, „ich will dir etwas anvertrauen. Du bist noch zu klein, es schon zu verstehen, du wirst es erst verstehen, wenn du groß bist. Höre mein Kind: Den lieben Gott können weder die sieben Stockwerke des Himmels noch die sieben Stockwerke der Erde fassen. Aber das Herz des Menschen fasst ihn. Deshalb hüte dich, Alexis. Mein Segen begleitet dich, verwunde niemals das Herz eines Mitmenschen." (Kazantzakis 1955, S. 226)

Eine andere wichtige Frauenfigur im Roman und im Film ist die "junge, attraktive Witwe", die von den meisten Männern des Dorfes begehrt wird. Sorbas versucht dem Chef klar zu machen, dass dieser "zur Witwe gehen soll", in den archaischen Strukturen war es völlig normal, dass eine Witwe durch eine neue Männerbeziehung materielle Versorgung und die Befriedigung ihrer sexuellen Bedürfnisse zu bekommen hat. Zunächst zögert der Chef und windet sich im weiteren Verlauf der Handlung. Bei einem abendlichen Frühlingsspaziergang (Kazantzakis 1955, S.192) stellt er fest, dass er sich "unbewusst" dem Haus der

Witwe genähert hatte, bevor er sich unbemerkt zurückziehen kann, wird er von ihr entdeckt und angesprochen: er verbringt die Nacht mit ihr.

Am nächsten Morgen wird er zu Hause von einem äußerst zufriedenen Sorbas willkommen geheißen mit den Worten "Empfange meinen Segen."

Kurz darauf bekommt die Handlung eine dramatische Wende: die Witwe wird vor aller Augen ermordet.

Der Sohn eines der Notablen im Dorf hatte sich bereits vor längerer Zeit unsterblich in die Witwe verliebt und litt sehr darunter. Wegen des sozialen Drucks der dörflichen Kultur und auch weil die Witwe ihn nicht erhört hatte war dieser junge Mann ins Wasser gegangen. Sein Vater machte die Witwe dafür verantwortlich und schwor Rache.

Die dramatische Zuspitzung geschieht während der Osterfeierlichkeiten, als die Frau, dem religiösen Brauch entsprechend mit Orangenzweigen in die Kirche geht, um sie zu schmücken. Sie wird entdeckt und der Mob stürzt sich auf sie, um sie zu töten. Der Chef will die Frau schützen, verhält sich jedoch zu ungeschickt. Seine mündlichen Appelle, von der Witwe abzulassen, werden als Weibergewäsch abgetan. Erst als Sorbas sich drohend einmischt, gelingt es zunächst den Lynchmord zu verhindern. Um gehört zu werden, beschimpft Sorbas die Männer als Feiglinge, die eine schwache Frau töten wollen und kämpft mit dem Wortführer um das Leben der Frau. Als Sorbas siegt, stürzt sich der Vater des Selbstmörders, der mit den Gaffern dem Kampf zugesehen hat, auf die Frau und tötet sie bestialisch mit seinem Messer.

Beide Männer, Sorbas und der Chef, sind erschüttert, sie gehen sehr unterschiedlich mit dieser schrecklichen Erfahrung um: der Chef lässt seine Trauer durch ein "metaphysisches Sieb laufen", um die "Witwe still und lächelnd in (seiner) Erfahrung zur Ruhe kommen zu lassen". Sorbas dagegen wütet, muss herumlaufen, wirft einige Arbeiter raus, weil sie ihm widersprochen hatten. Er schreit seine Trauer und den Schmerz über seine geringen Einflussmöglichkeiten aus sich heraus. "Endlich ein Mensch, wie er sein soll, dachte ich und beneidete Sorbas um seinen Schmerz." (Kazantzakis 1955, S.203)

Sorbas kämpft gegen die Unmenschlichkeit, die durch die archaischen Strukturen manifestiert wird, er gewinnt zwar den Kampf, kann aber dennoch nicht verhindern, dass die Witwe getötet wird. Der Chef kann dies mit seinen Mitteln ebenfalls nicht verhindern. In der Art zu trauern unterscheiden sie sich, während es dem Chef gelingt, dieses Erlebnis in sein philosophisches Weltbild einzubauen, agiert Sorbas seinen Schmerz aus, er hat Kontakt zu seinen Gefühlen - und darum beneidet ihn der Chef. "Ich sage dir, Chef, alles, was in dieser Welt geschieht, ist ungerecht, ungerecht." (Kazantzakis 1955, S. 201)

Die Legende des Sorbas zeigt: Trennung und Ablösung von geliebten Menschen ermöglichen das Erwachsenwerden. So wie Sorbas dem Chef unmissverständlich seine ethische Haltung beim Tod der Madame Hortense und sein Eingreifen beim Lynchmord an der Witwe deutlich macht, so bilden im weiteren

Verlauf des Romans ebenfalls zweimal der Tod von geliebten Menschen zentrale Erfahrungen für den Erzähler auf dem Weg zum Erwachsenwerden.

Noch auf Kreta erhält der Erzähler in einem Telegramm die Nachricht, dass sein inniger Freund, der in Thrakien den Freiheitskampf der Griechen unterstützt hatte, an einer Lungenentzündung verstorben sei. Erst nach Jahren des Reisens und des Entziehens, es "lastet immer der Schatten des Freundes auf ihm", gelingt es ihm, sich mit dem Tod des Freundes zu versöhnen.

Bei einem Aufenthalt in der Schweiz in einem Hotel, in dem sie miteinander erlebnisreiche Tage verbracht hatten, erscheint ihm der Freund im Traum, sie schließen ihren Dialog mit den Worten: "Die Liebe ist stärker als der Tod."

Der Abschied von Sorbas auf Kreta endet mit dem berühmten, häufig zitierten Ausspruch: "Das ist dein Verderben! Wenn du es nicht verstündest, wärest du glücklich. Was mangelt dir schon! Du bist jung, du hast Geld, du bist gescheit, du bist gesund, du bist ein guter Kerl, dir mangelt nichts. Donnerwetter! Nichts außer einem, das ist etwas Übergeschnapptheit (im engl. Original 'madness')!" "A man needs a little madness" (im englischsprachigen Film). Am Abreisetag des Chefs versteckt sich Sorbas, "um es uns zu ersparen uns gegenseitig zu erweichen". Sorbas hält über die Jahre hinweg brieflichen Kontakt mit dem Erzähler, er berichtet dabei über seine Erfahrungen und Erlebnisse bei den weiteren Lebensstationen. Einmal noch versucht er den Chef zu bewegen, wieder zu ihm nach Griechenland zu kommen, weil er, Sorbas, einen prächtigen grünen Stein gefunden hatte und sie beide doch wieder beginnen könnten, in "Boden nach Schätzen zu schürfen". Später heiratet Sorbas eine junge Witwe in Serbien und lässt es sich gut gehen, er schickt auch Bilder, die seinen Wohlstand und seine Eroberungen zeigen.

Eines Nachts erscheint Sorbas dem Erzähler im Traum - er erwacht voller Trauer. Anfangs widersetzt er sich dem Bedürfnis, die Geschichte von Sorbas niederzuschreiben, da dies sein Eingeständnis bedeuten könnte, Sorbas wäre gestorben. Durch das Widersetzen meint er, könne er Sorbas Tod verhindern. Er beendet den Widerstand indem er "wie im Fieber" in wenigen Wochen die "Legende von Sorbas" niederschreibt.

Noch an dem Tag, an dem er die Legende fertiggestellt hat, erhält er die Nachricht, dass Sorbas in Serbien gestorben war, nicht im Bett liegend, sondern aufrechtstehend am Fenster mit dem Blick in Richtung Griechenland und das Santuri, so hat er verfügt, solle nach seinem Tod der "Chef" bekommen.

Sorbas erhält einen Preis

1954 wird der Roman Alexis Sorbas in Paris als bester ausländischer Roman des Jahres in Frankreich ausgezeichnet. Kazantzakis kommentiert dies mit den Worten: "Unser Freund Sorbas hat also in Paris den Preis für das beste ausländische Buch erhalten, das in Frankreich erschienen ist. Ich stelle mir vor, was für ein Gelächter er im Paradies anstimmen wird, wo er sich befindet." (Kazantzakis zit. n. Anemogiannis 1999, S.63).

Alexis Sorbas in bildlicher Darstellung

Im Nikos Kazantzakis-Museum in Mirtia auf Kreta sind in Vitrinen alle bisher erschienen Veröffentlichungen des Romans Alexis Sorbas mit einem Exemplar ausgestellt. Neben älteren Ausgaben, die häufig auf dem Einband lediglich gräcizierte Buchstaben zeigen, findet man eine Reihe bildlicher Darstellungen verschiedener Szenen aus dem Roman oder dem Film. Vorherrschend sind Bilder mit Anthony Quinn als Sorbas, entweder beim Tanzen mit dem Engländer, in der bei Männerkreistänzen bekannten Umarmung ("Lehre mich tanzen, Sorbas") oder auch beide im intensiven Gespräch. Dieses Motiv herrscht vor bei den mitteleuropäischen Veröffentlichungen. Der selbstversunkene, meist allein tanzende Sorbas ist häufig auf Veröffentlichungen aus dem romanischen Sprachraum zu finden. Interessante Ausnahmen bilden Ausgaben aus dem nordeuropäischen Sprachraum, hier wird mehrfach die Dreierbeziehung von Sorbas, Madame Hortense und dem "Chef" bildlich dargestellt. Sie sind zusammensitzend am Essenstisch abgebildet oder Sorbas mit Madame Hortense im Gespräch, der Engländer steht etwas abseits, die Szene beobachtend.

Auch wenn die Auswahl der ausgestellten Bücher nicht vollständig sein sollte und eher zufällig zustande kam oder die Titelbilder den persönlichen Geschmack einzelner Lektoren wiedergeben, so stellen sie doch die drei wesentlichen Themenbereiche dar, die zumindest im Roman deutlich werden: Alexis Sorbas, ein Mensch, der unruhig, umhergetrieben von äußeren Einflüssen und eigenen Aufbruchsstimmungen, der im Nachdenken und im Tanz individuelle Ausdrucksformen für seine emotionalen Zustände sucht und findet. Die andere Darstellung zeigt die Beziehung zwischen dem Chef und Sorbas: der Chef (oder Engländer) wendet sich mit vielen existenziellen, intellektuell differenzierten, 'sophisticated' Fragen an den "Berater Sorbas", dieser erklärt ihm seine Welt mit ebenso existenziell wichtigen Aussagen, allerdings in einer Art "Sorbas-Philosophie". Indem er das Wesentliche herausarbeitet und die Anliegen von unnötigem intellektuellem Beiwerk entkleidet und sie im konkretem Alltag verankert, bringt er den Chef aufs Wesentliche. Der dritte Zugang gelingt über die Darstellung von Madame Hortense auf dem Titelbild, sie gehört damit als eine wesentliche Figur zur Geschichte. Sie bringt Sorbas auf unterschiedlichen Ebenen in Nöte, auch in Gewissensnöte. Er rettet sich mit seiner Sorbas-Philosophie, indem er Madame Hortense als das "schwache Geschöpf" zu sehen versucht, das er, Sorbas, vor allzu großen Verletzungen bewahren muss. Seinen eigenen Vorteil aus der Beziehung sieht Sorbas eher gering an, er legitimiert sein Handeln damit, indem er seine Aufgabe darin sieht, Opfer zu bringen. Für den Chef oder Engländer stellt dies ein Lehrstück in Sachen Frauenbeziehung dar: Sorbas vermittelt ihm, dass es legitim sei, auf die libidinösen Bedürfnisse zu hören und damit stellt er sich triebgesteuert dar, gleichzeitig darf dies niemals dazu führen, "das Herz eines Menschen zu verletzen“.

In seinen eigenen Frauenbeziehungen, insbesondere im Abenteuer mit der jungen Witwe, präsentierte sich der Chef selbst noch nicht als erwachsener, mutiger Mann. Sorbas half ihm, als er mit seinem Einsatz versuchte die Witwe vor dem Lynchmord zu schützen. Als sie beide gescheitert waren, war Sorbas' Beispiel der Verarbeitung von Schmerz und Trauer eine Möglichkeit, die eigenen rationalisierenden Formen zu reflektieren.

Männlicher Supervisand und männlicher Supervisor: Lehre mich tanzen – oder spielen wie das Sorbas-Spiel!

Resumee: in der supervisorischen Arbeit mit Männern besteht immer die Möglichkeit der "idealisierenden Übertragung" durch die Supervisanden, in der Form, dass sie, neben der potenziellen Funktion der Abwehr, auch Rückhalt für neue Entwicklungsschritte gibt. Es gibt "Hilfe für emotionale, aber auch kognitive Meisterung seiner inneren und äußeren Welt" (Bohleber 1996, S. 53).

Gerade in einer Zeitepoche, die durch deutliche Verunsicherungen sowohl innerhalb der gesellschaftlichen als auch psychosexuellen Identitäten gekennzeichnet ist, besteht die Entwicklungsaufgabe der Individuen in der Errichtung einer stabilen Ich-Identität. Es kann damit, unterschiedlich motiviert, der Gegenstand von reflektierender kompetenter Begleitung in der Supervision sein, die eigene individuelle Sozialisationgeschichte zu reflektieren und als Mann seinen Platz zu finden. Dies ist gerade innerhalb der helfenden Berufe von Bedeutung, die vornehmlich durch die Erwartung an Männer gekennzeichnet sind, schützende und bewahrende, allgemein formuliert "mütterliche Verhaltensanteile" zu produzieren.

Zurück zum Buch oder Film: So betrachtet könnte Alexis Sorbas die Männerfigur darstellen, die idealisierenden Übertragungen ausgesetzt ist. Gerade die Zeit der 60er Jahre, die gekennzeichnet war durch die Rebellion der Jugend und die Auseinandersetzung mit der Vätergeneration, begleitet von einer Sinnsuche, ausgedrückt durch die Beschäftigung mit neuen fremdem Formen von Spiritualität (Buddha, Nitsche), stellt Sorbas wohl die "andere Männerfigur" dar, die eine eher archaische Form der Männlichkeit demonstriert, auch normative Positionen vertritt, die im dramaturgischen Kontext verstehbar, aus diesem herausgenommen jedoch problematisch erscheinen.

Die in dieser Zeit angeschobene Diskussion um Frauen- und Männerrollen, weitergeführt um die Beschäftigung unter den Stichworten "sex and gender", hat sicherlich Aussagen des Romans Alexis Sorbas zu Gunsten einer problematischen Form von Mann-Sein verengt. Das ist historisch und gesellschaftspolitisch nachvollziehbar und gleichzeitig birgt er doch einiges an Merkposten für die Arbeit mit Männern. Für den "Männerarbeiter" kann er auch Anlass sein, sich mit der eigenen Sozialisationsgeschichte auseinander zu setzen und - vielleicht - aus der reflektierten Distanz von mehr als 30 Jahren und fundierter Ausbildungen die Faszination oder auch Abwehr, die dieser Film oder dieses Buch ausgeübt hat, zu spüren und zu fragen, was nehme ich mit?

Die in der Fachöffentlichkeit geführte Diskussion um den "neuen Mann" zeigt ja unmissverständlich auf, dass hier identitätsstiftende Prozesse notwendig sind. Sorbas versucht darzulegen, dass er sich von seinen Trieben gesteuert sieht, aber nicht deren Sklave ist, er formuliert eine an den Alltag gebundene, eigene "Sorbasmoralität" mit einem hohen moralischen Anspruch an sich selbst. Er hat sich, indem er seine normativen Krisen durchlebt und reflektiert hat, seinen eigene Identität 'zusammengebastelt'.

Aus Ergebnissen ethnopsychoanalytischer Forschungen ist abzuleiten, dass in anderen Kulturkreisen nicht die biologischen oder sozialen Väter die Einführungen der Jungen in die Erwachsenenwelt übernehmen (vgl. Bosse 1994), sondern andere männliche Beziehungspersonen, "gebende und haltende Männer", beispielsweise der Bruder der Mutter. Sie ermöglichen dem jungen Mann in der Gemeinschaft der Männer auch die Geborgenheit zu finden, die aus seiner Erfahrung mit der mütterlichen Fürsorge verbunden ist und können somit die Ablösung von der Mutter in eine "Zweite Geborgenheit" einleiten und unterstützen.

Das ursprüngliche Gesellschaftssystem im Himalayagebiet von Zanskar sah vor, dass eine Frau bei Verheiratung auch den "jüngeren Bruder" mitheiratete. In einer solchen Familienkonstellation gab es dann den "großen" und den "kleinen Vater", dabei kamen dem "kleinen Vater" eher Aufgaben zu, die in unserem Kulturkreis mit der eines großen Bruders oder eines Onkels vergleichbar wären, während die fordernden und disziplinierenden Anteile in der Erziehung eher der "große Vater" als Familienoberhaupt zu erfüllen hatte. In katholischen Regionen Europas übernimmt solche Funktionen häufig der Taufpate.

In der Alltagskultur stoßen wir auch immer wieder auf die Bedeutung von Großvätern für die Identitätsentwicklung der Jungen. Ein erster Befund bei der Auswertung von Männerbiographien in sozialpädagogischen Berufen erbrachte die Tendenz, dass der Anteil der Männer, die in ihrer Kindheit ihre Väter entbehren mussten, in eher mütterlich organisierten Berufsfeldern größer ist als der in anderen Berufsfeldern. Diese Verlusterfahrungen wurden vielfach gemildert durch das Engagement von aktiven, emotional tragfähigen Onkeln und Großvätern (Engelhardt 1999).

Das Erleben von Unvollständigkeit ist nun sicherlich kein spezifisches Männerthema. So wie dies an der Figur des Erzählers, des Chefs, im Roman entwickelt wird, kann beruflichen Männerbeziehungen eine spezifische Dramaturgie zugrunde gelegt werden: Die Suche nach dem haltenden, Geborgenheit und Orientierung gebenden erwachsenen Männern bei dem Prozess der eigenen Mannentwicklung durchzieht besonders in den letzten Jahren eine Reihe von Publikationen.

Dass die Zweite Geborgenheit gewünscht, vielleicht sogar herbeigesehnt wird, zeigen die gerade in der letzten Zeit gehäuft auftretenden mythopoetischen Formen der Männerarbeit: Initiation, Männerkreistänze oder gemeinsamer Bau und Besuch von indianischen Schwitzhütten sind als Suchbewegungen zu deuten. Die professionelle kompetente Form der Begleitung der Männer explizit bei ihrer Selbstvergewisserung sollte zum Standardangebot für einschlägige Professionen zählen.

Der Berater kann ein Begleiter beim Prozess auf dem Weg der Lösung der Entwicklungsaufgaben für eine begrenzte Wegstrecke sein. Nicht als ein "altes Wort" in neuem Kontext, verglichen mit dem Coach, als griffige Formel eingeführt (alter Wein in neuen Schläuchen?), sondern als Beschreibung der eigenen professionellen Position, der Funktion und damit der Haltung den Männern gegenüber. Und dann ist der Begriff Begleiter eher angebracht, es geht hierbei um mehr als die Behandlung von Ereignissen aus dem berufliche Alltag im Sinne einer Supervision und um anderes als im Coaching, es handelt sich eher um Konstruktion oder auch Rekonstruktion von männlicher Identität.

Noch am Ende bemerkt:

Die Insel Kreta hat eine besondere Geschichte mit der Psychoanalyse. Prinzessin Marie von Griechenland lebte als Frau des Prinzen Georgs, des Hochkommissars, in der Wende vom 19. ins 20. Jahrhundert acht Jahre auf Kreta. Nachdem sie und ihr Mann nach dem kretischen Aufstand von 1905/06 vertrieben wurden, wurde sie mit Sigmund Freud bekannt. Sie konsultierte ihn zunächst als Patientin und wurde später unter ihrem Mädchennamen Marie Bonaparte selbst Psychoanalytikerin. Ihr materieller Wohlstand und ihre Verbindungen zum englischen Königshaus sollen Sigmund Freud und seiner Familie 1938 die Ausreise aus dem von den Nazis besetzten Österreich ermöglicht haben. Die Zahlung der hohen Summen an Hitlerdeutschland für die Ausreisevisa soll Marie Bonaparte aufgebracht haben. Sie blieb bis zu ihrem Tod mit Kreta und der Kultur verbunden und besuchte häufig die Insel, auch um sich über die Entwicklung der Erziehung ein Bild zu machen (Doren 1999, S.128).

Nikos Kazantzakis Tod

Am 26. Oktober 1956 stirbt Nikos Kazantzakis in der Universitätsklinik in Freiburg. Er hatte sich auf einer Reise nach China, die er wegen seiner politischen Kontakte auf Einladung der chinesischen Regierung antreten konnte, mit der chinesischen Grippe infiziert.

Am 4. November 1956 erreicht sein Sarg Iraklion, die Hauptstadt Kretas. Da er 1954 wegen einiger Passagen aus den Werken Kapitan Michalis und der Letzten Versuchung von der orthodoxen Kirche exkommuniziert worden war, wird ihm die Beisetzung auf einem kirchlichen Friedhof verweigert.

In der Befestigungsmauer des Kastells Martinego über Iraklion wird er unter großer Anteilnahme der kretischen Bevölkerung beigesetzt.

Sein Grab liegt genau gegenüber dem Bergmassiv Jouchtas, wo der Sage nach Zeus, der Vater der Götter und der Menschen, begraben liegt.

Literatur

Anemogiannis, G. (1999): Nikos Kazanzakis. Ein Weg zur Ewigkeit. Varvari-Iraklion/Kreta: Georg-Papaniklaou-Druck.

Blos, P. (1990): Sohn und Vater: Diesseits und jenseits des Ödipuskomplexes. Stuttgart: Klett-Cotta.

Bohleber, W. (1996): Zur Psychoanalyse männlicher Adoleszenz. In.: Gruppenanalyse, Heidelberg Jg. 6, Heft 1, S.. 41 –56.

Bosse, H. (1994): Der fremde Mann. Jugend, Männlichkeit, Macht. Eine Ethnoanalyse. Unter Mitarbeit von Werner Knauss. Frankfurt/Main: Fischer Taschenbuchverlag.

Doren; David; Mc.Neill (1999): Wind auf Kreta. Athen: Eftathiadis S.A.

Dornseiff, F. (2000): Der Deutsche Wortschatz nach Sachgruppen. Wiesbaden: de Gruyter.

Engelhardt, W. J. (1999): Männliche Sozialisation - weibliche Profession – Supervision.

Kakoyannis, M. (1964): Zorbas the Greek (dt. Alexis Sorbas), Hollywood: 20th Century Fox Films.

Kazantzakis, N. (1955): Alexis Sorbas, Rowohlt Verlag: Hamburg.

Nikos-Kazantzakis-Museum (Hg.) (o.J.): Lebenslauf von Nikos Kazantzakis. Ein Führer. Varvari (Myrtia) Iraklion Kreta.

Görl, W. (2000): Die Träume der Bürgermeister. Süddeutsche Zeitung 14./15.10.2000.

Schreyögg, A. (1995): Coaching. Eine Einführung für Praxis und Ausbildung. Campus Verlag: Frankfurt/New York.

Winkler, M. (1990): Klassiker der Sozialpädagogik. Universität Erlangen-Nürnberg. Unveröffentlichtes Exposé.

Ariane Garlichs

Lernen am Einzelfall

Bericht über ein Projekt in der Kasseler Lehrerausbildung

Seit mir Anfang der 60er Jahre Peter Brückner seinen Aufsatz „Zur Pathologie des Gehorsams“ und eine Manuskriptfassung von Alexander Mitscherlichs späterem Buch „Auf dem Weg zur vaterlosen Gesellschaft“ in die Hand gab, ahnte ich, dass die Psychoanalyse meinen Blick auf Kindheit, Gesellschaft und Schule von Grund auf verändern würde. Ich war damals Lehrerin an einer kleinen Landschule, die autoritär geleitet wurde – wie es den damaligen Verhältnissen entsprach – und konnte den Schülern beim Aufwachsen zusehen. Es gab noch die Residenzpflicht (ich wohnte also mitten unter der Dorfbevölkerung). Die hautnah miterlebte Erziehungsrealität der damaligen Zeit und das Leiden an meiner eigenen Erziehungsgeschichte trieben mich der Psychoanalyse in die Arme und führten dazu, dass ich später in der Lehrerausbildung nach Wegen gesucht habe, eine subjektsensible Pädagogik zu entwickeln. Von da aus bis zur Konzeption des Schülerhilfeprojekts (1993), über das ich im Folgenden berichten möchte, war ein langer Weg. Wichtige Zwischenstationen auf diesem Weg waren das Kennenlernen von Wolfgang Schmidbauer und die Ausbildung bei der „Gesellschaft für Analytische Gruppendynamik“, München. Eine günstige Bedingung für die Entwicklung und Durchführung psychoanalytisch inspirierter Ausbildungskonzepte war überdies die jahrelange Kooperation mit Kasseler Psychoanalytikern, die gleichfalls in der Lehrerausbildung tätig waren. Allen voran gilt mein Dank der befreundeten Kollegin Marianne Leuzinger-Bohleber, ohne deren beharrliche Ermutigung und Unterstützung ein Projekt wie das folgende wahrscheinlich nie das Licht der Welt erblickt hätte.

I. Ein Projekt wird auf den Weg gebracht

Der Schweizer Lehrer und Kinderanalytiker Zulliger hat einmal gesagt: Pädagogen müssten in der Lage sein, Kindern in ihrem Denken zu begegnen. Das heißt doch, den anderen Menschen, der eben anders ist als ich, wahrzunehmen, zu akzeptieren, seine Fremdheit zu ertragen und den Dialog mit ihm zu versuchen - eine anspruchsvolle pädagogische Forderung, die über alle Zeiten hinweg gilt, aber schwierig zu realisieren ist. Kann die universitäre Ausbildung dazu einen wirkungsvollen Beitrag leisten? Das Projekt, das ich im Folgenden beschreiben werde, beabsichtigt dies. Es handelt sich um ein Ausbildungsprojekt im Rahmen des Grundschulstudiums. Studentinnen und Studenten, die sich in das Projekt einwählen, erhalten die Aufgabe, für ein schwieriges oder bedürftiges Kind entwicklungsförderliche Bedingungen herzustellen und es mindestens ein Jahr lang zu begleiten. Für diese komplexe Aufgabe erhalten sie von der Hochschule in mehrfacher Hinsicht Unterstützung.

Meine Ausführungen gliedere ich in fünf Abschnitte:

- Ich beginne mit Überlegungen, die mich bei der Initiierung des Projekts geleitet haben,
- sodann werde ich das Konzept und seine langjährige Praxis darstellen,
- an einem Beispiel möchte ich skizzenhaft Einblick in einen Betreuungsverlauf geben,
- die studentischen Erfahrungen werde ich unter dem Begriff des "Forschenden Lernens" zusammenfassen und
- mit einem Ausblick abschließen.

II. Vorüberlegungen

Das Schülerhilfeprojekt ist unter meiner Leitung sieben Jahre gelaufen. Es ist im Sommersemester 1993 als langfristiger Arbeits- und Kooperationszusammenhang initiiert worden, als lernendes System, das sich selbst erneuern sollte.[1] Bei der Projektkonzeption sind wir von drei Ansatzpunkten ausgegangen, die ich skizzieren werde, indem ich einige Passagen aus meiner Eröffnungsansprache in Erinnerung rufe:

1. Das Schülerhilfe-Projekt reagiert auf aktuelle Notlagen in Schulen.

Es macht Schule in Identifikation mit einem Kind erfahrbar und zwingt so zur Auseinandersetzung mit Schulrealität und Schulkonzeptionen.

Nach einer Mitteilung des Kinderschutzbundes waren im Jahr der Projekteröffnung von 15 Millionen Kindern unter 14 Jahren mehr als eine Million in ihrer psychischen, sozialen und gesundheitlichen Entwicklung gefährdet. D.h.: Die Lebensprobleme vieler Kinder schieben sich über die Lernprobleme. Für manche Kinder ist die Schule der einzige Ort, an dem sie Kontinuität erfahren und in verlässlichen Beziehungen Halt finden können. Wie wir wissen, nimmt die Zahl der Kinder zu, für die es nicht als selbstverständlich vorausgesetzt werden kann, dass zu Hause ausreichend für sie gesorgt wird. Schulisches Lernen kann aber nur gelingen, wenn die elementaren Grundbedürfnisse nach Nahrung, Zuwendung und Geborgenheit erfüllt sind. Durch die Sorge um das persönliche Wohlergehen einzelner Kinder erwachsen der Schule Aufgaben, für die sie kaum gerüstet ist. Sie muss ihre Qualitäten als

---

[1] An der Startphase waren außer mir in der Kleingruppenbetreuung Charlotte Röhner, Herbert Hagstedt und Gudrun Spitta beteiligt; für Supervision und Krisenberatung außerdem Hildegard Lahme-Gronostaj, Marianne Leuzinger-Bohleber und Karola Ring. Seit dem Wintersemester 2000/2001 wird das Projekt in modifizierter Form weitergeführt, die leichter auf andere Hochschulen übertragbar ist.

Lebensraum prüfen, damit sie ein wirkungsvoller Lernraum sein kann. In einer Gesellschaft mit verschiedenen Kulturen hat sie zudem die Aufgabe, Kinder aus unterschiedlichen sozialen und ethnischen Gruppierungen zusammenzuführen, so dass sie miteinander leben lernen. Hierfür angemessene Konzeptionen zu entwickeln, ist heute vordringliche Aufgabe.

2. Das Schülerhilfe-Projekt reagiert auf aktuelle Notlagen in Schulen

Es versucht, die unterschiedlichen Dimensionen des Bildungsprozesses, die nach Mitscherlich notwendigerweise Sachbildung, Sozialbildung und Affektbildung umfassen, zu integrieren. Es unterstreicht zudem die Ernsthaftigkeit personaler Beziehungen, wie sie besonders eindringlich durch die (längerfristige) Übernahme von Verantwortung erfahrbar ist.

Wenn Schule heute Kinder- und Jugendschule in einem erweiterten Verständnis zu sein hat, muss sich die Lehrerausbildung darauf einstellen. Es reicht also nicht, das Unterrichten zu lernen, wenngleich dies weiterhin eine zentrale Aufgabe bleibt. Eine weitere Ausbildungsaufgabe - beginnend mit der ersten Phase - ist es, Kinder verstehen zu lernen. Um das zu lernen, bedarf es nicht nur des gegenseitigen Respekts, sondern vor allem der Geduld mit sich selbst und den anderen - in erster Linie mit den Kindern.

Die Kindheits- und Jugendforschung der letzten ein bis zwei Jahrzehnte hat eine Fülle interessanter Ergebnisse hervorgebracht, deren Studium den Blick schärft.

Dennoch ist das Studium wissenschaftlicher Texte offenbar zu wenig, um sich auf die Praxis vorzubereiten. Wissenschaft kann Erfahrung nicht vorwegnehmen. Sie kann allenfalls Erfahrungen transparent machen, ordnen und aufklären. Nur das Allgemeine kann man wissen, das Besondere muss man erfahren, wie bereits Aristoteles lehrte. Es bedarf also des Hineingehens in Praxiszusammenhänge, des Wechsels von Aktion und Reflexion. Theorie und Praxis sind aufeinander angewiesen.

Der Wechselbezug von Tun und Reflektieren ist eines der zentralen Kriterien unseres Projektes. Zwei weitere Kriterien sind in diesem Zusammenhang unverzichtbar: Kontinuität und Verbindlichkeit der Beziehungen. Es ist etwas anderes, ob ich eine Unterrichtsstunde halte und dann nach Hause gehe, oder ob ich für ein Jahr ein Kind begleite. Ich kann mich nicht einfach vertreten lassen, weil ich eine Beziehung eingegangen bin, in der beide Partner ein unverwechselbares Verhältnis zueinander aufbauen. An der Verlässlichkeit und Glaubwürdigkeit der Beziehungen finden gerade diejenigen Kinder Halt, die diese Erfahrung bisher in ihrem Leben zu wenig gemacht haben. Unterbrechungen und Unregelmäßigkeiten müssen offen erklärt werden und zu einem geregelten, für beide Seiten akzeptablen und durchschaubaren Vorgehen führen. Nirgends wird im Studium - außer in Examenszeiten -

Beziehungskontinuität so hart abverlangt; in großen universitären Lehrveranstaltungen kann man auftauchen und wieder untertauchen, wie einem dies behagt, ohne dass jemand daran Anstoß nehmen würde.

Verlässlichkeit und Beziehungskontinuität zu lernen, scheint indes nicht nur eine schwierige Frage im Studium geworden zu sein, sondern ein generelles gesellschaftliches Problem. Während sich die Bildungstheoretiker seit der Aufklärung um die Frage der Befreiung des Menschen aus selbstverschuldeter Unmündigkeit zu bemühen hatten, tritt heute neben dies weiterhin gültige Motiv ein neues Problem, das in seiner allgemeinen gesellschaftlichen Bedeutung großes Gewicht hat. Es ist die Frage nach den Bedingungen der Möglichkeit von Bindung. In der schultheoretischen und didaktischen Forschung ist dieses Thema bisher kaum angemessen gewürdigt worden. In der Praxis dagegen sind Lehrer mit diesbezüglichen Problemen fast täglich konfrontiert. Ihnen wird eine durch ihren professionellen Auftrag definierte Bereitschaft zu Offenheit und Beziehungsfähigkeit abverlangt. Lehrerausbildung kann sich daher nicht nur auf der Ebene der Sachbildung vollziehen (durch Beteiligung der traditionellen Wissenschaften), sondern muss im Sinne Alexander Mitscherlichs Sozialbildung und Selbstbildung einschließen. Das Schülerhilfe-Projekt versucht diese drei Ebenen zu integrieren.

3. Das Schülerhilfe-Projekt versucht, den Dialog zwischen Theorie und Praxis zu intensivieren

Dies geschieht in einer Weise, in der jede Seite auf die andere zum Erkenntnisgewinn angewiesen ist, also in einem vom Grundsatz her symmetrischen Dialog.

Devereux hat den sozialwissenschaftlichen Forschern vorgeworfen, dass sie Objektivität nur aus dem distanzierenden Blickwinkel eines Mondbewohners oder in der sezierenden Art eines Leichenbeschauers kennen. Beide Male gibt es kein wirkliches Einlassen auf das Leben. Das eine Mal wird es aus großer Entfernung betrachtet; das andere Mal wie tote Substanz behandelt, die man einem sezierenden Zugriff aussetzt. Devereux setzt dagegen ein Erkenntnismodell, bei dem sich der einzelne Forscher auf sein Erkenntnisobjekt einlässt, während er gleichzeitig seinen subjektiven Zugang und die Kontextabhängigkeit seines Forschens reflektiert und dokumentiert. In ähnlicher Weise sollen die Fallberichte, wie sie in dem Schülerhilfe-Projekt entstehen, uns als beteiligte WissenschaftlerInnen gemeinsam mit den Praktikern in einen Dialog führen, bei dem beide Seiten versuchen, am Fall weiterzulernen. Sowohl die handlungsleitenden Konzepte der Praxis als auch die erkenntnisleitenden Konzepte der Wissenschaft müssen sich nach ihrem spezifischen Beitrag zur Erhellung einer Problemsituation und ihrer Bewältigung befragen lassen. Die Interdisziplinarität des Vorgehens wird sich dabei fast von selbst herstellen, denn keines der beteiligten Fachgebiete könnte sich anheischig machen, den alleinigen Weg zu wissen.

III. Versuch einer Projektbeschreibung

1. Die Konzeption des Projekts

Wie bereits erwähnt, stehen StudentInnen, die sich in das Projekt einschreiben wollen, vor der Aufgabe, für ein bedürftiges oder schwieriges Kind entwicklungsförderliche Bedingungen herzustellen. An diese Aufgabe sind sie mindestens ein Jahr lang gebunden. Dann kann überlegt werden, ob dieses Kind weiter begleitet werden sollte bzw. in welcher Weise mit ihm gemeinsam die Abschlussphase gestaltet werden kann. Die Kinder werden von LehrerInnen ausgewählt, möglichst zwei aus einer Klasse. Die StudentInnen lernen sie bei einer Hospitation kennen, versuchen zu ermitteln, ob sie einen positiven Kontakt zu dem Kind herstellen können und ob sich die Aufgabe auch praktisch realisieren lässt. Da ist nicht nur das Einverständnis von Kind und Eltern einzuholen, sondern vielerlei Weiteres zu bedenken. Lassen sich die Wege in angemessener Zeit überbrücken? An welchem Ort sollen die Treffen stattfinden? Wie groß ist der zeitliche Aufwand? Welches sind die Erwartungen der Eltern, der Lehrerin und die eigenen Motive? Erscheinen sie realistisch oder sind sie von optimistischem Überschwang geprägt?

Die Abklärungsphase kann sich ein halbes Jahr hinziehen und ist nicht immer von Erfolg gekrönt. In ihr entwickelt sich auch ein basales Gefühl dafür, ob sich vertrauensvolle Beziehungen herstellen lassen, die eine Voraussetzung für gedeihliche Zusammenarbeit sind. Wenn die Vorklärungen zu einem positiven Ergebnis führen, erklären Eltern, Lehrerin und Student bzw. Studentin schriftlich ihr Einverständnis. Von den Lehrerinnen und Lehrern wird dabei auch eine Zustimmung zur Projektkonzeption verlangt, die sie vorher erhalten haben und von der es in einem Elternbrief heißt, dass den Kindern dabei geholfen werden soll, „selbständiger zu werden und mehr Selbstvertrauen zu entwickeln". Das würde letztlich auch dem schulischen Lernen zugute kommen. Die Studenten verpflichten sich zu Regelmäßigkeit, Pünktlichkeit und Verschwiegenheit in ihrer Arbeit mit dem Kind.

Ich weiß nicht, inwieweit Sie jetzt schon ahnen, dass mit dieser Aufgabe ein ungewohntes Maß an Verantwortung und zeitlicher Belastung auf die StudentInnen zukommt. Sie müssen für ihr Betreuungskind einen Förderplan entwickeln, der sich auf vorläufige Hypothesen gründet, Offenheit beinhalten sollte und jederzeit revidierbar sein muss. Die Aufgabe fordert ein waches Interesse an dem Kind, seinen Vorlieben und Abneigungen. Die StudentInnen begeben sich auf die Entdeckungsreise zu einem fremden Kind, machen dabei oft überraschende Erfahrungen und müssen mitgebrachte Vorstellungen revidieren. Zu

Beginn ihrer Mitarbeit im Schülerhilfeprojekt ahnen sie meist nicht, dass die langfristig wirksamen Erfahrungen auch etwas mit ihnen selbst zu tun haben, mit ihren Erfolgswünschen und Ohnmachtserfahrungen, ihrem vom kindlichen Gegenüber durchaus verschiedenen Normen- und Wertehorizont, ihrer Bestätigungsbedürftigkeit und Kränkbarkeit und dgl. mehr. In der Helferbeziehung kommt die ganze Persönlichkeit ins Spiel und dies nicht nur von einer Seite.

Die den Studenten zugemutete und zugetraute Aufgabe verlangt ein hohes Maß an Verlässlichkeit und das Durchstehen schwieriger Phasen, die bei diesen Kindern fast zwangsläufig auftreten und nicht vorauszusehen sind. Sie fühlen sich dabei vielfach überfordert. Einer strukturellen Überforderungssituation kann man sie nur aussetzen, wenn gleichzeitig für ein solides Netz an Begleitung gesorgt wird. Dieses gliedert sich in drei Arbeitszusammenhänge (s. Anlage 1):

- eine Kleingruppe zur fallspezifischen Beratung, die der wichtigste Treffpunkt für die Projektstudenten ist,
- eine Supervisionsgruppe zur fortlaufenden Reflexion von Beziehungsproblemen und damit einhergehenden Gefühlen,
- Foren zu Schwerpunktthemen, die für alle Projektinteressenten und die mitarbeitenden LehrerInnen geöffnet sind und pro Semester zwei Nachmittagsveranstaltungen und ein Wochenendseminar beinhalten.

Falls notwendig, kann darüber hinaus eine Krisenintervention bei einer Kindertherapeutin und Psychoanalytikerin in Anspruch genommen werden. In den vergangenen sieben Jahren musste jedoch nur einmal darauf zurückgegriffen werden.

2. Welche Kinder kommen in das Projekt?

Zunächst hatte ich vornehmlich an Randgruppenkinder gedacht, also Kinder, die in Armut oder Verwahrlosung aufwachsen. Aber diese Vorstellung hat sich als zu eng erwiesen. Auch Kinder in relativ geordneten Verhältnissen haben bisweilen Schwierigkeiten mit sich selbst, ihrer sozialen Umwelt oder der Schule. Einmal haben wir sogar ein Mädchen gehabt, dessen beide Elternteile - übrigens Lehrer - übermäßig an dem Fortkommen ihrer einzigen Tochter interessiert waren. Die studentische Begleiterin, die sich diesem Kind widmen sollte und schließlich auch wollte, war zunächst überhaupt nicht einverstanden mit dem Vorschlag der Lehrerin. Sie hatte ein armes Kind aus seiner Not retten wollen, fand dieses Mädchen in keiner Weise bedürftig und hat relativ lange gebraucht, bis sie hinter der Fassade der Normalität erkennen konnte, dass auch ein Kind unter ökonomisch und sozial privilegierten Bedingungen mitunter zu kurz kommen kann. Ich erwähne das Beispiel deshalb, weil gerade das breite Spektrum an kulturellen, sozialen und ethnischen Bedingungen den Blick der Projektmitglieder dafür schärfen kann, wie unterschiedlich Kindheitsprobleme gelagert sein können. Während ihrer Projektzeit gewinnen die TeilnehmerInnen i.d.R. Einblick in mindestens 12 verschiedene Kindheitsmuster. Sechs davon innerhalb ihrer eigenen Kleingruppe und noch einmal weitere sechs in der Supervisionsgruppe. Aber nur mit einem Fall müssen sie sich eindringlich auseinandersetzen. Lassen Sie mich kurz einige Fälle andeuten. Da war z.B.

- Andrej, ein 8jähriger Sohn russischer Aussiedler, der nach kurzer Zeit in einem Übergangsheim mit 7 Jahren in das 2. Schuljahr eingeschult wurde und auf die neuartige Umwelt mit fast völligem Verstummen, Passivität und extremer Unsicherheit reagierte;
- oder Marcello, ein Sintikind, der sich immer wieder in handgreifliche Auseinandersetzungen verwickeln ließ, weil er sich angegriffen fühlte und sich allein gegen den Rest der Welt verteidigen zu müssen glaubte;
- oder Sadia, das zierliche Mischlingskind einer weißen Krankenschwester und eines farbigen Armeeangehörigen, das vom Aufstehen bis zum Zubettgehen an manchen Tagen fünf verschiedene Betreuungsstationen durchlief, weil seine Mutter unregelmäßig Dienst hatte, über wenig Geld verfügte und einem Flickenteppich gleich die Versorgung der Kinder bis abends halb zehn geregelt hatte;
- oder Moussa, ein temperamentvoller, in Deutschland geborener palästinensischer Junge, dessen Eltern um alles in der Welt Schulversagen vermeiden wollten und den weiteren Kontakt mit der studentischen Begleiterin untersagen wollten, nachdem er auf die Sonderschule wechseln musste. Das hat Moussa jedoch nicht zugelassen.

Ich könnte die Reihe beliebig fortsetzen. Kein Fall gleicht dem anderen. Bei fast allen diesen Kindern gab es ein Auf und Ab in der Betreuungsbeziehung und immer wieder auch Glücksgefühle, wenn sich unvermutet Erfolge zeigten.

3. Welche StudentInnen melden sich für das Projekt?

Auch die Zusammensetzung der StudentInnen ist nach ihren Projektinteressen, ihren Vorerfahrungen und der Persönlichkeitsstruktur sehr bunt. Überwiegend sind es - das lässt sich denken - sozial engagierte StudentInnen, die sich für eine solche Aufgabe interessieren. Aber auch das Betreuungsangebot der Hochschule und die Verbindung von Theorie und Praxis locken. Schließlich weiß man schon bei Eintritt in das Projekt, dass man einen sicheren Examensplatz hat und, wenn man will, eine Fallanalyse als Wissenschaftliche Hausarbeit einreichen kann. Das sind Pluspunkte, die die hohen Anforderungen des Projektes aufwiegen können. Aber nicht jeder Student bzw. jede Studentin kann und will diese Anforderungen auf sich nehmen (aus unterschiedlichsten Gründen: z.B. der Familiensituation, des auswärtigen Wohnsitzes, der Finanzierung des Studiums wegen und dgl.). Insofern tritt hier eine starke Selektion ein, die nur hoch motivierte Studenten überwinden.

4. Welche LehrerInnen interessieren sich für eine Kooperation mit dem Projekt?

Auch hier ergibt sich eine bunte Palette, angefangen von LehrerInnen, die sich für die Zusammenarbeit mit der Hochschule interessieren bis hin zu LehrerInnen, die mit der Vielzahl schwieriger Kinder in Brennpunktschulen absolut überfordert sind und einen Teil ihrer Last abgeben möchten. Am liebsten sind uns LehrerInnen, die mit den StudentInnen in einen offenen Dialog eintreten, neugierig und erfreut an den Entwicklungen der Kinder teilnehmen und ihre Beobachtungen und Wahrnehmungen mit einem außenstehenden Beobachter austauschen möchten. Wir stellen jedoch fest, dass die Sichtweise von LehrerInnen auf Kinder schulbedingt sehr oft verengt ist. Dem entspricht der Wunsch, dass Verhaltensprobleme und Lernschwierigkeiten möglichst in kürzester Zeit verschwinden sollen. Wenn das die StudentInnen nicht zu Wege bringen, sind die LehrerInnen enttäuscht. Nur einmal habe ich in den Jahren eine Lehrerin erlebt, die von sich aus sagte: „Ich glaube, die kleine Feven lassen wir am besten erstmal mit der Schule in Ruhe. Die braucht etwas anderes." Das war für die Studentin ein sehr entlastender Zuspruch und angesichts der sehr schwierigen und wechselvollen häuslichen Bedingungen von Feven eine große Hilfe.

5. Betreuungsbeziehungen

Die folgenden Punkte fasse ich knapp zusammen, obwohl sie für die Projektpraxis von großer Wichtigkeit sind. Immer wieder erlebe ich fasziniert und manchmal auch beunruhigt, wie sensibel sich die Beziehungen zwischen den Kindern und ihren Betreuern gestalten. Alle Phantasie auf Seiten der Studenten zu reizvollen Tätigkeiten im häuslichen Bereich oder Freien will nicht die richtige Freude aufkommen lassen, wenn die Kinder spüren, dass ihre Herkunftswelt gering geachtet wird oder wenn sie sich bedrängt fühlen und nicht auch von sich aus die gemeinsame Zeit mitgestalten können. Am Anfang stehen meistens tastende Annäherungsversuche und irgendwann bilden sich dann Rituale heraus, die den gemeinsamen Nachmittagen eine verlässliche Struktur geben, in denen sich Kind und Student geborgen fühlen. Wenn das gelungen ist, sind die Anfangsschwierigkeiten überwunden, aber bis es so weit ist, gibt es oft schmerzliche Erfahrungen. Manche Kinder sind in unerträglicher Weise unzuverlässig, andere reagieren auf Versagungen mit Gekränktsein, wieder andere sind misstrauisch und launisch. Für die StudentInnen, die voller Optimismus und guten Willens sind, ist es manchmal zum Verzweifeln. Wenn sie gar nicht mehr aus noch ein wissen und aufgehört haben, ihr Betreuungskind zu irgendetwas bringen wollen, ergibt sich oft eine überraschende Wende. Manchmal kann sich dann erst die Beziehung entwickeln.

6. Neuralgische Punkte im Projektverlauf

Für die Betreuungstätigkeit gibt es keine Semesterferien, wohl aber Ferien und Urlaub. Die erste Trennung ist die Probe aufs Exempel, ob eine verlässliche Beziehung entstanden ist. Sie muss dem Kind angekündigt werden, glaubwürdig und transparent sein. Manche StudentInnen überbrücken die Unterbrechung, indem sie aus dem Urlaub einen Kartengruß schicken - ein wunderbares Ereignis für ein Kind, das noch nie Post bekommen hat. Sie melden sich zurück, wenn sie wieder da sind. Die Kinder übernehmen mitunter solche Formen und übertragen sie sinngemäß auf den Kontakt mit ihrem Studenten bzw. ihrer Studentin.

Eine besondere Aufgabe stellt die Gestaltung der Abschlussphase dar, in der das Kind nicht passives Objekt, sondern mitgestaltendes Gegenüber werden muss. Aus der Rückschau kann die gemeinsame Zeit noch einmal erinnert und reflektiert werden, beliebte Tätigkeiten können wiederholt und Orte noch einmal aufgesucht werden. Vielfach entstehen Geschichtenbücher oder Fotoalben, die gemeinsam erstellt und beschriftet werden. Einmal hat eine Studentin, die sehr sorgfältig über jedes Treffen Tagebuch geführt hat, mit dem Kind ein Spiel entwickelt, in dem alle Termine und Ereignisse festgehalten wurden. So konnte die gemeinsame Erfahrung über den Abschied hinaus Bedeutung gewinnen. Die Qualität der Abschlusserfahrung ist nicht nur wichtig für die Kinder, sondern ebenso für die StudentInnen. In der Rückschau und aus dem Abstand lässt sich leichter Klarheit gewinnen als mitten im Prozess.

IV. Einblick in eine Betreuungsbeziehung: Erfahrungen mit Jim[2]

Jim, ein Mischlingskind, wird von der Lehrerin übermäßig oft getadelt. In der Klasse ist er ein Außenseiter, der versucht, sich durch Geschenke Freunde zu erkaufen, und dann enttäuscht ist, wenn die Beschenkten nicht zu ihm halten. Er wird oft gehänselt (auch mit rassistischen Bemerkungen), ohne dass seine Lehrerin dies beachtet. Er reagiert dann sehr betroffen und schlägt zu. Auf die betreuende Studentin wirkt Jim wie ein Kind, das sehr verletzlich ist und wenig soziale Umgangsformen besitzt. Entgegen der Annahme der Lehrerin, Jim sei ständig in Kämpfe verwickelt, beobachtet sie, dass er sich bemüht, streitende Mitschüler auseinander zu bringen. Andererseits zettelt er manchmal ohne ersichtlichen Anlass eine Schlägerei an, als ahme er Fernsehhelden nach.

Die junge Lehrerin, die sich ansonsten offen und tolerant zeigt, hatte zunächst große Schwierigkeiten, das teilweise kleinkindhaft anklammernde Verhalten von Jim zu akzeptieren. Nachdem er mit seinen Vereinnahmungswünschen bei ihr keinen Erfolg hatte, fing er an, sie zu ignorieren, worauf sie gekränkt reagierte.

---

[2] Die Ausführungen in diesem Teil basieren auf den Notizen von Elke Dräbing, der Betreuerin von Jim. Ich danke ihr für die Offenheit, mit der sie Außenstehende an ihren Erfahrungen in der Betreuungssituation teilnehmen lässt.

Sie spürt, dass sie mit diesem Kind nicht gut zurechtkommt und ist dankbar für die Unterstützung durch die Studentin.

Jims Familie

Jim lebt mit seiner berufstätigen (weißen) Mutter und seiner älteren (weißen) Stiefschwester in einem Haushalt. Sein Vater, ein schwarzer Amerikaner, hat sich, als er zwei Jahre war, von der Familie getrennt. Er lebte ohne Kontakt zu ihr noch 4 Jahre in Kassel, bevor er in die USA zurückging. In dieser Zeit sprach er Jim, der seinen Vater nicht mehr kannte, auf der Straße an. Das trug zu Jims weiterer Verwirrung bei. Seine Mutter hatte zwischenzeitlich einen anderen Freund, der sie und die Kinder schlug, was schließlich zur Trennung führte. Jim gegenüber ist das Verhalten der Mutter sehr inkonsequent. Sie schwankt zwischen materieller Verwöhnung (auf sein zwischenzeitlich anklammerndes Verhalten) und Bestrafung (auf seine Verselbständigungsversuche). Emotional vernachlässigt sie ihn, beschäftigt sich kaum mit ihm und erweist sich als äußerst unzuverlässig (was auch die Studentin zu spüren bekommt). Jim idealisiert seinen Vater. Er zieht sich häufig in seine "heile Amerika-Fantasiewelt" zurück. Immer wieder betont er, dass er Amerikaner sei und deutsche Männer nicht möge. Sie machten ihm offensichtlich Angst.

Auszug aus dem Bericht der Studentin

"Das Wichtigste war für mich, Jim in seiner Persönlichkeit Wertschätzung entgegenzubringen, ihn als ganzen Menschen zu sehen, seine Vorerfahrung zu berücksichtigen und Verständnis für seine Handlungsweisen aufzubringen. Zudem war ich bemüht, ihm Rückmeldungen auf seine Verhaltensweisen zu geben. Für mich war es entscheidend, dass ich Verabredungen einhielt und ihm durch feste, regelmäßige Termine Zuverlässigkeit und Beständigkeit vermittelte. Es zeigte sich, dass ich dadurch seine Angst, mich wieder zu verlieren, mindern konnte. Dieses alles vollzog sich jedoch nicht ohne Probleme, denn zunächst war Jim von mir enttäuscht, da wir uns nur (!) zwei- bis dreimal in der Woche sahen. Zudem erfüllte ich seine überzogenen materiellen Wünsche nicht. Obwohl Jim mich anfangs stets ignorierte, merkte ich (bzw. erfuhr ich von der Lehrerin und seiner Mutter), dass er sich auf und über mein Kommen freute. Dieses anfängliche Nichtbeachten (das sich meistens nach einigen Minuten legte), sollte vermutlich eine Strafe dafür sein, dass ich ihn nach unserem jeweiligen Treffen wieder allein ließ. Als ich dann nach einigen Wochen mit ihm anfangen wollte, Leseübungen zu machen, distanzierte er sich völlig von mir. In der nächsten Zeit wehrte er sogar bei außerschulischen Aktivitäten jede Nähe zu mir ab. Nach langen Überlegungen, unfruchtbaren Gesprächen mit Jim sowie mit seiner Mutter und der Lehrerin zog ich es dann vor, mich zurückzuziehen und ihm die Entscheidung für oder gegen eine erneute Kontaktaufnahme zu überlassen. Nach zweieinhalbmonatigem (!) langen Warten (ich schrieb ihm zwischendurch lediglich eine Urlaubskarte) wandte er sich schließlich wieder an mich. Seit dieser Zeit gestaltet sich unser Kontakt äußerst erfreulich: Jim kann jetzt besser akzeptieren, dass wir nur eine begrenzte Zeit zusammen verbringen. Er ist nicht mehr so vereinnahmend und wirkt nicht mehr so niedergeschlagen, wenn ich gehe. Vermutlich hat er durch dieses Trennungserlebnis zum ersten Mal erfahren, dass jemand auch nach einem längeren Getrenntsein wieder zurückkommt. Damit ist für ihn die zwingende Dichotomie zwischen einem Entweder-ständig-bei-jemandem-Sein (was er durch Anklammern zu erzwingen versucht) oder Für-immer-von-jemandem-getrennt-Sein aufgehoben. Jim konnte in der nächsten Zeit auch seinerseits Verabredungen besser einhalten. In der Schule kommt er seitdem besser mit seiner Lehrerin aus, da er weniger Zuwendung von ihr einfordert. Ebenso wichtig war es für ihn, dass ich einen angstfreien Raum schaffen konnte, in dem er sich mir anvertrauen konnte, ohne negative Konsequenzen befürchten zu müssen oder sich zu blamieren.

Da Jim von sich aus nichts erzählte, war es umso wichtiger, dass wir uns über gemeinsame Aktivitäten und Erlebnisse austauschten. Im Laufe der Zeit flossen auch andere persönlich bedeutsame Erfahrungen in diesen Austausch ein. Dadurch gelang es mir, mögliche Ursachen für seine Verweigerungshaltung im schriftsprachlichen Bereich zu beseitigen. Das Entscheidende war zunächst, Jim seine übergroße Angst vor Fehlern zu nehmen, die ihm vermutlich seine Mutter durch ihre Angst vor Schulversagen vermittelte. Da Jim sich auf freies Schreiben (im Sinne eines Sich-von-der-Seele-Schreibens) nicht einließ, erstellte ich zunächst Wortkarten, die sein individuelles Lebensthema (die unzureichende Erwiderung der Liebe zu seiner Mutter und die tiefen Verlustängste) betrafen, um mit ihm in diesem Bereich zu arbeiten. Die Wörter: "Mama", "Liebe", "ich mag dich" u.a. waren die ersten Wörter, auf die er sich tatsächlich einließ (dies waren ausnahmslos Wörter, die - misst man sie an den Vorstellungen des klassischen Erstleseunterrichts - für einen Leseanfänger zu schwer sind). In wenigen Wochen erlernte Jim auf sprachspielerische Weise in Verbindung zu unseren gemeinsamen Erlebnissen viele Wörter und kleine Texte selbständig zu erlesen (später auch zu schreiben!). Dabei freute er sich jedes Mal auf seine eigenen "neuen" Wörter, die er stolz enträtselte. Im Gegensatz zu seiner sonstigen Unordnung hütete er diese Wortkärtchen äußerst sorgfältig."

Der Lernertrag der Studentin in der Zusammenarbeit mit Jim

In der Kooperation von Jim und seiner Betreuerin lassen sich zwei ineinander verschränkte Lernwege erkennen:

- Die Betreuerin musste es lernen, Jims übermäßigen Ansprüchen (materiell und emotional) Grenzen zu setzen. Obwohl sich Jim zunächst dagegen wehrte, lassen ihre Bemühungen eine positive und stabilisierende Wirkung auf Jims Verhalten erkennen.

- Da die Betreuerin nach und nach hinter den störenden Verhaltensweisen von Jim seine lebensgeschichtlich geprägten Motive erkennen konnte, musste sie sich nicht mehr angegriffen fühlen. Dementsprechend kommt sie zu der Schlussfolgerung: "Grundsätzlich sollten Lehrer unterrichtsstörendes Verhalten von Schülern nicht als persönlichen Angriff werten, sondern als Hilflosigkeit des betreffenden Schülers, die es zu überwinden gilt."
- Die für die Studentin zunächst schmerzliche Unterbrechung in der Zusammenarbeit mit Jim (sie erlebt sie als Entwertung und Vergeblichkeit Ihres Engagements) führt später zur Einsicht, dass es für dieses Kind wichtig ist, "Nähe und Distanz zu einer vertrauten Person selbst regulieren zu können und nicht immer derjenige zu sein, über den bzw. dessen Kopf bestimmt wird".
- Nachdrücklicher als es in den Lehrveranstaltungen vermittelt werden könnte, erlebt die Betreuerin am Leselernprozess von Jim, wie eng Lebenssituationen und Lernverhalten miteinander verbunden sein können und dass Kinder in besonderen Lebenslagen nach besonderen Lerninhalten verlangen.
- In der Summe war das Projekt für die Betreuerin eine nachdrückliche Lektion im Umgang mit der eigenen und der fremden Realität (Ohnmachts- und Allmachtsfantasien waren zu verarbeiten, der Umgang mit eigenen Konflikten musste gelernt werden, die Widerständigkeit des kindlichen Gegenübers richtig eingeschätzt werden u.a.).

Nimmt man die Erfahrungen zusammen, so wird verständlich, warum einige StudentInnen behaupten, dass das Schülerhilfe-Projekt zum Zentrum ihres Studiums geworden ist, weil darin - wie die StudentInnen sagen - "alles zusammenkommt", d.h. die unterschiedlichen Ebenen und Inhalte des Studiums werden auf eine sinnvolle Weise integriert.

V. Die Projekterfahrung als Brückenschlag zwischen Theorie und Praxis

Der ständige Reflexionsprozess über die Erfahrungen mit den Kindern, den Lehrerinnen, den Eltern, dem Jugendamt, dem Kinderschutzhaus, und wer es auch immer sei, innerhalb der Kleingruppe, der Supervisionsgruppe und im Zusammenhang mit den Foren, lässt sich als ganzer als forschendes Lernen bezeichnen. Die überwiegende Zahl der ProjektstudentInnen fängt nach der Anfangsphase an, ihr Studium um das Projekt herum zu organisieren. Die Arbeit mit ihrem Kind stößt sie auf Fragen und Probleme, die sie sonst womöglich übersehen hätten. Seminare, die mit Randgruppenproblematik, mit integrativer Pädagogik, mit der rechtlichen Situation von Flüchtlingen und dgl. zu tun haben, werden von ihnen besucht. Die Auseinandersetzung mit fallspezifischen Einzelthemen wird mit großer Ernsthaftigkeit betrieben.

Der größte Projektertrag liegt m.E. jedoch nicht in der Befassung mit Spezialthemen, sondern in der Reflexion des eigenen Handelns und der unbewussten Vorstellungen, Wünsche und Normen. Ich möchte dies wiederum an zwei Beispielen andeuten. So schreibt Christiane Müller (1998): "Ich musste lernen, meine Ansprüche an mich selbst nicht zu hoch zu stecken, sondern mich mit gegebenen, nicht zu verändernden Sachverhalten [gemeint ist hier die Familiensituation] abzufinden und mich konstruktiv mit diesen auseinander zu setzen. Dies fiel mir nicht leicht, da ich das Gefühl hatte, versagt zu haben, wenn etwas nicht nach meinen Vorstellungen verlief. Manchmal drängte sich mein Ehrgeiz in den Mittelpunkt und ließ mich vergessen, dass es eigentlich um Moussas Bedürfnisse und nicht um meinen persönlichen Erfolg ging." Und an späterer Stelle: "Im Nachhinein wurde mir durch das Niederschreiben und das erneute Reflektieren der letzten eineinhalb Jahre unserer Beziehung deutlicher, welche Entwicklung sich vollzogen hat. Ich kann nicht behaupten, Moussas schulische Situation wesentlich verbessert zu haben, genauso wenig wie seine sprachlichen und motorischen Fähigkeiten... Allerdings machten wir beide die Erfahrung, gemeinsam durch schwierige Phasen zu gehen und Probleme zu bewältigen. Auch wenn ich ihm in einigen Situationen nicht helfen konnte, so war ich doch in der Lage, ihm das Gefühl zu vermitteln, dass er nicht alleine auf sich gestellt war, sondern dass sich jemand an seiner Seite befand, der zu ihm stand. Durch unseren kontinuierlichen Kontakt fasste Mousssa allmählich Vertrauen und wusste, dass er sich auf mich verlassen konnte. Er erlebte eine für ihn neuartige Beziehung zu einer erwachsenen Person, die ihn als gleichberechtigt ansah und die ihn dementsprechend behandelte.

Ich bin glücklich und stolz, dass Moussa mich in sein Leben miteinbezogen hat und ich daran teilnehmen durfte, ohne das Gefühl zu haben, dass ich ihn nach unserem Abschied 'allein gelassen habe'. Wir haben einen begrenzten Zeitraum miteinander erlebt, und es hat sich eine Freundschaft zwischen zwei in jeder Hinsicht völlig unterschiedlichen Menschen entwickelt, die für mich etwas Ungewöhnliches und Besonderes darstellt und von großer Bedeutung ist."

Eine andere Studentin, Silke Scheffler, äußert sich über Marvin folgendermaßen: "Ich war fest davon überzeugt, dass es mir gelingen würde, seine Schwächen abzubauen und ihn so glücklicher zu machen. Ich war mir sicher, dass er meine Hilfe annehmen würde und dankbar dafür sein wird."

An dem ausführlichen Bericht von S. Scheffler (1997) fällt auf, dass sie ohne kritische Distanz die Erwartungen von Lehrern und Eltern übernimmt. Sie bemüht sich, Marvins schulische Leistungen zu verbessern, gerät dadurch selbst unter Druck und muss die Erfahrung machen, dass sich ihr das Kind, dem sie gutwillig und hilfsbereit entgegenkommt, verschließt. Die Beziehung wird zunehmend problematisch.

Durch den bis in die Nachmittagsunternehmungen hinein verlängerten Leistungsdruck auf Marvin reagiert er mit verzweifelter Aggression, die die studentische Betreuerin zunächst als gegen sich selbst gerichtet erlebt. Als sie schließlich sagt "Ich habe das Gefühl, Du würdest im Moment am liebsten alles kaputtschlagen" antwortet er: "Ja, mich selbst!" Erst da erkennt sie, dass seine Aggressionen nicht gegen sie als Person gerichtet sind, sondern dass es die Wut war, die er gegen all diejenigen hatte, die von ihm so vieles forderten, was ihnen selbst scheinbar mühelos zu gelingen schien, aber für Marvin selber nicht erreichbar war.

Langsam erkennt die studentische Betreuerin, dass sie Marvin nur helfen kann, wenn sie ihn so akzeptiert, wie er ist, und ihm Freiraum für eigene Wünsche und Entscheidungen gewährt. So entsteht am Ende doch noch ein produktives Miteinander, bei dem sich Marvin zunehmend offener, aktiver und einfallsreicher zeigt. Marvin ist ein fröhlicher und realistischer Junge geworden. Er konnte sich länger konzentrieren, erledigte selbständiger seine Aufgaben und zeigte eine höhere Anstrengungsbereitschaft.

Die in den beiden Beispielen zum Ausdruck kommende Bereitschaft zur Selbstreflexion ist eine unschätzbare Voraussetzung für die berufliche Qualifizierung.

Schließlich gibt es auch einen materiellen Ertrag des Projekts durch Kurzberichte und umfangreiche Fallanalysen. Die entstandene Projektbibliothek wird von den nachwachsenden Studenten begierig gelesen und bildet das Basismaterial für Sekundäranalysen über das Projekt hinaus. Die Kurzberichte folgen einer vorgegebenen Struktur. Ausführliche Fallanalysen wurden u.a. zu Kindern fremder Ethnien erstellt (darunter ein Sintikind, türkische und italienische Kinder, Kinder aus Kriegs- und Krisengebieten und Kinder politischer Flüchtlinge). Getrennt davon oder in Verbindung damit kommt ein großes Spektrum sozialer, pädagogischer und schulischer Probleme ins Blickfeld. Die Arbeiten sind im allgemeinen so angelegt, dass die soziale Situation des Kindes und die Betreuungsbeziehung unter einem spezifischen Focus thematisiert wird.

VI. Ausblick

In der Projekttätigkeit kommen die Studentinnen und Studenten mit Kernkonflikten der späteren Berufsrolle in Berührung:

- Sie müssen sich mit Allmachtswünschen und Ohnmachtserfahrungen auseinandersetzen,
- lernen, Grenzen zu ziehen gegenüber dem Kind, seinen Geschwistern und den Eltern,
- müssen im Schnittpunkt unterschiedlicher Erwartungen (zwischen Familie, Schule und Hochschule) ihre Position klären und vertreten,
- setzen sich mit ihrem Normen- und Wertehorizont, seiner soziokulturellen Bedingtheit auseinander, wobei sie auch seine (bisher vorausgesetzte) Allgemeingültigkeit infragestellen
- und reflektieren vielleicht zum ersten Mal ihre eigene Erziehungs- und Bildungsbiographie im Hinblick auf unbewusste Erwartungen, die sie in ihr neues Tätigkeitsfeld hineintragen.

Es würde eines eigenen Beitrags bedürfen, dies im einzelnen darzustellen. Am Ende der Projektarbeit steht - angeregt durch die Kleingruppe und die Supervision - die Reflexion der Beziehungsgeschichte im Vordergrund, die durch das Aufeinandertreffen zweier unvergleichlicher Personen charakteristisch ist und beide Seiten verändert. Dabei entsteht für die ProjektteilnehmerInnen die Erkenntnis, „dass Erziehung nicht als kausales Einwirken, sondern nur als dialogisches Geschehen zwischen zwei Subjekten" (Göppel, 1998, S. 37) gelingen kann.

Christina Vockeroth hat ihre Betreuungsgeschichte mit der Schülerin Tanja in einer Graphik zusammengefasst, mit der sie sich darüber Klarheit verschaffen wollte, welcher unterschiedliche Erfahrungshintergrund mit welchen Erwartungen und Problemlösungsstrategien in den verschiedenen Phasen der Zusammenarbeit von beiden Seiten aufeinander trafen und Wahrnehmung und Handeln bestimmten. Diese Graphik (s. Anlage 3) soll zum Schluss noch einmal symbolisch verdeutlichen, was es in allen Betreuungsbeziehungen zu bearbeiten gilt, wenn es das Ziel ist, „Kinder verstehen zu lernen".

Literatur

Bambach, H. (1994): Ermutigungen. Nicht Zensuren. Lengwil am Bodensee: Libelle Verlag.

Devereux, G. (1967): Angst und Methode in den Verhaltenswissenschaften. Den Haag und Paris.

Friebertshäuser, B./ Prengel, A. (Hrsg.) (1997): Handbuch qualitative Forschungsmethoden in der Erziehungswissenschaft. Weinheim und München : Juventa.

Fröhlich-Uhl, C. (1983): Lebenswelt Grundschule - Die erste Lehrerin: Schüler erzählen von ihren Erfahrungen. Gesamthochschule Kassel. Forschungsprojekt schulische Selbsterfahrung, Heft 9.

Garlichs, A. (1993): Teile und spare. Grundschullehrerausbildung im Rückwärtstrend? In: die Grundschulzeitschrift, 7. Jgg., Heft 68, S. 4.

Garlichs, A. (1994): Lebendiges Lernen in der Lehrerausbildung. Das Kasseler Schülerhilfe-Projekt. In: Die Grundschulzeitschrift, 8. Jgg. Heft 76, S. 34f.

Garlichs, A. (1995): Forschendes Lernen in der Lehrerausbildung. In: Die Grundschulzeitschrift, 10. Jgg. Heft 95, S. 52-57.

Garlichs, A. (1995): Kinderleben heute: Drei ausgewählte Portraits. In: Erhard Wicke/ Rudolf Messner (Hrsg.): Antiquiertheit des Menschen und Zukunft der Schule. Weinheim: Deutscher Studienverlag.

Garlichs, A. (1996): An der Seite der Kinder. Das Kasseler Schülerhilfe- Projekt. In: Dagmar Hänsel/ Ludwig Huber (Hrsg.): Lehrerbildung neu denken und gestalten. Neue Lehrerbildung und Schulentwicklung. Bd. 1.Weinheim und Basel: Beltz-Verlag.

Garlichs, A. (1997): Supervision: Hilfe zur Bewältigung des Schulalltags. In: Die Grundschulschrift, 11. Jgg. Heft 110, S. 48-52.

Garlichs, A. (2000): Schüler verstehen lernen. Das Kasseler Schülerhilfeprojekt im Rahmen einer reformorientierten Lehrerausbildung. Donauwörth: Auer Verlag.

Göppel, R. (1998): Eltern, Kinder und Konflikte. Berlin und Köln: Kohlhammer Verlag.

Hove, C. v. (1997): Das Projekt "Schülerhilfe" - Ein Ausbildungselement im Lehramtsstudium für die Grundschule. Diplomarbeit Universität Gesamthochschule Kassel.

Leuzinger-Bohleber, M./ Garlichs, A. (1991): Lehrerausbildung für die Arbeitslosigkeit? Spätadoleszente Identitätsbildungsprozesse unter erschwerten Berufsperspektiven. In: Hans Georg Trescher/ Christian Büttner (Hrsg.): Jahrbuch für psychoanalytische Pädagogik 3. Mainz: Matthias-Grünewald-Verlag.

Leuzinger-Bohleber, M./ Garlichs, A. (1993): Früherziehung West-Ost. Zukunftserwartungen, Autonomieentwicklung und Beziehungsfähigkeit von Kindern und Jugendlichen. Weinheim und München: Juventa.

Leuzinger-Bohleber, M./ Garlichs, A. (1997): Theoriegeleitete Fallstudien im Dialog zwischen Psychoanalyse und Erziehungswissenschaft. In: Barbara Friebertshäuser/ Annedore Prengel (Hrsg.): Handbuch qualitative Forschungsmethoden in der Erziehungswissenschaft. Weinheim und München : Juventa.

Mitscherlich, A. (1965): Auf dem Weg zur vaterlosen Gesellschaft. München: Piper-Verlag.

Müller, C. (1998): Moussas Schullaufbahn. Eine Analyse im Rahmen des Schülerhilfeprojekts. Wissenschaftliche Hausarbeit zur Ersten Staatsprüfung für das Lehramt an Grundschulen. Universität Gesamthochschule Kassel.

Petillon, H. (1993): Das Sozialleben des Schulanfängers. Weinheim: Psychologie-Verlags-Union.

Prengel, A. (1993): Pädagogik der Vielfalt. Opladen: Leske + Budrich.

Rauschenberger, H. u.a. (1998): Untersuchungen zur Transformation des Schulunterrichts in Deutschland. Forschungsprojekt im Fachbereich Erziehungswissenschaft/ Humanwissenschaften der Universität Gesamthochschule Kassel. (Die Veröffentlichung der Ergebnisse wird zurzeit vorbereitet).

Scheffler, S. (1997): Ganzheitliche Förderarbeit mit einem Grundschulkind. Eine Fallanalyse im Rahmen des Schülerhilfeprojekts. Manuskript . Universität Gesamthochschule Kassel.

Wiedenhöft, A. (1995): In der Warteschleife - Zur Bedeutung zur Integrationsfähigkeit bei der Bewältigung von Berufsunsicherheit und Arbeitslosigkeit. Frankfurt a.M.: Peter Lang.

Witting, H. (1989): Der Bildungsprozeß des Kindes im Übergang von der Familie in die Schule. Frankfurt a.M.: Peter Lang.

Zulliger, H. (1951): Schwierige Kinder. 4. Aufl. Bern, Stuttgart: Huber 1958.

Zulliger, H. (1966): Die Angst unserer Kinder. Stuttgart: Klett.

Anlage 1

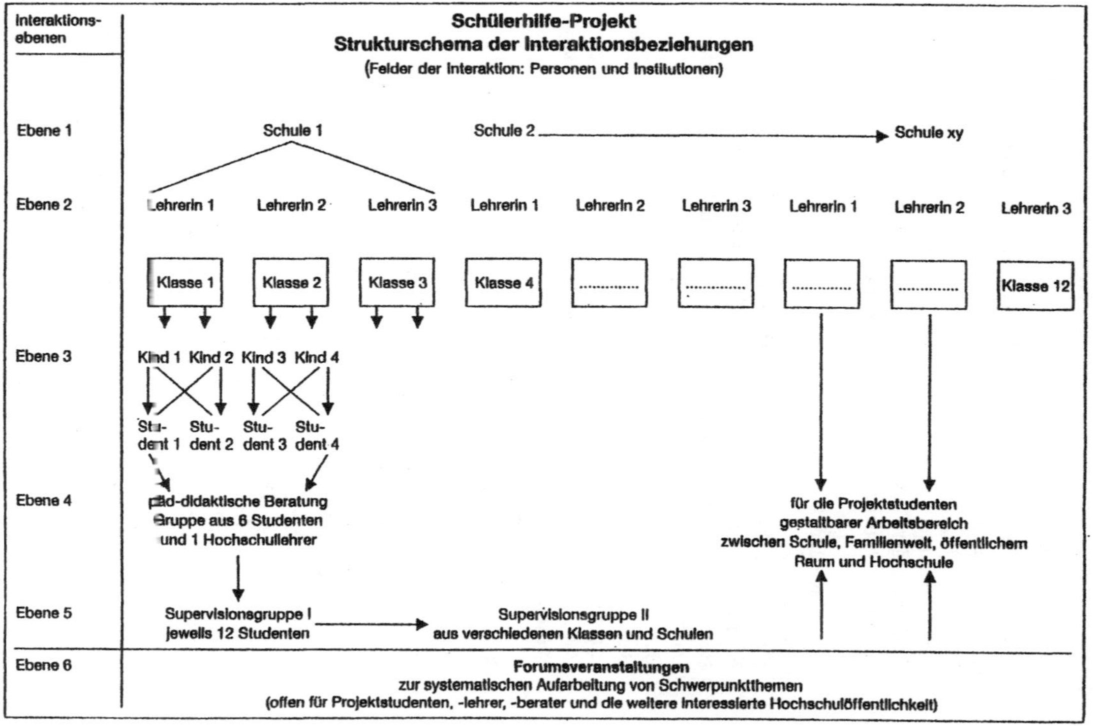
Interaktionsebenen
Schülerhilfe-Projekt
Strukturschema der Interaktionsbeziehungen
(Felder der Interaktion: Personen und Institutionen)
Ebene 1
Schule 1
Schule 2
Schule xy
Ebene 2
Lehrerin 1
Lehrerin 2
Lehrerin 3
Lehrerin 1
Lehrerin 2
Lehrerin 3
Lehrerin 1
Lehrerin 2
Lehrerin 3
Klasse 1
Klasse 2
Klasse 3
Klasse 4
Klasse 12
Ebene 3
Kind 1
Kind 2
Kind 3
Kind 4
Student 1
Student 2
Student 3
Student 4
Ebene 4
päd-didaktische Beratung
Gruppe aus 6 Studenten
und 1 Hochschullehrer
für die Projektstudenten
gestaltbarer Arbeitsbereich
zwischen Schule, Familienwelt, öffentlichem
Raum und Hochschule
Ebene 5
Supervisionsgruppe I
jeweils 12 Studenten
Supervisionsgruppe II
aus verschiedenen Klassen und Schulen
Ebene 6
Forumsveranstaltungen
zur systematischen Aufarbeitung von Schwerpunktthemen
(offen für Projektstudenten, -lehrer, -berater und die weitere interessierte Hochschulöffentlichkeit)

Anlage 2

Im Sommer und Herbst des Jahres 1993 haben z.B. die Studenten einer Gruppe folgende praktischen Aktivitäten durchgeführt:

- Hospitation in der Klasse
- Begleitung der Klasse zur Waldschule (zweitägig)
- erste Hausbesuche (Betreuung von Hausaufgaben, Brettspiele, Vorlesen, Musizieren, Basteln)
- Begleitung zum Ohrenarzt
- Eisessen
- Besuch im Schwimmbad (mit Geschwistern)
- Steigenlassen eines selbstgebauten Heißluftballons
- Besuch eines Elternabends (der von den Eltern nicht wahrgenommen werden konnte)
- Basteln von Postkarten
- Besuche in der Studentenwohnung
- Bau von Handtrommeln
- Ernte im Garten
- Bau von Regenmachern (Geräuschmacher) in der Grundschulwerkstatt
- Schreiben und Stempeln mit Ricto-Set
- Museumsbesuch (Technik, Astronomie)
- Kuchenessen in der Grundschulwerkstatt
- Tischexperimente und Zaubertricks (Begegnung mit physikalischen Phänomenen)
- Zirkusbesuch
- Märchentag auf Burg Sichelnstein (ganztägig)
- Spiele im Garten (Fußball u.a.)
- Backen von Waffeln
- Zubereiten von Essen und Obstsalat
- Besuche in der Jugendbücherei (Stadtteilbibliothek – mehrfach)
- Erkundung des Uni-Geländes mit Essen in der Mensa
- Spiel mit dem Artikel-Würfel in der Grundschulwerkstatt
- Erkundung von Spielplätzen in anderen Stadtteilen (mit der Straßenbahn)
- Basteln mit Kastanien und anderem Naturmaterial
- Hausmusik (Gitarre, Bongo, Flöte)
- Besuch des Kleintierzoos (in Wahlershausen)
- Herstellen von Schlüsselanhängern in der Metallwerkstatt der Gesamthochschule
- Korrespondenz während der Semesterferien (Austausch von Briefen und Bildern).

Bei einer Vielzahl dieser Aktivitäten handelte es sich um Ur-Erlebnisse für die Kinder, d.h.,

- die Kinder waren noch nie in ihrem Leben im Schwimmbad gewesen
- sie haben noch nie die Gelegenheit gehabt, in einem Garten zu ernten
- sie haben noch nie vorher die Bücherei von innen gesehen
- sie haben noch nie in ihrem Leben einen persönlich adressierten Brief bekommen!

Anlage 3

Schematische Darstellung der Betreuungsbeziehung in Phasen

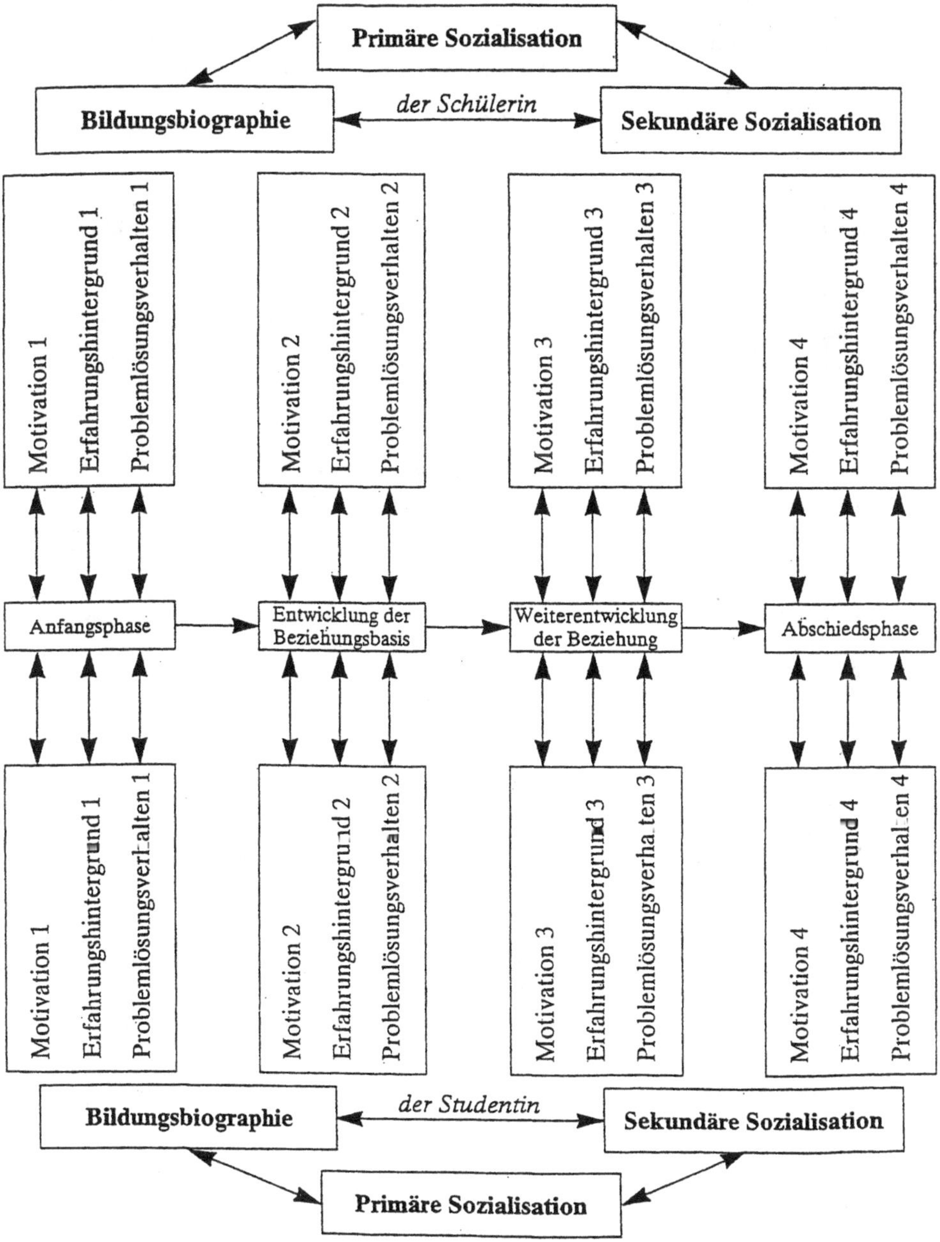

Erläuterung der Graphik (Anlage 3)

Beide Interaktionspartnerinnen (die Schülerin Tanja und die Studentin Christina) bringen ihre eigenen Voraussetzungen mit und verändern sie im Laufe der gemeinsamen Beziehungsgeschichte. Motivation, Erfahrungshintergrund und Problemlöseverhalten wandeln sich zunächst unmerklich, dann aber, wie die abschließende Reflexion sichtbar macht, deutlich. Nach einer schwierigen Anfangsphase fangen die Partnerinnen an, sich in ihrer Besonderheit genauer wahrzunehmen und besser zu verstehen. So gelingt es, daß sie sich mit der Zeit immer bewußter aufeinander beziehen und einlassen können. Christina Vockeroth (1996) kennzeichnet die Phasen folgendermaßen.

Phase 1: Anfangsphase

Christina (=Studentin)

Motivation 1
- Freude am Umgang mit Kindern
- Qualifizierung
- Selbstbestätigung
- Dankbarkeit des Kindes
- Freundschaft mit einem Kind

Erfahrungshintergrund 1
- erhöhte Sensibilität gegenüber narzißtischen Kränkungen
- positiver Kontakt zu Kindern
- unentwickelte Fähigkeit zur Selbstkritik

Problemlösungsverhalten 1
- Aggressionsverleugnung
- eingeschränkte Fremdwahrnehmung
- geringe Selbstreflexion

Tanja (=Schülerin)

Motivation 1
- interessante Freizeitangebote
- zusätzliche Spielsituationen (-partnerin)

Erfahrungshintergrund 1
- schul. u. soz. Versagenserfahrungen
- inkonsequente fam. Erziehung
- fehlende Bestätigungs- und Vertrauenssituation

Problemlösungsverhalten 1
- Beharrlichkeit
- Verweigerung gegenüber Anforderungssituationen
- keine Kompromißfähigkeit

Phase 2: Entwicklung der Beziehungsbasis

Christina

Motivation 2
- Anpassung von Motivation 1 an Realsituation
- Hoffnung auf Entwicklungsmöglichkeiten der Beziehung

Erfahrungshintergrund 2
- Entspannung
- Kooperationsbasis mit Tanja
- Erwartungshaltung zu hoch

Problemlösungsverhalten 2
- allmähliche Anpassung der Erwartungen und Ziele an Tanjas Voraussetzungen
- Erweiterung der Problemlösekompetenz durch Austausch mit Projektmitgliedern
- Akzeptanzprobleme u. Aggres-

Tanja

Motivation 2
- Bestätigung durch Interesse einer Erwachsenen an ihrer Person
- zusätzliche Freizeitangebote

Erfahrungshintergrund 2
- entspanntes Einlassen auf die Angebote
- erste Erfolgserlebnisse

Problemlösungsverhalten 2
- Verweigerungsverhalten wird aufgegeben
- sonst unverändert

Motivation 3
- positiver und entspannter Kontakt
- Vertrauenszuwachs in Tanja und die Beziehung

Erfahrungshintergrund 3
- Erfolgserlebnisse u. verbesserte Kommunikation
- Gefühl der Gegenseitigkeit der Beziehung
- Sicherheit durch Kontinuität

Problemlösungsverhalten 3
- Empathie für Tanja
- Perspektivenwechsel
- zunehmende Selbstreflexion

Phase 3: Weiterentwicklung der Beziehung

Motivation 3
- Erkennen und Wertschätzen der freundschaftlichen Beziehung
- Selbstbestätigung

Erfahrungshintergrund 3
- Erleben von äußerer und innerer Kontinuität
- Erfahrungen mit der eigenen Individualität

Problemlösungsverhalten 3
- Perspektivenwechsel (eingeschränkt möglich)
- Interessenhorizont nimmt zu
- Kommunikationsfähigkeit nimmt zu

Motivation 4
- Freundschaft und Verantwortung für Tanja
- Wertschätzung der gemeinsamen Zeit
- Verlustangst

Erfahrungshintergrund 4
- unbewältigte Abschiedserfahrungen in der eigenen Biographie
- Vertrauen und Wertschätzung gegenüber Tanja
- Verlustangst
- Schuldgefühle, Tanja im Stich zu lassen

Problemlösungsverhalten 4
- Verdrängung
- gegenseitiger Trost in der emotionalen Offenheit
- Abschiedsbuch
- Gespräche mit Tanja

Phase 4: Abschiedsphase

Motivation 4
- Vertrauen in Christina und die Beziehung
- Hoffnung auf Weiterbestehen des Kontaktes
- Angst vor Kontaktabbruch

Erfahrungshintergrund 4
- Unsicherheit und Angst durch frühere Verlusterfahrungen
- emotionale Nähe zu Christina

Problemlösungsverhalten 4
- Äußerung der emotionalen Befindlichkeit (Bedauern, Wünschen, Aggressionen)
- Akzeptanz und ansatzweise Bewältigung der Trennung

Katharina Gröning

Qualität und ihre Rezeption in klinischen Institutionen

Qualität in sozialen Dienstleistungsorganisationen hat sich seit Anfang der 90er Jahre zum Dauerthema in der sozialwissenschaftlichen Diskussion entwickelt. Insbesondere das in den 60er Jahren von Donabedian (vgl. Donabedian 1966) entwickelte Modell für Qualität im Gesundheitswesen, welches Qualität in den Kategorien von Strukturqualität, Prozessqualität, Ergebnisqualität ausdrückt, genießt in den Sozialwissenschaften wie auch in der Praxis sozialer Dienstleistungsarbeit, in den sozialen und klinischen Institutionen eine zunehmend hohe Anerkennung. Andere Qualitätskonzepte, zum Beispiel solche, die die Interaktionsintensität, den Beziehungsaspekt und die innere Realität der Beteiligten einer sozialen Dienstleistung betonen oder auch reflexive Formen der Qualitätssicherung wie Balintgruppen und Supervision, sind demgegenüber in den Hintergrund getreten. Diese Karriere der technisch-rationalen Modelle der Qualität, zu denen neben dem von Donabedian entwickelten Modell der Qualität im Gesundheitswesen vor allem Modelle wie die DIN ISO Norm oder auch das TQM gehören, hat Gründe: Politisch betrachtet hat die Konjunktur der Qualitätsmodelle, die sich empirisch-analytisch überprüfen lassen, den Vorteil, dass sie sich den Strukturen, Hierarchien und Binnenrationalitäten der (klinischen) Organisationen gut einpassen. Sie sind in gewisser Weise kein Sand, sondern Öl im Getriebe. Sie können im Binnenraum der Einrichtungen deshalb leicht anerkannt werden, weil sie den dort etablierten Auffassungen über die Organisation, über die Klienten, über die Mitarbeiter und den Ideologien über die eigene Einrichtung besser entsprechen als dies zum Beispiel reflexive Kommunikationsmodelle tun, die sowohl gegenüber Strukturen/Hierarchien wie auch Kulturen in Organisationen kritisch und sperrig sind.

Bevor ich die Bedeutung reflexiver Qualitätssicherung, und hier insbesondere die Stellung der Psychoanalyse, weiter begründe und in diesem Kontext das Lebenswerk von Wolfgang Schmidbauer würdige, stelle ich in einem ersten Schritt zwei aktuelle und anerkannte Verstehenszugänge zur Soziologie von Organisationen vor und verorte in diesem Kontext die Psychoanalyse. Es handelt sich dabei um zwei systemtheoretische Ansätze, die für sich verdeutlichen, dass Qualität in Organisationen ganz entscheidend von der Kommunikationsfähigkeit der Mitglieder in der jeweiligen Organisation abhängt, wie auch von der Kommunikationsfähigkeit des Systems und seiner Elemente: Abteilungen, Statusgruppen, Hierarchieebenen können nur in dem Maße Qualität erbringen, wie sie mit anderen Elementen kommunikativ verbunden sind. Ich schließe diesen organisationssoziologischen Teil mit psychoanalytischen Überlegungen zum Verlust von Kommunikation in Organisationen ab. Mein erstes Argument ist also, dass Qualitätssicherung, die sich in der Regel auf die systemische Organisationsso ziologie beruft, zu deren Einsichten selbst in Widerspruch geraten ist, weil sie praktisch an einem mechanistischen Modell von Organisationen, Qualitätserbringung und der Qualitätssicherung festhält.

In einem zweiten Schritt wende ich mich dann den verschiedenen Modellen der Qualitätssicherung zu. Hierzu werden aus der theoretischen Debatte verschiedene Richtungen von Qualität unterschieden. In diesem Kontext gehe ich auch auf psychoanalytische Verständnisse von Qualität in sozialen Dienstleistungsorganisationen ein.

Schließlich interessiert mich im Zusammenhang mit dem Lebenswerk von Wolfgang Schmidbauer insbesondere ein Phänomen: Wie kann es in sozialen Dienstleistungsorganisationen, die sich massiv um Qualität bemühen, quasi im gleichen Atemzug zu Gewalt kommen? Am Beispiel der Gewalt gegen Bewohner und Patienten versuche ich das Phänomen von Gewalt aus psychoanalytischen Theorien zu klinischen Institutionen zu erklären und bringe dies in Zusammenhang mit der ökonomisch-konzeptionellen Restrukturierung. In diesem Kontext würdige ich ebenfalls die Arbeiten von Schmidbauer zum Töten aus Mitleid.

1. Organisation und Kommunikation - ein systemtheoretischer Ansatz

Qualitätsdefizite in Organisationen werden soziologisch zunehmend in der Organisation selbst verortet. Untersucht wird das Paradoxon, dass teilweise trotz beachtlicher Ressourcen und hoher Qualifikationen der Mitarbeiter qualitätsvolle Leistungen nicht erbracht werden können. Organisationen haben Integrationsprobleme und Probleme des Zusammenhalts oder der Kohäsion. Der Gesundheitswissenschaftler Feuerstein hat in diesem Zusammenhang von Zentrifugaleffekten in sozialen Systemen gesprochen, von der Neigung der Teilbereiche oder Subsysteme einer Organisation, autonom zu werden, eigene Bedeutungssysteme und Binnensichten zu entwickeln (Feuerstein 1995).

Jedes Subsystem bilde Binnensichten und Binnenrationalitäten aus und verliere die Fähigkeit, die eigene Funktion aus der Perspektive der Gesamtorganisation zu sehen, geschweige aus der Perspektive von Klienten oder Patienten, die im Sinne der Systemtheorie, wie alle Menschen, zur Umwelt des sozialen Systems gehören. Die eigenen Binnensichtweisen, so Feuerstein (1995), würden als Sachzwänge wahrgenommen. In Anlehnung an Foucault betont Feuerstein, der sich insbesondere mit den Effekten und Phänomenen der Systementwicklung in Kliniken befasst hat, dass Krankheiten und Probleme "durch den Klienten hindurch gesehen würden", Menschen also wie Sachen behandelt würden. Verschiedene Dimensionen dieser Zentrifugaleffekte hat Feuerstein aufgezeigt: Unterschiedliche und nicht aufeinander abgestimmte Konzeptionen und konzeptionelle Maßstäbe, unterschiedliche Hierarchien und Wertigkeiten in der Hierarchie, unterschiedliche Abläufe und unterschiedliche Prinzipien der Organisation. Für die Klienten kommt es zu Pannen, zu Wartezeiten und unzumutbaren Verdichtungen, zum Neben- und Gegeneinander von Meinungen und Haltungen, vor allem aber immer wieder zur Erfahrung, versachlicht und damit nicht menschlich behandelt zu werden. Insbesondere die subjektiven Seiten der Krankheit, Schmerz, Angst und Trauerphänomene spielen im "System Krankenhaus" keine oder nur eine sehr begrenzte Rolle.

Um die beschriebenen Phänomene kategorial zu erfassen, hat Feuerstein das Konzept der Schnittstelle für klinische Organisationen verwendet. In seinem theoretisch-programmatischen Aufsatz kommt er zu dem Schluss, dass sich in Krankenhäusern verschiedene Schnittstellenprobleme identifizieren lassen: solche des konzeptionellen, des institutionellen, des zeitlichen und des organisatorischen Zusammenhangs. Das Problem der Organisation Krankenhaus sei heute die Integration der Versorgung. Trotz hohem Ressourceneinsatz sei das Krankenhaus als System nicht effektiv. Zum ersten bestehen unterschiedliche, veraltete und berufs- bzw. fachgruppenspezifische Behandlungskonzepte, die zumeist aufgrund spezieller Machtinteressen von Abteilungschefs institutionalisiert worden sind. Institutionelle Schnittstellenprobleme ergeben sich durch institutionsübergreifende Behandlungen, zeitliche, organisatorische Schnittstellenprobleme ergeben sich durch autonome Planung von Abläufen in einzelnen Bereichen.

2. Psychoanalytische Ergänzungen

Feuerstein (1995) beschreibt die Probleme des Systems Krankenhaus vorwiegend aus einer technisch-dynamischen Perspektive, die dem systemischen Blick eigen ist. Hin und wieder verweist er in seinem Aufsatz jedoch auf die Perspektive der beruflichen Sozialisation des Arztes und auf das Problem der professionellen Definitionsmacht und Expertenmacht, das heißt, er geht über eine technisch-sachliche Perspektive hinaus. Setzt man den Ansatz Feuersteins nun zur psychoanalytischen Theorie von Institutionen in Beziehung, so bieten sich dafür zwei Interpretationsfolien an. Die strenge Sachlichkeit und der gigantische Einsatz von Technik und ökonomischen Ressourcen, mit der das Gesundheitswesen auf die Krankheit reagiert, vor allem aber die Mystifizierung der Person des Arztes, seine Ausstattung, Macht und die Phantasien, die sich an sein Können binden und immer wieder institutionell inszeniert werden, können unter der Perspektive der Abwehr interpretiert werden.

Wolfgang Schmidbauer hat in diesem Zusammenhang immer wieder betont, dass mittels Expertokratie und Technologie Gefühle verschwinden. Technik und Wissen ermöglichen es dem Arzt wie auch den Pflegenden instrumentell aufzutreten. Ärzte und Pflegende können sich von der Last des Mitfühlens mit dem einzelnen Patienten befreien. Die Professionellen werden autonom. Schmidbauer, der sich in seinen Studien und Berichten immer wieder kritisch mit mit der mit der Rolle des Arztes auseinandergesetzt hat, hat ebenfalls darauf hngewiesen, dass neben dem Mitgefühl ein weiteres Gefühl durch Technik und Sachlichkeit verschwindet. Es sind die Schuldgefühle, wenn Behandlungen versagen, wenn Ärzte nicht helfen können. Indem der Arzt seine Tätigkeit wenn Ärzte nicht helfen können. Indem der Arzt seine Tätigkeit versachlicht, kann er scheinbar ohne Schuld- und Mitgefühl solche Bereiche verlassen, in denen Patienten wenig Hoffnung auf Behandlung und Heilung haben.

Institutionell besteht die Abwehrfunktion klinischer Institutionen durch Großtechnologie und Sachlichkeit in einer für die Moderne typischen Angstabwehr, die geschichtlich in einer Angst vor der Krankheit und ihrer modernen, das heißt technischen Bewältigung begründet ist. Bereits Freud hat auf die emotionale Bedeutung von Technik und Maschinen aufmerksam gemacht, wenn er darauf hinweist, dass von der Maschine gleichzeitig eine Omnipotenzphantasie wie auch eine Kastrationsdrohung ausgeht. Die Medizintechnik gibt dem Arzt Macht und Potenz und nährt die Illusion, dass Krankheit und Tod im Krankenhaus in Heilung und Gesundheit quasi verwandelt werden können. Insofern werden Krankheiten, für die es keine Heilung gibt, oder auch Tod und Sterben desintegriert.

Die Abwehrfunktion des sozialen Systems Krankenhaus und seiner Akteure lässt sich indessen nur dann aufrecht erhalten, wenn zum einen die Größenphantasien der Leistungs- und Machtträger der Organisation genährt werden und wenn zum zweiten Kommunikation zwischen den Mitgliedern des Systems nur auf ihre funktionalen Aspekte beschränkt bleibt. So entwickeln sich kommunikative Pathologien und Tabubereiche, die dann in die von Feuerstein beschriebenen Probleme der Versorgungsintegration münden.

3. System und Lebenswelt in einer organisationskulturellen Sicht

Mit den Kategorien von System und Lebenswelt definiert Thomas Klatetzki (1993) die Kommunikationsprobleme in einem anderen sozialen Dienstleistungsbereich: der Jugendhilfe. Die Erbringung von Leistungen findet seiner Auffassung nach an zwei Orten statt: im Zentrum einer Organisation und an ihrer Peripherie. Klatetzki (1993) nennt diese Orte zentral und dezentral.

Mit beiden Orten seien jeweils unterschiedliche soziale Praxen verbunden: An den dezentralen Orten, also in der Lebenswelt der Klienten, erfolgt die Praxis und an den zentralen Orten, im Managementbereich, sollen alle Ereignisse und Probleme bei der Gestaltung der Lebenswelten der Klienten besprochen, geplant, reflektiert und interpretiert werden. Dies geschieht auf einer spezifischen Folie von Professionalität und von Qualität.

Organisationskulturell ist es nach Klatetzki bedeutend, wie diese beiden Orte miteinander verbunden sind. Das Denken der Organisation bezieht sich dabei auf festgelegte Begriffe und Muster, die standardisiert und bürokratisiert sind und auch so kontrolliert werden. Der zentrale Ort der sozialen Dienstleistung befasst sich dabei immer wieder mit der Entwicklung von Strategien. Dabei wird im Zentrum die Wirklichkeit der Klienten als eine aus Interessen und Komponenten zusammengesetzte betrachtet, die in sich abgeschlossen und isolierbar ist und relativ beliebig miteinander verbunden werden kann.

Demgegenüber berichten aber die Praktiker von einer durchgängigen Andersartigkeit in der Lebenswelt der Patienten und Bewohner. Es sei so, als beträte man immer wieder eine fremde Welt, als überschreite man eine Grenze. Verlässliche Strukturen, die den Qualitätsbegriff und das Handeln der Zentrale prägten, fehlten in den dezentralen Teilen. Die Situation ist offen. Professionelle Maßstäbe und Standards fehlten, routinierte Verhaltensweisen werden immer wieder als Übergriff verstanden und abgelehnt, Grenzen werden teilweise drastisch gezogen, und es muss verhandelt werden. Die Offenheit der Situation im dezentralen Bereich und die Geschlossenheit der Situation in den zentralen Bereichen können wohl als die strukturellen Spannungen schlechthin verstanden werden. Diese Spannungen fordern den Professionellen das ab, was die soziologische Theorie der Identität (Krappmann 1974) Rollendistanz, Ambiguitätstoleranz, Empathie und kommunikative Kompetenz nennt.

Wer also dezentral, direkt mit Klienten arbeitet, wird sich immer wieder mit Schamgefühlen, ggf. mit Schuld und Versagensgefühlen auseinandersetzen müssen, die professionelle Rolle verlassen zu haben, sich auf die Lebenswelt der Klienten zu sehr eingelassen zu haben, mehr Freund als professioneller Experte geworden zu sein, dem es an der nötigen Abstinenz fehlt. Das technische, expertenhafte Handeln ist in der Lebenswelt so kaum möglich, es sei denn diese ist durch die Institution völlig präformiert. Gerda Kassakos hat in einer älteren Studie über die Familienfürsorge berichtet (vgl. Kassakos 1981), wie sehr diese Spannung die Professionellen verunsichert, so dass sie in heftigen Aktennotizen und in berufstypischem Klatsch ihre professionelle Distanz wieder zu erlangen versuchen, indem sie ihr Klientel hart und quasi vom Hochsitz der Profession beurteilen. Psychoanalytisch gedeutet heißt dies, der Professionelle empfindet über die Nähe zum Klienten in dessen Lebenswelt Scham, die dadurch unbewusst wird, dass im schriftlich formalen System genau jene Objekt-Subjekt-Beziehung arrangiert wird, zum Beispiel über wertende Aktennotizen und Dokumentationen, die in der Lebenswelt, in der direkten Kommunikation und Interaktion mit dem Klienten niemals durchgehalten werden kann. Es ist Klatetzkis Anliegen, diese kommunikativen Pathologien in den von ihm untersuchten Bereichen der Jugendhilfe durch eine einfühlendere Kommunikation verändern zu wollen. Er schlägt vor, die Unabhängigkeit und Gegensätzlichkeit von System und Lebenswelt zunächst zu akzeptieren und über kommunikative Brücken und Spangen zu verbinden. Dabei verdeutlicht er, dass die Kommunikation keinem hierarchischen Muster folgen sollte, also vom Zentrum in die Peripherie, sondern zirkulär organisiert sein soll.

4. Der psychoanalytische Beitrag

Insbesondere die psychoanalytische Großgruppenforschung hat sich mit kommunikativen Pathologien in Großgruppen und Institutionen befasst. Aus einer großgruppendynamischen und gruppenanalytischen Sichtweise diskutieren Rudnitzki/Voll das Phänomen des Kommunikationsverlustes in klinischen Institutionen. Ausgangspunkt sind vor allem Phänomene emotionaler Entleerung in sozialen Dienstleistungsberufen sowie kommunikative Schranken und Barrieren zwischen dem Management in Organisationen und denjenigen, die mit Patienten und Klienten arbeiten.

Rudnitzki/Voll sprechen von einem Aphasiephänomen, welches zum einen seine Ursache in der Institution als Ganzes hat, zum anderen aber ebenfalls seine Ursache in der Kultur, wie soziale und klinische Institutionen gesteuert werden. Als Faktoren für die Aphasie nennen sie vor allem bürokratische oder durch Bürokratie verursachte Phänomene: Arbeitsteilung, Erschöpfung, Überforderung. Sie zeigen zum einen das Problem der horizontalen und vertikalen Arbeitsteilung auf, welches in Spezialisierungen und Professionalisierung mündet. Damit einher gehen Differenzierungen in bescheidene, in semi-professionelle und professionelle Berufe, die unterschiedliche Sichtweisen und Klientenbilder kultivieren. Fehlen Leitungen, Leitbilder und Konzepte, verschärft sich das Risiko von Kämpfen. Von Erschöpfung als Grund für Aphasie sprechen die Autoren, wenn die Notwendigkeit von Pausen und Urlauben dem Management aus dem Blick gerät und im Sinne der mitmenschlichen und allgemeinen Bringschuld, die Professionelle gegenüber ihren Klienten fühlen, Mehrarbeit und Zusatzdienste vom Management verordnet würden. Überforderungsaphasie tritt dann auf, wenn in den Institutionen nicht ausreichend Wissen vorhanden ist, um die Probleme der Klienten zu verstehen.

5. Probleme moderner Organisationen und ihre Lösung durch Qualitätsmanagement

Bisher habe ich mittels organisationssoziologischer und psychoanalytischer Ansätze versucht, Probleme moderner sozialer Dienstleistungsorganisationen im Gesundheitswesen und im Sozialbereich zu beschreiben. Mir kam es darauf an, zum einen die Anschlussfähigkeit zwischen systemischen und psychoanalytischen Sichtweisen aufzuzeigen, zum anderen zeigen die Studien sehr deutlich, dass Qualität zu einem beachtlichen Teil mit Kommunikation gleichgesetzt werden kann bzw. dass Kommunikation, und zwar wertschätzende und haltende/stützende Kommunikation, die Voraussetzung für die Entstehung von Qualität in sozialen Dienstleistungsorganisationen ist.
Ich möchte mich jetzt dem Thema Qualität näher zuwenden, weil insbesondere das Qualitätsmanagement verspricht, für die Probleme von Organisationen entsprechende Lösungen bereitzustellen.

Qualitätskonzepte sind in ihren jeweiligen wissenschaftlichen und praktischen Intentionen nicht von dem Programm der Erneuerung des sozialen Dienstleistungsbereiches zu trennen, in dessen Mittelpunkt ein neoliberales Verständnis von Kontraktierung steht. Klienten sind heute Kunden geworden bzw. werden als solche definiert. Hinzu tritt die Institutionalisierung der Konkurrenz und des Marktprinzips in den früher vorwiegend mitgliederorientierten Einrichtungen des Sozialbereiches. Die neue Bedeutung des Kontraktes für soziale Dienstleistungen hat automatisch die Frage nach dem Gegenstand, nach dem Umfang und nach der Qualität der Leistung nach sich gezogen.

Gegenwärtig können instrumentelle, interessen- und konflikttheoretische und reflexive Ansätze von Qualität im sozialen Dienstleistungsbereich unterschieden werden.

Technische Ansätze von Qualität sehen diese als ein technisch herstellbares Ergebnis. Unter Zuhilfenahme von strukturierten und kontrollierten Prozessen wie zum Beispiel Controlling behaupten diese Ansätze, Qualität lasse sich systematisch erzeugen. Das Ziel dieses Qualitätsverständnisses liegt zum einen in der Wirtschaftlichkeit der Erbringung sozialer Dienstleistungen, zum zweiten in der Legitimation gegenüber Kostenträgern und Sicherstellung langfristiger vertraglicher Bindungen. Die soziale Dienstleistung erscheint vor dem Hintergrund des technischen Qualitätsverständnisses als machbar, als kontrollierbar und beherrschbar. Insbesondere die Zertifizierungen scheinen Objektivität und Transparenz zu gewährleisten.

Gleichwohl zeigen die ersten Erfahrungen mit den Qualitätssicherungssystemen und Zertifizierungen, dass zwei wesentliche Ebenen der sozialen Dienstleistung in dem Modell fehlen: Die Besonderheit der sozialen Dienstleistung und die gesamte Ebene der Nutzer sozialer Dienstleistungen. Letztere werden zwar als Kundenwünsche in die Qualitätsvorstellungen eingebracht, eine systematische Berücksichtigung fehlt indessen. Zum zweiten: Die Versachlichung, die dem technischen Modell der Qualität innewohnt, hat insbesondere das moralische Verhältnis, welches zwischen "Dienstleister " und "Kunden" besteht, thematisiert. Einrichtungen und Träger bemühen sich nun, die Versachlichung durch Leitbilder und Ethiken, die quasi kompensatorisch der Qualitätssicherung gegenüber gestellt werden, zu mildern. Gleichwohl - die moralische Dimension des Helfens, Pflegens, Sorgens stellt die größte Herausforderung für die ökonomisch-kontraktuelle Restrukturierung des Dienstleistungsbereiches einschließlich seiner Qualitätskonzepte dar. Mehr noch, das ganze Modell ist hierüber erschütterbar.

Für partizipatorische Ansätze stehen die Nutzer sozialer Dienstleistungen im Mittelpunkt des Interesses. Sie werden als Ko-Produzenten der Dienstleistung verstanden. Qualität orientiert sich hier am Gebrauchswert der Dienstleistung für den Nutzer. Es sind die Nutzer, die definieren, was gut und schlecht an der Dienstleistung ist. Ihre Mitbestimmungsmöglichkeiten und Gestaltungsspielräume erhöhen die Produktivität und Qualität der Dienstleistung. Die nutzerorientierten Ansätze zur Qualität entstammen den Empowermentansätzen, den demokratietheoretischen Überlegungen und der Gemeinwesenarbeit innerhalb der Sozialen Arbeit. Gegenüber den technischen Ansätzen sind sie insofern Überlegungen, als sie den Klienten, den Adressaten, nicht außerhalb des

gungen, als sie den Klienten, den Adressaten, nicht außerhalb des Systems der Qualitätserbringung, sondern in den Mittelpunkt der Dienstleistung stellen. Im Mittelpunkt der Ansätze stehen nicht näher beschriebene kommunikative Aushandlungsprozesse über die Dienstleistung. Die Vertreter dieser Ansätze gehen von unterschiedlichen Machtpotentialen und Interessen aus, sie nehmen einen Konflikt zwischen den Leistungserbringern und den Nutzern an.

Erwähnt seien schließlich professionelle Ansätze zur Erbringung von Qualität, die entweder expertokratisch, das heißt an wissenschaftlichen Standards orientiert sind, oder sich reflektierend verstehen. Expertokratische Modelle von Qualität gehen davon aus, dass sich Qualitätskriterien nur anhand fachlicher Maßstäbe entwickeln lassen, die sich wissenschaftlich und durch Erfahrung legitimieren. Methoden und Instrumente dieser Form der Qualitätssicherung sind vor allem Methoden der Praxisforschung, Selbstevaluation und Supervision. In die Praxis soll eine strukturelle Reflexionsschleife eingebaut werden.

Die systemisch-rationalen Qualitätsmodelle sind Machtmodelle, sie konzentrieren die Macht in Organisationen in den Händen wissenschaftlich ausgebildeter Experten und in den Händen des Managements:

1. Sie kommen den Professionalisierungsbestrebungen der sog. Semiprofessionellen durch die Einrichtung von Stabstellen (Qualitätsbeauftragte, TQM-Manager etc.) entgegen.
2. Sie beschränken sich auf das Äußere, auf solche Dimensionen der Qualität, die sich mit empirisch-analytischen Instrumenten überprüfen lassen, das heißt auf Verhalten. Moral und Empathie zum Beispiel als besondere Dimensionen einer sittlichen Beziehung werden damit nicht erfasst.
3. Sie stillen das Kontrollbedürfnis nach innen und das Legitimationsbedürfnis nach außen und geben dem Management einer Organisation die moralische Entlastung mit unangenehmen Wahrheiten nichts zu tun zu haben.
4. Sie ermöglichen es, Probleme der Institutionen dem einzelnen zuzuordnen und über Sanktionen symbolisch Probleme aus der Welt zu schaffen.

Da qualitative und reflexive Formen der Qualitätssicherung gegenüber dem empirisch analytischen Modell in den Hintergrund getreten sind, besteht nun die Gefahr, mit Qualität das gleichzusetzen, was sich mit den Instrumenten von Zertifizierungen und Standardisierungen in Organisationen erkennen und durchsetzen lässt. Zwar wird von Vertretern der Qualitätssicherungsinstitute immer wieder betont, dass Standards möglichst in den Teams kommunikativ erarbeitet werden sollten, sie können aber kaum sagen, warum eine kommunikative Einführung im Team einer Anleitung von oben nach unten überlegen ist. Es ist daher nahe liegend, dass die Qualitätsexperten sich eine nachträgliche Identifikation mit ihren Programmen wünschen, das heißt, für einen Prozess, der entscheidend vom Mitarbeiter abhängt, von dem der Mitarbeiter aber ausgeschlossen ist, wird im Nachhinein eine moralische Bindung des Mitarbeiters angestrebt. Diese

Form der Einführungen muss das Aphasiephänomen in den Einrichtungen verstärken.

Faktisch dominieren Einführungen, Unterweisungen und Anleitungen, das heißt, nachgeordneten Mitarbeitern werden Standards und Qualitätssicherungsprogramme lediglich erklärt und sie haben sie dann auszuführen. Unter der Perspektive wirtschaftlicher Effizienz müssen so angeleitete und unterwiesene nachgeordnete Mitarbeiter denn auch nicht qualifiziert sein, um qualitätsvolle Leistungen zu erbringen. Ein Effekt von Qualitätsmaßnahmen ist deshalb, dass qualifiziertes Personal eingespart werden kann.

Für die Kommunikationskultur hat die Erneuerung mittels Qualitätssicherung noch größere Folgen. Das Norm-Sanktions-Konzept, welches der Qualitätssicherung implizit zugrunde liegt, vertieft nicht nur die Arbeitsteilung zwischen Experten und Praktikern in Organisationen, Kommunikation über die eigene Arbeit wird für die Praktiker zum Risiko, wenn sie mit Sanktionsdrohungen verknüpft ist. Reflexive Kommunikation kann so als Teamkultur kaum entwickelt werden. Es vollziehen sich also ein Abbau von reflexiver Kommunikation an der Basis der Unternehmen und ein Umbau von professioneller Kommunikation hin zu normativer Kommunikation.

Grundsätzlich ist davon auszugehen, dass alle Qualitätsmodelle spezifische Leistungspotentiale und ebenso spezifische Leistungsgrenzen haben. Bestimmte Sphären und Anteile jeder Organisation sind eben technisch-rational und lassen sich mit entsprechenden Methoden am besten entwickeln und verbessern. Demgegenüber stehen aber andere Bereiche, die expressiv, lebensweltlich und/oder verborgen sind. Diesen Bereichen Qualitätsvorstellungen aufzunötigen, die aus der empirisch analytischen Tradition entlehnt sind, hieße double binds und Widersprüche im Sinne des "sei spontan" zu implementieren.

6. Grundsätzliches zu Psychoanalyse und Qualität

Als Lehre vom Unbewussten hat die Psychoanalyse in der aktuellen Qualitätsdebatte scheinbar wenig zu bieten. Allenfalls als Teil der professionellen Ansätze im Rahmen von Supervision könnte ihr ein gewisser Platz eingeräumt werden. Psychoanalytisches Denken wäre dann im Rahmen einer Reflexionsschleife im professionellen System zu verstehen. Den klassischen Gegenstand psychoanalytischer Reflexion stellen Dimensionen der inneren Realität der Personen dar, die an der sozialen Dienstleistung beteiligt sind. Diese Ebene soll zunächst beschrieben werden. Psychoanalyse soll verstanden werden als Methode der Qualitätssicherung im Feld der sozialen Dienstleistungsarbeit. Dazu werden drei psychoanalytische Ansätze zur Qualitätssicherung in sozialen Dienstleistungsorganisationen näher vorgestellt, die sich mit den Fallstricken kommunikativer Aushandlungsprozesse und Begegnungen befassen. Es handelt sich um die Überlegungen von Siegfried Bernfeld zum Problem des Sisyphos in den sozialen Dienstleistungen, um das ethnopsychoanalytische Verständnis von Devereux und um Schmidbauers Überlegungen zu den Pathologien der Helfer/Klientbeziehung.

7. Sisyphos und die soziale Dienstleistungsarbeit

Der psychoanalytische Pädagoge Siegfried Bernfeld hat in seiner Arbeit über Sisyphos oder die Grenzen der Erziehung grundlegendes zum Prozess des Erziehens gesagt, was auf soziale Dienstleistungen übertragen werden und als Baustein psychoanalytischer Qualitätsforschung gelten kann. Die drei Grenzen des Erziehens nennt er: die Reaktion der Kultur auf die Entwicklungstatsache, die Grenze der Institution und die psychischen Grenzen (Abwehr) des Erziehers (des Professionellen).

Bevor seine Gedanken zu diesen Grenzen ausgeführt werden, scheint es angemessen, Bernfelds Idee des Sisyphos oder der Sisyphosarbeit für die soziale Dienstleistungsarbeit herauszuarbeiten, denn im Bild des Sisyphos spiegelt sich das grundsätzliche Dilemma sozialer Dienstleistungsarbeit. Sisyphos ist durch die Götter dazu verurteilt, einen Stein den Berg hinaufzurollen, der ihm kurz vor dem Ziel immer wieder den Berg hinunterrollt. Dieses Bild, der Stein, der den Berg hinunterrollt, hat der psychoanalytische Supervisor Horst Harbig anlässlich der Jahrestagung der internationalen Gesellschaft für Heimerziehung in Slovenien (vgl. Böhmer/Gröning 1995, Forum Supervision) als besonderes Kennzeichen sozialer Dienstleistungsarbeit benannt.

Das Bild des Sisyphos weist darauf hin, dass soziale Dienstleistungsarbeit nicht einfach produkt- und fortschrittsorientiert verstanden werden kann. Kulturelle, institutionelle und interpersonelle Widersprüche machen Anstrengungen zunichte und münden immer wieder in Enttäuschung, Wut und Entleerung. Der Soziologe Thomas Olk (1994) hat in diesem Zusammenhang aufgezeigt, dass soziale Dienstleistungsarbeit eine Koproduktion ist, für den Erfolg der Arbeit also ganz entscheidend ist, dass Klienten in ein Ko-Produktionsverhältnis eintreten. Dies ist dann umso spannungsreicher, wenn das Ziel der sozialen Dienstleistungsarbeit nicht dem Klientenwohl entspricht, sondern Interesse und Wohlbefinden des Klienten lediglich ein nachträgliches Ziel in der Arbeit ist. "Ko-Produktion" und "doppeltes Mandat" können als institutionelle Dimensionen des Sisyphos verstanden werden, die den Stein den Berg hinunterrollen lassen.

Um die Gefühle der Entwertung, Enttäuschung und Entleerung auszudrücken und zu verarbeiten, wenn der Stein den Berg hinunterrollt, brauchen soziale Dienstleistungsarbeiter Begleitung und Kommunikation in Form von Supervision und Beratung, so Horst Harbig (vgl. Böhmer/Gröning 1995). Siegfried Bernfelds Bild des Sisyphos benennt Grenzen im Prozess der Erziehung (der sozialen Dienstleistung).

Als eine Grenze beschreibt Bernfeld die Institution als Ganzes. Die Institution, so Bernfeld, antworte auf Störungen mit Technologie. Anstatt sich in den Prozess des reflexiven Denkens zu begeben und die Grenzen zu reflektieren, würden neue Techniken entwickelt. Am Beispiel der Didaktik als technische Antwort auf Unterrichtsstörungen stellt Bernfeld fest: „Indessen die Didaktik versucht, den Unterricht des einzelnen Lehrers gelegentlich durch Disziplinierung in der Klasse zweckrational zu denken, bleibt die Schule als Ganzes, das Schulwesen als System ungestört" (S. 26). Für Bernfeld sind technische Antworten auf soziale Probleme Abwehrformen. In diesem Kontext ist auch die Qualitätsdebatte gegen den Strich zu deuten.

Die zweite Grenze der Qualität nennt Bernfeld die psychischen Grenzen des Erziehers (S. 142). Bernfeld spricht, wenn er von den psychischen Grenzen des Erziehers redet, vor allem von Grenzen des Verstehens und Grenzen der Empathie. Das advokatorisch-ethische Handeln des Erziehers wird angesichts seiner inneren (Über-Ich)-Grenzen zum strafenden Handeln. Mit den Grenzen des Erziehers spricht Bernfeld die Dimension der individuellen Abwehr an. Darin eingeschlossen ist die Erkenntnis, dass es sich beim Erziehen, ähnlich wie beim Pflegen, beim Behandeln und beim Helfen, um einen angsterregenden Prozess handelt. Für die Klinik und für Felder der Sozialen Arbeit ist bereits beschrieben worden (vgl. Attali 1981, Foucault 1982), dass das angsterregende aus der kulturellen Deutung von Krankheit und abweichendem Verhalten selbst herrührt. In der Krankheit versteckt sich traditionell das Böse, so Attali (1981), Klienten werden schnell zur Projektionsfläche für Schuld und Versagen.

Die dritte Grenze nennt Bernfeld die Reaktion auf die Entwicklungstatsache. Mit dieser Ebene ist die Ebene der Kultur angesprochen, wenn man wie Mario Erdheim Kultur als ein gemeinsames bzw. ähnliches frühkindliches Trieb- und Erziehungsschicksal definiert. Entwicklungen, vor allem differente Entwicklungen hin zum Andersartigen, Heteronomen, stellen für Kulturen große Herausforderungen dar. Kann die Kultur das Andere integrieren oder reagiert sie mit einer Spaltung in Gut und Böse? Insbesondere das Fremde wird aggressiv, das heißt mittels rigider Initiationen, Ritualisierungen und engen Norm- und Rollenvorschriften kontrolliert. Bernfeld hat, bezogen auf die Entwicklungstatsache, vor allem die Entwicklungen und Herausforderungen gemeint, die die Jugend als neue Generation an eine Gesellschaft stellt. Die Spannung zwischen den Entwicklungsanforderungen, die eine neue Generation an die Gesellschaft formuliert und deren Antworten auf die Herausforderungen lassen sich aber auch auf andere Gruppen, wie Migranten und Ausländer, Frauen und Alte übertragen, die bevorzugt Klientele sozialer Dienstleistungsarbeit werden. Gelingt es, in der Gesellschaft eine Kultur der Anerkennung für besondere Entwicklungsverläufe (Jugend, Alter, Krankheit, Migration) zu schaffen oder bleibt die Kultur bei ihrem Abwehrmodus der Einverleibung oder Ausstoßung?

8. Sich verstricken als Grundtatbestand sozialer Dienstleistungsarbeit

In seiner Arbeit über Angst und Methode in den Verhaltenswissenschaften schreibt Georges Devereux, dass jede, auch pädagogische Erkenntnis, die Voraussetzung habe, die affektive Verstrickung des Menschen mit dem Phänomen, das er untersucht, aufzuarbeiten. Das Phänomen der Verstrickung in den Gegenstand oder in das Feld, wenn wir Institutionen als Feld betrachten wollen, ist das wichtigste, das interessante Phänomen. Der Widerstand, also die Hindernisse gegen diese Aufarbeitung, diskutiert Devereux als Angst, die als Grundbestand jeder sozialwissenschaftlichen Erkenntnis verstanden wird. Für die Gewinnung von Erkenntnis geht Devereux zunächst von einer komplexen Matrix von Bedeutungen aus, die erforscht und analysiert werden müssen. Praktische Erkenntnis entsteht dann, wenn die affektiven Verstrickungen mit thematisiert werden, die in der Erfahrung, der Begegnung stecken. Devereux geht sogar noch weiter. In Anlehnung an Einstein sagt er, dass wir Erkenntnisse nur am Beobachter beobachten können (vgl. Müller 1995, S. 59). Die Verstricktheit des Forschers in seinen Gegenstand wird als ursprüngliche Quelle der Erkenntnis betrachtet mit der Konsequenz, dass Objektivität im ethnopsychoanalytischen Sinn systematische Reflexion, nicht aber Ausschaltung und Behandlung der Störungen bedeutet.

Selbstreflexion der sozialen Dienstleister, ein sich einlassen auf die Beziehungen zu Klienten im Alltag, emotionale Verstrickung und partielle Identifikation mit der Fremdheit, die der Klient mit sich bringt, wären hier Zeichen der Qualität. Das sich einlassen auf das Fremde führt nach Devereux zur partiellen Identifikation, die angstauslösend ist und in eine Abwehrbewegung münden kann. Idealisierung oder Abwertung als Folgen der Abwehr führen zum Nicht-Verstehen. Man ist entsetzt oder begeistert. Evelyn Heinemann hat den ethnopsychoanalytischen Verstehensprozess wie folgt beschrieben:

Angehörige verschiedener (institutioneller) Kulturen reagieren kulturspezifisch aufeinander. Es werden in der Sozialisation verinnerlichte Szenen reproduziert (kulturelle Übertragung), wobei der soziale Dienstleister zur Übernahme von komplementären oder konkordanten Haltungen gedrängt wird. Es entsteht entweder eine Beziehung von Angst, Widerstand und Abwehr oder es entsteht ein sich einlassen, eine partielle Identifikation mit dem Klienten. Damit relativiert sich aber auch die Macht und die Sicherheit des Dienstleisters. In der Ethnopsychoanalyse wird das Wanken der institutionellen und professionellen Selbstgewissheit zugunsten der Empathie zum Klienten als wichtiger schöpferischer Akt einerseits verstanden, der aber zu einer Art Sterbeprozess führt. Man ist nicht mehr der Alte. Die Ethnopsychoanalyse nennt dies den "sozialen Tod", ein Phänomen, das im Gegensatz zur Größenphantasie steht. Professionalität und Qualität ist also hier das Gegenteil der Größenphantasie.

9. Größenphantasie und Helferideal

Wolfgang Schmidbauers Beitrag zum Problem der Größenphantasie des Helfens ist situiert im Kontext der vorangegangenen psychoanalytischen Überlegungen, obwohl es eher Schmidbauers Anliegen war, die Deformationen des Helfergewissens individualpsychologisch zu erfassen und damit einhergehend Berufskrisen von Helfern zu verstehen. Schmidbauer beschreibt den Helfer als einen Menschen mit Mangelerfahrung, vor allem Mangel an Liebe und narzisstischer Zufuhr. Das narzisstische Defizit mache den Helfer abhängig von der Bestätigung durch seine Klienten. In der Helfer/Klienten Beziehung kompensiert der Helfer seine Gefühle von Minderwertigkeit und Scham. Er erwartet vom Klienten, für den er sich auf der Ebene der Realität sehr engagiert, kritiklose Anerkennung. Als einen Teufelskreis beschreibt im Anschluss an Wolfgang Schmidbauer der Schweizer Psychoanalytiker Jürg Willi das Risiko einer Pflege und Helferkollision, die er ein "Spiel" aus Täuschung und neurotischer Verstrickung nennt. Der Helfer mit dem Wunsch, stark, autonom und hilfreich zu sein, erlebt die Beziehung zum Pflegling deshalb als besonders bereichernd, weil dieser in seinem Wunsch nach Anlehnung und Versorgung die Hilfe des Helfers gerne und dankbar annimmt. Gleichzeitig fordert der Pflegling immer mehr Hilfe bis es dazu kommt, dass der Helfer sich ausgebeutet fühlt, während der Pflegling sich dominiert fühlt.

Schmidbauers wie auch Jürg Willis psychoanalytische Überlegungen haben in Fachkreisen mehrheitlich nachdenkliche Zustimmung, teilweise aber auch heftige Ablehnung ausgelöst. Beide Überlegungen zielen auf die Größenphantasie des Helfers, die darin liegt, moralisch das Gute, das Richtige zu tun. Wie sehr dieses enge Zusammenspiel von Größenphantasie und Moral in Aggression und Gewalt umkippen kann, hat Wolfgang Schmidbauer 1993 in einem Aufsatz zur Patiententötung in Pflegeeinrichtungen herausgearbeitet. Anders als die Mehrheit der sozialwissenschaftlich ausgebildeten Experten zur Gewalt in Pflegeeinrichtungen, die darin eher einen Ausdruck von institutionellen Strukturen sehen, betont Schmidbauer den Aspekt der inneren Realität bei Gewalt in Pflegeeinrichtungen und bereichert auf diese Weise die Gewaltforschung um einen wesentlichen Aspekt.

10. Psychoanalyse und das Thema Gewalt in klinischen Institutionen

Das Verhältnis von Gesellschaft und klinischen Institutionen kann so verstanden werden, sagte der gruppenanalytische Supervisor Hermann Freund (1994), dass das Verrückte, Kranke und Üble ausgesondert wird, um es daran zu hindern, die Gesellschaft zu zerstören. Die Gewalt in den entsprechenden Institutionen steht insofern in einem Zusammenhang mit der Angst, die von den Trägern der Krankheit, der Verrücktheit und des Übels ausgeht. Kranke, Alte, Sterbende, Verrückte und Behinderte sind Angstquellen für die Gesunden. Traditionell galt die Angst nicht nur der Krankheit, sondern der Phantasie über das Böse, das sich in der Krankheit verbirgt.

Zu dieser Angst hinzu tritt die Kultur und Organisationsform klinischer Institutionen, die vor allem Goffman und Foucault beschrieben haben. Wesentlich ist zum ersten eine Trennung in die Welt der Patienten und Bewohner und in die

Welt des Personals als eines der wichtigsten Merkmale klinischer Institutionen. Ein zweiter wichtiger Punkt der Theorie von Erving Goffman bezieht sich auf die Beschreibung von Gewalt, die in der Entehrung liegt. Ausgeübt wird diese Entehrung in alltäglichen kleinen Zeichen der Verunreinigung, der Zerstörung so genannter Identitätsausrüstungen und der sozialen Distanzlosigkeit. Das alles geschieht noch ohne aggressive Absicht, einfach so, meist aus praktischen, das heißt zweckrationalen Erwägungen. Die Folge dieser von Goffman schon in den 60er Jahren beschriebenen Kulturen ist aber die, dass vor allem Bewohner und Patienten von Langzeiteinrichtungen ihrerseits ihre Identität verändern, sie nehmen eine, wie Goffman es sagt, Anstaltsidentität an. Sie packen ihre vollen Windeln auf ihren Nachttisch und schlafen weiter. Sie geben sich nicht mehr die tiefe Mühe, Stuhl und Urin zu halten. Sie veröffentlichen ihre Körperlichkeit, kurz sie werden schamlos. Auf diese Schamlosigkeit reagiert die Institution wiederum mit verstärkter Sachlichkeit.

Über den Arzt sagt Michel Foucault, dass er den Patienten durch die Krankheit hindurch sehe. Der Kranke erscheine lediglich als das Portrait seiner Krankheit und die Aufmerksamkeit des Arztes sei auf die Zeichen der Krankheit gerichtet. Der technologische Blick des Arztes wird in den verschiedensten Soziologien als Basis für ein spezielles und modernes, und das heißt in diesem Zusammenhang instrumentelles Gewaltverhältnis gesehen. Die Gewalt ist nicht mehr expressiv, sie ist dinglich geworden. Diesem instrumentellen Gewaltverhältnis eigen ist, dass die Aggression überhaupt nicht mehr gefühlt wird. In den klinischen Kulturen, vor allem in der Kultur des Krankenhauses, liegt die Gewalt dort, wo der Patient zum Objekt der Behandlung, der Abläufe, der Planung wird.

Der Psychiater Klaus Dörner spricht in diesem Zusammenhang von einer institutionellen Umwandlung von Menschen in Sachen. Ihnen würde nicht Würde, sondern wie Sachen Wert zugemessen. Dörner setzt sich in dem zitierten Aufsatz mit dem ethischen Problem der aktiven Sterbehilfe und der entsprechenden öffentlichen Diskussion kritisch auseinander. Er weist nach, dass die utilitaristische Sichtweise, Menschen nicht nach dem Kriterium der Würde, sondern nach ihrem Wert zu messen und zu beurteilen eine besondere Konstruktion hervorgebracht hat: den Minderwertigen. Die Konstruktion der Minderwertigkeit als quasi objektive Bewertung definiert, dass auch der Minderwertige selbst, der Alte, der Behinderte, der Sieche oder chronisch Kranke unter seiner Existenz vor allem leide. Diese Zuschreibung, so Dörner, bringt wiederum die Konstruktion des Mitleids hervor. Von da aus sei es nur noch ein kleiner Schritt zur Tötung aus Mitleid.

Zu einem ähnlichen Schluss kommt auch Wolfgang Schmidbauer. Die Versachlichung mittels Medizintechnik und Professionalität interpretiert er indessen nicht modernitätskritisch wie Klaus Dörner das tut, sondern psychoanalytisch. Der Angst vor der Krankheit werden die Grandiosität der Technik und der Mythos des Arztes entgegengehalten, wodurch sowohl beim Patienten wie auch beim Personal falsche Hoffungen geweckt würden. Automatisch, so Schmidbauer, müssten dann Behandlungen, die nicht zum Erfolg der Heilung führen, als besonderes Versagen erlebt werden, welches mit Rückzug und Vereinzelung des Personals einherginge. Und noch etwas: Schmidbauer spricht davon, dass die Institution die Patienten per Definition quasi aufspalte in solche, die man heilen könne, das seien gute Patienten, und solche, die man nicht heilen könne, das seien schlechte Patienten oder hoffnungslose Fälle.

Hoffnungslosigkeit ist in der Organisationskultur des modernen Medizinbetriebes aber desintegriert, sie wird als persönliches Versagen erlebt. Wenn der Arzt nicht helfen kann, fühlt der Kranke sich verlassen, verraten und abgeschoben. Dort, wo angesichts von nahendem Tod, geringen Behandlungsmöglichkeiten, wenig Hoffnung auf Verbesserung die Berufsgruppen und Institutionen sich gegenseitig halten und aneinander binden müssten, entsteht genau das Gegenteil. Die Institution, die Belegschaften, die Teams spalten sich. Auf dem Boden dieser Spaltungen zerbricht nicht nur das Ideal des Helfens, der Boden ist bereitet für einen Kurzschluss im Gewissen, der die Gewalt erlaubt.

Für den Kurzschluss des Gewissens sind zwei Spaltungsprozesse bedeutend: auf der Ebene des Ich-Ideals in Heilung und Hoffnungslosigkeit und auf der Ebene des Über-Ichs in Minderwertigkeit und Mitleid. Von den Patienten der Lainzer Klinik, die Wolfgang Schmidbauer näher beschrieben hat, ging eine große Kränkung und Enttäuschung aus. Pflegende, die – und hier ist die Ebene des Ich-Ideals angesprochen - an einem das eigene Selbstwertgefühl stärkenden Prozess des Heilens teilhaben wollten, wurden mit den hoffnungslosen Fällen allein gelassen, die in der offiziellen Kliniksprache als „schlechte Patienten“ bezeichnet wurden – hier zeigt sich die Ebene des Über-Ichs über die Konstruktion von Pflegebedürftigkeit als Minderwertigkeit.

Mit diesem Verlassen und allein gelassen werden stellen sich bei den Pflegenden Regressionen auf der Ebene der Gefühle und Affekte ein. Dazu gehört vor allem das Gefühl des betrogen worden Seins und der Ungerechtigkeit. Haltungen wie „für mich interessiert sich ja niemand“, „denen da oben sind wir doch egal“ und andere sind typische Äußerungsformen dieser Affektregression. Diese Regressionen können als die stillen Vorboten der Gewalt oder als latente Gewalt bezeichnet werden.

„Ich bin ein richtiger Arschwischer geworden“, sagt der Zivildienstleistende Jochen Temsch am Anfang seines berühmten Artikels in der ZEIT. Wenden wir uns der Bedeutung dieser Selbstverurteilung für den Kurzschluss im Gewissen genauer zu. Ich bin ein „Arschwischer“ ist ein Urteil, das in aller erster Linie dem eigenen Über-Ich entstammt. Die Antizipation des Blicks der anderen, also die Vermutung, die anderen halten mich ebenfalls für einen „Arschwischer“, verachten mich und sehen auf mich herab, verweist auf den Schamaspekt, der dieser Selbstverurteilung zugrunde liegt. Diese Selbstverurteilung in Bezug auf den eigenen Status, das Ansehen, welches man als Angehöriger eines Pflegeberufes genießt, ist ein sehr verbreitetes Phänomen in der Pflege. „Wir sind alle froh, dass der Alte gestorben ist“, sagt Jochen Temsch etwas später über einen seiner alten und dementen Patienten, der mit einem Übergangssyndrom aus dem Krankenhaus entlassen worden ist. Wir erkennen in dieser Aussage das Umkippen der Selbstverurteilung und Scham in das, was die Philosophen Nietzsche und Scheeler das Ressentiment nennen, aus Selbstverurteilung wird Selbstgerechtigkeit, die Auflehnung gegen ethische Bindungen und moralische Verpflichtungen eingeschlossen. Was andere denken wird einem gleichgültig, man ist sein eigener Richter.

Der Gewalt in der Pflege zugrunde liegt also zunächst das Gefühl, verraten worden zu sein, immer wieder auch beschmutzt und entehrt worden zu sein. Aus der fürsorglichen Haltung wird unter diesem Einfluss das Ressentiment. Gewalt in der sozialen Dienstleistungsarbeit entsteht als Zusammenspiel von Institution und Person. Als besonderes Gefühl für die Gewalteskalationen in Pflegeeinrichtungen kann das Schamgefühl angesehen werden, welches in der Einstellung liegt, „ich bin betrogen worden“, „ich bin ein Narr“, „mit mir kann man es ja machen“. Um gewalttätig zu werden kommt es zu einem Bruch der Loyalität durch das Gefühl, dass einem (dem Helfer) entsetzliches Unrecht geschehen ist. Diese Verletzung des Gerechtigkeitsgefühls ist eine wichtige Voraussetzung dafür, dass das Gewissen die Gewalt erlaubt, zur Herstellung der Ehre sogar befiehlt. Institutionell und kulturell entwickeln die klinischen Einrichtungen in dem Maße ein gewaltförderndes Potential, wie sie in das Dilemma manisch-depressiver Spaltungen kommen, wie sich die Institution in einen fortschrittlichen, grandiosen, potenten, männlichen und einen depressiven, hoffnungslosen, verlassenen weiblichen Teil spaltet. Die Spaltung wird durch utilitaristische Bewertungen wie Minderwertigkeit, Ballastexistenzen, mitleiderregend und ähnliche Zuschreibungen rationalisiert. Gewalt erscheint dann als etwas Vernünftiges oder Ökonomisches.

11. Zusammenfassung

Mit seiner Arbeit zur Persönlichkeit des Helfens hat Wolfgang Schmidbauer die Psychoanalyse als besonderes Instrument des Verstehens der inneren Prozesse in der sozialen Dienstleistungsarbeit qualifiziert. Seine besonderen Verdienste liegen ebenfalls in der psychoanalytischen Beschreibung von Gewalt in der sozialen Dienstleistungsarbeit. Durch die Hegemonie technisch-rationaler Qualitätsforschung und Qualitätsentwicklung drohen diese Erkenntnisse entwertet zu werden und verloren zu gehen. Gleichzeitig zeigt sich, dass eine Restrukturierung sozialer Dienstleistungsorganisationen ausschließlich auf der Basis technischer Qualitätsvorstellungen Teile der Institution in die Regression treibt. Zu wünschen wäre also die Entwicklung eines mehrschichtigen, mehrdimensionalen Qualitätsbegriffes, der die bisherigen, verschiedenen Erkenntnisse aufnimmt und integriert. Umgekehrt sind es besonders die Spaltungen in den sozialen Dienstleistungsorganisationen, die eine Gefahr für die Qualität darstellen.

Literatur

Attali, J. (1981): Die kannibalische Ordnung, Frankfurt /M.

Bernfeld, S. (1973): Sisyphos oder die Grenzen der Erziehung, Frankfurt/M.

Böhmer, A./Gröning, K. (1994): Supervision in der Heimerziehung. Bericht über eine internationale Tagung. In: Forum Supervision, Tübingen 2.Jg., Heft 3, S.41-45.

Devereux, G. (1973): Angst und Methode in den Verhaltenswissenschaften, München.

Donabedian (1966): Evaluating the quality of medical care. In: Milbank Memorial Found Quarterly 44, S. 166-203.

Dörner, K. (1994): Die institutionelle Umwandlung von Menschen in Sachen. In: Frankfurter Rundschau, 10. Okt, S. 10.

Erdheim, M. (1988) : Psychoanalyse und Unbewusstheit in der Kultur. Frankfurt/M.

Feuerstein, G. (1993): Systemintegration und Versorgungsqualität. In: Badura, B./Feuerstein, G./ Schott, T. (Hg.): System Krankenhaus, Weinheim, S. 41-67.

Foucault, M. (1982): Die Geburt der Klinik. Frankfurt/M.

Freund, H. (1994): Institutionelle Dynamik der Gewalt und die Stellung des Supervisors in der Institution. In: Gruppenanalyse, Heidelberg, 4.Jg., Heft 1, S.63-78.

Goffman, E. (1973): Asyle. Frankfurt/M.: Suhrkamp.

Heinemann, E. (1992): Frauen, Männer und Magie. In: Heinemann, E./ Krauss, G. (Hg.): Beiträge zur Ethnopsychoanalyse, Nürnberg.

Kassakos, G. (1988): Familienfürsorge zwischen Beratung und Zwang, Weinheim.

Klatetzki, T. (1993) Wissen, was man tut. Bielefeld.

Krappmann, L. (1974): Soziologische Dimensionen der Identität. Frankfurt.

Müller, B. (1995): Innensicht-Außensicht, Freiburg i.B.

Olk, T. (1994): Jugendhilfe als Dienstleistung. Vom öffentlichen Gewährleistungsauftrag zur Marktorientierung. In: Widersprüche, Jg. 14, Heft 4, S. 11-33.

Otto, H.U./Schaarschuch, A./Beckmann, C. (2000): Verfahren zur Sicherstellung der Qualität sozialer Arbeit, unveröff. Diskussionspapier an der Fakultät für Pädagogik der Universität Bielefeld.

Rudnitzki, G./Voll, R. (1991): Institution als Tagesveranstaltung. In: Gruppenpsychotherapie und Gruppendynamik Nr. 27, S. 141-152.

Schmidbauer, W. (1980): Die hilflosen Helfer, Reinbek bei Hamburg.

Schmidbauer, W. (1993): Ich wollte doch nur helfen. Die Tötung Kranker durch das Pflegepersonal. In: Schmidbauer, W. (Hg.): Pflegenotstand - das Ende der Menschlichkeit, Reinbek bei Hamburg, S. 131-145.

Temsch, J. (1994): Das wird schon wieder. In: DIE ZEIT, 10. Nov. 1994.

Willi, J. (1975): Die Zweierbeziehung, Reinbek bei Hamburg.

Wurmser, L. (1993): Die Flucht vor dem Gewissen, Heidelberg.

Michael Horn

Säuglingsforschung, Bindungstheorie und analytische Gruppendynamik

In den 90er Jahren begann auch in Deutschland seitens psychoanalytischer Theoretiker und Therapeuten eine verstärkte Auseinandersetzung mit den Ergebnissen der modernen Säuglingsforschung (vgl. dazu Dornes, 2000).

Das von Dornes aufgegriffene Konzept des "Kompetenten Säuglings" sowie die Rezeption der Arbeiten von Bowlby, Ainsworth, Stern, Lichtenberg u.a. in einer Reihe von Büchern, Aufsätzen und Vorträgen haben, in Kreisen psychoanalytisch arbeitender Gruppentherapeuten ebenfalls größere Resonanz gefunden.

Spätestens mit Dornes Vortrag auf dem 1997 veranstalteten Symposium "Säuglingsforschung und therapeutischer Dialog" des Fördervereins Gruppentherapie in Münster (vgl. dazu Arbeitshefte Gruppenanalyse 1997) intensivierte sich die bereits 1995 von Oberhoff thematisierte Auseinandersetzung der Gruppenanalytiker mit der modernen Säuglingsforschung (vgl. dazu Oberhoff, 1995).

Die Bindungstheorie Bowlbys, die Ergebnisse der Untersuchung der Bindungsmodi von Kleinkindern und der Bindungsrepräsentanzen bei Erwachsenen durch Ainsworth, aber auch die Kritik des Mahlerschen Konzepts der frühkindlichen Symbiose und die darauf aufbauende Theorie der Momente von Pine sowie die Theorie der Entwicklung von Empfindungen für das Selbst von Stern, sind aus dieser Diskussion nicht mehr wegzudenken.

Ohne die Inhalte dieser Theorierezeption und -diskussion wiederholen zu wollen (vgl. dazu die "Trilogie" von Dornes 1993/97/2000), möchte ich einige m.E. grundlegende Konzepte und Interventionsstrategien der psychoanalytischen Gruppentherapie und Gruppendynamik vor diesem Hintergrund kritisch untersuchen.

Als erstes werde ich mich mit dem Freudschen Konzept der analytischen Abstinenz beschäftigen, das nach wie vor die Grundhaltung vieler psychoanalytisch orientierter Gruppentherapeuten und -dynamiker bestimmt. Danach werde ich die Implikationen der Ergebnisse der neueren Säuglingsforschung für das psychoanalytische Entwicklungsmodell der Gruppe, wie es von W.R. Bion im Rückgriff auf Auffassungen Melanie Kleins vertreten wurde, untersuchen. Diesem werde ich dann die Auffassungen S. H. Foulkes zur Entwicklung des Gruppenprozesses gegenüberstellen. Zum Schluss folgen einige Gedanken zum Phänomen der Übertragung und Gegenübertragung in der Gruppe sowie zum Thema Bindungsverhalten und Gruppenanalyse, die nicht als fertige Thesen, sondern vielmehr als Anregungen zur weiteren Diskussion zu verstehen sind.

1. Der Umgang mit der Abstinenzregel im analytischen Setting der Gruppe vor dem Hintergrund der modernen Säuglingsforschung

Zum Kerninventar analytischen Selbstverständnisses und analytischer Technik zählt das Konzept der Abstinenz. Die Frustration des dem Wiederholungszwang entspringenden Agierens bzw. die Verweigerung einer Ersatzbefriedigung der Symptome des in der analytischen Situation agierenden Patienten soll helfen, das Arbeitsbündnis zu sichern. Denn "liegt der Antrieb für die Behandlung in der Existenz eines durch Versagung hervorgerufenen Leidens" (Laplanche/Pontalis, 1997, S. 23), so erlahme dieser, wenn das Leiden durch (Ersatz)befriedigung in der Therapie vor dem nötigen Erinnern, Wiederholen und Durcharbeiten nachließe.

Die Einhaltung der Regel der analytischen Abstinenz, d.h. die bewusste Zurückhaltung und Verweigerung verbaler und averbaler Antworten des Therapeuten auf die Interaktions- und Beziehungsangebote des Patienten soll den Analytiker schützen und den therapeutischen Fortschritt gewährleisten.

Der sich auf Interpretation und Deutung beschränkende Umgang mit Übertragung, Gegenübertragung und Widerstand prägt die Kommunikation in der Analytiker-Patient-Dyade. Diese Abstinenz sollte idealiter getragen sein von freischwebender Aufmerksamkeit, empathischem Mitgefühl und wohlwollender Akzeptanz.

Wird das hier Postulierte in der Therapeut/Patient-Interaktion tatsächlich umgesetzt, so wird der Patient mit einer Situation konfrontiert, in der seine bisher mangelhaft funktionierende Fassade, Charakterstruktur oder Abwehr nunmehr vollends versagt. Hatte er bislang sein Gegenüber doch immerhin ein Stück weit in seine Interaktionsmuster einbinden können - sonst hätte er es wohl kaum bis in die Therapie geschafft - so wird er nunmehr gezwungen, diese Muster grundsätzlich zu hinterfragen, schrittweise aufzugeben und im Fortgang des analytischen Prozesses neu zu formen. Seinen Analytiker wird er dabei teils als gutes, Heilung versprechendes, teils als böses, die gewünschte Befriedigung und Beziehung verweigerndes, Übergangsobjekt introjizieren.

Die Fähigkeit, die dabei entstehende Ambivalenzspannung auszuhalten und i.S. einer Akzeptanz und Verinnerlichung dieser fremden "Spielregeln" positiv zu wenden, ist Voraussetzung für eine erfolgreiche "Kur".

Der Leidensdruck und die Hoffnung auf Heilung in der analytischen Behandlung muss allerdings um einiges höher sein als die Frustration nicht eingelöster kommunikativer und emotionaler Erwartungen an den Analytiker.

Wo Leiden und Hoffnung nicht mehr ausreichen, bedarf es eines soliden Arbeitsbündnisses. Dies vorausgesetzt, kann auch Einsicht in die Notwendigkeit einer dergestalt verzerrten Interaktion den therapeutischen Prozess vorübergehend am Leben halten.

Betrachten wir diese Interaktionsdyade oder -matrix zwischen Analytiker und Analysand aus der Perspektive der mit den Namen Bowlby, Ainsworth, Stern und

Lichtenberg verbundenen modernen Säuglingsforschung, so sind besonders bei frühgestörten, mit problematischen Bindungserfahrungen großgewordene Patienten Parallelen zur primären Mutter-Kind-Dyade nicht zu übersehen.

Im übertragenen Sinne trifft auch in der analytischen Behandlung ein bedürftiges Subjekt auf ein Befriedigung versprechendes, gleichwohl versagendes Objekt und erlebt sich - wie wohl in der Mehrzahl seiner sonstigen Interaktionen auch - als bedürftig-frustriertes Subjekt.

Um in diesem Setting Befriedigung zu finden, muss sich das Subjekt also dem Realitätsprinzip dieser Beziehung, d.h. den Spielregeln des potentiell versorgenden Objekts anpassen, diese verinnerlichen und sich mit ihnen und damit auch mit dem Objekt identifizieren. Es käme hierbei zu einer Überlagerung bzw. im Idealfalle zu einer Fusion alter Objektrepräsentanzen mit neuen, der erwachsenen Realität angemesseren Objekt- und Bindungsrepräsentanzen und damit auch zu einer Modifikation bzw. Neubildung des Ich-Ideals des Patienten.

Modern formuliert wäre das Ziel der Therapie, die alten in der Mutter-Kind-Dyade gebildeten defizienten Bindungsmodi des unsicher-vermeidend, unsicher-ambivalent oder desorganisiert/desorientiert gebundenen Patienten (siehe dazu Dornes, 2000, S. 50ff.) in der Übertragungsbeziehung wiederzubeleben, durchzuarbeiten und in Richtung sicher-gebunden zu modifizieren. Damit einhergehend würden sich auch die Bindungsrepräsentanzen verändern und es dem Patienten ermöglichen, in Zukunft befriedigendere Beziehungen aufzunehmen und zu leben.

Voraussetzung für einen solchen Neubeginn in der Therapie wäre allerdings eine "Feinfühligkeit" im Verhalten des Übergangsobjekts Analytiker, die die in der Mutter-Kind-Dyade erlebten Zurückweisungen, Verwirrungen und Frustrationen im Rahmen emotional korrigierender Erfahrungen ein Stück weit ausgleichen und wieder gutmachen könnten.

Sind diese therapeutischen Ziele und Zwischenschritte unter strikter Einhaltung der Abstinenzregel überhaupt erreichbar?

Widersprechen sich hier nicht das aus der Behandlung von neurotischen Störungen abgeleitete Prinzip der Abstinenz mit dem in der Säuglingsforschung im Hinblick auf schon sehr frühe Störungen in der Mutter-Kind-Dyade formulierten Desiderat der Feinfühligkeit. Dieses verlangt ja idealiter von der Mutter ein spontanes, nicht durch eigene problematische Bindungsrepräsentanzen oder Phantasien verzerrtes, quasi instinktives Antworten auf die Bedürfnisse und Interaktionsangebote des Säuglings.

Nicht die Reflexion über das in der Situation angemessene Verhalten, sondern der in der "intuitiven Elternschaft" (Papousek/Papousek) angelegte spontane, und das heißt unreflektierte Umgang im Sinne von mirroring, holding und containing, scheint den besten Garanten für eine sichere Bindung und die Entwicklung von Urvertrauen in der Mutter-Kind-Dyade darzustellen.

Die analytische Methode postuliert in der Abstinenzregel aber gerade das Primat der Reflexion über das der emotionalen Spontaneität und der intuitiven Handlung.

Demgemäß hat sich seit Kohuts Arbeiten über den Narzissmus bei der Behandlung frühgestörter Patienten die analytische Technik vom konfrontativen, auf Reflexion, Strukturveränderung oder -erweiterung zielenden Umgang mit Widerstand und Deutung der Übertragung umgestellt auf ein nicht-konfrontatives Begleiten, Mitschwingen und vorübergehendes "Tragen" des Patienten.

Dort, wo es, wie bei den Frühstörungen, an grundlegenden Ich-Strukturen und -Fähigkeiten bis hin zum "social referencing" bei borderline-Patienten mangelt, müssen diese in einem therapeutischen Nachreifungsprozess überhaupt erst entwickelt oder ergänzt werden.

Statt reflektiert-distanzierter Deutungen im Rahmen einer abstinenten Grundhaltung sind hier Qualitäten wie genuine Zuwendung, empathisches Mitschwingen und selektive Authentizität in der Interaktion erforderlich (siehe dazu auch Schmidbauer, 1992, S.272ff.).

Die aus der Säuglingsforschung abgeleitete Unterscheidung zwischen intentionaler Kommunikation und intentionalem Ausdruck - erstere tritt etwa ab dem 9. Lebensmonat auf, zeitgleich mit dem social referencing , letztere bereits ab dem 3. Monat - gibt in diesem Zusammenhang einen wichtigen Hinweis für therapeutisches Handeln im Spannungsfeld zwischen "regelhaftem" abstinent-verbalem Deuten und "regelwidrigem" averbalen Agieren des Analytikers.

Am Beispiel des therapeutischen Umgangs mit dem Phänomen der projektiven Identifizierung in der Analytiker/Patient-Interaktion wird dies deutlich. Versteht man die projektive Identifizierung nämlich nicht als intentionale Kommunikation, sondern als intentionalen Ausdruck, als ein Agieren des Patienten zwecks Herbeiführung einer Veränderung in der Situation ohne darüber kommunizieren zu wollen oder zu können - und aus der Sicht der Säuglingsforschung spricht einiges dafür (vgl. dazu Dornes, 1997, S. 79ff.), so verlangt dies auch eine anders geartete therapeutische Antwort. Denn wenn in der projektiven Identifizierung "keine Phantasien projiziert, sondern unbewusst gebliebene, sensomotorisch-prozedural organisierte Charaktereigenschaften agiert (werden), die sich in einer pathologischen Eltern-Kind-Beziehung herausgebildet haben und in denen passiv Erlittenes aktiv inszeniert wird" (Dornes, ebd., S. 72) - , so bieten sich als sinnvolle mögliche Antworten eher sogenannte "Handlungsdeutungen" an.

Dies sind Antworten des Analytikers auf intentionale Ausdrücke und Affekte des Patienten in Form von unwillkürlichen, nicht-sprachlichen Affekten, die das Agieren des Patienten auf einem vorsprachlichen, evtl. sogar präsymbolischen Niveau aufnehmen und im Sinne eines containment modulieren.

Ziel therapeutischen Handelns ist hierbei die Bereitstellung eines Modells zur Affektregulation, das dem Patienten erlaubt zu erleben, wie auch der spontan auf ihn reagierende Analytiker mit problematischen (projizierten) Affekten kämpfen muss, um sie schließlich moduliert erneut in die Interaktion einfließen zu lassen.

Nach Dornes ist es "gerade die zurückgegebene Mischung aus verdaut und unverdaut und die Beachtung der beständigen Nachregulierung und Neujustierung einer am Rande der Entgleisung befindlichen Interaktion, die dem Patienten.... ein realistisches Vorbild für Affektregulierungsprozesse liefert und zugleich die Erfahrung ermöglicht, dass seine Affekte eine Wirkung haben und nicht nur für ihn ein Problem sind."(ebd., S. 70).

Eine verbale Deutung der projektiven Identifizierung als intentionaler Kommunikation würde dem Patienten eine Intention unterstellen, wo keine war - nämlich als kommunikative Mitteilung - und ginge so an dessen eigentlichem Bedürfnis nach unmittelbarer, unreflektierter situativer Veränderung vorbei.

Das bedeutet natürlich nicht, dass eine vom Analytiker angeregte Reflexion der spontan sich ergebenden Interaktion grundsätzlich nicht sinnvoll und nicht therapeutisch notwendig wäre, aber eben zu einem Zeitpunkt, zu dem der Patient eine solche Verbalisierung annehmen und assimilieren kann.

Übertragen wir die aus der Säuglingsforschung und Beobachtung der frühen Mutter-Kind-Interaktion gewonnenen und auf die Analytiker-Patient-Dyade übertragenen Einsichten auf das gruppenanalytische Setting, so ergeben sich sowohl wichtige Unterschiede als auch viele Gemeinsamkeiten.

Aus der Sicht der Foulkes`schen gruppenanalytischen Psychotherapie gibt es einige fundamentale Berührungspunkte zwischen der Mutter-Kind-Dyade im präverbalen Stadium und der Konzeption der Gruppe als psychischer Matrix, vor deren Hintergrund sich alle Phantasien und Interaktionen in der Gruppe entwickeln und abspielen. Nach seiner Auffassung des Gruppenprozesses ist der psychische und interaktionale Raum der Gruppe gekennzeichnet durch ein Netzwerk interagierender Übertragungen, d.h. es finden multiple Übertragungsprozesse statt im Sinne von Übertragung und Gegenübertragung zwischen einzelnen Teilnehmern und der Leitung, zwischen einzelnen Teilnehmern untereinander und von einzelnen Teilnehmern zum Gesamt der Gruppe (z.B. als Mutterimago) bzw. sich innerhalb der Gruppen bildenden Subgruppen.

Ferner tritt an die Stelle der freien Assoziation die freie Interaktion mit den von Foulkes benannten Phänomenen der Spiegelreaktion, der Resonanz, der Lokation und der Okkupation sowie der Translation des Gruppengeschehens durch den Analytiker (vgl. dazu Foulkes, 1976, 164ff.).

Die sich aufgrund des "fundamentalen Bedürfnisses nach Beziehung" (Ebd., S.165) bildende psychische und in Handlungen sich ausdrückende interaktionelle Matrix bildet den Bezugsrahmen der Gruppe, innerhalb dessen sich alle kommunikativen Prozesse - verbaler wie averbaler, intentionaler wie willkürlicher Art - vollziehen. Vor diesem Hintergrund agiert der Therapeut als Teil des Netzwerks, indem er den Prozess der Translation durch sein Verhalten und seine Interpretationen des Prozesses in Richtung einer Versprachlichung unartikulierter agierter Bedürfnisse und Symptome lenkt.

Was bedeutet dies nun für das auch in der Gruppenpsychotherapie Freudscher oder Kleinianischer Prägung gültige Prinzip der Abstinenz? Welche Modifikationen ergeben sich aufgrund des Mehrpersonen-Settings bezüglich der oben angestellten Überlegungen?

Ein grundsätzlicher Unterschied zur klassischen Analytiker-Patient-Dyade im Einzel-Setting (hinter der Couch) ist die face-to-face-Situation der Gruppe, die den Leiter unentwegt den schonungslosen Blicken der Gruppenmitglieder ausliefert.

Nicht nur verbale Signale oder Äußerungen wie Reden, Schweigen, Räuspern, Schnaufen werden Inhalt der Kommunikation, sondern jede Haltung, Geste, unkontrollierte motorische Reaktion wie Fußwippen, Stuhlrücken und Zucken der Gesichtszüge, jeder Blick und Augenaufschlag werden Teil der Gruppeninteraktion.

Reagiert der Analytiker in der Einzeltherapie situations- und szenegebunden auf einen Patienten, der ihn nicht sieht, so ist er nunmehr sowohl körperlich einer Vielzahl von Personen und Interaktionen als auch psychisch unterschiedlichen Szenen, Übertragungen, Projektionen, etc. ausgesetzt, die es dem Konzept analytischer Abstinenz gemäß zu erkennen, reflektieren und, zu Deutungen verarbeitet, je nach Situation mitzuteilen gälte.

Hier wird die analytische Abstinenz des Leiters in einer Weise gefordert, die notgedrungen nach Bewältigungsstrategien und -mechanismen auf Seiten des Analytikers verlangt.

Aufgrund seiner Ausbildung, Erfahrung und Professionalität sind diese i.d.R. natürlich professionell überformt, d.h. reflektierter und besser kaschiert als die der Teilnehmer, dienen allerdings gleichwohl auch der Abwehr von Hilflosigkeit und damit der Angstbindung in einer affektiv überfordernden Situation.

Auch wenn sie sich als solche oft nicht zu erkennen geben, können die meisten analytischen Konzepte über das Gruppengeschehen und die daraus abgeleiteten Modelle daher auch als intellektuell mehr oder weniger hochstrukturierte Rationalisierungen von Angstabwehr betrachtet werden.

Unter dieser Prämisse wäre zu prüfen, inwiefern die Entscheidung bzw. Präferenz des einzelnen Therapeuten für ein bestimmtes gruppenanalytisches Konzept als Interpretationshilfe und Leitfaden seiner therapeutischen Arbeit nicht nur Rückschlüsse auf die unterschiedlichen Modellvorstellungen der intra- und innerpsychischen Prozesse in der Gruppe, sondern auch auf die individuellen Abwehrstrategien des Therapeuten zulassen.

So hat die vor allem bei gruppenanalytischen Anfängern und Laien angewandte Einzeltherapie im Rahmen der Gruppe, welche die Gruppe bestenfalls wie den Chor in der griechischen Tragödie einsetzt, eine relativ stark angstbindende Wirkung für Therapeut und Teilnehmer. Solange das taking-turns eingehalten und nicht durch störende Gruppenprozesse unterbrochen oder vereitelt wird, schafft die vertraute Struktur der Dyade Sicherheit auf beiden Seiten.

Die analytische Abstinenz bezieht sich hier auf einen mehr oder weniger flexiblen Umgang mit den Interaktions- und Beziehungsangeboten des gerade Arbeitenden und einer weitestgehenden Ausblendung der Gruppeninteraktion.

Damit bleibt die innerpsychische Dimension der Gruppe und deren Dynamik im Sinne von den Therapeuten bedrängende, präödipale oder ödipale Bedürfnisse ausgekalmmert. Diese bleiben vielmehr - unerkannt in der Person des gerade arbeitenden Patienten verdichtet - individuell lokalisiert und damit scheinbar auch individuell zurechenbar und therapierbar.

In der Regel finden sich bei Vertretern dieser Variante von Psychoanalyse in der Gruppe auch keine elaborierten Modelle der Gruppenentwicklung oder des psychoanalytischen Prozesses in der Gruppe. Hier bleiben einerseits die für den Therapeuten angstmachenden und in ihrer Vielfalt bedrohlichen Aspekte der Gruppe i.S. präödipaler Bedürftigkeit oder ödipaler Rivalität ausgeklammert, andrerseits bleibt das eigentliche therapeutische Potential der Gruppe ungenutzt.

Wird die Gruppe hingegen als ein Gesamtindividuum, d.h. wie ein Patient mit Gruppen-Ich, Über-Ich und Es konzipiert, so beziehen sich die Interventionen des Leiters i.d.R. auf Gesamtgruppenphänomene wie Projektion, Introjektion, Übertragung und Widerstand des Gruppen-Selbst, wie dies z.B. in dem Konzept der Grundannahmekulturen von W.R. Bion ausgearbeitet wurde (Bion, 1974).

Hier findet man auf Seiten des Leiters aufgrund der konzeptionell-intellektuellen Beherrschung der Situation durch Gesamtgruppendeutungen eine recht sichere Situation vor. Auf Seiten der Gruppenteilnehmer dominiert jedoch i.d.R. eine angstbesetzte, abhängig-ambivalente Haltung. Hat der allsehend und -wissend wirkende Therapeut-Übervater die Gruppe dank seiner Deutungen jederzeit im Griff, so fühlt sich die Gruppe den machtvollen, oftmals orakelhaften Gesamtgruppendeutungen ratlos ausgeliefert. In diesem interaktionellen Setting entsteht i.d.R. eine Gruppenkultur präödipaler Prägung mit den von Bion herausgearbeiteten Grundannahmekulturen (basic assumptions) von Abhängigkeit, Kampf/Flucht und der Paarbildung mit messianischen Erlösungsphantasien.

Der einzelne Patient droht hierbei in der undifferenzierten Gesamtheit der Gruppe verloren zu gehen und damit wird die differenzierte Abgrenzung und schließlich auch Ablösung des Einzelnen von der Gruppe und dem Therapeuten mangels Bearbeitung der individuellen Übertragungsdynamik erschwert (vgl. dazu auch Sandner, 1978).

2. Psychoanalytische Modelle der Gruppenentwicklung und die Theorie der Momente

Wenn wir die aus der Säuglingsforschung abgeleitete Theorie der Momente auf ein psychoanalytisch fundiertes Phasenmodell wie das der "basic assumptions" von Bion anwenden, so tauchen einige Zweifel an der von ihm postulierten Universalität der dargestellten Phänomene auf. Gemäß der Theorie der Momente (vgl. hierzu Dornes, 2000) sind die in den psychoanalytischen Entwicklungspsychologien von Melanie Klein bis hin zu Margret Mahler beschriebenen Phasen keine Grundthemen, sondern allenfalls Momente im Erleben des gesunden Säuglings.

Autistische, symbiotische, paranoid-schizoide oder depressive Erlebnisformen tauchen hierbei zwar im Laufe der ersten 6 Monate der Entwicklung auf, ihre psychische Bedeutsamkeit ergibt sich aber weniger aus den sie begleitenden körperlich-affektiven Empfindungen als aus dem elterlichem Umgang damit (vgl. dazu Dornes, 2000, S.32). Bei zwanglosem Umgang bleiben solche Momente mehrere unter vielen. Erst wenn durch Schwierigkeiten der Eltern mit bestimmten Themen und Verhaltensweisen des Säuglings diesen ein erhöhter Stellenwert eingeräumt wird, entsteht eine Akzentuierung oder gar Fixierung. Sporadisch auftretende symbiotische Bedürfnisse des Kindes können z.B. durch unbewusstes, unangemessenes Verhalten der Eltern abgewehrt oder ausgebeutet werden und so zu einer Verfestigung oder Vermeidung führen.

Ähnlich auch die paranoid-schizoide und depressive Position bei Melanie Klein. Wenn Eltern ihren Säugling gelegentlich durch Überstimulation bedrängen und er sich deshalb "verfolgt" fühlt, gerät er dadurch eventuell in einen Zustand hoher Affektspannung und sein primär einheitliches Selbst- und Objekterleben zerfällt. In solchen Momenten können paranoid-schizoide Erlebniszustände auftauchen, die aber wieder verschwinden, wenn die Situation sich ändert (vgl. Dornes, ebd.). Zudem handelt es sich aus dieser Sicht im Gegensatz zur Kleinianischen Auffassung nicht um phantasiegesteuerte Prozesse - dafür ist der psychische Apparat noch nicht entwickelt genug -, sondern um körperliche Reaktionen auf real in der Eltern-Kind-Interaktion erfahrenen unsensiblen Umgang mit essentiellen Bedürfnissen.

a) Die prä-ödipale Phase in der Gruppenentwicklung

Das psychoanalytische Phasenmodell Bions bezieht sich überwiegend auf sogenannte präödipale Phänomene in der Gruppe, die für Bion eine Art Naturgesetzlichkeit im Prozess der Entwicklung einer Arbeitsgruppe oder Therapiegruppe darstellen.

Aber sind die gruppenspezifischen Abwehrmechanismen der Grundannahmen Bions wie Kampf/Flucht, Abhängigkeit und Paarbildung i.S. von Spaltung, Verleugnung und Projektion bzw. projektiver Identifikation nicht unter noch näher zu analysierenden Umständen auch als Resultat eines spezifischen Leitungstils zu werten, der frühkindliche, durch elterliche Fehlhaltungen bedingte pathologisierende Interaktionserfahrungen bei den Patienten wiederbelebt?

Wäre die paranoid-schiziode Position in der Gundannahmekultur Kampf/Flucht als Antwort auf das distanziert-abstinente Verhalten des allwissend wirkenden Analytikers zu deuten?

Könnte die Angst der Gruppe in bestimmten Situationen hoher affektiver Spannung auch als projektive Identifizierung mit der Unsicherheit des Leiters in der Gruppe interpretiert werden? (Vgl. Pühl (1988)).

Sind diese Grundannahmekulturen Bions deshalb nicht eher als Momente in der Entwicklung der Gruppe anzusehen, die sich erst zu Phasen verfestigen, wenn sie vom Gruppenleiter in bestimmter Weise - z.B. durch machtvolles, kryptisches Deuten statt einfühlsamen Mitschwingens und Modulierens - akzentuiert werden?

In der präödipalen Phase der Gruppe regredieren Teilnehmer gelegentlich auf kleinkindhafte depressiv-symbiotische oder paranoid-schizoid-gespaltene Erlebnis- und Handlungsweisen. Eine Ursache hierfür könnte die inadäquat gehandhabte therapeutische Abstinenz sein, die das ursprünglich traumatisierende elterliche Verhalten wiederbelebt. Diese führt zu einer affektiven Überbelastung mit der dazugehörigen Regression. Die alten Erfahrungen mangelnder elterlicher Empathie in Form ungenügenden Spiegelns, inadäquaten Copings und Containings werden so in der gruppenanalytischen Situation wiederholt. Entsprechend handelt es sich nicht um die Regression auf eine ubiquitäre Stufe kindlicher Entwicklung, sondern auf frühe, in der Mutter-Kind Interaktion erfahrene pathogene Interaktionsmuster, die entsprechende Retraumatisierungen auslösen.

Das hat weitreichende Konsequenzen für den Umgang mit der analytischen Abstinenz auch in Patienten-/Klientengruppen. Bei frühgestörten Patienten fördert ein solches Verhalten eine erneute Labilisierung bisher nachgereifter Strukturen i.S. ganzheitlicher, halbwegs stabiler Selbst- und Objekt-Repräsentanzen und autonomer Ich-Strukturen, bei Neurotikern provoziert es eher Widerstand und Wut gegen eine inadäquate Akzentuierung des Machtgefälles zwischen Therapeut und Gruppe. Die Wiederbelebung des Machtgefälles zwischen Eltern und Kind und dessen Missbrauch im Rahmen einer analytischen Gruppe, die den Teilnehmern korrigierende emotionale Erfahrungen ermöglichen sollte, konterkariert das Ziel einer emanzipativen Gruppendynamik. Insbesondere dann, wenn sie der Abwehr der Unsicherheit des Therapeuten in der Gruppe dient.

Wie oben schon ausgeführt, lässt z.B. der Umgang mit projektiver Identifizierung als intentionalem Ausdruck, als Agieren zwecks Veränderung, ohne darüber zu kommunizieren, das bewusste Mitagieren des Leiters sinnvoll erscheinen. Nicht-deutendes, über spontane Handlungen des Therapeuten sich ausdrückendes Mitschwingen und Containment ist hier in der analytischen Situation angemessen.

Die Deutung, die dem Patienten Intention unterstellt, wo keine war - nämlich als kommunikative Mitteilung - , geht an dessen Bedürfnis vorbei und weckt eher Angst und Widerstand als Einsicht.

b) Zur ödipalen Phase in der Gruppenentwicklung

Die Bindungstheorie versteht die Bewältigung des Ödipus-Komplexes nicht als ontologischen Fixpunkt der Entwicklung des sich seiner geschlechtlichen Identität und Rolle im Familiensystem unsicheren Kindes auf dem Weg zur reifen, autonomen und ich-stabilen Persönlichkeit.

Für sie ist er vielmehr ein Ausdruck inadäquater elterlicher Antworten auf normale kindliche Bedürfnisse i.S. einer Negierung oder Sexualisierung kindlicher Verhaltensweisen wie Anklammern an die Mutter oder Rivalisieren mit dem Vater. Erst der akzentuierende elterliche Umgang mit sich entwickelnder kindlicher Sexualität fixiert diese auf den gegengeschlechtlichen Elternteil. Wird diesem kindlichen "Trieb" bzw. Motivationssystem entwicklungsadäquat begegnet, so orientiert sich die Sexualität gewöhnlich außerhalb des Familiensystems.

Was heißt das für das Verständnis des Interaktionsgeschehens in der Gruppe, bei dem es anscheinend vorwiegend um die Konkurrenz, um die Gunst des Gruppenleiters geht - in der sog. ödipalen Phase? Findet hier der analytisch geschulte und metapsychologisch geeichte Therapeut lediglich die von ihm selbst versteckten Eier wieder? Wird hier das Verhalten der Teilnehmer über den Kamm agierter ödipaler Wünsche und Konflikte geschoren, ohne dass das reale Verhalten des Leiters in den Blick kommt, das evtl. aufgrund seiner theoretischen Vorbildung und Anfälligkeit für schmeichelhafte Konkurrenz um seine Person eine Art selbsterfüllende Prophezeiung produziert?

In einer Untersuchung der Zusammenhänge von Leitungskonzepten und Leiterverhalten mit den sich in der Gruppe abspielenden Prozessen i.S. präödipaler bzw. ödipaler Thematiken arbeitete Sandner (1978, S.149ff.) diesbezüglich eindeutige Zusammenhänge heraus.

Aus der Sicht des Konstruktivismus würde damit in der Gruppe die Realität geschaffen, die den Wahrnehmungs-, Überzeugungs- und Handlungsstrukturen des Leiters entspricht.

Auch stellt sich hier die Frage, ob Rivalität tatsächlich als ödipales Phänomen, als Kampf um die (sexuelle) Partnerschaft mit dem gegengeschlechtlichen Elternteil oder nicht vielmehr als präödipale Sehnsucht nach dem verlorenen "Glanz im Auge der Mutter" zu werten ist. Dieser wurde ja irgendwann den nachgeborenen Geschwistern zuteil und hinterließ eine starke narzisstische Kränkung bei den Erstgeborenen (vgl. dazu G. Franzen, 1994). Bei der Analyse sog. ödipaler Konstellation in der Beziehungsmatrix der Gruppe wäre deshalb zu fragen, welche Motivationssysteme der Gruppenteilnehmer hierbei aktiviert werden. Geht es um Sexualität oder um das primäre Bedürfnis nach Bindung?

3. Die Foulkes'sche Konzeption des Gruppenprozesses

Sehen wir uns das Foulkes'sche Konzept der gruppenanalytischen Psychotherapie an, so haben wir es nicht mehr mit Phasen der intrapsychischen Entwicklung der Gruppe, sondern mit unterschiedlichen Ebenen der Kommunikation im Gruppenprozess zu tun.

Der therapeutische Prozess in der Gruppe ist für Foulkes ein Prozess fortschreitender Kommunikation. Diese Kommunikation bewegt sich dabei "von einer frühen primitiven Ebene zu artikulierten Formen bewussten Ausdrucks" (Foulkes, 1974, S. 167).

Oberhoff weist darauf hin, dass der Foulkes´sche Weg vom Symptom zum sprachlichen Ausdruck, zur verbalen Kommunikation in vielem an "den Weg des Säuglings von der frühen nonverbalen körperlichen Reaktion und Kommunikation hin zum sprachlichen Selbst im zweiten Lebensjahr" (Oberhoff (1995), S. 204) erinnert.

Über die Prozesse der "Bedürfnisspiegelung und Translation" werde in der Gruppe so wie in der Mutter-Kind-Dyade versucht, "primitive unartikulierte Körpersprache in sprachlich artikulierte Bewußtheit" zu überführen (ebd.).

Oberhoff betont ferner, dass dieses Decodieren und Dechiffrieren der "unartikulierten Symptome" eine besondere Wahrnehmungsfähigkeit i.S. eines global-affektiven Erlebens auf Seiten des Analytikers erfordert und findet bei Foulkes entsprechende Bestätigungen in dessen Analogien zum Musik-Erleben oder im Begriff der Konfiguration oder des Figur-Hintergrund-Phänomens in Gruppen.

Auch Foulkes radikal soziale Sicht des Individuums und seine Auffassung der dialektischen Natur der analytischen Beziehung deuten die Nähe seiner Auffassungen zu den Ergebnissen der ihm nicht mehr zugänglich gewesenen neueren Säuglingsforschung an. So auch das nach ihm bereits zitierte "fundamentale Bedürfnis nach Beziehung", das große Nähe zur Auffassung Bowlbys suggeriert, der von Bindung als einem primären, eigenständigen Motivationssystem spricht, das als psychisches Ziel Sicherheit, als räumliches Ziel die Nähe einer vertrauten Person sucht.

Oberhoff folgert daraus m.E. zu recht, dass "die dynamischen Prozesse der Foulkes'schen Gruppenmatrix in der frühkindlichen Mutter-Kind-Matrix ihren Ursprung und ihre Fundierung haben" (ebd.).

So gibt es bei Foulkes neben der bewussten sprachlichen Kommunikation auch noch eine Ebene unbewusster "primitiver" nichtsprachlicher Kommunikation in Form einer von Analytiker und Analysand gemeinsam agierten Übertragungs-Gegenübertragungs-Szene, die nonverbal hergestellt wird. (vgl. dazu Oberhoff, 1995, S. 209).

Aus dieser gemeinsamen Schöpfung von Analytiker und Analysand entsteht eine sogenannte "analytische dritte Subjektivität" (Ogden 1994, zit. bei Oberhoff, ebd.).

Diese kann auch als eine Bedeutungsmatrix verstanden werden, die "Zugang schafft zu bisher noch unklaren unartikulierten Symptomen in Form von Einfällen, Träumen, Körperempfindungen, etc." (ebd.).

Doch was folgt daraus für die konkrete therapeutische Haltung und Interaktion, besonders aber für den Umgang mit der analytischen Abstinenz in der Gruppe?

Analog der Vorgehensweise in der modernen Säuglingsforschung und der darauf aufbauenden Entwicklungspsychologie Sterns u.a. muss m.E. auch in den sich am klassischen Instrumentarium der Psychoanalyse orientierenden Modellen der Gruppe der genauen Beobachtung und Analyse der (Gruppen-) Beziehungs-Realität mit ihren komplexen Anforderungen, Zweideutigkeiten und Verunsicherungen - hier im Verhalten von Leitern und Teilnehmern - mehr Raum gegeben werden.

Dementsprechend sollte auch der Verknüpfung vom "Hier und Jetzt" mit "Dort und Damals" weniger metapsychologisch-spekulativ im Sinne der Deutung von Widerstand, Übertragung und Wiederholungszwang als vielmehr interaktionistisch-phänomenologisch i.S. einer genauen Exploration von Erlebtem und der minutiösen Wahrnehmung von aktuellen Beziehungs- und Handlungsmustern aller am Prozess Beteiligten nachgegangen werden.

Die Analyse der Übertragungs- Gegenübertragungsdynamik gilt dann weniger den inneren Bildern der reaktivierten Objektbeziehungen der Teilnehmer, als vielmehr dem realen Prozess und Gehalt des Beziehungsgeschehens in der Gruppe. Das szenische Verstehen verlangt hierbei sowohl metapsychologische Kenntnisse als auch umfassend geschulte Fähigkeiten der Wahrnehmung und des Perspektivenwechsels des Therapeuten i.S. erhöhter Empathie für intra- und innerpsychisches Geschehen in der Gruppe

In Anlehnung an die Begrifflichkeit der Säuglingsforschung könnte man auch in der Gruppe - analog zur Mutter-Kind-Dyade - die Notwendigkeit der intuitiven Einstimmung des Leiters auf die Gruppeninteraktion anhand der nonverbalen mikrostrukturellen Körpersprache der Teilnehmer postulieren.

Die Wahrnehmung und das Verständnis der Differenziertheit kommunikativer Akte, auf denen sich das Beziehungsgeschehen aufbaut, muss im Mittelpunkt des gruppenanalytischen Prozesses stehen - auch wenn dies vorerst zulasten der metapsychologischen Hypothesenbildung und Deutung geht.

Übertragungs- und Gegenübertragungsanalyse ist dann nicht in erster Linie Hypothesenbildung über die im Gruppenbeziehungsgeschehen sich entwickelnden und ausdrückenden Phantasien, sondern zuallererst Nachvollzug der sich im verbalen und nonverbalen Verhalten der Gruppenteilnehmer und der Leitung ausdrückenden aktuellen Beziehungsdynamik - einschließlich des gruppenrelevanten Geschehens außerhalb der Gruppensitzungen.

4. Bindungsverhalten und Gruppenanalyse

Die Frage nach der Beziehungsdynamik, die das emotionale Klima und Geschehen in der Gruppe determiniert, muss m.E. auch den Focus auf die Bindungsrepräsentanzen der Gruppenleiter/Therapeuten lenken.

Welcher Klassifikation von Bindungsverhalten rechnet er/sie sich zu - sofern er/sie sich dessen bewusst ist? Autonom, verstrickt, distanziert oder gar traumatisiert (unresolved)? (vgl. hierzu Dornes, 2000)

Ist die Berufswahl des analytischen (Gruppen)therapeuten eventuell auch das späte Resultat eines früh erfahrenen Interaktionsstils, der unsicher-vermeidend oder unsicher-ambivalent gebundenes Verhalten begünstigt?

Findet hier analog zu dem "hilflosen Helfer"-Syndrom (W. Schmidbauer) eine Reinzenierung des als distanziert/abstinent oder unberechenbar/ambivalent erlebten Interaktionsstils primärer Bezugspersonen im analytischen Setting statt, so wird die Notwendigkeit einer therapeutischen Aufarbeitung früh erlittener Defizite auf Seiten des Analytikers dank einer im Rahmen der analytisch-abstinenten Grundhaltung professionell gut kaschierten und kompensierten Beziehungsstörung verschleiert.

Die Dynamik von Übertragung und Gegenübertragung muss deshalb als allseitiges Phänomen im analytischen Gruppensetting anerkannt und analysiert werden. Denn Prozesse undurchschauter projektiver Identifikation gibt es i.d.R. ja nicht nur auf Seiten der Patienten - wie eine Vielzahl eigener und fremder Supervisionsfälle beweist.

Foulkes deutet diese Problematik der analytischen Gruppenarbeit mit dem Satz an, dass in der therapeutischen Gruppe "jedermann und keiner Therapeut ist und jedermann und keiner Patient ist" (ebd., S. 140, zitiert nach B. Oberhoff, S. 209).

Diese Tatsache kann für den beobachtenden und intervenierenden Therapeuten in der Gruppensituation allerdings nur dann sichtbar und bewusst werden, wenn sein interpretationsleitendes Modell der Gruppendynamik seine Person und sein Verhalten explizit mit einschließt und reflektiert. Damit wird er vom neutralen, objektiven Beobachter, der aufgrund seiner Vorstellungen und Gegenübertragungen reaktiv das Gruppengeschehen interpretiert und kommentiert, zum aktiven Auslöser und Mitgestalter des Gruppenprozesses.

Die Forderung der Systemtheorie, dass ein brauchbares Modell immer so komplex sein sollte, dass die Beobachter, die es formulieren, darin vorkommen (vgl. Schattenhofer, 1996, S. 132), muss auch hier gelten.

Ist der Beobachter bzw. hypothesenbildende Leiter des Modells Gruppe nicht bereit oder fähig, seine eigene, für das Gruppengeschehen und dessen Interpretation wichtigen Vorannahmen und Perspektiven zu reflektieren und zu formulieren, hat das gewonnene Modell nur sehr begrenzten Aussagewert.

Nämlich dahingehend, dass die unreflektierte bzw. unbewusste Perspektive und die darauf aufbauenden Interventionen des Beobachters und Akteurs die Phänomene seiner Beobachtungen und daraus abgeleiteten Thesen erst hervorbringen!

Literatur

Arbeitshefte Gruppenanalyse (1997): Säuglingsforschung und therapeutischer Dialog. Münster: Votum.

Bion, W. R. (1974): Erfahrungen in Gruppen und andere Schriften. Stuttgart: Klett.

Dornes, M. (1993): Der Kompetente Säugling. Frankfurt: Fischer.

Dornes, M. (1997): Die frühe Kindheit. Frankfurt: Fischer.

Dornes, M. (2000): Die emotionale Welt des Kindes. Frankfurt: Fischer.

Foulkes, S. H. (1974): Gruppenanalytische Psychotherapie. München: Kindler.

Foulkes, S. H. (1971): Dynamische Prozesse in der gruppenanalytischen Situation. In: Heigl-Evers, A. (1971): Psychoanalyse und Gruppe. Göttingen.

Franzen, G. (1994): Artikel "Rivalität", In: R.Haubl/F. Lamott(Hrsg.): Handbuch für Gruppenanalyse. Berlin-München: Quintessenz.

Laplanche, J./ Pontalis, J. B. (1977): Das Vokabular der Psychoanalyse. Frankfurt: Suhrkamp.

Pühl, H. (1988): Angst in Gruppen. Frankfurt: Suhrkamp.

Oberhoff, B. (1995): Die Foulkes'sche Gruppenmatrix im Lichte der Säuglingsforschung. In: Gruppentherapie und Gruppendynamik (3/1995), Göttingen: V&R.

Sandner, D. (1978): Psychodynamik in Kleingruppen. München-Basel: UTB.

Schmidbauer, W. (1991): Wie Gruppen uns verändern. München: Kösel.

Peter Jacobs

Der Fortschritt ist eine Schnecke - Krankenpflege zwischen 1977 und 2001

"Würden Sie für die Festschrift zum 60sten Geburtstag von Wolfgang Schmidbauer etwas zum Thema Pflege` beisteuern?" Der (Alb-)Traum eines Autors: "Etwas" zum Thema Pflege. Wo beginnen, wo enden? Sachlich, persönlich? Dazu noch über den eigenen Beruf schreiben! Schön und grauenvoll gleichzeitig. Der hilflose Schreiberling vor dem leeren Blatt Papier.

1977 bietet sich als eingrenzender Zeitpunkt für eine Rückbesinnung im Rahmen einer Festschrift an. Fast ein viertel Jahrhundert Krankenpflege ist seitdem an uns vorbeigezogen. Ich maße mir nicht an, die Geschichte der letzten 25 Jahre bundesdeutscher Pflege in diesem Beitrag abhandeln zu können. Ich nehme mir im Folgenden die Freiheit, unter völlig subjektiven Gesichtspunkten einige Entwicklungen der Krankenpflege, verknüpft mit Daten aus meiner "Schmidbauer-Vergangenheit", gleichsam als rotem Faden, aufzuzeigen.

1977: Warum gerade hier der Anfang?

Wir schreiben das Jahr 1977. Als "Spätberufener" war ich im ersten Jahr meiner Ausbildung zum Krankenpfleger. Es war an einer kleinen, aber regen Krankenpflegeschule. Die Euphorie des Neubeginns war nach knapp einem Jahr verflogen. Müdigkeit, Langeweile, die Routine des Alltags eines Krankenpflegeschülers drohte sich breit zu machen. Da schlug der Blitz in Form eines Buches ein: Unsere Unterrichtsschwestern berichteten von einem neu erschienen Buch: "Die hilflosen Helfer" von einem Menschen namens Wolfgang Schmidbauer. Kein Mediziner, kein Krankenpfleger, also ein (Berufs-)fremder. Anlass zu einer a priori kritischen Distanz zu dem ungelesenen Buch.

Fortschritt Ausbildung 1: minimal. 2001 werden die Unterrichtsschwestern überwiegend Lehrerinnen für Pflegeberufe genannt. Dies darf jedoch nicht darüber hinwegtäuschen, dass die Krankenpflegeausbildung in einer tiefen Krise steckt. Eine Reform ist überfällig, aber nur schwer zu erreichen. So sollte Ende 2000 ein neues Krankenpflegegesetz, in dem eine integrierte Ausbildung festgelegt wird, verabschiedet werden. Dies ist bisher nicht gelungen. Während der Deutsche Berufsverband für Pflegeberufe sich vehement für dieses Modell ausspricht, ist der Berufsverband der Kinderkrankenschwestern im Verbund mit den Kinderärzten genauso vehement dagegen.

Äußerst problematisch gestaltet sich auch die längst überfällige Neuregelung der Altenpflegeausbildung. Obwohl deutlich ist, dass der Bedarf an qualifizierten AltenpflegerInnen schon heute nicht gedeckt werden kann und aufgrund der de mographischen Entwicklung gerade die Altenpflege und die ambulante Pflege einen schier unstillbaren Personalbedarf haben werden, ist es der Politik noch immer nicht gelungen, die Altenpflegeausbildung analog zur Krankenpflegeausbildung zu regeln und damit auch einen Beitrag zur dringend notwendigen Aufwertung dieses Berufes zu schaffen.

Aktuell hat die Robert Bosch-Stiftung 2000 einen Bericht unter dem Titel "Pflege neu denken – Zur Zukunft der Pflegeausbildung" vorgelegt. Die Ausbildung in den Pflegeberufen wird sich in naher Zukunft verändern müssen. Allerdings ist das Schneckentempo gerade an dieser sensiblen Stelle verhängnisvoll. Alles deutet im Augenblick darauf hin, dass es wieder schlagzeilenträchtiger Notstandsszenarien bedarf, um die Politik in diesem Bereich sozialer Wirklichkeit zum Handeln zu zwingen.

Viele von uns 15 Krankenpflegeschülerinnen und -schülern kauften sich das (Mach-)werk von Schmidbauer. In unserem pflegerischen Mikrokosmos am schönen Starnberger See spielten sich dieselben Szenen wie überall in der Republik ab: Heftige Diskussionen von vorsichtig zustimmend bis zu krasser Ablehnung. Ich denke, die Ablehnungen, besonders die auf der emotionalen Ebene, dürften überwogen haben, denn 1983 kam das Buch "Helfen als Beruf – Die Ware Nächstenliebe" auf den Markt. Ich habe dieses Buch immer als eine - in meinen Augen unnötige – Rechtfertigung verstanden. Aber es war wohl für Schmidbauer ein notwendiges Buch, wenn er im Vorwort bereits auf den ersten vier Zeilen von Kränkungen schreibt, die er durch die "Hilflosen Helfer" erfahren hatte.

Fortschritt Ausbildung 2: keiner. Auch im Jahre 2000 werden erwachsene Menschen, die den Beruf Krankenpflege erlernen, als "Schüler" tituliert und nur allzu oft auch als solche behandelt. So beklagen viele Krankenhäuser, dass Krankenschwestern und -pfleger, die nach dem Examen ihre Berufstätigkeit aufnehmen, nicht ausreichend auf die Wirklichkeit des Alltags vorbereitet sind. Schmidbauer drückte es 1977 so aus: „Sehr häufig ist die Ausbildung eher geeignet, ein Helfer-Syndrom auszubauen und es mit 'rationalen' Begründungen zu versehen, statt es abzubauen. Den Helfern wird beigebracht, sich schlecht und minderwertig zu fühlen, wenn sie strengen, überfordernden Normen hinsichtlich steter Einsatzbereitschaft, Freundlichkeit, Akzeptanz, Umsicht, Überblick Zurückhaltung, Pünktlichkeit usw. nicht genügen.“[1] Ergänzen müsste man hier noch den Begriff Gehorsamkeit.

Fortschritt Berufsbild: viel versprechend, aber schwierig. Wir Pflegende sprechen heute von Pflege und nicht mehr von Krankenpflege, weil uns die Eingrenzung auf den kranken Menschen stört. Längst gehören – theoretisch – Bereiche wie die Vorsorge, die (Mit-)betreuung der Angehörigen oder die Pflege alter, aber deswegen keineswegs kranker Menschen zum Selbstverständnis unseres Be-

---

[1] Schmidbauer, W.: Die hilflosen Helfer. Über die seelische Problematik der helfenden Berufe. Reinbek 1977, S. 205

rufsbildes. Problematisch dabei ist, dass die Berufsbezeichnung Krankenschwester, Krankenpfleger, Kinderkrankenschwester, Kinderkrankenpfleger sowie Krankenpflegehelferin und Krankenpflegehelfer gesetzlich geschützte Bezeichnungen sind. "Schwester" oder "Pfleger" darf sich jeder nennen. Nicht aber "Krankenschwester" oder "Krankenpfleger". Hier wäre also auch Handlungsbedarf bei der Berufsbezeichnung gegeben.

Seit 1977 hat sich zudem ein deutlicher Wandel vollzogen, der noch längst nicht abgeschlossen ist. Der gesundheitspolitische Grundsatz "ambulant vor stationär" hat zu einer starken Zunahme ambulanter Pflegedienste geführt. Damit wurde für das Pflegepersonal die Möglichkeit der Selbständigkeit eröffnet. Einer der Gründe für den gravierenden Personalmangel in der Krankenpflege Ende der achtziger Jahre lag auch darin, dass viele Pflegende in die ambulante Pflege abwanderten oder sich gar selbstständig machten. Viele Hoffnungen waren damals damit verknüpft. Freiere Arbeitseinteilung, Loslösung vom Anordnungsdiktat der Ärzte im Krankenhaus und nicht zuletzt die Erwartung auf ein lukratives Einkommen als Freiberufler. Es passt ins Bild einer Gesellschaft, die sich gerne mit der Worthülse sozial schmückt, dass gerade im ambulanten Pflegesektor große Ernüchterung eingetreten ist. Statt sich über den Stationsarzt zu ärgern, laufen heute die Pflegenden den Hausärzten der Patienten nach, um Rezepte und Verordnungen zu erlangen. In vielen Bereichen besitzen die Hausärzte nicht das notwendige Wissen, beispielsweise in der Wundbehandlung oder bei der Vermeidung von Druckgeschwüren. Dennoch weigern sie sich unter dem Diktat (Vorwand?) der Budgetierung, die notwendigen Medikamente oder Hilfsmittel zu rezeptieren. Das Ergebnis ist zwangsläufig eine Pflege, die hinter ihren Möglichkeiten zurückbleibt.

Im Konkurrenzkampf um die Patienten erbringen viele ambulante Pflegedienste kostenlose Leistungen für die Hausärzte. Wer sich weigert, wird eben nicht weiterempfohlen.

Bezeichnend ist auch, dass die ambulanten Pflegedienste zunehmend mit den Krankenkassen um Vergütungen vor Gericht kämpfen müssen. Die Hoffnungen auf vernünftige Einkommen schwinden so schnell dahin. Zudem gibt es noch den "internen" Konkurrenzkampf zwischen den etablierten Pflegediensten der großen Sozialträger und den kleinen Pflegediensten selbständiger Pflegekräfte. Die Auswirkungen sind ähnlich wie in den Krankenhäusern. Schon heute müssen überwiegend die Angehörigen ihre Pflegebedürftigen zuhause pflegen – trotz Pflegeversicherung. Es versteht sich für unsere Gesellschaft von selbst, dass diese Angehörigenpflege natürlich eine Domäne der Frauen ist. Damit schließt sich denn auch die Lücke: Nachdem die Kinder aus dem Haus sind, würde die Mutter in ein tiefes Loch fallen. Aber glücklicherweise ist dann ja bald der Vater oder die Mutter pflegebedürftig und so kommt Frau nicht aus der Übung beim Windeln.

Die hilflosen Helfer haben mich damals sehr beeindruckt. Es waren eigentlich nicht so sehr die Inhalte als vielmehr der Mut Schmidbauers, sich kritisch gerade zu den Helferberufen zu äußern. Ausgerechnet jene Berufe, die doch ein ständiges Dankeschön für ihren permanenten Dienst am Nächsten erwarten dürfen. Ich habe seitdem immer wieder mein Selbstverständnis als Helfer hinterfragt und ich habe mir den Mut (die Torheit?) zur Kritik am eigenen Berufsstand zu Eigen gemacht. Die hilflosen Helfer waren dafür ein wichtiger Meilenstein, der zudem in einer wichtigen Phase, nämlich während der Ausbildung, gesetzt wurde. Zusammen mit den kritischen Sichtweisen meiner beiden Unterrichtsschwestern haben sie mich zu einem Krankenpfleger gemacht, der auch nach 20 Jahren seinen Beruf gerne ausübt. Und mehr denn je bin ich der Meinung, dass kritische Anmerkungen zum Beruf Krankenpflege zuerst einmal von uns Pflegenden selbst kommen müssen, bevor laufend andere an uns herummäkeln.

Fortschritt Berufsattraktivität 1: keiner. Immer noch liegt die durchschnittliche Verweildauer im Beruf nach drei Jahren Ausbildung bei mageren 5 Jahren. Es ist bisher nicht gelungen, die Verweildauer in den Pflegeberufen anzuheben. Zum einen liegt dies sicherlich darin begründet, dass im Frauenberuf Krankenpflege nach wie vor der Hauptgrund für eine Aufgabe des Berufes die Familiengründung ist. Geht man davon aus, dass die Ausbildung (frühester Beginn mit 17 Lebensjahren) mit etwa 21 Jahren endet, scheiden viele Krankenschwestern zwischen Mitte 20 und Anfang 30 aus dem Beruf aus. Dies deckt sich mit der Familiengründungsphase.

Es ist allerdings die Frage zu stellen, warum es nicht gelingt, eine spürbare Anzahl von (ehemaligen) Krankenschwestern wieder in den Beruf zurückzuholen, wenn die Kinder "aus dem gröbsten raus sind". Entsprechende Versuche Anfang der neunziger Jahre mit Wiedereingliederungskursen sind sämtlich kläglich gescheitert. Zwar gelang es, die Kurse zu füllen, aber nach Beendigung des Kurses oder kurz darauf haben die meisten dieser Krankenschwestern den Beruf dennoch nicht weiter ausgeübt.

Da mir keine wissenschaftliche Untersuchung zu diesem Thema bekannt ist, kann auch ich nur spekulieren. Vieles spricht aber für die These, dass der Arbeitsdruck zu hoch ist.

Fortschritt Selbstverständnis: spürbar wachsend. Die Artikel in den Fachzeitschriften, die sich kritisch und kontrovers mit Entwicklungen und Methoden der Pflege befassen, sind deutlich angestiegen. Das kritische Hinterfragen eigener Methoden gilt längst nicht mehr als Nestbeschmutzung.

Verhängnisvoll war die durch den Personalmangel der 80er Jahre ausgelöste Diskussion um die „Abgabe berufsfremder Tätigkeiten". Darunter verstand die Pflege vornehmlich ärztliche Tätigkeiten wie Injektionen verabreichen, Katheter und Magensonden legen bis hin zu Pulszählen und Blutdruckmessen. Diese Tätigkeiten wurden als pflegefremd deklariert, ihre Ausführung zunehmend abgelehnt. Ausgelöst wurde diese Diskussion durch den Personalmangel und den damit verbundenen erhöhten Arbeitsdruck und wohl auch psychologischen Druck. Denn: Ärzte und Verwaltungsangestellte hatten keinen Personalmangel und konnten und wollten nicht verstehen, dass nun wegen Schwesternmangel Betten leer stehen mussten. Verhängnisvoll an dieser Diskussion war, dass ein ganzer Berufsstand sich negativ definierte. Man artikulierte, was man nicht mehr tun wollte, anstatt darüber zu reden, was getan werden muss und wo die Lücken in der pflegerischen Versorgung auftreten, weil nicht pflegebezogene Tätigkeiten einen höheren Stellenwert im Krankenhaus haben. Noch heute sind die Ausläufer dieser Diskussion zu spüren. Glücklicherweise macht sich jedoch ein Umdenkungsprozess bemerkbar und der Begriff von der Abgabe pflegefremder Tätigkeit gehört wohl zur Historie. Die Nachwirkungen in Form von Ansehensverlust sind aber noch heute spürbar.

1986: Begegnung im (Pflegenotstands-) Szenario

1986 lernte ich Wolfgang Schmidbauer auf einer Griechenlandreise kennen und schätzen. Noch heute habe ich deutlich jene Wanderung nach Diakophton vor Augen, bei der wir an einem Feigenbaum vorbeikamen und er mir den Unterschied zwischen dem männlichen und weiblichen Feigenbaum erklärte. Eigentlich sollte dies auch der Aufhänger zu diesem Beitrag werden unter dem Titel "Der Mann im Frauenberuf Krankenpflege". Aber hier hat mich dann doch der Mut verlassen. Vielleicht eine Anregung für Schmidbauer, etwa: "Der hilflose Mann in der Krankenpflege?", wobei allerdings das Fragezeichen wichtig ist! Seit jener Begegnung in Griechenland haben wir oft und intensiv über mein Lieblingsthema diskutiert: Die Krankenpflege. Ganz wesentlich ging es dabei immer wieder um die Arbeitsbedingungen von Pflegenden.

Fortschritt Arbeitsalltag: nahezu keiner. Die Arbeitsablauforganisation der meisten Stationen unterscheidet sich kaum von der einer Station der 50er Jahre. Veränderungen der Routinen sind fast nicht durchsetzbar. Immerhin ist man jetzt stolz darauf, dass unsinnige Ritualhandlungen wie das dreimal tägliche Fiebermessen bei Patienten ohne geringste Fiebersymptome hinterfragt und sogar abgeschafft werden. Schuld an dieser Misere sind aber keineswegs die Pflegenden alleine. Alle Berufsgruppen im Krankenhaus verhalten sich ähnlich, Änderungen sind nur gegen erhebliche Widerstände durchzusetzen.

Auch das „Verhältnis“ der Ärzte gegenüber dem meist (jungen) weiblichen Pflegepersonal hat sich kaum verändert. Noch immer wird versucht mit lockeren Sprüchen und Augenzwinkern immer mehr Arbeit auf die Schwestern zu delegieren. Und wenn das nicht funktioniert, wird man eben laut. Das dies auch heute noch klappt, hängt unter anderem mit der oben beschriebenen Ausbildungssituation zusammen. Noch immer ähnelt das Klima auf den meisten Stationen der von den Soziologen vor allem in den 70er Jahren beschriebenen Familienstruktur. Der Arzt ist das Familienoberhaupt, das ab und zu mal vorbeischaut, meist aber abwesend ist. In erster Linie beschränkt er sich bei seinen seltenen Auftritten darauf, vermeintliche Unzulänglichkeiten und Fehler festzustellen. An Geburtstagen und Weihnachten darf die Stimmung auch mal etwas gelöster sein und vielleicht gibt es auch mal ein Dankeschön, so wie an Muttertag, das dann aber bitteschön für das ganze Jahr reichen muss.

Die Stationsschwester ist die Mutter des Ganzen. Sie hält zusammen, gleicht aus und sorgt dafür, dass die Kinder (Krankenschwestern) auch immer artig sind und ihre Hausaufgaben machen. Klappt das nicht, gibt es Ärger mit dem Arzt, ganz nach dem Familienmuster: Es sind ja schließlich deine Kinder!

Und die Patienten? Nun sie sind eigentlich der störende Faktor in diesem wohl ausbalancierten System. Sie sind allenfalls lästige Besucher, denen man etwas zu essen anbietet, ein wenig Konversation betreibt, aber ansonsten sind alle froh, wenn sie schnell wieder gehen. (Die unter dem Kostendruck geforderte Senkung der Verweildauer kommt dieser Einstellung entgegen.)

Ein weiteres Charakteristikum ist die von militärischen Strukturen geprägte Form der Organisation und Zusammenarbeit im Krankenhaus. Dies gipfelt darin, dass die Juristen, die sich mit den Problemen der Zusammenarbeit zwischen ärztlichem und pflegerischem Dienst beschäftigen, von der Anordnungs- und der Durchführungsverantwortung sprechen. Diese Begriffe entstammen dem Militärrecht und haben ihre traurige Bedeutung zum Beispiel bei der Frage, ob die Anordnung eines Arztes im Dritten Reich an die Krankenschwester, einen psychisch Kranken mit einer Überdosis zu töten, die Tat der Schwester quasi legitimiert. Bei der Behandlung kranker Menschen und in der Zusammenarbeit im Krankenhaus, in den Altenheimen oder in der häuslichen Pflege kann es aber wohl kaum darum gehen, dass ein Arzt anordnet und eine Krankenschwester (unreflektiert) durchführt.

Solange sich diese Situation, die verbunden ist mit dem ständig steigenden Arbeitsdruck infolge zu geringer Planstellen und zusätzlichem Mangel an Arbeitskräften, nicht ändert, wird es zu keiner Verbesserung der Arbeitsbedingungen Pflegender kommen. Damit sind die immer wiederkehrenden Mangelzustände vorprogrammiert. Hinzu kommt, dass die Pflegenden im Arbeitsalltag ständig hinter ihren Möglichkeiten zurückbleiben müssen. Im Zweifel ist es wichtiger ein Formular für die Verwaltung auszufüllen oder eine ärztliche Anordnung auszuführen als dem Patienten notwendige Pflege zukommen zu lassen. Wer aber ständig hinter den Möglichkeiten seiner beruflichen Qualifikation zurückbleiben muss, verliert schnell das Interesse am Beruf. Der Kreis zum Ausstieg nach spätestens fünf Jahren schließt sich.

Fortschritt Qualitätsmanagement: hoffnungsvoll. Der Stellenwert von Pflege in den Gesundheitsinstitutionen wird in den nächsten Jahren auch über externe Wege steigen. So fordert der Gesetzgeber ein Qualitätsmanagement im Gesundheitswesen. Die Krankenkassen werden zunehmend Kontrollen einführen und hier spielt die Qualität von Pflege eine zentrale Rolle. Anders ausgedrückt: Wo die Pflegequalität nicht stimmt, weil beispielsweise nicht genügend Personal da ist, wo unter dem Arbeitsdruck Fehler und Unachtsamkeiten zu Komplikationen bei den Patienten führen, da wird es für das Krankenhaus, das Altenheim oder den ambulanten Pflegedienst schwierig werden im Markt zu bestehen.

Ein weiterer Schritt zu einer Aufwertung pflegerischer Tätigkeiten wird über das Risiko-Management der Haftpflichtversicherer kommen. So können bereits heute Krankenhäuser ihren Haftpflicht-Versicherungsbeitrag um mehrere hunderttausend Mark pro Jahr senken, wenn sie die Arbeitsabläufe entsprechend gestalten und im Rahmen einer Risikoanalyse Schwachpunkte aufdecken und abstellen. Dies wird ganz wesentlich auch den Bereich ärztlich-pflegerischer Zusammenarbeit betreffen und zu Verbesserungen führen, da dann patientenorientierte Vorgehensweisen eingeführt werden müssen und nicht mehr die Interessenlage einzelner Berufsgruppen den Tagesablauf des Patienten bestimmen können.

Schließlich wird die geplante Einführung der diagnosis related groups (DRG) ab 2003 zu einem völlig anderen Abrechnungssystem führen, das eine Orientierung am Patienten verlangt. Kommt es zu Verzögerungen im Behandlungsablauf und damit zur Verlängerung des Patientenaufenthaltes in der Klinik oder erhöht sich die Verweildauer der Patienten, weil Komplikationen beispielsweise durch Hygienefehler oder anderes auftreten, so verliert der Krankenhausträger bares Geld, da alle Erkrankungen nur noch nach einem Pauschalsystem vergütet werden. Deshalb werden organisatorische Veränderungen notwendig werden, die für die Pflege durchaus positive Aspekte haben werden. Allerdings wird sich auch die Pflege anders organisieren müssen.

1992: Das Ende auf der nach oben offenen Fortschrittsskala

Unsere Diskussionen gipfelten schließlich in dem in der Reihe rororo aktuell erschienen Band "Pflegenotstand – das Ende der Menschlichkeit." Es ist bis heute das einzige Buch zu diesem Thema geblieben.[2]

Fortschritt Personalsituation: keiner. Knapp zehn Jahre nach Erscheinen dieses Bändchens prägt das Wort vom Pflegenotstand wieder die Schlagzeilen. Noch geht es dabei hauptsächlich um die Situation in der Altenpflege. Aber auch in der Krankenpflege weisen deutliche Mangelsituationen wie beispielsweise bei den Operationsschwestern darauf hin, dass der vierte Pflegenotstand vor der Tür steht.

Wieder reisen Pflegedienstleitungen ins Ausland, diesmal nach Kroatien, um unter unsäglichem bürokratischem Aufwand Personal für die deutsche (Alten-)pflege zu gewinnen. Werden dann für mehrere Tausend offener Stellen circa 40 Pflegekräfte mitgebracht, wird dies als Lösung des Personalmangelproblems gefeiert. München als teuerste Stadt Deutschlands scheint auch diesmal wieder den Seismographen für den Rest der Republik darzustellen. In der Zeitschrift „Care konkret" finden sich auf einer Seite gleich drei Beiträge zur Situation in der baye-

[2] Schmidbauer, W. (Hg.): Pflegenotstand – das Ende der Menschlichkeit. Vom Versagen der staatlichen Fürsorge. Reinbek 1992

rischen Landeshauptstadt. „Pflegenotstand: BRK wirbt Pflegekräfte im Ausland an“, „Peter: 'Gutes Niveau ist nur schwer zu halten`“ und „Pflege muss zur Chefsache werden“ (der Politik, Anm. des Verfassers)[3]. Erinnerungen an die Endachtziger werden wach. Alles schon mal da gewesen. Schon wird der Ruf nach der Green-Card für Pflegende laut, um wenigstens den Bürokratismus bei der Anwerbung des Personals zu erleichtern. Die Berufsverbände der Pflegenden warnen nicht zu Unrecht der Import ausländischen Personals sei keine Lösung. Dies hat die Vergangenheit deutlich gezeigt. Es wird an Symptomen herumgedoktert, die Ursachen werden nicht behoben.

Ruth Elster beschreibt in ihrer Dokumentation zur Geschichte des Agnes-Karll-Verbandes[4] einen Aspekt zur Anwerbung von Schwestern aus Südostasien in den 60er Jahren, der auch heute noch Gültigkeit hat: „Drei Seiten waren an dem Einsatz in Deutschland interessiert:

- „Die Krankenschwestern erwarteten in Deutschland eine interessante und gut bezahlte Arbeit und hofften, damit auch ihre Familien zu Hause unterstützen zu können.
- Die Staaten, die arm waren, erwarteten auf diese Weise Devisen aus Deutschland.
- Die Bundesrepublik, bzw. die Krankenhäuser, erhofften eine Behebung ihrer Personalnot.

Die Realität aber war, dass zum Beispiel in Korea durch die massive Abwerbung die Pflegeversorgung im eigenen Land ernsthaft gefährdet war.“

Daher mutet es geradezu schizophren an, wenn heute wieder im Ausland angeworben wird. Pflegepersonal aus Nicht-EU-Ländern – und nur solche kommen überhaupt nach Deutschland – dürfen nur eineinhalb Jahre im Land bleiben, dann müssen sie wieder zurückkehren. Versuche der Krankenhäuser, hier eine Verlängerung zu erreichen, blieben ohne Erfolg. Eine Begründung war für das Personal aus dem ehemaligen Jugoslawien, dass dort dringend das eigene Pflegepersonal zum Wiederaufbau der Gesundheitsversorgung der Bevölkerung gebraucht würde. Eine durchaus logische und nachvollziehbare Begründung. Doch gleichzeitig ändert sich an den Gründen für die chronische Mangelsituation in unserem Lande nichts. Nebenbei bemerkt sind viele der eingearbeiteten und integrierten Krankenschwestern aus dem ehemaligen Jugoslawien nicht dorthin zurückgekehrt. Sie sind stattdessen in die Schweiz, in die USA und nach Schweden gegangen, um die dortige Mangelsituation zu beheben!

Warum übrigens keine Krankenschwestern aus EU-Staaten? Zum einen ist der Mangel an Pflegepersonal kein alleinig deutsches Problem, sondern ein weltwei-

---

[3] In: Care konkret. Wochenzeitung für das Pflegemanagement. 4. Jhrg.,Nr. 10 vom 9. März 2001, S. 5

[4] Elster, R.: Der Agnes Karll-Verband und sein Einfluß auf die Entwicklung der Krankenpflege in Deutschland. Frankfurt am Main 2000, S. 207

tes. Zum anderen werden in Ländern wie der Schweiz deutlich höhere Löhne gezahlt. Zum dritten kommen die meisten Pflegekräfte aus EU-Ländern mit dem exzessiv hierarchisch geprägten System deutscher Krankenhäuser nicht zurecht. Dies gilt insbesondere für Länder wie die Schweiz, Großbritannien und die Niederlande. Letztere werben zum Beispiel in grenznahen Regionen deutsches Pflegepersonal mit großem Erfolg ab. Grund: Die Pflege hat in den Niederlanden einen deutlich höheren Stellenwert als in Deutschland und die Zusammenarbeit insbesondere mit den Ärzten ist von Kollegialität statt vom Prinzip der Über- und Unterordnung geprägt.

Frankreich und Österreich schließlich haben moderne Krankenpflegegesetze, in denen eigenverantwortliche Tätigkeitsbereiche für das Pflegepersonal festgeschrieben sind. Warum also in einem Land arbeiten, in dem der Arzt sogar die Anordnungsbefugnis für pflegerische Tätigkeiten besitzt?

1992 haben wir in dem Pflegenotstands-Bändchen auch über diese Arbeitsbedingungen geschrieben. Liest man sich diese Zeilen heute wieder durch, so könnten sie ungekürzt hier abgedruckt werden. Es würde niemandem auffallen, dass es sich um einen acht Jahre alten Beitrag handelt. Eine deprimierende Erkenntnis.

Aber es kommt noch schlimmer: In der ersten Auflage des Pflegenotstands wurde eine Erhöhung der Stellen für Pflegepersonal als eine dringend notwendige Maßnahme zur Verbesserung der Arbeitssituation der Pflegenden von uns gefordert. Im Nachtrag zur zweiten Auflage konnten wir melden: „Am 1. Januar 1993 ist das Gesundheitsstrukturgesetz (Seehofer-Reform) in Kraft getreten. Während die Medien ausführlich über Sparmaßnahmen und den Kampf der Ärzte-Funktionäre gegen die Reform berichten, ist ein wesentlicher Bestandteil dieses Gesetzes bisher unbeachtet geblieben: die Pflege-Personalregelung.“ Tatsächlich hatte der Gesetzgeber ein neues, gesetzlich vorgeschriebenes Bemessungsverfahren für die Besetzung der Stationen mit Pflegepersonal eingeführt. Zu groß war der Druck der Öffentlichkeit geworden. Über einen Zeitraum von vier Jahren, so die Schätzung, würden etwa 20.000 neuer Stellen für Krankenschwestern und -pfleger geschaffen. Dann kam das Jahr 1995. Zwei Jahre nach Inkrafttreten der PPR, so die Kurzbezeichnung, waren die 20.000 Stellen bereits geschaffen. Jetzt schätzte man die Gesamtzahl der notwendigen Stellen auf 40.000. Gleichzeitig machte sich jedoch eine deutliche Entspannung der Personalmangelsituation bemerkbar. Es gab wieder genug Pflegekräfte. Das Wort vom Pflegenotstand war mega-out. Und flugs wurde unter dem Druck der finanzschwachen Krankenhausverwaltungen die PPR außer Kraft gesetzt. Die neu geschaffenen 20.000 Stellen durften von den Pflegedienstleitungen nicht mehr besetzt werden. Damit wurde nach nur zwei Jahren Verbesserung sogar im Endeffekt eine Verschlechterung erreicht. Denn nunmehr gibt es überhaupt kein anerkanntes Verfahren mehr, wie denn nun der Personalbedarf in der Pflege berechnet werden soll.

Im Endergebnis ist der Arbeitsdruck der Pflegenden in den letzten Jahren stetig gewachsen. Die Familiengründung ist allzu oft eine willkommene Entschuldigung einer Arbeitssituation zu entkommen, in der das burn-out zwangsläufig vorprogrammiert ist.

Fortschritt Berufsattraktivität 2: vielversprechend. An zweiter Stelle für die Berufsaustritte liegen die Weiterbildungsmöglichkeiten. Der Pflegenotstand der 80er/90er Jahre brachte wie schon seine Vorgänger einen Schub in der Verbesserung der Ausbildungsmöglichkeiten. Diesmal war es die Akademisierung. 1992 erschien die Denkschrift "Pflege braucht Eliten" zur Hochschulausbildung für Lehr- und Leitungskräfte in der Pflege. Seitdem können Pflegende an über 40 hauptsächlich Fachhochschulen, aber auch einigen Universitäten Pflegepädagogik, Pflegemanagement oder Pflegewissenschaften studieren. Von diesem Angebot machen die Pflegenden regen Gebrauch. Damit blutet der Beruf weiter aus und: Es sind überwiegend die hochmotivierten Pflegekräfte, die aus den Institutionen fliehen. Zwar werden auch einige von ihnen den Weg zurück in die Krankenhäuser, Altenheime oder die ambulanten Pflege finden, doch hier türmen sich schon die nächsten Probleme auf. Im Bundesangestellten-Tarif (BAT) gibt es keine akademisch ausgebildeten Pflegekräfte. Damit müssen diese Fachleute zu Gehältern arbeiten, die ein Studium unattraktiv erscheinen lassen. Stattdessen finden sich, zumindest derzeit noch, besser bezahlte Stellen außerhalb der Gesundheitsinstitutionen. Vor allem die Krankenkassen haben den Wert derartig ausgebildeter Pflegekräfte mit Berufserfahrung und daher mit Einblick in die Krankenhauswirklichkeit erkannt. Sie beschäftigen zunehmend Pflegekräfte in der Patientenberatung, aber auch in Kontrollfunktionen gegenüber den Krankenhäusern, um zum Beispiel herauszufinden, ob Patienten im Krankenhaus liegen, die eigentlich in ein Pflegeheim oder in die häusliche Pflege gehören (so genannte Fehlbelegung).

Die Akademisierung der Pflege ist nicht mehr aufzuhalten und auch nicht mehr zurückzudrehen. Sie eröffnet damit Pflegenden weitreichende Möglichkeiten und erhöht zweifellos die Attraktivität des Berufes; denn ein Mangel der Pflege war bisher, dass die Aufstiegsmöglichkeiten und die Aussichten auf eine Berufskarriere sehr begrenzt waren. Jetzt gibt es eine Vielfalt von beruflichen Entwicklungsmöglichkeiten. Bleibt nur abzuwarten, ob die Frauen in der Pflege auch verstärkt karriereorientiert zu denken beginnen oder ob das wahr wird, was manche unken, dass nämlich nun verstärkt die Männer in die Pflege kommen, weil es Karrieremöglichkeiten gibt. Aber das ist ein anderes Thema, dem sich vielleicht einmal die Soziologen widmen werden.

Fortschritt Pflegeforschung: ein wichtiger Durchbruch. Wie sehr das Wohlstandsland Deutschland bei der Entwicklung moderner Pflegemethoden und der Hinterfragung der empirisch entwickelten Vorgehensweisen weltweit hinterherhinkt, mag ein Blick auf die jüngste Vergangenheit zeigen. In der viel geschmähten DDR gab es schon seit den 60er Jahren die Möglichkeit, Pflege an der Hochschule zu studieren. In den USA wurde bereits 1907 der erste Pflegestudiengang eingerichtet.

Erst wiederum durch den immensen öffentlichen Druck des Pflegenotstands der 80er Jahre erhielt auch die Pflegeforschung einen Anschub, der inzwischen zu einer stürmischen Entwicklung geführt hat.[5]

Zwar wird der Weg durch die Instanzen für die deutsche Pflegeforschung ein dornenreicher werden, auch die Anerkennung der eigenen Berufsgruppe ist erst noch zu erringen, die Befürchtungen, es werde doch nur im Elfenbeinturm der Pflegewissenschaft nachgedacht, ohne praktische Relevanz, ist zu widerlegen, aber der Anfang ist gemacht. Es ist nicht schwer vorherzusagen dass, ähnlich wie in den angelsächsischen Ländern, eine durch Forschungsergebnisse belegte, fundiert ausgeführte Pflege auch zu entsprechender Anerkennung führen wird und muss.

Als ein Beispiel sei die Rechtssituation der Pflege genannt, die noch immer, basierend auf dem Heilpraktikergesetz des Jahres 1939, von der ärztlichen Gesamtverantwortung ausgeht. Dies führt unter anderem zu der anachronistischen Situation, dass Ärzte in Prozessen Gutachten über pflegerelevante Fragen anfertigen – und mangels ausreichender Kenntnisse sich das notwendige Wissen zuvor beim Pflegepersonal beschaffen, wie es dem Autor im Zusammenhang mit einem Gutachten zur Technik der intramuskulären Injektion geschah. Hier werden bereits heute verstärkt Pflegende mit entsprechender Ausbildung und entsprechendem Wissen zunehmend von den Gerichten zu Rate gezogen.

Fortschritt Professionalisierung oder der Versuch eines Fazits

Betrachtet man also abschließend die derzeitige Situation der Pflegeberufe, so kann festgestellt werden, dass es eine Art Zweiteilung gibt.

Während sich - wie schon in der Vergangenheit - in der Theorie, in der Aus- und Weiterbildung mit den Stichworten Verbesserung des Krankenpflegegesetzes, Akademisierung der Pflegeberufe und Etablierung einer Pflegewissenschaft vieles getan hat und noch weiter getan wird, ist es um die Arbeitssituation auf den Stationen weiterhin schlecht bestellt. Hier liegt meines Erachtens nach auch die große Herausforderung für die Zukunft in der Pflege. Wenn es nicht gelingt, die Erkenntnisse und daraus resultierend die Ansprüche einer guten Pflege aus der Theorie in die Praxis des Stationsalltags zu transferieren, wenn verbesserte Ausbildungsbedingungen bis hin zu Studienangeboten nur dazu führen, dass gute und motivierte Pflegende in andere Sparten wie die Industrie oder die Krankenkassen abwandern, anstatt den Marsch durch die Institutionen anzutreten, dann wird sich für die Patienten in den Krankenhäusern und der häuslichen Krankenpflege und für die Bewohner der Altenheime und nicht zuletzt für die Pflegenden „vor Ort" nichts ändern.

---

[5] Zegelin, A.: Vorwort zur deutschen Ausgabe von: LoBiondo, G. und Haber, J.: Pflegeforschung. Methoden – kritische Einschätzung – Anwendung. Berlin, Wiesbaden 1996, S. V

Der größte Anlass zur Hoffnung liegt in der Tatsache, dass es der Pflege nach jahrzehntelangen Bemühungen gelungen ist, mit der Gründung des Deutschen Pflegerates eine Institution ins Leben zu rufen, die dabei ist, sich das Gehör der Politik zu verschaffen, um bei pflegerelevanten Entscheidungen im Gesundheitswesen mitreden zu können.

Es geht also langsam voran und die bei Günter Grass entlehnte Überschrift hat ihre Berechtigung. Allerdings weiß jeder Gärtner: Schnecken mögen langsam sein, aber sie sind außerordentlich beharrlich und erreichen das Ziel ihrer Wünsche immer.

Heiner Keupp

Eine Gesellschaft der Ichlinge?

Fitness für den Markt oder Selbstsorge in der Zivilgesellschaft

Ist das „Ich“ der Gewinner einer gesellschaftlichen Entwicklung, in der das „Wir“, das „Kollektiv“, die Zugehörigkeit oder die Solidarität immer mehr aufgerieben werden? Sind die „Ichlinge“ die Subjekte der Zukunft, die sich auf einer unaufhaltsamen „Ich-Jagd“ (Gross, 1999) befinden oder die sich ihre Zukunftsfähigkeit dadurch sichern, dass sie ständig ihre „Ich-Aktien“ (Lanthaler & Zugmann 2000) mehren? Braucht die Zukunft solche Subjekte, wie es in einem Buch von Daniel Cohen (2001) behauptet wird, das gerade auf den Markt gekommen ist. Ich denke, dass hier falsche Alternativen aufgebaut werden. Menschen, die sich nicht mehr auf ihre „Einbettung“ in traditionsreiche Ligaturen verlassen können, müssen mehr auf sich achten, müssen im Foucaultschen Sinne „Selbstsorge“ übernehmen, aber das ist nicht identisch mit Egoismus oder Ich-Jagd. Selbstsorge wird zu einer Lebenskompetenz, ohne die Lebenssouveränität nicht zu gewinnen ist.

Jürgen Habermas hat uns schon in den 80er Jahren die Erschöpfung unserer „utopischen Energien“ bestätigt. In den 60er und 70er Jahren hatte es eher einen „Überschuss“ utopischer Entwürfe gegeben. Soll man sich heute noch trauen, danach zu fragen, mit welchen Subjekten wir in Zukunft zu rechnen haben bzw. mit welcher Zukunft die Subjekte zu rechnen haben? In den mehr oder weniger seriösen Medien werden wir mit Antworten überschüttet, darunter Schnellschüsse, die von sich behaupten, uns sagen zu können, was auf uns zukommt.

Ich will dafür ein Beispiel bringen: Um die gesellschaftlichen Bedingungen für den aktuellen tiefgreifenden Umbruch zu benennen, werden wir gegenwärtig mit Schlagworten bombardiert: Von der Individualisierung, der Pluralisierung, der Globalisierung, der Virtualisierung oder der Flexibilisierung ist die Rede. In der „Süddeutschen Zeitung“ vom 13.10.1998 kann man dieses Wortgeklingel bereits im Sportteil lesen: Da ist - unter Bezugnahme auf einen Vortrag des Freizeitforschers Horst W. Opaschowski - von einer „Nonstop-Gesellschaft, in der Rast- und Ruhelosigkeit, Zeitoptimierung und Speed-Management den Ton angeben“, die Rede. Da werden nur noch „dem erfolgsorientierten Single Zukunftschancen“ eingeräumt, der „mit Flexibilität auf den Trend zur Kurzfristigkeit reagieren“ könne. „Eine von der Angst getriebene Generation, ständig etwas zu verpassen“, reagiere „mit hektischem Erlebniskonsum und dem Trend zur Mobilität“. Der Kopf schwirrt uns schon und es kommen weitere Formulierungen dazu. Seriosität ist in der Ansammlung solcher Schlagworte nicht zu erwarten.

Ein zweites Beispiel: Gerd Gerken (1994) ist der intellektuelle opinion leader der deutschen Marketingfachleute. Er hat eine unglaubliche Fähigkeit zeitgeistige Strömungen und kulturelle Veränderungen aufzusaugen und daraus sofort Marketingstrategien zu entwickeln. Er ist ein Wortakrobat. Da werden Begriffe wie "Leading Edge", "Multi-Mind", "Multiphrenie" oder "Rhizom" verwendet. Er beobachtet, dass sich "jetzt das Ich des westlichen Menschen vermehrt" und darin läge "eine große Chance für eine neue Bewusstseins-Offensive der europäischen Unternehmen: Je mehr Ichs es gibt, um so mehr Bewusstsein kann repräsentiert werden. Je mehr Bewusstsein existiert, um so mehr Komplexität kann bewältigt werden". Und dann fährt Gerken fort: "Es entstehen also viele Ichs in einer Person. Das ist der neue Trend. Und es gibt auch schon einen Fachausdruck dafür: Multiphrenie" (S. 95). Unter Bezug auf die Jugend-Szene stellt er mentale Dissoziationsphänomene fest, die eine Destabilisierung erzeugen, ohne dass deshalb ein pathologischer Zustand entstehen müsse: "Um diese bewusste Destabilisierung mental organisieren zu können, gehen sie an die Grenze der Ich-Festigkeit. Das wird in Fachkreisen 'Borderline-Syndrom' genannt. Dadurch entsteht in unserer Kultur die Pluralisierung des Ichs und die Pluralisierung des Bewusstseins". Diese Entwicklung hält Gerken für eine "evolutionäre Notwendigkeit" (S. 96). Deshalb sei "die Multiphrenie also nichts Krankes oder Kaputtes. Dieser neue Ich-Trend ist vielmehr genau das Gegenteil". Sie sei sogar die "Wiederherstellung der Überlegenheit" (S. 97). An anderer Stelle formuliert er die Multiphrenie "sowohl als Herausforderung als auch Chance" für das "kommende Markt-Management" und prognostiziert, dass das "multiphrene Ich immer mehr in den Sektor des Konsums eindringen (wird). In den USA spricht man schon heute vom hybriden und 'schizophrenen Konsumenten'. Morgen werden wir den multiphrenen Konsumenten haben" (S. 101).

In diesen intellektuellen Schnellschüssen wird auf eine gesellschaftliche Umbruchsituation reagiert, die kaum zu leugnen ist. Aber sie wird so gedeutet, dass sich die eigenen Rezepturen für Freizeit, Konsum oder Arbeit sofort aufdrängen.

Meine Spurensuche für Pfade nach Utopia will es sich schwerer machen. Es ist ein Weg, der zurück in die Zukunft weist. In meinem Gepäck gibt es einige schwergewichtige Ideen, die nicht aus dem Warenlager der zeitgenössischen Trendforschung stammen. Wenn ich auf die Idee der „Lebenskunst“ zu sprechen komme, dann bin ich in der Antike, allerdings in ihrer Wiederentdeckung durch Michel Foucault, der in dem magischen Jahr 1984 bereits die Weltbühne verließ. Er hat uns jedoch ein intellektuelles Erbe hinterlassen, das weit über George Orwell hinausreicht. Er hat nicht nur - wie dieser - die allmächtigen Kontrollsysteme spätmoderner Gesellschaften untersucht, und ihm verdanken wir es, dass wir auch die Psychologie als Mittel der Kontrolle und nicht nur als Weg zur Befreiung haben sehen lernen. Sondern er hat, vor allem in seinen letzten Arbeiten, das eigensinnige und für sich selbst sorgende Subjekt (wieder-)entdeckt und damit der Empowerment-Perspektive eine Begründung geliefert, die deren Anhänger oft gar nicht kennen. Dieser geheimnisvolle Foucault war weit davon entfernt, uns hoffnungsvolle Visionen zu bieten, an denen wir unser Herz erwärmen könnten. Und trotzdem hat er für die erwartbare Zukunft starke Impulse zu bieten. Auch die Ideen von „Zivilgesellschaft“ und „bürgerschaftlichem Engagement“ sind zwar aktuell sehr gefragt, aber ihre Grundideen verweisen auf die Entstehung der „bürgerlichen Gesellschaft“ und die hat ja auch schon eine Last von mehr als zweihundert Jahren auf ihren Schultern.

Bevor wir jedoch zur Selbstsorge oder Lebenskunst, zum Eigensinn und bürgerschaftlichem Engagement gelangen können, müssen wir uns erst einmal vergewissern, in welcher Gesellschaft wir eigentlich leben und was wir über ihre Entwicklungsdynamik aussagen können. Gerade bezogen auf eine sich wandelnde Welt müssen ja unsere eigenen Ideen ihre Zukunftsfähigkeit erweisen.

Wie der globalisierte neue Kapitalismus unsere Lebens- und Arbeitsformen verändert

Jürgen Habermas hat am 5. Juni 1998 der SPD und ihrem Kanzlerkandidaten eine großartige Gegenwartsdiagnose geliefert. Aus ihr will ich nur seine Diagnose eines „Formenwandels sozialer Integration“ aufgreifen, der in Folge einer „postnationalen Konstellation“ entsteht: „Die Ausweitung von Netzwerken des Waren-, Geld-, Personen- und Nachrichtenverkehrs fördert eine Mobilität, von der eine sprengende Kraft ausgeht“ (1998, S. 126). Diese Entwicklung fördert eine „zweideutige Erfahrung“: „die Desintegration haltgebender, im Rückblick autoritärer Abhängigkeiten, die Freisetzung aus gleichermaßen orientierenden und schützenden wie präjudizierenden und gefangennehmenden Verhältnissen. Kurzum, die Entbindung aus einer stärker integrierten Lebenswelt entlässt die Einzelnen in die Ambivalenz wachsender Optionsspielräume. Sie öffnet ihnen die Augen und erhöht zugleich das Risiko, Fehler zu machen. Aber es sind dann wenigstens die eigenen Fehler, aus denen sie etwas lernen können“ (ebd., S. 126f.).

Die großen Gesellschaftsdiagnostiker der Gegenwart sind sich in ihrem Urteil relativ einig: Die aktuellen gesellschaftlichen Umbrüche gehen ans „Eingemachte“ in der Ökonomie, in der Gesellschaft, in der Kultur, in den privaten Welten und auch an die Identität der Subjekte. In Frage stehen zentrale Grundprämissen der hinter uns liegenden gesellschaftlichen Epoche, die Burkart Lutz schon 1984 als den „kurzen Traum immerwährender Prosperität“ bezeichnet hatte. Diese Grundannahmen hatten sich zu Selbstverständlichkeiten in unseren Köpfen verdichtet. Die uns angebotenen auf Zukunft gerichteten Analysen der sich neu herausbildenden Gesellschaftsform benötigen Bilder und Metaphern, um Typisches und Neues zu benennen.

In aktuellen Gegenwartsdeutungen taucht das Bild vom Spieler auf, der einen zentralen postmodernen Menschentypus repräsentieren würde. In einem Buch über postmoderne Lebensformen, das mit „Flaneure, Spieler und Touristen" betitelt ist, schreibt Zygmunt Bauman (1997, S. 161) folgenden markanten – und durch Kursivschrift herausgehobenen - Satz: *„Das Merkmal des postmodernen Erwachsenseins ist die Bereitschaft, das Spiel so rückhaltlos zu akzeptieren wie Kinder".* Die Moderne hat aus der Sicht von Bauman das Leben zu einer Pilgerreise gemacht. Der Mensch in der entstehenden modernen Gesellschaft war ständig auf Achse, aber mit dem Wissen um ein Ziel. Der moderne Mensch als Pilger war in dem Bewusstsein unterwegs, „dass er ziemlich früh im Leben seinen Zielpunkt zuversichtlich auswählen konnte/sollte/musste, in der Gewissheit, dass die gerade Linie der Lebens-Zeit vor ihm sich nicht biegen, drehen oder verzerren, zum Stillstand kommen oder sich umkehren würde" (1997, S. 142). Hindernisse gab es viele, aber aus ihrer Bewältigung wurde ein „belebender Faktor und Quelle des Eifers" (ebd., S. 143). Das „Vertrauen in die Linearität und Kumulationskraft der Zeit" wurde allgemein geteilt. Identität war schwer zu gewinnen, aber der Glaube an einen unveräußerlichen Identitätskern, den wir als unser „inneres Kapital" akkumulieren könnten, war ungebrochen. Dieses Lebensmodell müssen wir heute wohl verabschieden. Die Diagnose der Postmoderne zielt genau darauf. Die Metapher vom Pilger taugt nicht mehr. Sein commitment für ein in der Ferne liegendes und durch dauerhafte Anstrengung erreichbares Ziel ist für die meisten Menschen nicht mehr nachvollziehbar. Stattdessen „bilden der Spaziergänger, der Vagabund, der Tourist und der Spieler zusammen die Metapher für die postmoderne Strategie mit ihrer Furcht vor Gebundenheit und Festlegung" (ebd., S. 149). Die „Vermeidung jeglicher Festlegung" wird zum „Angelpunkt der postmodernen Lebensstrategie" (ebd. S. 146). Der „neue Kapitalismus" fordert die absolute Flexibilität der menschlichen Psyche (vgl. Sennett 1998) und die Bereitschaft, sich für ihn „fit" zu halten, was ja soviel heißt wie die Bereitschaft, sich an ihn bedingungslos anzupassen („to fit in"), geht einher mit einer „Fixeophobie". Von dem in der Moderne geforderten Ernst in Form einer totalen inneren Verpflichtung (commitment) auf Arbeit und Beruf ist das weit entfernt. Das war gerade die Differenz zum Spiel, dem in der Bewertung gerade von Erwachsenen der Ernst des Lebens fehlte. Wenn aber die dauerhafte Festlegung auf Ziele immer weniger gelingt, dann wird aus dem Spiel auf einmal Ernst. Es liefert einen Rahmen für Identitätsprojekte, die nicht mehr um die Akkumulation von innerem Kapital herum organisiert sind, sondern sich im szenischen Spiel als „playing identity" (Melucci 1996) entwirft, „Identität als Spiel" (Belgrad 1992). Im Spiel ist „nichts gänzlich vorhersagbar und kontrollierbar, aber nichts ist auch völlig unabänderlich" (Bauman 1997, S. 159f.).

Zygmunt Bauman ist ein großartiger Autor, der uns in seinen letzten Büchern immer wieder neue Metaphern und Bilder anbietet, um das teilweise noch Unbegriffene im globalisierten Kapitalismus begrifflich greifbar zu machen. Während er noch sucht, hat Jeremy Rifkin (2000) mit seinem neuesten Buch „Access" offenbar alles gefunden: „Ein neuer menschlicher Archetypus wird gerade geboren" (S. 250). Im Anschluss an Lifton nennt er ihn die „proteische Persönlichkeit", angelehnt an den Gott Proteus in der griechischen Mythologie. Dieser konnte spielerisch jede beliebige Gestalt annehmen, aber musste dafür einen existentiellen Preis bezahlen: Er konnte sich selbst nie finden. Von diesem Preis ist bei Rifkin nicht die Rede, eher von der Norm im „neuen Kapitalismus" zu einem – verglichen mit allen Vorläufergenerationen – „flexibleren Menschen" zu werden, „der sich ständig an sich verändernde Umwelten, neue Umstände im Sinne von äußeren wie inneren Besitztümern, anpasst". Und dann kommt ein Kernsatz seiner Gesellschaftsdiagnose: „Kennzeichen der Postmoderne ist also Verspieltheit, während die Moderne durch Fleiß geprägt war. In einem System, in dessen Zentrum die Arbeit stand, ist Produktion das operationale Paradigma, und das Eigentum repräsentiert deren Früchte. In einer Welt, die sich um das Spiel herum ordnet, regiert die Aufführung, und der Zugang zu kulturellen Erfahrungen wird zum Ziel menschlichen Handelns. Im Zeitalter des Zugangs, in dem Szenarien geschrieben, Geschichten erzählt und Fantasien ausagiert werden, ist es nebensächlich, Dinge herzustellen und auszutauschen und Eigentum zu akkumulieren" (S. 263). Ein Teil dieser neuen kulturellen Ordnung ist der Informationstechnologie geschuldet, ein anderer Teil ist eine wenig abgeleitete, aber dominante „Erlebnis- oder Spaßgesellschaft". Rifkin diagnostiziert: „Alle suchen nach Spiel und Vergnügen" (S. 262).

Ein alteuropäischer Reflex lässt mich Postmans (1985) Diagnose „Wir amüsieren uns zu Tode" einfallen. Doch diesen kultur-konservativen Gedankenanflug will ich mir nicht erlauben. Er übersieht, dass in der Analyse von Rifkin etwas Zentrales getroffen ist. Der globalisierte Kapitalismus entfaltet sich als „Netzwerkgesellschaft", die sich als Verknüpfung von technologischen und ökonomischen Prozessen erweist. Dies zeigt vor allem Manuel Castells auf, den ich für den interessantesten Analytiker der Gegenwartsgesellschaft halte. Er hat in einer großangelegten Analyse die gesellschaftlichen Transformationen der Weltgesellschaft in den Blick genommen (Castells 1996; 1997; 1998). Er rückt die elektronischen Kommunikationsmöglichkeiten ins Zentrum seiner Globalisierungstheorie. Sie hätten zum Entstehen einer „network society" (so der Titel des ersten Bandes der Castells'schen Trilogie) geführt, die nicht nur weltweit gespannte Kapitalverflechtungen und Produktionsprozesse ermöglichen würde, sondern auch kulturelle Codes und Werte globalisiert. Für Castells bedeutet „die Netzwerkgesellschaft einen qualitativen Wandel in der menschlichen Erfahrung" (1996, S. 477): Die Konsequenzen der Netzwerkgesellschaft „breiten sich über den gesamten Bereich der menschlichen Aktivität aus und transformieren die Art, wie wir produzieren, konsumieren, managen, organisieren, leben und sterben" (Castells 1991, S. 138).

Dieser mächtige neue Kapitalismus, der die Containergestalt des Nationalstaates demontiert hat, greift unmittelbar auch in die Lebensgestaltung der Subjekte ein. Auch die biographischen Ordnungsmuster erfahren eine reale Dekonstruktion. Am deutlichsten wird das in Erfahrungen der Arbeitswelt.

Einer von drei Beschäftigten in den USA hat mit seiner gegenwärtigen Beschäftigung weniger als ein Jahr in seiner aktuellen Firma verbracht. Zwei von drei Beschäftigten sind in ihren aktuellen Jobs weniger als fünf Jahre. Vor 20 Jahren waren in Großbritannien 80% der beruflichen Tätigkeiten vom Typus der 40 zu 40 (eine 40-Stunden-Woche über 40 Berufsjahre hinweg). Heute gehören gerade noch einmal 30% zu diesem Typus und ihr Anteil geht weiter zurück.

Kenneth J. Gergen sieht ohne erkennbare Trauer durch die neue Arbeitswelt den „Tod des Selbst", jedenfalls jenes Selbst, das sich der heute überall geforderten „Plastizität" nicht zu fügen vermag. Er sagt: „Es gibt wenig Bedarf für das innengeleitete, 'one-style-for-all' Individuum. Solch eine Person ist beschränkt, engstirnig, unflexibel. (...) Wir feiern jetzt das proteische Sein (...). Man muss in Bewegung sein, das Netzwerk ist riesig, die Verpflichtungen sind viele, Erwartungen sind endlos, Optionen allüberall und die Zeit ist eine knappe Ware" (2000, S. 104).

In seinem vielbeachteten Buch „Der flexible Mensch" liefert Richard Sennett (1998) eine weniger positiv gestimmte Analyse der gegenwärtigen Veränderungen in der Arbeitswelt. Der „Neue Kapitalismus" überschreitet alle Grenzen, demontiert institutionelle Strukturen, in denen sich für die Beschäftigten Berechenbarkeit, Arbeitsplatzsicherheit und Berufserfahrung sedimentieren konnten. An ihre Stelle ist die Erfahrung einer (1) „Drift" getreten: Von einer „langfristigen Ordnung" zu einem „neuen Regime kurzfristiger Zeit" (S. 26). Und die Frage stellt sich in diesem Zusammenhang, wie dann überhaupt noch Identifikationen, Loyalitäten und Verpflichtungen auf bestimmte Ziele entstehen sollen. Die fortschreitende (2) Deregulierung: Anstelle fester institutioneller Muster treten netzwerkartige Strukturen. Der flexible Kapitalismus baut Strukturen ab, die auf Langfristigkeit und Dauer angelegt sind. "Netzwerkartige Strukturen sind weniger schwerfällig". An Bedeutung gewinnt die "Stärke schwacher Bindungen", womit zum einen gemeint ist, "dass flüchtige Formen von Gemeinsamkeit den Menschen nützlicher seien als langfristige Verbindungen, zum anderen, dass starke soziale Bindungen wie Loyalität ihre Bedeutung verloren hätten" (S. 28). Die permanent geforderte Flexibilität entzieht (3) „festen Charaktereigenschaften" den Boden und erfordert von den Subjekten die Bereitschaft zum „Vermeiden langfristiger Bindungen" und zur „Hinnahme von Fragmentierung". Diesem Prozess geht nach Sennett immer mehr ein begreifbarer Zusammenhang verloren. Die Subjekte erfahren das als (4) Deutungsverlust: „Im flexiblen Regime ist das, was zu tun ist, unlesbar geworden" (S. 81). So entsteht der Menschentyp des (5) flexiblen Menschen: ein „nachgiebiges Ich, eine Collage von Fragmenten, die sich ständig wandelt, sich immer neuen Erfahrungen öffnet - das sind die psychologischen Bedingungen, die der kurzfristigen, ungesicherten Arbeitserfahrung, flexiblen Institutionen, ständigen Risiken entsprechen" (S. 182). Lebenskohärenz ist auf dieser Basis kaum mehr zu gewinnen. Sennett hat erhebliche Zweifel, ob der flexible Mensch menschenmöglich ist. Die wachsende (6) Gemeinschaftssehnsucht interpretiert er als regressive Bewegung, eine „Mauer gegen eine feindliche Wirtschaftsordnung" hochzuziehen (S. 190). „Eine der unbeabsichtigten Folgen des modernen Kapitalismus ist die Stärkung des Ortes, die Sehnsucht der Menschen nach Verwurzelung in einer Gemeinde. All die emotionalen Bedingungen modernen Arbeitens beleben und verstärken diese Sehnsucht: die Ungewissheiten der Flexibilität; das Fehlen von Vertrauen und Verpflichtung; die Oberflächlichkeit des Teamworks; und vor allem die allgegenwärtige Drohung, ins Nichts zu fallen, nichts 'aus sich machen zu können', das Scheitern daran, durch Arbeit eine Identität zu erlangen. All diese Bedingungen treiben die Menschen dazu, woanders nach Bindung und Tiefe zu suchen" (S. 189 f.).

Johanno Strasser (2000) hat kürzlich einen Essay vorgelegt, der die Kritik weiter zuspitzt. Er vertritt die These, dass Ausbeutung und Entfremdung zunehmend weniger als fremdgesetzter Zwang einem Menschen begegnet, sondern mehr und mehr zu einer Selbsttechnologie wird, zu einer Selbstdressur, die allerdings in den Ideologien des Neoliberalismus in einem Freiheits- oder Autonomiediskurs daherkommt: „Der neue Kapitalismus nimmt Abschied von den alten hierarchischen Strukturen, der fordistischen Arbeitsteilung mit der Stereotypisierung der Arbeitsvorgänge, den äußeren Zwängen und vorgeschriebenen Laufbahnordnungen, die bei aller Enge und Gewaltsamkeit doch auch Halt und Orientierung boten. Die Verantwortung für die nun notwendig werdenden ungeheueren Anpassungsleistungen wird zum Individuum verlagert; das Individuum muss flexibel auf wechselnde Anforderungen reagieren, sich immer wieder neu justieren, sich umqualifizieren, um durch permanente Selbstveränderung und unbeschränkte Mobilität seine profitable Verwendbarkeit, seine employability, zu gewährleisten."

"Employability als Ziel eigenständiger Persönlichkeitsbildung, das ist die Benutzung des Emanzipationspathos der Moderne zum Zwecke radikalster Entfremdung. (...) Nicht mehr die aktive Gestaltung des eigenen Lebens durch das Individuum gilt als Lebensideal, sondern die umfassende Selbstinstrumentalisierung für heteronome Zwecke, das Gebrauchtwerdenkönnen, ein Leben im Passiv."

„Der eigentliche Triumph des neoliberalen Selbstdressurprogramms bestünde darin, diese radikale Entfremdung tatsächlich als Gipfel menschlicher Autonomie erscheinen zu lassen und sie so akzeptabel zu machen. Darum wird die rastlose Anpassung des eigenen Selbst an die wechselnden Bedingungen seiner Verwertbarkeit von den Propheten des Neoliberalismus als Entfaltung der eigenen Persönlichkeit gefeiert, der Zwang zu exzessiver Mobilität als Befreiung aus provinzieller Enge und Abhängigkeit, die uferlose Flexibilisierung der Arbeitszeiten und die Job-Hopperei als Überwindung nervtötender Routine."

Richard Sennett und Johanno Strasser sind skeptisch, dass die sich abzeichnenden neuen Arbeits- und Lebensformen dem Menschen gut tun. Weniger eindeutig ist Zygmunt Bauman, der seit seinen beiden deutschen Büchern „Moderne und Ambivalenz" und „Dialektik der Ordnung" als einer der einflussreichsten zeitgenössischen Denker gilt. In seinem Buch Unbehagen in der Postmoderne (Bauman 1999a) versucht er sich erneut an einer zukunftsorientierten Gegenwartsdiagnose. Er knüpft schon im Titel seines Buches an Freuds große Kulturkritik an, die vor genau 70 Jahren erschien: „Das Unbehagen in der Kultur". Freud hatte festgestellt, dass „der Kulturmensch für ein Stück Glücksmöglichkeit ein Stück Sicherheit eingetauscht" hat (Freud 1930). Für Bauman hat sich in der Postmoderne die Relation umgekehrt und die Subjekte erleben eine andere Art von Unbehagen: „Postmoderne Männer und Frauen haben ein Stück ihrer Sicherheitsmöglichkeiten gegen ein Stück Glück eingetauscht" (1999a, S. 11). Und dann kommt ein Satz, der mir so bekannt vorkommt, obwohl ich das Buch zum ersten Mal lese: „Das 'Unbehagen der Postmoderne' entsteht aus einer Freiheit, die auf der Suche nach Lustgewinn zuwenig individuelle Sicherheit toleriert" (ebd.). Wo habe ich diesen Satz schon einmal gehört? Und dann fällt es mir ein: Beim Frühstück las ich in der Süddeutschen Zeitung die Überschrift zu einem Artikel über den Regelungsbedarf im Internet: „Lieber Freiheit als Sicherheit" (SZ vom 19./20.02. 2000, S. 2). Das berühmte Buch von Erich Fromm „Furcht vor der Freiheit" würde heute einen Nachfolger „Furcht in der Freiheit" brauchen. In dem entgrenzten globalisierten Kapitalismus erleben die Menschen eine spezifische „Entsicherung". Für Zygmunt Bauman lassen sich vier Dimensionen der „gegenwärtigen Ungewissheit" umreißen, die ein spezifisches „Angstmilieu", eine „Atmosphäre uns umgebender Furcht" konstituieren:

(1) „Die neue Weltunordnung"

„Auf ein halbes Jahrhundert eindeutiger Trennlinien, klar umrissener Interessenlagen und keinerlei Zweifeln unterliegender politischer Ziele und Strategien folgte eine Welt ohne jede erkennbare Struktur und ohne jede - auch noch so finstere - Logik. Die Politik der Machtblöcke, die bis vor kurzem noch die Welt dominierte, verbreitete Angst infolge ihrer schreckenerregenden Möglichkeiten; was immer nun an ihre Stelle getreten ist, macht Angst durch seinen Mangel an Konsistenz und Zielgerichtetheit - und das heißt, durch die Grenzenlosigkeit der nur erahnten Möglichkeiten" (S. 44).

(2) „Die universelle Deregulierung"

Sie bezieht sich auf „die fraglose und uneingeschränkte Priorität, die der Irrationalität eingeräumt wird, die grenzenlose Freiheit, die Kapital und Finanzen auf

Kosten aller anderer Freiheiten genießen, das Zerreißen der gesellschaftlich geknüpften und instand gehaltenen Sicherheitsnetze und das Leugnen aller Argumente mit Ausnahme von wirtschaftlichen - versetzte dem erbarmungslosen Polarisierungsprozess einen neuen Schub" (S. 45). „Kein Arbeitsplatz ist garantiert, keine Position narrensicher, keine Kompetenz von dauerhaftem Nutzen; Erfahrungen Know-how wandeln sich zu Nachteilen, kaum dass sie Aktiva wurden, verlockende Karrieren erweisen sich allzu oft als Harakiri-Unternehmen" (S. 46).

(3) Die Erosion traditioneller Sicherheitsnetze im Dickicht der Lebenswelt

„Die anderen Sicherheitsnetze, selbstgeknüpft und instand gehalten, jene Rückzugslinien, die einst der nachbarschaftliche oder der Familienverband boten und hinter die man sich mit seinen Wunden aus den Scharmützeln auf dem freien Markt zurückziehen konnte, sind, wenn nicht ganz zerfallen, so doch zumindest erheblich geschwächt" (S. 46f.).

(4) „Die essentielle Unbestimmtheit"

„...die essentielle Unbestimmtheit und formbare Weichheit der Welt: In dieser Welt ist alles möglich und alles machbar, doch nichts ein für allemal - und was auch passiert, es geschieht unangekündigt und verschwindet genauso sang- und klanglos wieder. In dieser Welt werden Bindungen zu einer Folge von Bewegungen verfälscht, Identitäten zu aufeinander folgenden Masken, Lebensgeschichten zu Episodenreihen, deren einzige bleibende Bedeutung in der gleichermaßen kurzlebigen Erinnerung an sie liegt. Nichts lässt sich mit Sicherheit wissen, und alles, was man weiß, lässt sich auch anders wissen. (...) Und so gibt es wenig auf der Welt, was man als solide und zuverlässig betrachten könnte, nichts, was an festen Kettfäden erinnern würde, in die man das Tuch des eigenen Lebensweges hineinweben könnte" (S. 48).

Wenn ich jetzt so weiterdenke, dann wird es eine schwarze Vision: Angst und Unsicherheit treiben die Menschen um. Sie erleiden die gesellschaftlichen Umbrüche und sehen ihre Zukunft vor allem als Verlust. Fundamentalismus und rechter Populismus gedeihen auf diesem Boden prächtig. Die Subjekte und vor allem die Autoren, die über ihre Erfahrungen schreiben, hängen offensichtlich noch den alteuropäischen Idealen nach ohne die positiven Möglichkeiten der aktuellen gesellschaftlichen Dynamiken zu sehen. Statt bei den kulturkritischen Meisterdenkern sollten wir uns die Visionen eher in dem Bereich holen, in dem Chancen der Veränderungen längst in der Gestalt kontenmäßig nachweisbarer Gewinne genutzt werden.

Die affirmative Vision: Das Subjekt als Oberflächengestalter

Die flinken Chefideologen der "schönen neuen Welt" konstruieren das Subjekt, das die Wirtschaft der Zukunft braucht. David Bosshart (1995) vom Gottlieb Duttweiler Institut in Rüschlikon bei Zürich meldete sich kürzlich mit einem Artikel „Die Neuerfindung des Menschen“ zu Wort, in dem er sich auf die aktuelle Identitätsforschung bezieht. Von dem alteuropäischen Personideal des durch "persönliche Tiefe" gekennzeichneten stabilen Charakters, das sich wohl noch immer in manchen Chefetagen hält, setzt er sich polemisch ab: "Sich persönlich fit zu machen wird nicht mehr heißen, ein starkes Ich zu entwickeln, sondern in virtuellen Beziehungen zu leben und multiple Identitäten zu pflegen. Das heißt: Ich setze nicht mehr auf einen persönlichen 'Kern' und suche ihn, sondern ich trainiere mir die Fähigkeit an, mich nicht mehr definitiv auf etwas festzulegen. Damit bleibe ich fit für neue Wege. Metaphorisch gesprochen: Statt in die Tiefe gehe ich in die Breite. Ich werde zum Oberflächengestalter, ich gestalte mit meinen Stilen, torsohaften Charakteren und Identitäten Oberflächen. ... Dreh- und Angelpunkt der persönlichen Fitness ist nicht mehr der Aufbau einer eigenen, stabilen Identität, sondern das Vermeiden des Festgelegtwerdens" (S.147f.). "Fitness ist der große Trend", auf den wir uns in allen Lebensbereichen einzustellen haben und diese Haltung ist sowohl für den "Wirtschaftsstandort" wie für die persönlichen Lebenschancen ausschlaggebend: "In gesättigten, enger werdenden Märkten entscheidet die Corporate Fitness, der 'fitte' Umgang mit schnell wechselnden Strukturen, Werten und Kontexten" (S. 140). Neben "mentaler Fitness" kommt es natürlich auf ein "Body Management" an, das die Störanfälligkeit des Körpers möglichst ausschaltet. Er wird als "Wetware" ("menschliche Körper aus Fleisch, Knochen und Flüssigkeiten) bezeichnet, die keinesfalls vernachlässigt werden darf, aber nur um sie als "ärgerliches Randphänomen, das Kosten verursacht", zu "eliminieren" (S. 149). Es gibt auch eine "Fitness der Geschlechter". Darunter versteht er unter Bezug auf Judith Butler u.a. das "Ende des Geschlechterzwangs". Nun sei "es möglich, eine optimale Mischung des Weiblichen und Männlichen jenseits einer auf ein bestimmtes Geschlecht bezogenen Ableitung von Ressourcen und Fähigkeiten zu erreichen" (S. 153).

Das gesamte menschliche Handeln wird von einer diffus-universellen Leistungsbereitschaft bestimmt. Zygmunt Bauman (1995) hat sich kürzlich Gedanken zum gegenwärtigen Fitness-Kult gemacht: "Fitness - die Fähigkeit, sich schnell und behende dorthin zu bewegen, wo etwas los ist und jede sich bietende Möglichkeit für neue Erfahrungen zu ergreifen - hat Vorrang vor Gesundheit - der Vorstellung, dass es so etwas wie Normalität gibt, die man stabil und unversehrt hält" (S. 10).

"Nicht mehr das Streben nach Normerfüllung und Konformität macht also die Anstrengung unseres Lebens aus; vielmehr handelt es sich um eine Art Meta-Anstrengung, die Anstrengung, fit - gut in Form - zu bleiben, um sich anzustrengen. Die Anstrengung, nicht alt und rostig und verbraucht zu werden; an keinem Ort zu lange zu bleiben; sich die Zukunft nicht zu verbauen" (S. 12).

Die Fitness-Narration, die uns allüberall begegnet, scheint wenig zur Förderung von Lebenssouveränität beizutragen, sondern eher den Typus der flexiblen Anpassung an äußere Standardisierungen, die immer häufiger wechseln und sich nicht mehr in einem fixen Typus kristallisieren. In diese Richtung entstehen neue normative Modelle, an deren Etablierung sich auch SozialwissenschaftlerInnen längst beteiligen. John Seel (1998, S. 39) formuliert zwei Annahmen, die für ihn quasi „postmoderne Axiome“ darstellen: (1) „Das Selbst ist unbestimmt; jedes Selbst ist möglich“ und (2) „der Prozess der Selbst-Schöpfung ist niemals beendet“. Ernest Gellner (1995) hat diesen „neuen Menschen“ als den „modularen Menschen“ beschrieben. Er greift damit auf eine Metapher aus der Möbelindustrie zurück, in der sich ein massiver Holzschrank immer mehr zu einem modularen Einrichtungssystem entwickelt hat, in dem beliebig Teile angebaut und ausgetauscht werden können. Der modulare Mensch mit seiner IKEA-Identität ist kein stabiler, fertiger Charakter, sondern stellt ein „Wesen mit mobilen, disponiblen und austauschbaren Qualitäten dar“ (Bauman 1999b, S. 158). Hier zeichnet sich jener Menschentypus ab, der in einer „Netzwerk-Gesellschaft“ funktional ist.

Der SPIEGEL vom 19.06.2000 macht uns mit diesem neuen ultraflexiblen Menschentypus bekannt, er ist der Repräsentant der Internet-Elite, die Yetties ("young, entrepreneurial, tech-based"). Sie würden Tag und Nacht schuften, nur ans Geld denken und sonst nur an sich. Sie seien durch ein "windschnittiges Psychogramm" gekennzeichnet: "Sie sind ultraflexible Menschen, die sich immer neuen Aufgaben stellen und ihre Grenzen auflösen", so die Soziologin Betty Siegel vom Trendbüro Hamburg. Andreas Boes von der TU Darmstadt charakterisiert sie so: "Die Verbetrieblichung des Lebens, dieses Arbeiten ohne Ende, wird nicht mehr als pathologisch wahrgenommen, sondern zur erstrebenswerten Norm erhoben." In der IT-Branche könne man in besonders ausgeprägter Form den Trend beobachten, sich "zum Unternehmer seinerselbst zu machen". Andreas Boes stellt fest: "Diese High Performers meiden jegliche soziale Bindungen und Verpflichtungen, die Konkurrenz zu ihrem Engagement im Job bedeuten." "Tempo, Leistungsbereitschaft, Flexibilität, totale Verfügbarkeit für die Arbeit: Dies sind die Grundsätze des ultimativen Yettie-Lifestyles." Zu diesem neuen Menschentypus gehört zum Beispiel Bernd Kolb, den die SPD 1998 zum "Unternehmer des Jahres" gekürt hat. Er ist Chef einer Multimedia-Agentur. Er sagt: "Das Wort 'langfristig' versteht in dieser Branche niemand mehr." Seine Leute planten ihre Lebenszyklen für höchstens ein bis zwei Jahre. Werte wie Herkunft oder Heimat würden für die Cyberspace-Generation kaum etwas bedeuten.

"... mit dem rasanten Tempo in der Branche ändert sich auch das Beziehungsnetz ständig, es muss immer wieder neu geknüpft werden. Yetties sind nicht einsam, doch bei diesen 'verbetrieblichten Beziehungen' gehe es weniger um Gefühle als einmal mehr um das Berufliche." "Diese Kontakte sind oft ein berechnendes Networking, ein Mittel zur internen Positionierung" (Betty Siegel). Begegnet uns hier das Subjekt der Zukunft?

Ich stehe jetzt an folgender Weichenstellung: Gibt es neben der Bewahrung alteuropäischer Subjektvorstellungen auch und gerade in einer gesellschaftskritischen Tradition und der flinken Bereitschaft, den „modularen Menschen“ zum progressiven Zukunftsmodell“ zu erklären, einen dritten Weg?

Der dritte Weg: Das für sich selbst sorgende und sich in die Welt einmischende Subjekt

Wie wir bisher gesehen haben, bleibt der gesellschaftliche Strukturwandel nicht auf die äußeren materiellen Bedingungen menschlicher Existenz beschränkt. Wie wir schon seit Max Weber, Erich Fromm oder Norbert Elias wissen, schafft er sich jeweils auch die Charakterformen, die er braucht und er demontiert diejenigen, die nicht mehr funktional sind. Wenn Richard Sennett (1998) sein Buch im Original „The corrosion of character“ genannt hat, dann will er damit die Botschaft senden, die Identitäts- oder Charakterbildung ist unter Bedingungen des „Neuen Kapitalismus“ gefährdet. Allerdings unterstellt er dabei, dass es nur eine adäquate Form der Charakterbildung gibt und diese Annahme ist problematisch. Im historischen Verlauf haben sich immer wieder neue Vorstellungen von einer adäquaten Personbildung entwickelt. Die Frage, die sich dann jeweils auf verändertem Entwicklungsniveau neu gestellt hat, ist die Frage nach eigensinnigen Souveränitätsmöglichkeiten für das Subjekt gegenüber der ohnmächtigen Unterwerfung unter die funktionalen Imperative der neuen Ordnung. Es geht also um die Alternative von Selbstbestimmung oder bloßer heteronomer Funktionalität, also jener universellen Bereitschaft, für alles „fit“ zu sein, also sich in vorgegebene Schablonen einzupassen.

Mit dem Blick auf die aktuelle gesellschaftliche Dynamik fragt sich Jürgen Habermas, wie diese bewältigt werden kann: „Soll ein solcher Liberalisierungsschub nicht sozialpathologisch entgleisen, also nicht in der Phase der Entdifferenzierung, in Entfremdung und Anomie stecken bleiben, muss sich eine Reorganisation der Lebenswelt in jenen Dimensionen des Selbstbewusstseins, der Selbstbestimmung und der Selbstverwirklichung vollziehen, die das normative Selbstverständnis der Moderne geprägt haben. (...) Dabei dehnen sich die Spielräume für eine reflexive Aneignung identitätsstabilisierender Überlieferungen, Spielräume der Autonomie für den Umgang miteinander und im Verhältnis zu den Normen des gesellschaftlichen Zusammenlebens, Spielräume schließlich für die individuelle Gestaltung des persönlichen Lebens“ (1998, S. 127).

Manuel Castells (1997) fragt im zweiten Band seiner Trilogie (Titel: „The power of identity“) nach den Konsequenzen der globalisierten „Netzwerk-Gesellschaft“ für die Herausbildung kollektiver Identitäten. Er sieht zunächst den zunehmenden Funktionsverlust aller Formen von „legitimizing identity". Das sind jene Muster, die sich an den klassischen Spielregeln nationalstaatlicher Gesellschaften ausgerichtet haben. Als eine spezifische identitätspolitische Reaktanzbildung auf die „network society", in der sich lokale und Verbindlichkeit vermittelnde soziale Beziehungen verflüchtigen, sieht er weltweit das Entstehen von fundamentalismusträchtigen Formen einer „resistant identity": Sie entstehen aus einer defensiven Identitätspolitik von Gruppen, sozialen Bewegungen oder auch einzelnen Personen, die sich gegen die vorherrschende Dominanzkultur der „real virtuality" (S. 66) in der Gestalt von konstruierten kollektiven Wir-Figurationen wehren, die auf lokale, kulturelle oder religiöse Eindeutigkeiten und Grenzziehungen bestehen. Ihr Grundprinzip formuliert Castells als „the exclusion of the excluders by the excluded" (S. 9). Von diesen Reaktanzformen kollektiver Identität unterscheidet Castells das Muster der „project identity". Ihr Entstehungsprozess läuft in aller Regel über irgendeine Form von widerständiger Identität, aber sie bleibt nicht in der Verteidigung partikularistischer eingespielter Lebensformen stehen, sondern entwirft Vorstellungen neuer selbstbestimmter Identitätsfigurationen in einer zivilgesellschaftlichen Perspektive, die in ihrem Anspruch universalistisch ausgerichtet ist. Projekt-Identitäten bilden sich in sozialen Bewegungen (z.B. Frauen- oder ökologische Bewegung) heraus.

Damit wäre ich bei der Idee der Zivilgesellschaft angekommen, die ja gegenwärtig immer wieder strapaziert wird. In seinem ZEIT-Artikel „Loblied auf die Zivilgesellschaft" zeigt Alain Touraine (1999), dass ein richtig verstandenes Konzept von Zivilgesellschaft eine hohe Relevanz für die Subjekte haben kann. Er stellt sich die Frage, die mich auch schon in meinen bisherigen Überlegungen beschäftigt hat, wie Subjekte sich heute selbstbestimmt definieren sollen: „Wie aber kann es in dieser Situation gelingen, die Einheit der Vernunft und die Integration der Welt mit der Verschiedenartigkeit der Kulturen zu versöhnen? Auf ein transzendentes Prinzip können wir jedenfalls nicht mehr zurückgreifen. Nur dem Einzelnen kann eine solche Neugestaltung gelingen. Er muss der Zersplitterung seiner Persönlichkeit ebenso widerstehen wie der Fragmentierung der Gesellschaft; er muss seinem Leben einen Sinn geben, ein life narrative, um sich so einen Lebensentwurf zu schaffen, in dem er sich als Subjekt seiner eigenen Erfahrungen erkennt." Genau darin sieht er die Aufgabe einer demokratischen Zivilgesellschaft. Sie soll „das Recht des Einzelnen institutionell (zu) garantieren, sich als Subjekt, mit einer eigenen Lebenserzählung, zu begründen und anerkannt zu werden." Diese zivilgesellschaftliche Idee „orientiert am Subjekt und seiner Lebenserfahrung, wendet sich grundsätzlich ‚nach unten'".

Von diesen eher soziologisch begründeten Überlegungen möchte ich mit einem doppelten gedanklichen Salto einerseits Anschluss an vertrautere gemeindepsychologische Konzepte und andererseits zu empirischen Befunden suchen.

In beiden Bewegungen geht es um die Weiterführung des Tourainschen Gedankens, dass der Einzelne „Subjekt seiner eigenen Erfahrungen" werden soll.

(1) Darum geht es in einer der wertvollsten Erklärungen der Weltgesundheitsorganisation, der Ottawa-Charta, die als zentrale Programmformulierung für das Empowermentkonzept gelten kann:

"Gesundheit wird von Menschen in ihrer alltäglichen Umwelt geschaffen und gelebt: dort, wo sie spielen, lernen, arbeiten und lieben. Gesundheit entsteht dadurch, dass man sich um sich selbst und für andere sorgt, dass man in die Lage versetzt ist, selber Entscheidungen zu fällen und eine Kontrolle über die eigenen Lebensumstände auszuüben sowie dadurch, dass die Gesellschaft, in der man lebt, Bedingungen herstellt, die allen ihren Bürgern Gesundheit ermöglichen".

(2) Darum geht es auch bei der Debatte um das „bürgerschaftliche Engagement". Helmut Klages definiert als dessen innersten Motor das „Grundbedürfnis" von Menschen, „Subjekt des eigenen Handelns" zu sein. Dieser Motor bekommt seine Energie aus einem Wertewandel, der natürlich auch auf den gesellschaftlichen Umbruch zu einem globalisierten Kapitalismus reagiert, aber offensichtlich nicht einfach als konditionierter Reflex auf die Bedingungen einer veränderten Ökonomie gedeutet werden kann. In diesem Wertewandel zeichnet sich ein Subjekt ab, das sein Leben in die eigene Regie nehmen will, das sich gegenüber Autoritäten skeptisch erweist und das sich immer mehr von institutionellen Mustern herkömmlicher Integrationsmächte wie Politik, Gewerkschaften oder Kirchen löst. Engagementbereitschaft folgt dann auch weniger aus traditionellen Verpflichtungen gegenüber dem Gemeinwohl, sondern aus dem Wunsch, die eigene Lebenswelt zu gestalten und die darin eingebettete Identität selbst zu konstruieren.

Ich behaupte nicht, dass das bürgerschaftliche Engagement, das etwa in Deutschland bei einer Größenordnung von 30-40% geschätzt wird (vgl. Keupp 2000), identisch sei mit dem, was Castells die „Projekt-Identität" genannt hat oder was Touraine als gelungenes „life narrative" sieht. Aber es ist auf dem Weg dorthin ein unverzichtbarer Rohstoff. Er ist deshalb so wertvoll, weil er neben seiner individuellen Motivbasis von Anfang an ein kommunitäres Element enthält. Konrad Hummel definiert bürgerschaftliches Engagement als „ganzheitliches Handeln oder auch die Handlungsbereitschaft von Bürgern im Eigeninteresse mit anderen gemeinsam zugunsten aller gemeinsam" (1997, S. 43).

Die Faszination, die von der Entdeckung einer zivilgesellschaftlichen Perspektive ausgeht, hat gerade damit zu tun, dass das Konzept vom bürgerschaftlichen Engagement unterschiedliche aktuelle gesellschaftliche Fragestellungen zu bündeln vermag. Bürgerschaftliches Engagement lässt sich als Schnittmenge folgender Diskurse charakterisieren:

(1) Der Gemeinwohldiskurs: Die besorgte Debatte um das Gemeinwohl um Gemeinsinn in einer individualisierten Gesellschaft. Geht uns das „soziale Kapi-

tal" verloren, jener Bereich sozialer Beziehungen und Kontexte, in denen sich Menschen beheimaten und identifizieren können?

(2) Der Demokratiediskurs: Die Zivilgesellschaft wird entdeckt und als die „Seele" der demokratischen Gesellschaft betrachtet. Sie besteht aus dem Engagement der BürgerInnen. Sie mischen sich ein und machen sich öffentliche Anliegen zu ihren eigenen.

(3) Der Diskurs sozialer Sicherung: Wie stellen Gesellschaften die Absicherung vor den Folgen existentieller Risiken und Bedrohungen sicher, ohne dass Menschen zu Objekten „fürsorglicher Belagerung" gemacht werden oder zu passiven DienstleistungsempfängerInnen?

(4) Der Tätigkeitsdiskurs: Tätigkeit im Sinne von Erwerbsarbeit ist das zentrale Medium der Identitätsentwicklung der Moderne gewesen. Wenn aber die Erwerbsarbeit nicht für alle Menschen eine Verankerungsmöglichkeit schafft, wie soll dann im positiven Sinne Identität geschaffen werden? Die Idee der Tätigkeitsgesellschaft, zeigt so viele sinnvolle gesellschaftliche Aktivitätsfelder auf, die sich nicht auf Erwerbsarbeit reduzieren lassen.

Wenn es gelingt, die vorwärtstreibende Kraft dieser Diskurse zu nutzen, dann könnte sich das Anregungspotential einer zivilgesellschaftlichen Perspektive für zukunftsfähige Konzepte entfalten. Aber es bleibt noch ein wichtiger Baustein, den Touraine in seinem „Loblied auf die Zivilgesellschaft" angesprochen hat. Es heißt bei ihm: „Nur dem Einzelnen kann eine solche Neugestaltung gelingen" oder in der Ottawa-Charta ist davon die Rede, dass der Einzelne in die Lage versetzt werden soll, für sich und andere zu „sorgen". „Politik der Lebensführung" heißt diese Aufgabe bei Anthony Giddens (1997) und Michel Foucault spricht von „Selbstsorge" und entwickelt daraus die Idee der „Lebenskunst" oder der „Ästhetik der Existenz". Mit dem, was ich hier von Foucault gelernt habe, möchte ich meine Vision beenden.

Eine Zukunftsvision: „Selbstsorge" und „Ästhetik der Existenz"

Michel Foucault hat eine Utopie formuliert, die den Einzelnen ins Zentrum rückt und trotzdem ist es bei ihm kein Ausdruck eines späten Individualismus oder einer reumütigen Rückkehr zu seiner Stammdisziplin, denn er hatte ja mal als Psychologe angefangen. Er macht sich Gedanken über ein Gemeinwesen, in dem sich Subjekte zur Schöpfung ihrer eigenen Lebensgeschichte ermutigt fühlen, zu „einer permanenten Kreation unserer selbst in unserer Autonomie" (Foucault 1990, S. 47) und sich nicht als Produkt oder Opfer der gesellschaftlichen Disziplinar- und Normalisierungsmächte erleben müssen. „Eine Polis, in der sich jeder auf die richtige Art um sich selbst kümmern würde, wäre eine Polis, die gut funktionierte; sie fände darin das ethische Prinzip ihrer Beständigkeit" (Foucault 1985, S. 15). Selbstsorge ist also letztlich ein Gedanke, der das Subjekt mit seiner „Aufgabe der Ausarbeitung seiner selbst" (1990, S. 45) in einen engen Zusammenhang mit der politisch-sozialen Ordnung des Gemeinwesens bringt. Die Psychokulte, die Foucault an ihren Geburtsorten in den USA immer wieder besichtigt hat, stellen das genaue Gegenteil seiner Vorstellung dar, die sehr stark aus seiner Beschäftigung mit der Antike heraus entwickelt wurde: „Im kalifornischen Selbstkult geht es darum, das eigene wahre Selbst zu entdecken, es von dem zu scheiden, was es verdunkeln oder entfremden könnte, und seine Wahrheit zu entziffern dank psychologischer oder psychoanalytischer Wissenschaft, die in der Lage sein soll, einem zu sagen, was eines wahren Selbst sei" (Interviewaussage in Dreyfus & Rabinow 1987, S. 283). Es geht um die Innenschau, die Suche nach der Wahrheit in der Seele und damit erweist sich der Psychoboom als spätes Erbe der jüdisch-christlichen Seelensuche.

Der Begriff „Selbstsorge" meint, „auf sich selbst achten" oder „sich um sich selbst kümmern" (Foucault 1993, S. 28), die „Sorgfalt, die man auf sich selbst verwendet" (ebd., S. 35) und dieser Begriff „steht für eine Haltung und das Verhalten eines Menschen, der es unternimmt, das eigene Leben zu gestalten, es nicht an fremden Normen und Vorstellungen zu orientieren, sondern ihm eine unverwechselbare eigene ästhetische Form zu geben" (Gussone & Schiepek 2000, S. 108).

Das Konzept der Selbstsorge hat es in der christlich-abendländischen Tradition gar nicht leicht: „Wir sind geneigt, in der Sorge um sich selbst etwas Unmoralisches zu argwöhnen, ein Mittel, uns aller denkbarer Regeln zu entheben" (Foucault 1993, S. 31). Es wird in die Nähe von Egoismus gebracht und ist damit in einem Fahrwasser, das als unmoralisch-trübe gilt. „In der gesamten Geschichte des Christentums besteht ein Zusammenhang zwischen dramatischer oder verbalisierter Selbstenthüllung und dem Verzicht auf das eigene Selbst" (Foucault 1993, S. 62). „Denn die autonome Selbstsorge, die in der antiken Philosophie begründet worden war, wurde in der christlichen Kultur zur heteronomen Seelsorge verkehrt. (...) Zum Subjekt der Sorge wurde der Seelsorger, zum alleinigen Objekt seiner Sorge wurden die Seelen der ihm Anvertrauten, die zu ewigem Heil zu führen waren; die Selbstsorge aber, und mit ihr die leibliche Sorge, blieb fortan, wie die Klugheit, dem Verdacht ausgesetzt, der Selbstsucht zu frönen" (Schmid 1998, S. 248). Es kommt eher auf eine „Reinigung" der unter Verdacht stehenden Seele an, als auf die Förderung eigener Lebenssouveränität. Die Erfüllung der eigenen Existenz wird ja ohnehin nicht im profanen Alltagsleben erwartet, sondern dies stellt eine „Bewährungsstrafe" dar und die Einhaltung der „Bewährungsauflagen" bildet die Voraussetzung für eine jenseitige Erfüllung. Eigentlich kann nur eine externe Instanz sicherstellen, dass sich nicht der innere Schweinehund durchsetzt. Ein externes Monitoring sichert dem Subjekt das Gefühl, auf dem richtigen Weg zu sein. „In ausgesuchten und zugleich ausführlichen Interpretationen hebräischer und frühchristlicher Texte zeigt Foucault, dass hier die wesentlichen Momente pastoraler Macht im sozialpolitischen Modell des Hirten-Führers, der sich um seine Herde zu kümmern hat, vorgebildet sind. Anders als das griechische Denken, das diesem Modell praktisch keine

Bedeutung beimisst, ist das hebräische Modell des Regierens durch eine ganz besondere, auf das individuelle Heil aller Mitglieder der Herde gerichtete Verpflichtung zur Fürsorge gekennzeichnet. Sorge um die Herde, sich kümmern um die einzelnen Individuen, andauernde und individualisierende Zuneigung, die absolute Pflicht der konkreten Fürsorge, die ein dauerndes Aufpassen einschließt, machen zusammengenommen die individualisierende Macht für jedes einzelne 'Schaf' aus" (Kögler 1994, S. 159). Das kann man auf eine kurze Formel bringen: "fürsorgliche Belagerung". Die Psychotherapie steht auch in dieser Tradition der Pastoralmacht.

Foucault versucht seinem intellektuellen Pendel eine andere Richtung zu geben: „Wir müssen neue Formen der Subjektivität zustandebringen, indem wir die Art von Individualität, die man uns jahrhundertelang auferlegt hat, zurückweisen" (S. 250). Wir müssen „verstehen wollen, kraft welcher Mechanismen wir zu Gefangenen unserer eigenen Geschichte geworden sind" (S. 245). Foucault sucht immer wieder Kämpfe, die sich richten „gegen all das, was das Individuum an es selber fesselt und dadurch anderen unterwirft. (S. 247).

Die Überlegungen des späten Foucault zur Lebenskunst stehen in einem engen Verhältnis zu seiner Machttheorie. Er sieht Macht nicht als Inbegriff des „Bösen", die man bekämpfen oder vermeiden sollte. Macht kommt von „Vermögen", etwas bewegen oder beeinflussen können. Das ist der begriffliche Teil, der in Begriffen wie Selbstermächtigung bzw. Selbstwirksamkeit oder Empowerment enthalten ist. Das Subjekt wird für Foucault nicht gegen die Macht gebildet, sondern in ihr. In der Möglichkeit auf sich und seine Lebensgestaltung Einfluss zu nehmen. „Selbstsorge - und hierin unterscheidet sie sich einmal mehr von Weltflucht - bedeutet nicht Machtabstinenz. Selbstsorge bedeutet vielmehr, die Regierung seiner selbst nicht anderen zu überlassen, dafür zu sorgen, dass Machtbeziehungen nicht in Herrschaftszustände eingefroren werden, bedeutet, sich im komplexen Feld der Machtbeziehungen zurechtzufinden. Selbstsorge ist insofern 'ein Einsatz im Spiel der Macht'" (Gussone & Schiepek 2000, S. 130).

Bei seinem Rückgriff auf die Antike entdeckt Foucault eine Vorstellung der Verbindung von Selbstsorge und öffentlicher Verantwortung, die für die „Berliner Republik" und ihre Archäologie im System von "Underkonten" und persönlichen Abhängigkeiten einer (Wieder-)Entdeckung wert wäre: „... in der antiken Seelsorge (zeigt sich) ein Begriff von Subjektivität, der nicht in Macht aufgeht, ja diese vielmehr erst ermöglicht. Nur wer sich selbst regieren kann, ist dort zu einer Regierung über die anderen fähig" (Kögler 1990, S. 205). In diesem Sinne sind die „Beschäftigung mit sich selbst und politisches Handeln miteinander verknüpft" (Foucault 1993, S. 36).

Sollen sich solche Ideen als zukunftsfähig erweisen, müssen sie sich natürlich auch die Differenz zwischen Antike und dem 21. Jahrhundert bewusst machen. Die griechische Polis als selbstgestaltetes Gemeinwesen war beschränkt auf die Männer der herrschenden Oberschicht, die von harter körperlicher Sklavenarbeit und der weiblichen Reproduktionsarbeit profitierten. So philosophiert sich`s gut und die Inszenierung der eigenen Existenz kann zu einem Hauptzweck werden. Selbstsorge heute ist mit der Idee der universellen Gültigkeit und der demokratischen Teilhabe unauflöslich zu verknüpfen.

Das ist die Idee der Zivilgesellschaft. Das „Zivile“ ist nicht jener elitäre oder muffige „bürgerliche“ Habitus, den die 68er zu ihrem Feindbild gemacht haben, sondern es meint die Idee der selbstbewussten, eigensinnigen Teilhabe an den Dingen, die mich betreffen und die ich aus Selbstsorge mitgestalten möchte.

Die Polis von heute und die von ihr zu erwartende Chance auf Selbstsorge und Teilhabe erfordert allgemeine Grundprinzipien demokratischer Zivilgesellschaften. Taylor (1993) formuliert die drei folgenden:

(1) Solidarität ist unteilbar und insofern ein einheitsstiftender Wert. Die Gesellschaftsmitglieder definieren sich als "Beteiligte am gemeinsamen Unternehmen der Wahrung ihrer Bürgerrechte". Der Antrieb dafür "kann nur aus einem Gefühl von Solidarität kommen, das die allgemeine Verpflichtung zur Demokratie übersteigt und mich mit jenen anderen, meinen Mitbürgern, verbindet" (Taylor 1993, S. 14).

(2) Partizipation ist die zweite Grundbedingung für Demokratie. Wichtig sind hier soziale "Bewegungen, in denen sich Bürger selbst organisieren, um auf den politischen Prozess einzuwirken. (...) Diese Bewegungen erzeugen einen Sinn für zivile Macht, ein Gemeinschaftsgefühl bei der Verfolgung von Zielen" (ebd., S. 16). Taylor plädiert für eine "weitgespannte Vielfalt von Formen direkter Partizipation" und für die Schaffung dezentraler politischer Einheiten, die "eine Beziehung zu lebendigen Identifikationsgemeinschaften haben (müssen)" (ebd., S. 17).

(3) Sinn für gegenseitigen Respekt ist die dritte zentrale Bedingung. "Ohne diesen Respekt bliebe es unverständlich, warum das Gemeinwesen die Bürgerrechte gemeinschaftlich verteidigt. Wenn auch nur eine regional, ethnisch, sprachlich oder wie immer bestimmte Gruppe von Bürgern Anlass zu der Annahme hat, dass ihre Interessen übergangen werden oder dass sie diskriminiert wird, ist die Demokratie in Frage gestellt." Besonders die Erfahrungen sozialer Ungleichheit bedrohen die demokratischen Grundwerte und deshalb kommt den "Einrichtungen des Wohlfahrtsstaates" eine so zentrale Bedeutung zu: "Er hat entscheidend dazu beigetragen, dass die Bürger sich gegenseitig eine gewisse Achtung bezeugen" (S. 18).

Gerade dieses letzte Grundprinzip macht deutlich, dass die Chance zur Selbstsorge wesentlich von gesellschaftlich ermöglichten Ressourcen abhängt, denn - wie es Julian Rappaport als Basic für Empowerment bezeichnet hat - : "Rechte ohne Ressourcen zu besitzen, ist ein grausamer Scherz" (1981, S. 268). Das ist in jedem Falle eine zukunftsfähige Aussage.

Literatur

Bauman, Z. (1997): Flaneure, Spieler und Touristen. Essays zu postmodernen Lebensformen. Hamburg: Hamburger Edition.

Bauman, Z. (1999a): Unbehagen in der Postmoderne. Hamburg: Hamburger Edition.

Bauman, Z. (1999b): In search of politics. Stanford: Stanford California Press.

Bauman, Z. (2000): Liquid modernity. Cambridge: Polity Press.

Bosshart, D. (1995): Die Neuerfindung des Menschen. In: TopTrends. Die wichtigsten Trends für die nächsten Jahre. Düsseldorf: Metropolitan Verlag, S. 139-165.

Castells, M. (1991): Informatisierte Stadt und soziale Bewegungen. In: M.Wentz (Hrsg.): Die Zukunft des Städtischen. Frankfurt: Campus, S. 137 - 147.

Castells, M. (1996): The rise of the network society. Vol. I von The information age: Economy, society and culture. Oxford: Blackwell.

Castells, M. (1997): The power of identity. Vol. II von The information age: Economy, society and culture. Oxford: Blackwell.

Castells, M. (1998): End of millenium. Vol. III von The information age: Economy, society and culture. Oxford: Blackwell.

Cohen, D. (2001): Unsere modernen Zeiten. Wie der Mensch die Zukunft überlebt. Frankfurt: Campus.

Cruikshank, B. (1999): The will to empower: Democratic citizens and other subjects. Ithaca, N.Y.: Cornell University Press.

Ferguson, H. (1998): Glamour and the end of irony. In: J.D.Hunter (Hrsg.): The question of identity. Charlottesville: University of Virginia Press.

Foucault, M. (1985): Freiheit und Selbstsorge. Frankfurt.

Foucault, M. (1986): Sexualität und Wahrheit. Zweiter Band: Der Gebrauch der Lüste. Frankfurt: Suhrkamp.

Foucault, M. (1986): Sexualität und Wahrheit. Dritter Band: Die Sorge um sich. Frankfurt: Suhrkamp.

Foucault, M. (1987): Warum ich Macht untersuche: Die Frage des Subjekts. In: H.L.Dreyfus & P.Rabinow: Jenseits von Strukturalismus und Hermeneutik. Frankfurt, S. 243 - 250.

Foucault, M. (1990): Was ist Aufklärung? In: E.Erdmann, R.Forst & A.Honneth (Hrsg.): Ethos der Moderne. Frankfurt: Campus, S. 35 - 54.

Foucault, M. (1993): Technologien des Selbst. Fischer.

Foucault, M. (1996): Diskurs und Wahrheit. Berkeley-Vorlesungen 1983. Berlin: Merve.

Foucault, M. (1999): In Verteidigung der Gesellschaft. Frankfurt: Suhrkamp.

Foucault, M./ Seitter, W.: Das Spektrum der Genealogie. Bodenheim: PHILO o.J.

Freud, S.: Das Unbehagen in der Kultur. Wien: Psychoanalytischer Verlag.

Gellner, E. (1995): Bedingungen der Freiheit. Die Zivilgesellschaft und ihre Rivalen. Stuttgart: Klett-Cotta.

Gergen, K. J. (2000): The self: death by technology. In: D.Fee (Ed.): Pathology and the postmodern. Mental illness as discourse and experience. London: Sage, S. 100 - 115.

Gerken, G. (1994): Die fraktale Marke. Eine neue Intelligenz der Werbung. Düsseldorf: Econ.

Giddens, A. (1997): Jenseits von Links und Rechts. Die Zukunft radikaler Demokratie. Frankfurt: Suhrkamp.

Gross, P. (1999): Ich-Jagd. Im Unabhängigkeitsjahrhundert. Frankfurt: Suhrkamp.

Gussone, B./ Schiepek, G. (2000): Die „Sorge um sich". Burnout-Prävention und Selbstsorge in helfenden Berufen. Tübingen: DGVT.

Habermas, J. (1998): Die postnationale Konstellation. Frankfurt: Suhrkamp.

Hummel, K. (1997): Projekte zwischen Eigennutz und Gemeinsinn - lernen für die Bürgergesellschaft. In: Arbeitsgruppe Bürgerschaftliches Engagement für München: Selbstverlag, S. 43 - 54.

Keupp, H. (2000): Eine Gesellschaft der Ichlinge? Zum bürgerschaftlichen Engagement Heranwachsender. München: SOS-Kinderdorf.

Klages, H. (2000): Engagement und Engagementpotential in Deutschland. Erkenntnisse der empirischen Forschung. In: U.Beck (Hrsg.): Die Zukunft von Arbeit und Demokratie. Frankfurt: Suhrkamp, S. 151 - 170.

Kögler, H. H. (1994): Michel Foucault. Stuttgart/Weimar: J.B.Metzler.

Kögler, H. H. (1990): Fröhliche Subjektivität. Historische Ethik und dreifache Ontologie beim späten Foucault. In: E.Erdmann, R.Forst & A.Honneth (Hrsg.): Ethos der Moderne. Foucaults Kritik der Aufklärung. Frankfurt: Campus, S. 202 – 226.

Lanthaler, W./ Zugmann, J. (2000): Die ICH-Aktie. Mit neuem Karrieredenken auf Erfolgskurs. Frankfurt: Frankfurter Allgemeine Buch.

Postman, N. (1985): Wir amüsieren uns zu Tode. Frankfurt: Fischer.

Rappaport, J. (1981): In praise of paradox: A social policy of empowerment over prevention. In: American Journal of Community Psychology, 9, S. 337 - 356.

Rieger, M. (1997): Ästhetik der Existenz? Eine Interpretation von Michel Foucaults Konzept der „Technologien des Selbst" anhand der „Essais" von Michel de Montaigne. Münster: Waxmann.

Rifkin, J. (2000): Access. Das Verschwinden des Eigentums. Frankfurt: Campus.

Schmid, W. (1991): Von den Biotechnologien zu den Technologien des Selbst. Die Arbeit Michel Foucaults: Auf der Suche nach einer neuen Lebenskunst. In: Deutsche Zeitschrift für Philosophie, 39, S. 1341 - 1351.

Schmid, W. (1995): Die Geburt der Philosophie im Garten der Lüste. Michel Foucaults Archäologie des platonischen Eros. Frankfurt: Fischer.

Schmid, W. (1998): Philosophie der Lebenskunst. Eine Grundlegung. Frankfurt: Suhrkamp (stw 1385).

Seel, J.: Reading the post-modern self. In: J.D.Hunter (Hrsg.): The Question of identity. Charlottesville: University of Virginia Press 1998.

Strasser, J.: Triumph der Selbstdressur. In: Süddeutsche Zeitung, Nr. 214 vom 16./17. September 2000, S. I.
Touraine, A. : Loblied der Zivilgesellschaft. DIE ZEIT Nr. 49, 1999.

Francesco Marchioro

Psychoanalyse ohne Grenzen

Jeder Mensch ist soviel wert,
wie die Dinge, die er liebt.
Saul Bellow

Indem ich diese Seiten Wolfgang Schmidbauer widme, möchte ich damit hervorheben, wie sein Werk eine schier endlose Forschungsarbeit über den Sinn seines Seins in der Welt und seiner Schriften fortsetzt, ferner die Untersuchung der schöpferischen Antwort weiterführt, „einer Antwort", die über psychische Veränderungen Aufschluss gibt sowie die Nachforschung über die „chiffre" anstellt, die Leben und Werk unerwartet in einen Schmelztiegel zusammenfließen lässt. In der Verbindung von Vergangenheit und Zukunft, von Nöten und Erfüllungen in eine affektive und kritische Verflechtung, zeigt uns Schmidbauer den kreativen Weg auf, in dem das Leiden zur Verwandlung wird. Ihm sei Dank für sein Analytiker-„Sein" ohne als solcher zu „wirken" und dafür, dass er die Therapie als heilsame Erzählung gestaltet.

Als Abschluss gebe ich einen Text wieder, den Wolfgang Schmidbauer für die „Freud-Woche" in Klobenstein am Ritten abgefasst hat, an der er als „Psychoanalytiker in residence" in den Jahren von 1996 - 1998 - 2000 teilgenommen hat.

Grenzen und Klaustrophilie

Die Stadt Bozen hat seit dem Jahr 1993, in welchem unser erster internationaler Kongress „Totem und Tabu, Psychoanalyse und Religion" stattfand, eine lange Reihe bedeutender Initiativen bezüglich der Psychoanalyse, sowohl der klinischen als auch der angewandten, Raum geboten, und seit 1996 hat die „Freud-Woche", in Klobenstein am Ritten, unweit von Bozen, stattgefunden; dies hat unser Verein[1] „Imago - Forschung für angewandte Psychoanalyse" zuwege gebracht.

Die Vorträge wurden von einigen der bedeutendsten Persönlichkeiten in der Geschichte der Psychiatrie, der Psychoanalyse und Psychologie der letzten Jahrzehnte gehalten, wie Wolfgang Schmidbauer, Annemarie Bauer, Silvia Vegetti Finzi, Giovanni Jervis, Salomon Resnik, Mario Trevi, Aldo Carotenuto, Eugenio Borgna, Umberto Galimberti, David Meghnagi und anderen Teilnehmern, die

[1] Web-Seite: www.imagopsyche.org

auch aus nicht eurpäischen Ländern stammen, wie die Freunde von Aepa, Cristina Bacchetta im besonderen, Zvi Lothane, Berthold Rothschild, Mechthild Zeul, August Ruhs und andere wie James Hillman, Horst Kächele, Johann Schülein, Xiao Zeping, welche ihre Erfahrung und ihr Wissen den immer sehr zahlreichen Teilnehmern an Kongressen, Seminaren oder an Symposien und Konferenzen mitgebracht haben und mitbringen werden.

Es handelt sich um berühmte Gelehrte, die ihre Erfahrung und ihre Wissenschaft einer Stadt gebracht haben, die ehedem über Psychoanalyse nur vereinzelte Vorträge von Cesare Musatti gekannt hatte. Nun, obwohl Wien, die Wiege der Psychoanalyse, nicht sehr weit von Bozen entfernt ist, gibt es dennoch in unserer Stadt noch keine Schule für eine analytische und psychodynamische Ausbildung; dies auch deshalb, weil in Südtirol die Psychoanalyse noch nicht den Stellenwert einnimmt, der ihr anderswo schon längst zuerkannt wird.

Paradoxerweise ergibt es sich, dass in einem österreichfreundlichen Land wie Südtirol, das sich verwaist fühlt, die Psychoanalyse ein kaum geduldetes Wissen ist, doch nicht eines, das man teilt. Es hat den Anschein, dass Freud und der psychoanalytische Mensch noch ein Tabuthema darstellen, ein Ansatz, den man lieber in die verdächtigen Künste der Erkenntnis verbannt.

Daher erachte ich es als eine wichtige Aufgabe für die „Imago-Forschung", in unserem Land ernsthaft auch andere Bildungsmöglichkeiten als die vorherrschende (systemische Therapie) anzubieten, um die berufliche Ausbildung sowie die allgemeine Kultur zu bereichern, um den Reichtum des psychoanalytischen Denkens sowie alles, was uns jede „neue" psychologische Erkenntnis im Allgemeinen schenkt, bekannt zu machen.

Da sich ferner unter den Teilnehmern Fachleute aus anderen Regionen oder Ländern befinden, hat sich der Gedankenaustausch als besonders anregend und bereichernd erwiesen sowie auch der theoretische und klinische Vergleich zwischen den verschiedenen Richtungen und Erfahrungen, da alle mit der Erforschung der Gegensätze der Erkenntnis in der Psychotherapie beschäftigt sind, ferner mit dem Interpretieren von Ambiguität und Leid in der psychischen Wirklichkeit, mit dem Aufbau einer Archäologie der Emotionen, mit der Bildung eines Bewusstseins der Sensibilität und der Schwäche der Patienten und mit der bei jedem Ansatz einer Therapie drohenden Gefahr, Gefühle der Überwältigung, der Abhängigkeit oder der Enttäuschung hineinzuziehen.

In diesem Sinne ist es wahrhaftig ein Wagnis, die Psychoanalyse vorzuschlagen.

Die Notwendigkeit, die schnellen geopolitischen Veränderungen zu meistern, legt heutzutage dem Einzelnen sowie den Gemeinschaften ein kulturelles Gut, eine Denkweise auf, die von der vorherrschenden, bei der alles unveränderlich zu sein scheint, grundverschieden ist; sie verlangt eher die Ausübung einer mutigen Rationalität, die in der Lage ist, die bestimmenden Grundlagen der Identität in ihrem Werden und nicht in ihrem Sich-Versteifen auf starre

Modelle, auf etwas, was nicht mehr ist, zu befragen; sie führt zu einer neuen Sinngebung der Zugehörigkeit, um die Grenzen der eigenen inneren Welt nach vorne zu versetzen, diese auszuweiten und nicht einzuengen, um sich auf diese Weise als Teil einer weiteren Welt zu fühlen.

Warum soll diese Wahrheit ungesagt bleiben: Ein Fremder ist jeder von uns, sobald er sich aus dem Haus begibt. Alle Gesellschaften erzeugen Fremde, und das von den Ereignissen und der Gegenwärtigkeit täglich geprägte Weltbild entbehrt jenes Haltes und jener Fortdauer, welche die modernen Gefüge, so auch die kleine südtiroler Welt, zu kennzeichnen schienen; die postmoderne Geopolitik geht einer Unsicherheit entgegen, die dauerhaft und unlösbar ist und die nicht allein an die Bestimmung und an die Wechselfälle im Leben des Einzelnen gebunden ist, sondern auch auf das Zukunftsbild ausgedehnt wird.

Die Zukunftskrise ruft in den westlichen Gesellschaften die maßlose Erweiterung der Gegenwart sowie neue Bindungen an die Vergangenheit hervor, sie verursacht neue ethnische und/oder religiöse Verwurzelungen, versteift Fundamentalismen, die einerseits eine Antwort auf die Krise der Zukunft, andererseits auf das Elend der Gegenwart sind. Die Erde und somit die Heimat sind eine komplexe Ganzheit, in der das Leben aus der Geschichte der Erde hervorragt und der Mensch sich aus der Geschichte des Lebens ergibt, wie Edgar Morin sagt.

Mit dieser Lebensauffassung sind die Initiativen und die Aussagen der „I-mago-Forschung“ verbunden, in diesem Land, das so bebaut und gepflegt ist, dass es klaustrophil erscheint. Und bei meinem Wirken, Schreiben und Beweisen stelle ich immer mir, direkt, und denjenigen, die an unseren Initiativen teilnehmen, Nietzsches Frage: Habt ihr noch Chaos in Euch? Denn in einer so geordneten Welt ist es wirklich schwierig dieses zu erhalten bzw. als Veränderung und Kreativität wiederzufinden.

Klobenstein, ein wiederentdeckter Freudscher Ort

Der Ritten ist nicht nur ein touristischer Ort, sondern viel mehr ein Ort der Sommerfrische: Der Ausdruck „Sommerfrische“ scheint gerade im Zusammenhang mit dieser Gegend geprägt worden zu sein.

Wie gelangt aber Sigmund Freud[2] nach Klobenstein? In einem Brief[3] an Carl Gustav Jung schreibt er: „[Für den nächsten Sommer] brauche [ich] dazu einen Raum, in dem ich allein sein kann, und einen Wald in der Nähe“ (Februar 1911).

Zusammen mit seinem Schüler und Freund Sandor Ferenczi verlässt er Wien vor Ostern, am 14. April, und zwar an einem Freitag, und macht einen kurzen,

---

[2] Aus: Marchioro, Göttlich schöner Ritten. Freudsche Lektüre (Bozen, 2000).

[3] Freud, S./ Jung, C. G., Briefwechsel, Brief 234 F, 12.2.1911, S. 432, Fischer 1974.

nur sechstägigen Ausflug in der Umgebung von Trient und Bozen, um den erträumten Platz zu finden. Am Freitag, dem 14. April reist er morgens von Wien ab, wohin er am folgenden Donnerstag zurückkehrt. Ihn begleitet S. Ferenczi und seine Suche wird sehr erfolgreich sein.

So verlässt Freud am 9. Juli Karlsbad, wohin er sich begeben hat, um sich von einer „amerikanischen Kolitis“ zu erholen, und reist zu seiner Familie nach Klobenstein, einem kleinen Dorf auf der Rittner Hochebene in Südtirol, das von Bozen nicht weit entfernt ist.

Hier in Klobenstein, im Hotel Post, feiert das Ehepaar Freud seine silberne Hochzeit am 14. September 1911. Die Freude des Urlaubs wird also von Gefühlen und Liebe erfüllt.

Da das Klima ungewöhnlich warm ist, verzichtet die Familie darauf, nach Caldonazzo im Trentino zu fahren, was sie für Ende August geplant hatte, und sie bleibt in Klobenstein bis zur Rückkehr nach Wien in der dritten Septemberwoche. Freud reist seinerseits am 15. September nach Zürich ab, um dort C. G. Jung zu treffen.

Wie in den bereits erwähnten Briefen an Jung hat er E. Jones und S. Ferenczi ebenfalls mitgeteilt, dass er sich mit einer neuen Arbeit über die Religionspsychologie, über die „Fragen des Totems und des Tabus“ intensiv beschäftigt.

Ludwig Binswanger vertraut er eine halbernste Befürchtung an[4]: Die Frequenz der Herrgötter hier in Tirol, wo sie ja zahlreicher sind als bis vor kurzem die Herren Pilger, hat mich zu religionspsychologischen Studien beeinflusst, von denen vielleicht nach Jahr und Tag etwas ans Licht kommen wird. Nach der Publikation werde ich wohl nicht wieder in Tirol eingelassen werden.

Totem und Tabu ist eine Arbeit, die er vor langer Zeit begonnen hat, davon zeugt auch ein anderer, im Februar des Jahres 1911 geschriebener Brief an C. G. Jung, der optimistisch ankündigt[5]: Seit einigen Wochen gehe ich mit dem Keim einer größeren Synthese schwanger und will im Sommer damit niederkommen.

Und in Klobenstein schreibt er „Die Inzestscheu“, den ersten Aufsatz des Werkes, der den Titel „Totem und Tabu“ trägt. Die Schwangerschaft wird jedoch länger als geplant dauern. Erst im Mai 1913 wird er sagen können, dass er sich „fröhlich und ruhig“ fühlt, da er sich der „Arbeit über das Totem“ entledigt hat.

Wie Gradiva[6] (ein im Sommer des Jahres 1906 in Lavarone entstandener Beitrag) entsteht dieses Werk in einer glücklichen Ruhestimmung. Auf dem Ritten bieten die Wälder einen herrlichen Ausblick auf die ganze Dolomitenket-

---

[4] Binswanger, L./ Freud, S. (1908-1938), Briefwechsel, S. 87, Fischer 1992.

[5] Freud, S./ Jung, C. G., Briefwechsel, Brief 234 F, 12.2.1911, S. 432, Fischer 1974.

[6] Freud, S. (1906), Der Wahn und die Träume in W. Jensens „Gradiva“, Gesammelte Werke, Bd. VII., Fischer 1976. Siehe Kap. „Traum des Traums“.

te, auf Pässe und Gipfel, die er in seinen zahlreichen Reisen mehrmals erreichen wird, wobei er heitere Wanderungen in das Netz uralter Wege webt.

Die Ferien bilden für Freud auch eine einzigartige Gelegenheit, mit seiner ganzen Familie zusammen zu sein: mit Anna, die dank ihrer Hingabe an den Vater und ihrer geistigen Schärfe die Vertiefung und die Fortsetzung des väterlichen Erbes vollbringen wird. Es ist nämlich Anna, die den alten kranken Vater in Wien und dann in London begleiten und pflegen wird. Über die väterliche Gesellschaft freuen sich auch seine Söhne Ernst und Martin, seine Tochter Sophie und seine Frau Martha.

In seinen zahlreichen Aufenthalten in unserem Land hat Freud zweifelsohne einige der Sagen gelesen, die in großer Zahl an den Hängen[7] der „bleichen Berge" oder auf dem Ritten im Schatten der Erdpyramiden blühen. Die Nadeln, die Grate, die Zinnen, die einander abwechselnden Gipfel und Felsleisten haben seit jeher das volkstümliche Vorstellungsvermögen entfacht, das sie heute noch für Standorte von Zauberschlössern, magischen Wohnstätten von Zwergen und Riesen, Rittern und Kobolden, Königen und Königinnen, geheimnisvollen und mythischen Wesen hält. Diese Sagen erzählen von Geistern, die in Orten zusammentreffen, in denen früher Ketzersekten verkehrten, von Zauberern und Zaubereien, von bösen Hexen, die während der Nacht mit dem Teufel tanzen und mit ihm Zauber und Opferriten anstiften.

Diese nächtliche Gespensterwelt hat sicherlich die Neugierde Freuds geweckt, der zweifelsohne bemerkt haben muss, wie sich die Phantasie mit der Benennung einiger Felsen beschäftigt hat, deren Formen so sonderbar sind, dass sie für eine Versteinerung böser Geister gehalten wurden, wie im Fall der „Mugoni-Spitzen" in der Rosengartengruppe (auf der Fassatal-Seite), der drei Zinnen, nämlich bei „dem Pater, dem Bären, dem Hexenmeister", oder der „Fünffingerspitzen" vom Langkofel.

Was die Hexen anbelangt, schreibt Freud[8]: „Die Idee der Hexeneinbeziehung gewinnt Leben. Ich halte sie auch für zutreffend. Details fangen an zu wimmeln. Das Fliegen ist erklärt, der Besen, auf dem sie reiten, ist wahrscheinlich der große Herr Penis. Die geheimen Versammlungen mit Tanz und Amusements kann man alle Tage auf den Straßen, wo Kinder spielen, beobachten. [...] Die Geschichte des Teufels, das Schimpflexikon des Volkes, die Gesänge und Gebräuche der Kinderstube, alles gewinnt nun Bedeutung für mich". Und weiter betont er folgendes: Die Kinder, nachdem sie eine Bildung im sexualen Bereich erworben haben, benehmen sich noch lange wie kleine Primitive, die

---

[7] Die Dolomiten werden auch als „bleiche Berge" bezeichnet, was auf die besondere Beschaffenheit der sich in Venetien, Trentino und Südtirol befindenden Felsblöcke zurückzuführen ist: eine Art großen bleichfarbigen Beckens, das in der Mitte einer Bergkette aus Porphyr, Granit und anderen Gesteinen (sicherlich weniger hell) steht.

[8] Freud, S., Briefe an Wilhelm Fließ (1887-1904), S. 239-240, Fischer 1986.

zum Christentum bekehrt wurden und die aber in ihrem Inneren immer noch ihre alten Götzen anbeten.

Im vorher erwähnten Brief an L. Binswanger drückt Freud die Befürchtung aus, sein Werk „Totem und Tabu“ könne seine Vertreibung aus Tirol bewirken. In Wirklichkeit bezieht sich diese Befürchtung nicht auf das Gesagte - sie bringt hingegen seine konstante Sorge darüber zum Ausdruck, ob seine Entdeckungen ein günstiges Schicksal und eine allgemeine freundliche Aufnahme erfahren mögen. Vielleicht ahnt er im Innersten, dass dieses in den Dolomiten erblühte Werk kühne Errungenschaften darstellt, jedoch auch heftige Proteste entfachen wird.

Die Psychoanalyse, ein offenes Werk

Die von manchen aufgeworfene Frage bezüglich der Berechtigung der Psychoanalyse, sich mit nicht rein klinischen Bereichen zu beschäftigen, findet ihre Antwort in der Entwicklung der psychoanalytischen Theorie selbst, im Interesse für einen nicht ausschließlich klinischen Gebrauch der analytischen Technik und ihrer Wirkung, das seit der ersten Freudschen Entdeckung, der Traumdeutung, besteht. Neben dem Traum verlaufen ähnliche Linien, die Sagen beinhalten, sich mit der Poesie und Kunstwerken überschneiden; und diese individuellen und kollektiven Ausdrucksformen führen ihrerseits zur Traumarbeit, verbinden sich mit der Entstehung des Symptoms.

Wenn, wie Wordsworth sagt, „das Kind der Vater des Menschen ist“, so lassen die Produkte der Zivilisation und der Kultur eine Annäherung von seiten der Psychoanalyse zu, da sie ihren Ursprung ja in der Kindheit der Völker haben, deren Überreste oder Spuren der Mythos, die Kunst, die Neurose, der Traum sind.

Ähnlich wie „Totem und Tabu“ befragen uns diese Arbeiten der „Anwendung“ ihrerseits über die „Öffnungen und Grenzen der Psychoanalyse“. Uns leidenschaftlichen Forschern von Freud, Jung, Klein, Lacan und anderen, die ihnen an Genialität und geistiger Schaffenskraft nicht nachstehen, kommen die unterschiedlichen und manchmal widersprüchlichen „Anwendungen“ der Psychoanalyse auf die Wissenschaften des Menschen und seine künstlerisch-kulturellen Ausdrucksformen wie wertvolle Stimmen der analytischen Sprache vor, dort wo das „gemäßigte“ Thema des wissenschaftlichen Imaginären unter der Aufsicht von Intelligenz und Verdrängung, logischen Gleichungen und reinen Formalisierungen ungestört widerhallt.

Die erneuernde Kraft der Theorie des Unbewussten drängt sich in traditionsgemäß getrennte Bereiche vor und wendet sich den Figuren, den Gebilden des Geistes zu, die in der Kunst, der Literatur, der Philosophie, der Religion, der

Kultur im Allgemeinen zum Ausdruck kommen. Freud vermerkt[9] folgendes: Das seelische Leben des menschlichen Einzelwesens ergibt uns bei psychoanalytischer Untersuchung die Aufklärungen, mit denen wir manches Rätsel im Leben der Menschenmassen lösen oder doch ins rechte Licht rücken können. Von der Geschlossenheit der Praxis geht die Psychoanalyse in ihren Anwendungen also in ein „offenes Werk“ über, in einen Übergang zwischen der Präzision der Technik und dem unablässigen Fluss der Theorie.

Lesen wir eine Stelle aus der Vorrede Freuds zu Probleme der Religionspsychologie von Theodor Reik[10]:

„Als sich der Psychoanalyse das Rätsel der Träume löst, hatte sie im unbewussten Seelischen den gemeinsamen Boden gefunden, in dem die höchsten wie die niedrigsten Seelenregungen wurzeln, aus dem sich die normalsten wie die krankhaft irregehenden Seelenleistungen erheben. [...] Die höchsten Leistungen des Menschengeistes mussten eine Beziehung zu den in der Pathologie erkannten Momenten [...] erkennen lassen. [...] Es wurde von da an eine unwiderstehliche Versuchung, ein wissenschaftliches Gebot, die Untersuchungsmethoden der Psychoanalyse weit weg von ihrem Mutterboden auf die mannigfaltigsten Geisteswissenschaften anzuwenden. [...] Es war unverkennbar, dass die einzelnen Formen der Neurose die stärksten Anklänge an die höchstwertigen Schöpfungen unserer Kultur vernehmen ließen. Der Hysteriker ist ein unzweifelhafter Dichter, wenngleich er seine Phantasien im wesentlichen mimisch und ohne Rücksicht auf das Verständnis der anderen darstellt; das Zeremoniell und die Verbote des Zwangsneurotikers nötigen uns zum Urteil, er habe sich eine Privatreligion geschaffen, und selbst die Wahnbildungen der Paranoiker zeigen eine unerwünschte äußere Ähnlichkeit und innere Verwandtschaft mit den Systemen unserer Philosophen“.

Freuds Äußerung[11], nach welcher der Traum eine Wunscherfüllung sei (eine verkappte Erfüllung eines unterdrückten, verdrängten Wunsches), und wie es Rank näher bezeichnet: die Erfüllung eines normalerweise erotischen Wunsches öffnet die Erzählwege der deutenden Forschung, bietet Zugang zum Labyrinth der Geschichte des Wunsches, zum Theater der Leidenschaften.

Jean Cocteau meint, dass die Werke mehr sagen, als sie wissen: Den Zusammenhang zwischen Unbewusstem und künstlerischem Schaffen, sekundärer Bearbeitung und archaischem Material, Traumsymbolismus und verdrängten Darstellungen, Traumarbeit und Einfluss der Zivilisation aufzudecken, stellt für

---

9 Freud, S. (1915-1917), Vorlesungen zur Einführung in die Psychoanalyse, Gesammelte Werke, Bd. XI., S. 171, Fischer 1973.

10 Freud, S. (1919), Vorrede zu Probleme der Religionspsychologie von Dr. Theodor Reik, Gesammelte Werke, Bd. XII., S. 326-327, Fischer 1972.

11 Freud, S. (1919), Vorrede zu Probleme der Religionspsychologie von Dr. Theodor Reik, Gesammelte Werke, Bd. XII., S. 326-327, Fischer 1972.

die Theorie des Unbewussten eine Aufgabe dar, die, obwohl sie über ihr gewohntes Untersuchungsterrain (Traum und Symptom) hinausgeht, - feine, aber vielversprechende - analoge Linien zwischen Bewusstsein und Phantasie, Realität und Kreativität zieht. Dieser Blick, den die Psychoanalyse auf die Kunst, den Mythos, die Kreativität wirft, ist also weder ein Akt der Anmaßung noch der widerrechtlichen Aneignung, sondern Einflussnahme freudigen Entdeckens und Erstaunens gleichermaßen.

Ähnlich wie der Traum weist auch der Mythos einen offenkundigen Inhalt auf, der als ein einheitliches Ganzes zu betrachten ist, und ein komplexes Szenarium, das es in seine Elemente zu zerlegen gilt; in beiden Fällen enthüllt die Deutung Knotenpunkte, welche dieselbe Geschichte entwickeln: jene des unbewussten, menschlichen, unerschütterlichen Wunsches. Der Traum symbolisiert wie der Mythos und die Poesie einen nicht vertrauten, fremden, unheimlichen Raum und findet Zugang zur grundlegenden ontologischen Frage[12]: Die Position des Menschen gegenüber dem Imaginären des Mythos, des Traums, der Philosophie und der Religion.

In der Kulturgeschichte erinnert die Erzählung des Traums an die mythologische Erzählung, da wir in beiden Fällen sowohl die Geschichte als auch die Entfaltung der Erklärung in verhüllter Form vorfinden. Es bestehen tiefe Zusammenhänge zwischen den erstaunlichen Fähigkeiten des „schlafenden" Geistes und jenen des „inspirierten" Geistes, bemerkt Rank[13] in „Ein Traum, der sich selbst deutet", und die Deutung des Traums macht, wie jene des Mythos und der Kreativität, das Vorhandensein von persönlichen sowie universellen Mythen in ihnen offenbar.

So schreibt Thomas Mann[14]: Die Zukunft werde wahrscheinlich urteilen, dass die Bedeutung der Psychoanalyse als Wissenschaft des Unbewussten ihren Wert als Heilmethode weit übertreffe. In die Ferne der primitiven und archaischen Zeiten führen uns in der Nacht die Träume, in der Poesie die Vorstellungen der Phantasie, im Symptom die irrationalsten Ängste. So erscheint der Traum, ähnlich wie die Literatur und die psychische Krankheit, als eine moderne, biblische „Arche", in der alle Lebensformen, Art für Art, gesammelt und aufbewahrt werden, die dem Fortschritt der jahrhundertealten Verdrängung standgehalten haben, die von der Kultur und der Wissenschaft ausgeübt wurde; und wir moderne Noahs plagen uns jede Nacht zuversichtlich und erstaunt am Steuer dieser mythischen wiedergefundenen Arche ab.

---

12 Resnik, S., Il teatro del sogno, Boringhieri, Torino, 1982, S. 205. Und auf der Seite 216 liest man folgendes: Die Darstellung des Traums, Anwesenheit und Dramatik der Traumszene, beinhaltet die Metaphern und die symbolischen Formen, die die An- oder Abwesenheit des Objektes bestimmt.

13 Rank, O. (1910), Ein Traum, der sich selbst deutet, Jb. Psychoan. Psychopath. Forsch., Bd. II., S. 465.

14 Mann, Th., Gesammelte Werke, Bd. IX., S. 500, Fischer 1960.

Nach Thomas Mann ist der Mythos das feierliche Gewand des Geheimnisses; die mythologischen Erzählungen stellen nämlich den Versuch des Menschen dar, das Rätsel der Geburt und des Todes zu lösen, und nehmen so einen Charakter von Ewigkeit an, da sie uns in Beziehung setzen zur entferntesten Vergangenheit und einer immer geheimnisvollen Zukunft.

Die Zeichen der symbolischen Urerfahrung wohnen sowohl dem komplexen Gefüge des metaphysisch-wissenschaftlich-technischen Wissens als auch den künstlerischen Phantasien und der Traumtätigkeit, der Königin der Nacht, weiterhin unverstanden inne. Auf den Wegen der Mythologie, der Sagen, der Poesie, durch das Lauschen auf den Wahnsinn, den Traum, das Symptom entdeckt die Psychoanalyse die Geschichte des Geistes, die Etappen der Entwicklung des Menschen.

„Die Untersuchung eines Traums ist ein weiterer Traum“, heißt es in einem englischen Aphorismus zur Bestätigung derer, welche die Wahrheit der Nacht schätzen und zur Mahnung jener, die im Traum ein Produkt des Verstandes sehen möchten. Der Traum, das Kunstwerk, der Mythos sind Beweis für einen Ariadnefaden, ein imaginäres Bild, ein symbolisches Gefüge, das den Tag zwar verschleiert, aber nicht aufhebt, die Nacht aufhellt, aber nicht vollkommen klar macht, die Interpretation andeutet, aber nicht einfangen kann.

Es kommt also vor, dass der Psychoanalytiker, der Spuren der Theorie verbindet und wieder zerstreut, Traumfragmente sammelt und rekonstruiert, die Erfindung der Phantasie und die metapsychologische Bearbeitung verwendet, auf dem Hintergrund der Essays über die Anwendungen eine verhüllte Selbstanalyse und zugleich eine komplexe klinische Untersuchung durchführt. In den Interpretationsanwendungen und -kühnheiten über die Kunst, den Mythos, den Traum kann man die Grenzerfahrung, die Anwendung des Wissens auf immer neue und ähnliche Grenzen, die Öffnung für ungewisse, aber nicht unbestimmte Horizonte wahrnehmen.

Stellt man sich die Frage über die „Grenzen“ der eigenen Interpretationsuntersuchung, kann man, wie Rank[15] bezeugt, in eine Schicht des Psychischen geraten, in welcher der Traum sozusagen in den dunkelsten Teil des Unbewussten führt - und versinkt im Unbekannten, im Nabel des Freudschen Traums, wo man nicht genau weiß, ob innezuhalten weiser oder gewissenhafter ist.

Die Erfahrung der Entfremdung und des Sich-Wiederfindens annehmen, bedeutet die Quelle der emotionalen Erfindung wiederentdecken, die Abgründe der Leidenschaften der Entwicklung erforschen, den Wunsch des Traums, wie

---

[15] Es kehren dazu die Worte Freuds wieder. Hier folgt das Lob Freuds zu Ein Traum, der sich selbst deutet: [...] vielleicht das schönste Beispiel einer Traumdeutung ist das von O. Rank mitgeteilte [...] Ich brauchte etwa ein ganzes Semester, um Sie durch eine solche Arbeit hindurch zu geleiten. In: Vorlesungen zur Einführung in die Psychoanalyse, Gesammelte Werke, Bd. XI., S. 188, Fischer 1973.

in einem Fluss zwischen dem Ufer der Erinnerung, dem Rand der Vorstellung, dem Abdriften des Traumhaften, deuten.

Das Wort der Kunst, die Sprache des Traums und das Zeichen des Symptoms sind nichts anderes als die Stimme der Stille, der Liebe und des Mythos, die Seufzer der Leidenschaften, der Atem des Geistes wird, indem er den wüstenhaften Raum der Bedeutung durchquert, um noch als Erinnerung, Wunder des „Schlafenden“ und des „Inspirierten“ weiterzubestehen: als Phantasie, die Phantasie deutet, als Traum des Traums.

Anhang: Psychoanalytiker „in residence“ ? von Wolfgang Schmidbauer[16]

Die Freud-Woche/Settimana Freudiana in Klobenstein ist eine Veranstaltung, die Francesco Marchioro und Marco Conci konzipiert haben. Ihr Plan sieht vor, dass jeweils eine halbe Woche ein durch Veröffentlichungen auch einem Laienpublikum bekannt gewordener Psychoanalytiker auf dem Ritten bei Bozen in dem Hotel Post B. residiert, in dem Freud silberne Hochzeit feierte und sein Werk über „Totem und Tabu“ verfasst hat. Am Morgen berichtet der Analytiker den Kongressteilnehmern aus seiner Arbeit, am Nachmittag wird darüber diskutiert; weitere Angebote betreffen Musik- und Tanztherapie, Konzerte oder eine Buchvorstellung am Abend.

Nun wird ein solcher Plan nicht entwickelt, ohne dass seine Architekten Ziele haben. Francesco und Marco wollen in Südtirol die Psychoanalyse voranbringen; sie haben ein Institut gegründet, das sich Imago-Forschung nennt und an die Traditionen der „angewandten Psychoanalyse“ der zwanziger Jahre anknüpft, an eine Zeit, in der eine kleine Gruppe von Enthusiasten aus den verschiedensten Berufen Freuds Gedanken in die Arbeitsfelder der Geschichte, der Mythologie, der Sozialforschung übertrug.

In jedem Analytiker steckt ein mehr oder weniger großes Stück Freud-Identifikation, in denen, die außerhalb des Mainstream der Internationalen Psychoanalytischen Vereinigung Modelle und Methoden der Psychoanalyse vertreten, vielleicht sogar besonders viel. Für den Südtiroler gibt es nun eine Möglichkeit, diese Identifikation magisch aufzuladen, denn Freud war oft hier, er pries gerade den Ritten als zauberhaft schönen und erholsamen Ort.

Berge und Wege, selbst viele Häuser sind geblieben, was sie in diesen glücklichen Jahren vor dem ersten Weltkrieg waren, und der Gedanke hat etwas kindlich-überzeugendes, an den Orten, wo Freud seine Urlaube verbrachte, einen spätgeborenen Analytiker einzuladen und durch ihn die Psychoanalyse in dieser Gegend bekannt zu machen.

Die zahlenden Gäste sollen sich um die zentrale Figur scharen, an ihren Erfahrungen, ihrer Sicht auf die Welt und das Leben nicht nur auf dem Papier

[16] September 1998.

teilhaben. Die Freud-Woche ist ein Kristallisationskern für das Wachstum der Psychoanalyse in dieser Region, sie will die verstreuten Interessenten sammeln und ihre geistigen Kräfte bündeln.

Das war und ist die Absicht der Veranstalter, deren Gastfreundschaft und unermüdlichen Einsatz für die Organisation ich als einer der bisher aufgetretenen „Analytiker in residence" nur anerkennen und bewundern kann. Um verständlich zu machen, weshalb ich selbst so gerne auf den Ritten komme, muss ich ein wenig über meine eigene Beziehung zu Italien sagen.

Sie ist stark geprägt davon, dass ich als 25jähriger um eine lächerliche Summe ein schönes, aber abgelegenes und mit keinem Komfort ausgerüstetes Haus in der Toscana erworben habe. Dort lebte und arbeitete (d.h.schrieb) ich, bis meine älteste Tochter in die Schule kam[17].

Seit vielen Jahren bin ich nur noch während meiner Ferien dort; Psychotherapiepraxis und Lehrtätigkeit binden mich an München. Aber ich fühle mich immer noch als Bürger von Vicchio im Mugello, spreche italienisch mit toskanischem Akzent (und leider nur auf dem Niveau meiner bäuerlichen Nachbarn; ein Gespräch über Feinheiten der Psychoanalyse oder der Politik bringt mich ins Stottern). Das war vielleicht auch einer der Gründe, weshalb ich für den „deutschen" Teil der Freudwoche eingeladen wurde, denn obwohl ich Vorträge und Seminare in deutscher Sprache halte, kann ich zweisprachig diskutieren.

Allerdings bemerkte ich schon auf der ersten Tagung, dass von den italienischen Gästen kaum einer für den deutschen Teil der Veranstaltung geblieben war. Ich empfand die Tage dennoch interessant und anregend, wozu das klare Herbstwetter, das zu weiten Wanderungen über den „Göttlich schönen Ritten. Freudsche Lektüre" (so der Titel von Francesco Marchioros Buch über die Reisen Freuds in Südtirol) einlud, nicht wenig beitrug. Mein Thema war „Die Angst vor Nähe", und es fiel mir auf, dass gegen Ende die Tagung zerbröselte; am Samstag hatten sich viele Teilnehmer schon verabschiedet. Dennoch war der Erfolg so groß, dass Francesco Marchioro und Marco Conci beschlossen, in zwei Jahren die Veranstaltung zu wiederholen.

Wie sich vielleicht aus meiner Lebensgeschichte erklärt, bin ich ein begeisterter Europäer. Ich finde die Begegnung mit einer fremden Sprache, einer fremden Kultur anregend, obgleich ich durch meinen langen Aufenthalt in Italien auch begriffen habe, wieviel Zeit, Mühe und (mehr oder weniger) geduldig ertragene Fehlschläge es braucht, um von einer femden Kultur wirklich in einem realistischen Sinn bereichert zu werden.

Der Druck des modernen Lebens führt gerade in den Großstädten dazu, dass nur die Wahl zwischen Idealisierung des Fremden und seiner Entwertung oder Bekämpfung zu bleiben scheint, die als Fremdenhass heute zu einer Bedrohung

---

[17] Meine Geschichte dort ist in dem Buch „Ein Haus in der Toscana – Reisen in ein verlorenes Land" erzählt, das zuletzt 1996 als Taschenbuch bei Rowohlt erschienen ist.

unserer Zivilisation geworden ist, welche wir gar nicht ernst genug nehmen können.

Auf den ersten Blick und während meiner ersten Freud-Woche schien mir die Beziehung zwischen den deutschsprachigen Teilnehmern und den (wenigen) italienischsprachigen harmonisch; ich dachte einmal, dass sich doch sehr viel geändert haben muss, seit ich als Jugendlicher zum ersten Mal mit dem Moped nach Ravenna reiste[18] und im Eisacktal die Polizeiwachen gegen die Dynamitattentäter sah; in Österreich stand überall „Freiheit für Südtirol" an den Mauern. Es freute mich, denn die Ereignisse in Jugoslawien (und früher in Nordirland) haben doch gezeigt, wie gefährlich dicht unter der multikulturellen Oberfläche die grausamsten Gegensätze lauern.

In der zweiten Freudwoche, zwei Jahre später, hatten wir als mein Thema die Verbindung von Psychoanalyse und Sozialpsychologie vorgeschlagen: Gruppentherapie, Analyse der helfenden Berufe, Supervision und Institutionsanalyse. Die Organisatoren waren unruhig, weil sie bis kurz vor Beginn der Tagung nur wenige feste Anmeldungen für den deutschen Teil hatten. Schließlich kam aber doch noch eine Gruppe zustande, die ebenso groß war wie die beim letzten Mal.

Aber mit dem Bild der kleinen, intimen Tagung vor Augen gab ich das Prinzip der Vorlesung mit Diskussion teilweise auf. Wir setzten uns in einen großen Kreis und sprachen miteinander; in den Kleingruppen am Nachmittag diskutierten wir konkrete Probleme von Tagungsteilnehmern, aus denen wir dann versuchten, allgemeinere, psychoanalytisch-sozialpsychologische Fragestellungen abzuleiten. Hier wurde mir zum ersten Mal deutlich, dass der „ethnische Konflikt" keineswegs überwunden ist. Er hat andere Formen angenommen, er wird oft verleugnet, der Reichtum des Landes beschwichtigt ihn, aber er ist nach wie vor da.

Am Schluss der Tagung wurde es besonders spannend: Francesco Marchioro und Marco Conci stellten in der letzten Sitzung der Supervisionsgruppe (und wieder waren schon viele Teilnehmer zu früh abgereist) ihr Problem mit den „deutschen" Teilnehmern zur Debatte. Es war eine Gruppe aus drei Frauen und drei Männern, in der wir italienisch sprachen und uns über den ganz unterschiedlichen Umgang der italienischen bzw. der deutschen Teilnehmer mit dem „Analytiker in residence" auseinander setzten. Natürlich war es etwas spät, aber ich muss zugeben, dass ich mich hier zum ersten Mal gründlicher damit beschäftigt habe, was es eigentlich heißt, Psychoanalytiker „in residence" zu sein.

Einem Analytiker ist es vertraut, dass Handeln dem Verstehen vorauseilt. Aber auch er ist immer wieder überrascht, wie schnell das geschieht und welche Folgen es hat.

---

18 W. Schmidbauer, Mit dem Moped nach Ravenna. Eine Jugend im Wirtschaftswunder. Reinbeck (Rowohlt) ,1994.

Es wurde bald deutlich, dass sich die Organisatoren fragten, weshalb ihr Angebot in Südtirol so zögernd Anklang fand.

Die italienischen Gäste kamen nicht aus dem Trentino, sondern von weiter her; sie wollten Urlaub machen, und diesen in der Nähe des Analytikers „in residence" verbringen. Marco: »Gli italiani vogliono far ferie e lavoro, i tedeschi lavoro e ferie!« Die Italiener übernachten im selben Hotel wie der Analytiker, Tische werden am Abend zusammengerückt, kulturelle Angebote, Konzerte, Buchvorstellungen u.a. gemeinsam wahrgenommen.

Die Deutschen hingegen scheinen sich nur für die Arbeit zu interessieren, sie kommen nicht am Abend zum gemeinsamen Essen mit dem Analytiker in das Hotel, in dem es schließlich eine „Freud-Stube" gibt; bei der Vorstellung der neuen Bücher von Francesco („Divino e bello Renon. Letture freudiane") bzw. Marco und Francesco („Intorno al 68", eine Textsammlung von Elvio Fachinelli) mit einem Barpianisten in einem wunderschönen Jugendstilhotel kamen zwei Teilnehmer der deutschen Gruppe, während die Italiener fast vollzählig erschienen waren.

Ich hätte eine Anekdote beizusteuern: Die Reporterin einer Tiroler Zeitung, die mich am Morgen über das Burnout-Syndrom interviewt hatte, fragte in tiefstem Unverständnis, was „Psychoanalytiker in residence" sei; sie sprach es aus, als wohne der Psychoanalytiker in einer Residenz wie der in Innsbruck, unter dem goldenen Dachl.

Es wurde nun deutlich, dass der Umgang mit der von Francesco und Marco hergestellten Szene, einen über das reine Fachpublikum hinaus bekannten psychoanalytischen Autor einzuladen und den Teilnehmern anzubieten, im direkten Kontakt mit ihm ihre Auseinandersetzung mit der Psychoanalyse zu vertiefen, bei den Italienern anscheinend ganz anders begriffen worden war als bei den deutschsprachigen Teilnehmern. Ich hatte mich gewundert, dass die Teilnehmer am Donnerstag gar nicht auf die Buchvorstellung aufmerksam gemacht hatten.

Jetzt bemerkte jemand, deutsche Teilnehmer hätten doch heute Mittag mit dem Analytiker „in residence" gemeinsam gegessen. Francesco erzählte jetzt, dass er den Gedanken an den Psychoanalytiker „in residence" in Anlehnung an den Dirigenten in residence bei einer Musikwoche gewählt habe: Alle wüssten, wo dieser zu finden sei, jeder, der eine Frage, ein Anliegen habe, könne dorthin kommen. „Es ist nicht so, dass ich nicht auch deshalb gekommen bin, um den Autor der hilflosen Helfer kennenzulernen - sagte eine Teilnehmerin.- Aber es würde mir doch nicht einfallen, ihn zu stören!"

»Aber dazu ist er doch da – sagte Francesco – Er ist doch dazu da, dass sich die Teilnehmer sagen, gehen wir hin, fallen wir ihm auf die Nerven!« Er sagte es mit dem unnachahmlichen italienischen Ausdruck („andiamo lì, e rompiamogli le scatole"). Nachher waren wir alle erleichtert und tranken zusammen einen Kaffee.

Wir hatten endlich alle verstanden, was ein Psychoanalytiker „in residence“ ist, und dass ein italienischer Psychoanalytiker „in residence“ etwas anderes ist als ein deutscher.

Wolfgang Mertens

Das Problem der Orthodoxie in der Psychoanalyse

Wir kennen die Psychoanalyse als Theorie, Methode und Praxis; wir kennen sie aber auch als eine Geschichte von Ausstoßungen und Spaltungsbewegungen; angefangen von den Auseinandersetzungen mit Rank, Adler, Jung, Reich und Ferenczi bis hin zu den unzähligen Neugründungen von Institutionen und Arbeitsgruppen in der Gegenwart, die sich alle von der orthodoxen Psychoanalyse unterscheiden wollen. Sind Psychoanalytiker besonders streitbare oder innovationsfreudige Persönlichkeiten? Oder halten sie ganz im Gegenteil stur an einer einmal aufgestellten Theorie fest und sind deshalb besonders orthodox, so dass Theoriewandel nur über eine Abspaltung vom orthodoxen Mainstream vonstatten gehen kann? Oder dient manchmal auch die Redeweise von der Orthodoxie dazu, sich mit dem Vorhandenen nicht gründlich auseinandersetzen zu wollen?

Aber was verstehen wir überhaupt unter orthodoxer Psychoanalyse? Was ist der Gegensatz dazu? In einer Besprechung meines Buches Traum und Traumdeutung schrieb ein Rezensent: „Nach einem einleitenden Kapitel über das Faszinosum des Traums fasst Mertens die Begrifflichkeit von Freuds „Traumdeutung" zusammen ... Auch wenn er dabei von Freuds Irma-Traum ausgeht, verfällt er keineswegs in Freudianische Scholastik" (Frick, 2000, S. 330).

Frage, ab wann ist man ein Freudianischer Scholastiker? Wenn man an das glaubt, was Freud als das Shiboleth der Psychoanalyse bezeichnet hat?

Seine wichtigste Entdeckung hat Freud nicht – wie in populärpsychologischen Auffassungen oftmals dargestellt – als das Unbewusste bezeichnet, sondern als die Theorie der Verdrängung: „Diesen Vorgang nannte ich Verdrängung; er war eine Neuheit, nichts ihm Ähnliches war je im Seelenleben erkannt worden ... Die Lehre von der Verdrängung wurde zum Grundpfeiler des Verständnisses der Neurosen" (1925d, S. 55). Ist man also ein Fundamentalist, wenn man weiterhin von dem Vorhandensein von Verdrängungen im Leben eines jeden einzelnen ausgeht? Tatsächlich hat sich bis zum heutigen Tag selbst die kognitive Psychologie nicht mit jenen Bewusstseinsinhalten befasst, die aus Angst-, Schuld- oder Schamgefühlen nicht bewusst werden dürfen. Aber ist deshalb die klassische Psychoanalyse orthodox, weil sie sich mit dem individuell wie kollektiv Tabuierten befasst? Und wie verhält es sich, wenn man von der Annahme unbewusster seelischer Vorgänge ausgeht oder an die Macht des Eros glaubt?

Betrifft das Problem der Orthodoxie vielleicht nur die institutionalisierte Psychoanalyse, die seit der Gründung der Internationalen Psychoanalytischen Vereinigung im Jahr 1910 zu einer mächtigen Standesorganisation geworden ist, die mit orthodoxer Strenge weltweit festlegt, wer Psychoanalytiker werden darf?

Oder sind auch Psychoanalytiker außerhalb der IPV in gleichem Maße von diesem Problem betroffen? Wie muss Psychoanalyse als Theorie und Praxis beschaffen sein, damit sie nicht als orthodox eingeschätzt wird?

Ist vielleicht das Unliebsame, das von der Psychoanalyse ausgeht, ihr Hinterfragen scheinbarer Selbstverständlichkeiten, ihr tendenziell noch vorhandenes ideologiekritisches Potential, ihr Blick für das Tragische im menschlichen Leben Anlass dafür, sie in einer Welt des Neo-Liberalismus und der Spaßgesellschaft als orthodox einzuschätzen? Gelten Psychoanalytiker als linke Spielverderber, die im Zeitalter des Turbo-Kapitalismus an völlig veralteten Wertvorstellungen festhalten? Ist die Tatsache, dass viele Psychoanalytiker sich beharrlich geweigert haben, sich einem einseitigen positivistisch naturwissenschaftlichen Weltbild zu unterwerfen, Ausdruck von Orthodoxie?

Wir könnten uns auch fragen, wo stünde die Psychoanalyse heute, wenn sie von Beginn an divergierende theoretische Strömungen, wie z.B. Ranks Geburtsangst-Konzept, Adlers Betonung eines Machttriebs und einer Bevorzugung des Rationalen und Willensmäßigen, Jungs Archetypenlehre und phylogenetisch Unbewusstes, Ferenczis Betonung der frühen Traumatisierungen, Reichs marxistische Ideen, Fromms Gesellschaftskritik und Abschwächung der biologischen Natur des Menschen usw. in ihr Gedankengebäude, in ihr Welt- und Menschenbild integriert hätte. Mit Sicherheit wären viele Kämpfe, Missverständnisse und Diffamierungen unterblieben, aber gäbe es dann die Psychoanalyse noch? Oder wäre sie dann teilweise von der Psychologie eingemeindet, Teile von ihr in die Esoterik abgewandert, andere Teile von medizinisch-biowissenschaftlichen Diagnosesystemen und Therapiemanualen verschluckt? Zwar wird sie nur noch mit großem Vorbehalt als die Königin der Therapieformen betrachtet und manche erblicken in ihr mittlerweile auch eine Dame ohne Unterleib oder eine zahnlose, anspruchsvolle und elitäre Alte. Und dennoch gibt es sie immer noch, die „Mutterdisziplin" Psychoanalyse. Es muss also trotz ihres nunmehr über einhundertjährigen Bestehens etwas von ihr ausgehen, was sie noch immer bedeutsam macht.

Und noch eine letzte Frage: Ist das partielle Festhalten an Freuds Hypothesen, wenn es denn überhaupt noch geschieht, Ausdruck dessen, dass wir in der Wissenschaft vom Menschen noch ganz am Anfang stehen? Kein psychoanalytischer Aufsatz ohne eine ausführliche Zitierung Freudscher Gedanken. Aber: „In ausgereiften Disziplinen studiert man in der Regel keine Schriften, die älter sind als drei oder vier Jahre", schreibt der Wissenschaftsjournalist Horgan (2000). Heißt Orthodoxie Verweigerung von Fortbildung und sollte deshalb für analytische Psychotherapeuten, wie in diesen Tagen auch für Ärzte geplant, der Zwang zur Fortbildung mit anschließender Prüfung eingeführt werden ähnlich wie die intendierte Maßnahme der Rezertifizierung der Facharztanerkennung?

Was aber, wenn in unserem Bereich gar keine so rapide Entwicklung wie in den harten Naturwissenschaften stattgefunden hat und vielleicht auch zukünftig gar nicht stattfinden kann? Und wenn noch dazu vieles, was heute z.B. als letzter Stand der Hirnforschung ausgegeben wird, eigentlich alter Wein in neuen Schläuchen ist? So schreibt z.B. der bekannte Hirnforscher Wolf Singer in der ersten Ausgabe des „SPIEGEL" im Jahr 2001: „Wir tun sehr vieles aus Motiven, die uns nicht bewusst werden. Denn vieles von dem, was verarbeitet wird und nicht ins Bewusstsein gelangt, ist natürlich trotzdem wichtig für unser Handeln. Deshalb erfinden wir häufig nachträglich Motive für etwas, was wir getan haben. Wahrscheinlich eine Folge der begrenzten Kapazität unseres Bewusstseins" (S.155). Und einige Zeilen später heißt es auf die Frage, ob der freie Wille eine Illusion sei: „Nicht ganz. Er wird von uns als Realität erlebt und wir handeln und urteilen so, als gäbe es ihn.... der freie Wille, oder besser, die Erfahrung, einen solchen zu haben, ist somit etwas Reales, extrem Folgenreiches... Aber aus Sicht der Naturwissenschaft ergibt sich die mit der Selbstwahrnehmung unvereinbare Schlussfolgerung, dass der ‚Wille' nicht frei sein kann".

Es hat heftige Reaktionen auf diese Behauptungen von Wolf Singer gegeben: So hat z.B. der Jungianer und Neurobiologe Hinderk Emrich zum Problem der Freiheitsgrade des reflexiven Bewusstseins wie folgt geantwortet: „Die neurobiologischen Experimente zur Willensbildung zeigen nur, dass im Einzelmoment einfache schnelle Entscheidungen vor dem Bewusstseinsakt vom neurobiologischen System entschieden werden. Im reflektierenden Bewusstsein werden diese Akte dann aber bewusst thematisiert und eventuell sogar korrigiert, oder sie dienen zumindest für spätere Entscheidungen als Erfahrungsmatrix, so dass dann die bisherigen Reflexionen in das spontane Handeln eingehen. Insofern ist die moralische Freiheit neurobiologisch keine Illusion" (Hinderk M. Emrich, SPIEGEL 3/2001).

Diese Frage, wie frei das Bewusstsein eigentlich ist, hat die Psychoanalyse von Beginn an beschäftigt; in der Tradition der Aufklärung stehend, sprach Freud bekanntlich von der leisen Stimme des Intellekts, die nicht ruht, ehe sie sich Gehör verschafft habe. Und die verschiedenen psychoanalytischen Schulrichtungen differieren erheblich hinsichtlich der Frage, ob man den Text eines Patienten überwiegend für bare Münze oder als durchzogen von Selbsttäuschungen, Lücken und Inkonsistenzen seines Bewusstseins nehmen soll.

Was genau ist Psychoanalyse heute? Es ist bekannt, dass es gegenwärtig eine Vielzahl an Auffassungen gibt, die sich alle anheischig machen, das psychoanalytische Erbe Freuds am angemessensten fortzuführen: Darunter sind auch einige, die die theoretischen Grundannahmen Freuds längst aufgegeben haben und in ihrer klinischen Praxis irgendeine Art von Therapie machen, auf jeden Fall aber nicht mehr diejenige, die an Freuds ursprünglichen Auffassungen orientiert ist; ohne Bedenken bezeichnen sich diese Forscher und Praktiker aber als Psychoanalytiker. Gibt es angesichts dieser „Balkanisierung" noch einen gemeinsamen Nenner oder ist es mittlerweile aussichtslos, einen common ground zu finden?

Vielleicht hat sich der Leser schon gefragt, ob mit der Redeweise von der psychoanalytischen Orthodoxie nicht auch ein Buhmann aufgebaut wird, angesichts dessen sich dann das Neue einerseits legitimieren, andererseits um so strahlender abheben lässt. Auf wen bzw. auf welche Institute trifft Kernbergs (1996) Satire über die 30 Methoden zur Unterdrückung der Kreativität überhaupt zu? Es gehörte zu den Selbstverständlichkeiten meiner eigenen Ausbildung und auch der Zeit, als ich Weiterbildungsleiter an der Akademie für Psychoanalyse und Psychotherapie e.V. in München war, dass die Texte von Balint, Winnicott, M. Klein, Kohut, Stern referiert und diskutiert wurden. Eher war zu bemängeln, dass manche von uns nicht dazu gekommen sind, sich auch in die Freudschen Texte ausreichend zu vertiefen, und dass uns manchmal ein gründlicheres Verständnis seiner Arbeiten sogar fehlte. Es mangelte vor allem an einer konsistenten Theoriebildung über verschiedene Autoren hinweg. Viele Psychoanalytiker dürften vermutlich das Phänomen kennen, dass wir Behandlungsberichte stets im Lichte neuerer theoretischer Konzepte und Modellvorstellungen zu interpretieren versuchen: Sei es das Symbiose/Individuationskonzept mit der besonders wichtigen Wiederannäherungskrise von Mahler, sei es, dass wir kurze Zeit später überall den abwesenden und ungenügend triangulierenden Vater, erst auf der Realebene, dann auf der Phantasieebene vermissten, sei es, dass wir von der paranoid/schizoiden und depressiven Position M. Kleins angetan waren, mit ihr und Bion einige Zeit später gehäuft Vorgänge der projektiven Identifizierung zwischen Analytiker und Patient vermuteten, sei es, dass uns auf Schritt und Tritt die Selbstobjekte Kohuts begegneten oder wir die fehlende Empathie der Mütter bemängelten, sei es, dass wir jeden Patienten entweder als sicher oder vermeidend gebunden diagnostizierten, sei es, dass – und jetzt mache ich einen Sprung in die Gegenwart – wir überall im Prozessverlauf nach den now-moments von Stern et al. (1998) Ausschau halten, die uns endlich erklären können, was tatsächlich in der Therapie wirkt.

Ich denke, was Psychoanalytikern gelegentlich fehlt, ist nicht so sehr die Aufgeschlossenheit für neue Konzepte, sondern mehr das multiperspektivische diagnostische Verständnis. Wir neigen oft eher zu einer Engführung; kaum ist ein neues Konzept auf dem Markt, scheinen die älteren so gut wie überholt zu sein und verlieren dann ihre Rolle als Leitmetapher. In einer multiperspektivischen Sichtweise gibt es aber mehr als einen Weg, um die Ätiologie und Psychogenese der Symptome und Beschwerden eines Patienten zu verstehen, denn Menschen bzw. die Entstehungsbedingungen psychischen Leidens stellen eine vielschichtige Thematik dar. Bislang aber ist es keiner psychoanalytischen Schulrichtung gelungen, eine allumfassende Theorie auszuarbeiten. Dafür aber enthalten diese Modelle jeweils wertvolle Zugänge, aus deren Diskussion sich weitere wichtige Erkenntnisse für den psychoanalytischen Prozess ergeben können. Während sich bei Zugrundelegung nur eines Erklärungskonstrukts, wie z.B. des Ödipuskomplexes, eine unvollständige und auch nur teilweise befriedigende

Sichtweise über die Entstehung eines Symptoms ergibt, trägt das multiperspektivische Vorgehen mit der Einbeziehung verschiedener Modellvorstellungen dazu bei, zu einer umfassenderen Erklärung zu kommen.

Im Unterschied zur Methodologie im positivistischen Modell, in der nur wenige Methoden weitgehend unabhängig von den Besonderheiten der zu erforschenden Situation gleichförmig eingesetzt werden, wie z.B. Experiment, Testverfahren und Befragungen, sind die postpositivistischen Methodologien problemorientiert und pluralistisch. Nicht alle psychoanalytischen Richtungen haben jedoch diesen Weg eingeschlagen. Kohuts Beharren, dass Introspektion und Empathie die einzigen Methoden seien, um einen Patienten tiefgründig zu verstehen, bleibt wegen der methodischen Engführung letztlich dem positivistischen Modell verhaftet. Darüber hinaus sind Introspektion und stellvertretende Introspektion in sich so vielschichtig und fehleranfällig, dass sie selbst wiederum eines Verstehensprozesses bedürfen. Einige Schüler Kohuts scheinen dies erkannt zu haben, denn sie gehen mehr und mehr von Kohuts dogmatischer Methodik ab.

Wir sollten also über eine Vielzahl methodologischer Perspektiven verfügen; je mehr solcher Herangehensweisen wir entwickeln können und je kohärenter diese sind, desto näher kommen wir damit der Wirklichkeit eines individuellen Patienten. Denn der Gegenstand der Psychoanalyse bzw. der Tiefenpsychologie ist zu komplex, um mit einer einzigen methodologischen Vorgehensweise angemessen erklärt und verstanden werden zu können. Und deshalb verwundert es auch nicht, dass selbst Kliniker, die sich für eine monistische Methodologie stark machen, andere Methoden in ihr Vorgehen „einschmuggeln". Vieles spricht dafür, dass Freud in seiner Methodologie bereits eindeutig pluralistisch war und aus diesem Grund eine postpositivistische Perspektive vorwegnahm.

Zurück zum Problem der Orthodoxie: Zwar werden Psychoanalytiker in der Öffentlichkeit oftmals als Personen hingestellt, deren Kenntnisstand mit Freud um das Jahr 1910 oder 1920 stehen geblieben ist, tatsächlich jedoch gibt es kein Konzept Freuds, das nicht eine beträchtliche Weiterentwicklung erfahren hat. Nicht zuletzt deshalb auch, weil man das Verfahren der Psychoanalyse auf Freuds Leben und seine Theorien selbst angewendet hat. Freud gehört zu den am häufigsten psychoanalytisch untersuchten Persönlichkeiten des 20. Jahrhunderts. Und so konnte es auch nicht ausbleiben, dass wir mit entsprechendem Abstand und dem uns mittlerweile zur Verfügung stehenden Wissen ziemlich genau rekonstruieren können, wie Freuds Konflikte und Traumatisierungen in Zusammenhang mit seiner Mutter, also im sog. präödipalen Entwicklungsabschnitt, zu einer sehr einseitigen Konzeptualisierung des Ödipuskomplexes als Dreh- und Angelpunkt seiner Entwicklungspsychologie und seines klinischen Verständnisses, ja sogar seiner Kulturtheorie geführt hat:

- Vernachlässigung der traumatischen Erfahrungen eines Kindes in den ersten drei Lebensjahren

- Vernachlässigung des traumatisierenden Einflusses der Eltern
- Überbetonung des verbietenden Vaters und Ausklammerung des erotischen Vaters
- Überbetonung der Rolle der Urszene gegenüber anderen bedeutsamen Erlebnissen der Kleinkindzeit
- Überbetonung des Einflusses von (ödipaler) Schuld und Vernachlässigung der Rolle von Scham
- Vernachlässigung der präödipalen Wunschwelt
- Überbetonung der Kastrationsangst gegenüber der Trennungs- und Verlustangst
- Vernachlässigung der Rolle der Mutter
- Vernachlässigung der Mutter-Tochter-Beziehung in der weiblichen psychosexuellen Entwicklung
- „Kastrierung" der weiblichen Sexualität
- Mangelhafte Konzeptualisierung der Hysterie, der Zwangsneurose und der Phobie
- Vernachlässigung der Depression, Borderline-Störung und Psychosen
- Erklärung der Religion ausschließlich anhand der Sehnsucht nach einem starken Vater
- Ausklammerung der Mutter-Übertragung im analytischen Prozess
- Vernachlässigung des Semiotischen in der Beziehung und Überbetonung des Sprachlich-Symbolischen.

Aus Platzgründen nur eine Anmerkung zum letzten Punkt: Sind es bei Freud und dann vor allem bei Lacan sprachliche Vorgänge, das Gesetz des Vaters, so sind es in Teilen der feministischen Psychoanalyse, aber auch bei Didier Anzieu oder bei Daniel Stern die Blicke, Berührungen, Bewegungen und Gefühlsangleichungen, die sich zwischen Mutter und Kind ereignen. Die bulgarische Psychoanalytikerin Julia Kristeva hat in Abgrenzung von Lacans sprachlich symbolischer Welt hierbei von dem Semiotischen gesprochen, um diese Unterscheidung zu verdeutlichen. Es sind damit Erfahrungen gemeint, die wir als Kinder alle einmal besessen haben, die aber dann abgelöst werden mussten von der in einer patriarchalischen Gesellschaft einzig akzeptierbaren Form des Wissens, dem abstrakten logischen Denken. Diese Erfahrungen konstituieren ein sinnliches Wissen, vermittelt durch Gerüche und Berührungen, durch den Klang einer Stimme, durch rhythmische Bewegungen und sexuelles Vergnügen. Es ist auch das Wissen über die große Macht, welche die Mutter über Leben und Tod hat. Weil aber dieses Wissen das Ich bedroht, will es die schreckliche Verletzlichkeit vergessen, die wir gegenüber der Mutter und den Naturkräften haben. So möchten wir an dieses primäre Wissen nicht mehr erinnert werden und konzentrieren uns statt dessen auf jenes Wissen, das auf Autoritäten, Symbolen und Abstraktionen basiert. Diese Art von Wissen erlaubt uns, die Illusion zu hegen, dass die Wirklichkeit vorhergesagt, kontrolliert, quantifiziert und besessen werden kann (vgl. Griffin, 1981). Bei dieser Art des Erkennens muss man sich in Distanz zu seinem Gegenüber begeben; an die Stelle des fühlenden Umgangs treten die Fernsinne, das Wahrnehmen mit dem Auge und das Hören mit dem Ohr und der von Emotionen gereinigte Intellekt. Die „Gegenstände" dieser Welt müssen mit Abstand betrachtet werden, damit das Erkennen als „objektiv" gelten kann. Aber dieses übermäßige Abstandnehmen kann aus psychoanalytischer Sicht nur als Abwehrvorgang, als Verleugnung der sinnlichen Kraft und Ausstrahlung des zu erforschenden Sachverhalts, als Affektisolierung und als Intellektualisierung aufgefasst werden. Die Kritik an der von Descartes grundgelegten Erkenntnisform der Moderne, der auch Freud noch verhaftet bleibt, führt somit auch zu der Konsequenz, dass die Aufspaltung von sinnlichem und erotischem Erkennen einerseits und affektisoliertem und objektiviertem Erkennen andererseits rückgängig zu machen ist. Wenn man das Descartsche Erkennen als „männliche Flucht in die Objektivität" (Bordo, 1987) und als Flucht vor der Weiblichkeit betrachtet, dann führt die Überwindung dieser Aufspaltung auch zu einer neuen Form des Erkennens, in der männliche und weibliche Anteile verbunden sind.

Ein Großteil der Weiterentwicklung der Psychoanalyse hat innerhalb dieser Disziplin stattgefunden und die Pluralität der Schulrichtungen oder Modellvorstellungen hat hierbei eher befruchtend gewirkt, weil die Auseinandersetzung zwischen den einzelnen Autoren oder Schulrichtungen häufig, aber nicht immer zu einer Präzisierung der Konzepte geführt hat. Bruno Waldvogel und ich (2000) haben im Handbuch psychoanalytischer Grundbegriffe den Versuch unternommen, zumindest eine Annäherung an einen gemeinsamen konzeptuellen ground vorzubereiten, indem die unterschiedlichen Auffassungen aus Post-Ichpsychologie, den verschiedenen Objektbeziehungstheorien, der Selbstpsychologie, den interpersonellen Varianten, der französischen Psychoanalyse eine synoptische Darstellung erfahren haben. Was fehlt und was generell in der Psychoanalyse fehlt, ist neben der konzeptuellen Klärung der wichtigsten Begriffe eine Konfrontation der unterschiedlichen Denkvoraussetzungen und anthropologischen Annahmen. Bei dieser Auseinandersetzung könnte eine Einbeziehung interdisziplinärer Theorien und Befunde manchmal wertvoll sein; ich betone absichtlich manchmal, denn andere Disziplinen stehen vor ähnlichen methodisch und interpretativ bedingten Meinungsverschiedenheiten wie wir Psychoanalytiker auch.

Ich verdeutliche dies an einem Beispiel: Die klassische Triebtheorie geht von einem Antagonismus von menschlicher Natur und kulturellen Anforderungen aus. Auch wenn Menschen sich oberflächlich anpassen, verbleibt doch ein unbestimmt großer Teil unbewusst in der Ablehnung eines wie immer gearteten Kompromisses. Die permanente Konflikthaftigkeit des Menschen, seine unstillbaren Wünsche und Sehnsüchte erwachsen also aus dem Widerspruch von imperativen Wünschen, als Abkömmlingen des Triebs bzw. eines körperlichen Bedarfs und gesellschaftlichen Begrenzungen, die von Kultur zu Kultur variieren und in Gestalt der elterlichen Erziehungshandlungen von klein auf zu permanenten Auseinandersetzungen zwischen dem Kind und seinen Eltern führen und mannigfache Verdrängungsleistungen zur Folge haben sowie entsprechende Selbsttäuschungen. Menschliche Natur wird bei Freud also im Gegensatz zur Kultur aufgefasst und Konflikte sind vor allem aufgrund des imperativen Verlangens nach Wunschbefriedigung ubiquitär. Kultur erzwingt Triebverzicht oder Triebeinschränkung und deshalb bleibt auch jeder Mensch virtuell ein Feind der Kultur.

Die Selbstpsychologie Kohuts minimiert hingegen die Konflikthaftigkeit des Menschen. Da es von Beginn des Lebens an eher zu einer harmonischen Verschränkung zwischen den Bedürfnissen des Kindes und seinen Eltern kommt, treten Konflikte nur im Fall einer schwerwiegenden Pathologie der Eltern auf.

Wenn man nun die neuere Evolutionstheorie als Schiedsrichterin einsetzt, kommt man zu den folgenden Überlegungen: Die selbstpsychologische Sichtweise, dass Kinder gesunder Eltern keine schwerwiegenden Konflikte haben, erscheint zu optimistisch. Diese Annahme setzt nämlich voraus, dass die Interessen von Eltern und Kindern immer miteinander zu vereinbaren sind. In der Evolutionstheorie kann aber nicht von einer permanent harmonischen und nicht konflikthaften Beziehung zwischen den Eltern und ihrem Nachwuchs ausgegangen werden. Denn diese Annahme würde fundamentale Aspekte dessen verletzen, was man heutzutage über natürliche Selektion und Evolution weiß. Die von Trivers (1974) aufgestellte „Eltern-Nachwuchs-Konflikt-Theorie" macht in sozial evolutionärer Hinsicht eine Nutzen-Kosten-Rechnung im Hinblick auf die sog. inklusive Fitness auf. Anhand des Stillens von (Tier-)Jungen seitens ihrer Mütter und des notwendig werdenden Abstillens hat Trivers verdeutlicht, dass die elterliche Investition immer vor dem Hintergrund dessen kalkuliert werden muss, was es die Mutter kostet und wie ihr Aufwand die Chancen, sich erneut um die Aufzucht des weiteren Nachwuchses zu kümmern, schmälert. Diese evolutionstheoretische Perspektive verdeutlicht, dass Konflikte zwischen dem selbstbezogenen Nachwuchs und dem Reproduktionsstreben der Eltern unvermeidlich sind. Mit anderen Worten: Es kommt zu Konflikten zwischen Eltern und Kindern, weil erstere selten so viel zu geben bereit sind wie letztere fordern.

Natürlich kann es nun zu einem infiniten theoretischen und diskursiven Regress kommen, weil bestimmte Annahmen der modernen Evolutionstheorie oder der Soziobiologie selbst wiederum einer Kritik aus den Reihen der Evolutionsbiologen unterliegen. Aber auch in dieser Disziplin gibt es so etwas wie den kleinsten gemeinsamen Nenner und mit diesem müssten psychoanalytische Annahmen kompatibel sein, um dem Anspruch auf externale Kohärenz (i.S.v. Strenger, 1991) zu genügen. Ansonsten läuft die Psychoanalyse Gefahr, für andere Wissenschaften völlig uninteressant und nicht mehr ernst genommen zu werden.

Ich möchte im zweiten Teil an drei Themen die Weiterentwicklung der psychoanalytischen Disziplin exemplarisch verdeutlichen:

1. Gedächtnistheorie

Können sich Theoretiker, aber auch Praktiker der Psychoanalyse immer noch an Freuds Auffassungen vom Gedächtnis orientieren oder tun wir besser daran, wenn wir auch die Befunde aus den Nachbarwissenschaften zur Kenntnis nehmen?

Freud versuchte mit der Metapher der „Zaubertafel" Gedächtnisvorgänge anschaulich zu erfassen. Diese Wachstafel ist ein kleines Gerät, das aus einer Wachsschicht besteht, die von einem Wachspapierblatt und einer durchsichtigen Zelluloidablage bedeckt wird. Wenn man nun auf der durchsichtigen Zelluloidfolie zu schreiben beginnt, sieht man den Text auf dem Wachspapier erscheinen. Wenn der Text gelöscht werden soll, zieht man das Papier von der Wachschicht ab und die Zaubertafel ist wieder leer. Wenn man aber genauer hinschaut, sieht man, dass in einer tieferen Schicht doch eine bleibende Spur bewahrt wurde: Im Wachs ist nämlich eingraviert, was zuvor nur auf dem Wachspapier sichtbar war. Die äußere Schicht ist wieder frei, als wäre sie nie beschrieben worden, im Inneren ist alles bewahrt worden. In der Traumdeutung (1900) stellt sich Freud die Leistung des seelischen Apparats wie folgt vor: „Das Wahrnehmungs-Bewusstsein (W-Bw) registriert Wahrnehmungen, ohne eine bleibende Spur davon zu bewahren. Das zweite, das Erinnerungssystem" liegt hinter dem Wahrnehmungs-Bewusstsein und bewahrt bleibende Spuren unserer Wahrnehmungen.

Viele Jahre wurde in der Psychoanalyse, aber auch in der Gedächtnispsychologie die Speichermetapher benutzt. In dieser auch Abbildtheorie genannten Auffassung ist das menschliche Gedächtnis ein System, um Informationen zu speichern und im Vorgang der Erinnerung wieder abzurufen.

Erst in der neueren Gedächtnispsychologie geht man davon aus, Erinnerungsvorgänge nicht als Archivierungs-, sondern als Konstruktionsprozess zu begreifen. Und Neurowissenschaftler wie Edelman oder Rosenfield, als Vertreter einer „embodied cognitive science", verstehen in jüngster Zeit das Gedächtnis als eine sich ständig neu schreibende Geschichte: Erinnerungsprozesse geschehen in der erzählenden, aktuellen, sensomotorisch-affektiven Interaktion mit einem wichtigen Gegenüber.

Ist damit alles überholt, was Freud über Gedächtnisvorgänge gesagt hat? Keineswegs, denn in seinem psychodynamischen Konzept der Denkerinnerung hat Freud erkannt, dass Erinnern nicht nur einen Abruf archivierter Gedächtnisfragmente, sondern auch eine Konstruktion im Sinne einer Kompromissleistung darstellt. Und ebenso erkannte er in seinen Konzepten des Widerholungszwangs und des Agierens, dass es kein Vergessen des einmal Erlebten geben kann – sofern es sich in heutiger Terminologie ausgedrückt um Inhalte des prozeduralen

Gedächtnisses und nicht des deklarativen bzw. autobiographischen Gedächtnisses handelt. Wenn also der Nobelpreisträger Eric Kandel (1999) vor kurzem in einer sehr bekannten amerikanischen Fachzeitschrift gefordert hat, dass die Psychoanalyse sich auf ihre biologischen Grundlagen besinnen soll, wozu auch Gedächtnisvorgänge gehören, und dass sie gut daran täte, sich die Forschungsbefunde im Zusammenhang mit dem prozeduralen und deklarativen Gedächtnis anzueignen, wenn sie auch noch im 21. Jahrhundert Bestand haben soll, wofür Kandel plädiert, so übersieht er, dass die alten Konzepte Freuds auch der Neurobiologie etwas zu bieten hätten, selbst wenn natürlich vieles andere an Freuds Gedächtnistheorie mit den neuen Befunden der Gehirnforschung nicht mehr Schritt halten kann.

2. Traumtheorie

Können wir immer noch von den grundlegenden Prämissen der Freudschen Traumpsychologie ausgehen oder haben sich auf diesem Gebiet einschneidende Veränderungen vollzogen? Wenn ja, welcher Art sind diese?

Lässt sich nach dem heutigen Stand des Wissens z.B. immer noch davon ausgehen, dass Träume für die Aufrechterhaltung des Schlafs benötigt werden? Dass das Versagen der Traumfunktion zum Aufwachen führt? Dass der „Motor" des Träumens von dem Versuch gebildet wird, einer Wunscherfüllung Geltung zu verschaffen? Dass die korrekte Deutung von Träumen folgerichtig auf einen abgewehrten Wunsch aufmerksam machen kann? Dass die aktuellen Probleme und Konflikte eines Träumers zwar Eingang in den Traum finden, aber nicht die hauptsächliche Ursache für seine Entstehung darstellen und dass das Träumen nicht in erster Linie eine Problemlösung, eine „Informationsverarbeitung" oder eine Konsolidierung des eigenen Selbstverständnisses anstrebt? Dass die Unterscheidung von manifestem Trauminhalt und latenten Traumgedanken berechtigt ist? Dass in der Traumarbeit Abwehrvorgänge eine wichtige Rolle spielen? Dass die Traumarbeit hauptsächlich aus den Vorgängen der Verdichtung, Verschiebung und Symbolisierung besteht? Dass die klassische Chiffriermethode und die Symbolübersetzung für die psychoanalytische Deutung zurückzuweisen sind? Dass die Methode der freien Assoziation das einzig legitime Verfahren der Traumdeutung darstellt? Dass die Deutung eines Trauminhalts für den Patienten hilfreich ist u.a.m.?

Wenn man ein Fazit aus den letzten 50 Jahren psychoanalytischer Traumpsychologie zu ziehen versucht, kommt man zu dem folgenden Ergebnis:

Angefangen von Thomas French, über Morton Reiser, Stanley Palombo und viele andere bis hin zu Ulrich Moser und Ilka von Zeppelin in der Gegenwart wird immer stärker die problemlösende und gedächtniskonsolidierende Funktion des Träumens betont. Berücksichtigt man die von Palombo beschriebene Mustererkennungsmethode mittels eines Vergleichs durch Überlagerung, dann wird deutlich, dass der von Freud beschriebene Vorgang der Verdichtung keine primärprozesshaft organisierte Abwehrtätigkeit darstellt, sondern eine regelgesteuerte unbewusste Denktätigkeit eines nichtbewussten Informationsverarbeitungssystems, das mit größter Präzision arbeitet. Nur die Verschiebung lässt sich noch als Abwehrvorgang begreifen, der bereits im Wachbewusstsein eine entscheidende Rolle spielt. Tagesbewusstsein und Traumbewusstsein liegen noch näher beieinander als Freud angenommen hatte und konflikthafte Tagesreste müssen mit vergangenen Konfliktlösungen aus dem Langzeitspeicher abgeglichen werden, soll die Lösung tagsüber gelingen.

Ist damit die Wunscherfüllungstheorie Freuds völlig überholt? Nein – denn Konfliktlösungen beinhalten Erfüllungen von vergangenen und gegenwärtigen Wünschen. Nach wie vor ermöglicht uns somit die Interpretation unserer Träume ein ungemein aufschlussreiches Fenster zur unbewussten Gedächtnistätigkeit.

3. Sollte die tiefenpsychologisch fundierte Psychotherapie lediglich als eine verkürzte Psychoanalyse aufgefasst werden? Oder: Wie psychoanalytisch muss die tiefenpsychologisch fundierte Psychotherapie (TFP) sein, um mit den heutigen Anforderungen eines veränderten Klientels unter dem Aspekt eines breiteren Änderungswissens umgehen zu können?

Hierbei geht es um das folgende Problem: Weil Psychoanalytiker es in den letzten Jahren versäumt haben, eine stringente Theorie der TFP zu entwickeln, sondern sie überwiegend als Minusvariante der Psychoanalyse bzw. der analytischen Psychotherapie aufgefasst haben, sind andere Anbieter in dieses Feld geströmt und haben teilweise die TFP nach ihren Vorstellungen definiert und auch die Auffassung vertreten, dass TFP nur noch entfernt etwas mit Psychoanalyse zu tun habe. Auch hier lässt sich m.E. eine Konsequenz eines allzu einseitigen Festhaltens an psychoanalytischen Positionen konstatieren und deshalb müssen sich Psychoanalytiker vorrangig mit der Frage auseinandersetzen, wie eine TFP beschaffen sein soll, um dem veränderten Klientel, aber auch den veränderten Anforderungen ausreichend Rechung zu tragen. Wir sind nun in der glücklichen Lage, dass vor kurzem ein Lehrbuch zur TFP von Wolfgang Wöller und Johannes Kruse (2001) erschienen ist, das auf diese Herausforderung hervorragend reagiert: In ihrer Einleitung zu ihrem Buch umreißen die Autoren die folgenden Grundpositionen: Perspektivenvielfalt und Adaptivität des therapeutischen Vorgehens.

Unter Perspektivenvielfalt verstehen die Autoren eine diagnostische Grundhaltung, die den therapeutischen Prozess unter verschiedenen Blickwinkeln zu begreifen versucht, immer orientiert an der Frage, welche Perspektive dem jeweiligen Patienten in einem bestimmten Augenblick am besten gerecht wird: Das bedeutet, dass man einmal eine intrapsychische, dann wieder eine interpersonelle Sichtweise einnimmt, dass man einmal mehr den Konflikt, dann wieder mehr die Ich-Funktionen und Fähigkeiten betont, dass man einmal auf die aktuelle Beziehung, dann wieder auf die genetische Übertragungsbeziehung fokussiert. Dies folgt dem Plädoyer Fred Pines (1990), der von den vier Psychologien innerhalb der Psychoanalyse gesprochen hat.

Unter Adaptivität verstehen die Autoren eine therapeutische Grundhaltung, welche unter ständiger Reflexion von Übertragung und Gegenübertragung flexibel auf die jeweils aktuellen Bedürfnisse eines Patienten eingeht unter Zuhilfenahme eines möglichst breiten und umfassenden therapietechnischen Instrumentariums. Dieser letztere Zusatz markiert die entscheidende Neuerung im Verständnis der beiden Autoren. Denn diese Haltung impliziert eine reflektierte Übernahme therapeutischer Elemente aus anderen Therapierichtungen unter gleichzeitiger Wahrung einer tiefenpsychologischen Grundorientierung, die sich v.a. als ständige Reflexion allen therapeutischen Geschehens vor dem Hintergrund von Übertragung und Gegenübertragung ausdrückt. Unter der Voraussetzung dass dies geschieht, sei es nicht nur legitim, sondern auch dringend geboten, auf das Änderungswissen anderer psychotherapeutischer Schulen zurückzugreifen. So könnten z.B. bestimmte verhaltenstherapeutische oder imaginative Verfahren übernommen werden, sofern sie psychodynamisch reflektiert eingesetzt werden und Patienten von diesem Vorgehen profitieren können.

Hätte Freud hiergegen etwas einzuwenden gehabt? Ich glaube nicht, weil von Wöller und Kruse an der Überzeugung festgehalten wird, dass ein psychodynamisch reflektiertes Verständnis der Beziehung für eine zeitgenössische Konzeptualisierung des therapeutischen Prozesses unumgänglich ist, weil sie ansonsten nur jenen schmalen Bereich der bewusstseinsfähigen Beziehung thematisiert und den ungleich größeren der unbewussten Beziehung außer Acht lässt. Deswegen muss jede Therapie von ihrem Grundverständnis her psychodynamisch psychoanalytisch sein. Auf diesem Boden stehend kann sie dann, wie von Wöller und Kruse vorgeschlagen, durchaus Elemente anderer Therapierichtungen mit einbeziehen. Das Verständnis für das unbewusste Beziehungsgeschehen, angefangen von Freuds Übertragungs-, Gegenübertragungskonzept, über die projektive Identifizierung, die unbewusste Empfänglichkeit für das Annehmen unbewusster Rollen bis hin zum Agieren und zum enactment auf dem Hintergrund des Verständnisses für prozedurale Emotionsregeln, wozu auch die Wahrnehmung mimischer Cues gehört, ist mittlerweile in der Psychoanalyse derart elaboriert, dass wir uns nicht gegenüber den Methoden anderer Therapieverfahren abzuschotten brauchen aus der Sorge, dass dies zu einer Verwässerung oder unstatthaften Legierung führen würde.

Ein Fazit aus diesen und anderen Überlegungen ist, dass wir für die Psychoanalyse im 21. Jahrhundert auch die Ergebnisse und Kenntnisse anderer Wissenschaften oder Therapieverfahren gebrauchen können, um nicht nur zwischen unseren verschiedenen Modellvorstellungen entscheiden zu können, sondern um schlicht und einfach an dem Wissen und Können anderer Disziplinen zu partizipieren, was diese ja schon längst im Hinblick auf die Psychoanalyse tun. Würden wir darauf verzichten, so könnte es uns in absehbarer Zeit durchaus passieren, dass andere Disziplinen sich mit unseren Erkenntnissen schmücken, ohne dass für Außenstehende sichtbar wird, von wem diese Befunde ursprünglich stammen.

Vielleicht sollten wir zukünftig einen Psychoanalytiker immer dann als orthodox bezeichnen, wenn er zwar an der internen Weiterentwicklung der Psychoanalyse, aber nicht an der Einbeziehung von Forschungsbefunden aus angrenzenden Wissenschaften und somit auch nicht an der externalen Kohärenz (i.S.v. Strenger, 1991) seiner Hypothesen und an der fruchtbaren Weiterentwicklung der Psychoanalyse unter Einbeziehung interdisziplinärer Befunde und Kompetenzen interessiert ist. Dann stünde Orthodoxie für das Unvermögen psychoanalytischer Praktiker, sich mit dem Wissenschaftsfortschritt in anderen Disziplinen auseinander zu setzen. Und um eine Analogie zwischen Psychoanalytikern in ihrer Einstellung zur Entwicklung ihrer Nachbarwissenschaften und venezianischen Adeligen zu ihren Mitbürgern von Wolfgang Schmidbauer (1999, S. 222) aufzugreifen: Im 18. Jahrhundert legten sie in einem goldenen Buch fest, wer für immer als Patrizier zu gelten habe. Aber bereits schon eine Generation später war ihre Glanzzeit vorüber.

Ich komme zum Schluss

Ich hatte nun das große Glück, vor einer Woche in London Freud noch einmal selbst zu dem Problem der Orthodoxie befragen zu können:

Hier ist der Auszug aus meinem Interview: Herr Freud, sind die dogmatisch orthodoxen Tendenzen, die heute manche an der Psychoanalyse kritisieren, in Ihrem Werk und Ihrer Person bereits angelegt gewesen?

Freud: Ich habe meinen Schülern und Anhängern immer nahegelegt, meine Metapsychologie als das zu nehmen, was sie ist, als eine stets weiterzuentwickelnde Heuristik, die von mir hypothetisch formuliert wurde und um deren Widerlegung ich mich noch zu meinen Lebzeiten immer wieder bemüht habe. Hier irrte übrigens mein Landsmann Karl Popper, der mir unterstellen wollte, ich hätte mich bzw. meine Hypothesen gegenüber allen Widerlegungsversuchen derart abgeschottet, dass sie immun gegen eine Falsifikation geworden seien. Ich gehe sicherlich nicht fehl in der Annahme, dass er mein Werk nie gründlich studiert hat. Was mich aber mehr schmerzt, ist der Umstand, dass viele meiner Schüler eine Tendenz zur Heiligsprechung meiner von mir selbst immer nur als erste tastende Versuche verstandenen Erkenntnisse vorgenommen haben, so als hätten viele nicht den Mut gehabt, weiterzudenken. Sicherlich, manchmal habe auch *ich* dogmatisch an einer Meinung festgehalten, vor allem wenn ich mich über Carl Gustav Jung, Alfred Adler, Sandor Ferenczi, Otto Rank und andere Querköpfe geärgert habe, wenn sie, was ich damals noch als ödipale Rebellion gegen mich verstand, plötzlich alles anders sehen wollten als ich. Aber wenn jüngst der amerikanische Psychoanalytiker Robert Holt sein Bedauern darüber ausgesprochen hat, einen Großteil seines Forscherlebens mit einer untauglichen Theorie verbracht zu haben, dann kann ich ihn nur noch einmal auf die Stelle in meiner Schrift verweisen, wo ich dafür plädiert habe, dass die Metapsychologie ohne Bedauern Schicht um Schicht abgetragen werden kann, wenn sie sich als falsch herausstellen sollte. Ich will an dieser Stelle nicht verhehlen, daß es mir überhaupt nicht schmeichelt, wenn jeder Buchstabe meiner Texte wie ein Heiligtum betrachtet wird, das es wie in einem Schrein zu hüten gilt. Ich sehe darin auch den Ausdruck einer unbewussten Aggression, denn diese apostolische Haltung wäre der sicherste Weg, die Psychoanalyse ins Museum zu befördern, wo sie ja viele Menschen gerne längst schon sehen würden, um sich der lästigen Selbsterkenntnis zu entledigen. Gott sei Dank aber gibt es nicht wenige Kollegen, die mein Werk sowohl konzeptuell, klinisch empirisch und auf forschende Weise weiterentwickeln und sich nicht nur einer Exegese meiner Texte befleißigt haben. Nicht alles, was ich geschrieben habe, hat den Test der Zeit überstanden, wobei ich nicht glaube, dass 90 Prozent meiner Erkenntnisse überholt seien, wie neulich einmal Gerald Edelman über mein Werk gesagt hat. Aber um dies etwas genauer zu differenzieren, sind wir ja heute zusammengekommen. Ich persönlich glaube, dass sich Metaphern und Modelle zwar dem Geist der Zeit entsprechend verändert haben, dass aber doch einiges von dem, was für mich wichtig war, in der Gegenwart auf erstaunliche Weise bestätigt wird: Nichts von dem in der Kindheit einstmals Erlittenen wird vergessen, auch wenn es nicht mehr bewusst erinnert werden kann; frühe Traumatisierungen verändern sogar den Gen-Ausdruck; Krankheiten, die den heutigen Erwachsenen befallen, wurden vor 30, 40 Jahren bereits grundgelegt. Die Existenz unbewusster seelischer Vorgänge, deren Annahme mit zu den schlimmsten Entwertungen der Psychoanalyse geführt hat, gilt heute in den Neuro- und Kognitionswissenschaften als unumstößliches Faktum. Wie sehr frühere Beziehungserfahrungen auch unsere Wahrnehmung gegenwärtiger Menschen prägen, ist Gegenstand ausgedehnter Forschungen in der Sozialpsychologie. Und so ließe sich noch Vieles anführen, was zu einer erstaunlichen Bestätigung meiner psychoanalytischen Hypothesen geführt hat, auch wenn dies oftmals unter völlig anderen Begrifflichkeiten abgehandelt wird. Psychoanalytiker, das wäre mein Wunsch, sollten aufpassen, dass sich nicht andere Wissenschaften mit unseren Erkenntnissen schmücken und uns bzw. die Psychoanalyse in der Öffentlichkeit als altmodische und wissenschaftlich überholte Disziplin darstellen.

Literatur

Bordo, S. (1987). The flight to objectivity. Albany.

Emrich, H. (2001). Leserbrief in DER SPIEGEL, Heft 3, S. 8.

Freud, S. (1925a). Notiz über den „Wunderblock", G.W., Bd. 14, S. 3 – 8.

Freud, S. (1925d). Selbstdarstellung. G.W., Bd. 14, 31 – 96.

Frick, E. (2000). Buchbesprechung: Wolfgang Mertens. Traum und Traumdeutung. Analytische Psychologie. Zeitschrift für Analytische Psychologie und ihre Grenzgebiete, 31, 329 – 331.

Holt, R. R. (1989). Freud reappraised: A fresh look at psychoanalytic theory. New York: Guilford Press.

Griffin, S. (1981). Die Angst der Männer vor Frau und Natur: Sinnlich, gierig, grausam, tödlich. Ein Gespräch zwischen Sam Keen und der Philosophin Susan Griffin. Psychologie heute, 8, Heft 7, 22 – 29.

Horgan, J. (2000). Der menschliche Geist. Wie die Wissenschaften versuchen, die Psyche zu verstehen. München: Luchterhand.

Kandel, E. (1999). Biology and the future of psychoanalysis: a new intellectual framework for psychiatry revisited. American Journal of Psychiatry, 156, 505 – 525.

Kernberg, O.F. (1996). Dreißig Methoden zur Unterdrückung der Kreativität von Kandidaten der Psychoanalyse. Psyche, 52, 199 – 213.

Mertens, W./ Waldvogel, B. (2000). Handbuch psychoanalytischer Grundbegriffe. Stuttgart: Kohlhammer.

Schmidbauer, W. (1999). Der hysterische Mann. Eine Psychoanalyse. München: Nymphenburger.

Singer, W. (2001). Interview in DER SPIEGEL, Heft 1, S. 154 –160.

Stern, D. et al. (1998). Non-interpretative mechanism in psychoanalytic therapy. The "something more" than interpretation. International Journal of Psychoanalysis, 79, 903 – 921.

Strenger, C. (1991). Between hermeneutics and science. An essay on the epistemology of psychoanalysis. New York: International Universities Press.

Trivers, R (1974). Parent-offspring conflict. American Zoologist, 14, 249 – 264.

Wöller, W./ Kruse, J. (2001). Tiefenpsychologisch fundierte Psychotherapie. Basisbuch und Praxisleitfaden. Stuttgart: Schattauer.

Michael Lukas Moeller

Die Hebung des Schatzes der Eifersucht

Zur Dynamik der aushäusigen Verliebtheit

1. Seelische Instrumente für kritische Situationen

Die meisten Paare gehen mit Ereignissen wie einer aushäusigen Verliebtheit verheerend um. Eifersuchtsmorde, Abfackeln der Wohnung, blutige Verletzungen, jahrzehntelange Lügen, Suizide, überstürzte Scheidungen, Terrorisierung der Kinder, wenigstens aber lebenslänglich schwelende, giftige Spannungen dringen täglich bis in die Zeitungen vor. Sie zeugen vom destruktiven Umgang mit einem Geschehen, welches - wie alles andere – durch das Paarleben im unbewussten Zusammenspiel zu zweit bewirkt wird (vergleiche dazu das Konzept der Kollusion von Dicks 1963 und Willi 1975 sowie die Matrix von Foulkes 1990).

Es gibt aber die Chance, mit diesem aufwühlenden Zweierhandeln anders umzugehen: verstehend nämlich, von Einsichten getragen, statt moralisch abkanzelnd und ohne inneren Gewinn.

Neben aushäusigen Verliebtheiten gibt es noch weitere heikle Vorfälle im Paarleben, Konflikte beispielsweise. Für viele kritische Situationen hat sich aus meinen Jahrzehnten der Psychoanalyse des Paarlebens eine verstehende Umgangsweise entwickelt. Sie sind teils einfach, teils sehr komplex, einige nenne ich hier nur, beispielsweise (vergleiche dazu Moeller 2000, Kapitel 12):

- Die Gifte in der Beziehung: Stille Erwartungen, einsame Beschlüsse usw.
- Nachlässige Absprachen
- Die doppelte Wirklichkeit
- Umgang mit Träumen
- Training von Assoziationen und freien Einfällen
- „double talk“: Sprechen über Realitäten, die gleichzeitig unbewusste Phantasien über die Beziehung enthalten
- Die Neidspannung im Paar
- Finanzbalance
- Lastenausgleich
- Bewusste und unbewusste Schuldgefühle sowie ihre Äußerungen
- Umgang mit Kränkungen und ihre Herkunft
- Übertragung - Gegenübertragung
- Gemeinsame Inszenierung traumatischer Szenen und Hoffnung auf ihre Auflösung.

Eines Tages wurde mir bewusst, dass es ungünstig und unnötig ist, diese Grunderkenntnisse nur in Händen der therapeutischen Experten zu lassen. Auch die Autohersteller bleiben nicht in den produzierten Autos sitzen, um andere damit zu chauffieren. Es geht hier also um den für mich zentralen Dritten Weg zwischen reiner Selbsthilfe und purem professionellen Verfahren: Eine wissenschaftlich erprobte Erfahrung für die Selbstentwicklung der Paare bereitzustellen.

Ich bezeichne diese halbstrukturierten Vorgehensweisen als Psychoanalytische Instrumente. Am komplexen und heißen Beispiel einer aushäusigen Verliebtheit, die eine bestehende Bindung trifft und selten einem Paarleben erspart bleibt, wird dieses Konzept der nützlichen Werkzeuge am besten begriffen.

2. Glückliche Krisen

Krisen haben anders als gemeinhin geglaubt stets einen glücklichen Kern. Denn sie bedeuten eine innere Initiative, eine höchst aktive Selbstkonfrontation, eine Auseinandersetzung mit sich selbst. Und so beginnt alle Lebenskunst. Das chinesische Zeichen für Krise besteht aus zweierlei: Dem Zeichen für Gefahr und dem Zeichen für Chance. Genau so kann man eine aushäusige Verliebtheit betrachten. Die Dynamik der Liebe geht im unbewussten Zusammenspiel eigene, aber gut einsehbare Wege.

Wenn sich beispielsweise durch die aushäusige Beziehung eines Mannes eine schon Jahrzehnte vor sich hin dümpelnde Ehe grundlegend wandelte und zu einer intensiven und kreativen Erotik führte, dann gelang das nur, weil eine solche konkurrierende Verliebtheit vom Paar nicht wie üblich moralisch abgewehrt, sondern auf ganz anderer Basis durchgearbeitet wurde, nämlich: erstens offen, zweitens verstehend und drittens im Bewusstsein, dass das Ereignis sinnvoll ist.

Im Zusammenhang mit glücklichen Krisen ist das Vorgehen, das ich die "Hebung des Schatzes der Eifersucht" nenne, geradezu ein Modellbeispiel. Es setzt beim Paar nicht zuviel voraus: Die Bereitschaft zur Wahrhaftigkeit, die sich nicht hinter dem Argument „Ich will dich nicht verletzen“ versteckt; einen gewissen Mut, sich mit sich selbst zu konfrontieren und ein genügendes Maß an Leidensfähigkeit, den Trennungsschmerz einerseits und die Schuldgefühle andererseits auf sich zu nehmen und auszutragen, ohne der masochistischen Versuchung zu erliegen, die sich in Schleiermachers Vers eingefangen hat: „Eifersucht ist eine Leidenschaft, die mit Eifer sucht, was Leiden schafft.“; schließlich die Einsicht, dass ohne Freiheit auch die Liebe und Lust im eigenen Hause erstickt werden.

3. Knappe Skizze der Eifersucht

Es ist vielleicht bei diesem Ansatz von Wert, sich über einige Dimensionen der Eifersucht klar zu werden. Statt in Kategorien, also im „Entweder-Oder“, zu denken, ist es sehr viel lebensgerechter, Dimensionen anzunehmen, die uns je unterschiedlich mehr oder weniger betreffen, also im spannungsreicheren „Und-Und“ zu bleiben.

Die soeben genannte masochistische Komponente versucht, aus der eigenen Unzulänglichkeit eine Art Zentrum der eigenen Identität zu machen und nicht zuletzt auch die Umwelt wie den Partner zu beherrschen (Miller, 1996, 155). Letztlich bewahrt sie die Beziehung um jeden Preis, weil es angesichts des tiefen Beziehungsbedürfnisses der Menschen besser ist, eine leidvolle Beziehung zu erleben als gar keine.

Im Kontrast dazu betont ein deutsches Sprichwort eine verblüffend andere Dimension: „Eifersucht ist eine Tochter der Neugier“. Ich wollte es selbst kaum glauben, bis mir in einer Paargruppe eine seltsame Reaktion zu Ohren kam: Ein Mann hatte sich in eine andere Frau verliebt und genau dieser Geliebten begegnete die Ehefrau mit ihrem Mann gemeinsam auf einer Geschäftsversammlung. Die Ehefrau brach in eine unbändige Neugier aus – und zwar nicht nur die Sexualität des aushäusigen Paares betreffend, sondern auch im Hinblick auf den Vergleich der eigenen Liebesgeschichten mit denen des Mannes. Es sei, sagte sie, als wäre ein geschlossenes Buch plötzlich aufgeschlagen worden.

Schließlich spricht man von der Eifersucht als der „Krankheit, sich nicht vergleichen lassen zu können.“ Zunächst assoziieren viele eine unangemessene Grandiosität als Hintergrund, bis einem klar wird, dass ein solches Größenselbst, das nicht geschmälert werden darf, über dem Empfinden der eigenen Unzulänglichkeit, des Mangels, der Unterlegenheit, des Defektes aufgebaut ist (Wurmser 1998). Damit gehört die Eifersucht - häufig als aggressives Abwehrgefühl - zur Scham. Und es ist schwer, sich wirklich offen schämen zu können. Die Annahme der durch äußere Ereignisse mobilisierten Selbstentwertung erfordert vielleicht noch mehr als die Fähigkeit zu trauern. Jedenfalls reiht sich die Eifersucht als ein wesentliches Gefühl zu den heute dominierenden, allgegenwärtigen narzisstischen Beeinträchtigungen. Ihre zeitweise bedrohliche kriminelle Energie und das Selbstdestruktivitätspotential machen fast täglich Schlagzeilen.

Wird die Eifersucht besonders stark, muss man daran denken, dass sie auch doppelt bedingt sein kann: Ich bin sowohl eifersüchtig, dass mein/e Partner/in einen anderen wählt, als auch, dass dieser sie und nicht mich wählt. So spielt die gleichgeschlechtliche Liebe in diesem Drama ebenfalls eine Rolle. Freud machte darauf aufmerksam (Freud 1922). Die allgemeine Bisexualität des Menschen, ohne die jede Freundschaft unter Frauen oder unter Männern undenkbar wäre, bietet den Boden dafür.

Manchmal ist Eifersucht von Neid kaum zu trennen: Ich bin eifersüchtig, weil du dir etwas erlaubst, was ich mir versage oder nicht zutraue. So können unter dem Dach der Eifersucht auch viele weitere Gefühle versteckt sein, beispielsweise der zwanghafte Wunsch, der/die absolut Einzige sein zu wollen, wenn man sich in der Kindheit besonders ausgeschlossen fühlte.

Hier geht es nun um einen Weg, die konstruktiven Kräfte der Eifersucht freizulegen.

Der große Vogel und das Ei. Leon, Laura und Alice

Vor anderthalb Jahren verliebte sich Leon, Architekt um die 50, in eine Italienerin, Alice. Das hat seine Frau, Laura, mit drei Kindern zuhause und im Haushalt tätig, sehr durcheinandergebracht. Das Paar ging offen mit der Situation um. Das bedeutet: Sie versuchte den Schmerz auszuhalten, er seine Schuldgefühle. Beide blieben in einer gesprächsreichen Beziehung. Sie führten Zwiegespräche.

Nach anderthalb Jahren hatte sich die Situation der beiden dramatisch verändert, insbesondere Lauras. Sie war als Designerin wieder erfolgreich berufstätig und hatte sozusagen das Nest des Haushaltes verlassen. Alles war wunderbar eingerichtet. Sie zogen um. Sie sorgte für Häuserkauf und die gesamte Organisation. Die Beziehung ist offener geworden. Sie konnten freier sprechen.

Eines Tages sagte Laura: „Es ist, als ob die Gestalt von Alice wie ein großer Vogel an dem Ei, das noch im Nest war, gepickt hätte und ich sei herausgekrochen".

Ein wunderbares Bild, das die zentrale Funktion der aushäusigen Verliebtheit illustriert: Den unbewussten Wunsch nach Emanzipation.

4. Vier Schritte zur Hebung des Schatzes der Eifersucht.

Bin ich mir selbst noch zugänglich? Rosa, Valentin und Astrid.

Rosa und Valentin haben vor einem Jahr eine Krise erlebt. Valentin verliebte sich in eine etwas jüngere Frau, Astrid. Rosa und Valentin haben gemeinsam eine erfolgreiche, aber auch fordernde Firma. Sie kamen in diesem Konflikt zu mir in die Praxis.

Nachdem sie ein Jahr Zwiegespräche geführt hatten und zugleich in der Paargruppe waren, führte der Prozess der Gruppe auf die Frage, wie man mit Eifersucht konstruktiv umgehen könne. Normalerweise sind Paare wie erwähnt nicht gut in der Lage, mit solchen schwierigen Situationen zurande zukommen. In der Regel wird mit einer sehr moralischen Haltung die aushäusige Verliebtheit verdammt - mit dem Erfolg, dass man nicht merkt, worum es eigentlich geht.

Üblicherweise empfehle ich, in vier Schritten vorzugehen.

1. Der eifersüchtige Partner beginnt herauszufinden, welche seelische Eigenschaft die Rivalin oder der Rivale ihr oder ihm absolut voraushat. Es geht um den schwarzen Punkt, der einen nachts um halb drei quält. Es kommt auf die eigene Vorstellung an, die Realität der konkurrierenden Person ist nicht von Belang. Selten entspricht der Wirklichkeit, was die Eifersucht, diese Krankheit, sich nicht vergleichen lassen zu können, eingibt.

Rosa versucht also zu schildern, was ihrer Auffassung nach die Rivalin Astrid bietet, was sie nicht bieten kann.

Sie sagt zunächst: „Sie hatte einfach mehr Zeit und war nicht in Zwängen wie ich“. Astrid sei freier gewesen von äußeren Verpflichtungen. Das ist zwar richtig, trifft jedoch nicht den Kern: nämlich jene phantasierte, aber zu schmerzendem Ernst geronnene, schwarze, nagende Eigenschaft, welche die Rivalin ihr voraus hat.

Sie kam schließlich auf Ungeformtheit. Sie selbst sei früher zu Beginn der Ehe so gewesen, sei weniger festgelegt, sei gewissermaßen flexibler und offener. Da sie aber auch heute für andere so wirkte, schien das immer noch nicht der entscheidende Punkt zu sein.

Schließlich meint Rosa zu entdecken, dass sie nach zehn Jahren Arbeit in Firma und Ehe das Gefühl habe, ihre Weiblichkeit und auch ihre Schönheit verloren zu haben. Allerdings war sie nun eine offenkundig bezaubernde Frau von großer Schönheit, so dass zunächst die meisten in der Gruppe stutzten. Es wurde dann aber deutlich, dass sie für sich das Gefühl hatte, nicht mehr schön zu sein, weil sie sich sozusagen vernachlässigte. Es stellte sich also heraus, dass der Verlust der Weiblichkeit und jener Schönheit, die entsteht, wenn man mit sich selber übereinstimmt, der entscheidende Punkt gewesen sei. Denn Astrid hatte diese Weiblichkeit und Schönheit in den Augen von Rosa.

2. Im zweiten Schritt versucht nun der oder die Verliebte herauszufinden, welche entscheidende Faszination ihn an den neuen geliebten Menschen gebunden hat, kurz: welche seelische Eigenschaft – denn darauf läuft alles hinaus - ihn verliebt macht. Auch hier geht es um einen sehr sensiblen und sorgfältig zu erkundenden „Glanzpunkt“. Dazu gehört auf beiden Seiten Bereitschaft zur Offenheit, weil natürlich die Hauptbedenken lauten, den anderen nicht verletzen zu wollen. Wer aber schweigt, verletzt noch mehr als mit Offenheit, weil er den anderen der Chance beraubt, sich auseinander zu setzen und ihn damit entmündigt.

Was also war für Valentin der entscheidende Unterschied der Astrid-Beziehung zur Rosa-Beziehung? Auch Valentin musste zunächst tasten. Er sagte zunächst, ihre Jugendlichkeit und Schönheit. Aber auch Rosa war schön und jugendlich. Er meinte dann ihre Offenheit. Aber auch Rosa war sehr offen. Schließlich kam er auf Spontaneität, zögerte allerdings dabei. Ganz am Ende hatte er ein Aha-Erlebnis: Astrid sei „seelisch zugänglich“. Das faszinierte ihn am stärksten. Es spielte auch noch eine Rolle, dass sie einen seelischen Platz an ihrer Seite hatte, was Rosa nicht mehr bieten konnte.

3. Nun versucht das Paar, aus dem Schwarzpunkt, dem nagenden Eifersuchtsschmerz, und dem Lichtpunkt, der faszinierenden Eigenschaft des neuen Geliebten, den gemeinsamen Nenner zu finden. Dieser Nenner ist immer gegeben. Er umgrenzt das gemeinsame Thema des unbewussten Zusammenspiels, der Kollusion. Manchmal ist dieser Nenner nicht sofort zu entschlüsseln, da er als heißes Eisen gern abgewehrt wird, aber das Paar hat ja in Zwiegesprächen Raum genug, ihn nach und nach sichtbar werden zu lassen.

Der Verlust der Schönheit und der eigenen Weiblichkeit bedeutete für Rosa sehr klar, dass sie zu einer ehemals sehr blühenden Seite in sich selbst keinen Zugang mehr fände. Sie habe jene lebendige Seite gleichsam durch Schicksal und Selbstversäumnis verloren. Das hieß vor allem: Sie hatte zu sich selbst keinen Zugang mehr.

Bei Valentin war die seelische Zugänglichkeit von Astrid ganz offensichtlich deswegen faszinierend, weil er einen Mangel an solcher Zugänglichkeit bei sich selbst erlebte. Er sah in ihr dieses wunderschöne Ideal vor sich, das er selbst gern gewesen wäre. Ihm mangelte es also ebenfalls an Selbstzugänglichkeit. Der gemeinsame Nenner war also: der Verlust von Selbstzugänglichkeit, sozusagen der innere Verschluss.

4. Nun kommt im vierten und letzten Schritt die dynamische Frage nach der Bewandtnis des Zeitpunktes auf: Warum bewirken unsere beiden Unbewussten mit ihrem oszillierenden Zusammenspiel gerade jetzt diese Faszination? Oder anders gesagt: Warum machen wir beide in diesem Moment einen Handlungsdialog, der dazu führt, dass du dich in eine andere oder einen anderen verliebst? Eine Verliebtheit beginnt ja Verblüffenderweise, bevor sie beginnt. Es gehört eine innere Bereitschaft dazu, die Frauen eher als Männer spüren, eine Art Entscheidung, sich anderen zu öffnen. Landläufig gesprochen „liegt dann etwas in der Luft“. Das Eintreten der Verliebtheit markiert mit geradezu mathematischer Genauigkeit einen spezifischen Wendepunkt auf dem gemeinsamen Entwicklungsweg des Paares – und mit hoher Wahrscheinlichkeit auch des Dritten, der hier allerdings nicht zu Wort kommen kann.

Die Antwort fiel in diesem Fall leicht. Im Zuge der Entwicklung, die jede Paarbeziehung mal schneller, mal langsamer durchläuft, sind Valentin und Rosa in eine Verfassung hineingekommen, in der ihr Leidensdruck, dass sie sich selbst verloren hatten, zu groß wurde. Sie wünschten sich beide, wieder Zugang zu sich selbst zu bekommen und lösten es durch eine Inszenierung über eine aushäusige Verliebtheit. Der Sinn liegt nicht nur in der Mobilisierung der eigenen Kräfte durch Zuspitzung. Vielmehr versucht das Paar, eine Entwicklung über eine andere Beziehung einzuleiten, die es aus sich selbst heraus nicht schafft. Alles kommt darauf an, dass die Position des Verlassenen mit dem großen Schmerz und die Position des Verliebten mit den großen Schuldgefühlen durchgehalten wird.

Bevor ich auf weitere wesentliche Momente eingehe, noch drei weitere Beispiele: Pflicht und Lebendigkeit. Philip, Eva und Gerhard: Philip war 16, Eva 14, als sie sich kennen lernten und liebten. Sie waren dreieinhalb Jahre als Schüler zusammen, als Philip das Abi machte. Dann, meinte er, strebte er nach Freiheit. Die beiden trennten sich „vom Kopf, aber nicht im Herzen“ – wie sie sagten. Insoweit ist diese Hebung des Schatzes der Eifersucht etwas Besonderes: Es war sozusagen nur eine halbe Trennung, auf die sich natürlich das Schuldgefühl gerne beruft. Kurz: Eva verliebte sich in Gerhard, einen Jungen, der gerade auch sein Abitur gemacht hatte und sein Studium begann, und ebenso jobbte wie sie: in Kinos.

1. Den schwarzen Neidkern der Eifersucht formulierte Philip schließlich so: Gerhard konnte unmittelbar und lebendig sich selbst leben, während er, Philip, von Perfektionismus und Pflichten gejagt, zwar seine Leistung im Studium zu erreichen versuchte, dadurch aber viel an Leben verlor.

2. Eva erlebte in Gerhard einen ganz anderen Mann als ihren Philip: Einen, der unmittelbar, spontan und lebendig war; mit dem sie tanzen gehen konnte, wann immer sie wollte; einen lockeren Typ - während Philip ständig irgend etwas Behinderndes im Sinn hatte, wodurch sie selbst sich auch im Inneren nicht richtig frei fühlte.

3. Der gemeinsame Nenner, das gemeinsame Unbewusste, die Achse, um die sich das Paar dreht, lautet also: Ich fühle mich durch Pflichtgefühl, Gewissen und Selbstbehinderung beeinträchtigt in meinem Ich - ich möchte gerne spontaner, innerlich freier und direkter leben, was ich in mir fühle.

4. Warum gerade jetzt ? Zum einen bietet die Schwelle des Abiturs, der Reifeprüfung, einen deutlichen äußeren Anlass. Es gibt aber natürlich auch in der Entwicklung des Paares und der beiden Jugendlichen einen Moment, in dem man sozusagen das Joch der inneren Eltern abwerfen und sich weiterentwickeln möchte zu einer persönlichen Ethik, zu einer größeren Freiheit. Beide starteten also in Richtung einer Selbstbefreiung, die sie miteinander aber offensichtlich zu wenig hinbekamen. Der Druck in Philip und der Druck in Eva waren zur damaligen Zeit zu groß, als dass sie sich hätten der unmittelbaren Lebendigkeit zuwenden können. Mit Gerhard gelang es, es dauerte aber kurz - mit vielem Hin und Her nur ein Jahr. Eva fühlte, dass sie Philip liebte und Philip fing an, sehr um Eva zu werben. Nach einem Jahr Trennung waren sie wieder zusammen und hatten eine „bindende Trennung" erlebt, begannen auf einem vollkommen neuen Plateau mit ihrer Beziehung neu.

Der Wunsch, wahrgenommen zu werden. Philip, Eva und Abi: Eva und Philip verbrachten danach ein Jahr in Italien. Wie üblich und Bedauernswerterweise setzte jeder hoffnungsfroh auf seine Erwartungen, ohne dass beide diese Vorstellungen miteinander klärten. Es stellte sich dann heraus, dass Eva ein lockeres Jahr mit vielen Reisen und Touren durch Italien phantasierte, während der pflichtbewusstere Philip doch auch sein Studium (mit einem Stipendium) in Rom gut durchführen wollte. Dadurch kam es zu chronischen Enttäuschungen, denn an dem freien Wochenende war Philip erpicht darauf, sich von Eva die italienische Grammatik beibringen zu lassen, damit er seine Arbeiten besser schreiben konnte. Eva war enttäuscht, traurig und wütend, versuchte aber natürlich zu verstehen und einigermaßen gute Miene zum bösen Spiel zu machen.

In dieser Situation traf Philip eine ebenfalls mit einem Stipendium derselben Stiftung versehene Schwarzafrikanerin, Abi (ziemlich witzig ist der Gleichlaut mit dem soeben bestandenen Abitur von Philip). Sie war wohl eine traumhafte Schönheit und zudem eine ebenfalls sehr fleißige und intelligente Studentin.

Eva war schockiert, als Philip ihr erklärte, dass er sich in Abi verliebt hatte - zumal sie, Eva, in Florenz lebend, ihm auf einen Heiratsantrag bereits mit Ja geantwortet hatte. Man könnte nun annehmen, dass Philip der Fusionsangst im Zuge einer solchen lebenslangen Bindung entgehen wollte und sich deswegen verliebte oder besonders stolz war, eine von allen bewunderte Schönheit zu erobern - allein der tiefere Grund der Dynamik der aushäusigen Verliebtheit war ein anderer:

1. Der schwarze Punkt für Eva war außerordentlich schwierig zu ermitteln. Eva neigte ganz bewusstlos dazu, ihrer Rivalin eins auszuwischen. Zunächst sah sie den „Vorteil" von Abi darin, dass sie „einfach keine Gefühle" hatte, sich nicht so verwickelte und binden konnte wie sie, sondern eben „kalt die Dinge betrachtete". Ein wahrer Kern war verbunden mit der starken Gefühlswelt von Eva. Es wurde dann deutlich, dass Abi nach Phantasie von Eva Philip „Raum für sich und sein Studium lassen" konnte. Das war schon bedeutender: dem anderen die Möglichkeit zu einer unbehelligten Selbstbeziehung lassen können. Offensichtlich, „ohne ihn mit einem Gefühlsschwall zu überfluten". Schließlich kam es auch soweit: Eva scheint sich vorzuwerfen, dass sie den anderen mit ihrem Verlangen und Gefühlsausbrüchen in Beschlag nimmt. Es kommt dann noch hinzu, dass Eva die etwas ältere Abi als erwachsener einstufte: Sie konnte „besser mit Männern umgehen" und war - wieder ein Seitenhieb – „eben taktischer". Das Taktische ist aber nie ein Inhalt des schwarzen Momentes. Der schwarze Moment ist stets ein absoluter Mangel, den ich in mir fühle und - was besonders wichtig ist - den ich selbst durch Versäumnis, mich mir selbst zuzuwenden, verschuldet habe. Schließlich wurde Erwachsensein deutlich als: Ich kann zu mir stehen, aber auch gleichzeitig dem anderen seine Selbstbeziehung lassen. Beides bedingt sich natürlich. Eva fasste das in dem Begriff „innere Ruhe" zusammen. Wir kamen hier auf den Urkonflikt des Menschen: Wie viel sollte ich mich mir selber, wie viel dem anderen zuwenden - dieses Gleichgewicht ist wie erwähnt in jeder Minute für jeden Menschen aufrechtzuerhalten - und es sollte die Zuwendung eben zu gleichen Teilen erfolgen. Ganz offensichtlich war das eine Entwicklungsstufe für Eva, in der sie noch das Gleichgewicht verlor, es aber in Abi aufrechterhalten sah.

2. Der Glanzpunkt für Philip war ebenfalls komplexer, nämlich dreifach: Er fühlte sich mit einem Schlag vollständig verstanden. Und das lief darauf hinaus: er schrieb meinetwegen einen Aufsatz in seinem Fach - und Abi widmete sich seiner Leistung, fragte nach, wie das zu verstehen war - kurz: er fühlte sich vollständig wahrgenommen, genau das, was seine Mutter ihm früher nie bieten konnte (zwischen 6 und 14 war sie beispielsweise nie mit ihm zu einem seiner Fußballspiele gegangen). Ganz offensichtlich trat Abi dabei auch so auf, dass sie

sich selbst nicht verleugnete, sich nicht anpasste - etwas, was als weiterer Seitenhieb Eva behauptete: Sie täte ja doch immer all das, was die Männer wollten.

Zum zweiten war Abi eine traumhafte Schönheit und machte Philip auch in der Konkurrenz mit allen anderen Männern stolz, sie erobert zu haben. Allerdings ist dieser Stolz deutlich sekundär gewesen gegenüber diesem unmittelbaren Verstehen. Schließlich kommt noch die Exotik hinzu, die als „Exogamie" und Inzestvermeidung auch noch eine Attraktivität für sich hat. Philip sagte noch, dass Abi seinem eigenen Idealbild entsprach – so wie sie hätte er gerne sein wollen, Lebendigkeit und Leistung miteinander verbindend.

3. Der gemeinsame Nenner war deutlich: das Paar kreiste um ein unbewusstes Thema, das man wie erwähnt als den menschlichen Urkonflikt fassen kann: Wie viel wende ich mich mir selber zu – wie viel wende ich mich dem Partner zu. Dieses Gleichgewicht hatte Abi offensichtlich gefunden und wurde so für beide zum stillen Vorbild. Das Paar selber konnte dieses Gleichgewicht nicht erreichen, weil es sich in einer Situation des ungelösten Konfliktes (Lebendigkeit Eva, Leistung Philip) polarisiert hatte.

4. Warum jetzt? Es war deutlich eine höhere Entwicklungsstufe als zuvor beim Abitur. Der Auslöser war der konkrete Schritt in eine neue Welt - nämlich Italien. Und zwar nicht als äußere Realität, sondern als Auslöser für innere Entwicklung. Für beide war es im künftigen Leben nötig, die eigenen Belange stärker zu beachten und die Partnerschaft nicht zu verlieren.

Selbstoffenheit gewinnen. Sylvie, Marc und Daniel: Sylvie hat einen neuen Freund, Daniel, obwohl ihre vieljährige Beziehung zu Marc in voller Blüte steht. Als Sylvie inmitten der Gruppe über diese Liebesbeziehung erzählt, wird Marc eifersüchtig. Sie wünschen sich „Die Hebung des Schatzes der Eifersucht".

Erster Schritt: Welchen absoluten Vorteil sieht Marc in seinem Rivalen Daniel (den er nicht kennt)? Antwort: Er könnte mit Sylvie - anders als er selbst - ununterbrochen schlafen (beispielsweise zweimal nachts). Das gelänge aber nur deswegen, weil er seine Bedürfnisse offen äußern könne. Gleichzeitig wäre Daniel nicht zu müde - wie er, Marc. Dazu ist wichtig zu wissen, dass Marc öfter müde ist - im wesentlichen dadurch bedingt, dass er noch nicht in der Lage ist, innerhalb von Beziehungen (zu Sylvie, aber auch in seinem Beruf) seine Bedürfnisse offen zu äußern. Das ständige Unterdrücken der eigenen Vorstellungen und Gefühle kostet eine enorme Energie, die ihn erschöpft. Er phantasiert von dem Rivalen, dass dieser sich offen äußern könne und deshalb auch mehr Energien zur Verfügung habe, gleichsam potenter sei.

Zweiter Schritt: Welche Vorteile sieht Sylvie in der Beziehung zu Daniel, die sie in der Beziehung zu Marc nicht hat? Antwort: „Daniel beispielsweise nimmt meine Hände, betrachtet sie und sagt, er könne sich gut vorstellen, wie sie, Sylvie, eine bestimmte Therapieform sehr gut realisieren könnte."

Nichts ist von Potenz und vielem Vögeln zu hören, wovon zu sprechen Sylvie durchaus in der Lage gewesen wäre. Marc phantasierte sein Leiden, ein typischer Fall in der Eifersucht, da der Eifersüchtige sich stets Vorstellungen macht, die mit der seelischen Realität der anderen Beziehung in der Regel nur wenig konkret zu tun haben. Dies ist wichtig hervorzuheben, obwohl es natürlich einen gemeinsamen Nenner gibt, wie wir gleich sehen werden.

Daniel erlebe körperliche Annäherungen sehr stark und lustvoll, anders als Marc. Marc ist erstens ambivalent, weil er seine Bedürfnisse nicht in die Beziehung einbringen kann, und zweitens leidet er deshalb oft an Enttäuschungszorn. Somit ist die Situation mit Sylvie unoffen und wenig sensibel.

Im übrigen sage Daniel Dinge spontan und aus freier Phantasie. Wenn sie Daniel sage "ich liebe Dich", antwortet er „und ich möchte zehn Kinder mit Dir haben" - wobei das wesentliche ist, dass sich diese Äußerungen ganz in der freien Phantasie abspielen und nicht unter dem Druck stehen, nun realisiert zu werden. In der Beziehung zu Marc sei das ganz anders, alles gewänne ein reales konkretes Gewicht, weil selbstverständlich diese Beziehung auch unter ganz anderen inneren Gesetzen stehe, kurz: bedeutender sei.

Dritter Schritt: Welcher gemeinsame Nenner lässt sich in der Vorstellung von Marc und Sylvie entdecken? Antwort: Es ist die Kernvorstellung von beiden, dass eine offene spontane Äußerung der eigenen Bedürfnisse innerhalb der Beziehung Sylvie-Marc zu gering ausgeprägt ist. Die Sehnsucht und das Entwicklungsziel des gemeinsamen Unbewussten, also der Beziehung, besteht darin, ein noch größeres Opening up zu erreichen. Dieses Opening up hätte zur Folge, dass jeder von beiden besser zu sich stehen lernt.

Vierter Schritt: Warum geschieht beiden das jetzt? Warum sorgen beide dafür, dass Sylvie eine parallele Liebesbeziehung hat? Antwort: Ganz offensichtlich ist die vorangegangene Entwicklung von Sylvie und Marc, die erstaunlich in Richtung einer Offenheit geht und nach jahrelanger erotischer Abstinenz nun zu einer erotisch erfüllten Beziehung führte, an einen Punkt gekommen, in dem das Leiden an einer immer noch zu geringen inneren Offenheit (Selbstoffenheit) deutlich wird. Beide Partner wünschen sich eine größere Selbstoffenheit, können es aber bislang innerhalb der Beziehung nicht realisieren. So sagt das gemeinsame Unbewusste gewissermaßen: Hannemann - in diesem Fall: Hannefrau - geh du voran.

Die Beziehung zu Daniel ist gewissermaßen ein Übungsfeld, in dem das erworben und erlebt wird, was sich in der Beziehung zu Marc noch nicht realisieren lässt. Die neue Verliebtheit wird gleichsam Katalysator für die eigene Beziehung.

Ich finde den Begriff „Katalysator" für eine aushäusige Beziehung ausgesprochen zutreffend. In der Regel geht eine solche Wirkung allerdings verloren, weil die meisten diese konkurrierenden Beziehungen ausschließlich moralisch handhaben.

5. Verblüffende Psychodynamik: Emanzipation, Idealselbst, Reinszenierung

Aushäusige Verliebtheiten verdichten mehrere Vorgänge in der unbewussten Beziehung des Paares:

Den Versuch, sich gemeinsam zu emanzipieren, die doppelte, zwiespältige Beziehung zum erreichbaren und zugleich unerreichbaren Idealselbst und die Reinszenierung unverarbeiteter Kindheitsbeziehungen. Emanzipation zu zweit.

In etwa 80% der Fälle dient nach meiner Erfahrung eine aushäusige Verliebtheit als emanzipatorischer Entwicklungsschritt für beide. Was ihnen miteinander nicht gelingt, wird durch den Umweg über eine andere Person gelöst. Jede Emanzipation vollzieht sich als seelische Ablösung, die nicht mit einer Trennung gleichgesetzt werden darf. Für viele sieht sie allerdings täuschend ähnlich aus. Das Paar inszeniert also eine Beziehung mit den beiden dazugehörigen Rollen: Einer übernimmt die Position der verlassenen Mutter mit allen Schmerzen, der andere die Rolle desjenigen, der sich ablöst und in die weite Welt geht. Feste Beziehungen bieten sich deswegen dafür an, weil sich in ihnen die Geborgenheit bietende Mutterbeziehung beiderseits stabil etabliert hat. Das ist notwendige Voraussetzung für die seelische Ablösung.

Das deutsche Kinderlied „Hänschen klein" schildert einen gescheiterten Ablösungsversuch, wie er so recht zum Herzen geht: Zunächst der Emanzipationsimpuls: „Hänschen klein, ging allein, in die weite Welt hinein." Die erwachsenen Attribute passen „Stock und Hut stehn ihm gut. Ist gar wohlgemut."

Bis hierhin allerdings und nicht weiter. Der Schmerz bricht auf und mit ihm das Schuldgefühl der Selbstständigkeit: „Aber Mutter weinet sehr, hat ja nun kein Hänschen mehr." Das Scheitern folgt auf dem Fuße: „Da besinnt, sich das Kind, kehrt nach Haus geschwind."

Können Paare den wirklich tiefen Schmerz und die manchmal schneidenden Schuldgefühle ertragen - was in der Tat schwer ist - , dann sind sie auch in der Lage, den emanzipatorischen Entwicklungsgang zu begleiten. Ich empfehle, nichts an dem Geschehen durch Eingriffe zu erzwingen, sondern den Dingen der Verliebtheit ihren Lauf zu lassen. Man kann ja ohnehin dem anderen Gefühle nicht vorschreiben. Man muss sich deswegen aber auch nicht trennen, sollte im Gegenteil im Gesprächskontakt bleiben - am besten in Zwiegesprächen - und Woche für Woche beobachten, wie sich die Verhältnisse wandeln. Von heute auf morgen ändert sich wenig, aber von Vierteljahr zu Vierteljahr in der Regel schon. Die reißende Ungeduld aufgrund der großen seelischen Spannungen ist auf beiden Seiten der größte Widersacher eines konstruktiven Austragens. Es handelt sich um eine seelische Geburt, die ihre Zeit braucht.

Empört fragte eine Frau in der Paargruppe, ob das nun heißen solle, dass man nur mit aushäusigen Verliebtheiten weiterkäme. Das hatte ich keinesfalls gesagt. Den meisten Paaren gelingt meistens die Entwicklung ohne einen Dritten. Wer allerdings wie die erwähnte Frau fragt, muss sich sein Fragen hinterfragen lassen: Es könnte gut eine Projektion vorliegen – man könnte vermuten, dass sie sich mit ihrem Partner ebenfalls in einer etwas ausweglosen Situation befindet und ein unbewusstes Drängen zu einem dritten Partner schon im Gang ist.

6. Erreichbares und unerreichbares Idealselbst

Der psychoanalytische Hintergrund ist aber zugleich komplexer: Der Rivale trägt immer die Züge des eigenen unerreichbaren Idealselbst, der nagende oder rasende Schmerz gibt diese innerseelische Qualität der Beziehung wieder. Bemerkenswerterweise entspricht aber beim anderen, verliebten Partner die neue Beziehung ebenfalls der Beziehung zum Idealselbst. Allerdings erlebt er das Glück, es erreichen zu können und mit ihm zu verschmelzen. Der gemeinsame Nenner könnte also in dieser strukturellen Perspektive immer lauten: Wir beide inszenieren die Beziehung zu unserem Idealselbst, genauer die hohe Ambivalenz, die in ihr begründet ist: den inneren Neid wegen seiner absoluten Unerreichbarkeit und die innere Seligkeit wegen seiner Erreichbarkeit. Diese Gegensätzlichkeit scheint mir nötig, damit das Idealselbst mit komprimierter Lust und Unlust einen hohen Entwicklungsreiz für das Selbst bietet.

Dazu passt auf andere Weise auch eine Erfahrung aus dem studentischen Kleingruppen-Unterricht: Von fünf Fällen aushäusiger Verliebtheit gaben drei Studierende, zwei Männer und eine Frau, an, ihr einstiger Erzrivale sei heute ihr bester Freund. So wurde das unerreichbare Idealselbst doch erreichbar.

Das Paarleben ist von morgens bis abends eine Folge von Reinszenierungen. Schließlich kleidet sich die gesamte Situation lebensgeschichtlich ein. Sie entspricht stets einer Reinszenierung konflikthafter früher Beziehungen, um sie in dieser Neuauflage vielleicht der Lösung ein Stück näher zu bringen. An einem Beispiel wird das wenigstens von einer Seite her deutlich: Platz für einen Mann habe ich nur beim Zubettgehen und Einschlafen. Susanna, Johannes und Valerie: Johannes und Susanna sind ein erotisch geradezu ideales Paar. Sie verschmelzen seelisch miteinander. Susanna liebt Johannes nach wie vor und auch Johannes empfindet die Sexualität als vollkommen – und doch gibt es Schwierigkeiten. Susanna hat ein wildes ausschweifendes Einkaufsverhalten und trinkt zuviel. Johannes hat einen Säufer als Vater gehabt, den er mit 12 Jahren am Heiligabend zum ersten Mal vom Schlagen der Mutter abhalten konnte.

Zur Zeit sieht die Lage so aus: Johannes lebt nach wie vor mit Susanna zusammen, hat aber konstant seine Beziehung zu Valerie.

Valerie ist sehr viel jünger als Johannes und es sieht im ersten Anblick klischeehaft stereotyp aus: Der Mann nimmt sich eine junge Geliebte. Evolutionspsychologen argumentieren natürlich: Die Erhaltung der Art werde so besser gesichert. Es ist aber im Menschenleben etwas komplexer: Nicht die Jugend ist es, sondern etwas ganz anderes: ein wesentliches seelisches Moment.

Wir gehen die vier Schritte:

1. Susanna ist sehr eifersüchtig, weicht allerdings mit dieser Wut auch vom eigentlichen Schmerz ab. Sie findet Valerie doof und dick und kommt nicht auf den nagenden Schmerz. Dieser nagende Schmerz wird durch eine seelische Eigenschaft hervorgerufen, die Valerie ihr wirklich voraus hat. Erst nach tausendfachem Herumkreisen entdeckt Susanna in Valerie ein für sie unerreichbares Moment: „die Unverfrorenheit“, mit der Valerie vor ihren Augen mit ihrem Körper an Johannes vorbeistreift.

2. Johannes erlebt in Valerie vor allem eines: seelische Sicherheit. Es gibt kein Schwanken, er kriege nicht aus irgendeiner Sektlaune plötzlich die Koffer vor die Tür geschmissen.

3. Der gemeinsame Nenner enthüllt sich erst nach einigen weiteren Aussagen über die Unverfrorenheit. Es sieht nämlich so aus, als ob in der Unverfrorenheit, die Susanna als eine nicht mehr angepasste Ausdrucksform von Aggressivität und Durchsetzungsvermögen ansieht, eine Attacke gegen die Mutterfigur enthalten ist. Die Mutter von Susanna aber schützte die Kinder immer vor dem Vater. Lange Zeit sah Susanna ihre Mutter als den Menschen, der dem Vater Paroli bieten kann. Sehr enttäuscht war sie mit 18, als sie feststellte, dass die Mutter einfach Angst hatte und ganz und gar nicht die Kinder in Schutz nahm. Ihr Idealbild aber war in der ganzen Kindheit eine unverfrorene Mutter, die sich dem Vater widersetzte. Den Vater erlebt sie als so unterdrückend, dass sie häufig Magenschmerzen bekommt. Jedoch gelingt es ihr nicht, diese unmittelbare aggressive Seite in sich hervorzukehren – wie sie es bei Valerie erlebt. Es wird dann der gemeinsame Nenner deutlich: eine unmittelbare, stabile Beziehung zu sich selbst, die sich so lebt wie man ist. Das wünschen sich beide.

4. Warum gerade jetzt? Susanna bemerkte, dass nur diese aushäusige Verliebtheit sie dazu gebracht habe, sich wirklich zu fragen, ob sie mit Johannes zusammensein wolle. Sie habe in ihrem Leben eigentlich nur einen einzigen, schmalen Platz für den Mann gehabt: beim Zubettgehen und Einschlafen. Sie habe also sich nicht energisch genug auf ihn und damit auch auf sich eingelassen. Die Beziehung hat sich also wegen Johannes Verliebtheit zu einer höheren Stabilität im Sinne einer verlässlicheren Selbstbindung emanzipatorisch entwickelt.

Das besondere Moment ist hier jedoch, dass eine Reinszenierung deutlich sichtbar wird. Das gerade noch beherrschte Trinken von Susanna und ihre schnell daraus folgende Unberechenbarkeit und Haltlosigkeit entsprechen genau dem Vaterbild, unter dem Johannes so sehr gelitten hat. Es ist offenkundig, dass dieses Verhalten zu seiner Verliebtheit beiträgt. Es ist ebenso offenkundig, dass er unbewusst an diesem Trinken mitbeteiligt ist. Es liegt also auch hier – wie bei allen derartigen Ereignissen – eine Reinszenierung vor. Dabei ist die Wiederbelebung der ödipalen Dreieckssituation so gut wie immer mitbeteiligt.

Emanzipationsimpulse, Idealselbstbeziehungen und Reinszenierungen der traumatischen Familiensituation mischen sich also stets im Geschehen der aushäusigen Verliebtheit. Die gleichen Schritte kann man natürlich umgekehrt auch von der Verliebtheit aus gehen – so etwa für die seltenen Fälle, in denen beide sich in denselben oder dieselben verlieben.

Ein bejahendes, menschliches Bild zeichnet Wolfgang Schmidbauer (1999, 156) für diese wunderbaren und zugleich schmerzlichen Konfliktlagen:
„Verglichen mit den Spannungen in einer solchen ernst gewordenen, als brüchig erlebten Beziehung, ist die schwankende Verlässlichkeit der heimlichen Liebe leicht und schön. In ihr begegnet der Liebende wieder den Ursprüngen des Spiels, der Freiheit vom Besitz, von der Angst vor dem Verlust."

Literatur

Dicks, H. (1963): Marital Tensions. New York: Basic Books.

Foulkes, S.H. (1990): Selected Papers. Psychoanalysis and Group Analysis. London: Karnac.

Freud, S. (1922): Über einige neurotische Mechanismen bei Eifersucht, Paranoia und Homosexualität, Gesammelte Werke XII, Seiten 198 – 204.

Miller, S. B. (1996): Shame in Context. Hillsdale: Analytic Press.

Moeller, M. L. (2000): Gelegenheit macht Liebe. Glücksbedingungen in der Partnerschaft. Reinbek: Rowohlt.

Schmidbauer, W. (1999): Die heimliche Liebe. Reinbek: Rowohlt.

Willi, J. (1975): Die Zweierbeziehung. Reinbek: Rowohlt.

Wurmser, L. (1998): Die Maske der Scham. Berlin: Springer.

Harald Pühl

Geschichte(n) der Gruppendynamik: Von der T-Gruppe zur T-Gruppe

Persönlicher Zugang

Der gewählte Titel meines Beitrages kam mir sehr spontan, als ich angefragt wurde an diesem Buch mitzuwirken. Er soll die Entwicklung der Trainings-Gruppen – i.S. der Selbsterfahrungsgruppe - zur Bedeutung der Team-Gruppe markieren. Dies ist ein Teil meiner eigenen Entwicklung, aber auch von der Wolfgang Schmidbauers nicht zu trennen. Vielleicht noch wichtiger in diesem Zusammenhang: Sie spiegelt auch unsere Beziehung wider. Den Leser bitte ich noch um etwas Geduld bei der Aufklärung der Überschrift, die auf den ersten Blick so gar nichts mit der Geschichte der Gruppendynamik zu tun zu haben scheint.

Die Geschichte von Wolfgang Schmidbauer ist ganz sicherlich nicht ohne die Entwicklung der Gruppendynamik und der Kritik an der institutionellen Psychoanalyse zu verstehen. Aus meiner Sicht spielt sie zumindest eine entscheidende Rolle. Sicherlich wähle ich diese Eingrenzung, weil sie ein Stück unserer gemeinsamen Geschichte markiert.

Ende der 60er, Anfang der 70er Jahre setzten viele aufgeklärte Geister ihre Hoffnungen auf die emanzipatorische Kraft der Gruppendynamik. Eine hoffnungsvolle Bewegung entwickelte sich. Hier sah auch Wolfgang Schmidbauer Möglichkeiten, verändernd aktiv werden zu können. Doch so einfach war es nicht. Es tummelten sich auch einige „Rattenfänger" auf dem aussichtsreichen Felde. Zwei von ihnen habe ich persönlich erlebt. Da ist zuerst Josef Rattner zu nennen, der in den siebziger Jahren im Hörsaal 1 der Freien Universität Berlin jeden Montag seine Großgruppenveranstaltungen zelebrierte. Ein anderer war Günther Ammon. Dieser verstand es, in der aufkeimenden Gruppenbewegung sich an die zugrunde gehende Studentenbewegung des SDS in Berlin anzuhängen und bot manchem einen neuen Ort des Dazugehörens an. Auch Wolfgang Schmidbauer war kurze Zeit angetan von den proklamierten Zielen Ammons, die persönliche Emanzipation und gesellschaftliche Veränderung im Medium der Gruppe versprachen. Es war die Hochzeit der Kommunebewegung, der Gründung von Wohngemeinschaften, kollektiven Betrieben und dergleichen. Das Buch „Die Gruppe" von Horst-Eberhard Richter erreichte auf dem Markt der Raubdrucke Rekordabsätze. Der Zeitgeist war kollektiv orientiert.

Wolfgang Schmidbauer (1992) selbst beschreibt die anfängliche Beziehung zu Ammon aufgrund einer intensiven und freundschaftlichen Korrespondenz als

„zum Teil partnerschaftlich (von Autor zur Autor), zum Teil väterlich (erfahrener Therapeut – Ausbildungsanwärter)“ geprägt. Beide verband die strikte Ablehnung einer Triebtheorie der Aggression (Konrad Lorenz war zu der Zeit hochaktuell: „Das sogenannte Böse“) und auch die Kritik an den angestammten (angestaubten) psychoanalytischen Ausbildungsinstituten war ihnen gemeinsam. Wie gesagt, es war die Zeit des Aufbegehrens und der Wunsch nach gesellschaftlicher Veränderung. „Günter Ammon passte in diese Situation eines im psychosozialen Bereich engagierten *sciene writers* wie der Schlüssel ins Schloss“, beschreibt Schmidbauer seine anfängliche Nähe und drückt damit das Gefühl und den Wunsch vieler damaliger Ammon-Anhänger aus und erklärt damit auch die heutzutage unvorstellbare Popularität dieses im Grunde narzisstischen Menschen, der niemals Gleichberechtigte neben sich ertragen konnte.

Als es darum ging, in München eine Dependenz aufzubauen war Schmidbauer dabei. Aber es kam schnell zu einem Bruch. So ging es allen, die eigene Vorstellungen hatten. Entweder man gehörte zur Sekte Ammon oder war ein Abweichler. Dieser Bruch löste sich sozusagen zum Guten auf, da dadurch der Weg frei war, ein eigenes Institut zu gründen: die „Gesellschaft für analytische Gruppentherapie (GaG)“, die bis heute erfolgreich tätig ist. Ich komme darauf zurück.

Als ich 1974 nach Berlin kam und nach einer gescheiterten Beziehung eine Therapie für mich suchte, musste ich ähnliche Erfahrungen mit den angestammten analytischen Instituten machen. Es folgte Anamnesegespräch nach Anamnesegespräch ohne dass ich etwas über mich erfahren habe, noch das Gefühl hatte, man versteht meine Not. So führte der Weg über Bekannte zum sogenannten Ammon-Institut. Ich wurde sofort aufgenommen, fühlte mich verstanden und begann eine Gruppentherapie. Doch als ich im Anschluss eine gruppenanalytische Ausbildung begann, musste ich schnell feststellen, dass Worte und Taten nicht im Einklang standen. Eine Trennung war unausweichlich. Doch das Thema „Gruppe“ hatte ihren festen Platz in meinem Herzen erobert. Ich suchte nach Wegen, diesen Schritt weiterzugehen. In der eigenen Arbeit als Heimerzieher konnte ich zusammen mit Kollegen einiges in der Richtung Gruppenarbeit mit den Jugendlichen bewirken. Wobei auch die Supervision zu einem wichtigen Baustein wurde, wie sich zeigen wird.

Diese Suche führte mich bald zu Wolfgang Schmidbauer. Er machte keinen Hehl aus seiner kurzen Begegnung mit Ammon, musste diese Erfahrung nicht schamhaft verheimlichen, war aber auch frei von altem Groll. Neben Heigl und Heigl-Evers war Schmidbauer der einzige Vertreter, der Gruppendynamik und Psychoanalyse nicht als Gegensatzpaar sah, sondern zu verbinden wusste. Unsere erste Begegnung fand in seinem Sommerdomizil in der Toskana statt, und zwar anlässlich eines Selbsterfahrungsworkshops. Unser Kontakt war zu Beginn nicht einfach. Als ich eine aktuell-belastende Erfahrung erzählte und weinen musste, legte mir Wolfgang Schmidbauer spontan den Arm auf meine Schultern – ein Novum im analytischen Setting. Er beschreibt die Szene folgendermaßen:

„Wir waren uns noch nicht nahe gekommen bisher, er konnte mit meiner ironischen Art wenig anfangen, und mir missfiel sein verbissener Ernst. Wenn ich es mir im nachhinein überlege, war die Umarmung auch deshalb nicht falsch, weil auf dieser körperlichen Ebene unsere Schwierigkeiten, mit der Ausdrucksweise des anderen klar zu kommen, nicht mehr auftraten." (Schmidbauer 1982).

Ich beendete seinerzeit gerade meine Diplomarbeit zum Thema Team-Supervision. Vorausgegangen war dem eine lange Zeit, Supervision in meiner Heimerziehergruppe einzuführen und die positiven Erfahrungen, die wir damit gemacht hatten. Mein Anliegen in dieser Arbeit war es, ein gruppenbezogenes Supervisionskonzept zu entwerfen. Heute kann man sich kaum noch vorstellen, dass dies eine der ersten Arbeiten zu diesem Bereich war. In seinem Geleitwort schrieb Schmidbauer, die Zeichen seiner Zeit früh erkennend, dass „die Gruppenarbeit auf dem ‚freien Markt' zwar dem einzelnen Helfer neue Impulse geben und Kontakte knüpfen kann, sie muss aber auf Dauer fruchtlos bleiben, wenn sich nicht die Institutionen selbst verändern." (Conrad/Pühl 1983) Das Supervisionsanliegen hat uns dann noch einmal zusammengeführt: Einige Jahre danach haben wir den sehr erfolgreichen Band „Supervision und Psychoanalyse" (Pühl/Schmidbauer 1986, 1991, 1996) zusammen veröffentlicht.

„Vom Es zum Ich"

Unter diesem Titel brachte Wolfgang Schmidbauer 1975 ein Bändchen heraus, dass sein gesellschaftliches Engagement theoretisch zu untermauern suchte. Ich habe diesen Ansatz in meinem Buch „Angst in Gruppen und Institutionen" (1988,1994) rezipiert, weil hier eine Idee von Gruppe entwickelt wurde, die über den gruppendynamischen Tellerrand hinaus schaute. Schmidbauer breitete seine Vision einer psychoanalytischen Theorie auf Grundlage einer anthrologischen Sozialtheorie aus. Dadurch versuchte er Foulkes Gruppenanalyse ebenso weiterzuwickeln wie die Bedeutung der Gruppe in einen entwicklungsgeschichtlichen Kontext zu stellen und sie damit vom Ruch einer Modeerscheinung zu befreien. Wie es scheint, hat sich dieser Ansatz aber in seinem eigenen Institut, der GaG, wohl nicht durchsetzen können. Nach meinen Informationen wird nach wie vor nach Foulkes gearbeitet. Dies ist insofern wenig verwunderlich, da der anthrologische Ansatz sozusagen den Hintergrund nachliefert auf dem Foulkes sein fragmentarisches Gruppenkonzept entworfen hat. Die Relativierung des Triebkonzepts findet sich aber auch schon bei Foulkes.

Schmidbauers Versuch, Freuds Es- und Ich-Begriff zu überdenken, wird zeigen, wie der Entwicklungseinfluss der das Kind umgebenden Primärgruppe Entwicklungsmöglichkeiten fördern oder behindern kann. Wachstum und Veränderung des Einzelnen bleiben so nicht eindimensional individualistisch, sondern sind eingebettet und abhängig von vielschichtigen, gesellschaftlichen und gruppendynamischen Prozessen. Die Auseinandersetzung mit der Triebtheorie Freuds und seiner phylogenetischen Kulturtheorie (Ödipus-, Urhordentheorie) begann schon früh und kreiste wie auch bei Schmidbauer um die zentrale Frage nach dem Verhältnis zwischen "Natürlichkeit" und "Gesellschaftlichkeit".

In den 50er Jahren fand diese Debatte einen neuen Höhepunkt. Als "Kulturismusdebatte" ist diese Auseinandersetzung in die Literatur eingegangen, deren herausragende Protagonisten Fromm und Marcuse waren. Beide hatten bis zu ihrer Emigration in die USA zusammen mit Horkheimer am Frankfurter Institut für Sozialforschung an der umfangreichen Studie über "Autorität und Familie" gearbeitet. In diesem Hause hatte auch der junge Foulkes (damals noch: Fuchs) seine Praxis und es gab regelmäßige und intensive Kontakte. Hier schließt sich der Kreis, denn Foulkes war bekanntlich der Begründer der Gruppenanalyse.

So wie Fromm kritisiert auch Schmidbauer die Anthropologisierung Freuds Urhorden- und Ödipustheorie. Er sieht die genuine Gruppenbezogenheit und damit den Menschen als soziales Wesen. Der "Stachel der psychoanalytischen Theorie", wie Adorno die Triebtheorie in der Auseinandersetzung mit Fromm nannte, geht m.E. durch diese Sichtweise nicht verloren. Er wird nur anders gefasst, und zwar als gesellschaftlicher Widerspruch zwischen den Bedingungen der biologischen und kulturellen Evolution. Dieser Widerspruch wird von Schmidbauer - wie bei Freud - als Ursache neurotischer und pathologischer Fehlentwicklungen gesehen, die sich auch therapeutisch nicht aufheben lassen, sondern bestenfalls vom "außergewöhnlichen Leid in allgemeines Leid" (Freud) verwandelt werden können.

Die Revision seines psychoanalytischen Ich-Begriffs sucht Schmidbauer in seinem Buch „Vom Ich zum Es“ (1978) über zwei Zugänge, und zwar:

1. Die phylogenetische Entwicklung des Menschen in seiner Gruppenbezogenheit und
2. über die Kritik an Hartmanns Ich-Psychologie.

So leitet er aufgrund evolutionstheoretischer Studien ab, dass nicht das triebhafte, kulturfeindliche Es, wie Freud es beschrieb, am Beginn der kindlichen Entwicklung (Ontogenese) steht, sondern ein der Welt freundlich zugewandtes Ich, welches von Geburt an mit sinnvollen Antriebs- und Organisationsmechanismen ausgestattet ist. Das Neugeborene verhält sich nicht passiv: Es greift aktiv gestaltend in seine Umwelt ein und entwickelt sich entlang der psychischen Möglichkeiten seiner Bezugsgruppe. Ich werde darauf noch eingehen. Der Mensch ist also weder eine Tabula rasa, nur ein Abbild seiner Umwelt noch ein Wesen mit festgelegten Charaktereigenschaften.

Wie auch der Ethnoanalytiker Paul Parin trifft Wolfgang Schmidbauer eine Unterscheidung in biologische und kulturelle Evolution. Im Prozess der biologischen Evolution formten sich in einem jahrtausendelangen Prozess die spezifisch-menschlichen genetischen Erbanlagen heraus. So entstand das Großhirn in einer frühen Phase der evolutionären Entwicklung der Säugetiere und vergrößerte sich in der Entwicklung hin zur Gattung Mensch mit großer Geschwindigkeit. Diese Entwicklungssprünge und die Entwicklungsgeschwindigkeit waren in der

Geschichte der Evolution sicherlich ohne Beispiel. Jedoch hat sich die biologische Evolution seit rund 50.000 Jahren enorm verlangsamt. Die spezifischen genetischen Anlagen bilden nach wie vor die biologische Grundlage jeglichen menschlichen Daseins.

Die kulturelle Evolution - oder "soziale Evolution" - bezeichnet den Wandel der gesellschaftlichen Formen, in denen die Menschen zusammenleben und ihr Dasein organisieren. Der Mensch unterscheidet sich vom Tier im wesentlichen durch sein ungeheuer riesiges Repertoire an offenen Lernmöglichkeiten. Dies macht ihn aber gleichzeitig auch so abhängig von seiner Primärgruppe, durch die er erst überlebenswichtige Erfahrungen vermittelt bekommen kann. Während das Tier also durch angeborene Instinkte umfassend determiniert ist, konnte der Mensch in der Phylogenese diese starren Steuerungsreflexe zunehmend aufgeben, weil die verlorengegangenen instinkthaften Orientierungsmuster durch die Eingebundenheit in eine soziale Gruppe wieder ausgeglichen werden konnten.

Die umgebende Gruppe des Menschen muss also diese Steuerungs- und Orientierungsfunktion übernehmen. So ist die stammesgeschichtliche Entwicklung zur menschlichen Spezifik unabdingbar an die kognitive und emotionale Fähigkeit zur Gruppenbezogenheit gebunden. In dieser Fähigkeit zur Gruppenbezogenheit sieht Schmidbauer den entscheidenden Grundmechanismus der Menschwerdung überhaupt. Durch diesen Denkansatz hebt er sich positiv von den Gruppentheoretikern ab, die die Gruppe nicht als Voraussetzung menschlicher Entwicklung sehen. Allerdings geht er nicht auf die zentrale Bedeutung der Arbeit ein, die in der Phylogenese des Menschen erst Bewusstsein und Sprache als wesentliche Unterscheidungskriterien zum Tier ermöglichte. Während in der "biologischen Evolution" also die starren Steuerreflexe aufgegeben wurden zugunsten einer primären Gruppenbezogenheit, so umfasst die "kulturelle Evolution" alle sozialen und sich verändernden Gruppenkonstellationen, deren Ergebnis wir als Kultur bezeichnen. Wie schon Foulkes hält es auch Schmidbauer für sinnvoll, das Darwinsche Evolutionsgesetz der Selektion auf die frühe Entwicklung von Gruppen anstatt auf das Individuum anzuwenden. Ganz bestimmte, überlebensbegünstigende Verhaltensweisen der Menschen eines Kulturkreises und einer Kulturepoche konnten sich durch eine sozial-kulturelle Auslese durchsetzen, während andere Gruppen untergingen. "Innerhalb der zahlreichen, kleinen Gruppen schweifender Jäger und Sammler überlebten jene Kulturen mit einer sozialen Struktur, Kommunikationsfähigkeit und eng mit der sprachlichen Kommunikation verbunden - Einsichtsbereitschaft, die sie als Gruppe bzw. Kultur vielleicht nur um einen winzigen Vorsprung erfolgreicher und lebenstüchtiger machte als andere Kulturen" (Schmidbauer 1978).

Den zweiten Zugang, den Ich-Begriff anders zu fassen, wählt Schmidbauer über die kritische Auseinandersetzung mit Freud und den Ich-Psychologen. Hartmann und die New Yorker Schule der Ich-Psychologie versuchten Freuds

Ich-Begriff positiv zu erweitern. Für Freud war das Ich eine Instanz im innerpsychischen Apparat ohne eigentliche Autonomie, da dem Ich keine eigenen Energien zur Verfügung stehen. In der Entwicklung des Kindes bildet das Ich sich demnach erst sekundär aus der Randzone des Es heraus. Dem somit abhängigen und relativ schwachen Ich kommt in diesem Denkmodell die Aufgabe zu, zwischen enormen, maßlosen Triebwünschen des Es und den strengen Über-Ich-Anforderungen „realitätsgerecht" zu vermitteln. Seine dazu erforderlichen Energien sollte das Ich bei Freud vom Es erhalten und konnte deshalb nicht über eigene energetische Kraft verfügen.

Hartmann und seine Anhänger nahmen als erste eine >konfliktfreie Sphäre< des Ich an. Funktionen wie Wahrnehmung, Gedächtnis, Motorik und Reizschutz machen demnach die „Autonomie des Ich" aus. Diese Ich-Funktionen entwickeln sich auch ohne Triebkräfte aus dem Es. Kritisiert wird Hartmann durch Schmidbauer an dieser Stelle, weil die Frage, woher das Ich denn nun seine Energien bezieht, nach wie vor das Freud`sche Instanzenmodell auf den Plan ruft. Triebe aus dem Es werden bei Hartmann in Form desexualisierter Energie dem Ich zur Verfügung gestellt.

Im Gegensatz zu Freud siedelt Schmidbauer also das Energie-Reservoir nicht im Unbewussten, im Es, an, sondern im Ich als Folge eines langen Umwandlungsprozesses vom Tier zum Menschen. Diese angeborene, minimale, biologisch festgelegte, reflexhafte Ausstattung des Neugeborenen dient als Motor seiner persönlichen Entwicklungsgeschichte. Allerdings nur in dem Maße, wie sie durch die jeweils umgebende Gruppe/Umwelt gefördert wird.

Die Neugieraktivität ist ein primäres, biologisch-menschliches Grundbedürfnis. Schon vom ersten Tage seiner Geburt an saugt, sucht und greift der Säugling. Ohne diese angeborene Fähigkeit wäre er gar nicht in der Lage zu leben. Das Suchen nach der Mutterbrust und das Saugen der Milch sind die ersten sozialen Beziehungen, die das Neugeborene mit seiner nächsten Umwelt eingeht. So stellte schon 1918 Karl Bühler die „Funktionslust" des Kleinkindes heraus, Adler spricht davon, „dass die Neigung zur Kooperation vom ersten Tage an herausgefordert ist". (Diese Erkenntnis hätte nicht der Säuglingsforschung von Martin Dornes bedurft). Sowohl über die körperliche Ebene als auch rein atmosphärisch - was sich sicherlich gegenseitig bedingt - vermitteln sich Gruppengefühle der Umgebung über die Mutter auf das Kind. Diese atmosphärischen Gruppenspannungen bleiben später ich-haft als vitales Lebensgefühl zurück.

Zusammengefasst lässt sich sagen: Die Ontogenese ist ein dynamisches Wechselspiel zwischen Neugeborenem, ausgestattet mit seinen biologischen energetischen Ich-Funktionen, und der umgebenden Primärgruppe. In diesem dialektischen Prozess strukturieren sich die Ich-Funktionen, in denen die lebensgeschichtlich wichtigen Primärgruppenerfahrungen des Kindes ihren dauerhaften Niederschlag finden. Das Individuum entwickelt sich somit immer entlang der psychischen Grenzen seiner Primärgruppe und nimmt deren Grenzen in Form von Ambivalenzen, Spaltung usw. in die eigene Psyche auf.

Ich habe nach der Beschäftigung mit dem Text lange darauf gewartet, wie und ob Wolfgang Schmidbauer diesen gelegten Pfad weiter verfolgt. Er hat es in konsequenter Weise leider nicht gemacht. Für mich war an den noch fragmentarischen Gedanken aber wichtig, Gruppe als lebensgeschichtlich wichtiges Element zu begreifen. Es hat mir geholfen, Heimat- und Zugehörigkeitswünsche nicht als pathologisch zu begreifen, sondern sie als Wunsch nach Sozialität ernst zu nehmen.

Von der Sensitivitygroup zur Teamgruppe

Die Gruppendynamik in der uns bekannten Form nahm 1946 am Center für Group Dynamics am Massachusetts Institute of Technology (MIT) ihren Anfang. Interessant dabei finde ich, dass dieses Institut nach wie vor eine führende Rolle in dieser Richtung spielt. Peter Senge ist in aller Munde, wenn es um die „Lernende Organisation" geht. Die Brücke von den ersten Anfängen mit Kurt Lewin und anderen bis zu Peter Senge nimmt dabei die Organisationsentwicklung ein. Es dauerte nicht lange, dass die Erfahrungen der sogenannten T-Gruppen-Laboratorien auf die Veränderung von Organisationen angewandt wurden. Schon 1957 stellte die amerikanische Esso-Raffinerie einen Gruppendynamiker ein, der bereits in den darauf folgenden Jahren unter den Mitarbeitern Befragungen durchführte und die Ergebnisse mit dem Top-Management in dreitägigen Laboratorien auswertete (vgl. French/Bell 1994). Während speziell in Westdeutschland die Idee der Selbsterfahrungsgruppen das schon angedeutete starke Echo fand, spielte in den USA die angewandte Gruppendynamik in der Organisationsentwicklungsszene weiterhin eine beträchtliche Rolle. Beide Anwendungen verband der starke Glaube an die Bedeutung der Feedback-Methode. Sie war die eigentliche Errungenschaft der gruppendynamischen Methode. Entdeckt wurde sie eigentlich nur durch einen Zufall: Während einer der ersten von Lewin, Bradfort, Lippet und Benne eingerichteten Fortbildungsgruppen für leitende Gemeindeangestellte werteten die Beobachter der gebildeten Gruppen ihre Erfahrungen aus. Als einige Seminarteilnehmer an diesen Auswertungssitzungen informell teilnahmen, entstand eine solch „elektrisierende Spannung", weil die Teilnehmer durch die Beobachter erfuhren wie sie in der Gruppe wirkten. Dies löste bei den Teilnehmern heftige Reaktionen und den Wunsch aus, darüber zu diskutieren. Geboren waren die T-Gruppen mittels dieser Feedback-Methode.

Fetisch „Teamarbeit"

In der Industrie wurde zeitgleich über Gruppenarbeitsmodelle nachgedacht, führend war hier der schwedische Automobilkonzern Volvo. Die Intentionen unterschieden sich allerdings grundlegend von denen der Gruppendynamik und der sich in sozialen Nischen langsam etablierenden Kollektivarbeit (vgl. Pühl 1988). Ging es den Protagonisten der Teamarbeit in der sozialen Arbeit um Versuche, Entfremdung und Bevormundung in hierarchischen Institutionen abzubauen, hatte die Industrie die Erhöhung der Effektivität im Sinn. Doch so ganz widerspruchslos ist dieser Antagonismus nicht. Gerade das Beispiel Volvo wurde lange Zeit - wenn auch mit kritischem Unterton - in linken Kreisen diskutiert. Schließlich bot diese Arbeitsform ein Stück mehr an Selbstverantwortung, Kommunikation und damit an sozialem Miteinander unter den Beschäftigten.

Um Teamarbeit zu definieren, sollten zwei Aspekte gegeben sein:

1. interdisziplinäre Arbeit bezogen auf ein gemeinsames Arbeitsobjekt bzw. Klientel
2. eine entsprechende Arbeitsstruktur: z.B. gemeinsame Teambesprechung.

Die Definition kann auf ein konkretes Subsystem bezogen differieren, und zwar lässt sich unterscheiden:

(a) Die vorgegebene übergeordnete Definition der Organisation
(b) Das Selbstverständnis des konkreten Teams
(c) Die Vorstellungen des Beraters über Teamarbeit.

Teamarbeit findet auf verschiedenen Ebenen einer Organisation statt. Von oben nach unten betrachtet, nimmt die Definitionsmacht über die Ausgestaltung der Teamarbeit ab. Petzold (1999) unterscheidet 4 Ebenen:

1. *Leitungsteam:* Hierzu gehört das Topmanagement. Selbst wenn es einen Vorsitzenden gibt, ist hier die Definitionsmacht am größten, da die Mitglieder nicht weisungsgebunden sind, sondern weisungsbefugt mit sehr umfangreichen Kompetenzen.
2. *Strukturelles Team:* Hierunter werden die Zusammenkünfte des mittleren Managements verstanden. Die Konferenz der Abteilungsleiter beispielsweise versteht sich „bewusst nicht als Gremium, sondern als Team mit Interpares-Struktur.
3. *Projektteam:* Es arbeitet mit einem bestimmten Auftrag auf eine begrenzte Zeit zusammen und wird meist von einem Projektleiter geleitet.
4. *Produktionsteam:* Es ist auf der untersten Hierarchieebene angesiedelt und in einen standardisierten Produktionsprozess eingebunden. Der Teamverantwortliche ist entweder selbst Mitglied des Teams oder auf einer höheren Hierarchieebene angesiedelt.

Während Teamarbeit in dezentralen, möglichst autonomen Subsystemen unter den Prämissen verschlankter Institutionen an Bedeutung gewinnt, bleibt die Teamarbeit im oberen Management meist im argen liegen. „Selbst in den besten Unternehmen agiert das sogenannte Spitzenteam selten als echtes Team: Das Wissen und die Erfahrung mit Teams verlieren an der Spitze der Unternehmenshierarchie unweigerlich an Einfluss und Schärfe. Und eine Gruppe von Führungskräften einfach als Team zu bezeichnen, macht aus ihr noch keines“ (Katzenbach 1998).

Mehr Beachtung wird in der Regel der Teamarbeit auf den Subebenen geschenkt. Hier soll die Koordination und Steuerung der Aufgaben stattfinden. Das Team hat hier die Aufgabe, Probleme rechtzeitig aufzuspüren und Schwachstellen auszugleichen. Dadurch steigt der Bedarf an reflexiver Kompetenz sprunghaft an. Supervision bekommt hier eine zentrale Rolle, nämlich den Prozess der Selbststeuerung zu begleiten und das bisherige Tun unter den Prämissen der Klienten-/Kundenorientierung zu hinterfragen.

Teamarbeit erhält unter heutigen Organisationsbedingungen einen besonders hohen Stellenwert. Einzelne Funktionseinheiten unterliegen dem Zwang und der Chance der Selbststeuerung. Leitung beschränkt sich immer häufiger auf die Vorgabe von Globalzielen, deren konkrete Umsetzung den einzelnen Subsystemen obliegt. Selbst hoch differenzierte Spezialistenarbeit findet zunehmend in kooperativer Form statt. Gleiches gilt letztlich auch für das Management. Wir sehen, dass auf allen hierarchischen Ebenen einer Organisation die Bedeutung selbstreflexiver Steuerung zunimmt und damit auch der Bedarf an entsprechender Unterstützung, z.B. durch Team-Supervision, insbesondere Team-Entwicklung als einer ihrer Formen.

Team-Supervision wird häufig angefragt, um die bestehende Teamarbeit zu effektivieren bzw. zu optimieren oder um Teamarbeit überhaupt erst zu implementieren. Einführung von Gruppenarbeit in Organisationen, die bisher eher hierarchisch strukturiert waren, ist nicht unproblematisch. Gruppenarbeit vor Ort erfordert von der Gesamtorganisation sowohl eine entsprechend andere Kultur als auch die materiellen Voraussetzungen dafür.

Dies ist in der Praxis oft nicht gegeben, wie sich an vielen Beispielen in der Öffentlichen Verwaltung nachweisen lässt. Ohne die rechtlichen Voraussetzungen einer genauen Analyse zu unterziehen, haben Beratungsfirmen aus der Wirtschaftskultur in den unteren Abteilungen versucht, die Mitarbeiter für Teamarbeit zu motivieren ohne die hierarchisch-bürokratischen Dienstwege einer gründlichen Revision zu unterziehen. Teamarbeit musste ein Fremdkörper bleiben. Statt die Arbeitsoptimierung zu steigern, kam unter dem Strich eine Demotivation der Mitarbeiter heraus. Diese Kosten fallen meist unter den Tisch, überragen die Beratungshonorare aber um ein Vielfaches.

Die Sicht scheint einseitig, denn sie unterschlägt die Kehrseite. Auf sie hat jüngst der amerikanische Sozialpsychologe Richard Sennet (1998) eindringlich hingewiesen. In seinem Essay über die Flexibilität der heutigen Ökonomie misst er der Teamarbeit eine zentrale Rolle bei. Um es vorweg zu sagen, er sieht sie kritisch als „Gruppenerfahrung der erniedrigenden Oberflächlichkeit" (S. 133). Damit meint er, dass das, was ich positiv als reflexive Kompetenz beschrieben habe, nur angelernte Schauspielerei sei. Gegenseitiges Zuhören, Diskutieren, gemeinsam Entscheidungen treffen usw. finden einzig unter dem Postulat der Effektivität statt. Die Grenzen der Offenheit und Kritik sind begrenzt und jedem Beteiligten bewusst, denn wer nicht mitmacht, fällt über kurz oder lang aus dem

Team heraus. Kontroll- und Sanktionsdruck sind von der Hierarchie- auf die Teamebene verschoben worden. Die Kontrolle findet gegenseitig statt und der Druck entsteht durch den Vergleich mit anderen Teams. Institutionelle Veränderungen legitimieren sich durch gesellschaftlichen Wandel. Damit „verschwindet die Autorität, denn niemand kann verantwortlich gemacht werden - gewiß nicht dieser Manager für seine Entlassungen. Statt dessen soll der Druck der Kollegen die Arbeit des Managers tun“ (S. 153). Im modernen Kapitalismus gibt es nur noch Opfer, so die Schlussfolgerung von Sennet.

Da sich die Anforderungen an Teamarbeit immer schneller ändern, bleiben die Bindungen der Mitarbeiter an die Arbeit und die Institution schwach. Teamarbeit bewegt sich mit wechselnder Zusammensetzung von Aufgabe zu Aufgabe. Die Folgen dieser Fragmentierung lösen langfristige Perspektiven auf, erschweren berufliche und persönliche Identitätsbildung. Wenn Sennet Teamarbeit so als „Maske der Kooperation“ beschreibt, bleibt offen, wie weit sich die amerikanischen Modelle bruchlos auf die europäische Kultur übertragen lassen. Anzeichen dafür gibt es in der Tat genügend und man sollte diese Seite nicht übersehen, um die Widerstände der Mitarbeiter gegen die Einführung neuer netzartiger institutioneller Gliederungen verstehen zu können und um als Berater kritisch zu fragen was unser gut gemeintes Tun bewirken kann.

Schluss

Die Geschichte der Gruppendynamik – und Gruppenanalyse – spiegelt in vielen Bereichen auch einen Teil der beruflichen Entwicklung von Wolfgang Schmidbauer.

In dem oben zitierten Geleitwort zu meinem ersten Teamsupervisions-Buch 1983 schrieb er, dass „die Gruppenarbeit auf dem ‚freien Markt‘ zwar dem einzelnen Helfer neue Impulse geben und Kontakte knüpfen kann, sie muss aber auf Dauer fruchtlos bleiben, wenn sich nicht die Institutionen selbst verändern.“ In diesem Sinne widmet er einen Teil seiner Beratungsarbeit inzwischen der Supervision, was sich in vielen seiner Beiträge zeigt. Die meisten institutionskritisch gefärbt. Das ist nachvollziehbar und hier trifft er sich vermutlich mit der Kritik Sennets, dennoch hätte ich mir oftmals gewünscht, dass der Stellenwert von Institutionen als bedeutender Faktor der Menschwerdung von ihm genauer untersucht wird. Hier böte sich die Chance, seine Überlegungen aus dem zitierten Buch „Vom Ich zum Es“ fortzuführen. Ich habe Geduld und warte... In diesem Sinne wünsche ich weiterhin kreative Schaffenskraft und -freude.

Literatur

Conrad, G./ Pühl, H. (1983): Team-Supervision – Gruppenkonflikte erkennen und lösen. Berlin.

French, W.L./ Bell C.H. (1994): Organisationsentwicklung. Bern-Stuttgart-Wien (4. Aufl.).

Katzenbach, J. (1998): Muß auf der Chefetage ein Team agieren?, in: Haward Business manager Heft 3.

Petzold, H. (1999): Differenzielle Teamarbeit, Teamformate und Teamprozessqualität. In: Integrative Therapie.

Pühl, H. (1988, 1994): Angst in Gruppen und Institutionen. Frankfurt 1988; Hille 1994.

Pühl, H. (1998): Team-Supervision: Von der Subversion zur Institutionsanalyse, Göttingen.

Pühl, H./ Schmidbauer, W. (1986): Supervision und Psychoanalyse. München; (1991/1996, Frankfurt(M.).

Schmidbauer, W. (1974): Emanzipation in der Gruppe. München.

Schmidbauer, W. (1978): Vom Es zu Ich: Evolution und Psychoanalyse. München.

Schmidbauer, W. (1982): Im Körper zuhause – Alternativen für die Psychotherapie. Frankfurt/M.

Schmidbauer, W. (1992): Wie Gruppen uns verändern (Kap. 13. Zur Geschichte der Gesellschaft für analytische Gruppendynamik (G.a.G.)). München.

Senge, P. M. (1996): Die fünfte Disziplin (2. Aufl.). Stuttgart.

Sennet, R. (1998): Der flexible Mensch. Berlin.

Astrid Schreyögg

Charismatiker und ihre Nachfolger

Wie Wolfgang Schmidbauer anmerkt, präsentieren sich erfolgreiche Männer oft gottähnlich (Schmidbauer 1999). Das korrespondiert mit der aktuellen Führungsdebatte in angelsächsischen Ländern. Dort avancierte persönliche Ausstrahlung unter dem Begriff "Charisma" zu einem wesentlichen Erfolgsfaktor in Unternehmen. Bei Durchsicht einschlägiger Publikationen beschleicht einen der Eindruck, nun sollten sich möglichst schnell und möglichst viele Führungskräfte zu "Visionären", "Missionaren" oder "Helden" entwickeln. Abgesehen von Realisierungsproblemen bleibt zu fragen, ob das massenhafte Auftreten von Charismatikern überhaupt wünschenswert ist. Wie nämlich Analysen der organisatorischen Realität zeigen, ergeben sich durch derartige Phänomene erhebliche Risiken. Sie betreffen das Unternehmen, sie betreffen potentielle Nachfolger solcher Führungskräfte und sie betreffen sogar den Charismatiker selbst.

1. Die klassische Denkfigur "Charisma"

"Charisma" im Zusammenhang mit Führungsphänomenen wurde ursprünglich von Max Weber (1922) thematisiert. Er entlehnte den Begriff der christlichen Theologie, wo er außergewöhnliche Begabungen bezeichnet. Weber verwendet den Terminus, um einen außeralltäglichen Typ von Herrschaft bzw. von Führungskonstellationen zu umreißen. Seine zentrale Fragestellung ist, aufgrund welcher Motive Geführte einem Führer Gefolgschaft leisten. Er ist damit der erste Autor, der Führungsphänomene eher als das Ergebnis spezifischer sozialer Konstellationen umreißt, während sie bis dato ausschließlich als Ausdruck der Persönlichkeit eines Führers betrachtet wurden. Nach Weber resultiert die spezifische Art von Führung aus einem Konglomerat von persönlichen Merkmalen des Führers und Rollenzuweisungen seitens der Geführten, die allerdings ihre Besonderheit immer erst in Relation zu bestimmten Situationen entfalten.

Als situativen Ausgangspunkt charismatischer Herrschaft begreift Weber von innen oder von außen verursachte Krisen eines Sozialsystems. Sie führen zu kollektiven Erregungszuständen, die mit Sehnsüchten nach "Rettung" einher gehen. Die Sehnsüchte erzeugen regressive Hingabebereitschaften an potentielle Helden, Missionare oder ähnliches. Als solche werden von einem Kollektiv diejenigen ausstilisiert, die eine glückhafte Wandlung verheißen. Sie erhalten von den Geführten nun sukzessiv Zuschreibungen von Außeralltäglichkeit. Das verunsicherte Kollektiv bedarf ja zu seiner Stabilisierung eines möglichst großartigen Menschen. Aus solcher Ettikettierung bezieht der Auserwählte seine gesamte Legitimation, die auch alle seine Handlungsstrategien bestimmt. Ihr Charakteristikum besteht im Nicht-Rationalen bzw. in gefühlshafter Beliebigkeit. So rekrutiert der charismatische Führer seine Helfer ausschließlich nach subjektiven Gesichtspunkten und trifft auch primär emotional geleitete Entscheidungen, die als ad-hoc-Entscheidungen für die Geführten oft nicht durchschaubar sind.

Dieser Führertyp muss sich allerdings laufend durch außergewöhnliche Taten bewähren. Als entscheidender Maßstab für die weitere Gefolgschaft gilt nämlich, inwieweit sein Handeln zum Wohle der Gemeinschaft beiträgt. Wenn er sich in den Augen der Geführten nicht entsprechend bewährt, schlagen die überhöht positiven Zuschreibungen in negative, also in Stigmatisierungen um. In Fällen allerdings, wo sich der Führer dauerhaft als würdig erweist und sich die Geführten langfristig an seine Wohltaten gewöhnt haben, spricht Weber von einer "Veralltäglichung" des Charisma. Auf diesem Weg führt sich das Charismatische schleichend selbst ad absurdum, d.h. es verliert seinen Glanz. So bleibt charismatische Herrschaft immer labil und stellt im Prinzip eine typische Anfangserscheinung sozialer Systeme dar.

Kontrastierend zur "charismatischen Herrschaft" arbeitet Weber zwei weitere Herrschaftstypen heraus, die "traditionelle" und die "legale". Als traditionelle Herrschaft bezeichnet er eine Führungskonstellation, die sich aus der Sicht des Führers und der Geführten durch Geburt bzw. durch Vererbung definiert, wie wir es in Monarchien finden. "Legale Herrschaft" bezieht demgegenüber ihre Legitimation aus einer gesetzten Ordnung, wie sie Weber in Bürokratien bzw. organisierten Systemen beschreibt. Seiner Meinung nach stehen legale Herrschaftsphänomene innerhalb formaler Organisationen in scharfem Kontrast zur charismatischen Herrschaft. Wo nämlich Führer in Bürokratien ihre Legitimation auf eine rational fundierte Ordnung gründen, basiert charismatische Herrschaft auf der Negation von Rationalität bzw. im Irrationalen. Dementsprechend verneint Weber indirekt die Möglichkeit, dass Charisma auch in formalen Systemen auftreten kann (Steyrer 1995).

2. Moderne Interpretationen charismatischer Führung

Gegen die strikte Dichotomisierung Webers in rational orientierte Systemphänomene auf der einen Seite und in dezidiert nicht rational geleitete auf der anderen, regte sich bei etlichen Organisationstheoretikern Widerspruch. Schon anlässlich der Human-Relations-Debatte (Roethlisberger & Dickson 1939) zeigte sich, dass Betriebe in ihrem Innenraum keineswegs so rational "funktionieren", wie Weber noch angenommen hatte. Eine Radikalisierung solcher Positionen finden wir in den 80er Jahren. Durch Auseinandersetzungen mit mikropolitischen Prozessen in Unternehmen (Neuberger 1995 a) und vor allem durch die Organisationskulturdebatte (Schein 1985), erlangten nicht rationale Erscheinungen in formalen Organisationen bei vielen Autoren eine geradezu selbstverständliche Bedeutung. In diesem Zusammenhang kreierten namhafte Autoren wie Peters & Waterman (1983), Pascal & Athos (1982) u.a. auch neue Führungskonzepte. Sie beschrieben nun "Helden" oder "Missionare", denen es als

"Kulturprotagonisten" gelang, in ihrem Handeln die Kultur einer Organisation exemplarisch zum Ausdruck zu bringen und dadurch ein gesamtes organisatorisches System zu ungeahntem Erfolg.

Zeitgleich erschien eine Fülle von New-Age-Literatur und von Publikationen, die das generelle Sinndefizit moderner Industrienationen beklagten. Alles dies mündete in die Suche nach Führungskonzepten auf nicht rationaler Basis, zumal die bisherigen Versuche, erfolgreiche Führung durch Rationalität zu fundieren, angesichts der zunehmenden Komplexität von Organisationen zum Scheitern verurteilt schienen (Neuberger 1995 b). Daraufhin wurde im angloamerikanischen Raum das Charisma Konzept aus seinem "Dornröschenschlaf" (Steyrer 1995, S. 45) wieder erweckt.

Seit dieser Zeit erschien vor allem in anglo-amerikanischen Fachzeitschriften eine Vielzahl von Aufsätzen zum "Charisma Approach". Es finden sich viele konzeptionelle Beiträge, aber noch häufiger empirische Untersuchungen. Charisma wird allerdings in diesem Milieu meistens nicht mehr als kategoriales Phänomen betrachtet, das existiert oder nicht existiert, sondern es wird als dimensionale Erscheinung gefasst, die im Sinne von „mehr oder weniger" quantifizierbar ist. Dabei akzentuieren die Autoren je nach ihrer Grundorientierung unterschiedliche Aspekte der Weber'schen Konzeption (Steyrer 1995).

- Etliche interpretieren Charisma im Sinne "transformationaler Führung" rein "führer-zentriert" und bleiben damit dem traditionellen Eigenschaftsansatz verpflichtet. Danach erkennt der Führer ein Defizit, entwickelt alternative Zukunftsvisionen, kommuniziert sie an die Mitarbeiter und realisiert mit ihnen gemeinsam neue Zielsetzungen (vgl. Burns 1978, House 1987 u.a.).
- Eine andere Gruppe von Autoren, die den Kognitivisten zuzuordnen ist, deutet Charisma geführten-zentriert aus (vgl. Lord/Maher 1989). Ihrer Meinung nach handelt es sich um ein Phänomen, das einem Führer seitens der Geführten apostrophiert wird. Aus der Sicht dieser Autoren resultieren charismatische Zuschreibungen entweder aus gruppendynamischen Prozessen oder aus Konflikt- bzw. Krisensituationen.
- Wieder andere fassen Charisma als kontext-spezifische Erscheinung. Diese Gruppe von Autoren (z.B. Roberts/Bradley 1988) beschäftigt sich allerdings meistens mit Charisma in sozialen Bewegungen oder in Sekten, nicht dagegen in Organisationen. Ihrer Meinung nach gehen von Charismatikern visionäre Angebote aus, die in Verbindung mit der entsprechenden Symbolik viele Menschen mit ähnlichen Bereitschaften zu einem Kollektiv verschmelzen. Der Charismatiker fungiert dabei als Katalysator. Im Prinzip handelt es sich meistens schon um interdependenz-orientierte Ansätze, d.h. um argumentative Zugänge, die zwei Aspekte von Charisma kombinieren. So werden bei kontextspezifischen Ansätzen meistens Bedingungen des Milieus zu Merkmalen von Führern in Beziehung gesetzt. Die Autoren unterstellen, dass eine Ge-

meinschaft jeweils denjenigen zu ihrem Führer ausstilisiert, der die zum Kollektiv passenden Persönlichkeitsmerkmale aufweist.

- Eine weitere Gruppe von Autoren, die interdependenz-orientierte Erklärungsmuster anbietet, kombiniert Merkmale von Führern wie Geführten und untersucht dann das Beziehungsgefüge zwischen beiden. Zu dieser Gruppe gehören Kets de Vries (1989; siehe auch Kets de Vries & Miller 1988) sowie Steyrer (1995). Diese Autoren unterlegen Deutungen der modernen Ich-Psychologie. Sie argumentieren im Anschluss an das Narzissmuskonzept von Kohut (1976), dass sich bei charismatischen Phänomenen Defizite von Führern und Geführten kollusiv (Willi 1982) verschränken.

Im Verständnis Kohuts durchläuft jeder Mensch frühkindliche Stadien, in denen er seine nächsten Bezugspersonen, meistens die Eltern, als allmächtig idealisiert und sich in Identifikation mit ihnen ein ebenfalls hoch idealisiertes Selbstbild im Sinne von Allmacht schafft. Wenn aber nun diese frühkindliche grandiose Selbstimago von den Eltern nicht entsprechend beantwortet wird, entwickeln Menschen dauerhaft eine unstillbare Sehnsucht, diese Grandiosität von anderen gespiegelt zu erhalten. Aus diesem Zusammenhang resultiert nach Meinung der genannten Autorengruppe die notorische Suche charismatischer Führer nach einem Publikum, das sie unterstützen und bewundern soll.

Die zum charismatischen Führer spiegelbildlichen, d.h. kollusiven Bewältigungsstrategien narzisstischer Defizite schlagen die Geführten ein. Sie fühlen sich gleichfalls von ihren Eltern narzisstisch enttäuscht , ziehen aber ihre libidinösen Energien von den Eltern ab. Das heißt, sie idealisieren sie nicht mehr, sondern sie suchen nach alternativen Idealpersonen, also nach "neuen Eltern", die sie nun ständig bewundern können und von denen sie die heiß ersehnte Spiegelung im Sinne von Grandiosität erhoffen.

3. Eine Typologie charismatischer Führung

Neben der Genese von Charisma thematisieren etliche Autoren auch seine unterschiedlichen Manifestationen. Steyrer (1995) unterscheidet in Anlehnung an Neuberger (1995 b, S. 41-61) und dessen "Führungsarchetypen" vier Konfigurationen von Charisma mit ihren jeweiligen Dramatisierungsmustern: das paternalistische, das heroische, das missionarische und das majestätische.

(1) Der paternalistische Charismatyp orientiert sich an dem abendländischen Urbild des Vaters, das in der römischen Antike geprägt wurde. Der Pater Familias nahm eine moralische Herrscherstellung ein, wonach er für seine Familie mit allen seinen Kräften zu sorgen hatte. Gleichzeitig oblag ihm die Gewalt über Leben und Tod, d.h. ihm wurde sogar ein Tötungsrecht an den Seinen zugebilligt.

Paternalistisches Charisma beinhaltet deshalb immer polare Haltungen zwischen Despot und infantilisierendem Wohltäter sowie zwischen Schöpfer und rachsüchtigem Herrscher. Als Wohltäter und Schöpfer begegnet er seinen Anhängern verständnisvoll, verzeihend, wohlwollend und sorgend. Als Despot verhält er sich streng, fordernd, strafend, ja sogar kastrierend.

Aus diesem Grund löst der paternalistische Charismatiker bei seinen Anhängern oft ambivalente Gefühle aus zwischen Liebe und Hass, zwischen Vertrauen und Angst, zwischen Folgsamkeit und Rebellion. Äußerlich präsentiert er sich als betont Ich-stark, dabei sozial zugewandt, aber auch reglementierend.

(2) Für das heroische Charisma ist der "Held" der entsprechende Archetyp. Er bezeichnet im indogermanischen Sprachraum einen "Antreiber", der seine Herde unter Einsatz seines Lebens gegen Menschen oder naturwüchsige Gefahren verteidigt. Der Begriff steht für einen einsamen, mutigen Kämpfer, der im Stile des Herkules unbeirrbar seinen Weg geht und alle seine Feinde zu besiegen vermag. Phänotypisch wirkt der heroische Charismatiker äußerst dynamisch und phallisch narzisstisch.

Heldengeschichten weisen kulturübergreifend eine homologe Struktur auf: Die Geburt des Helden ist geheimnisumwoben, er entstammt armen Verhältnissen, obschon ein Elternteil durchaus göttlichen Ursprungs sein kann. Er wird aber von seinen Eltern verstoßen oder verlassen. Zu Beginn seines Lebens wird er verkannt, im Verlauf seiner Jugend lassen sich an ihm aber außeralltägliche Talente erkennen. Dadurch findet er überragende Lehrmeister, die ihm helfen, sich weiter zu vervollkommnen. Dann endlich erhält er seine eigentliche Berufung zu großen Taten. Bei ihrer Realisierung läuft er allerdings Gefahr, sich selbst zu überschätzen. Sein eigentlicher Heldenkampf, die Tötung eines Drachens oder die Überwindung eines Dämons, gelingt ihm aber letztlich doch und er geht aus diesem Kampf vergleichbar einem Initiationsritus geläutert hervor. Als Lohn erhält er nun meistens wertvolle Geschenke wie etwa ein Königreich.

Schein (1985) wendet die Metapher des Helden vor allem auf Unternehmensgründer an, die erst nach einer Vielzahl von Mutproben und dramatischen Kämpfen ihren Erfolg sichern können.

(3) Das missionarische Charisma taucht als "prophetisches Charisma" schon bei Weber auf. Sein abendländisches Urbild ist der erlösende Messias. Wenn Heilsbringer in Mythen auftreten, stellen sie übermächtige Wesen dar, die gottähnlich über unerschöpfliche Reflektionspotentiale verfügen.

Dieser Charismatyp ist in Gründungsstadien von Sekten oder vergleichbaren Gruppierungen anzutreffen (Gross 1994). In einer profanen Variante erscheint er als "transformationaler Führer", der seine Mitarbeiter durch packende Visionen zu motivieren vermag. Wenn in der Organisationskulturdebatte von "Kulturprotagonisten" die Rede ist, sind ebenfalls meistens missionarische Charismatiker gemeint. Ihr Auftreten ist durch Extraversion, Direktheit, durch Ich-Stärke und, wie sich an vielen Sektengründern zeigt (Poweleit 1994), durch phallisch narzisstische Züge charakterisiert.

(4) Für das majestätische Charisma ist das maßgebliche Urbild der König. Majestätisches Charisma unterscheidet sich von den anderen drei Typen durch

ein hohes Maß an Introversion. Jung (GW 14 II:1) betonte bei dem Archetyp des Königs seine Weisheit und seine tiefe Einsicht in weltliche und transzendentale Zusammenhänge. Seine Selbstpräsentation ist abgehoben, was sich an seinen Insignien manifestiert: Seine Krone spiegelt den Bezug zur strahlenden Sonne, sein mit Juwelen bestickter Mantel symbolisiert das Firmament und sein Thron steht für seine Erhöhung über die Menschen.

Der König präsentiert eine magische Quelle der Wohlfahrt und des Gedeihens von Mensch und Natur. Seine Weisheit manifestiert sich in grenzenlosem Wissen und Verstehen. Im Gegensatz zu den anderen Charismatypen strahlt er Ruhe aus, ist entspannt, selektiv weich, weise und sogar intellektuell.

Diese Typologie rekurriert ausschließlich auf männliche Archetypen. Das findet seine Entsprechung in der empirischen Forschung. Nach Durchsicht der einschlägigen Literatur kommt z.B. Steyrer (1995) zu dem Ergebnis, dass von weiblichen Charismatikern in Organisationen nur in seltenen Ausnahmefällen berichtet wird. Und auch die phänomenale Erfahrung lehrt, dass Frauen viel seltener soziale Dramatisierungen im Sinne eines ausgeprägten Charismas an ihrem Arbeitsplatz entfalten. Heldische und missionarische Charismakonstellationen wirken bei Frauen eher stigmatisierend. Diese beiden Typen basieren ja auf phallisch narzisstischen Attitüden, die bei Frauen schneller als bei Männern als "albern" oder "aufgesetzt" entlarvt werden. Das feminine Pendant zum paternalistischen Charisma, also maternalistische Charismakonstellationen, finden wir relativ häufig in sozialen Dienstleistungssystemen im Gewand der "Hausmutter", der "Oberin" usw. Als tendenziell entsexualisierte Varianten von Frausein werden sie heute aber selten als attraktive Rollenmuster begriffen. Anders verhält es sich mit dem majestätischen Charisma. Dieses finden wir z.B. personifiziert in Coco Chanel, Elisabeth Arden, Anita Roddick (Gründerin der Body Shops) usw. Es ist besonders in der Mode- und Kosmetikbranche verbreitet.

4. Charisma in organisatorischen Kontexten

Die Auftrittswahrscheinlichkeit der vier männlichen Charismatypen lässt sich nach zwei Gesichtspunkten prognostizieren (Steyrer 1995):

- nach dem Lebenszyklus einer Organisation und
- nach dem Organisationstyp.

4.1.Charisma als organisatorisches Prozessphänomen

Zur Beschreibung organisatorischer Prozessphänomene werden in der Literatur vielfach Entwicklungsmodelle herangezogen, die den Lebenszyklus von Organisationen anhand von drei, vier oder fünf Stadien charakterisieren (vgl. Türk 1989). Es handelt sich dabei um Modellkonstruktionen, die organisierten Systemen wie komplexen Organismen, autonome Reifeprozesse unterstellen (Lievegoed 1974, Pümpin & Prange 1991). Im Verständnis dieser Autoren schreitet in

Analogie zur Entwicklungspsychologie der organisatorische Prozess über Krisen voran.

(1) In der Pionierphase befindet sich eine Organisation in ihrem Gründungsstadium. Sie wird meistens von einzelnen Personen ins Leben gerufen. Der Pionier mit heroischen oder missionarischen Zügen stellt den eigentlichen Motor des Systems dar. Er bestimmt die Strategie und initiiert alle relevanten Prozesse. Er investiert viel Zeit und Energie in die Entwicklung des Systems, das in diesem Stadium eng auf seine Person bezogen ist. Wie Steyrer (1995) anmerkt, bildet dieses Stadium für Führer wie Geführte einen geradezu idealen Nährboden zur Kompensation narzisstischer Defizite.

(2) In die Wachstumsphase tritt eine Organisation dann ein, wenn sie entsprechende Märkte erschließen und ihr Angebot auf diesen gut platzieren kann. Merkmale dieses Stadiums sind ein rascher Effizienz- und Motivationszuwachs bei allen Beteiligten. Durch das Wachstum erhöhen sich allerdings die Anforderungen ans Management dermaßen, dass der Pionier zunehmend Überforderungsreaktionen zeigt, sich sein Sendungsbewusstsein abnutzt und er dadurch einen Teil seiner früheren charismatischen Strahlkraft einbüßt.

(3) Solche Komplikationen münden in eine Reifephase, in der organisationsinterne wie -externe Vorgänge zu Gunsten der Funktionsfähigkeit des Systems formalisiert werden. Das System pendelt jetzt eine neue Balance zwischen Innovation und Bewahrung des Status quo ein. Gegen Ende dieses Stadiums verliert das Management meistens den Bezug zur Basis, trifft dadurch zu formalistische Entscheidungen und gibt den Mitarbeitern zu wenig Raum zur Mitgestaltung und Eigeninitiative. Diese Machtbündelung korrespondiert in kleinen Organisationen wie etwa in Handwerksbetrieben mit der Entwicklung paternalistischer Charismakonstellationen, während sie in großen Systemen zur Ausbildung von "Majestäten" führt.

(4) Erstarrungen, die sich am Ende der Reifephase ankündigten, treten in der Wendephase voll zutage. Bei Führungskräften wie Mitarbeitern ist mangelnde Motivation zu erkennen, so dass das System immer weniger Effizienz erbringt. Aufgrund der Rigidität aller innerorganisatorischen Prozesse bzw. der mangelnden Innovationskraft besteht Gefahr, dass die Kapitalreserven nur noch dem Erhalt des Systems dienen und dadurch aufgezehrt werden. In solchen krisenhaften Stadien entwickelt sich meistens eine blühende Mikropolitik über Fragen, welche Korrekturen zum Erhalt des Systems vorgenommen werden müssen. Durch den Bedarf an strategischer Neuorientierung werden wieder kollektive Bereitschaften zur Zentralisation auf eine Person begünstigt. Dadurch ist das Feld für das Auftauchen neuer Heroen und neuer Missionare bereitet.

4.2. Charisma als organisationsspezifisches Phänomen

Die Auftrittswahrscheinlichkeit von Charismakonstellationen bzw. ihrer unterschiedlichen Ausgestaltung lässt sich auch nach dem jeweiligen Organisationstyp prognostizieren. Zur Differenzierung von Organisationen bietet sich ein Schema von Mintzberg (1991, nach Steyrer 1995) an. Danach ist die Gesamtheit aller Organisationen nach sechs Kategorien zu unterteilen in:

- unternehmerische Organisationen,
- Maschinenorganisationen,
- diversifizierte Organisationen,
- Organisationen der Professionals,
- innovative und
- missionarische Organisationen.

(1) Als "unternehmerische Organisationen" bezeichnet Mintzberg kleine bis mittelgroße Handwerksbetriebe. An der Spitze dominiert ein Eigentümer eine relativ einfache, eher informell und flexibel gestaltete Struktur. In Pionierstadien finden wir besonders mit jungen Gründerpersönlichkeiten heroische Charismakonstellationen, bei langfristigem Bestehen der Systeme, wenn der Gründer älter geworden ist, paternalistische.

(2) Bei Maschinenorganisationen handelt es sich um Großbetriebe mit Massenproduktion etwa im Automobilbereich oder um Banken, Versicherungen usw. Hier bestehen rational orientierte formale Strukturen mit stark standardisierter Aufgabenerfüllung. Aufgrund der Dominanz des Rationalen finden wir hier selten Charismakonstellationen. Lediglich in Krisenzeiten treten heroische oder missionarische Charismatiker in Erscheinung.

(3) Diversifizierte Organisationen sind Systeme, die auf mehreren Markt- oder Produktfeldern operieren. Sie existieren z.B. in der Elektro- oder Pharmaindustrie. Die einzelnen Divisionen, die tendenziell Maschinenorganisationen ähneln, werden von relativ autonomen und meistens eher sachlich orientierten Managern geleitet. Dementsprechend finden wir hier auch selten soziale Dramatisierungen im Sinne von Charisma. In Krisenzeiten tauchen gelegentlich heroische Charismatiker auf. An der Spitze diversifizierter Organisationen ergeben sich aber meistens majestätische Charismaphänomene.

(4) Als "Organisationen der Professionals" bezeichnet Mintzberg einen Systemtyp, der primär von der Ausbildung seiner Mitglieder abhängig ist bzw. wo die Leistungserstellung ein hochqualifiziertes Fachwissen erfordert. Das sind Universitäten, Krankenhäuser oder Museen. Da die Fachlichkeit alle innerorganisatorischen Prozesse dominiert, begegnen uns hier nur in Ausnahmefällen charismatische Konstellationen. Dann handelt es sich allerdings um heroische oder missionarische Varianten, die wie etwa bei Herzspezialisten, ein gesellschaftlich höchst relevantes Fachgebiet betreffen.

(5) Mit "innovativen Organisationen" meint Mintzberg Servicebetriebe wie Softwarehäuser, Werbeagenturen, Unternehmensberatungen usw. Sie weisen fließende, oft dezentrale Strukturen mit multidisziplinären Teams auf. In diese Organisationskulturen sind am ehesten jugendliche Helden oder Missionare zu

integrieren, deren Charisma sich allerdings nach kurzer Zeit abnutzt. Dann müssen sie neuen Helden oder Missionaren Platz machen.

(6) "Missionarische Organisationen" schließlich sind nach Mintzberg Systeme, in denen alle Prozesse von Wertvorstellungen oder von Ideologien überlagert sind. Hier handelt es sich um tendenzbetriebliche Systeme von Kirchen, Parteien oder Gewerkschaften, hier handelt es sich aber auch um viele therapeutische oder pädagogische Einrichtungen. Meistens ist das System einer missionarischen Gründerpersönlichkeit verpflichtet. In Krisenzeiten tauchen dann vielfach neue Missionare auf, um die sich allerdings hier schärfere Kämpfe als in anderen Organisationstypen ranken.

5. Risiken charismatischer Phänomene für Organisationen

Charismatische Führungskonstellationen erweisen sich in vielen organisatorischen Situationen als äußerst wirkungsvoll. Wie Steyrer (1995) anmerkt, können wohl postmoderne Gesellschaften aufgrund ihres Sinnverlustes auf ein gewisses Maß an sozialer Dramatisierung in der Arbeitswelt kaum verzichten. Sie scheinen ein sinnstiftendes Korrektiv zu primär rational bestimmten Systemzusammenhängen zu bilden. Durch ihre emotionale Einfärbung wirken sie vermutlich auch integrierend für berufliche Kollektive.

Entsprechende Extremisierungen stellen aber nach Meinung des Autors für jede Organisation ein Risiko dar. Ein ursprünglich ausgeprägtes Charisma, das sich durch tagtägliche Begegnungen der Interaktionspartner langsam veralltäglicht, erzeugt nämlich organisatorische Krisen. Mit dem Verlöschen seines Charismas zieht der Charismatiker auch das System in den Abgrund. Krisen, egal welchen Ausmaßes, können im Innenraum charismatischer Systeme kaum selbst reguliert werden. Charismatiker an der Spitze eines organisierten Systems verfügen in der Regel über eine umfassende formale Legitimation, die es ihnen erlaubt, alle relevanten Prozesse des jeweiligen Systems zu bestimmen. Sie sind maßgeblich für die Personalauswahl und die Ausgestaltung der Binnenstruktur. Als Mitarbeiter rekrutieren sie "Adjutanten" oder "Diener", d.h. von ihnen emotional abhängige Personen, zu denen sie kollusive Beziehungen unterhalten. Diese garantieren dem Charismatiker seine Vorrangstellung. Bei solchen Mitarbeitern besteht kaum Gefahr, dass sie eigene Visionen entwickeln. Das aber birgt Gefährdungen für das System. Durch eine derartige Personalauswahl wird nämlich der innerorganisatorische Dialog einseitig konsensmäßig kanalisiert, so dass sich keine Fortentwicklung mehr ergeben kann. Bei "innovativen Organisationen" im Sinne Mintzbergs (1990) führt das zum raschen Untergang, bei den anderen Organisationstypen zur schleichenden Erstarrung. Wenn ein verkrustetes System in institutionalisierten gesellschaftlichen Segmenten verankert ist wie etwa eine Universitätsklinik, kann es beliebig lange "vor sich hindümpeln". Bei einem privatwirtschaftlichen System wird das Tempo seines Niedergangs durch seine jeweilige Marktlage bestimmt.

Ein anderes Problem charismatischer Konstellationen betrifft die Etablierung angemessener Strukturen. In Fällen, in denen ein innovatives oder missionarisches System aufgrund seines marktgerechten Angebots höhere Wachstumsraten aufweist, ist ein Charismatiker bald mit der Koordination des Systems überfordert. Nun bestünde, um den Übergang in die Reifephase zu gewährleisten, die Notwendigkeit, formale Regelungen zu etablieren. Ausgeprägte Charismatiker, wie wir sie z.B. in missionarischen Organisationen finden, verleugnen aber aufgrund ihrer Grandiositätsphantasien lange ihre Überforderung. Außerdem befürchten sie durch formale Strukturen in ihren individuellen Handlungsspielräumen eingeschränkt zu werden. Aus diesem Grund finden wir bei ihnen die Neigung, die Organisation in Pionierstadien zu konservieren. Von den unmittelbaren Anhängern des Charismatikers werden solche Situationen in der Regel lange klaglos mit getragen, bei Mitarbeitern an der Peripherie mehrt sich dann aber der Unmut über automatisch zunehmende Pannen und Reibungsverluste. Das wiederum führt vielfach zur Stigmatisierung des Charismatikers mit den Konsequenzen einer schleichenden Destruktion des Systems.

6. Risiken für die Charismatiker selbst

Diese als konflikthaft erlebte Situation wird wie bei anderen Gelegenheiten, in denen Konflikte in Organisationen auftreten (Regnet 1992), von der Mehrzahl der Mitarbeiter personalisiert. Das heißt, im Laufe der Zeit fühlen sich selbst die früheren treuen Anhänger von ihrem "Guru" enttäuscht. Den interaktiven bzw. systemischen Charakter dieser Konfiguration erfassen sie nur in Ausnahmefällen. Wie vormals als Anhänger bleiben sie - nun allerdings in negativistischer Weise - auf die Zentralfigur fixiert. Ausschließliche Schuldzuweisungen an diese eine Person entheben sie auch der Notwendigkeit, sich mit den eigenen kollusiven Prädispositionen zu befassen. Alles das führt zu schleichenden Eskalationen. Im Sinne eines "kalten Konflikts" (Glasl 1994) wird der frühere Charismaträger nun zunehmend gemieden. Man redet hinter seinem Rücken, man umgeht oder unterläuft seine Anweisungen, man lässt ihn spüren, dass er einsam und nicht gerade willkommen ist.

Im Zuge solcher Entwicklungen geraten vormals charismatische Führungskräfte zunehmend unter Druck. Dieser kann so ansteigen, dass sie sich schweren Herzens entschließen, einen Coach zu konsultieren. Dabei stellt sich allerdings in der Regel schon die Auswahlprozedur als äußerst schwierig dar. Der Berater muss nämlich aus der Sicht des Charismatikers extrem hohe Anforderungen erfüllen nach dem Motto: "Wenn ich mich schon jemandem anvertraue, dann muss es selbstverständlich der oder die Beste sein auf diesem Gebiet."

Labilisierend für den Kontrakt wirken auch die Sozialisationserfahrungen des Charismatikers. Wer sich über Jahre, manchmal sogar über Jahrzehnte hinweg in einer fachlichen und womöglich noch menschlichen Top-Position wähnte, entwickelt ein Rollenselbstverständnis, das mit dem eines zu Beratenden konfligieren muss.

Das entscheidendste Hemmnis für den Aufbau eines tragfähigen sozialen Beratungskontraktes stellt die narzisstische Persönlichkeitsdynamik von ausgeprägten Charismatikern mit ihren typischen Widerstandsformen dar (Kernberg 1988). Coaching beinhaltet ja immer eine kritische Auseinandersetzung mit dem jeweiligen beruflichen Kontext des zu Beratenden. Genau diese Intention mobilisiert aber beim Charismatiker die gesamte ihm zur Verfügung stehende Abwehr. Das wird sogleich verständlich, wenn wir uns deutlich machen, dass eine Führungskraft dieses Typs überhaupt nur dann Beratung beansprucht, wenn ihre berufliche Welt zu wanken oder gar zu zerbrechen droht. In diesem Stadium fühlt sie sich aber schon so umfassend existentiell gefährdet, dass sie sogar betont liebenswürdig angeleitete Analysen abwerten oder gar paranoid beantworten muss.

Aus dieser Sackgasse entkommt der Charismatiker nur, wenn er über den Verlust seiner Außeralltäglichkeit trauert. Die Begleitung eines solchen, in der Regel sehr elementaren Trauerprozesses fällt aber nicht in die Zuständigkeit eines Coach, sondern in die eines Psychotherapeuten. Wie allerdings Kernberg (1988) anmerkt, gelingen solche Prozesse auch in der Psychotherapie nur in Ausnahmefällen.

7. Risiken für die Nachfolger von Charismatikern

Im Gegensatz zu Charismatikern finden wir bei ihren Nachfolgern eine ausgeprägte Bereitschaft, sich beraten zu lassen. Für Art und Ausmaß ihres Leidensdrucks ist allerdings von Belang, wie sie in die "Fußstapfen" des früheren Gurus gelangten.

(1) In diversifizierten oder in Maschinen-Organisationen finden wir vielfach Situationen, wo sich in einem Teilsystem charismatische Konstellationen bilden. Bei Ausscheiden der Führungskraft erfolgt eine Neubesetzung durch vorgesetzte Instanzen, die in die vormals etablierten sozialen Muster nicht verwoben waren, und die vielleicht sogar keinerlei Kenntnis von den vorherigen sozialen Verhältnissen haben. Hier sind dann Nachfolger unversehens mit ausgeprägten Erwartungen der Mitarbeiter konfrontiert, auf die sie in keiner Weise vorbereitet sind. Um Führungskräfte des beschriebenen Typs bilden sich nämlich in der Regel sehr spezifische Organisationskulturen, in die Nachfolger nur in Ausnahmefällen integrierbar sind.

(2) Noch größere Belastungen erleben Nachfolger von Charismatikern, wenn sie vorgesetzte Instanzen ausdrücklich als "bessere Alternative" zu ihrem Vorgänger auswählen. Diese Situation finden wir in Wendephasen von missionarischen Organisationen, wo ein Kuratorium oder ein Vereinsvorstand einen neuen, noch unverbrauchten "Missionar" bestellt, von dem man erwartet, dass er den "Karren aus dem Dreck zieht." Hier muss sich der Neuling nicht nur mit spezifi-

schen Kulturmustern der alten Ära herumschlagen, hier ist er auch noch bedrängt von Ansprüchen seiner Vorgesetzten, möglichst sofort eine neue Ära zu etablieren.

(3) In unternehmerischen Organisationen, die immer privatwirtschaftlich organisiert sind, wird der Nachfolger in aller Regel vom Charismatiker selbst "berufen". Dieser Nachfolgetyp gerät in eine noch kompliziertere Situation als die anderen. Als potentielle "Thronerben" wählen Charismatiker vor ihrem Abtreten nur solche Personen aus, die über eine ausgeprägt kollusive Bereitschaft verfügen. Dadurch ist garantiert, dass sie keine alternativen Intentionen verfolgen und einem Vergleich mit ihrem Vorgänger nie standhalten können. Auf diese Weise suchen sich Charismatiker schon zu Lebzeiten ihre posthume Idealisierung zu sichern (Steyrer 1995). Wie Mintzberg (1991) postuliert, initiiert ein derartiger Nachfolger die Bildung verschärfter Kulturmuster, um das Gedenken an den Vorgänger durch Mythen und Symbole zu bewahren. Nun bestehen aber seitens der Gefolgschaft immer starke Äquivalenzansprüche, die ein Nachfolger auch bei extrem konformem Verhalten niemals befriedigen kann. Das erzeugt bei der Gefolgschaft zunehmend Unmut. Der "Erbe" gerät dadurch in ein Dilemma: Alle seine Versuche, den Charismatiker zu imitieren oder gar zu übertreffen, führen auf Seiten der vormaligen Gefolgschaft nur zu seiner Stigmatisierung und er sieht sich unversehens als lächerliche Figur gebrandmarkt. Das wiederum erzeugt beim Nachfolger einen hohen Leidensdruck, der oft zum Bedürfnis nach Beratung führt. Solche Beratungen gestalten sich allerdings ungleich schwieriger als bei den zuerst genannten Nachfolgetypen. Ähnlich der Arbeit mit Charismatikern sind hier ebenfalls narzisstische Widerstände, nun allerdings spiegelbildliche zu erwarten. Im Prinzip kann auch der Charisma-Nachfolger die Unterstützung eines Coaches nur nutzen, wenn er seine aktuelle Situation ausgiebig betrauert. Nur dann wird es ihm auch gelingen, sich aus seiner psychischen Abhängigkeit vom Vorgänger zu lösen. Bei "Ko-Charismatikern" manifestiert sich die Abwehr eher in einer überhöhten Bereitschaft, auf soziale Kontrakte mit Beratern einzugehen; denn sie sind ja im Gegensatz zu ihrem Pendant für die Übernahme inferiorer Rollen sozialisiert. Das wiederum führt nicht selten zur naiven Unterwerfung und zur erneuten Abhängigkeit - jetzt allerdings vom Berater.

Ein zentrales Ziel muss es sein, den Nachfolger zu unterstützen, sich von der Selbstdefinition als Stellvertreter und Stadthalter zu lösen. Parallel dazu sollte er ermutigt werden, mit neuen Rollen, wie etwa mit der des Moderators zu experimentieren. Auf diese Weise könnte er z.B. andere Organisationsmitglieder animieren, weiterführende Visionen für das System zu entwickeln.

8. Empfehlungen zur „Charisma-Prophylaxe“

Wie oben angemerkt, können moderne Gesellschaften auf charismatische Phänomene im Sinne “transformationaler Führung” sicher nicht verzichten. So kann es bei Empfehlungen zur “Charisma-Prophylaxe” nur darum gehen, entsprechenden Extremen mit ihren dysfunktionalen Effekten vorzubeugen.

Solche Intentionen lassen sich in erster Linie über Maßnahmen der Personalentwicklung realisieren. Dabei ist zunächst an Schulungen und an Trainings für angehende Führungskräfte zu denken. Während dieser Veranstaltungen sollte man nicht nur über Spezifika von Charismakonstellationen aufklären, man sollte die Teilnehmer auch mit Hilfe von Rollenspielen unterstützen, ihre Interaktionen mit potentiellen Mitarbeitern zu untersuchen und mit unterschiedlichen Handlungsmustern zu experimentieren. Ein zentrales Ziel ist es hierbei, exzentrische Positionen gegenüber sich selbst zu entwickeln und dadurch die Fähigkeit zur Selbstkritik bzw. zur Selbstironie zu erwerben. Menschen mit solchen Haltungen bilden selten extreme Formen sozialer Dramatisierung aus wie sie für ausgeprägte Charismakonstellationen typisch sind. Sie finden diese nämlich vergleichsweise albern.

Wenn Manager oder Sozialmanager ihre ersten Führungspositionen antreten, bietet sich eine andere Maßnahme der Personalentwicklung an: das Coaching. Besonders wenn diese Beratungsform von Anfang an als selbstverständliche Unterstützung für Führungskräfte gilt, garantiert sie eine effektive Prophylaxe gegen Extremisierungen von Charismakonstellationen. Dann wird es für Führungskräfte zur Selbstverständlichkeit, sich mit den eigenen Wirkungen kritisch auseinander zu setzen. Wenn Coaching in einem organisatorischen System von der Hierarchiespitze an das Image einer innovativen Form der Personalentwicklung erhält, wird es sogar von ausgeprägt narzisstischen Führungskräften beansprucht; denn es wird ihnen ja qua System signalisiert, dass sie als besonders o.k. gelten, wenn sie sich beraten lassen.

Literatur:

Burns, J.M. (1978): Leadership. New York.

Glasl, F. (1994): Konfliktmanagement. 4. Aufl., Stuttgart.

Gross, W. (Hg.): Psychomarkt, Sekten, destruktive Kulte. Bonn.

House, R.J. (1987): Führungstheorien - Charismatische Führung. In: Kieser, A., Reber, G., Wunderer, R. (Hg.): Handwörterbuch der Führung. Stuttgart.

Jung, C.G. (1968): Gesammelte Werke 14, Mysterium conjunctionis, Jung-Merker, L., Rüf, E., Zander, L. Olten.

Kernberg, O.F. (1988): Innere Welt und äußere Realität. München, Wien.

Kets de Vries, M.F. (1989): Prisoners of Leadership. New York.

Kets de Vries, M.F./ Miller, D. (1988): Narzißmus und Führung. In: Kieser, A., Reber, G., Wunderer, R. (Hg.): Handwörterbuch der Führung. Stuttgart.

Kohut, H. (1976): Narzißmus. Frankfurt/M.

Lievegoed, B.C.J. (1974): Organisationen im Wandel. Bern, Stuttgart.

Lord, R.G./ Maher, K.J. (1989): Cognitive Processes in industrial and organizational psychology. In: Cooper, C.T., Robertson, I.T. (Ed.): Industrial Review of industrial and organizational psychology. P. 49-91.

Mintzberg, H. (1991): Mintzberg über Management, Führung und Organisation. Mythos und Realität. Wiesbaden.

Neuberger, O. (1995 a): Mikropolitik. Stuttgart.

(1995 b): Führen und geführt werden. Stuttgart.

Pascal, R.T./ Athos, A.G. (1982): Geheimnis und Kunst des japanischen Managements. München.

Peters, T.J./ Waterman, R.H. (1983): Auf der Suche nach Spitzenleistungen. Landsberg/Lech.

Poweleit, D. (1994): Sekten in der Wirtschaft. In: Gross, W. (Hg.): Psychomarkt, Sekten, destruktive Kulte. Bonn.

Pümpin, C./ Prange, J. (1991): Management der Unternehmensentwicklung. Frankfurt, New York.

Regnet, E. (1992): Konflikte in Organisationen. Göttingen, Stuttgart.

Roberts, N.C./ Bradley, R.T. (1988): Limits of charisma. In: Conger, J.A., Kanungo, R.N. (Ed.): Charismatic Leaderhip. San Francisco, London.

Roethlisberger, F./ Dickson, W. (1939): Management and the worker. Reading. Mass.

Schein, E. (1985): Organizational culture and leadership. San Francisco, Washington, London.

Schmidbauer, W. (1999): Können Götter lernen? Der Umgang mit dem männlichen Narzissmus. OSC 2/99, S. 163-177.

Steyrer, J. (1995): Charisma in Organisationen. Frankfurt/M., New York.

Türk, K. (1989): Neuere Entwicklungen in der Organisationstheorie, Stuttgart.

Weber, M. (1922): Wirtschaft und Gesellschaft. Tübingen.

Willi, J. (1982): Die Zweierbeziehung. Reinbeck.

Sieglinde Eva Tömmel

Kreativität im psychoanalytischen Prozess: Das Scheitern Lulus auf der Bühne und ihre (mögliche) Heilung in der Therapie[1].

In letzter Zeit häufen sich psychoanalytische Einzelarbeiten und auch Symposien zu Kunst und Kreativität. Das kann kein gesellschaftlicher Zufall sein; ich vermute, dass diese Aktivitäten - wenn auch zum Teil unbewusst - Methode haben. In Zeiten, in denen die Psychoanalyse als psychotherapeutische Methode mehr angegriffen wird als je zuvor (von ihren Anfängen vielleicht einmal abgesehen), in einer Zeit, in der nicht einmal das finanzielle Überleben einer Vielzahl von therapeutisch Tätigen gesichert scheint, in einer solchen Zeit herrscht das gesellschaftlich Unbewusste auch dergestalt, dass Angehörige einer im Kern emanzipatorischen Disziplin sich eine Nische suchen, wo das Schöne lockt: ein Trost, eine Entschädigung für den Vorwurf gesellschaftlicher Nutzlosigkeit, auf der Suche nach Verwandtschaft mit dem Künstler, der seit Beginn seiner bürgerlichen Existenz mit Unverständnis und Verachtung immer zu kämpfen hatte und noch hat. Es könnte sein, dass eine heimlich-unheimliche Identifikation mit dem Künstler vonseiten einiger Psychoanalytiker nahe liegt. Dass die Befassung der Psychoanalyse mit der Kunst so alt ist wie diese selbst, ist für diese These kein Gegenargument.

Auf den Kongressen zu künstlerischen Themen oder in den zum Thema erschienenen Einzelarbeiten fällt auf, dass neben immer genaueren Unterscheidungen psychoanalytischer Zugänge zu Kunst und Literatur weniger differenziert ein anderer Gedanke an Boden gewinnt: dass der Psychoanalytiker der eigentliche Künstler, dass er dem Künstler in seiner Kreativität gleichgestellt, dass er erst durch seine Deutung ein Kunstwerk zu erschließen in der Lage sei, oder gar, dass der Psychoanalytiker „mehr wisse“ als der Künstler selbst. Vonseiten der Künstler und Dichter hat diese Haltung eine teils stumme, teils laute Wut zur Folge: so auf dem DPV-Kongress Anfang Juni 2000 in München seitens eines Malers ein verbaler und wütender Protest, der die Ordnung des „Chaos" gegen die Ordnung der Deutung ins Feld führte; oder die von der SZ so bezeichnete „schmallippige" (weil unzufriedene) Sarah Kirsch, die im Rahmen der Münchner Tagung „Traumwerkstatt" (1999) tiefe Enttäuschung zu fühlen schien angesichts der mangelnden Fähigkeit der Psychoanalytiker, sowohl auf ihrem eigenen Terrain zu bleiben als auch einen Beitrag

1 Für Wolfgang Schmidbauer, der in der Therapie kein Künstler, in der künstlerischen Tätigkeit kein Therapeut sein muss.

zu leisten, der nicht grenzüberschreitend den Künstler kopieren oder durch Deutung zur Entmachtung treiben muss.

In dieser Arbeit möchte ich zu dem umfassenden Programm, das eine psychoanalytische Kunst- und Kulturtheorie, eine psychoanalytische Kreativitätstheorie in Zukunft zu erbringen hätte, nur den folgenden kleinen Beitrag leisten: einen Vergleich von künstlerischer Kreativität mit psychoanalytischer Kreativität im psychoanalytischen Prozess an einem Einzelbeispiel und hier besonders anhand eines Fallbeispiels aus meiner Praxis, das diesen Unterschied vielleicht deutlicher werden lässt.

Lulu in der Kunst

Ich muss sicher nicht eigens betonen, dass Lulu im Theater und in den (laut Internet) 72 Filmen, die es zu diesem Thema gibt, nicht Lulu ist, die sich in meiner Praxis eingefunden hat. Die Unterschiede sind der Natur der Sache nach beträchtlich, aber der Prozess sollte sichtbar werden.

„Lulu", das 1913 erst zusammengefasste Drama ursprünglich zweier selbständiger Theaterstücke, benannt „Der Erdgeist" und „Die Büchse der Pandora", ist eines der Hauptwerke Frank Wedekinds (1864-1918). Lebenslang von der Zensur verfolgt, legte Wedekind, ein Vorläufer des Expressionismus, in den Augen zum Beispiel Freuds eine „tiefe Kenntnis der sexuellen Verhältnisse" an den Tag (Federn/Nunberg, Bd. 1, S. 106 (13.2.1907).

Es handelt sich bei den Dramen um Lulu um eine grotesk überzeichnete Geschichte vom Aufstieg und Fall einer jungen Frau, die, aus dem gesellschaftlichen Nichts stammend, aufgrund der bürgerlichen Macht der Stellung ihrer Liebhaber, vor allem des Dr. Schön, erst wegen ihrer Schönheit und ihrer sexuellen Anziehung in den Himmel gehoben wird, um dann, nachdem bereits zwei Ehemänner gestorben sind und sie Dr. Schön erschossen hat, erst in Paris und dann in London einen schrecklichen sozialen Abstieg zu erleben, der mit einem Sexualmord durch Jack the Ripper endet. Mit ihr sterben die homosexuelle Gräfin Geschwitz und Alwa, der Sohn des Dr. Schön, der von einem afrikanischen Liebhaber der Lulu erschlagen wird. Überleben darf nur der Strolch Schigolch, der angeblich der Vater Lulus ist, diese im Alter von zwölf Jahren oder früher zu seiner Geliebten gemacht hat, jedenfalls lebenslang ein exorbitanter Schnorrer war und Lulu schamlos ausgenutzt hat.

Leben, Überleben oder Sterben sind eine Antwort auf einen Konflikt - sowohl in der Realität wie in der Kunst. Wer überlebt, ist in gewisser Weise schuldig, und wer stirbt, hat eine Antwort gegeben. Lulu, „das schöne Tier", stirbt, wird ermordet. Damit gibt sie in ihrem Scheitern eine Antwort. Wedekind hat - in dieser Zeit einmalig auf der Bühne - den Missbrauch thematisiert, die schamlose bürgerliche Gesellschaft in ihren offiziell verehrtesten Vertretern benannt, Lulu in aller Unschuld und Frivolität auf der Bühne gezeigt, die Verlogenheit des Bürgertums, dessen Doppelmoral aufs Schärfste vorgeführt.

Was wollte Wedekind mit diesem Drama? Sicher wollte er schreiben, eine Form finden, um seine Einsichten der Welt vor Augen zu führen. Sicher musste er schreiben, denn er lässt sich „für sein Kind (die Dichtung, S.T.) foltern und schinden" (Wedekind 1996, Prolog).

Und inhaltlich? War Wedekinds Wissen über Sexualität, wie Alfred Adler anlässlich der Diskussion des Dramas „Frühlingserwachen“ in der Mittwochsgesellschaft (ebenda, S. 11) meinte, lediglich eigenem Erleben verdankt? Dies wäre allerdings eine etwas einfache und naive Auffassung von Kunst. War er ambivalent gegenüber solch „schönen Tieren"? Immerhin hatte Wedekind selbst in der Uraufführung unter der Regie von Max Reinhardt im Jahr 1911 Jack the Ripper gespielt und später die Darstellerin der Lulu, Tilly Newes, geheiratet. Aber was kann die Gestalt der Lulu eigentlich sein, als Kunstwerk, als Phantasiegestalt, als Paradigma?

Wie für Wedekind typisch, spielt auch in „Lulu" die Sexualmoral der bürgerlichen Gesellschaft vordergründig eine große Rolle, jedoch ist damit die Thematik lange nicht erschöpft. An Lulus Schicksal wird deutlich, dass auch und gerade eine gegen Moralkonventionen zuwiderhandelnde Sexualpraxis zum Scheitern verurteilt ist. Zunächst, weil eine Loslösung von der Gesellschaft sich nicht verwirklichen lässt. In Antagonismus zu ihr zu leben, heißt, zu einer Randexistenz verurteilt zu sein. Sodann, weil die Sexualität des Menschen auch ohne die Zwänge der Gesellschaft einen Ort ständigen Konfliktgeschehens darstellt. Reiner Sinnengenuss, den Lulu zu verkörpern scheint, erweist sich letzten Endes als hohl und leer ohne die Involviertheit der Seele. Die Zerrissenheit der Figuren bei Wedekind ist von diesem Widerspruch zwischen Körper und Seele bestimmt, der da entsteht, wo das Individuum zu empfinden beginnt. Es begehrt den Körper aufgrund eines naturgegebenen Sexualtriebs, der von der Moralkonvention unterdrückt wird, aber ebenso wünscht es nicht nur nach einer Notwendigkeit zu handeln; es will sich sein Gegenüber wunschen, es will lieben. Aber wie soll es seinen Gegner lieben? Denn in Wedekinds Werk zeigt sich das Ringen der Geschlechter um gesellschaftliche Macht, zumindest um ein gleichberechtigtes Dasein in einer gemeinsamen Welt. Die patriarchalische Gesellschaft - hier setzt Wedekinds Sozialkritik an -, die die Geschlechter in ungleiche Rollen drängt, macht Mann und Frau zu Feinden anstatt zu Freunden und trägt somit Schuld an der Unvereinbarkeit des körperlichen Eros mit der Seelenfreundschaft, womit sich das hohe Ideal der alles umfassenden Liebe als Trugbild erweist. Die fast allen Menschen innewohnende Idee dieser Liebe ist eine der vielen, an denen die Differenz zwischen Anspruch und Wirklichkeit sichtbar wird[2]. Daher thematisiert „Lulu" wie auch andere Dramen Wedekinds verschiedene Antagonismen: das Spannungsverhältnis von Individuum und Gesellschaft, Körper und Seele, Mann und Frau, Ideal und Realität. Lulu, das „schöne Tier", hat eigentlich keine eigenen Wünsche außer denen, zu lieben. Der Satz Schigolchs, „Die kann nicht von der Liebe leben, weil ihr Leben die Liebe ist", ist einer der meist zitierten Sätze innerhalb und außerhalb der Kritik an Wedekinds Drama. Man fühlt sich erinnert an Marlene Dietrich bzw. deren allen bekanntes Lied im „Blauen Engel", das mit den Worten beginnt: „Ich bin von Kopf bis Fuß auf Liebe eingestellt, und das ist meine Welt, und sonst gar nichts..." Damit verdreht sie im Film dem bürgerlichen Professor den Kopf, verliert aber bestimmt nicht den eigenen.

Man fühlt sich auch erinnert an andere Filmheldinnen wie z.B. Marilyn Monroe, die bis zu ihrem Suizid in einer Weise als pures Sexgeschöpf gleichzeitig idealisiert und verdammt wurde, dass auch zwei Männer der Familie Kennedy, immerhin Vertreter der Politik und der Wirtschaft und damit des Realitätsprinzips, ihren Anteil an diesem „schönen Tier" haben wollten.

Hat Wedekind also übertrieben? Er hat eine Frau auf den Brettern des Theaters bis zum äußerst brutalen Sexualmord, der ebenso brutal in Szene gesetzt wird, scheitern lassen, so dass dem Zuschauer nichts, aber auch gar nichts erspart bleibt: die tiefsten Schrecknisse der sexuellen Perversion ebenso wie das grauenvolle Elend einer Frau, die an der Schönheit ihres Körpers und ihrer gesellschaftlichen Randexistenz schließlich zu Grunde gehen muss.

Musste Lulu also in der Kunst scheitern, damit der Gesellschaft der Spiegel vorgehalten werden konnte und die Form des Bühnenstückes oder die der zahlreichen Verfilmungen zum Paradigma werden konnte für Generationen, so gilt dies nicht unbedingt für das wirkliche Leben und die Therapie.

Zwar muss zugestanden werden, dass z.B. Marilyn Monroe und ihr Scheitern im Leben eine gefährliche Nähe hat zu Lulus Scheitern - trotz der Therapie bei Anna Freud, die - Anna Freud möge mir verzeihen - nicht so besonders erfolgreich verlaufen zu sein scheint. Dies u.a. deshalb nicht, weil sie sich beispielweise weigerte, Marilyn die Rolle der Anna O. spielen zu lassen - in dem Film, der Freuds Leben in Szene setzte. Ihre Begründung war, so lauten die Berichte, dass sie Anna O. nicht von einer sexuell so anziehenden Frau habe spielen lassen wollen. Ein Gegenüber-

---

2 Wertvolle Anregungen zum Verständnis der Dramen Frank Wedekinds verdanke ich meiner Tochter Tatjana Tömmel, die 1999 Wedekinds "Totentanz" im Rahmen des Schulabschlusses als Facharbeit inszenierte und ihr Konzept ausführlich theoretisch begründete, u.a. auch die Auffassung der Sexualität bei Frank Wedekind.

tragungswiderstand also, der möglicherweise Marilyn Monroe die lebensrettenden Identifikationsprozesse mit ihrer Analytikerin verweigert hat.

Im nachhinein weiß man immer alles besser. Meine Ausführungen sind auch nicht als Kritik gemeint, sondern als Vorbereitung einer Schilderung einer Fallgeschichte, die ich Ihnen jetzt vortragen möchte.

Lily

Häufig herrscht die Auffassung, dass die Kunst, der Film, das Theater durch die Formen, die angewandt werden und die Absicht, paradigmatische Erkenntnisse zu vermitteln, dramatischer seien als das Leben selbst. Ich möchte dies in Zweifel ziehen.

Meine Patientin, die nunmehr zwei Jahre in therapeutischer Behandlung ist, ist nicht Lulu. Aber sie ist eine Projektionsfläche für männliche Begierden und Wünsche gewesen und ist es sogar heute noch, wie sie wohl in dieser Art immer wieder vorkommen.

Ihr Leben bestand darin, dass sie sich Männern untergeordnet, verkauft und angeboten hat - nicht verbal, nicht offensichtlich, aber tatsächlich.

Sie wurde im Krieg geboren, in einem jener Landstriche, die 1945 von der russischen Armee besetzt wurden. Die Frauen dort hatten damals Angst vor Vergewaltigung. Es ging das Gerücht, dass, mit einem Kind an der Hand, eine Frau als geschützt gelten könne.

Die Mutter der kleinen Lily - so nenne ich sie hier - hatte mit ihr den Krieg überlebt, wartete auf die Rückkehr ihres Mannes und schlug sich tapfer durch die schrecklichen Tage. Eines Tages im Jahr 1945 wurde sie von einer Freundin gefragt, ob sie ihr die kleine Lily ausleihen könne - sie müsse zu einem benachbarten Ort, in dem sie etwas erledigen wolle. Lily wurde der bekannten Freundin ausgeliehen. - Auf der Landstraße fuhr ein russisches Auto vorbei, unter einer Dachplane voll beladen mit jungen Soldaten. Diese nahmen das Kind von der Hand der Frau, setzten es auf ihren Wagen und nahmen es mit. Am nächsten Tag setzten sie es an derselben Stelle aus, an der sie das Kind geraubt hatten. Lily beschreibt die vierundzwanzig Stunden der quälenden Erinnerung in vielen Therapiesitzungen so: „Sie haben mir nichts getan, sie haben mir zu essen gegeben und mich gut behandelt. Sie haben mich von Hand zu Hand gereicht und mich zelebriert. Ich sah eine Unzahl von Fontänen aufspringen, nicht enden wollende Fontänen, während ich von einem Arm zum nächsten gereicht wurde."

Lily kam zu ihrer Mutter zurück. Diese war froh, ihr Kind wiederzuhaben; Lily konnte nicht erzählen, was sie erlebt hatte (ein Kind in diesem Alter kann das nie erzählen). Der Vater kam aus dem Krieg zurück. Die Eltern waren sehr religiös, die

Kinder mussten beten, sollten gehorsam sein. Die Eltern bekamen nach dem Krieg noch weitere fünf Kinder, diese wurden geschlagen, wenn sie nicht brav waren, besonders Lily wurde vom Vater, dessen Kriegserlebnisse unklar sind, am Abend einmal in der Woche mit ins Badezimmer genommen und gewaschen, von oben bis unten und von rechts nach links. Ihre Seele wurde wohl nicht beachtet, außer dass sie den Befehl erhielt, brav und fromm zu sein.

Im Alter von neun Jahren wurde sie von einem Unbekannten im Keller des großen Mietshauses, in dem sie wohnte, vergewaltigt und anschließend in ein Bad gesteckt und nach Hause mit der Auflage geschickt, niemandem etwas zu sagen. Immerhin konnte Lily diesmal ihrer Mutter etwas davon erzählen. Diese ging zusammen mit ihr zur Polizei, ohne Ergebnis.

Die Familie hatte zahlreiche geistliche Freunde, die ins Haus kamen und unter anderem Lily Klavierunterricht geben sollten. Einer dieser Patres, in der Kutte der Franziskaner, missbrauchte Lily während der Klavierstunde. Dieses Mal sagte sie nichts, weil sie dachte, der Mann sei ein frommer Mann und sie müsse ihm zu Willen sein. Ihr erster Freund, den sie mit sechzehn Jahren kennen lernte, äußerlich ein der Familie angenehmer zukünftiger Schwiegersohn, zwang Lily zu solch lebensgefährlichen Sexualpraktiken, dass sie zahlreiche innere Verletzungen davontrug, ständig beim Arzt war und sich schließlich doch von ihm trennen konnte.

Mit zweiundzwanzig Jahren, längst innerlich aus einem „normalen" Leben ausgestiegen, lernte sie ihren späteren Mann kennen und zog aus ihrer Vaterstadt weg. Sie bekam drei Kinder, lebte mit ihrem „unbedarften, schlichten, langweiligen“ Mann zusammen, aber hatte weiter keine Ängste mehr auszustehen. Mit dreißig Jahren verlor sie plötzlich die Sprache, das war nach der Geburt ihres dritten Kindes. Sie wurde zur Psychotherapie überwiesen. Nach zwei Jahren, während sich der Therapeut um Lily sehr bemüht hatte, begann er ein Verhältnis mit ihr. Lily glaubte an seine Liebesschwüre und dass er sie heiraten werde. Sie glaubte neun Jahre daran, dass er sich endlich scheiden lassen werde. Nach neun Jahren des Verhältnisses mit ihm, neben seiner Ehe und einer weiteren Geliebten, beendete der Therapeut abrupt die Beziehung und schickte sie zu einem Kollegen.

Dieser nahm sie bald in seine Familie auf, stellte sie seiner zweiten Frau vor; sie kochten zusammen. Elf Jahre dauerte die Beziehung zwischen diesem zweiten Therapeuten und Lily; der Therapeut ließ sich nicht scheiden, auch er entschied sich nach elf Jahren für eine dritte Geliebte. Lily dekompensierte. Sie kam in eine Klinik. Längst hatte sie sich von ihrem braven Mann getrennt und scheiden lassen, auch hier immer in der Hoffnung, der zweite Therapeut werde sie heiraten.

Sie kam in verschiedene Kliniken, wurde dort, weil sie nicht sprach, nichts erzählte, nicht „willig war, am therapeutischen Prozess mitzuwirken", als unheilbar entlassen, medikamentös eingestellt und einem Psychiater zur stützenden Behandlung überwiesen. Inzwischen war Lily nicht mehr drei, sondern fünfundfünfzig Jahre alt. Sie war geschieden, Großmutter und als Sekretärin nicht mehr arbeitsfähig.

So sah ich sie vor zwei Jahren: hellblonde, lange Haare, einen kindlichen Gesichtsausdruck in ihren Augen, leicht verwirrt und ängstlich, beim Erstgespräch konnte sie buchstäblich die Schwelle meiner Praxis nicht übertreten. Ihr Arbeitgeber, der mich aus einem völlig anderen Zusammenhang kannte, hatte sich bei mir für sie verwendet. Er hoffte, etwas für die von ihm geschätzte Sekretärin tun zu können.

Lily war verschlossen, ein wenig misstrauisch und doch, hinter der Fassade eines älteren Kindes, war die Hoffnung auf jemanden zu spüren, der ihr zuhörte. „Ich möchte nur reden". Ich hörte zu, sonst nichts. Ich wunderte mich, dass von ihrer Geschichte, die nach und nach, wie eine schwere Geburt, das Licht des Therapieraumes erblickte, nichts in den mir zugeschickten Krankenakten zu finden war. Die Diagnose lautete: Borderline-Störung. Möglichst stützende Therapie. Ich hatte eine Analyse beantragt und diese war vom Gutachter, der meiner Schilderung folgte, genehmigt worden. Wir hatten also viel Zeit.

Unglücklicherweise hatte ich sechs Wochen, nachdem Lily zum ersten Mal zu mir gekommen war, Urlaub. Sie kam in eine der letzten Stunden vor den Ferien mit gefährlich bis zum Oberarm mittels eines Hammers verletzten Armen, bereits dick eingebunden. Sie hatte am Abend zuvor Cognac getrunken und gegen sich gewütet, ohne Pause und ohne Rücksicht. Ich sagte damals zu ihr: „In Wirklichkeit wollten Sie mich mit dem Hammer erschlagen, weil ich sie alleine lasse und Sie nun in den Ferien ohne mich sein müssen." Sie erschrak zutiefst, war ich doch bis dahin mit Deutungen vorsichtig gewesen. Bis dahin hatte ich nur zugehört und ihre Geschichte zu verstehen gesucht.

Lily war betroffen, aber auch berührt. Sie zeigte hier, nicht zum ersten Mal, wie sehr sie trotz ihrer schweren Erkrankung fähig war, tiefgreifende und nicht eben freundliche Deutungen zu verstehen und auch zu verarbeiten.

In der Stunde selbst protestierte sie gegen meine Deutung, aber die Selbstverletzungen, die zu ihrem Alltag gehört hatten, und das Trinken von Cognac kamen nie wieder vor, bis heute nicht.

Ich bot an, ihr meine Handynummer zu geben, damit sie mich während meines Urlaubs jederzeit erreichen konnte, und des weiteren, dass sie, so oft sie wolle, auf meinen Anrufbeantworter sprechen könne und nur dann, wenn sie es brauche, um einen Rückruf ausdrücklich bitten solle. Ansonsten würde ich ihre Erzählungen anhören und an sie denken.

Von diesem Angebot machte sie regen Gebrauch. Sie setzte die Schilderungen ihres Alltagslebens, zum Teil auch Erinnerungen, regelmäßig auf den Anrufbeantworter während meines gesamten Urlaubes fort. Damals sprach sie noch nicht auf mein Handy.

Im Herbst setzten wir die Therapie fort. Die bis dahin adipöse Lily verlor ohne jedes bewusste Hungern zehn Kilogramm von ihrem Übergewicht. Sie freute sich sehr darüber, weil sie ihre frühere zierliche Figur wiederhaben wollte. Sie rekonstruierte die Details ihrer Lebensgeschichte: Ein nie ernst genommenes Kind idealisierender und von des Vaters Seite missbrauchender Eltern, ein Kind, das nicht lernen konnte, dass es um seiner selbst willen geliebt und geschätzt wurde, ein Kind, das mit drei Jahren aber die Macht des Sexuellen instinktiv aufgenommen und erfasst hatte und der Meinung war, über diese Schiene lasse sich jeder Mensch, jeder Mann, aber auch jede Frau gewinnen.

So kam sie im Frühjahr des ersten Jahres, kurz vor ihrem „ersten Geburtstag" aufgeregt und etwas hypomanisch in die Stunde. Ich spürte, dass sie zur Abwechslung einmal wieder „nicht allein" gekommen war, sondern so wie am Anfang der Therapie zu sechst oder zu siebt. Sie weigerte sich, auf einem der Sessel Platz zu nehmen, lief im Raum umher.

Ich überlegte, wie ich sie beruhigen sollte, und sagte, sie solle mir die Hand geben. Sie gab mir die Hand, begann am ganzen Körper zu zittern und meinte, „das ist wie Ausziehen". Ich sah ihre sexuelle Erregung, bekam selbst einen Schreck und sagte dann: „Sie können sich eben keine andere Sympathie vorstellen als die der sexuellen Verführung". Ich hatte sie, glaube ich, zutiefst getroffen: sie ließ sofort meine Hand los, setzte sich still auf ihren Stuhl, sah mich an und sagte: „Vielleicht haben Sie recht". Sie war völlig klar, geordnet und integriert, wenn auch beleidigt.

Am Nachmittag desselben Tages rief sie mich an: Wie ich darauf gekommen sei, dass sie auch selbst immer verführen wolle und dass sie meine, alle Menschen reagierten nur auf Sexualität, auf sonst gar nichts?

Die folgenden Wochen waren der Durcharbeitung dieses Problems gewidmet: ihre traumatischen Erlebnisse bei den russischen Männern, frühe Erfahrung der Macht des Sexuellen, der sie als Kind ohne den zensurierenden Verstand einer erwachsenen Frau, die unterscheiden kann zwischen Liebe, Zuneigung, Freundschaft und Sexualität, völlig ausgeliefert war. Sie war in dieser Hinsicht traumatisiert worden mit dem Erfahrungshorizont eines Kindes, für das die eine Erfahrung zur Welterfahrung wurde, die sich in den späteren Jahren stets und immer wieder zu bestätigen schien. Wir arbeiteten heraus, dass sie damals wohl „ausgestiegen" war aus ihrer Seele und sich später den sogenannten „Trick" angeeignet hatte mit der siebenfachen Persönlichkeitsspaltung. Es zeigte sich auch, dass der wichtigste abgespaltene Anteil der Persönlichkeit die von ihr gehasste Mutter war. Dieser Teil lebte auch am längsten „außer Verkehr mit der bewussten Person", wie Freud dies genannt hat.

Die anderen Personen stellten sich als die jüngeren Geschwister heraus. Im Sommer des gleichen Jahres starb eine ihrer jüngeren Schwestern an einer schweren Krebserkrankung. Sie zeigte keinerlei Trauer, sie fuhr auch nicht zum Begräbnis, nicht in die verhasste Heimatstadt und nicht in die Nähe der Erlebnisse, die ihr so viel Angst gemacht hatten.

Der zweite große Urlaub nahte und mit ihm der sogenannte „Anniversaire" der letzten Selbstverletzung. Ich hatte Bedenken, ob sich dieses wiederholen würde, aber dieses Mal verschob sie ihre Sorgen in einer Art Reaktionsbildung auf ihre aggressiven Gefühle wegen des Alleingelassenwerdens auf die größte Sorge um mich, was mir alles im Ausland passieren könnte. Ich deutete auch dies, und sie konnte einigermaßen beruhigt in München bleiben.

Anlässlich meines Aufenthaltes in einem anderen Land kamen weitere traumatische Erlebnisse ans Tageslicht: Sie hatte einmal auf eine Zeitungsannonce geschrieben, hatte einen Mann kennen gelernt, der aus dem Land kam, in das ich gerade fuhr, war seiner Einladung gefolgt und auch hier aufs schändlichste ausgenutzt worden.

Nach den Ferien wurden die Symptome, die Lily noch hatte, sorgfältig auf ihre weitgehend traumatische Herkunft hin analysiert und dann bearbeitet und zum Teil aufgelöst: Sie konnte nicht baden, sie konnte nicht bei Sonne das Haus verlassen, nur stark verdunkelte Gläser halfen ihr, ins Büro zu gehen. Sie konnte nicht mehr essen, oder nur bestimmte Dinge; sie berichtete eines Tages, sie kaufe Essen ein und lege es in den Kühlschrank. Am Morgen sei es verschwunden.

Eine schwere Krise kam, als Lilys Mann, der „langweilige" Mann, der immer noch im selben Haus mit ihr wohnte - zwar seit fünfundzwanzig Jahren von ihr geschieden, aber doch noch ihr so weit verbunden, dass er ihr den Sprudel aus dem Keller holte, die schweren Lasten in den fünften Stock trug, bei den zahlreichen Familienfeiern, bei denen Lily immer „ausstieg" (das Wort hatte ich einmal verwendet, aber es gefiel Lily außerordentlich gut, weil es wohl dem sie diesbezüglich begleitenden Gefühl entsprach) dennoch treu zu ihr gestanden hatte. Er hatte aber schon lange eine neue Lebensgefährtin und wollte nun mit dieser in eine etwas weiter entfernte Wohnung ziehen, wenn auch in der gleichen Stadt. Lily kam meist schon „ausgestiegen" in die Stunde, sagte, dass die Therapie ihr nichts bringe, sie wüsste auch nicht zu sagen, welches die Gründe für ihre Angst seien. Sie erlebte Scham und Schuld und Angst und konnte auch nicht mehr einschlafen. Sie hatte Angst vor wehenden Vorhängen, vor Wasser, vor der Dunkelheit, vor der Sonne, vor allem. Schließlich konnte sie sehen, dass dieser von ihr als langweilig geschmähte Mann über mehr als fünfundzwanzig Jahre doch einen sehr stabilisierenden Faktor in ihrem Leben dargestellt hatte. Sie war immer froh gewesen, dass er sexuell „nichts mehr von ihr gewollt hat", aber als Freund und Kumpan hatte sie ihn nun auch verloren. Er hatte Leid und Freude über die drei gemeinsamen Kinder und die sieben Enkelkinder geteilt - etwas, was sie nun doch stark vermissen würde.

Wir bewältigten auch das. An einem Maiwochenende dieses Jahres, kurz vor ihrem sogenannten „zweiten Geburtstag", rief Lily mich an und berichtete auf dem Anrufbeantworter, sie habe „ein ganz normales Wochenende wie alle Leute" verbracht.

Sie erzählte, wie sie in den Zug gestiegen sei, wie sie in Ruhe und ohne Angst und ohne Scham in eine Kleinstadt gefahren sei, um ihren ältesten Sohn zu besuchen, wie sie Kaffee und Kuchen genossen habe, wie sie nicht „ausgestiegen" sei, wie sie am Abend nach Hause gekommen sei und nun müde ganz normal ins Bett gegangen sei. Sie danke mir sehr, und sie habe ja auch bald den „zweiten Geburtstag" bei mir.

Diskussion

Was ist also der spezifische Inhalt der Kreativität im psychoanalytischen Prozess? Gibt es hier etwas, was sie von Kreativität in anderen Bereichen unterscheidet? Was ist geschehen während der beiden Jahre, in deren Verlauf Lily von einer siebenfach gespaltenen Persönlichkeit, die vor Scham und Schuld nicht die Straße betreten und vor Angst keine Nacht ohne Medikamente einschlafen konnte, deren Körpererleben bizarre Depersonalisationserscheinungen aufwies, deren soziale Kontakte nicht „unausgestiegen" bewältigt werden konnten, deren Arbeitsfähigkeit ruiniert schien und deren Rentenantrag schon gestellt war? Was ist mit Lily, durchaus und ohne jedes emanzipatorische Ressentiment, das mir fern liegt, als Opfer männlicher Begierden zu bezeichnen, im psychoanalytischen Prozess passiert? Was unterscheidet die Kreativität im therapeutischen Prozess von der künstlerischen Kreativität? Also, noch einmal zur Eingangsfrage: Warum scheiterte Lulu in der Kunst, und warum kann Lily in der Therapie eventuell geheilt werden?

Ausdrücklich möchte ich sagen, dass ich nicht der Auffassung bin, der künstlerische und der psychotherapeutische und/oder psychoanalytische Prozess wiesen strukturelle Gesetzmäßigkeiten auf, die den kreativen Akt im künstlerischen Setting und im psychoanalytischen Setting ähnlich sein ließen. Diese Vorstellung dürfte im einzelnen kaum einer strengen Nachprüfung standhalten und betrifft ferner jene Behauptung, die ich eingangs bereits erwähnt habe: nämlich, dass sie möglicherweise auf einer heimlichen Identifikation mit dem beneideten Künstler beruht.

Das Hauptunterscheidungsmerkmal zwischen künstlerischer Kreativität und psychoanalytischer Kreativität ist wahrscheinlich die duale Struktur des therapeutischen Settings. Im therapeutischen Raum agieren zwei (oder, im Falle einer Gruppentherapie, mehr als zwei) Menschen miteinander. Der Künstler, auch wenn er sich in einem Gruppenzusammenhang definiert, ist für sich und sein Werk als Einzelner, als Individuum, verantwortlich.

Die Struktur des Dualen ist im therapeutischen Setting darüber hinaus asymmetrisch - selbst wenn man künstlerische Gruppenwerkstatt oder Teamarbeit von Filmemachern annimmt, ist auf den ersten Blick zu sehen, dass die künstlerisch arbeitenden Gruppierungen definitionsgemäß gleichberechtigt bzw. symmetrisch arbeiten.

Die analytische Arbeit geschieht insofern asymmetrisch, als der Patient, sich selbst und von außen als Leidender definierend, zu einem Analytiker / Therapeuten kommt, von dem er erhofft, er werde während der Zeit der Therapie interesse- und selbstlos seine Arbeits- und Reflektionsfähigkeit dem Leidenden zur Verfügung stellen, damit dieser, in einer angemessenen Zeit, seine Gesundheitsfähigkeit wiedergewinnen kann. Es handelt sich also bei der Arbeit im therapeutischen Prozess um eine Arbeit innerhalb einer asymmetrischen, dualen Struktur, die den bewusst reflektierten Aufbau einer Mutter-Kind-, Vater-Kind-, vielleicht auch noch Lehrer-Schüler-Beziehung abbildet. Die sozialen Gesetzmäßigkeiten eines Kunstwerks sind völlig andere (Kuhns, 1986; Tömmel, 1999).

Innerhalb dieser Struktur, die durch ein klares Arbeitsbündnis, dem beide (oder, im Falle einer Gruppe, mehrere) Beteiligte bewusst zustimmen (d.h., dass sie hierzu geistig und emotional in der Lage sein müssen), kann sich die Kreativität zum Nutzen des Patienten erst entfalten.

Voraussetzungen zu dieser Entfaltung wie Empathie, Interesse, Intuition, intellektuelle Strenge und Fähigkeiten, die eher emotionalen Vorinformationen kognitiv umzusetzen, sind freilich allgemein menschliche Fähigkeiten und gehören nicht nur dem Analytiker, aber auch nicht nur dem Künstler oder Wissenschaftler, sondern sind Charakteristika des allgemein menschlichen „lebenswerten Lebens", die Winnicott als das Charakteristikum der Kreativität benennt (Winnicott, 1964).

Die asymmetrische, duale Struktur des therapeutischen Prozesses erlaubt es, im Rahmen eines bestimmten Zeitkontingents die Kreativität des Therapeuten, beruhend auf der lebenslang angeeigneten Erfahrung und den intellektuellen Errungenschaften der Scientific Community der Analytiker, dem Leidenden, dem Patienten zur Verfügung zu stellen.

Da der Mensch fast unbegrenzt plastisch reagiert, die Neurologie in den letzen Jahren sogar feststellen konnte, dass auch bei älteren Menschen aufgrund von Gesprächen und Informationen, die neue Erfahrungen transportieren, neue neuronale Äste wachsen können (Spitzer 1998), ist dieses Sich-zur-Verfügung-Stellen im Rahmen des therapeutischen Settings auch nachweislich heilend.

Die Kunst hat einen anderen Auftrag: ihre Kreativität steht in einem gänzlich anderen Kontext. Die Kunst will nicht heilen, verbessern - weder Individuen noch Gruppen oder ganze Gesellschaften. Nahm man die Kunst in den Dienst gesellschaftlicher Zielsetzungen, so erwies sich dies allemal als Falle für die Künstler und als Fallstrick für die Qualität von Kunst insgesamt. Beispiele der jüngeren Zeit im Nationalsozialismus und im sogenannten Realen Sozialismus zeigen dies überdeutlich.

Letzten Endes ist die Kunst, auch da, wo sie noch weniger individuell produziert wurde als in der Neuzeit (und hier vor allem in der Moderne), der individuelle Kampf um Erkenntnis mit künstlerischen Mitteln, notfalls gegen gesellschaftliche Konventionen, gegen Mehrheitsmeinungen, Mehrheitswahrnehmungen, Mehrheitsformulierungen. Nichts ist so schön wie die Sprache der bildnerischen Wahrnehmung eines Künstlers aufzunehmen. Und nichts ist so identitätsstiftend, wie die Formulierungen eines Dichters, der Natur- oder andere Erlebnisse, die man x-mal selbst gehabt hat, deren Bilder man hundertmal gesehen hat, in einer neuen, in einer kreativen, individuellen Sprache zu lesen, sie also neu zu erleben, neu aufzufassen und für sich selbst neu zu erfinden. Die therapeutische Kreativität ist eine ganz andere. Sie ist eine, so möchte ich sagen, sekundär kreative, insofern sie sich rezeptiv um das Verstehen eines anderen Menschen bemüht, nicht die eigene Schöpferkraft gegen den Patienten stellen darf - mit Recht würde man einen solchen Therapeuten narzisstisch nennen; was beim Künstler selbstverständlich zu seinem eigenen kreativen Prozess gehört, müsste beim Therapeuten als selbstverliebte Spiegelung bezeichnet werden.

Wedekind hat zeigen können, wie in einer gegebenen Gesellschaft verlogener Bürger ein „schönes Tier" wie Lulu scheitern musste - und Lily wurde oder kann vielleicht gerettet werden, weil die duale Struktur der Therapie es erlaubt, die durch traumatische Erfahrung gestörten Rezeptoren für Umwelt und Gesellschaft aufzuspüren, durch Beziehung und Deutung zu korrigieren und einer Neustrukturierung zuzuführen. Therapie ist also Kreativität zu zweit, und dies, so meine ich, ohne Wenn und Aber.

Literatur

Kuhns, R. (1986): Psychoanalytische Theorie der Kunst, Frankfurt.

Nunberg, H. und Federn, E. (Hrsg.) (1976-1981): Protokolle der Wiener Psychoanalytischen Vereinigung, Bd. I-IV, Frankfurt.

Spitzer, H. (1998): Geist im Netz, Heidelberg.

Tömmel, S. (1998): Goethes Wahlverwandtschaften als „kulturell verpflichtendes Kunstwerk". Einige Bemerkungen zu Geschichte und Gegenwart psychoanalytischer Literaturtheorie. In: Luzifer Amor, Zeitschrift zur Geschichte der Psychoanalyse, 11. Jahrgang, Heft 22, S. 64-99.

Wedekind, F. (1996): Werke I, dtv München, darin: Erdgeist, Tragödie in vier Aufzügen und Die Büchse der Pandorra, Tragödie in drei Aufzügen, S. 549-720.

Winnicott, D.W. (1987, 4. Aufl.): Vom Spiel zur Kreativität, Stuttgart (Orig. 1971).

Herbert Will [1]

Nietzsche, Groddeck, Größenwahn

Vieles verbindet Nietzsche und Groddeck. Die protestantische Herkunft, die Gymnasialzeit in Schulpforta, der Literaturprofessor Koberstein, der Hang zur Größe, und die Tatsache, dass Groddeck sich intensiv auf Nietzsche berief. Natürlich trennen sie auch Welten, denn Nietzsche war tatsächlich genial und wurde einer der ganz großen Philosophen des 19. Jahrhunderts, Groddeck hingegen war genialisch und wurde zum Propheten des Es in der Psychoanalyse. Nietzsche wurde 1844 geboren, Groddeck 1866, so dass Groddeck eine Generation jünger war als Nietzsche und in seiner eigenen Entwicklung stark durch die Nietzsche-Rezeption seiner Zeit geprägt wurde (Will 1984).

Worum es hier gehen soll, ist der Hang beider zur Größe, psychologisch gesprochen ihre ausgesprochene Fähigkeit, Allmachtsphantasien zu pflegen und ihr Werk damit zu unterfüttern. Wir kennen Groddecks Aussage aus dem Buch vom Es (1923), dass seine Mutter ihm als Kind folgenden Satz auf den Weg gegeben habe: „Große Ohren verpflichten zu großen Leistungen“ (S. 77). Das hat er nie vergessen, der Junge. Seine Mutter hatte die mächtig abstehenden Ohren des kleinen Georg intentional gedeutet als eine Voraussage auf die Größe seiner Person und auf das Ausmaß seiner zukünftigen Leistungen. So wandelten sich die Segelohren, die ihn als kleinen Jungen beschämt hatten, zu einem Versprechen, weil die Mutter ja zugleich ausgedrückt hatte: „Deine großen Ohren werden dich zu großen Leistungen befähigen“. Ist es nicht eine wunderbare Gabe des Primärprozesses, aus einer körperlichen Eigenart in dieser Weise ein Versprechen auf die Zukunft zu prägen? Georgs Mutter zeigte sich als eine würdige Vorläuferin von Groddecks späterer Theorie vom Es und seiner Schöpfungskraft.

Groddeck selbst wurde ein Meister darin, eigentlich Beschämendes, das man lieber versteckt, in Großartiges umzuwandeln, das er gerne zeigte und mit dem er sich stolz präsentierte. Ich möchte nur die Vielzahl seiner körperlichen Krankheiten erwähnen, die er als immer neue Kreationen seines Unbewussten

---

[1] Diese Arbeit wurde in einer früheren Fassung bei der Tagung der Georg-Groddeck-Gesellschaft am 11.10.1998 im Nietzsche-Haus in Naumburg vorgetragen. Ich widme sie Wolfgang Schmidbauer, weil er wesentliche Gedanken von Groddeck weitergeführt hat (zuletzt in Schmidbauer 1998), weil er wie Groddeck die Fähigkeit besitzt, sich so zu äußern, dass viele ihn verstehen können, und weil er die Psychoanalyse nicht wie Freud voller Weisheit und Resignation verkündet, sondern mit Groddeck das Kind im Erwachsenen, den Witz und manchmal auch die große Geste liebt.

vorstellte. Wir kennen auch die Sätze, mit denen er seinen Freund, den Philosophen Hermann Graf Keyserling charakterisierte:

„Irgend jemand hat einmal gesagt: Keyserling steht vor sich selber wie ein Kind vor dem Weihnachtsbaum. Ein feineres Lob läßt sich kaum ausdenken; denn das Kind hat nicht nur Freude am brennenden Weihnachtsbaum, es hat Ehrfurcht davor, ja, das ist die Grundstimmung" (1926, S. 332).

Vor sich selbst zu stehen, wie ein Kind vor dem Weihnachtsbaum, voller Bewunderung und Andacht, das ist eine Haltung, die von einer aufdringlichen Selbstliebe zeugen könnte; doch durch Groddecks Zusätze wird sie in einen ganz anderen Zusammenhang gestellt. Freude an dem Weihnachtsbaum hieß für ihn Freude an den eigenen Fähigkeiten und Ehrfurcht davor hieß, dass diese Fähigkeiten seiner Ansicht nach nicht von ihm selbst geschaffen worden sind, sondern eine Gabe des Lebens aus seiner Fülle heraus darstellen, die man nur bewundern kann. So sah Groddeck sich selbst, wie Nietzsche, aus dieser Fülle heraus leben und schaffen.

„Ich gehe noch viel weiter und behaupte, dass ich die Welt bin, behaupte es nicht nur, sondern suche danach zu leben und andre Menschen zu lehren, sich als Welt zu empfinden. Nur die Welt existiert, die der Mensch sich selbst schafft, eine objektive Welt, eine Welt an sich gibt es nicht. Wenn ich nicht da bin, ist keine Welt mehr da. So kann man denken und so zu denken führt nicht zur Selbstsucht, sondern zum Sichselbstaufgeben. [...] Wenn ich mich nicht für die Welt hielte, wie sollte ich das Leben ertragen?" (Groddeck 1926, 313).

Ich möchte im Folgenden eingehen auf die Übersteigerung solcher wohlbegründeter Größenphantasien bei Nietzsche wie bei Groddeck, will sagen, von beider pathologischem Größenwahn. Ein solcher Größenwahn ist, so finde ich, für das Publikum längst nicht so reizvoll wie die einfachen Größen- und Allmachtsphantasien. Während diese den Leser zurecht mitreißen können – weil er sie aus seinen eigenen Tagträumen kennt, sie für sein psychisches Überleben benötigt, sich dennoch unbehaglich mit ihnen fühlt und deswegen erleichtert ist, wenn jemand wie Groddeck sie ihm zu haben gestattet -, währenddessen hat der Größenwahn etwas so Absurdes und Übersteigertes, dass er befremdet und abstößt. Gleichwohl nährt er sich aus den alltäglichen Allmachtsphantasien, und das macht ihn psychologisch interessant. Ich möchte nun zunächst auf Nietzsches Größenwahn eingehen, dann auf Groddecks Größenwahn und zum Schluss noch einen Kommentar zu deren Bedeutung geben.

Tempo fortissimo der Arbeit und der guten Laune

Das äußere Leben Fiedrich Nietzsches war traurig. Wir können mit Recht sagen: der arme Nietzsche. Zeit seines Lebens tat er sich schwer mit den Frauen. Obwohl er Cosima Wagner und Lou Andreas-Salome insgeheim liebte und manche ungeschickten und täppischen Versuche machte, eine Lebensgefährtin zu gewinnen, blieb er allein; gehemmt, scheu und überschwenglich in einem. Als er als zweiundzwanzigjähriger Student in Bonn oder Leipzig ein Bordell besuchte, holte er sich, ausgerechnet er sich die Syphilis. Damit begann die Verdoppelung seines körperlichen Leidensweges, der schließlich in der Krankheit der progressiven Paralyse, der geistigen Umnachtung und seinem Tod endete (Volz 1990). Zeitlebens litt er an quälenden psychosomatischen Beschwerden. Schon als Schüler hatte er heftigste Kopf- und Augenschmerzen gehabt, später ausgeprägte Dyspepsien, Magen- und Darmbeschwerden, schlimmste Schlaflosigkeiten und nervöse überreizte Zustände. Diese Beschwerden mischten sich schließlich mit jenen der progressiven Paralyse. Über Jahrzehnte hinweg war Nietzsche ruhelos unterwegs auf der Suche nach einem Ort, an dem er sich wohl und gesund fühlen konnte. Zudem versuchte er, ebenfalls mit wenig dauerhaftem Erfolg, durch die Hilfe verschiedenster Medikamente, Kuren, Diäten und durch Veränderungen der Lebensführung seine körperlichen Leiden zu lindern.

Hinzu kam seine innere Isolation. „So wandere ich einsam wie das Rhinozeros", schrieb er mit 31 Jahren an seinen Freund Gersdorff. Er hatte einige enge Freunde, daneben seine Mutter und seine Schwester, doch blieb er ein einsam leidender Mensch.

In welchem Gegensatz zu diesem traurigen Leben steht seine Philosophie! Sie ist dionysisch gestimmt, genial in der Kraft ihres Begreifens und musikalisch in ihrer Durchführung. Sie ist mitreißend und stimulierend und hebt ihre Leser aus den Niederungen des Alltags. Ihre Energie jedoch gewinnt sie immer neu – dafür gibt es viele Hinweise - aus der Auseinandersetzung mit seinem eigenen Leiden. In *Jenseits von Gut und Böse* (Aphorismus 225) beschwört Nietzsche die „Spannung der Seele im Unglück". Diese Spannung seiner Seele gab ihm den Impuls zu seinem hochgestimmten Werk. Sein persönliches Unglück wurde, so meine ich, zur Quelle für die große Geste seiner Philosophie.

In Nietzsches 44. Lebensjahr brach seine Nervenerkrankung, die progressive Paralyse, aus mit dem typischen Bild von Euphorie, Expansivität und Größenwahn. Dies war der Beginn seines geistigen Verfalls nach dem schon länger sich vollziehenden körperlichen Niedergang. In dem ersten Stadium der Exaltation waren seine eminenten intellektuellen Fähigkeiten noch erhalten, die Realitätsprüfung jedoch zunehmend eingeschränkt. Der polemische Ton seiner Schriften wurde schärfer und aggressiver denn je und er brach nahezu alle noch bestehenden Freundschaften ab. In einem wahren Schaffensrausch verfasste er binnen eines halben Jahres sechs Schriften, ein, wie er sagte, „tempo fortissimo der Arbeit und der guten Laune".

Gesundheitliche Beschwerden hatte er nun keine mehr, seine Stimmung wurde zusehends euphorischer, sein Selbstbewusstsein enorm gesteigert. Nietzsche wollte mit seinem Hauptwerk, das er unter dem Titel *Umwertung aller Werte* geplant hatte, das Schicksal der Menschheit verändern. 1888 sollte das Jahr Eins einer neuen Zeitrechnung werden. Dieses Hauptwerk sollte nach seiner Planung gleichzeitig in sieben Sprachen zu je einer Million Exemplare erscheinen. Er bemühte sich um die berühmtesten Übersetzer, etwa um August Strindberg in

Schweden. Seinen Brief an Strindberg unterzeichnete er mit „Nietzsche Caesar". Andere der damals entstandenen sogenannten Wahnsinnsbriefe unterschrieb er mit Dionysos oder Christus.

In Turin, wo er sich damals eingemietet hatte, wurde er zunehmend auffällig. Er bezeichnete sein bescheidenes Zimmer als Tempel, in dem er den König von Italien mitsamt seiner Gemahlin zu empfangen gedachte. Er zerriss Geldscheine und warf sie weg. Er trank ungewöhnliche Mengen von Wasser. Tags und nachts spielte er auf dem Klavier in unmäßiger Lautstärke Wagnersche Musik und sang dazu. Er umarmte in plötzlicher Gefühlsaufwallung ihm völlig unbekannte Passanten, stürzte mehrmals auf der Straße hin und wurde schließlich von Polizisten aufgegriffen, weil er einem misshandelten Pferd um den Hals fiel – wahrscheinlich um ihm nach alter Kavalleristenart aufmunternd ins Ohr zu schnalzen – und weinend zusammenbrach. Sein Freund Franz Overbeck holte ihn schließlich nach Basel, wo er ins psychiatrische Spital aufgenommen wurde. Neben seinem seelischen Ausnahmezustand zeigte er die typische körperliche Symptomatik einer progressiven Paralyse. Nach einer Woche wurde er auf Veranlassung seiner Mutter in die Nervenklinik Jena verlegt, wo er 14 Monate blieb. Er beruhigte sich allmählich; die Größenideen und die heitere und exaltierte Stimmung ging zurück. Das Versagen seiner intellektuellen Kräfte und die hirnorganische Demenz wurden offensichtlich. Schließlich holte ihn seine Mutter nach Hause und pflegte ihn liebevoll, bis sie 1897 starb. Dann nahm seine Schwester Elisabeth ihn nach Weimar, wo er, in lange weiße Gewänder gehüllt und auf dem Diwan dahindämmernd, zum Ausstellungstück ihres beginnenden Nietzsche-Kultes wurde. Nach mehreren Schlaganfällen starb er dort im Jahr 1900.

Der Größenwahn

Nietzsches Größenwahn war keineswegs singulär, er trat vielmehr in der damaligen Zeit typischerweise bei der Krankheit der progressiven Paralyse auf. Wenn wir Nietzsches Zustand psychologisch verstehen wollen, müssen wir uns klarmachen, dass er seine Diagnose, mit der wir heute so selbstverständlich operieren, gar nicht kannte; dass er überhaupt nichts von seiner chronischen Syphilis und der progressiven Paralyse wusste.

Er erlebte vollkommen unerklärliche Veränderungen an seinem Körper, Funktionsstörungen, Behinderungen, Schmerzen, den Verfall seiner geistigen Leistungen. Sein Unbewusstes konnte gar nicht anders, als dieses Erleben phantastisch zu erklären, d.h. durch Phantasiebildungen. Die ungarischen Psychoanalytiker Istvan Hollos und Sandor Ferenczi haben 1922 eine Arbeit über die Psychoanalyse der paralytischen Geistesstörung veröffentlicht, in der sie mehrere Fälle solcher Phantasiebildungen diskutieren. Sie beschreiben den paralytischen Größenwahn als einen großartigen Verarbeitungsversuch der Seele des armen Paralytikers, die in aktivem Kampf steht mit den schrecklichen Gewalten, die sie zu vernichten drohen. Hollos und Ferenczi meinen, die Allmachtsideen seien ein unbewusstes Sich-Aufbäumen gegen die Erkenntnis des Verfalls. Nietzsche zeigte tatsächlich spät noch eine dumpfe Erkenntnis seiner Situation, wenn er – in häufiger Wiederholung – zu seiner Mutter sagte: „Ich bin tot, weil ich dumm bin". Die Mutter widersprach ihm regelmäßig. Doch hatte er im Grunde nicht recht, weil er, obwohl er körperlich noch lebte, seine geistigen Fähigkeiten verloren hatte, die ihm das Leben bedeutet hatten?

Kein Größenwahn fällt einfach vom Himmel. Er schließt mit seinen Inhalten und Phantasien an das Seelenleben an, wie es den Kranken zuvor schon bewegt hatte. Auch bei Nietzsche waren die Größenideen mit seinen früheren philosophischen Gedanken und seiner Selbsteinschätzung verknüpft, gestalteten sie aus und intensivierten sie. Schon als Kind hatte er ein besonderes Sendungsbewusstsein gehabt. Er hatte sich wiederholt als Prinz, als Königs- oder als Gotteskind bezeichnet und dies damit begründet, dass er am Geburtstag seiner Majestät König Friedrich Wilhelm IV. geboren war und den Vornamen des Königs – Friedrich – erhalten hatte.

Groddeck berichtet in seinen Lebenserinnerungen von einer Erinnerung aus seinem fünften Lebensjahr mit seiner Kinderfrau, die nicht schlecht dazu passt. „Ich sehe mich auf einem Tisch stehend, vor mir eine Frauengestalt im braunen Kleid, frisch und lebendig, und von ihr strömt der seltsame Duft des Weibes zu mir, so daß ich ihn jetzt noch wahrzunehmen glaube. Sie zieht mich aus und fragt: „Was willst du werden, Pat?" – „Kaiser will ich werden, und du sollst meine Kaiserin sein." Sie lacht und zieht mich an sich heran, und ich fühle die weichen Formen" (Groddeck 1926, S. 276).

Allem Anschein nach liebt der Größenwahn Phantasien der Wunscherfüllung, die unverhüllt auftreten und nach infantilem Muster gebaut sind. Man findet bei ihm keine Einschränkungen durch Moral, Realitätssinn oder Bescheidenheit, sondern stattdessen unverhüllte kindliche Wunschträume. Peinliche, schmerzliche und konfliktreiche Themen verschwinden völlig. So wird die Wahrnehmung von Kleinheit, Machtlosigkeit oder Beschädigung geradezu in ihr Gegenteil verkehrt und von seelischem Schmerz befreit. Statt Leiden und Unglück herrschen Größe und Wunscherfüllung.

Die tatsächliche sexuelle Impotenz der Paralytiker wurde beispielsweise gerne in die Phantasie größter sexueller Fähigkeiten umgewandelt. Ein Patient der Budapester Irrenanstalt behauptete, er könne stündlich zwanzigmal koitieren. Er werde so viele Kinder machen, dass die Bevölkerung Ungarns auf 500 Millionen steigen werde. Ein anderer meinte, er könne mit allen Frauen der Welt auf einmal verkehren. Vielleicht war der Plan Nietzsches mit seiner Umwertung aller Werte und einer Erstauflage von sieben Millionen Exemplaren in sieben Ländern eine sublimierte Form derartiger sexueller Größenideen? Manche Frauen werden sich fragen, ob derlei Größenphantasien nicht sehr männlich sind und viel mit einem spezifisch männlichen Selbstverständnis zu tun haben. Vieles spricht dafür; so ist im 19. Jahrhundert der Größenwahn bei Männern weit häufiger aufgetreten als bei Frauen und dies ist bis heute so geblieben.

In der psychiatrischen Literatur wurde die Unterscheidung einer primären Grandiosität von sekundären Größenideen entwickelt (Harris 1977). Bei Nietzsche stoßen wir auf beides. Die primäre Grandiosität lässt sich auffassen als ein direkter Ausfluss einer unerschütterlichen kindlichen Überzeugung, großartig zu sein und drückt sich vor allem in der Vorstellung von grandiosen Fähigkeiten aus. Nietzsches sichere Überzeugung, dass die Geisteskraft seiner Schriften stark genug sei, um das Schicksal der gesamten Menschheit umzuwälzen, gehört wohl hierhin. Die sekundäre Grandiosität zeigt sich vor allem in der Vorstellung von grandiosen Rollen – zum Beispiel, von Gott gesandt zu sein – und von großartigen Identitäten, so wie Nietzsche sich als Verkörperung von Dionysos und Christus ansah. Während die primäre Grandiosität das grandiose Selbstgefühl direkt ausdrückt, dürfte in der sekundären die psychologische Aufgabe vorherrschen, die Wahrnehmung einer tödlichen Zerstörung des Selbstgefühls abzuwehren, also Nichtigkeit, Leere, Zerfall und Ohnmacht zumindest in der bewussten Selbstwahrnehmung zu überwinden.

So können wir den Größenwahn auffassen als eine Abwehr archaischer Ängste, welche das Selbstgefühl des Kranken in seinem Kern bedrohen. Durch narzisstische Manöver gelingt ihm die Entlastung von einem enormen Leidensdruck. Je großartiger der Größenwahn, so ist zu vermuten, desto schlimmer muss das darunter verborgene Leiden sein.

Zugleich kommt in ihm noch etwas ganz anderes, nämlich ein unverstellter und unverschämt lustvoller Wunsch zum Ausdruck, der ausgesprochen ansteckend ist: der Wunsch, allmächtig zu sein, unverletzlich, und dem reinen Lust-Ich folgen zu können. Er wird, so scheint es, vorwiegend libidinös genährt, kaum aggressiv. Jede Phantasie soll wirklich werden können, jeder Wunsch in Erfüllung gehen, keine Einschränkung durch die Realität bestehen. Keine Moral, keine sozialen Forderungen, keine Gebote des Gewissens, keine Werte des Ich-Ideals und auch keine Empathie mit dem Objekt behindern mehr die Expansion des eigenen Selbst. Eine solch absolute Herrschaft von Lust und Allmacht hat schon etwas Bestechendes. Eine Idealvorstellung des Kindseins lebt darin weiter, von einer Zeit, als wir noch uneingeschränkter an die Allmacht von Gedanken und Wünschen glaubten und auch an die Allmacht der Erwachsenen, mit denen wir uns identifizierten.

Alle Theoretiker der Adoleszenz heben den mühseligen und schmerzlichen Prozess hervor, in dem wir lernen müssen, auf diese infantilen Größenideen zu verzichten und uns stattdessen den Realitäten der Liebe und der Arbeit zuzuwenden und darin selbst erwachsen zu werden.

Doch müssen wir wirklich auf alle Höhenflüge verzichten, um Realitätstüchtigkeit zu erlangen? Sigmund Freud in seiner väterlichen Strenge und asketischen Lebenshaltung meinte, ja, auf alle Fälle, und setzte das Realitätsprinzip weit höher an als das Lustprinzip. Vom Es zum Ich – von dieser Maxime ließ er sich zeit seines Lebens nicht abbringen. Manche Psychoanalytiker jedoch waren und sind in diesem Punkt anderer Meinung als Freud und Georg Groddeck brachte diese Einstellung besonders mitreißend zum Ausdruck. Ich möchte mich nun Groddecks Grandiosität zuwenden. Sie scheint mir einen theoretischen Aspekt zu haben – das Es – und einen persönlichen und biographischen.

Groddecks Grandiosität

Eines der organisierenden Prinzipien in Groddecks Werk sind die Allmachtsphantasien. Er verzichtete keineswegs auf sie, wie Freud es gefordert hätte, sondern formte aus ihnen seine Theorie vom Es, von dem Es, das in der psychoanalytischen Strukturtheorie die Basis für den Überbau von Ich und Über-Ich abgibt. Das Es – so fasste es Groddeck (Will 1985) – kann alles, es ist unsterblich, schöpferisch, es kennt kein Leiden und vermag alle Grenzen und Beschränktheiten zu überwinden. Das Es steht für das Prinzip Allmacht in der menschlichen Phantasie. In meiner Sicht ist Groddeck kein Theoretiker der Ganzheit gewesen, der ein holistisches Weltbild begründet und den Körper-Seele-Dualismus überwunden hätte, sondern er ist ein „Theoretiker der Wunscherfüllung". Er hat es geschafft, die gesamte Realität unter dem Blickwinkel der phantastischsten Wünsche zu betrachten. Es ist ihm gelungen, seine infantile Weltsicht nicht abzulegen, sondern sie vielmehr in sein Erwachsenenleben zu transformieren, gleichwohl einen ausreichend vernünftigen Realitätsbezug zu entwickeln, und mit dem Es einen Begriff für die phantasierte Grandiosität zu finden.

Um einen Hinweis auf die Bedeutung dieses Groddeckschen Ansatzes für die Psychoanalyse insgesamt zu geben, möchte ich den nordamerikanischen Ichpsychologen Vann Spruiell zitieren: „Ich glaube, Groddeck ist wichtig, um uns zurückzuführen zu der Erregung, den Ängsten, dem Reichtum, den Komödien und Tragödien, der Sinnlichkeit und der Fröhlichkeit der privaten Welten unserer bewußten und unbewußten Phantasie. Sollten unsere Theorien nicht auch diese Bereiche umfassen? Tatsächlich meine ich, daß er uns wieder hinführen kann zu den wahren Qualitäten, die die meisten von uns ursprünglich an der Psychoanalyse fasziniert hatten" (Spruiell 1979, S. 178).

Was Groddecks Leben angeht, so erreichte seine Begabung zu Allmachtsphantasien in zwei Zeiträumen ein verrücktes Ausmaß. Es waren einmal die Jahre vor dem Ersten Weltkrieg, in denen er auf den Wogen einer therapeutischen Mobilmachung mitschwamm, die den Realitätsbezug zunehmend verlor, und dann waren es im Jahr 1934 die letzten Monate vor seinem Tod, als seine Kräfte verfielen und er merkte, dass er sterben musste. Groddeck wurde maßlos in seinen Größenideen, sie verloren ihre ganze Menschenfreundlichkeit und beides Mal nahmen sie politische Formen an. Vielleicht eignet sich die politische Sphäre besonders gut dazu, übersteigerte Größenideen zu kultivieren und sie als gesellschaftliche Notwendigkeiten über das eigene beschränkte Selbst hinaus zu propagieren.

Martynkewicz (1997) hat uns gezeigt, in welchem Ausmaß Groddeck an der Apotheose des Wilhelminismus vor dem Ersten Weltkrieg Anteil nahm und nationalkonservative Grandiositäten vertrat, und – auf wenig durchdachte Weise – Ideen von der Heilung nicht nur des einzelnen Kranken, sondern des ganzen Volkskörpers entwickelte. Ich möchte auf einen dieser grandiosen Gedankengänge eingehen (Einzelheiten bei Will 1995).

Groddeck propagierte die Züchtung einer deutschen Menschenrasse, die so edel wie Jagdhunde oder Vollblutpferde sein und als Herrenrasse in die Welt hinausziehen sollte. Eine solche Herrenrasse, so meinte er, sei nicht mehr in der Lage, niedere Arbeiten zu verrichten, da sie zu Höherem berufen sei. Aus den fremdrassigen Einwanderern in Deutschland sollte man deshalb ein neues Proletariat gewinnen, das die niederen Arbeiten übernehmen könnte, dem man jedoch die Bürgerrechte vorenthalten sollte. Auf dessen Schultern könne sich die deutsche Arbeiterschaft zu einer Größe erheben, wie sie noch nie da gewesen sei. Wenn das rassisch verbesserte Volk so seinen Gipfel erreiche, werde es eine Kultur schaffen, die auf Jahrtausende fortwirkt. Diese Größe jedoch könne nicht unendlich aufrechterhalten werden, sondern werde durch einen späteren Niedergang erkauft sein. Denn, so Groddeck, wer das Höchste will, muss seinem Untergang ins Auge sehen.

Natürlich ist diese krude Gedankenwelt nicht allein auf Groddecks Mist gewachsen und glücklicherweise hat er persönlich wenig Einfluss mit seinen Elaboraten gehabt. Dennoch sind sie von seiner Schweizer Nachlassverwalterin Margaretha Honegger über Jahrzehnte hinweg sorgfältig unter Verschluss gehalten worden, um seinen Ruf nicht zu gefährden, und ihre Entdeckung hat eine Menge Aufregung verursacht. Für unseren Kontext ist interessant, wo er sich selbst dabei positioniert hat, und ich denke, wir gehen nicht fehl in der Annahme, dass er sich zur Herrenrasse zählte und nicht zu den Untermenschen. Sind nicht die Größenideen dazu da, sich selbst aufzuwerten? Zu Groddecks Ehrenrettung möchte ich betonen, dass er sich in den zwanziger Jahren ausdrücklich von diesen Ideen distanzierte und sie eine „Schauspielerei mit der Rassenverachtung" nannte, die er selbst sich eingeredet habe. Groddeck hat im Ersten Weltkrieg eine große Ernüchterung in persönlicher, politischer und weltanschaulicher Hinsicht erlebt, die weit tiefgreifender war als die der deutschen Nation insgesamt. Wahrscheinlich trug zu seiner inneren Wandlung nicht zuletzt seine Entdeckung der Psychoanalyse und die intensive Auseinandersetzung mit ihr bei. Er wurde weit bescheidener in seinen Zielen, man könnte auch sagen, realistischer. Die eigene, politisch verallgemeinerte Grandiosität transformierte er nun in die Grandiosität des Es; nicht mehr er war der Großartige, sondern das Es, seine neue begriffliche Schöpfung, die er gegen Ende des Ersten Weltkriegs auszuarbeiten begann.

Spät in seinem Leben leuchteten nochmals seine persönlichen defensiven Größenideen auf. In den Monaten vor seinem Tod im Jahr 1934 entwickelte er als schwer kranker Mann – er litt unter anderem an den Folgen einer generalisierten Arteriosklerose – Pläne, mit Hilfe Hitlers ein Krebsforschungsinstitut aufzubauen und das gesamte deutsche Volk vom Krebs zu befreien. Er schrieb Briefe an Hitler, um dessen Unterstützung zu gewinnen, und er versuchte, Hitler vor seinen, Groddecks Ansicht nach schlechten, Beratern zu warnen. Er nannte Hitler einen großen Menschen, der naiv aus seiner Natur heraus lebte und voll von Gott sei – so wie Groddeck selbst sich gerne sah. Er geriet in unberechenbare Zustände und wurde, um einer Verhaftung vorzubeugen, von Freunden und der Familie in die Schweiz gebracht. Nach einem letzten körperlichen Zusammenbruch kam er in das Sanatorium von Medard Boss in Knonau, wo Frieda Fromm-Reichmann ihn zum Abschied besuchte. Sie berichtete, er habe sie gebeten, zu Papier und Bleistift zu greifen und sein Diktat aufzunehmen, da die Krankenschwester sich geweigert habe, es zu tun. Mehrere Stunden habe er ihr sein Projekt über die Krebsbekämpfung in die Feder diktiert, wie in einem Rausch und mit dem Drang, noch alle seine Ideen loszuwerden. Fromm-Reichmann meinte, er sei in diesem Moment psychotisch gewesen und habe einen finalen Größenwahn erlebt (Grossman & Grossman 1965, S. 196f). So hat sein Unbewusstes noch in seinen letzten Stunden zu Allmachts- und Größenphantasien gegriffen, um drohende Kleinheitsgefühle und Untergangsängste – die emotionale Anerkennung der Todesrealität – zu überspringen.

Die Freuden der Allmacht

Wir wissen, dass Kinder gar nicht leben können ohne Allmachtsphantasien, um mit ihrer realen Kleinheit und relativen Hilflosigkeit und mit ihrer Abhängigkeit von den Eltern zurecht zu kommen. Dies unterscheidet sie von den Erwachsenen, die keine Großen mehr über sich haben. Beim Aufwachsen kommen wir nicht umhin, die Fähigkeit zur Realitätsprüfung zu entwickeln, das heißt unter anderem, unsere eigenen Möglichkeiten und Grenzen immer neu zu überprüfen und – nolens volens – bescheiden zu werden. Erwachsene können sich nicht von dieser Aufgabe lossagen, sich mit den Realitäten auseinander zu setzen und sie nicht grandios zu überspringen. Sonst scheitern sie am Leben oder sie beginnen, andere als Opfer zu benutzen, um die eigene Grandiosität auf deren Kosten zu inszenieren – ein leider nicht seltener Lösungsversuch.

Im Größenwahn mit seinem pathologischen Höhenflug geht der Realitätsbezug verloren. Doch bietet er uns in seiner Übersteigerung, so meine ich, möglicherweise einen Hinweis auf eine wichtige psychische Funktion: auf die Fähigkeit, mit Allmachtsphantasien zu spielen.

Vielleicht gehört es zur Lebensmöglichkeit des Erwachsenen, seine alten, infantilen Größenideen zu transformieren in eine spielerische Fähigkeit, von Großem zu träumen und daraus Lebenskraft zu gewinnen. Könnte man nicht das

Werk von Nietzsche und das Werk von Groddeck in dieser Hinsicht auffassen als eine sublimierte Fassung von Allmachtsphantasien? Bei Nietzsche kreisend um das philosophierende Subjekt und die in ihm enthaltene Welt; bei Groddeck kreisend um die Teilhabe an dem schöpferischen und allmächtigen Es? Darin mag unter anderem die Anziehungskraft unserer beiden Helden liegen: Sie können so unschuldig von Großem träumen. Im Grunde wissen wir, dass sie maßlos übertreiben; trotzdem erhebt es uns, ihnen darin zu folgen. Bei beiden weiß man nie genau, ist es nun Spiel oder ist es Ernst, ist es Phantasie oder Realität, in denen sie sich bewegen. Beide hatten ein Neigung, in ihrer Grandiosität aufzugehen und den Boden unter den Füßen zu verlieren, doch wer, wenn nicht sie, hätte sich das erlauben können? Nietzsches Freund Peter Gast hat über Nietzsches Wahnsinn geschrieben, dass er ihm vollkommen berechtigt erschienen sein. „Er hat das Recht zum Größenwahn" (zit. nach Frenzel 1966). Wer wird dieser Aussage widersprechen mögen?

Im Gegensatz dazu scheint es mir für uns Normalmenschen eher darum zu gehen, eine Meisterschaft in beiden Fähigkeiten zu entwickeln: in Allmachtsphantasien und Realitätsbezug. Eine solche Meisterschaft ist vielleicht dann erreicht, wenn es uns gelingt, zwischen ihnen zu changieren und die großen Ohren einmal als eine anatomische Tatsache und einmal als ein großes Versprechen aufzufassen. Jedenfalls meine ich, dass das Spiel mit Größenphantasien nicht nur eine kompensatorische Funktion zum Ausgleich unserer allgegenwärtigen Kleinheit und Unvollkommenheiten hat und Beschämung abwehrt, nicht nur eine infantile Unart ist, sondern eine spezifische menschliche Leistung darstellt. Wie Arnold Gehlen es formuliert hat, ist der Mensch, verglichen mit seinen Genossen aus dem Tierreich, ein biologisches Mängelwesen. Doch zum Ausgleich dafür hat er eine psychische Welt schaffen können, in der er ein Überflusswesen ist. Nietzsche und Groddeck sind ein Beweis dafür, dass unsere Welt wohnlicher wird, wenn wir aus diesem psychischen Überfluss heraus leben.

Literatur

Frenzel, I. (1966): Friedrich Nietzsche in Selbstzeugnissen und Bilddokumenten. Reinbek: Rowohlt.

Groddeck, G. (1923): Das Buch vom Es. Psychoanalytische Briefe an eine Freundin. Frankfurt/M: Ullstein 1989.

Groddeck, G. (1926): Lebenserinnerungen. In ders.: Der Mensch und sein Es. Hg. von M. Honegger. Wiesbaden: Limes 1970.

Grossman, C.M.; S. (1965): The wild analyst. The life and work of Georg Groddeck. New York: George Braziller.

Harris, I. (1977): Psychotic grandiosity. Psychiatry 40: 344 – 352.

Hollos, I./ Ferenczi, S. (1922): Zur Psychoanalyse der paralytischen Geistesstörung. Leipzig, Wien, Zürich: Internationale Psychoanalytischer Verlag.

Martynkewicz, W. (1997): Georg Groddeck. Eine Biographie. Frankfurt/M: Fischer TB.
Nietzsche, F. (1886): Jenseits von Gut und Böse. Vorspiel einer Philosophie der Zukunft. Sämtliche Werke. Kritische Studienausgabe. Band 5. München, Berlin: dtv, de Gruyter 1980.
Schmidbauer, W. (1998): Die Geheimsprache der Krankheit. Bedeutung und Deutung psychosomatischer Leiden. Reinbek: Rowohlt.
Spruiell, V. (1979): Groddecks children. Journal of the Philadelphia Association of Psychoanalysis 6: 175 – 181.
Volz, P.D. (1990): Nietzsche im Labyrinth seiner Krankheit. Würzburg: Königshausen & Neumann.
Will, H. (1984): Georg Groddeck. Die Geburt der Psychosomatik. München: Urban & Schwarzenberg. 2. rev. Aufl. München: dtv 1987.
Will, H. (1985): Freud, Groddeck und die Geschichte des „Es“. Psyche 39: 150 – 169.
Will, H. (1995): War Groddeck ein Nazi? Ein Beitrag zum Verhältnis von Psychoanalyse und Politik. Luzifer-Amor 8: 7 – 21.

Wolfgang Trauth

Psychoanalyse jenseits des Natur-Kultur-Antagonismus

„Die Suche nach dem Weg, auf dem die Psychoanalyse eine biologisch fundierte Anthropologie und zugleich eine kritische Sozialtheorie werden kann"

Zum Schluss seines Buches „Vom Es zum Ich – Evolution und Psychoanalyse" (1975) weist Wolfgang Schmidbauer darauf hin, dass sich psychische Phänomene auch mit den Begriffen der Kontrolle eines primären Todes- oder Aggressionstriebes durch libidinöse Triebmischung ebenso gut beschreiben lassen wie anhand des von ihm erläuterten Modells einer Entfaltung primär umweltbezogener, sozial abgestimmter energetischer Ich-Funktionen (evolutionstheoretische Begründung der Psychoanalyse). Dies, nachdem er soeben im Buch eine radikale Neukonzeption der Psychoanalyse vorgestellt hat, indem er einen Weg sucht, auf dem die Psychoanalyse eine biologisch fundierte Anthropologie und zugleich eine kritische Sozialtheorie werden kann. Schmidbauers grundsätzliches Bemühen, die psychoanalytische Methode und der mit ihr ermittelten Resultate nicht preiszugeben, wird deutlich. Er will wertvolle „Erkenntnisse" der traditionellen Psychoanalyse, die sich auch im genannten Antagonismus finden (z.B. „Widerstände gegen kulturelle Regelungen", „begrenzte Anpassungsbereitschaft des Menschen", „Abgrenzung gegenüber Machbarkeitsideologien") nicht vergessen lassen, ermöglicht aber eine Erklärung mit heute wissenschaftlich-adäquateren Modellen, bei der einer Entmythologisierung der Machbarkeit des Menschen nicht eine triebpsychologische Remythologisierung folgen muss[1]. Seine Konzeption hat dabei ohne Zweifel nicht nur den Vorzug größerer biologischer Überzeugungskraft im Rahmen eines Evolutionskonzepts, sondern bietet auch ein Stück mehr an Offenheit, Zukunftsbezogenheit und Wachstumschance. Nun sind 26 Jahre vergangen und es lässt sich fragen, ob die Psychoanalyse die Potenz genutzt hat, die sich mit den veränderten Grundannahmen bot. Sicherlich unbestritten lassen sich seither außerordentliche und überraschende Weiterentwicklungen innerhalb der Psychoanalyse feststellen. Man möchte glauben, Schmidbauers Konzeption, die damals in ihrer Radikalität neuartig war[2] („Als Ausgangspunkt der Entwicklung sehe ich nicht mehr das kulturfeindliche, trieb-

[1] Diese Haltung hat Schmidbauer (1997, S. 9) durchgehend bis heute gezeigt, etwa wenn er in einer Arbeit zum Verhältnis der Geschlechter schreibt: „Es ist ungerecht, einen Text aus dem Jahr 1932, der von einem 1856 geborenen Mann stammt, mit dem Bewusstsein einer von Gleichberechtigung der Geschlechter geprägten Zeit zu kritisieren".

[2] Vgl. Schmidbauer (1970, 1971, 1972, 1973, 1974, 1975 u.a.). Diese Konzeption impliziert eine Neuformulierung der Aggression im Sinne einer energetischen Ich-Funktion, die er – beachtenswert - bereits „vor" Fromm´s „Anatomie der menschlichen Destruktivität" (1974) vorgestellt hat.

hafte, dem Überleben gleichgültig gegenüberstehende Es, sondern das Ich als primär mitmenschlich orientiertes und auf das Überleben ausgerichtetes Steuerungszentrum des menschlichen Verhaltens", 1975, S. 255) hätte inzwischen an Aktualität verlieren müssen. Dem ist jedoch nicht so, nach wie vor basieren die vorherrschenden analytischen Konzepte auf dem „Natur-Kultur-Antagonismus"[3], auch wenn sich inzwischen ein beachtenswerter kritischer Diskurs bezüglich der metapsychologischen Fundierung findet (vgl. Mertens 1981)[4]. Schmidbauers Revision des anthropologischen Grund-Modells und der Entwicklungstheorie der Psychoanalyse, welche er vorsichtig und Reaktanz vermeidend „als Erweiterung des Radius des psychoanalytischen Modells" formuliert hat (1975), hebt demgegenüber diesen Antagonismus jedoch auf. Dieser Schritt ist auch deshalb von so großer Bedeutung, weil er zu einer wissenschaftlichen Neuformulierung zentraler psychischer Organisationsprinzipien drängt, was auch beachtenswerte Konsequenzen für die klinische Theorie der Psychoanalyse hat.[5] [Diesen Fragen bin ich seit 1975 nachgegangen und habe auf der

---

[3] Der Natur-Kultur-Antagonismus wird in der Formulierung Freuds von einem „unlösbarem Dilemma" zwischen Natur und Kultur deutlich. Die Triebe/Motivationen werden nicht primär überlebensorientiert und kulturoffen verstanden, sondern drängen chaotisch, unter primärprozesshaften Prinzipien nach Abfuhr (Freud, 1935). Folgerichtig bedarf es für die Ich- und Kulturentwicklung eines Triebunterdrückungs- und Triebsublimierungsprozesses, der die entsprechende Sublimierungsfähigkeit voraussetzt, ansonsten besteht die Gefahr der Neurose. Es zeigen sich dementsprechend Antagonismen zwischen Primär- und Sekundärprozess, Lust- und Realitätsprinzip, Energiepol-Ichpol, Es-Abwehr/primäre Triebfeindlichkeit des Ich sowie eine Zuordnung von frei-assoziativem Denken zum Lustprinzip/Es/Primärprozess und von strukturiertem Denken zum Realititätsprinzip/Ich/Sekundärprozess. Dabei wird dem von Triebstärke und Sublimierungsfähigkeit geprägten Triebfaktor eine besondere Bedeutung eingeräumt; Freud (1930, 110f) schreibt z.B. „Die Erfahrung lehrt, daß die Strenge des Über-Ichs, das ein Kind entwickelt, keineswegs die Strenge der Behandlung, die es selbst erfahren hat, wiedergibt. Sie erscheint unabhängig von ihr, bei milder Erziehung kann ein Kind ein sehr strenges Gewissen bekommen". (Jenseits dieses Antagonismus kann die o.g. Über-Ich-Strenge auch so verstanden werden, dass bei einem chaotisch-rigide-grenzoffenen Symbiosepartner, das Kind, regulativ-kompensatorisch - entsprechend des psychischen Organisationsprinzips der Erhaltung eines gegenpoligen Gleichgewichts -, auch rigide Strukturierungs- und Über-Ich-Tendenzen entwickelt, die „ichsynton-dominant" die Ich- und Wahrnehmungsgrenze besetzen, während die gegenpoligen, abgespalten-ichdyston inszeniert werden z.B. in Delegation an einen Symbiosepartner).

[4] Vgl. auch Trauth (1975, 1977, 1997), Deutschmann (1979), Holzkamp-Osterkamp (1982), Tömmel (1985), Knapp (1988), Eagle (1988), Schmid Noerr (1990), vgl. die Ergebnisse der jüngeren psychoanalytischen Frühkindforschung.

[5] Die Widerstände dagegen sind allerdings offensichtlich; worin mögen sie begründet sein? Der Frühkindforscher Lichtenberg (1983) meint, dass die Psychoanalyse eine konsequente kritische wissenschaftliche Diskussion vermeidet, weil sie befürchtet, dass mit der Infragestellung der zweifelhaften Implikationen, das Konzept der Psychoanalyse als Ganzes in Frage gestellt sei.

Basis der veränderten Grundannahmen psychische Organisations- und Regulationsprinzipien neu formuliert („autoregulatives Konzept psychischer Strukturbildung und Strukturaufrechterhaltung/-inszenierung“) und die damit verbundenen Auswirkungen insbesondere bezüglich der klinischen Theorie erarbeitet]. Ich möchte hier jedoch meine anfängliche These der „Aktualität“ von Schmidbauers Position aufgreifen und dazu die in der psychoanalytischen Öffentlichkeit wahrscheinlich bekanntesten kulturanalytisch weiterentwickelten Positionen - jene von Lacan (1966, 1975, 1978, 1980) und Lorenzer (1972, 1980) diskutieren. Dabei soll unter Zuhilfenahme einer diesbezüglich kritischen Reflexion durch Buchen (1989/1993, vgl. Trauth 1997) der Frage nachgegangen werden, wieweit auch deren Theorien - sich wie jene von Schmidbauer - vom Natur-Kultur-Antagonismus gelöst haben.[6] Eine solche Reflexion mag auch Aufschlüsse darüber geben, wieweit diese Ansätze Schmidbauers Suche nach einem Weg, auf dem die Psychoanalyse eine biologisch fundierte Anthropologie und zugleich eine kritische Sozialtheorie werden kann, entsprechen.

Bei der Reflexion von Lorenzers psychoanalytischem Verstehensansatz, insbesondere der theoretischen Grundprämissen des „szenischen Verstehens“, die dieser im Rahmen einer Metatheorie der Psychoanalyse als „historisch - materialistische Gesellschaftstheorie“ entwickelt hat (1973, 1974, 1984 u.a.) soll verdeutlicht werden, dass neben einer unmaterialistischen Auffassung von Sprache, gerade das Festhalten Lorenzers an einer Triebmatrix des Kindes „im Sinne Freuds“, die er in Spannung zu „gesellschaftlichen Zumutungen“ setzt, verhindert, dem Anspruch gerecht zu werden, das Verhältnis Individuum und Gesellschaft in einer „materialistischen Sozialisationstheorie“ zu fassen. Hinter der Annahme einer „Spannung zweier Regulationssysteme“ verbirgt sich der Versuch Lorenzers, einerseits den Freudschen Es/Kultur - Antagonismus in Richtung Sozialität zu reinterpretieren, ohne sich freilich mit Grundwidersprüchen der Triebtheorie - dem Trieb/Kultur - Antagonismus - ernsthaft auseinander zu setzen[7].

Bezüglich Lacan soll verdeutlicht werden, dass das Verständnis des „Mangels“ in der Lacanschen Theorie - die Trennung in ein „wahres“ und ein „imaginäres Subjekt“ und die hieraus abgeleitete „Seinsverfehlung“ - auf der Übernahme des diffusen Freudschen Abwehrbegriffs mit seinen mehrdeutigen Implikationen basiert und letztlich - wenn auch in modifizierter Form - dem Freudschen Natur – Kultur - Antagonismus verhaftet bleibt. In Auseinandersetzung mit der Theorie Lacans unter historischen, sprachtheoretischen und psychoanalytischen Aspekten (siehe Buchen 1989) ist es dabei interessant, dass auf sprachtheoretischer

---

[6] Buchen folgt in ihrer kritischen Reflexion von Lacan und Lorenzer meinem regulativen Abwehrverständnis („Neuformulierung psychischer Organisations- und Organisationsprinzipien“), welches mit Schmidbauer den traditionellen Natur-Kultur-Antagonismus konsequent aufgibt.

[7] Buchen (1989, 215).

Ebene, genauer auf der theoretischen Grundlage der Semiotik als Bestandteil der Erkenntnistheorie, sich ein Widerspruch in der Lacanschen Theorie zeigt, der aus der Perspektive eines Abwehrverständnisses jenseits des genannten traditionellen Antagonismus auch auf psychoanalytischer Ebene deutlich wird.[8]

Bevor ich auf Lacan näher eingehe, sei zum besseren Verständnis, das mit dem natur-kultur-antagonistischen Denken verbundene traditionelle Abwehrverständnis bezüglich seiner mehrdeutigen Implikationen und sich daraus ergebenden Widersprüche sehr vereinfacht angedeutet:[9] Im traditionell antagonistischen Verständnis ist – vorweg - das Energieabflussgeschehen („Konstanzprinz“ bzw. „Spannungsabfuhrprinzip“) das Kriterium für die Formulierung des Abwehrgeschehens („pathogene“, „pathologische“ und „erfolgreiche“ Abwehr). Der gegenpolig-regulative Gleichgewichtsaspekt und der die Einseitigkeit aufhebende Aspekt der kindlichen Reizsuche und der „Neugieraktivität“[10] bleibt unberücksichtigt.[11] Zudem verbindet sich damit die besondere Problematik einer fragwürdigen Erklärung der Energiezufuhr für die Abwehr.[12] Im traditionell-antagonistischen Verständnis gilt Abwehr als Voraussetzung für Strukturbildung, Strukturaufrechterhaltung und Neurosenbildung. Das Abwehrgeschehen - umfasst konzeptionell zwingend - systemstabilisierende/ich-struktur-aufrechterhaltende Tendenzen,[13] hat ich- und neurose-generierende Funktion und dient später in erweiternden Modellen auch als Begriff zur Beschreibung von archaischen Abwehrmechanismen (deren Definition deutlich im Widerspruch zur Formulierung der traditionellen Abwehr steht). Gilt Abwehr einerseits als die wesentliche Voraussetzung für Ichentwicklung, wird sie gleichzeitig im Dienste der System- und Ichaufrechterhaltung stehend gesehen und gewährleistet das Funktionieren des seelischen Apparates. Das Fehlen von Abwehr oder ihre Schwächung wird einerseits mit einer psychotischen Überschwemmung des Ich in Verbindung gebracht und gilt als Zeichen der Ichschwäche, ihr Vorhandensein ist hier Zeichen einer gewissen Ichstärke, andererseits wird im Hinblick auf die Neurose das vormals (bezüglich der Psychose) als widerstandsfähig beschrie-

---

[8] Lacans Bezug zum traditionellen Natur-Kultur-Antagonismus wird auch deutlich in der Argumentation seiner Schülerin Millot gegen eine psychoanalytische Pädagogik (Freud Anti-Pédagogue. Paris. 1979.

[9] Eine ausführliche kritische Reflexion sowie eine regulative Neuformulierung findet sich dazu in Trauth (1997).

[10] Schmidbauer (1975, 49ff.) weist neben der Neugieraktivität auch auf weitere Ergebnisse der Frühkindforschung hin. Sie bestätigen seinen Standpunkt.

[11] Freud hat in Bezug auf das Lustprinzip (lustvoller „Masochismus als Spannungserhöhung“) diesen Widerspruch selber erkannt (vgl. seine Ausführungen zum Konstanzprinzip).

[12] Vgl. Schmidbauer (1975, Kap. 10: „Triebdynamik und Ichenergie “).

[13] Der Aspekt der Icherweiterung wird dabei nicht erfasst, weshalb Löwald (1986) die Ergänzung um das Konzept der „Verinnerlichung“ fordert, was aber im Hinblick auf den genannten Antagonismus nur eine dualistische Konzeption ermöglicht (vgl. Diskussion: Trauth 1997, 144 ff.).

bene neurotische Ich nunmehr als ein schwaches hilfloses erkannt. Zu allerletzt wird noch bei der sogenannten psychischen Gesundheit idealtypisch eine Abwehrlosigkeit postuliert und an anderer Stelle wiederum nicht. Versuche, das Dilemma mittels der Unterscheidung durch ein „zu viel" oder „ein zu wenig" an Abwehr zu umgehen[14], mögen im klinischen Alltagsgeschehen vielleicht praktikabel erscheinen, dienen jedoch nicht der Klärung theoretischer Grundwidersprüche, die konzeptionell verankert sind und haben nichts mit wissenschaftlicher Begriffsverwendung zu tun. Auf der Basis eines Konzepts jenseits des Natur-Kultur-Antagonismus muss Abwehr und Triebunterdrückung nicht als grundsätzliche Voraussetzung für Ich-Entwicklung gesehen werden, weil die angeborenen Bereitschaften des Menschen in ihrem überlebens- und primär kulturorientierten Charakter erkannt werden und psychische Entwicklung so als Prozess der angstfreien Artikulation und Kommunikation über Bedürfnisse, Frustrationen und unvermeidbaren Grenzen verstehbar wird. „An die Stelle der Abwehr von Triebbedürfnissen tritt in diesem Konzept idealtypisch die angstfreie Kommunikation über sie. Wo sie in der Primärgruppe gelingt, schreitet die Ich-Entwicklung fort, wo sie scheitert, werden Abwehrmechanismen eingesetzt." (Schmidbauer 1975, 183). Auf der Basis einer solchen Grundkonzeption ermöglicht sich konzeptstimmig die entscheidende Trennung der Vorgänge von systemstabilisierender, gleichgewichtsicherndrer „Strukturaufrechterhaltung" (z.B. durch Inszenierung kommunikativer oder gespaltener Strukturbildungen im Beziehungsgeschehen und sozialen Feld) von der spezifischen Form der inneren Kommunikationsstrukturen (regulativ formuliert: kommunikativ-gegenpolig oder gespalten-gegenpolig). Steht der erste Aspekt im Dienste der Aufrechterhaltung des psychischen Gleichgewichts und hat systemstabilisierende Funktion, wobei es keinen Unterschied macht, ob es kommunikative oder gespaltene Strukturbildungen sind, so bezieht sich der letztere Aspekt auf die spezifische Strukturbildung an sich. Hier ist es nun möglich, den Abwehrbegriff lediglich auf gespaltene, kommunikationspathologische Strukturbildungen und gegebenenfalls auf deren interpersonelle Inszenierungen zu beziehen. Der Abwehrbegriff muss so nicht mehr in eins, systemstabilisierende und struktursichernde, ich- und neurosenbildende Funktion umfassen, vielmehr lassen sich system- und struktursichernde, das psychische Gleichgewicht erhaltende Prozesse von innerpsychischen Kommunikationsgegebenheiten theoretisch klar unterscheiden. Das ist nicht nur bezüglich einer wissenschaftlich konzeptstimmigen und widerspruchsfreien Begriffsverwendung und im Hinblick auf das kritische Verständnis von „sog. psychischer Gesundheit, Normalität, Störung" von enormer Bedeutung, sondern auch aus behandlungstechnischer Sicht (vgl. Trauth 1986, 1997). Aus dem energieabflussorientierten, „reduktionistischen Modell der Triebpsychologie ... wird ein dialogisches Modell" (Schmidbauer, S. 183). Das Verständnis dualistischer

[14] Vgl. Gills (1967) Versuch, hier den Begriff der „Flexibilität" zu verwenden.

Verständnis dualistischer psychischer Prozesse und Strukturbildungen kann aus ihrer Verabsolutierung und der fragwürdigen endogenen Verankerung (sog. „Urnatur") gelöst werden. Entwicklung und psychische Systemaufrechterhaltung des Menschen, ob gespalten/dualistischer oder kommunikativ/dialogischer Art, können in ihrer primären Eingebundenheit in Beziehungsprozesse und sozio-ökonomische Einflussfaktoren verstanden werden.

Nun weiter mit Lacan, der in seiner „Theorie des Unbewussten" eine Theorie des Subjekts als Mangelwesen entwickelt und diesen Mangel mit dem Begriff der „Seinsverfehlung" belegt (I, 232). Lacans Denkansatz zum Zusammenhang von Sprache, Sozialität und Unbewusstem basiert auf einer Auslegung der Freudschen Psychoanalyse, wobei er sich insbesondere auf sprachphilosophische Überlegungen von Lévi - Strauss (1968) stützt. Dessen Sprachbegriff gründet im wesentlichen auf der Erkenntnis, die besagt, dass sprachliche, d.h. symbolische Funktionen nicht mit reflexivem Denken und Bewusstsein in eins gesetzt werden können, weil Sprache Bewusstsein erst ermöglicht. In seiner Auslegung des Freudschen Ödipuskonflikts kommt es Lacan darauf an aufzuzeigen, dass die Niederlegung eines „reinen Gesetzes" das „Nein" des machtvollen Urvaters, das die Mutter als primäres Liebesobjekt untersagt (im „Name[n] des Vaters"), verbunden mit dem Schrecken der Kastrationsdrohung, den Ausgangspunkt für den qualitativen Sprung zur Menschwerdung, d.h. zur Symbolisation darstellt. Das Verbot - die „kulturelle Zügelung" - als Ausdruck ursprünglicher, vitaler Bedürfnisse bewirke nach Lacan die „Ur-Verdrängung" und markiere die Beziehung des Subjekts zur „symbolischen Ordnung". Lacan schreibt dazu: „Der Phallus ist der priviligierte Signifikant dieser Markierung, in der Part des Logos mit der Heraufkunft des Begehrens konvergiert" (Lacan II, 128). Damit wird der Kastrationsbegriff, so Buchen (1989/1993), in der strukturalen Psychoanalyse zum Schlüssel der Entstehungsgeschichte symbolischer Ordnung, ödipaler Normativierung. Das „Eindringen des Signifikanten in den Psychismus" (Lacan II, 88), vermittelt durch die symbolische Kastration, bewirkte (symbolisches) Begehren und konstituierte eben jenen Mangel, der sich an Wiederfindung orientiert. Die konstitutive Beziehung zwischen dem Subjekt und dem Symbolischen wird von Lacan als „Seinsverfehlung" gekennzeichnet und führt ihn zur Verknüpfung von „Signifikant" und „Begehren", eben jener Kategorie, die als operatives Zwischenglied den unversöhnlichen Widerspruch von Natur - dem „wahren Subjekt", das der „Bedürfnisordnung" entfremdet ist -, und Kultur - im Sinne von Akkulturation - erhellt. In seiner Theorie des Unbewussten entwickelt Lacan also eine Theorie des Subjekts als Mangelwesen, dessen psychischer Apparat sich an dem ursprünglichen Verlust orientiert und in dieser Negativität die symbolische Ordnung aufrechterhält. Der Begriff des Begehrens impliziert nach Lacan zum einen den Triebwunsch, der an ein unwiederbringlich verlorenes Objekt gebunden ist, das sich in Erinnerungsspuren dem unbewussten Gedächtnis („Urverdrängung") eingeschrieben hat. Zum anderen impliziert der Begriff jedoch auch das Bedürfnis des Subjekts, das auf konkrete Befriedigungsobjekte und unmittelbare, reale Befriedigung zielt. Denn in den Situationen realer Triebbefriedigung wirkt nach Lacan die Matrix der Wunscherfüllung durch das verlorene Objekt nach, die auch Objekte der (ontogenetischen) ödipalen Triebwünsche in sich aufnimmt, ohne sich je in einer Befriedigungserfahrung bündig auflösen zu können. Demzufolge hebt Lacan bei der Präzisierung seines Begriffs des Begehrens, in dem sich die Bedeutungen von Triebbedürfnis, Lust und Triebwunsch verschränken, den „paradoxen, abweichenden, erratischen, exzentrierten, ja sogar skandalösen Charakter des Begehrens (...), wodurch dieses sich vom Bedürfnis unterscheidet", hervor (Schriften II,126). Der sprachtheoretische Begriff des Symbolischen impliziert somit gemäß der „Logik des Signifikanten" einen Entwurf einer tragisch gebrochenen, weder therapeutisch mit sich zu versöhnenden noch theoretisch zu harmonisierenden Subjektivität, die zeitlebens den Widerstreit zwischen „wahrer Natur" und Kultur auszusöhnen trachtet. Da sich das „wahre Subjekt" (je) oder das „Subjekt des Unbewussten" durch die Einführung des Kindes in die symbolische Ordnung konstituiert, die durch „symbolischen Mangel" gekennzeichnet ist - „Das Unbewusste ist die Summe der Wirkungen, die das Sprechen auf das Subjekt übt..." (Lacan, Sem. XI, 132) -, ist auch der Kern unseres Wesens nach Lacan der Reflexion nicht zugänglich. Denn die Lacansche Formel des Signifikanten lautet: das Begehren ist das Begehren des Anderen. Dies meint, dass das kleine Kind von Anfang an in die symbolische Ordnung eingebunden ist - Primat des Symbolischen - und erst mit dem Erlernen der Sprache schrittweise daran teil hat. Indem das kleine Kind die Worte der elterlichen Figuren übernimmt, wird „das Begehren" als Ausdruck des Verlustes einer ganzheitlichen Subjektivität strukturiert. Diese Struktur kann auf folgendes Ablaufschema zurückgeführt werden: Inzestverbot - Urverdrängung - Fixierung auf den Phallus als Vorstellungsrepräsentanz - Symbolisierung. In Anlehnung an Lévi-Strauss kommt es Lacan also darauf an aufzuzeigen, und dies ist wichtig zu betonen, dass sich die Kategorie des Unbewussten im Terrain der Kultur bewegt. Er formuliert das „wahre Subjekt" in seiner Abhängigkeit von und Eingebundenheit in die „symbolische Ordnung" - im Unterschied zum Freudschen Triebbegriff - als humanspezifische Kategorie. Wenn also Freud u.a. in „Das Unbehagen in der Kultur" (GW14) die Aussage gemacht hat, dass die Ontogenese die Phylogenese reproduziert, so erfährt diese durch Lacan ihre Konkretion, indem er den Ödipuskonflikt auf den Anfang der Menschheitsgeschichte überträgt (Buchen, 24-31). Dem „wahren Subjekt", das sich auf symbolischen Mangel gründet und gerade in dieser Negativität - der „Integration des Mangels" - die symbolische Ordnung unterhält, stellt Lacan ein Trugbild gegenüber, das „imaginäre Subjekt des Signifikats" (moi), das als repräsentationslogische Ableitung des Freudschen Ich, in dem sich auch Wissen akkumuliert, zu verstehen ist. Gleichsam in einer unausweichlichen Gegenbewegung zum symbolischen Mangel bildet sich das Ich im Spiegelstadium (als spekuläres Doppel) heraus, durch das das Subjekt glaubt, der unbeherrschbaren Spaltung entgehen zu können, die als Kastrationsdrohung erlebt wird. In Wahrheit sei diese Drohung immer schon erlitten, d.h. Ursache für die Bildung eines „imaginär ganzheitlichen Ichs". Die Dimension des Imaginären als „Verkennung" im Sinne eines idealisierten Selbstobjektes („Spiegel-Imago") arbeitet Lacan in seiner frühen Schrift „Das Spiegelstadium als Bildner der Ichfunktion" (1949, in: Schriften I, 61 - 71) in Anlehnung an Freuds Studie zum Narzissmus als Ideal-Ich (Freud 1914) heraus. Die dritte Kategorie der Lacanschen Konzeption neben dem Symbolischen und dem Imaginären ist „das Reale", das nämlich das „Unmögliche" meint, weil „der Dritte" - vermittelt durch das symbolische Gesetz (Inzestverbot) - die volle Befriedigung in der dyadischen Beziehung mit der symbolischen Mutter verhindert. Da die Ursprungsszene, die den Mangel konstituierte, der Verdrängung anheim fiel, ist der Bedeutungsinhalt des Begehrens dem bewussten Zugriff unwiederbringlich entzogen. Vor dem Hintergrund des Primates des Symbolischen interpretiert Lacan das berühmte Zitat Freuds - „Wo Es war, soll Ich werden" (GW 15, 86) - nicht dahingehend, dass die rationale Klarheit des Ich an die Stelle der undurchsichtigen Wirklichkeit des 'Es' gesetzt werden solle. Ziel der analytischen Kur sei vielmehr die Versöhnung mit der Seinsweise radikaler Fraglichkeit, die dem Subjekt aufgrund seiner begehrenden Bezogenheit auf den selbst begehrenden Anderen und seines Gefangenseins in der signifikanten Kette zugespielt werde. Die psychoanalytische Deutung erschöpfe sich demgemäß auch nicht in der Erhellung der latenten Bedeutung eines Materials, sondern ihre Wirkung bestehe darin, dass sie irreduzible signifikante Elemente, nonsensical - Elemente, gemacht aus Unsinn, auferstehen lasse (vgl. Lacan, Sem. XI, 263). Am Ausgang einer kompromisslosen Analyse erscheine der eigentliche unbewusste Wunsch als formale Konstruktion, „die als solche so gut wie ohne Sinn ist" (Lacan, a.a.O., 48). Erst die Anerkennung einer nicht zu harmonisierenden Subjektivität ermöglicht nach Lacan Authentizität.

In Auseinandersetzung mit der Theorie Lacans unter historischen, sprachtheoretischen und psychoanalytischen Aspekten durch Buchen ist es dabei interessant, dass es ihr gelingt, auf sprachtheoretischer Ebene, genauer auf der theoretischen Grundlage der Semiotik als Bestandteil der Erkenntnistheorie, einen Widerspruch in der Lacanschen Theorie nachzuweisen, der unter Anwendung des regulativen Abwehrverständnisses (jenseits des Natur-Kultur-Antagonismus) auch auf psychoanalytischer Ebene deutlich wird: Nach Lacan korrespondiert der „Part des Logos" mit dem Phallus als privilegiertem Signifikanten, d.h. die Entstehung von Bewusstsein - Symbolisierung - wird von ihm an den psychischen Vorgang einer (Ur)-verdrängung geknüpft (Verlagerung des Erlebnisinhalts in das Unbewusste). Hierzu könne, so Buchen, nach Erkenntnissen der modernen Sprachtheorie Zweifaches festgestellt werden: Erstens stellt ein „Verbot" in Form eines Gesetzes („Gesetz des Vaters"), das sich auf den Ausschluss bestimmter blutsverwandtschaftlicher Beziehungen beim Paarungsverhalten bezieht, bereits eine Abstraktion der Wirklichkeit dar. Ein „Nein" des Ur-Vaters mit „Gesetz"charakter impliziere, dass eine Differenzierung blutsverwandtschaftlicher Verhältnisse in Bezug auf die Urmutter vorgenommen wurde. Diese Differenzierung könne bereits als Ausdruck einer Denkoperation gekennzeichnet werden, d.h. der Sprung zum Geist hätte bereits stattgefunden. Basierten zweitens die ersten primitiven Operationen des Denkens auf einer Trennung (Abspaltung) des Abbildes (Begriff) vom Bedeutungsinhalt, welche die Materie für den Menschen hatte, baute die Sprache auf Grundsätzen einer verzerrten Wirklichkeitswahrnehmung und nicht auf entwicklungslogischen Strukturen auf, deren eidetische Kodifizierung immer wenigstens prinzipiell möglich ist (vgl. mathematische Semiotik). Die moderne Sprachtheorie geht davon aus, so Buchen, dass praktische Verhältnisse in die Strukturen des Sprechhandelns eingehen. Demzufolge müsste auch dieser Spaltungsvorgang in die Strukturen der Sprache eingegangen sein, d.h. Sprache baute auf einer falschen (pathologischen) Wahrnehmung der Wirklichkeit auf, aus der sich freilich nicht jene Denkoperationen hätten entwickeln können, auf denen die Logik unseres Zeichensystems basiert. Kurz, Wissen über dieses Sein, das sich im Symbol verdichtet, hätte sich auch in einem sogenannten imaginären Subjekt nicht akkumulieren können (S. 43). Zu Recht arbeitet Buchen im folgenden eine Parallelität des Lacanschen Verständnisses von Verdrängung zu Freud heraus, wenn sie schreibt: „Freud (1915) versteht unter Verdrängung Doppeltes: Zum einen spricht er von der 'Urverdrängung' im Sinne eines konstitutionslogischen Begriffs, d.h. die Verdrängung des inzestuösen Wunsches stellt für ihn die Voraussetzung zur Fähigkeit für kulturelle Leistungen auf phylogenetischer Ebene dar. Zum anderen kennzeichnet Freud an Beispielen wie der Fallgeschichte des kleinen Hans oder des Wolfsmannes die Verdrängung des inzestuösen Wunsches als neurosebildenden Abwehrprozeß. Mit Freud schreibt auch Lacan seinem konstitutionslogischen Begriff der 'Urverdrängung' jenen Doppelcharakter zu: Urverdrängung bewirkte die Herausbildung des Logos als auch die Entfremdung des Menschen von sich selbst (Entfremdung von der „Bedürfnisordnung“), d.h. die Spaltung in das 'wahre Subjekt' und das 'imaginäre Subjekt'“ (S. 44). Indem Lacan in Anlehnung an sprachphilosophische Überlegungen von Lévi-Strauss das Unbewusste als strukturiertes fasst - das Unbewusste ist wie eine Sprache strukturiert -, grenzt er sich von Freuds Sichtweise über das Es als biologisch-triebhaftes und formlos-energetisches ab. Indem für ihn jedoch das Freudsche Modell des Ödipuskomplexes das „Eichmaß“ zur Reformulierung des Unbewussten darstellt (Lacan, Sem. I, 97), übernimmt er damit zwangsläufig das traditionelle Konzept der Abwehr, das er auf den Ursprung der Menschheitsgeschichte („Urverdrängung“) überträgt. Damit rekurriert er freilich auf ein diffuses Abwehrgeschehen, das im regulativen Konzept - so Buchen (S. 47) - durch folgenden Doppelcharakter gekennzeichnet ist: Abwehr gilt erstens als Voraussetzung für die normale Ichbildung und Ichaufrechterhaltung und zweitens als Bedingung für die neurotische

Ich- und Abwehrbildung und für den neurotischen Widerstand.[15] Hier sei im folgenden aus regulativer Sicht ein Widerspruch in der Lacanschen Theorie (auf psychoanalytischer Ebene) präzisiert, den Buchen bereits auf sprachtheoretischer herausgearbeitet hat, wenn sie schreibt: „Bei der Hypothese über die Spaltung in das 'wahre' und das 'imaginäre Subjekt' rückt der pathogene Charakter der Verdrängung als Abwehrgeschehen in den Vordergrund. Diese neurotische Form von Abwehr basiert freilich auf der Annahme primärprozesshafter und destruktiver Triebimpulse [...]. Die Abwehr dieser Triebe, die eine - angenommene - primäre Triebangst erzeugt, erfolgt nach Freud allerdings durch das Ich mit dem Ziel, Unlust zu vermeiden und einen Spannungsdruck zu vermindern. Das heißt, daß diese spezifische Form des Abwehrgeschehens eine Ichentwicklung und damit die 'Fähigkeit zur Verdrängung' bereits voraussetzt, die bei primitiven Abwehrmechanismen nicht gegeben ist [...]. Es lässt sich also auf psychoanalytischer Ebene derselbe Widerspruch konstatieren, der bereits auf sprachtheoretischer Ebene nachgewiesen wurde: Der Abwehrmechanismus der Verdrängung, wie Lacan ihn im Zusammenhang mit der ödipalen Dreieckssituation fasst, setzt gemäß des traditionellen Abwehrbegriffs ein reiferes Ich voraus. M.a.W., Strukturbildung hätte - sowohl auf phylogenetischer wie ontogenetischer Ebene betrachtet - bereits stattgefunden“ haben müssen (S. 47). Dementsprechend kann man auf der Basis der veränderten Grundposition zu der Einschätzung kommen, dass Lacan sein Konstrukt aus der Unschärfe des traditionellen Abwehrbegriffs heraus entwickelt, indem strukturbildende und „pathogene Abwehr“ in eins gesetzt werden. Die „pathogene Abwehr“ („Ur-Verdrängung“) wird in den Vordergrund gerückt und damit der Primat der „symbolischen Ordnung“ und die damit verbundene „Seinsverfehlung“ begründet (Buchen). Die mit diesem Abwehrgeschehen verbundene Annahme eines primärprozesshaften und destruktiven Charakters angeborener Triebe konstruiert zwangsläufig einen Antagonismus zum Ich, zur Kultur, zum Realitätsprinzip und zu den Sekundärprozessen (vgl. Schmidbauer 1975). Dieses Abwehrgeschehen bindet Lacan allerdings an die Herausbildung der Sprache. Es ergibt sich somit nach Buchen folgendes Ablaufschema: Die Postulierung des Inzestverbots als Gesetz verbunden mit der Kastrationsdrohung führte zur Urverdrängung. Die Urverdrängung wiederum bewirkte einerseits Symbolisation (Sublimierung des Triebs: strukturbildende Abwehr), verursachte jedoch andererseits Entfremdung zwischen dem Subjekt und dem Symbolischen (pathogene Abwehr), d.h. führte zur Spaltung in ein „wahres“ und ein „imaginäres“ Subjekt. Demzufolge werde auf der strukturalen Ebene von Sprache nach Lacan ein Geschehen („Urszene“) vermittelt, dessen latenter Sinn nicht mehr rekonstruierbar ist, weil er sich angesichts der „Urverdrängung“ unwiederbringlich dem Bewusstsein entzieht und in der analytischen Kur nur noch als „Unsinn“ dechiffriert werden kann. Die Verknüpfung eines diffusen Abwehrgeschehens mit dem strukturalen Aspekt

(15) Freud GW. I, 268f; VIII, 20.

der Sprache auf der Grundlage eines defizitären Sprachbegriffs bildet also das brüchige Fundament dafür, den Trieb-Kultur-Antagonismus nicht mehr intrapsychisch, sondern vielmehr „humanspezifisch" zu formulieren (S. 47f).

Nun zur Reflexion des psychoanalytischen Verstehensansatzes von Lorenzer, insbesondere der theoretischen Grundprämisse des „szenischen Verstehens", die dieser im Rahmen einer Metatheorie der Psychoanalyse als „historisch-materialistische Gesellschaftstheorie" entwickelt hat (1973, 1974, 1984 u.a.). Es wird dabei der Frage nachgegangen, ob nicht neben einer unmaterialistischen Auffassung von Sprache, gerade das Festhalten Lorenzers an einer sinnlichen Triebmatrix des Kindes „im Sinne Freuds", die er in Spannung zu „gesellschaftlichen Zumutungen" setzt, verhindert, dem Anspruch gerecht zu werden, das Verhältnis Individuum und Gesellschaft in einer „materialistischen Sozialisationstheorie" zu fassen.

In seinen Arbeiten versuchte Lorenzer in Auseinandersetzung mit und Anlehnung an die Kritische Theorie (Adorno, Fromm, Marcuse u.a.), das Verhältnis von Individuum und Gesellschaft neu zu bestimmen. Sein Anliegen, eine materialistische Sozialisationstheorie zu entwickeln, zielte auf eine Vermittlung der Psychoanalyse als subjektiver Analyse von Bewusstseins- und Handlungsfiguren einerseits und der Gesellschaftswissenschaft als Theorie objektiver Prozesse andererseits. In seinen frühen Arbeiten beschäftigte Lorenzer die Fragestellung: „Wie wird die 'innere Natur' des Kindes so in menschliche Praxis eingefädelt, daß kindliche Entwicklung im vollen Umfang zugleich als Naturgeschichte wie auch als soziale Bildungsgeschichte aufgrund objektiver politisch-ökonomischer Prozesse gelesen werden kann, ohne an irgendeiner Stelle vorgegebene, geschichtsunabhängige subjektive Kompetenzen und Strukturen unterstellen zu müssen" (Lorenzer 1972, S. 11). Die Relevanz der Arbeiten Lorenzers besteht zweifellos in dem Bemühen, den Gegenstand der Psychoanalyse als „Seelenleben des vergesellschafteten Menschen" (Lorenzer 1973, 67) zu bestimmen, ein Ansatz also, der dem Diskurs über den kulturkritischen Charakter der Psychoanalyse wichtige Impulse gegeben hat (Buchen). Seine Metatheorie der Psychoanalyse als hermeneutisch-sozialwissenschaftliches Verfahren basiert auf einer Verknüpfung zwischen der psychoanalytischen Methode des Sinnverstehens mit sprachtheoretisch, sprachphilosophischen Konzepten (Cassirer, Langer, Wittgenstein, Mead). Obwohl Lorenzer einerseits an frühe Konzeptionen Fromms anknüpft, der insbesondere im Zusammenhang mit der Analyse der familialen Sozialisation die Herausbildung des gesellschaftlichen Charakters des Individuums betonte (Fromm 1941), plädiert er jedoch andererseits in Anlehnung an Adorno (1966b) für die Aufrechterhaltung der Eigenständigkeit der beiden Analyserichtungen - der methodischen Differenz der Analysen objektiver und subjektiver Strukturen -, die nicht „in die falsche Synthesis einer Totalität aufgelöst" werden sollen (Lorenzer 1976a, 39). Dass ein Festhalten an einer „Triebmatrix", die Lorenzer in seiner Metatheorie der Psychoanalyse in Spannung zu gesellschaftlichen Normen fasst, letztlich einer materialistischen Sozialisationstheorie widerspricht, wird von Buchen hinreichend herausgearbeitet (S. 209-227). Obwohl sich die Autorin auch ausführlich mit Lorenzers „unmaterialistischer Auffassung von Sprache als Grundprämisse einer 'materialistischen Sozialisationstheorie'" (S. 217) auseinandersetzt, soll hier nur auf den interaktionstheoretischen Ansatz genauer eingegangen werden. So entwickelte Lorenzer eine umfassende hermeneutische Rekonstruktionsmethodologie, die als „szenisches Verstehen" bekannt geworden ist, indem er die Psychoanalyse als Tiefenhermeneutik mit einer Theorie der Interaktionsformen verknüpfte. Hierbei unterscheidet der Autor in der Mutter-Kind--Dyade zwischen „bestimmten Interaktionsformen", die vom Kind bewusstlos eingeübt würden, und einer „symbolischen Interaktionsform", die er in Anlehnung an Wittgenstein auch als Sprachspiel bezeichnet. Lorenzers Theorie der Subjektkonstitution setzt beim intrauterinen Wechselspiel zwischen Mutter und Kind an und führt von frühen postnatalen organismischen Vorgängen in der Mutter-Kind-Dyade hin zur „Einführung von Sprache". Lorenzer schreibt dazu: „Die Figuren der praktischen Dialektik zwischen innerer Natur (des Kindes) und gesellschaftlicher Praxis (vermittelt über die Mutter) werden als Niederschlag realer Interaktionen zum Ansatz individueller Strukturen, die 'subjektive' Strukturen erst nach der Einführung von Sprache genannt werden können" (a.a.O., S. 26). Zum einen ist hervorzuheben, dass Lorenzer in seinen Überlegungen zur Struktur des Psychischen erst mit „Einführung von Sprache", d.h. erst, wenn die „bewusstlos" eingeübten Interaktionsformen versprachlicht werden, von „subjektive(n) Strukturen" der Persönlichkeit ausgeht (Buchen). Nur am Rande sei erwähnt, dass eine Einschätzung dieser Art, wie ich ausgeführt habe (1997, Kap. 4), durch Schmidbauers evolutionstheoretische Begründung ebenso wie durch die Ergebnisse der Frühkindforschung, beispielsweise die Beobachtung über Unterscheidungsvermögen (selektive Vorlieben etc.), das bereits bei ganz jungen Säuglingen zu beobachten ist, widerlegt werden kann. Zum anderen ist hervorzuheben, dass Lorenzer in Bezug auf die Mutter-Kind-Dyade von der besonderen „inneren Natur (des Kindes)" spricht, wobei ihm gleichzeitig jedoch daran gelegen ist, diese „innere Natur" als „Produkt" des Einigungsprozesses zwischen Mutter und Kind zu präzisieren. Demzufolge weist er auch in seiner späteren Schrift „Das Konzil der Buchhalter" (1984) explizit darauf hin, dass es sich bei diesem Wechselspiel „nicht um einen puren Naturprozeß" handle, sondern vielmehr dies der Weg sei, auf dem der „Naturprozeß der Entwicklungsphysiologie und Entwicklungspsychologie des Kindes zugleich sozialer Formungsprozeß" werde (a.a.O., S. 88). Indem also Lorenzer einerseits darum bemüht ist, so Buchen, das „Terrain der psychoanalytischen Theorie in Richtung auf (die) historisch-materialistische Gesellschaftstheorie" (Lorenzer 1973, S. 8) zu überschreiten, andererseits jedoch an der „Triebbasis menschlichen Erlebens" (1980, 306) im Sinne von Freud festhält, kommt er zu einer widersprüchlichen Bestimmung des „Es": Dieses ist einmal „sinnlich-organismisch", „natürlich" und unbewusst (nichtsymbolisch). Zum anderen besteht es aus dem Niederschlag von Interaktionsformen, die als „Synthesis von Körperprozeß des Kindes und der durch die Mutter vermittelten praktischen Antwort 'gesellschaftlich bestimmt' sind“ (1970, S. 31). Lorenzer versucht also einerseits die biologistische Auffassung Freuds, wie sie der Triebtheorie zugrundeliegt, neu, d.h. sozial zu fassen, ohne jedoch andererseits die traditionell psychoanalytische Fundierung menschlichen Handelns fallen zu lassen. Der Autor schreibt dazu: „Auch der Trieb ist geschichtlich. Das konkrete 'Es' ist als reale Triebpotenz ein Komplex hergestellter Interaktionsformen. Wirksame Natur ist im Individuum immer schon strukturiert in bestimmten Interaktionsformen, in denen das Nichtidentische mit Gesellschaft in der körperlichen Ausgangslage steckt. Nur im Zusammenhang mit den real eingeübten Interaktionsformen entwickelt sich das Organismisch-Bewußtlose des 'systemischen Unbewußten'. Da Interaktionsformen ihre Formbestimmung immer im praktisch-dialektischen Prozeß der Sozialisation erhalten, ist der Trieb selbst geschichtlich“ (Lorenzer 1974, S. 120). Der Autor unternimmt also den Versuch, so Buchen, eine Balance zwischen einer sozialen Bestimmung menschlicher Motive und Bedürfnisse und einem Insistieren auf einer sinnlich-organismischen Fundierung zu halten. Die Neubestimmung des Triebes – „der Trieb ist geschichtlich“ - sei Ausdruck eben dieses Balanceaktes. In einer späteren Arbeit versucht Lorenzer den Zusammenhang zwischen „innerer Natur“ und gesellschaftlicher Praxis zu präzisieren: „Der Begriff der Interaktionsform, angesetzt als Bestimmung des Triebes, soll ausdrücken, dass der Trieb selbst hervorgeht aus der Auseinandersetzung zwischen innerer Natur und gesellschaftlicher Praxis. Dabei kann der Begriff 'innere Natur' nicht eine umschriebene Gegenständlichkeit bezeichnen, sondern muß als Ansatzpunkt gesehen werden für einen Prozeß, der in der Ontogenese Schritt für Schritt vor sich geht [...] 'Innere Natur' ist demgemäß das Nichtidentische gegenüber gesellschaftlicher Praxis, die an diese biologische Natur herantritt. Nun ist das ja nichts Greifbares, denn alles, was gegriffen werden kann, ist ja bereits angeeignet“ (Lorenzer 1980, S. 331f). Auch aus dieser Bestimmung des Triebes als Versuch, die Freudsche Auffassung über die fundamentale Rolle der Sexualität mit dem Ansatz einer materialistischen Sozialisationstheorie zu verbinden, geht hervor, so der Kommentar von Buchen, dass sich die Widersprüche nicht klären: Einerseits geht der Trieb selbst aus der „Auseinandersetzung zwischen innerer Natur und gesellschaftlicher Praxis“ hervor. Andererseits ist diese „innere Natur“ das „Nichtidentische gegenüber gesellschaftlicher Praxis, die an diese biologische Natur herantritt“. Indem also Lorenzer in seiner „Theorie der Interaktionsformen“ den Nachweis zu erbringen versucht, dass die Triebstruktur gesellschaftlich vermittelt ist, wobei freilich die „Beziehung zu den objektiven Bedingungen der biologischen Natur ebenso wie zu den objektiven Bedingungen der gesellschaftlichen Prozesse“ (Lorenzer 1980, S. 312) aufzudecken sei, bewege er sich zwangsläufig innerhalb eines theoretischen Bezugssystems, das einen Widerspruch (das „Nichtidentische“) zwischen der körperlich-leiblichen Dimension und der gesellschaftlichen Dimension annimmt. Die Annahme einer „inneren Natur" jenseits einer sozialen Strukturierung und der Ansatz einer materialistischen Sozialisationstheorie schließen einander aus.[16]

Lorenzer weiter: Vor dem Hintergrund der Annahme einer sinnlich-triebhaften Matrix von Interaktionsformen (die er dem Unbewussten zuordnet), bewirke nun die Einführung von Sprache und Symbolisierung das Nichtidentische, d.h. einen Verlust von Sinnlichkeit. Bei der Einführung von Sprache gehe es um die Überwindung der sprachlosen Einsozialisierung des Verhaltens in sensomotorischen Figuren des Körpers. Vor der Spracheinführung, so Lorenzer, sind die sprachlosen Niederschläge des sinnlich-unmittelbaren Wechselspiels zwischen Mutter und Kind abgelagert als „Verhaltensentwurf im Sensomotorium des Körpers, zentralnervös registriert in den Gehirnzonen für Körpersensibilität und Körpermotorik" (1984, S. 152). Wenn es zur Einführung von Sprache und damit zur Bildung von Bewusstsein kommt, verfüge das Kind bereits über ein differenziertes Repertoire zusammenhängender Interaktionsformen (Praxisgefüge), das freilich bis dahin unbewusst sei (1973a, S. 162). Sprache nun systematisiere die sinnlich--unmittelbar erfahrenen Situationen. Lorenzer dazu weiter: Freilich ist diese Systematisierung ein Danaergeschenk. Hatte das Kind vordem die „Möglichkeit, voll und ganz in der jeweiligen Situation aufzugehen und ohne Rücksicht auf andere Situationen oder das Gesamt der Lebensführung mehr oder minder unbehindert zu agieren (was Freud mit dem Begriff des 'polymorph-perversen' Verhaltens gekennzeichnet hat), so wird nun diese Freiheit - oder sagen wir besser: Ungezwungenheit - zunehmend eingeschränkt. Die Bindung des Interagierens an Sprache bedeutet ja Nötigung, die eigenen sensomotorischen Reaktionen einem kollektiv vereinbarten Normensystem zu unterwerfen" (Lorenzer 1984, S. 92). Hatte also das Kind bis zur Spracheinführung die Möglichkeit, so Buchen, „mehr oder minder unbehindert zu agieren", d.h. ist bis dahin das kindliche Verhalten relativ frei von gesellschaftlichen Einschränkungen und Normierungen, erfolgt durch Versprachlichung ein Bruch dieses ungezwungenen Daseins. Denn durch Spracheinführung stehen sich nun nach Lorenzer zwei „Anweisungssysteme" gegenüber, die vermittelt werden müssen: das unbewusst einsozialisierte System der Interaktionsformen („Triebmatrix") und das Sprachsystem, das impliziert, das Verhalten dem bewussten Konsens der Normen zu unterwerfen (Lorenzer a.a.O., S. 110). Lassen sich diese beiden Systeme nicht vereinen, kommt es zu einer rück-

[16] Im Hinblick auf diejenigen Repräsentanten der psychoanalytischen Pädagogik (Leber, Trescher u.a.), die versuchen, den Verstehensansatz des „szenischen Verstehens" im pädagogischen Prozess in Anwendung zu bringen, ist zu beachten, dass Subjektkonstitution von Lorenzer ausschließlich aus der Mutter-Kind-Dyade heraus entwickelt wird, ein Sachverhalt, der den Blick für ein Denken in systemischen, d.h. überindividuellen Zusammenhängen verstellt. Diese Sichtweise auf den pädagogischen Prozess zu übertragen, bedeutet, die soziale Praxisauseinandersetzung auf die Beziehungsdynamik zu reduzieren und damit gesellschaftliche Krisenphänomene zu psychologisieren (Buchen).

läufigen Entwicklung, d.h. zu einer „Desymbolisierung“ bereits herausgebildeter „symbolischer Interaktionsformen“. Nach Lorenzer sitzt die „Narbe derjenigen Konflikte, denen Freud zuallererst begegnete“, die „klassisch-neurotischen“ nämlich, an der „Nahtstelle von dyadisch eingeübter Matrix und Sprache“, also am Punkt der „Versprachlichung“ unbewusst einsozialisierter Erlebnisstrukturen (ebd.). Während sich symbolvermitteltes Handeln durch ichhaftes, sekundärprozesshaftes, reflexives Handeln auszeichnet, sind dagegen unbewusste Prozesse, wie sie dem neurotischen Verdrängungsprozess zugrundeliegen, wie tierisches Verhalten organisiert. Sie gelten, so Lorenzer, als „gestisch-funktionales“, „szenisch-situatives“, reizabhängiges Reagieren, das vom „Muster eines reizstimulierten und schemageleiteten Umweltbezuges“ beherrscht ist (1970, S. 121). Es kann also festgestellt werden, dass die Dichotomie zwischen symbolisch strukturiertem Bewusstsein und nicht-symbolischem Unbewussten die Theorie Lorenzers konstituiert. Vor dem Hintergrund dieser rigiden Trennung zwischen Unbewusstem und Bewusstsein, das an Sprache und Normativität gekoppelt wird, hebt der Autor folgerichtig in seinen späteren Schriften den Doppelcharakter von Sprache hervor: Einerseits eröffnet Sprache Bewusstsein, Unabhängigkeit, „einen Spalt für Freiheit“, andererseits stößt das Kind auf ein vorgegebenes System von Anforderungen und Regeln und muss sich damit von der sinnlichen Triebmatrix entfernen (Lorenzer/Görlich 1981, S. 96). Es kann also zusammenfassend gesagt werden, dass in der Metatheorie Lorenzers die „sinnliche Triebmatrix“ in jedem Fall in Konflikt mit gesellschaftlicher Praxis gerät; denn diese schränkt durch die normenvermittelnde Sprache als Handlungssystem die „innere Natur des Kindes“ ein, ja unterwirft sie dem „bewussten Konsens der Normen“. In Abgrenzung zu Freud wird das „Es“ nicht mehr als unstrukturiertes gefasst, sondern es besteht vielmehr aus dem Niederschlag des Wechselspiels zwischen organisch-biologischer Natur des Kindes (das „Organismisch-Bewusstlose“) und sozialer Praxis der Mutter. Mit dieser Bestimmung des Unbewussten, so Buchen, gelingt es Lorenzer, die biologistische Bestimmung des Unbewussten von Freud ein Stück weit zu überwinden. Gleichzeitig geraten diese basalen Interaktionsformen, die im günstigen Fall eine „sinnliche Triebmatrix“ bilden, mit Einführung der Sprache zwangsläufig mit „gesellschaftliche(n) Zumutungen“ in „Spannung“. Das Konstrukt Triebmatrix vs. Versprachlichung gestatte es also, letztlich an dem Freudschen Gedanken eines primären Unbewussten als Nichtidentischem mit Kultur festzuhalten. Auf der theoretischen Grundlage des regulativen Verständnisses und eines konsequenten Standpunktes „jenseits des Natur-Kultur-Antagonismus“ möchte ich Buchens Gesamteinschätzung zitieren: „Hinter der Annahme einer 'Spannung zweier Regulationssysteme' verbirgt sich demzufolge der Versuch Lorenzers, einerseits den Freudschen Es/Kultur-Antagonismus in Richtung Sozialität zu reinterpretieren, ohne sich freilich mit Grundwidersprüchen der Triebtheorie -

dem Trieb/Kultur-Antagonismus - ernsthaft auseinanderzusetzen“ (1989, S. 215).[17]

Diese kritische Reflexion zweier Standpunkte, die nach wie vor die kulturpsychoanalytische Diskussion nicht unerheblich beeinflussen, wurde in Bezug zu Schmidbauers konsequenter Position eines „jenseits des Natur-Kultur-Antagonismus“ vorgenommen. Sie sollte beispielhaft verdeutlichen, dass die von Schmidbauer bereits in den 70er Jahren begründete, „Suche nach einem Weg, auf dem die Psychoanalyse eine biologisch fundierte Anthropologie und zugleich eine kritische Sozialtheorie werden kann“, für die Weiterentwicklung der Psychoanalyse in Theorie und Praxis, ebenso wie für ihre Anwendungsbereiche, nach wie vor enorme Aktualität und Potentialität besitzt.

Literatur

Adorno, Th., W. (1968): Erziehung zur Entbarbarisierung. Frankfurt am Main

Buchen, B. (1989) : Ganzheitliches Lernen in Unterricht und Weiterbildung. Ein soziopsychoanalytisches Verstehenskonzept. Weinheim 1993 (Habilitationsschrift).

Eagle, M. (1988): Neue Entwicklungen in der Psychoanalyse. München/Wien.

Freud, S. (1950): Gesammelte Werke, Bände I bis XVII, London-Frankfurt.

Gill, M.M. (1967): The Primary Process. Psychological Issues 5, No 2/2. N.Y.

Holzkamp-Osterkamp, U. (1982): Motivationsforschung 2. Die Besonderheit menschlicher Bedürfnisse – Problematik und Erkenntnisgehalt der Psychoanalyse. Frankfurt, New York.

Lévi-Strauss, C. (1968): Das wilde Denken. Frankfurt am Main.

Lacan, J. (1978): Die vier Grundbegriffe der Psychoanalyse. 1964. Olten.

- Schriften I. Ausgewählt u. herausgegeben v. N. Haas. Olten 1973.

- Schriften I. Frankfurt a. M. Schriften II. Olten 1975 (Frz. 1966: Ecrits. Paris: Editions du Seuil.).

- Das Seminar von J. Lacan, Buch I (1953-1954). Freuds technische Schriften. Olten 1978a.

- Das Seminar von J. Lacan, Buch XI (1964). Die vier Grundbegriffe der Psychoanalyse. Olten 1978. (Frz. 1966: Ecrits. Paris.).

- Das Seminar von J. Lacan, Buch II (1954-1955). Das Ich in der Theorie Freuds und in der Technik der Psychoanalyse. Olten 1980.

Lorenzer, A. (1970): Zur Kritik des psychoanalytischen Symbolbegriffs. Frankfurt am Main.

---

[17][17] Es kann festgestellt werden, dass psychoanalytische Positionen, die - wenn auch in modifizierter Form (Lacan und Lorenzer) - an dem Freudschen Natur-Kultur-Antagonismus festhalten, bis heute nachhaltig auch die erziehungswissenschaftliche Diskussion beeinflussen, etwa in der Annahme, die Aufgabenbestimmung der Erziehung bestehe in der „Ersetzung“ des Lustprinzips „durch das Realitätsprinzip“ (Freud 1911, S. 229).

ders.
- Zur Begründung einer materialistischen Sozialisationstheorie. Frankfurt am Main 1972
Sprachzerstörung und Rekonstruktion. Frankfurt am Main 1973.
- Die Wahrheit der psychoanalytischen Erkenntnis. Ein historisch-materialistischer Entwurf. Frankfurt am Main 1974.
- Ein Gespräch zwischen Lorenzer und Görlich, In: B. Görlich et al.: Der Stachel Freud. Beiträge und Dokumente zur Kulturismus-Kritik. Frankfurt am Main (1980a).
- Die Sozialität der Natur und die Natürlichkeit des Sozialen. In: B. Görlich (Hg.): Der Stachel Freud. Beiträge und Dokumente zur Kulturismus-Kritik. Frankfurt a. M. 1980b, 279-349.
- Das Konzil der Buchhalter. Frankfurt a. M. 1984.
Mertens, W. (1981): Neue Perspektiven in der Psychoanalyse. Stuttgart.
Schmid Noerr, G. (1990): Das Eingedenken der Natur im Subjekt. Zur Dialektik von Vernunft und Natur in der kritischen Theorie Horkheimers, Adornos und Marcuses. Darmstadt.
Schmidbauer, W. (1970): Mythos und Psychologie. München.
- Methodenprobleme der Humanethologie. München 1971.
- Psychotherapie - Ihr Weg von der Magie zur Wissenschaft. München 1971.
- Die sogenannte Aggression. Die kulturelle Evolution und das Böse. Hamburg 1972.
- Erziehung ohne Angst. München 1972.
- Biologie und Ideologie – Kritik der Humanethologie. Hamburg 1973.
- Evolutionstheorie und Verhaltensforschung (Hrsg.) 1974.
- Vom Es zum Ich. Evolution und Psychoanalyse. München 1975.
- Über hysterische Mechanismen im Verhältnis der Geschlechter. Psa. Psych. 19: 3-24, 1997.
Tömmel, S.E. (1985): Die Evolution der Psychoanalyse. Frankfurt am Main.
Trauth,W. (1975): Gesellschaftlicher Wandel, Veränderung der Krankheitsbilder, Konsequenzen für die psychoanalytische Ausbildungssituation.
- Psychoanalytisches Grenz- und Inszenierungskonzept. 1979. Psa. Psych. 15: 111-124, 1993.
- Zur Neuformulierung des dialektischen Aspekts der Psychoanalyse. Psa. Psych. 8: 44-102, 1986.
- Die gegenpolige Gesamtschau des Widerspruchs zwischen klassischem und weiterentwickeltem Narzißmusverständnis. Psa. Psych. 16: 77-117, 1994.
- Zentrale psychische Organisations- und Regulationsprinzipien und das psychoanalytische Verständnis von Abwehr und Regulation. München 1997.

VITA

Dr.phil.Dipl.Psych. Wolfgang Schmidbauer

Geboren am 15.Mai 1941 in München als zweiter Sohn von Eduard Schmidbauer und Elisabeth Schmidbauer, geb. Günther. 1944 ausgebombt, Umzug nach Passau/Ndb. Grundschule in Passau. Humanistisches Gymnasium I - VI in Passau. 1956 Umzug nach Feldafing/Starnberger See. Schulwechsel an die ORG Weilheim/Obb. Abitur 1960.

Studium der Psychologie an der LMU München 1960 bis 1966. Abschluss mit der Diplom-Prüfung am 10.1.1966. Parallel zum Studium Arbeit als Reporter und Redakteur eines Ärztemagazins (Selecta).

Anschließend Promotion bei Albert Görres in München mit Hilfe eines Stipendiums der Stiftung Volkswagenwerk über „Mythos und Psychologie - Methodische Probleme, aufgezeigt an der Ödipussage". Übersiedlung nach Italien, Tätigkeit als freier Schriftsteller. 1971 Rückkehr nach Deutschland. In Zusammenarbeit mit Günter Ammon Gründung eines psychoanalytischen Instituts in München. Ende 1972 Trennung von Ammon; Weiterarbeit mit einer Gruppe von Ärzten, Psychologen und „Laien" in einer neu konzipierten psychoanalytischen Ausbildung mit starker Akzentuierung von gruppen- und familientherapeutischen Elementen. Im Lauf dieser Aufbauarbeit entstehen zwei Vereine, in denen Schmidbauer verschiedene Funktionen ausübt; gegenwärtig ist er Ehrenvorsitzender der Gesellschaft für analytische Gruppendynamik, in der Gruppenleiter, Supervisoren und Familientherapeuten ausgebildet werden und Lehranalytiker der Münchner Arbeitsgemeinschaft für Psychoanalyse, die inzwischen als Ausbildungsinstitut für Psychoanalytiker von der Deutschen Gesellschaft für Psychoanalyse, Psychotherapie, Psychosomatik und Tiefenpsychologie anerkannt ist. Seit 1973 arbeitet Schmidbauer neben seiner Tätigkeit als Autor in freier Praxis als Einzel- und Gruppentherapeut.

1976 bis 1980 ist er Lehrbeauftragter und Prüfer im Fach klinische Psychologie an der LMU München; 1986 Gastprofessor für Psychoanalyse an der Gesamthochschule Kassel.

Neben Sachbüchern, von denen einige Bestseller wurden, hat Schmidbauer auch eine Reihe von Erzählungen, Romanen und Berichten über Kindheits- und Jugenderlebnisse geschrieben.

Einige wichtige Titel:

Rowohlt-Verlag:
- Die hilflosen Helfer. Über die seelische Problematik der helfenden Berufe.
- Helfen als Beruf. Die Ware Nächstenliebe.
- Die Angst vor Nähe.
- Alles oder nichts. Über die Destruktivität von Idealen.
- Weniger ist manchmal mehr. Die Psychologie des Konsumverzichts.
- Eine Kindheit in Niederbayern.
- Ein Haus in der Toscana.
- Die Kentaurin. Erzählung
- Jetzt haben, später zahlen. Die seelischen Folgen der Konsumgesellschaft.
- Wenn Helfer Fehler machen. Liebe, Mißbrauch und Narzißmus.
- „Ich wußte nie, was mit Vater ist!" Das Trauma des Krieges.

Nymphenburger Verlag:
- Vom Umgang mit der Seele. Psychotherapie zwischen Magie und Wissenschaft
- Der hysterische Mann.

Goldmann-Verlag:
- Der neue Psychotherapieführer.

Herder-Verlag:
- Das Geheimnis der Zauberflöte.

Autorinnen und Autoren

Annemarie Bauer, Jg. 1946, Dr. phil., Dipl.-Päd., Professorin für Psychoanalyse und Soziale Arbeit an der Ev. FH Darmstadt. Gruppenanalytikerin(DAGG), Supervisorin, Lehrsupervisorin (DGSv) und Balintgruppenleiterin. Forscht und lehrt zu Fragen der Psychoanalyse der Institutionen, der Familien- und Intergenerationendynamik, der Supervision in verschiedenen Feldern und zu Fragen von Integration und Abgrenzung, psychoanalytischer und systemischer Theorie- und Praxisansätze anhand von Fallanalysen. Mitglied der Arbeitsgruppe „Psychoanalyse der Institution" München und Heidelberg.
Praxis für Psychotherapie und Supervision in Heidelberg seit 1986.

Nando Belardi, Univ.-Prof. Dr. phil. Habil.; Sozialwissenschaftler, Supervisor (DGSv), Psychotherapie (HPG); Lehrstuhl für Sozialpädagogik der T.U. Chemnitz. Er lebt in Bergisch Gladbach.

Gudrun Brockhaus, Jg. 1947, studierte in Freiburg und München Psychologie (Diplom 1973) und Soziologie (Diplom 1977). Seit 1977 Wiss. Angestellte am Institut für Psychologie, Institutsbereich Sozialpsychologie. 1986 Dissertation an der Universität Bremen zum Thema Sozialpsychologie des Nationalsozialismus (*Schauder und Idylle. Faschismus als Erlebnisangebot.* München: Kunstmann 1997). Arbeiten zum Thema Frauen in der NS-Zeit, Psychotherapie im NS, zur Politischen Psychologie der Nachkriegszeit, zur rechtsextremen Gewalt. Ausbildung zur Psychoanalytikerin (DGPT), psychoanalytische Praxis seit 1983. Lebt mit W. Schmidbauer und Tochter in München.

Bernd Deininger, Jg. 1946. Studium der Medizin, Theologie und Philosophie. Facharzt für Psychotherapeutische Medizin, Neurologe und Psychiater, Psychoanalytiker in freier Praxis in Nürnberg. Eine der letzten Veröffentlichungen ist ein Buch beim Kösel-Verlag zur Liebe und Leidenschaft in Mozartopern.

Agnes Drexl-Budde, Jg. 1953; Industriekauffrau, Religionspädagogin (grad.), Supervisorin (DGSv). In eigener Praxis tätig als Supervisorin und Trainerin in Organisationen. Sie lebt in Bamberg.

Ulla Dürr, Jg 1955. Dipl.-Soz.-Päd., Supervisorin. Heute: Stellvertretende Leiterin eines Wohlfahrtsverbandes. Sie lebt in Nürnberg.

Dorothee Echter, Dipl.-Soziologin, analytische Gruppendynamikerin der GaG, ist Inhaberin der Dorothee Echter Unternehmensberatung, die Top Executive Coaching international anbietet. Sie war 22 Jahre lang Führungskraft mit Verantwortung für Personal und Marketing in internationalen Konzernen, zuletzt als

Mitglied der europäischen Geschäftsleitung eines amerikanischen Unternehmens. Sie veröffentlicht in zahlreichen Büchern und Artikeln sowie in ihrer regelmäßigen Kolumne im Handelsblatt zu Themen der Unternehmensführung und der Top Management Beratung. Sie ist Gründerin des Executive Coaching Quality Kompetenz Zentrums in München.

Walter Josef Engelhardt, Jg. 1951, Diplom-Sozialpädagoge und Magister Artium in Pädagogik, Soziologie und Theaterwissenschaften. Supervisor (DGSv). Seit 1977 hauptberuflicher Dozent für Praxis- und Methodenlehre an der Ev. Fachakademie für Sozialpädagogik in Nürnberg mit den Arbeitsschwerpunkten Methodenlehre, Schulkinderarbeit und Praxisberatung. Seit 1980 Lehraufträge an verschiedenen Fachhochschulen zur Sozialen Gruppenarbeit, Supervision, Selbstevaluation und Männlichen Sozialisation. Supervisor in freier Praxis. Veröffentlichungen zu den Themen Erzieherinnenausbildung, Praxisberatung und Supervision, Jungen- und Männerarbeit.

Ariane Garlichs, Jg. 1936, Dr. rer.soc.; Ausbildung zur analytischen Gruppendynamikerin. Nach Lehrerausbildung und mehrjähriger Lehrertätigkeit an verschiedenen Schularten in Deutschland und der Schweiz, von 1972 bis 1999 Professorin für Erziehungswissenschaft an der Gesamthochschule Kassel. Arbeitsschwerpunkte: Grundschulpädagogik und -didaktik; Primarschulen und Lehrerausbildung im internationalen Vergleich;
psychoanalytische Pädagogik, Entwicklungstheorie und Kindheitsforschung; psychoanalytisch-pädagogische Fallanalysen und Fallarbeit.

Mechtild Grohs-Schulz, Jg. 1954, Supervisorin (DGSv), Lehrsupervisorin, Balintgruppenleiterin (AGBaB), Gruppenanalytikerin (DAGG). Arbeit als Organisationsberaterin und Supervisorin in freier Praxis in München.
Mitglied der Arbeitsgruppe „Psychoanalyse der Institution“ München und Heidelberg.

Katharina Gröning, Jg. 1957, Dr. phil., Erziehungswissenschaftlerin; Supervisorin seit 1991; von 1993 bis 1998 Professorin für Soziale Arbeit mit dem Schwerpunkt Gerontologie an der Fachhochschule Erfurt, jetzt Professorin für Pädagogische Beratung an der Universität Bielefeld. Leiterin der Frauenforschung an der Uni Bielefeld. Forscht und lehrt
zu Kommunikation, Psychoanalyse der Institution, zur Gender-Forschung und zu ethischen Fragen der Supervision.
Mitglied der Arbeitsgruppe „Psychoanalyse der Institution“ München und Heidelberg

Michael Herrmann, Jg. 1947, Diakonenausbildung in Rummelsberg, Ausbildung zum Erzieher und Jugendarbeiter, Weiterbildungen zum Eheberater und Supervisor. Heute: Bruder Senior in Rummelsberg.

Renate Holzberger, Jg. 1946; Dipl.-Soz.-Päd., Supervisorin, Lehrsupervisorin; Fortbildnerin, spezialisiert auf Krisenthemen; Leitung eines Sachgebiets für Supervision im Personalamt einer Kommunalbehörde.

Michael Horn, Dr. phil.; Gruppenleiter, Lehrbeauftragter, Supervisor und Lehrsupervisor (DGSv); Vorstandvorsitzender der Gesellschaft für analytische Gruppendynamik (GaG), München.

Peter Jacobs, Jg. 1950; Studium einiger Semester Jura, Soziologie und Germanistik, dann mit 27 Jahren Entscheidung für die bereits mit 16 Jahren als Wunschberuf auserkorene Krankenpflege. Nach der Ausbildung Tätigkeit als Anästhesie- und Intensivpfleger. Nach der Weiterbildung zum Unterrichtspfleger Leiter der Anästhesieabteilung am Universitätsklinikum Großhadern. Seit 1999 Pflegedirektor und Vorstandsmitglied des Klinikums der Universität München, das aus der Fusion des Klinikums Großhadern mit dem Klinikum Innenstadt hervorgegangen ist und mit 2.600 Betten und fast 9000 Beschäftigten, davon fast 3000 Pflegekräften, zu einem der größten Krankenhäuser in Europa gehört.

Heiner Keupp, Jg. 1943; Diplom, Promotion und Habilitation in Psychologie; seit 1978 Hochschullehrer für Sozial- und Gemeindepsychologie an der Universität München. Seine Arbeitsinteressen beziehen sich auf soziale Netzwerke, gemeindenahe Versorgung, Gesundheitsförderung, Jugendforschung, Identität in der Postmoderne und Bürgerschaftliches Engagement.

Anne Kurlemann, Jg. 1950, Mathematikerin, Theologin, Supervisorin (DGSv). Leitung der Fort- und Weiterbildung für Priester und Laientheologen in einer Diözese.

Francesco Marchioro, Direktor des Imago-Forschung Vereines, Mitglied des italienischen Vereins für Religionspsychologie. Gründete zusammen mit Marco Conci und A. Foletto 1993 Imago Forschung für angewandte Psychoanalyse, Bozen, ein Verein für die Ausbildung im kulturellen, klinischen und wissenschaftlichen Bereich. Seit 1996 findet alle 2 Jahre die Freud-Woche in Klobenstein (Südtirol) unter seiner Leitung statt. Er hat unveröffentlichte Texte von Freud ins Italienische übersetzt und etliche Werke Freuds in Italienisch herausgegeben. Er hat die gesammelten Werke Otto Ranks ins Italienische übersetzt und die Vorworte geschrieben. Er lebt in Bozen.

Wolfgang Mertens, Dr. phil., Professor für Klinische Psychologie und Psychoanalyse an der Universität München. Psychoanalytiker, Lehr- und Kontrollanalytiker an der Akademie für Psychoanalyse und Psychotherapie e.V. in München.

Michael Lukas Moeller, Jg. 1937. Dr. med., Direktor des Instituts für Medizinische Psychologie am Zentrum der Psychosozialen Grundlagen der Medizin des Klinikums der Goethe-Universität in Frankfurt. Studium der Medizin und Philosophie, Promotion 1967, danach Ausbildung zum Psychoanalytiker und Habilitation für das Fach Psychotherapie und Psychosomatische Medizin. Zunächst Professur in Gießen; Lehr- und Kontrollanalytiker der Deutschen und Internationalen Psychoanalytischen Vereinigung, Ausbildung zum Gruppendynamischen Trainer (DAGG), seit 1983 Ordinariat in Frankfurt. 1977 Gründung und Leitung der GRAS-Gruppenanalyseseminare. Schwerpunkte: Psychoanalyse der Paarbeziehung. Federführung eines 10-jährigen Projekts der Dt. Forschungsgemeinschaft zur Entwicklung der Paargruppenanalyse.
Im Jahre 2000 wurde er für sein Lebenswerk als erster Preisträger mit dem Internationalen Otto-Mainzer-Preis für die Wissenschaft von der Liebe, New York, ausgezeichnet.

Harald Pühl, Jg. 1947; Dr. phil., Dipl.-Psychologe, Supervisor und Institutionsanalytiker, Dozent für Supervision und analytische Gruppendynamik. Mitbegründer und Mitarbeiter des „Triangel"-Instituts für Supervision und Gruppenerfahrung in Berlin.

Anneliese Reinmund, Jg. 1937. Dipl.-Soz-Päd., Supervisorin (DGSv), Erziehungsleiterin i.R. in der Behindertenhilfe. Lebt in Schwäbisch Hall.

Astrid Schreyögg, Jg. 1946, Dipl.-Psychologin, Dr. phil. Nach einer Tätigkeit in der qualitativen Marktforschung mehr als 10 Jahre in leitenden Positionen im sozialen Dienstleistungsbereich, in der Kindertherapie und in einer Fachakademie für Sozialpädagogik. Psychotherapeutische Ausbildungen im Bereich Gesprächspsychotherapie, Gestalttherapie und Körperarbeit; Approbation; seit 1985 freiberufliche Psychotherapeutin, Supervisorin, Coach; Autorin von Lehrbüchern zur Supervision und Coaching sowie zahlreiche Publikationen in Sammelbänden und Fachzeitschriften. Herausgeberin der Fachzeitschrift „Organisationsberatung, Supervision, Coaching" (OSC) bei Leske und Budrich.

Sieglinde Eva Tömmel, Jg. 1941, Dr. phil., Dr. rer pol. Habil., Soziologin, Psychoanalytikerin, Dozentin und Lehranalytikerin der Münchener Arbeitsgemeinschaft für Psychoanalyse (MAP); Veröffentlichungen u.a. zur Geschichte der Psychoanalyse und zur Kreativität und psychoanalytischen Kulturtheorie. Lebt in Planegg.

Wolfgang Trauth, Dr. rer.soc., Psychologe und Dipl.-Päd. (Univ.), Psychoanalytiker und Gruppenpsychotherapeut. Seit 1978 in eigener Praxis in München tätig. Lehranalytiker und Supervisor der Bayer. Landesärztekammer und in der staatl. anerk. Weiterbildung von Dipl.-Psychologen. Vorsitzender der Gesellschaft für Psychoanalyse und Psychotherapie. Lehrtätigkeit im Hochschul- und psychoanalytischen Aus- und Weiterbildungsbereich. Veröffentlichungen zur Theorie und Behandlungstechnik der Psychoanalyse und Psychotherapie und analytischen Grundlagenforschung.

Herbert Will, Jg. 1951; Dr. med., niedergelassener Psychoanalytiker und Gruppenanalytiker; Lehranalytiker der Akademie für Psychoanalyse und Psychotherapie München. Zahlreiche Veröffentlichungen zu sozialpsychologischen Themen, zur Konzeptgeschichte von Psychoanalyse und Psychosomatik und zur psychoanalytischen Behandlungstechnik. Monographien über Georg Groddeck und zur Psychoanalyse der Depression (Kohlhammer). Er lebt in München.

Ulrich Zanzinger, Jg. 1934; Nazi-Lehrerskind im Hohenlohischen („Ich wusste nie, was mit Vater ist“); 1949/53 Seminarist in Maulbronn und Blaubeuren; nach dem Abitur Lehre und Gesellenprüfung als Mechaniker; ab da Bildungsarbeit mit Jugendlichen aus Industrie- und Handwerksbetrieben. Theologiestudium; 10 Jahre Gemeindepfarrer in der Ev. Landeskirche Württemberg; 1970 – 1996 Religionslehrer an der Technischen Schule Aalen. Ausbildung bei der GaG, München 1975-1979, Analyse bei Wolfgang Schmidbauer. Lehrerfortbildung, Balint- und Supervisionsgruppen, Suchtprophylaxe an Schulen; Mitarbeit bei amnesty international und bei NGO-Entwicklungshilfeprojekten in Nepal.

FSC
www.fsc.org
MIX
Papier | Fördert
gute Waldnutzung
FSC® C083411

Kolibri 360 GmbH
Ferdinand-Jühlke-Straße 7
99095 Erfurt, Deutschland
produktsicherheit@kolibri360.de

Druck:
CPI Druckdienstleistungen GmbH
im Auftrag der
Kolibri 360 GmbH
Ferdinand-Jühlke-Str. 7
99095 Erfurt